中国人文大众期刊十年数字化发展报告

2005—2014龙源期刊网络传播TOP100大数据分析

Report on the development of digital periodicals of China

主　编◎魏玉山　汤　潮
副主编◎张　立　穆广菊

中国新闻出版研究院
龙源期刊网

潜心研磨

中国书籍出版社
China Book Press

图书在版编目（CIP）数据

中国人文大众期刊十年数字化发展报告：2005—2014 龙源期刊网络传播TOP100大数据分析／魏玉山，汤潮主编．— 北京：中国书籍出版社，2015.1

ISBN 978－7－5068－4721－6

Ⅰ.①中… Ⅱ.①魏…②汤… Ⅲ.①人文科学－电子期刊－研究报告－中国－2005～2014 Ⅳ.①G255.75

中国版本图书馆CIP数据核字（2015）第008919号

中国人文大众期刊十年数字化发展报告

2005—2014 龙源期刊网络传播TOP100大数据分析

魏玉山　汤潮　主编

责任编辑	庞　元
责任印制	孙马飞　马　芝
封面设计	楠竹设计
出版发行	中国书籍出版社
地　　址	北京市丰台区三路居路97号（邮编：100073）
电　　话	（010）52257143（总编室）　　（010）52257153（发行部）
电子邮箱	eo@chinabp.com.cn
经　　销	全国新华书店
印　　刷	河北省廊坊市三友印务装订有限公司
开　　本	787毫米×1092毫米　　1/16
印　　张	39.5
字　　数	1240千字
版　　次	2015年6月第1版　　2015年6月第1次印刷
书　　号	ISBN 978－7－5068－4721－6
定　　价	198.00元

版权所有　翻印必究

编委会名单

主　　编： 魏玉山　汤　潮

副 主 编： 张　立　穆广菊

特约编审： 董毅敏

汇编审校： 穆广菊　张凤杰　介　晶　梁楠楠　刘　京

解读报告撰写人（按文序排列）：

张凤杰　介　晶　梁楠楠　高　宁　庞　峥　马春艳
祝兴平　段乐川　李　频　施勇勤　高慧芳　王飞扬
张　聪　宋　宁　刘晓宇　程　迪　韩　婷　陈　丹
李明霞　杨　萌　马雪芬　辛晓磊　三　石　周　玥
李　鹏　包韫慧　穆广菊　晓　雪　董言笑　周澍民
于春生　石　昆　陈少华　张　弦　田淑俊　姜　峰
钱飒飒　苏　磊　张　昕　王　瑜　崔尚书

序一

龙源引领社会阅读的三种境界

人类对知识的渴求永无止境。正是这种渴求，形成探索再探索、认识再认识、升华再升华的不竭动力。一个朝气蓬勃、生机勃勃的社会，首先是对知识旺求的社会；一个不断进步不断创新不断发展的社会，正是能够充分满足这个社会的成员——所有成员对知识的需求、追求、渴求。

媒体常常把汤潮先生提出的"知识主体"论与联合国提出的"知识经济"概念媲美，媒体最多的评价是"时间上早了八年"，其实远不止这些。"春江水暖鸭先知"，只有在中外哲学深潭中，"红掌拨清波"的实际操作者思考者，才最知道知识的价值、知识的使命，知识主宰未来。知识主体论是与资本主体、权力主体并列提出的第三种概念。而且，汤潮先生认为，最终胜出的将是知识主体，这种对人类文化、对人的本性、对社会发展真谛的感悟，不能不是先见之洞明、先知之建树、先觉之快捷。

汤潮先生的可贵之处，不仅仅在于他的感知世界、认识世界、理性世界，更在于他的实践精神，在于他笃信马克思所讲述的真理："哲学家们只是用不同的方式解释世界，而问题在于改变世界。"这句镌刻在伦敦海格特公墓马克思墓碑上的名言，成就了世界上的许多大事业，也包括成就了龙源期刊网、龙源数字传媒集团、龙源闻名遐迩的事业和价值。云借阅、数字化平台、手机客户端、名刊会 APP、期刊网际传播等等，龙源和龙源人自觉肩负起服务社会全员阅读——正确阅读、有效阅读、精准阅读的使命，龙源和龙源人忠于使命、勇于承担、乐于奉献。

我把龙源对阅读的赤诚服务看做三重境界。

助读境界。我和龙源总裁助理、龙源期刊网总经理、龙源个人营销总监汤杨同时参加一个座谈会。席间，看他面前的计算机笔记本屏幕上，不断有红点闪现，原来是龙源网服务节点的信息回馈，偌大一张世界地图上，被龙源网覆盖的红点几乎布满。而且，汤杨告诉我，各部门各系统的专用服务频道已经建设若干，为每个部门、系统开发的个性化服务节点，也是以红点布局，计算机演示的屏幕上已经是满堂红、满堂彩。

毫无疑问，互联网的普及，移动阅读的普及，极有助于阅读的方便、快捷和丰富。数字化填平了许多过去不可跨越的天堑和鸿沟，历史的、现实的、专业的、学科的，工农的、商贾的，城镇的、乡村的……把无知变成有知，把盲区变成亮点，把贫乏变成富有。对于知识的传播，龙源网的助读无疑是集大成、积大德。只要你愿意，中华文化的任何一束花枝、世界文化任何一泓精华，你都可以撷取、使用、消化。龙源网，以网络方式，以数字化形态，以信息集成理念，拓展了人们的阅读空间、阅读视野、阅读范围、阅读数量。网络媒介超越书本、影视、广播，超越学校、图书馆、阅览室，超越博物馆、展览馆、文化馆。它对知识服务知识传播的辅助，解决了知识服务的普遍性问题，可谓功高盖天。龙源16年的普遍服务正是基于助读境界起步，把知识主体、知识本位、知识价值装上翅膀，开始飞翔。

导读境界。当今时代，农业科学家在考虑什么，他们忧虑如何用越来越少的耕地、越来越少的水资源、越来越少的农业劳动力、越来越高的农业劳动力价格，来生产更多、更好、更安全的农产品，来满足消费者和整个国家经济发展的需要。"那么，作为信息服务商，龙源面对的是什么情况，越来越宝贵的时间，越来越少的精力，越来越挑剔的口味，面对的是信息的汪洋大海，面对的是鱼龙混杂无从选择，龙源网应运而生，顺势造势。"正如龙源副总裁、总编辑穆广菊所言，"在我们今天，我们每个人都不可能也没有时间在上亿条文章中去寻找目标，甚至也没有时间在八万六千篇文章中去挑选我要读的，那么这就是我们媒体服务、技术服务所要做的。我们要经过技术的手段、智能化的手段，经过对用户行为的分析，对他们进行智能化的服务，把其要阅读的、喜欢阅读的进行组织，然后提供给用户。"

导读不同于导购、导游。导读从某种程度上是导师，精神和精准向导。把经过大量出版社、期刊社编辑遴选出来的东西，再经过重新组合、认定、数字化、集成化，提供快捷、方便、准确有效的服务给消费者，既解决了信息的方向性问题，又解决了信息的有效性问题。导读对于阅读的拾遗补阙，更常常让消费者感到惊喜、喜出望外、出乎意料之外。龙源把知识主体论的哲学理念，引入知识服务领域，引入知识服务的实践领域，真正做到了让有效的知识传播和服务成为现代人须臾不可离开的依靠。

领读境界。如果要把一个国家、一个民族的阅读（劝读、导读，更重要的是领读）都压在龙源身上，那是不公平的。但是，如果所有的信息服务商，所有的社会阅读服务者、倡导者、响应者，也包括所有的教育者，都自觉肩负起一个时代阅读的引领责任，那将是一件多么伟大的事情！领读的核心问题，是要解决阅读"读"

什么。弘扬中国传统优秀文化，是必须熟诵四书五经吗？吸纳国外优秀文化，是一定要歌德、莎士比亚、托尔斯泰吗？读什么，在互联网时代越来越紧迫地摆在人们面前，阅读引领，不仅要投其所好，更重要的是要培养人们对学识、学养、学高为师的由衷敬畏，对科学、对真理、对正确观念的顶礼膜拜，对经典、对传承、对创新的汲取吸纳和消化，对通识教育、对现代意识、对先进技术的灌输和进入。这样，你的知识主体才能真正成为形之有效的主体，才能形成改造社会、推进时代、建设美好未来的正能量。

龙源所能做到的，正是以正确的观点、正确的选择、正确的方向引导阅读界，向社会传递正面影响，在知识的倡导与普及之中，更强调良知，强调知识的正确采撷与吸收，强调知识的正确积累和集中，强调知识的正确性、正面价值、正当方向。前不久，汤潮先生在一次座谈会上讲到正确阅读和阅读正确："现在觉得微信对我造成了非常大的困扰，一方面是东西多，也的确有一些好的文章，但是现在越来越觉得微信传播的文章商业味很浓，它把题目、内容包装以后非常吸引眼球，全部变成了标题党，里面的内容或者尽量变得让你接受时有耸人听闻的效果，但更多的时候是支离破碎。如果把这种手机阅读当作是阅读的话，会造成我们真正的知识体系碎片化，吸纳知识的盲目化，成为无用、无聊、无知信息的垃圾筒，和大家真正阅读的内容相忤逆，与阅读正当需求负相关，跟我们知识构架发生冲突，无论知识效用还是知识结构都是有问题的。"

当知识和信息成为碎片、成为汪洋、成为灾难时，领读就显得特别重要。龙源的选择正是适应了互联网高速发展、通信高速公路流畅快捷、海量信息瞬时万变的现实，让人们在茫然无助中、在束手无策中，找到适合的路径，找到可取的观点，找到方向与正确，找到进步、发展与提升。让受众不失初衷，并且永远不迷方向。龙源的再传播，龙源的积累与集约，龙源的精心选择和打理，适应了我们时代的需要，满足受众的诉求，让正确、有用的知识，尽快尽多地走入知识渴求者，走进知识创新领域，走向人类进步、文明、文化追求过程。无论触摸屏的创新，无论二维码屏的扫描，无论云服务的丰盛，龙源在方便、快捷之中，首先提供了正确、准确的前提，提供了内容的先进性、导向性和科学性。龙源有主旨意向、有持续活力的服务，一定会吸引更多的受众，龙源也将在这些服务之中永葆青春年华。

其实，对于全民阅读，无论政府管理部门，无论文化产品的生产和传播部门，首要关心的是人们在读什么，人们读了什么，关心媒介为阅读的人们和人们的阅读提供了什么。至高的领读境界，艺术的领读境界，实际操作中的领读境界，应当是我们共同追求的目标。领读做好了，卓有成效，我们的建设和发展自在其中，我们的创新、创造、创意自在其中，并且命中率、成效率、服务价值，包括市场价值，将会不断走高。

如果助读解决的是"有知",导读解决的是"睿知",那么,领读更是解决"良知"。尼采好像讲过这么一段话:"我之所以这么聪明,是因为我从来不在不必要的事情上浪费精力。生活中有太多这样那样无用的知识,但在生活中,确实有不少人专心致志、兴高采烈、兴趣盎然地用琐碎的知识,把自己的人生切割成碎片。"一位作家引用了尼采的这段话,然后得出结论:"知识就是力量,但我要告诉大家,良知才是方向。"

为了获得这份"良知",龙源从2005年到2014年,与中国新闻出版研究院等单位进行产学研合作,连续十年发布了期刊网络传播TOP100年度阅读排行,逐年推出数据分析研究成果,为每家签约合作的期刊提供个性化数据分析报告,开启了数字化时代期刊产业市场调研的新模式。通过期刊用户付费阅读数据的跟踪、挖掘,了解市场需求和期刊数字化阅读的发展趋势,对客观、有效地评判不同期刊的内在质量、传播效果与运营成效,对有效引领正能量导读,相对于传统的期刊市场研判手段,朝着定量化、科学化方向迈进了一大步。

作为一个没有政府背景的民营企业,龙源能够坚持不懈连续十年进行期刊阅读数据的调查和TOP100排行数据的发布和研究,是出于对行业发展的公心,对中华文化的热爱,是难能可贵的。时值TOP100发布十年,《中国人文大众期刊数字化发展报告——2005—2014龙源期刊网络传播TOP100排行大数据案例研究》一书即将问世,这是对十年来国内期刊网络传播的特点和规律进行总结和归纳的是一个重要的成果。

数字化转型升级,已成为国内外新闻出版产业发展的时代潮流。龙源作为人文大众期刊数字化实践的探索者、摆渡者,其所带来的期刊编辑理念、载体形态、内容生产、组织架构等的变革都是前所未有的。某种程度上,从他们难能可贵的探索中,或许可以清晰地看到期刊这个拥有着百年荣光历史的媒介的未来的命运。

愿龙源走得更好,成为我们时代和我们社会永远的助读者、导读者、领读者!

中宣部出版局副局长 刘建生

2015年4月10日

序二

数字化引领期刊未来

伴随着移动互联网的发展，中国期刊的数字化转型已经走过了近20年的路程。如今，数字期刊网络传播，已成为数字阅读领域一道亮丽的风景线。

龙源期刊网自1998年以来，一直致力于这项工作。作为一个充满了社会责任感的企业，龙源以"聚刊社力量、建服务平台，让中国期刊走向世界、走向未来"为理念。截至2014年底，已经与4 200多家期刊社实现了正版授权合作，开创了面向机构、个人、运营商，以及北美、亚洲、澳洲主流社会的立体营销市场，为期刊社带来了逐年增多的经济效益和社会效益，有力地推动了期刊数字化转型的步伐。

在这个渐进的过程中，出于先行者的责任和义务，龙源期刊网从2005年起，每年都向社会发布期刊网

络传播TOP100排行和相关数据，迄今已经进行了十次发布，发表了系列产学研相结合的研究报告，不断总结和发现出期刊数字化传播发展过程中的特点和规律，得到了业界的广泛关注和肯定。TOP100排行作为期刊数字阅读的年度代表性活动，已经成长为中国期刊业和互联网内容产业的品牌事件。

让我们回顾一下：

2005年，龙源基于网站当时近1600种期刊的年度网络传播数据，首次发布了"中文期刊网络阅读亚洲排行TOP100"和"中文期刊网络阅读欧美排行TOP100"，向各家合作刊社提供的个性化数据分析报告，包括每一种刊物的网络传播区域走势图、阅读时段、每期最多阅读的文章等。借助这种新形式的读者调查，向刊社提供了来自网络的各种数据，为改进期刊编辑策划和运营提供了可资参考的依据；

2006年，龙源在发布"2006期刊国内、海外TOP100排行"的同时，创新推出"2006期刊网络传播国内、海外TOP100文章"，从而使期刊网络传播数据的发布从整刊延伸到单篇，由"刊"到"篇"，聚焦内容层面。通过对期刊篇章内容的分析

发现网络受众的属性以及他们的阅读倾向，通过对文章样态（文章类型、文章所属刊期）的分析，揭示期刊在网络传播中内容潜在的增值点。基于这些对内容层面的发掘和研究，使我们的期刊编辑更加关注读者最本质的诉求，为读者打造更适宜的阅读产品，认识到期刊由传统发行到数字发行，其内在涵义不仅是期刊传播方式的变化而且是读者阅读方式的改变。

相较于2005，2006TOP100发布有两个角度的微调。首先，用"网络传播"的概念，替代了"网络阅读"，以此涵盖期刊在互联网传播中"One–To–One"的对接需求。期刊双百排行是龙源网络发行与传播的客观数据，龙源不是为做排行而排行，我们期待刊社能穿透排行的表层，解读并掌握与数字阅读对接的道路，从而以需求供给资源；其次，以"国内"替代了"亚洲"，以"海外"替代了"欧美"，让排行所关注与聚焦的市场范围更接近于期刊的传统竞争市场，便于刊社对比期刊网络发行和传统发行的市场竞争态势与走向，以及整个期刊竞争的产业景况。更加准确地发现刊物年度内容的受欢迎度。同时，在让出版走出去、文化走出去的国家文化战略视野下，将"海外榜"突显出来，有助于刊社了解国内外读者不同的阅读兴趣，省思自身如何成功"走出去"、让世界阅读中国。

2007年，龙源期刊网除了发布与2006年相同项目的排行外，还创新发布了在线合作期刊的分类TOP10。这对于横向了解期刊行业的整体态势和纵向了解同类期刊的发展状况具有十分重要的意义。龙源组织的产学研相结合的TOP100课题组撰写了"从龙源期刊网络传播分类TOP10看期刊竞争情势"的分析文章，通过对不同类别期刊和同一类别不同期刊的分析和研究，帮助刊社了解自身在同类期刊中的占位和竞争态势。此项分析的原则是基于类别在刊物中的客观存在及龙源发布的分类TOP10刊群，前者是此分析成立的期刊自身所必备的特质，后者则是此研究报告形成的客观事实依据。

2008年，除TOP期刊、TOP类别、TOP文章的项目外，发布项目又增加了TOP100栏目的排行。由此对期刊网络传播逐步形成了一个整体观照。利用大数据积累和挖掘，通过数据的全面梳理，将年度所有读者阅读的文章分别归结到栏目，根据数量多寡进行栏目的倒序排行，取TOP100为切点，形成TOP100栏目。TOP100栏目的生成，让我们看到一个事实：好文章促成好栏目，好栏目成就好期刊。文章的阅读数量对烘托出好栏目起着决定性作用。在传统阅读方式下，一般我们很难收集到此类数据，对期刊的定量分析往往只能停留在期刊的售卖量上（通过发行量、订阅量来反映）。但TOP100栏目的排行发布，为广大期刊社提供了可资用于期刊架构和栏目设计方面的诸多参考数据。假设读者对数字期刊与纸质期刊具有相同的阅读倾向，龙源期刊TOP100栏目的数据分析可以帮到刊社检验主打栏目是否读者真正想要的，刊社亦可据此检查栏目编辑的具体工作质量，进行绩效考核。事实证明很多期刊编辑部非常欢迎这一数据的提供。与传统的纸质期刊运作相比，读者调查和市场分析在数字期刊方面变得前所未有的巨细和深入。

2009年，龙源在发布当年度TOP100阅读排行的同时，开业界之先河首家提出了"网络发行量"概念，得到了业内外的广泛回应，成为当年"搜狐"网站年内十大新闻之一。随着期刊数字化逐渐向纵深方向发展，龙源认为"期刊网络发行量"需要予以承认。当时美国期刊出版商协会也刚刚宣布正式将期刊的网络发行量计入期刊有效发行量之中。同样在我们中国，承认期刊网络发行量，无疑是期刊在数字化转型过程中具有革新意义的重要举措。龙源把当下期刊数字发行过程中实实在在产生的网络发行量响亮地发布出来，不仅有利于巩固期刊数字化转型的既有成果，并且，承认期刊网络发行量，也可以扩大期刊营收的市场份额，是期刊业走数字化出版之路的自检手段，也是期刊在网络环境下吸引新生代读者、保持广告魅力的有效指数。龙源期刊网络传播课题组撰写了专门研究报告，呼吁官方建立一套网络发行量的评价和认证体系，对期刊网络发行量予以承认。从这一年起，每一家合作期刊年底都会收到一份由中国新闻出版研究院和龙源联合颁发的"网路发行量"证书。

2009TOP100数据分析白皮书从龙源的商务模式、2005—2009龙源期刊网TOP100排行映射的期刊网络传播发展趋势、2009年度龙源期刊网络传播特征、期刊海外网络传播与出版走出去等多个角度进行了深入探讨。

2010年，龙源在发布基于3000种合作期刊数据各项TOP排行的同时，首次附上了各项排行具体浏览和付费阅读的发行量数字。这是对2009年度呼吁确认期刊网络发行量的跟进。这不仅进一步增强了龙源TOP100排行的科学性和客观性，而且这些宝贵的数字对期刊数字化传播的经验总结极具价值。虽然到目前为止，对期刊品牌价值的判断尚没有统一的量化方法，但是，龙源TOP100期刊排行明示的这些"数量"，具有很强的市场意义和内容可鉴定性。它给业界提供了一个很好的思路：期刊在网络上的阅读数量、即发行量的高低实际也代表了期刊受欢迎程度的大小。同时，以"付费阅读"为基础的龙源商务模式，可以为我们验证哪些期刊才是读者真正喜欢，"不惜"掏钱付费阅读、并持续购买的。这样的期刊实际就是网络上的品牌期刊或一定会成为品牌的期刊。

当年度的TOP100数据分析白皮书还从多个角度分析了龙源期刊网2005—2010连续7年TOP100上榜数据，研究了"数字化阅读指数"问题，通过全面分析影响该指数的各种因素，提出了构建一个较为全面的数字化阅读指数的指标体系。这是龙源期刊网继提出"网络发行量"之后又一个创新亮点。

2011年，根据数字内容不同的投放市场，发布了国内外个人付费阅读TOP100期刊、国内外公共图书馆阅读TOP100期刊、国内中小学阅读TOP100、党政企事业阅读TOP100期刊等排行，重点梳理出了数字期刊在不同用户领域的阅读状况。鉴于业界习惯于单纯按期刊发行量评判期刊的优劣，缺乏对类型期刊特别是类型期刊在不同市场领域里的表现研讨问题，2011TOP100期刊排行以不同的消费领域和受众群体的阅读情况来区分，以此来检验我们的内容生产在多大程度上符合了目标读者的需要，或者说从目标读者的接受度，看看读者到底喜欢读什么。这种数据分析方式不仅体现了以人为本的理念，帮助我们直接到达了读者，了解到不同领域读者文化消费的差异性，还给我们提供了按需求提供资源服务的可能。通过分析不同领域的受众，把握大众阅读的演变态势，对期刊产业的内容生产、品牌构建、数字化转型，具有重要的意义与价值。

换个角度看传播更具创新意义。这些按照投递目标和服务对象群进行的TOP排行，不仅让我们看到了不同用户的阅读取向，为期刊提供了选题策划、内容编辑和营销推广等方面的改进依据，同时对现今数字期刊内容主要买单方的广大机构用户来说，总结发展其购买资源的使用效果，改进和推动读者服务有了新的观察视角。

2012年，移动阅读渐成风尚。龙源首次发布了移动阅读的三个榜单，一个是龙源与中国移动、中国联通、中国电信三大运营商合作，在他们的平台上推广营销的龙源期刊TOP100排行，数据来自三大运营商后台服务器统计；一个是龙源创新推出的"龙源网APP"（获第三届中国出版政府奖）的TOP100期刊排行，再就是APP TOP100排行（其中包括龙源在苹果商店开设的"龙源'刊'店"以及龙源为合作刊社开发的共用客户端之单刊应用的期刊。）当年度的数据分析报告显示，期刊社在移动阅读时代来临的背景下，必须一手抓"浅阅读"，一手抓"深阅读"，深入浅出，深浅结合，才能在期刊移动阅读领域做到游刃有余。

2013年的TOP100排行，有两个重要的变化：一是这个排行名称的变化。从2006到2012，TOP100排行发布一直以"期刊网络传播TOP100"冠之，这是因为期刊的数字阅读还不那么成熟，我们研究的重心还放在行业的立场上讲"传播"，而到了2013年，数字阅读已经蔚然成风，TOP100排行开始改称为"数字阅读影响力期刊TOP100"。因为多年来，随着出版数字化转型的推进，也随着数字期刊的推广阅读，事实上一大批网络品牌期刊已经脱颖而出，现实中一批传统领域的品牌期刊已经成功地完成了网络品牌延伸，亦有一批线下不很有名的刊物同样完成了网络上的品牌锻造，它们已经在数字阅读领域形成了影响力，许多刊物连续十次、八次荣登TOP100排行，就是证据。所以以改称"数字阅读影响力期刊排行"是实至名归。另外从语义研究上来看，期刊"网络传播"，是讲此类出版物在网络载体上的发行，重心在"网络传播",而改成"数字阅读"重心在读者、"影响力"也是从读者的角度出发而言的。

第二个变化是2013年随着移动阅读从"三低"人员向高水平、高收入、高学历的"三高"人群转移,移动"深阅读"正在快速崛起。移动读者对"深阅读"的重视,对于刊社来说,无疑是一个极大的利好信息。因为期刊内容一向是以深度阅读和话题沉淀性取胜的。移动互联网时代来临,碎片化的快速阅读使得期刊面临新闻网站及微博的巨大冲击。龙源数据的这一发现,无疑是传统期刊的一剂强心针,使期刊在移动阅读领域大力作为树立了坚定的信心。

2014,是龙源发布TOP100排行的第十个年头。从2005到2014,十年期刊数字阅读TOP100排行的发布和研究,不但见证了期刊行业的十年演进和发展,也显示了中国新闻出版研究院和龙源数字传媒集团致力于全民阅读推广服务的不懈努力。为了促进党的十八大报告明确提出的"全民阅读"活动的深入开展,龙源在深入挖掘十年排行数据的同时,首次发布了"龙源期刊TOP100城市阅读排行"。这个排行,基于不同城市阅读龙源期刊的数据,对城市阅读进行把脉。这对于各级政府掌握当地阅读情况、改进并优化全民阅读推进策略,促进全民阅读的深入开展起到了积极的推动作用。

一路走来,龙源以不断创新的精神,对合作期刊群体的网络传播状况进行阶段性的、持续不断的、具有客观科学依据的分析研究。透过每年的大数据分析,我们看到,中国期刊的数字化转型,在经过早期的茫然、中期的困惑和犹豫后,大多数期刊看到了大势所趋,进而感受到数字化发展前景的感召,正在以积极应对的姿态投身其中。十年TOP100排行体现了如下的价值和意义:

首先,是它的客观公正性。TOP100排行是百分百以数据为基础,以期刊数量规模为前提的。龙源目前合作期刊已达到4 200种,如此规模的期刊矩阵,一年十二个月数字阅读数据的倒序排行,可以说是期刊数字化发行的一次深入细致的年度大盘点:从各类TOP100期刊、到不同市场板块不同阅读人群的TOP100期刊、全网站TOP100文章、TOP100栏目,都可以看出是哪些刊、哪些类别、哪些内容、在哪些受众中受欢迎。一个重要的意义在于它开启了大数据时代期刊调研的新路径、新方法。

其二、结合各项数据从中发现和总结中国4 200多种期刊年度网络传播的新特征和新趋势,以及它所反映和代表的阅读的新生态、读者的新诉求,对行业的数字化转型发展起到了促进作用。比如,龙源在多次白皮书研究报告中分析到国内外读者的阅读差异性:以文学为主的纯休闲阅读和以保健养生育儿为主的偏实用阅读构成了海外读者两大主要阅读取向,而国内读者则往往会根据国内外的政治经济社会热点以及个人生活工作的特别需要去进行阅读。这种差异性对研究出版走出去很值得参考。再比如近年龙源在做移动阅读TOP100排行数据分析时，发现"故事"和"情感"内容一直是移动阅读中最受欢迎的期刊类别，同时也发现了IPAD杂志仍在探路期。龙源数据显示，IPAD杂志用户主要集中在"北上广"地区，64.3%的用户为男性，62.5%的年龄在25至34岁之间。这些都决定了App Store上的杂志较为高端，用户群有限，收入尚乏善可陈。中国在拥有"全球最多智能手机和平板电脑市场"这一称号下，却只有26.9%付费用户。这些数据无疑具有宝贵的价值。再比如龙源TOP100研究报告白皮书先后提到过关于数字内容阅读的长尾效应、不同领域人群的阅读在体现出这个领域职业属性的同时，还会关注到有相当有差异性领域的期刊，有如党政机关干部对教育类期刊的青睐、医药保健类内容在中小学教师阅读中占有相当比重等等。这些差异和特征的发现，是国内期刊出版机构在内容生产和市场投放方面都有必要引起注意和重视的。龙源TOP100排行数据分析，为数字化转型中的期刊群体发现了一些规律，为行业发展提供了改进的依据。此外，龙源TOP100排行属付费阅读排行这一事实，对于数字出版行业对付费内容开发和推进也提供了有效的理论依据。

龙源TOP100排行可以说是每年一次对数字阅读状况的全面检阅，由此产生的分析文字是对全民阅读的一个整体观照。在变化了的形势下，这个排行正在不断地增强它的内涵和外延。

其三，TOP100排行不仅是一个手段、一个工具，排行本身也具备实质性意义。说它是手段、工具，是说排行只是一个形式，主要是通过排行去看数据、通过不同的排行看不同的数据，让数据与科学分析同行，有所发现和认知；说排行本身也具备实质性意义，是说多年来，随着出版数字化转型的推进，也随着数字期刊的阅读推广，许多期刊在数字阅读领域凝聚了自己的"铁杆粉丝群"——一个数字阅读影响力期刊方阵正在形成。透过十年TOP100排行榜，看我国大众人文类期刊经年如何完成了网络品牌延伸和创造，也是这个排行的价值所在。它以连年的数据排行证明数字阅读影响力期刊仍然可以保持传统领域里品牌地位，这无疑为期刊数字化转型增加了信心和勇气。

龙源一直强调，TOP100排行发布不是一个奖项，它只是大数据挖掘使用的一个角度、一个客观的数据披露。这种披露对把握大众数字阅读的演变态势，促进期刊产业的内容生产、品牌构建和市场营销是有帮助的。TOP100只是龙源合作期刊的一部分，它虽然不说明期刊质量的绝对优劣，但为入网期刊提供的各类参考数据，客观上为合作刊社提供了转型中的观察路径和改进方向。

其四，它也是一种服务。十年来，除了期刊整体多角度的TOP100排行发布，龙源同时也向各个合作刊社个体提供年度数据分析报告。其中包括这个刊物的地域阅读分布，阅读走势曲线图、年度最好的期号、每期最好的前3篇文章、单一杂志年度TOP100文章，以及这些文章分布在哪一期、哪个栏目等。不少刊社使用龙源的数据分析报告，作为改进编辑工作和考核编辑工作质量的依据，使之作用于实际的期刊编辑营运之中。作为TOP100排行的个性化服务，它的价值是不言而喻的。

原新闻出版总署副署长、中国期刊协会石峰会长说："龙源期刊网从2005年开始，十年来坚持不懈进行期刊网络传播的数据统计和研究，坚持用客观、公正、科学的态度来盘点期刊数字化的进程，并不断地总结和研究期刊网络传播的特征和规律，为推动我国期刊的数字化转型做了大量的工作。为数众多的期刊通过龙源建设的这个网络平台走向了世界。"这是对龙源工作的最大肯定。

回首十年TOP100排行发布和相关研究活动，盘点龙源走过的路，我们非常感谢政府和业界始终如一的支持，感谢广大刊社的精诚合作，感谢期刊业界和学界的积极参与。所有这些都是我们怀揣理想前行中不可或缺的营养。回想2005年TOP100排行首次发布前夕，看到桌子上摊放的那些给与会刊社的一份份个性化数据分析报告，时任北京印刷学院教授、现任中国传媒大学编辑中心副主任、博士生导师李频先生围着桌子转来转去，不住感叹说，这个东西好啊！我们由此看到了业界的需求，成为我们坚持做过来、并且要一直做下去的精神鼓舞。

今天，期刊数字化转型已经从观念和实质上上产生了很大的飞跃，期刊在数字化环境中重塑品牌的运动，正悄然改变着期刊产业的生态格局。以龙源的期刊网络传播数据为参照，探讨期刊在数字化传播环境中的品牌塑造或延伸，不论在理论上还是实践上都具有深刻的现实意义。因此，在我们的合作伙伴中国新闻出版研究院的大力支持下，我们将这一工作做一个阶段性的总结结集出版，以此见证中国人文大众类期刊十年数字化转型的发展轨迹，并以此就教于方家。

数字化引领期刊未来。

穆广菊

2015.5

（作者系龙源数字传媒集团总编辑兼副总裁，龙源期刊网络传播研究中心秘书长）

目　录

第一部分　2005—2014 龙源 TOP100 排行发布会领导讲话摘要

【2014】
选择优质内容，推进正向量的"阅读自由" ……………………………… 3
精准定位，激活潜力，为数字化期刊不断塑形 …………………………… 5

【2013】
数字化提升期刊传播力 ……………………………………………………… 7
出版服务社会，阅读引领未来 ……………………………………………… 9
提升期刊在移动阅读领域的品牌影响力 …………………………………… 11

【2012】
数字化趋势不可回避的几个问题 …………………………………………… 13
数字的革命 …………………………………………………………………… 15

【2010】
要提高对龙源数据的重视程度 ……………………………………………… 17
融合发展　内容至上 ………………………………………………………… 19

【2009】
高度重视转型发展，积极探讨赢利模式 …………………………………… 21
加强理性思考，提高中国出版的竞争力 …………………………………… 23
企业用服务的理念做事，就一定能发展 …………………………………… 25

【2008】
抓住发展机遇，打造新型多元期刊运营产业链 …………………………… 26

【2007】
推进文化创新,增强文化发展活力 …………………………………………… 27

【2006】
龙源期刊网的四大功能 ……………………………………………………… 28
打造好品牌期刊独具的核心竞争力 …………………………………………… 30

【2005】
致龙源"2005年度期刊网络传播TOP100排行发布"贺词 ……………………… 31
中国期刊数字化要走集约发展的道路 ………………………………………… 32

第二部分 2005—2014龙源期刊TOP100排行总解读

2005—2014龙源期刊TOP100排行总解读 …………………………………… 35
2013数字阅读影响力期刊TOP100排行总解读 ……………………………… 52
2012龙源期刊TOP100排行总解读 …………………………………………… 58
2011龙源期刊TOP100排行总解读 …………………………………………… 65
2010龙源期刊TOP100排行总解读 …………………………………………… 73
2009龙源期刊TOP100排行总解读 …………………………………………… 80
2008龙源期刊TOP100排行总解读 …………………………………………… 89
2007龙源期刊TOP100排行总解读 …………………………………………… 94
2006龙源期刊TOP100排行总解读 …………………………………………… 107

第三部分 2005—2014龙源期刊TOP100排行年度系列数据分析报告

【2014】
城市阅读排行对推进全民阅读的意义 ………………………………………… 139
期刊产业数字化传播十年特征解析 …………………………………………… 146
2005—2014期刊数字阅读现状及趋势分析 …………………………………… 160
2005—2014龙源期刊海外数字阅读TOP100排行纵议 ……………………… 171
龙源期刊移动阅读进入稳定成长期 …………………………………………… 180

龙源期刊用户行为特征的变与不变 …………………………………………… 189

【2013】

　　2013 公共文化服务体系中龙源期刊影响力解析 …………………………… 196
　　优质内容移动阅读将进入快速成长期 ………………………………………… 207
　　2013 龙源期刊付费阅读 TOP100 文章数据分析 …………………………… 213

【2012】

　　龙源期刊 2012 国内、海外网络传播 TOP100 排行特征解析 ……………… 222
　　手机龙源网的移动阅读战略 …………………………………………………… 229
　　2005—2012 龙源期刊 TOP100 排行分析报告 ……………………………… 236

【2011】

　　从龙源期刊网络传播数据看期刊数字阅读新趋势 …………………………… 250
　　龙源期刊不同用户数字阅读差异化分析 ……………………………………… 255
　　数字期刊阅读量统计路径及方法初探 ………………………………………… 266

【2010】

　　龙源期刊网运营模式与中国期刊数字化发展新思维 ………………………… 273
　　龙源期刊数字化阅读指数报告 ………………………………………………… 278
　　期刊数字化传播中的品牌塑造 ………………………………………………… 289
　　教育类期刊龙源网络发行综合分析 …………………………………………… 299
　　期刊数字化内容营销的现状和前景 …………………………………………… 313

【2009】

　　期刊数字发行量的认定和推广 ………………………………………………… 321
　　期刊数字出版领域龙源商务模式的探究 ……………………………………… 329
　　从 2005—2009 龙源期刊网 TOP100 数据浅析期刊网络传播发展趋势 …… 333
　　2009 年度龙源期刊网络传播特征分析 ……………………………………… 345
　　期刊海外网络传播与出版走出去 ……………………………………………… 364

【2008】

　　中国图书商报与龙源期刊网联合发布中国期刊网络传播趋势报告 ………… 374
　　2008 龙源期刊网络传播 TOP100 排行分析报告 …………………………… 381
　　2008 龙源期刊网络传播 TOP100 栏目的启示 ……………………………… 392
　　从 2008 年龙源 TOP100 文章看读者需要什么？ …………………………… 397
　　2008 年龙源网络传播分类阅读 TOP 期刊的分析报告 …………………… 406

【2007】

　　从龙源期刊网络传播分类 TOP10 看期刊竞争情势 ………………………… 416

期刊网络传播以"篇"取胜 ··· 429

【2006】

共赢,从头开始,让长尾更长 ·· 437

第四部分　2005—2014 龙源期刊付费阅读各项 TOP100 排行

一、2005—2014 连续五次上榜数字阅读影响力期刊群 ················· 467
二、2005—2014 五次以上荣登国内 TOP100 数字阅读影响力期刊群 ······· 469
三、2005—2014 五次以上荣登海外 TOP100 数字阅读影响力期刊群 ······· 470

【2014】

2014 龙源期刊国内付费阅读影响力期刊 TOP100 ·············· 471
2014 龙源期刊海外付费阅读影响力期刊 TOP100 ·············· 473
2014 龙源期刊国内、海外双栖数字阅读影响力期刊 ············· 475
2014 龙源期刊与中国三大电信运营商合作推广阅读 TOP100 期刊 ···· 477
2014 龙源期刊 APP 商店阅读 TOP100 ····················· 481
2014 龙源期刊移动阅读 TOP100 期刊 ···················· 485
2014 龙源期刊公共图书馆阅读影响力期刊 TOP100 ············ 487
2014 龙源期刊党政阅读影响力期刊 TOP100 ················ 489
2014 龙源期刊数字教育领域阅读影响力期刊 TOP100 ··········· 491

【2013】

2013 龙源期刊国内付费阅读影响力期刊 TOP100 ·············· 493
2013 龙源期刊海外付费阅读影响力期刊 TOP100 ·············· 495
2013 龙源期刊国内、海外双栖数字阅读影响力期刊 ············· 497
2013 龙源期刊与中国三大电信运营商合作推广阅读 TOP100 期刊 ···· 499
2013 龙源期刊 APP 商店阅读 TOP100 ····················· 503
2013 龙源期刊移动阅读 TOP100 期刊 ···················· 505
2013 龙源期刊国内公共图书馆数字阅读影响力期刊 TOP100 ········ 507
2013 龙源期刊海外公共图书馆数字阅读影响力期刊 TOP100 ········ 509
2013 龙源期刊国内高校图书馆数字阅读影响力期刊 TOP100 ········ 511
2013 龙源期刊海外高校图书馆数字阅读影响力期刊 TOP100 ········ 513
2013 龙源期刊中小学领域数字阅读影响力期刊 TOP100 ·········· 515

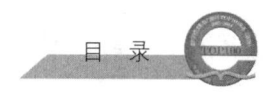

2013 龙源期刊党政机关单位数字阅读影响力期刊 TOP100 …………… 517
2013 龙源期刊企事业单位数字阅读影响力期刊 TOP100 …………… 519

【2012】
2012 龙源期刊国内付费阅读 TOP100 …………………………………… 521
2012 龙源期刊海外付费阅读 TOP100 …………………………………… 523
2012 龙源期刊国内、海外付费阅读双栖期刊 …………………………… 525
2012 龙源期刊与三大电信运营商阅读基地合作 TOP100 期刊 ………… 527
2012 龙源期刊 APP 商店阅读 TOP100 ………………………………… 529
2012 龙源期刊移动阅读 TOP100 期刊 …………………………………… 531

【2011】
2011 龙源期刊国内付费阅读 TOP100 …………………………………… 533
2011 龙源期刊海外付费阅读 TOP100 …………………………………… 535
2011 龙源期刊国内、海外付费阅读双栖期刊 …………………………… 537
2011 龙源期刊与三大电信运营商阅读基地合作 TOP10 期刊 ………… 540
2011 龙源期刊国内公共图书馆领域阅读 TOP100 ……………………… 541
2011 龙源期刊海外公共图书馆领域阅读 TOP100 ……………………… 543
2011 龙源期刊国内中小学领域阅读 TOP100 …………………………… 545
2011 龙源期刊国内党政企事业领域阅读 TOP100 ……………………… 547

【2010】
2010 龙源期刊国内付费阅读 TOP100 …………………………………… 549
2010 龙源期刊海外付费阅读 TOP100 …………………………………… 553
2010 龙源期刊国内、海外付费阅读双栖期刊 …………………………… 557
2010 龙源期刊网络传播国内阅读 TOP100 栏目 ………………………… 562
2010 龙源期刊网络传播海外阅读 TOP100 栏目 ………………………… 566

【2009】
2009 龙源期刊国内付费阅读 TOP100 …………………………………… 570
2009 龙源期刊海外付费阅读 TOP100 …………………………………… 572
2009 龙源期刊国内、海外付费阅读双栖期刊 …………………………… 574
2009 龙源期刊国内阅读 TOP100 栏目 …………………………………… 576
2009 龙源期刊海外阅读 TOP100 栏目 …………………………………… 578

【2008】
2008 龙源期刊国内付费阅读 TOP100 …………………………………… 580
2008 龙源期刊海外付费阅读 TOP100 …………………………………… 582

2008 龙源期刊国内、海外付费阅读双栖期刊 …… 584
2008 龙源期刊国内阅读 TOP100 栏目 …… 585
2008 龙源期刊海外阅读 TOP100 栏目 …… 587

【2007】
2007 龙源期刊国内付费阅读 TOP100 …… 589
2007 龙源期刊海外付费阅读 TOP100 …… 591
2007 龙源期刊国内、海外付费阅读双栖期刊 …… 593
2007 龙源期刊国内阅读排行分类 TOP10 …… 594
2007 龙源期刊海外阅读排行分类 TOP10 …… 596

【2006】
2006 龙源期刊国内付费阅读 TOP100 …… 598
2006 龙源期刊海外付费阅读 TOP100 …… 600
2006 龙源期刊国内、海外付费阅读双栖期刊 …… 602

【2005】
2005 龙源期刊付费阅读亚洲排行 TOP100 …… 604
2005 龙源期刊付费阅读欧美排行 TOP100 …… 606
2005 龙源期刊 TOP100 亚洲、欧美双栖期刊 …… 608

后　记 …… 610

第一部分

2005—2014龙源TOP100排行发布会领导讲话摘要

【2014】

选择优质内容，推进正向量的"阅读自由"

中宣部出版局副局长　刘建生

关于阅读，"选择"这个概念在眼前、在当下、在网络传播面前受到了空前挑战。毫无疑问，互联网时代，海量信息，方便快捷，丰富多彩，似乎给人们提供了巨大阅读空间，巨多阅读方便，巨好阅读机会，似乎把阅读自由空前地摆放在各位阅读者的面前。但人们获得阅读自由了吗？现实生活好像并不是这样。

统计表明，有手机的人平均每天看屏160次。大家看了什么，进入正常阅读了吗？真正获得知识了吗？我们被手机绑架，让它成为我们须臾不可离开的伙伴，甚至因此得罪了爱人、孩子、同事和亲友，因此让路过的车辆上传来呵斥。当我们埋头手机时，有没有发现大量的垃圾信息充斥我们的网络，覆盖我们的用户终端？奇闻怪事、无聊段子、星闻轶事、风花雪月占90%以上空间。这种信息的获取能叫阅读吗？遗憾的是，我们的新习惯纵容着我们每天把大把的时间、精力消耗在无用的阅读上面，与许许多多有用的信息擦肩而过，而我们则在这种无谓的消耗、迷醉、烦恼、懊悔之中走失自己。至于那些被疾驶的车辆撞飞的看手机者，更让人悲摧。

阅读自由是一种什么样的自由？最自由的阅读是最理智的阅读，它既包括阅读时的轻松、快乐、惬意、喜悦，也包括阅读过程中的痛苦、烦恼、枯燥、寂寞、孤独。阅读自由，不是轻松的消遣、娱乐的享受、猎奇的快感，也不是窥见别人隐私的窃喜。实现真正的阅读自由，才会有阅读之后的国，阅读之后的民，阅读之后的社会，阅读之后的法治，阅读之后的道德风尚，阅读之后的精神和物质的极大丰富。

"僧是愚氓犹可训"，唐僧矢志不移、历经千难万险去西方取经。取经干什么？要回来阅读，要用西方的经典教义（实际上也是东方文化）教化自己和身边的人。"妖为鬼蜮必成灾"，一个社会、一方人群、一国民众每日里总在猎奇、娱乐、插科打诨中消遣，那不会是好事情。

从这个角度，我们回望龙源平台对于人们阅读自由的奉献，怎么样也低估不了它的价值。把经过编辑出版者选择了的精品、有用的东西，用网络形式呈现给大家，呈现给那些拿着金碗讨饭吃的渴求者，呈现给每天查看160次手机屏幕的盲目读者，这不能不是当今社会的一个福音、一座文明提升的台阶、一条通向人类社会更加美好的路径。

从期刊网络阅读前100名到城市网络期刊阅读前100名，这种评价，这种无声之中的扩张和弘扬，正是一个社会悄然前进的坚定脚步。可以相信，一个真正的让人们获得正能量的"阅读自由"的社会，才会成为一个健康向上、不断创新、不断进取的新型社会、现代社会。

（2015年1月16日龙源"全民数字阅读论坛暨2005—2014数字阅读TOP100期刊和TOP100城市排行发布会"讲话摘要）

精准定位，激活潜力，为数字化期刊不断塑形

原新闻出版总署报刊司司长、中国期刊协会前会长　张伯海

龙源投入很大力气，开展了十年"期刊数字阅读TOP100"活动，主要作用，我想有以下三点。

第一，它有助于期刊业者把握如何使自己制作的产品与读者相契合的那个精准点。"TOP"意味着最集中、最热火、最靠前，也就是广大读者上网读刊时常点、爱点甚至必点的有吸引力的刊物文章。TOP活动开展得好，就会在一定程度上起到船只航行所离不开的航标一样的作用，成为我们兢兢业业地把这项工作做好、做到位的一项导航工作，遴选的数据与数据处理要求准确、完善，数据的解读一定力求一语中的，解渴、前瞻，有导向性，有说服力。

第二，它有助于激活和促动社会的阅读空气。TOP活动搞得好，期刊从业者能通过这样的活动获得办刊的启示，突破主观性、随意性，做到更加心中有数；广大读者能在这样活动中沟通业者以及更多的读者，在有比较、有切磋的理性阅读中成长；担负全民阅读组织引导工作的管理部门，则可以将这样的活动作为工作的把手或引擎。今天，"城市数字阅读TOP100"是首次发布，在期刊业者、读者、管理者共同参与下，TOP活动更有可能激活公众的阅读诉求，开发出公众中还远没有开发尽的阅读潜力。

第三，它有助于期刊数字化的道路探索和数字化期刊的塑形。在移动媒体跃登传媒舞台的此刻，如何开发和利用移动互联网正在成为龙源期刊网络开发的高度兴奋点。这也是传统期刊媒体跃跃欲试的兴奋点。召开"TOP100论坛"，探讨传统期刊如何从机制、观念、方法等方面顺应变革，迎接挑战，这是数字期刊界的探索，也是传统期刊界的共鸣。今天，全世界的传统期刊、数字期刊工作者，都在追赶数字技术，特别是移动互联网技术，为此心急火燎，活蹦乱跳。我们当然也是怀着同样心情，只是不必亢奋急躁。我们有一支坚强成长起来的传统期刊队伍，有像龙源、自然还有其他一系列精锐并崭露头角的新技术媒体团队，只要大家能优势互补、合作共进、胸怀大志，在媒体数字化的大时代里，我们一定能不弱他人，走到世界的前面。

找到办刊精准点、激活公众阅读潜力、在积极探索中为数字化期刊进行阶段性塑形，这就是我对这次 TOP100 活动的热切期望。我衷心期望，这次活动，有可能起到我们期刊业转型中的一个"亮点"，哪怕是一个小小的"亮点"。

（2015 年 1 月 16 日龙源"全民数字阅读论坛暨 2005—2014 数字阅读 TOP100 期刊和 TOP100 城市排行发布会"讲话摘要）

【2013】

数字化提升期刊传播力

中国期刊协会会长　石　峰

人们常说"十年磨一剑",龙源这个发布,已经进行了九年。龙源以治学的精神办企业,始终立足于为期刊业发展服务,我为他们这种认真坚守的精神感动。

数字阅读已逐渐走入人们日常学习和生活之中,阅读产品的数字化已经成为不可逆转的趋势。如何进军数字阅读市场,是当前传统出版业正在积极探索的问题。在这个过程中,与技术提供商、内容集成商和发行运营商真诚紧密合作,是必然的选择。龙源期刊网是目前国内最大的社科人文类期刊数字内容聚合平台,已获得4 200多家社科人文类期刊的正式授权。这个平台的建立来之不易,是龙源长期以来坚持不懈推动传统期刊数字化传播和数字化阅读的结果,也是各方面积极支持和协同合作的结果。2005年以来,龙源每年向社会发布中文期刊国内、海外TOP100排行榜,在数字阅读市场推广和期刊内容数字化传播方面独树一帜,已经成为期刊数字阅读和数字传播领域的风向标。

2013年度龙源数字阅读影响力期刊TOP100排行榜,根据不同的市场版块,分国内、海外付费阅读TOP100,公共图书馆、基础教育、党政企事业阅读TOP100,各种移动阅读TOP100以及农家书屋TOP100等。这些榜单已不仅仅是一个排行,实际上它已经成为一种调查:反映了现今我们投放社会的这些期刊,有哪些受众在阅读?是不是我们原来想主打的目标群体?与我们编辑主观意愿有什么差异?不同受众群体有什么样的阅读特征?有哪些潜在的市场有待我们去开拓等等,就像一个设项全面的调查问卷,通过这14个"TOP100",得到了很好的解答。龙源为我们期刊出版工作者研究改进编辑工作,把握期刊数字阅读市场,预测数字阅读的动向和趋势,提供了可资参考的依据和帮助,对研究探索传统期刊如何通过网络延伸品牌效应与增值服务都很有意义。

目前,国家正在大力推进公共文化服务体系建设,今年的图书馆年会也提出了"阅读引领未来"这一响亮的主题。我们期刊人和图书馆人一样,都是公共文化服务的使者。龙源等数字平台为我们架起了桥梁。希望我们大家联手,把全民阅读和全社会公共文化服务推向一个新的阶段。

互联网内容资源长期以来被人看作是"免费的午餐",传统出版物要想通过网络 PC 端数字阅读获得市场利润,现阶段"理想很丰满,现实很骨感"。龙源期刊网经过多年的努力,搭建了期刊内容数字传播的平台,在付费阅读方面做了大量的探索性和开拓性工作,对人们传统阅读观念的转变发挥了积极作用。

在博思数据研究中心《2011 年中国杂志十大品牌排行榜》中,《读者》位居榜首。中国邮政《2013 年度报刊邮政发行排行榜 100 强》中,《读者》《三联生活周刊》《看天下》等都位列其中。这与龙源期刊网付费阅读排行榜完全吻合;《读者》《故事会》《十月》《三联生活周刊》《看天下》《当代》等品牌期刊,在数字阅读领域也独占鳌头。由此可见,传统期刊已经在网络上建立起一个品牌阵容,线下和线上互动,品牌影响力正在不断扩大。龙源 TOP100 付费阅读数据数字显示,一大批期刊在数字阅读方面正在形成影响。这无疑给转型中的我国期刊业提供了信心,是促进期刊业发展的正能量。

龙源期刊网倾全网之力,每年都会给每个杂志社提供一份年度数据分析报告,无论是整个 TOP100 数据,还是个性化数据,都很有价值,对于我们改进期刊编辑工作,研究市场、研究读者需求很有帮助。龙源一直坚持免费为大家提供年度数据分析报告,希望大家能够真正用起来,在期刊业的繁荣发展中发挥作用。

(2013 年 11 月 7 日龙源"2013 数字阅读影响力期刊 TOP100 排行发布暨数字内容公众阅读服务模式论坛"讲话摘录)

出版服务社会，阅读引领未来

中国图书馆学会副理事长、首都图书馆馆长　倪晓建

作为数字出版界的领军企业，龙源应邀在今年的图书馆年会第9次发布"数字阅读影响力期刊TOP100排行"，使图书馆界更加直观地看到了我国人文大众期刊的强大阵容。依据数据，既是重视传播效果、分阶段进行总结分析的好行为，又是发现品牌、宣传品牌、营销品牌的好措施。特别是TOP排行今年分不同领域和不同受众群体，对我们图书馆服务非常有用。我们由此了解到，公共图书馆用户喜欢读什么，中小学生、党政企业人们喜欢读什么，根据龙源排行数据，可以总结图书馆资源采购是不是适得其所，同时根据这个排行显示的不同领域读者的阅读取向，加强我们图书馆的服务工作，更加有针对性地去服务不同读者。

图书馆作为文化传播的载体，在社会生活中扮演着重要的角色。期刊尤其人文大众期刊，作为普适性最强，能够最大限度解决阅读共性问题的媒体，有着出版周期短、刊载速度快、数量大、分众性强、内容新颖、发行与影响面广等特点，是图书馆数字资源的重要组成部分。

目前，首图已通过与各类数据库合作，建构起了具有一定规模的数字化阅读网络，国内很多大中型图书馆也在加快数字化建设的脚步。要在社会信息化服务、公共文化服务中发挥图书馆自身的作用和价值，就要进行信息咨询服务、数据整合、个性化服务来吸引读者。在这个过程中，需要有龙源"期刊影响力阅读排行"这样最直观的数据来为我们工作开展提供依据，就需要对各类刊物，尤其是人文大众类刊物情况加深了解。图书馆是一个兼具开展社会教育、开发智力资源及提供文化娱乐的综合性载体，在阅读观念产生巨大变化的今天，龙源发布的十几个领域的阅读排行无疑对图书馆建设，尤其数字化建设具有很大参考价值。

今天出现在龙源TOP100中的期刊，可以说是刊中翘楚，它们是通过客观公正的读者阅读基数呈现的。龙源作为一个数字出版机构，是一个具有社会责任感的企业。据我了解，龙源对每种合作刊物都进行严格把关和精心挑选，提供的是优质版权内容，这使我们的合作建立在稳固的基础之上。龙源在精准搜索、大数据挖掘和提取方面做了很多工作，也生产出很多促进阅读体验的新产品，对于图书馆具有良

好的借鉴性。图书馆作为人类文明的特殊表征，有义务在这种信息爆炸的语境下对信息进行把关，确保将最优质的阅读资源送到读者手中。

作为传统意义上纸媒最大的承载体，图书馆面临着各种质疑与冲击，世界范围内的图书馆都面临着相同的问题。加强图书馆自身馆藏电子资源建设是首当其冲的，只有确保了优质内容便捷的传播渠道，才能更好地满足读者的阅读需求，吸引更多的读者加入到阅读的行列中，杂志社、图书馆才能对全社会的公共文化全覆盖服务做出贡献。

除上述努力外，图书馆还经常联合出版界，共同举办一些贴近读者、接地气的活动，让我们的读者通过图书馆与你们这样的期刊社、数字出版平台面对面，进行真诚的对话和沟通。我们应相互支持去收获更多的读者，成为国家公共文化服务的主力军！

（2013年11月7日龙源"2013数字阅读影响力期刊TOP100排行发布暨数字内容公众阅读服务模式论坛"讲话摘录）

提升期刊在移动阅读领域的品牌影响力

上海市新闻出版局副局长 祝君波

目前，数字化阅读所产生的影响已经突破了传统出版和传播等领域，波及经济、文化、教育乃至整个社会和人们的日常生活。期刊媒体的数字化已成为重要的资源版块。9年来，龙源TOP100排行以其客观性、科学性在业界形成了强大的品牌影响力，对打造期刊内容行业，创新传播技术和提升市场营销等诸多方面都具有非常重要的意义。

在移动互联网迅速发展的背景下，基于手机和平板电脑的移动阅读将进入快速成长期，日渐成为一种主流的阅读方式。手机成为第一大上网终端，应用热点逐渐向手机端转移。同时手机也逐渐超越其他媒体终端，成为人们日常生活中最重要的媒介。本次发布，龙源针对移动阅读领域推出"移动阅读排行榜"，根据运营商及移动阅读终端阅读数据推出各项中国移动、中国电信、中国联通龙源期刊阅读TOP100，龙源网手机阅读TOP100及APP阅读TOP100榜单。这些榜单让我们能够对期刊在移动阅读领域的发展状况窥见一斑，把握移动阅读时代的新变化。

从本次排行数据分析报告中能够看出，转型较早的品牌期刊在数字阅读领域仍然走俏，也有许多在传统出版领域不很著名的期刊也荣登了榜单。我想这得益于期刊内容的优质性和成熟的推广模式。龙源APP阅读排行第1名《三联生活周刊》，是国内最早开始进行移动阅读和数字化转型的大牌期刊之一，并逐渐取得成功。这说明我们要专注期刊内容资源的建设，通过优质和特色内容形成品牌竞争力，并结合完善的运营模式，推动传统的期刊出版向移动出版转型。

在移动阅读领域还存在这样一个现象，品牌影响力开始发生变化，一些新兴期刊开始涌现并走在数字转型的前端，长尾效应在数字期刊出版领域逐渐形成并成为一种长期趋势。可以说，移动阅读为期刊发展带来了新机遇，值得各位期刊界同行高度重视。

在数字技术日新月异的今天，手机出版或将成为期刊数字化发展的重镇，"内容为王"也将成为移动阅读市场的永恒定律。传统期刊的数字化发展和基于期刊内容的移动阅读将会进入快速成长期。随着移动支付的逐渐普及,传统期刊依靠移动阅读进行赢利指日可待。

(2013年11月7日龙源"2013数字阅读影响力期刊TOP100排行发布暨数字内容公众阅读服务模式论坛"讲话摘录,题目为编者所加)

【2012】

数字化趋势不可回避的几个问题

中宣部出版局副局长 刘建生

我仔细翻阅了龙源白皮书，竟是如此含韵厚重、分量沉重、总揽庄重。白皮书是3 200家期刊进行网络传播线下十分努力的写照，也是龙源人含辛茹苦、勤奋工作、呕心沥血的写照。

我参加龙源发布会，是因为对龙源一步一个脚印非凡走过十五年的感动，是对龙源八年来一年一度的TOP100发布情有独钟；是因为对中国期刊业的转型与未来发展的焦虑期盼；是因为出版服务于五位一体建设（政治、经济、文化、社会和生态文明建设）、服务于整个社会的创新、进步、和谐、文明，责任重大，举足轻重，任重而道远。

每年的发布会，龙源总要让我们看到一些新面孔，TOP排行榜的不断组合、不断洗礼，总让我们看到一些新面貌、新起色、新亮点，总让我们看到一些新启迪，新探索，新造诣。我把龙源的效用归纳为十大功能：

评价功能：桃李不言，下自成蹊；

拓展功能：鲲鹏展翅，跨界运行；

转型功能：潜移默化，无缝连接；

探索功能：长路漫远，上下求索；

回溯功能：历史存照，唤醒回忆；

协同功能：同声相应，同气相求；

引领功能：刊办风尚，制导制航；

长尾功能：不弃弱小，各有其位；

营收功能：N次营销，集腋成裘；

培育功能：不枉园丁累，无意也成荫。

龙源是阅读趋势、阅读取向、阅读价值的晴雨表，是期刊走出去的集结站，是各路刊社精英亮相、展艺的竞技场，是读者不可或缺的生存乃至生命伙伴。如果说期刊阅读是一种享受、一种奢侈品的话，龙源硬是把这种奢侈品做成了人们生活的必需品，须臾不可离开的伙伴。比如，调研发现，基础教育领域教师阅读的TOP100期刊，人文社会科学、医药保健类期刊位列前茅，证实了龙源逐步实现的拓展阅读功能：中小学教师不是从中找教材、教学类的东西，而是要看到更多人文和社会科学的知识、医疗保健和健身知识，拓展自己的知识面，满足自己的实际需求。

我们处于期刊业发展的转型关口，处在期刊业改革的关键时段，社会在变，阅读在变，技术日新月异、需求五花八门，我们的期刊服务、出版服务，我们的文化建设应当怎么走，还需要继续探索，继续研究，继续创造，继续履新。因此，我们乐见龙源的拓展和发展，乐见龙源产品的广泛和丰富，乐见龙源的影响与日俱增，乐见3 200家人文社会科学期刊走入龙源的平台，携手奋进，携手共进，各展美好，各显其能。我们更希望这种代表新趋势、新方向、产生新价值，新服务的融合，能够不断提升，不断加强，不断创新，在新的层面形成更强有力的市场经营主体、社会服务主体、文化建设主体，成为知识积累和传播的主体。我们相信，只要方向选正，路子选对，措施选好，只要不懈努力，在实现十八大提出的中国梦的憧憬下，我们一定会有更大的收益、更多的贡献，我们自己也会有更好的生存、更快的发展！

（2012年11月21日"2012期刊网络传播TOP100排行发布暨移动阅读高峰论坛"讲话摘录）

数字的革命

中宣部《党建》杂志总编辑 刘汉俊

数字技术改变了人类的生活方式和社会形态，这是不争的事实。我想表达两个观点。

一是不同意"科技革命引领了人类进步"说法，应该把"技术革命"与"科学革命"两个概念分开。技术革命在推动社会进步、积聚物质财富、改变社会生活的同时，出现了剩余价值、阶级矛盾和贫富差别问题，出现了社会混乱、环境污染等问题，出现了殖民和战争，使人类文明充满了血腥味儿。而科学革命是一种思想性、导向性、理论性、本质性的精神革命，是科学思想、科学精神、科学原理、科学道德、科学态度、科学方法的集大成，具有远远高于技术革命的品质。只有用科学革命引领技术革命，才能真正推动人类的进步。所以，如何以内容为王，通过先进技术来促进思想、文明的传播，这是我们必须高度重视的问题。

二是数字技术正在深刻地改变人类的文化，创造新的文明。比如，地铁或公交车上会看到"十个有九个在看手机，还有一个在打手机"情景，人人都是"低头一族"；手机改变了人们传递信息、表达情感的方式，不断刷新的各种屏幕改变了不少人传统的阅读习惯。统计表明，传媒用户普及到5 000万人时，收音机用了38年，电视机用了13年，互联网仅用了5年。今天，基于互联网技术的数字终端的数量正呈爆炸式增长和裂变式翻新，移动终端的持续猛增已威胁到传统互联网的发展。这种趋势将催生许多新的文化形态，不同文化形态的交流融合，又会分蘖出无数新的文化形态。感谢数字技术，为我们创造了绚丽多彩的世界。

正是基于以上两点，中宣部《党建》杂志开始了与龙源集团的战略合作，这个合作得到了中央领导同志的批准和支持。刘云山同志亲自向汤潮总裁详细了解龙源的发展和与《党建》杂志合作的情况，亲自开启了由龙源开发的《党建》杂志iPad版。刘云山同志积极鼓励和大力支持，是对传统媒体与网络移动终端，权威党刊与知名数字平台合作的支持，是对运用信息技术传播党的主张、传播先进文化的肯定。我们很高兴《党建》杂志在走向数字化的第一年，就能荣登龙源年度国内阅读TOP100和手机阅读TOP100两个榜。纸质《党建》杂志目前发行量达到每期67.8

万份，在中央党刊中遥遥领先。中国新闻出版研究院和龙源联合颁发的《党建》杂志的数字发行量证书显示，我们在数字化发行第一年就达到70多万。网络的力量让我们增强了自信，这对《党建》杂志来说，是一次观念和影响力上的革命。

龙源是一个优秀的文化企业，一个具有文化品位和战略眼光的建设者，具有相当领导力、感召力、影响力。《党建》和龙源正联手在全国范围内建设党政干部阅读资源平台。今年10月，我们一同为云南西双版纳州、湖南张家界市搭建了数字化的党政学习平台，创造了建设学习型党组织的新载体。我们还共同开发了手机党建网和手机龙源网的阅读卡。网民既可以看到《党建》杂志频道，又可以一览其他优秀期刊的最新信息。下一步还将拓展图书、视频资源。感谢龙源，让《党建》获得新的能量；相信龙源，必将为党的建设作出更大的贡献。

（2012年11月21日龙源"2012期刊网络传播TOP100排行发布暨移动阅读高峰论坛"讲话摘录）

【2010】

要提高对龙源数据的重视程度

中国期刊协会会长 石 峰

龙源期刊网从2005年开始，坚持不懈进行期刊网络传播的数据统计和排行，坚持用客观、公正、科学的数据来盘点期刊数字化的进程，不断地总结和研究期刊在网络传播过程中的特征和规律，提供给业界参考，这项工作做得卓有成效，很有意义。我希望龙源期刊网进一步开发来之不易的数据，充分发挥数据资源的作用，更好地为业界服务、为社会服务。

龙源期刊网络传播数据排行发布活动越来越客观、公正，这不仅表现在每次发布都有业界知名专家学者参与研究，更在于他们把一切都做到了公开透明。今年在发布排行的同时，还公布了具体发行量数字，这增强了龙源TOP100发布的客观性和公正性。特别是龙源提供的关于付费阅读和浏览性阅读的数字，让我们对期刊在数字化转型过程中的市场效益有了比较量化的观察和认识。我们应该认真地去分析研究这些不同的数字，看一看什么样的内容、什么样的标题、什么样的题材更加符合网络读者的阅读诉求，从而让付费阅读的市场蛋糕变得越来越大。我还看到龙源期刊网在做整体发布的同时，还为每一家合作期刊社提供了年度的网络传播发行分析报告，包括哪些栏目、文章最受欢迎、哪些地区发行量较好等内容，并向每一家期刊社提供了一份年度的发行量证书，这对于成长中的数字期刊应该是颇有帮助的，数字期刊数字发行量的认知和肯定，也必将成为数字期刊发展强大的推动力。

我想强调两点：一是这些数据很难得，要进一步来开发利用。因为每一个数据后面都带着一连串数据，有很大的价值。现在主要通过读者的点击付费阅读作为经营的主要模式，今后可能通过开发这些数据赢利，让数据为刊社服务。今天这样的会龙源还要动员、邀请杂志社来参加，今后应该发展到杂志社主动申请来参加。做到这一步，龙源期刊网这个平台的影响将更大，对期刊界的推动也将更大。因为现在这些数据我们以前做平面媒体时要获取是非常困难的。龙源这些数据是非常真实科学的，很多东西都能够通过数据统计分析出来。希望龙源期刊网要进一步加强数据开发利用，更好地为刊社服务。

二是杂志社如何利用这些数据。现在杂志社主要是到这里来看看自己排第几名。实际上这不应该是主要的。你应该考虑你加入到这个平台里以后，这些数据对你的作用是什么？这些数据确实是我们不加入这个平台就很难得到的东西。现在得到了，我们还需要来开发、来分析研究，成为你今后发展刊物、让刊物办得更好的一个重要依据。至于参加这个平台后，通过阅读量来取得的一些钱，我觉得目前并不多、也不重要，最重要的是通过对这些数据的分析使你的杂志办得更加适合读者的需要，更加有针对性，更加受读者欢迎，这才是真正的目的。

我国新闻出版业正处在变革发展的关键时期，期刊利用不同载体满足不同的市场需求，获得不同的受众，已经到了一个新的发展阶段。传统期刊业在新技术、新载体、新业态层出不穷的态势下，如何应对以数字技术为基础的多媒体出版时代，如何从主要依赖传统纸介质出版产品，向多种介质出版产品共融的现代出版产业转变、如何利用科学技术手段，研究不同载体、不同阅读方式、不同市场空间，是世界期刊业共同面临的问题。我们中国期刊出版人应该趁时代变革的大潮流，革新思想，依靠科技，迎难而上，跟上世界期刊前进的步伐，并在期刊数字出版领域创造新业绩，迎接中国数字出版业的辉煌前景。

（2010年11月8日龙源"2010年度期刊网络传播TOP100排行发布会"讲话摘录，题目为编者所加）

融合发展　内容至上

中宣部出版局副局长　刘建生

我讲三层意思。第一是关于数字化问题和传统出版的问题。穆总有个观点，就是传统出版和数字出版是可以共生共存的，而不是一个相互抵御、相互抵消的状况。我很赞成这样一个观点，对此我可以提供一个佐证。建议大家看看现在热映的电影《山楂树之恋》，实际上《山楂树之恋》这本书是2008年2月4号出的第一版，江苏凤凰出版社出的。之后，网络版马上就上来了，但并没有影响到纸介图书的发行，它还是卖到了20万册。现在《山楂树之恋》的电影也出来了，在9月14号正式公演以后，各大影院均爆满，网上公布票房突破了8000万元。网上的情景怎么样了呢？随便搜索《山楂树之恋》，相当多的阅读网站有关于《山楂树之恋》网络版的节选或者全文，而且每一个网站都有关于这本书的交流和互动。我同时也听到了好多看完这部电影的朋友给我讲原著。于是我看完电影立刻到书店里买了一本《山楂树之恋》，从头到尾又看了一遍。所以从图书这个角度看，传统出版并不与数字化相抵触，甚至是相辅相成的。

第二点是现在我们整个期刊经营呈下降趋势，但是我们的传统出版、传统期刊中的一些大刊名刊、一些集团化运作的期刊，还是呈上升趋势的。如吉林省期刊，目前发行200到300万有一种，超过50万的一共有5种，超过10万的有20种。像这么一个只有2400万人的小省，发行量这么大，确实不可思议。刚才我看到今年的白皮书中《意林》也进入排行榜，它是吉林的刊，名次还比较靠前，看来它在网络上也很走俏。再说湖北省，那里发行超过300万的有1种，超过200万的有2种，超过100万的有6种，另外超过10万20万的，可能还有十几种到20种。它们一个是有7000多万人口的大省，一个是有2000多万人口的小省，同时经营期刊。所以我觉得期刊的生命力还是非常旺盛的。当然，我只是把这个现象提出来，给龙源的这个排行，做一个注释、一个注脚。

第三点是数字化确实为我们期刊的发展插上了翅膀。不管是数字期刊还是传统期刊，都应该考虑怎样充分利用数字化。关于最后的经营结果，刚才穆总用了一句话叫"内容至上"，我觉得这个观点也是非常正确的，到最后还是你的文化推手、你的内容、你的编辑选择、你的眼光、你的视角、你对信息挑选的原则、你挑选信息的价值观,是你最后取胜的法宝!

(2010年11月8日龙源"2010年度期刊网络传播TOP100排行发布会"讲话摘录)

【2009】

高度重视转型发展，积极探讨赢利模式

中国期刊协会会长　石　峰

几年来，龙源期刊网为推动我国期刊的数字化转型做了大量的工作，为数众多的期刊通过龙源建设的这个网络平台走向了世界。更难能可贵的是，从2005年到2009年，龙源每年向社会公布期刊网络传播排行，并坚持不断地研究、总结期刊在网络传播过程中的特征和规律，提供给业界参考，这实际已经超出了一个企业的责任。龙源以治学的精神办企业，坚持不懈地做好一件事，这种精神是值得肯定、值得赞扬的。

中国期刊协会一直在积极推动期刊数字化转型。整体上来说，期刊社对数字化转型的发展前景还是非常认可的，但碍于财力、人力，发展很不平衡。龙源作为近3 000种期刊的汇聚平台，进行全球区域的网络传播整合营销，这是一个非常可取的途径。从今年研究资料上可以看出，许多期刊的数字发行量在不断增长，期刊的网络认知度在不断拓宽，品牌影响力在不断扩大，形成了自己的数字期刊读者群体。比如《青年文摘》《电脑爱好者》《家庭》《故事会》等刊物，连续多年在TOP100排行榜上出现，证明了这些期刊在网络上很受欢迎，不仅在传统期刊领域是品牌，在网络上已经实现了品牌延伸；还有一些小众刊物在网络并不小众，如《轻兵器》《大众摄影》等，这给众多线下发行量不大的刊物提供了发展的新天地。因此，龙源期刊网基于五年的网络传播数据，科学地提出了对数字发行量认知和肯定的问题，这是很有意义的。通过科学的认定，逐步确立数字发行量的概念，必将大大促进我国期刊的数字化转型。

期刊是思想文化的重要载体，期刊出版是一项非常严肃崇高的事业。在期刊数字化转型过程中，我们每一个期刊人都要高度地重视、积极地行动，早行动早主动。数字化引领期刊未来，这绝不只是一个口号，它是一个必然的趋势，一个不争的事实，我们每一个期刊工作者都必须自觉地去认识、去把握。面对3G时代的到来，期刊要实现网上网下双赢利，靠什么？靠坚定不移地做好内容，靠以手机和阅读器等载体为重点的传播工具营销期刊内容，靠刊、网融合互动谋求新的发展。今天，龙源聚集大家，在这里讨论3G时代期刊的赢利模式，符合当前期刊界的需要，希望大家广开言路，积极地探讨新时期期刊运营之道。

（2009年11月19日龙源"2009期刊网络传播TOP100排行发布暨3G时代的期刊赢利模式高峰论坛"讲话摘要，题目为编者所加）

加强理性思考，提高中国出版的竞争力

新闻出版总署科技与数字出版司司长　张毅君

结合我自己工作，今天从业务角度做一个简短的发言。三层意思，第一层意思是表示祝贺之意。参加这个大会是我们这个产业的各个环节的人士，大家齐聚一堂，有这么一个机缘聚集在一起探讨一个共同的话题，这个话题并且是大家都比较关心的、是关于赢利模式的话题。这样一个话题给我们同业者带来一个期待，希望能够通过这样一种讨论，通过这样一种交流，能够得到一点启发。我认为这是首先值得祝贺的。其次要特别祝贺的是：会议准备公布2009年排行观察分析成果，这样的观察和分析一直在持续，我觉得在目前这样一个喧嚣的互联网时代，在目前这样一个急切浮躁的社会环境里，能够如此冷静的观察，能够如此坚韧地坚持，我认为是不容易做到的。我们应该对这样一种精神表示敬意，我们对这样的一个成果也确实充满期待。

第二层意思，论坛的主题是一个理性的表现。自从2000年互联网登陆中国，迅速生长开来以后，人们对互联网的认识，对在互联网上来享用信息的认识，有一个误区。大家在网上习惯了享用免费的大餐，这给我们整个互联网的经营者带来很大的困扰，实际上给产业的发展也带来比较大的制约。现在我们开始讨论这个话题，说明已经具备了一定理性的思考。我认为，在人与市场交互作用的关系当中，市场的成熟首先取决于人的关系。现在既然已经开始进入这样一个话题，我认为这是一种理性的标志。这是我对论坛主题的一个看法。

从中国传统道德层面，叫君子爱财取之有道，有道之取必得天下。这就引出我第三个看法，什么是有道？我认为只有形成符合经济发展规律、稳固成熟的市场价值体系，形成这样一个整体才有我们产业的健康和良性发展。在互联网发展过程中，尤其是在数字期刊发展过程中，尽管我们国家的整体规模还在逐渐形成，但我们这方面的成熟度比海外同行还是有差距的。

第三层意思，在整个推动数字出版发展过程中，政府究竟应该扮演什么样的角色，尤其是像我们这样的专业部门，到底应该扮演什么样角色。整个数字出版产业的发展，互联网的发展，有两个因素在发挥作用：一是新技术研发和普及，二是市场需求。没有新技术的研发、新技术的普及，市场需求得不到满足。反过来，如果没有市场需求，任何新技术的开发都没有用武之地。这两个因素交互作用，推动整个产业的发展。政府在这中间不是无所作为，政府的作用、政府管理部门的作用，就是在这种交互的关系当中找到因势利导的作用。使整个方向、使它的节奏能够更加合理，更加符合客观发展的规律。

我们对龙源期刊这些年的发展，尤其是我们总署的学术单位、科研单位中国出版科学研究所参与到这样一项工作里来，我认为是发展的结果，融合的结果。我们今后面对的竞争，对手不是在国内、而是在国际。我们在这里做的所有的探讨，对整个数字出版行业的发展都是一种贡献。我很希望我们通过这样的论坛，通过我们更多的实践，把我们的整个数字出版产业加快向前推进，提高我们的竞争力。我想有朝一日，我们中国的数字出版产业在国际上，像今天我介绍别人一样，让别人也来介绍我们。

（2009年11月19日龙源"2009期刊网络传播TOP100排行发布暨3G时代的期刊赢利模式高峰论坛"讲话摘要，题目为编者所加）

企业用服务的理念做事，就一定能发展

北京市新闻出版局原副局长　孙　瑛

龙源期刊网聚集3000家杂志社，打造了传统期刊的网络出版平台，为我国期刊数字化起到了重要的推动作用。据了解，龙源期刊网企业宗旨是聚刊社力量，建服务平台，让中国期刊走向世界、走向未来。一个企业以服务的理念做事，就一定能够发展。在与期刊社合作的过程中，龙源连续五年进行期刊网络传播的排行发布，开启了互联网时代期刊运营调查的新手段、新途径。同时他们也非常重视研究网络传播的特征和规律，积极向业界提供可支撑参考的转型期研究报告，非常值得肯定。他们花费大量的精力坚持向每家期刊提供年度网络传播个性化报告，这种企业精神是难能可贵的。

当前我国的数字出版的发展，产值已经与传统出版数字相当，达到了700多个亿，增长率远高于传统出版。目前我国手机用户已达到7亿多，移动媒体作为一种新的媒体形态，将成为时代的新产物。这种变革是不以任何人的意志为转移的，期刊数字化的转型将随着3G的推动而深入。

（2009年11月19日龙源"2009期刊网络传播TOP100排行发布暨3G时代的期刊赢利模式高峰论坛"讲话摘要，题目为编者所加）

【2008】

抓住发展机遇,打造新型多元期刊运营产业链

中国期刊协会会长 石 峰

中国期刊正面临着新的历史发展机遇,一方面是纸张涨价、广告下滑、读者分流的压力,一方面是互联网带来的新的读者群的形成和新的内容生态环境,给期刊的"编""读""卖"带来了新的发展空间。

"龙源期刊网"多年来在期刊数字化市场和国际市场一如既往地积极推进、扩大了期刊的营销市场,2007年给刊社的收入有了翻倍的增长。数字化市场作为一个新兴的赢利领域已初露端倪。期刊社业界人士无不在想:这个市场能否成为期刊杂志经营的重要来源之一?它有哪些新特点和新趋势?期刊运营如何适应新时期的发展需要?平面媒体如何稳固阵地的同时做好数字化出版?期刊媒体的资本运营该如何进行?广告与发行应该怎样与网络相结合,打造新型多元运营的期刊产业链?

希望业界、学界、发行界各路精英从理论的高度、实践的广度和市场发展的深度多多探讨。

(2008年11月7日龙源"中国期刊数字化市场高峰论坛暨2008期刊网络传播排行发布盛典"讲话摘要,题目为编者所加)

【2007】

推进文化创新，增强文化发展活力

中国期刊协会副会长　张有元

龙源期刊网与近 2 000 家期刊社合作，实现了平面期刊群体的网络传播，有效地运用了现代科技手段，在时代的高起点上推动了文化内容形式和传播手段的创新，对增强中华期刊文化的国际影响力发挥了积极的作用。龙源基于 2 000 种期刊网络传播数据，将其在国内和海外传播的状况取前 100、文章阅读前 100、类别阅读前 10 公布于众，具有十分重要的意义。这是一种新形式的读者调查，有较高的科学性，我们可以从中了解读者的诉求和期刊阅读走势，改进期刊运营。

今天龙源期刊网还推出 2000 家期刊社网站正式上线，对于加快期刊群体的信息化建设、促进期刊数字化出版也是一件大好事，特别是龙源期刊网是完全免费提供这项服务，应该说为推进文化创新，增强文化发展活力作出了积极的贡献。

国家已经采取了一系列的重要措施，促进出版业数字化建设，这对刊社发展来说是一个十分难得的战略性的机遇。我们要积极行动起来，更加自觉、更加主动地推进文化大发展大繁荣，在中国特色社会主义的伟大实践中进行文化创造，进行期刊创造，让更多的人们来分享我们期刊人生产的文化成果。

（2007 年 11 月 9 日龙源"2007 期刊数字化发展策略论坛和 2007 龙源期刊网络传播 TOP100 排行发布会"讲话摘要，题目为编者所加）

[2006]

龙源期刊网的四大功能

中国出版科学研究所所长　郝振省

龙源期刊网的功能有以下四点。

第一，对于刊物而言，有两点功能：

一是它大大地扩张了刊物的市场空间。

二是它成为刊物自身进行自我调查，运筹发展战略，拓展提升空间一个非常重要的平台和手段。并且调查的针对性、准确性、有效性都有了很大的提高。

第二，对于龙源期刊网来讲，有两点功能：

一是作为一个载体，龙源期刊网找到了内容，这是它的一个必须。在这个内容为王、内容至上的时代，我们的载体和平台要与内容相结合。

二是龙源的期刊平台事实上已成为一个调查的服务性平台，它不但具有传播的服务功能，还具有研究的服务功能。

第三，对于读者来说，有三点功能：

一是就原有的读者而言，龙源期刊网为他提供了在网上阅读、消费的新载体。

二是从读者的量来说，龙源期刊网的出现，使它由有限走向无限，由国内走向海外，由红海走向蓝海。

三是龙源期刊网还为读者提供了消费的可选择性、有效性、针对性。这样，他的精力就能充分实现不至于过多的浪费。

第四，对管理机关而言，也有两点功能：

一是我们现在的管理机关，最希望现在的传统媒体和新兴媒体共生共赢、相辅相成，而不希望看到新兴媒体对传统媒体的否定。龙源期刊网与传统期刊的友好合作，就是这样一种共生共赢、相辅相成的格局。

二是管理机关很关注走出去的战略。通过以龙源期刊网为代表的网络和技术，可以使我们走出一条比较便捷、投入少、见效快的路径，这是一个前途无量、空间广阔、后劲十足的思路。

（2006年12月2日龙源"媒体变局中的期刊蓝海战略高峰论坛暨2006龙源期刊网络传播TOP100排行发布"讲话摘要，题目为编者所加）

打造好品牌期刊独具的核心竞争力

中国期刊协会前会长　张伯海

在网络传播大军压境，似乎有取代之势的今天，能够保持敏感和锐利的目光，把握迎接新媒体的战术和韬略，创造左右皆能逢源的主动和优势，这是传媒界的智者。麻木、手足无措、随意胡抓乱上、跟风，这是自信心不足或头脑发热的表现。正因此，我们很赞赏像龙源期刊网今天所组织的这场活动。这样的活动能够以踏实积累的一系列数据和力求科学的数据开发做依据；能够提出既不脱离实际又要翘起脚跟往远看的论题，能够引导人们触摸新世纪媒体交融更生的脉动。这个活动搞得好，会是媒体人锻炼智慧增长才干的很好的一次理性的洗礼。

对期刊这个媒体来说，无论网络传播已经活跃到什么程度，都还远远不到谈论还有多少年它就是大限的时候。期刊今天仍然是与读者贴得最近的媒体，在内容与形态上变幻多端，它今天的繁荣和无尽精彩，表明它仍是潜质无穷的媒体富矿，而一旦再接通网络这根神经，就更有可能如虎添翼，驰驱人类传媒的圣坛。我相信今天与会的每一位期刊出版人，都会具有这样的自信和底气。我赞赏今天会议主题中的"战略"两个字，有"战略"，就会有跃动起来的万马千军；我也赞成会议介绍中的"变局"两个字，有"变局"就会弃旧扬新，生生不已。

当然，随着市场的成熟，媒体的竞争，期刊的生存也需要付出更大的努力，对期刊出版人的劳动素质、劳动智能也便提出越来越高的要求。比如，要紧跟网络传播时代读者阅读诉求和趣味的变化，要推出引人入胜、令读者欲罢不能的独到策划和精彩创意，要把服务读者的功能发挥到臻于极致，更要打造好作为品牌期刊所独具的法宝——核心竞争力。

（2006年12月2日龙源"媒体变局中的期刊蓝海战略高峰论坛暨2006龙源期刊网络传播TOP100排行发布会"讲话摘要，题目为编者所加）

【2005】

致龙源"2005年度期刊网络传播 TOP100 排行发布"贺词

龙源期刊网重视期刊网络传播数据分析，通过分析的成果，向有关期刊社提供了把握读者阅读动向、了解期刊市场趋势的可资参照的信息资料，这对期刊社设计、改进自己的工作是有一定参考价值的。希望利用网络的优势，本着准确、客观、务实的精神，把这项工作开展得越来越好。

中国期刊协会前会长　张伯海

2005 年 12 月 20 日

中国期刊数字化要走集约发展的道路

新闻出版总署期刊出版管理处处长　李建臣

本次龙源期刊网亚欧美阅读排行前100名期刊信息发布,是第一次将期刊在互联网时代通过网络传播数据公布于众,具有十分重要的积极意义。它有别于其他形式的业界调研,开创了一个读者调研的新途径,新方式。

期刊数字化是中国期刊发展变革的前沿。龙源期刊网携1 300多种期刊数年来在国内、海外进行了广泛深入的网络传播,以季度报告的形式多次将国内、海外的阅读排行公告给各个刊社,促进了中国期刊网络发行的自觉意识。我们认为,龙源适时地向社会发布国内和海外阅读排行名单,对促进中国期刊数字化发展具有重要意义。它不仅是一个百强队伍的形成,更重要的是期刊通过网络传播,通过对它的市场、阅读群体的探究,实现发展自己的目的。

科技进步使世界日新月异。当互联网渗透到各行各业,进而成为众多人日常生活的重要组成部分时,数字化内容的需要就不容置疑地摆到了社会层面。中国的内容产业——书报刊,出版的数字化已经迫在眉睫。期刊数字化,这不仅是一个具有广泛社会意义的问题,也是经济社会中一个重要经济增长因素。一场出版业的革命正要全面开启;与此同时,一个阅读的革命也将更加深入地进行。

当然,期刊数字化,涉及很多层面的问题。期刊人对数字化认同的深度、技术的解决、平台的建设、内容的延伸、个性化的编辑、规模性生产和市场的营销、结算等都需要提出一个完善的方案。中国数字化进程才刚刚开始,不可能期待方案一蹴而就。中国期刊的数字化,如果有条件,应该走集约发展的道路,而且也已具备了集约发展的基础和条件,这就是龙源期刊网这个平台的作用。

(2005年12月20日龙源"2005年度报告暨期刊网络传播TOP100排行发布会"讲话摘要,题目为编者所加)

第二部分

2005—2014龙源期刊
TOP100排行总解读

2005—2014 龙源期刊 TOP100 排行总解读

中国新闻出版研究院课题组

一、数字阅读总体呈增长态势

中国新闻出版研究院历年发布的"中国数字出版产业年度报告"和"全国国民阅读调查成果"显示，我国数字出版产业整体收入的规模和国民数字化阅读方式的接触率均是呈逐年增长的态势，而据龙源期刊网持续十年发布的 TOP100 期刊排行数据来看，总体上亦是呈上涨态势。截至目前，数字出版产业是以整体收入规模为统计指标、国民数字化阅读方式是以接触率为统计指标，而龙源 TOP100 是以付费阅读总量为统计指标，虽然三个方面的指标不同，但都反映了数字阅读总体上是增长的趋势。数字出版快速发展的十年，同时是龙源期刊网快速成长的十年，亦是数字化阅读习惯逐渐养成的十年。

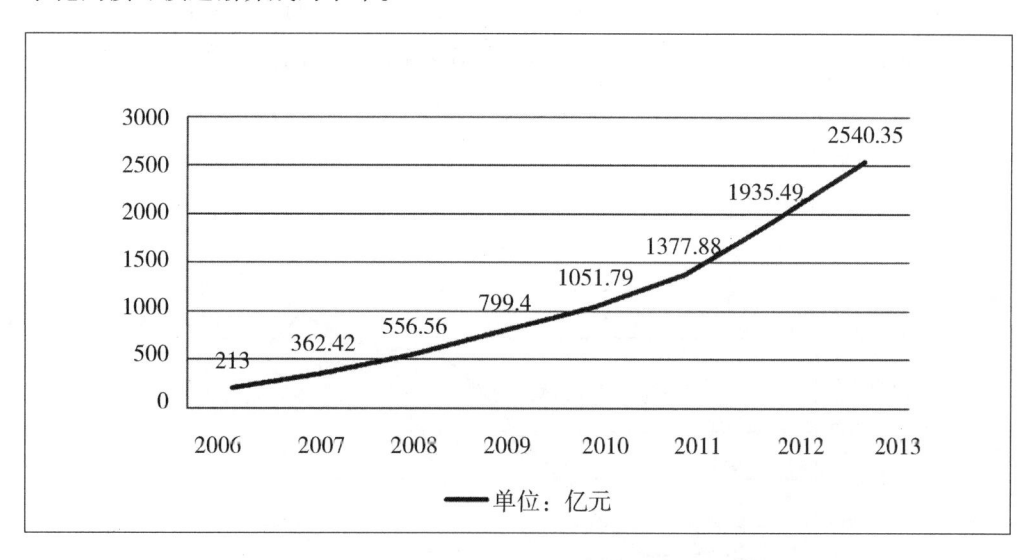

图 1　2006—2013 中国数字出版产业整体收入规模趋势图

根据中国新闻出版研究院发布的《2013—2014 中国数字出版产业年度报告》，2013 年国内数字出版产业整体收入规模为 2 540.35 亿元，比 2012 年增长了 31.25%，从图中可以看出，自 2006 年开始，我国数字出版产业整体收入每年的增幅均在30%以上，2008年增幅甚至达到了53.57%。由此可见，我国数字出版整体规模发展态势极佳。

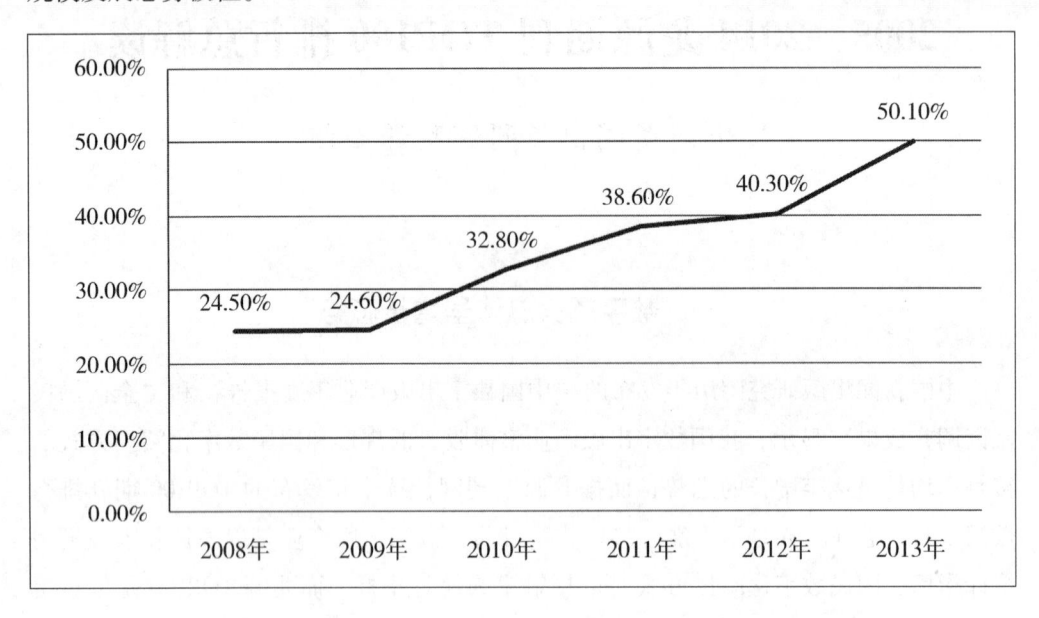

图2　2008—2013全国国民数字化阅读方式接触率趋势图

2014年4月21日中国新闻出版研究院发布的"第十一次全国国民阅读调查成果"显示，由于数字媒介的迅猛发展，数字化阅读方式（网络在线阅读、手机阅读、电子阅读器阅读、光盘阅读、PDA/MP4/MP5阅读等）的接触率为50.1%；从2008年到2013年对数字化阅读方式的接触率进行考察的6年间，全国国民阅读调查成果相关数据呈现出逐年攀升的态势，特别是2010年和2013年增幅较大。由此可以看出，我国国民数字化阅读整体呈现出良好态势。

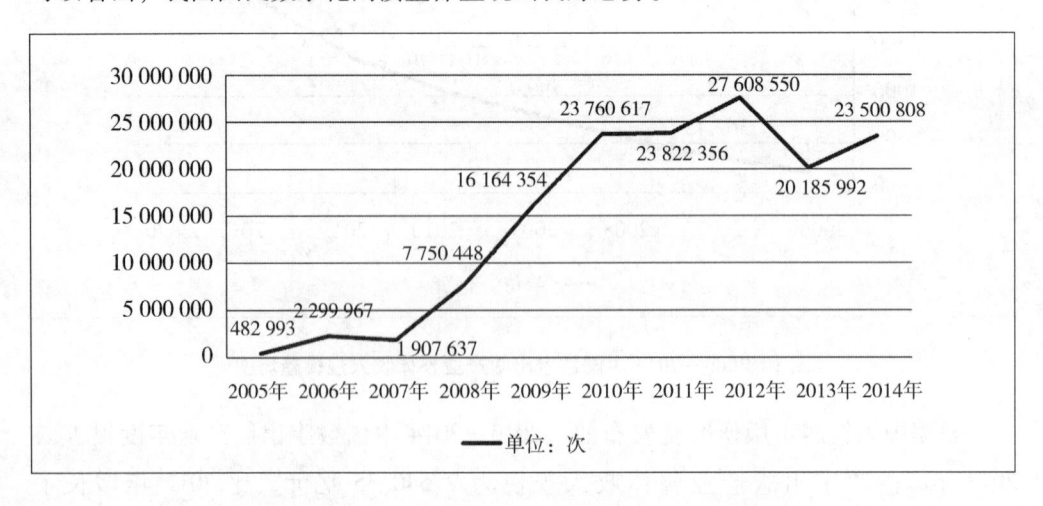

图3　2005—2014国内综合TOP100年度总阅读量趋势图

龙源期刊网自2005年以来，每年发布的TOP100所有排行榜均是以付费阅读量为依据的。从图3中，可以看出2005—2014十年间国内TOP100期刊的阅读数量总体上呈逐年递增的趋势，增长最快的年份分别是2008年、2009年和2010年，2007年到2010年的年均增长率为131.8%，并在此后两年持续平稳增长，2012年达到最高。国内在2013年开始出现分流，移动阅读蔚然成风，阅读数量开始出现双峰态势。

二、数字化内容促进城市全民阅读

2014年，龙源数字传媒集团在龙源期刊网2014城市阅读数据的基础上，推出了2014 TOP100城市阅读排行和省份阅读排行。这为利用大数据信息改进并推动全民阅读工作提供了第一手客观、准确的数据。2014 TOP100城市阅读排行发布的数据包含城市的总访问次数、全文访问次数、原貌访问次数、片段访问次数，排行按照总访问次数进行。除了这些直观的访问数据之外，城市阅读排行还能对具体的流量统计和用户阅读行为进行检测。对城市阅读状况进行监测和分析。

通过对2014年全国34个省份的阅读排行可以看出，北京市的阅读量遥遥领先于全国其他省市，这跟首都北京作为全国文化交流中心的重要地位不无关系，发达的经济、文化程度为阅读的普及和推广提供了便利。华北地区，河北省、山东省、河南省受到首都文化圈的带动，阅读推广和阅读氛围一直很好。广东、江苏、浙江作为南方的文化重镇，阅读表现也很突出。新疆、宁夏、青海、西藏等西北部地区、少数民族地区的阅读状况不是很乐观。港澳台地区，受文化发展不同的影响以及传播渠道的限制，在全国的阅读排名中靠后。

虽然阅读属于个体行为，但是阅读的意义远没有这么简单，还有更加深刻的一面：阅读和民族、国家的命运息息相关，因为一个民族的精神境界，在某种程度上取决于这个民族的阅读水平。从根本上来说，一个民族的竞争力取决于它的精神力量；精神力量的强大与否，更多地取决于它的阅读能力。

党的十八大以来，全民阅读作为国家的一项战略任务推广开来。2014城市阅读排行就是在响应国家开展全民阅读号召的基础上在数字阅读领域所进行的挖掘。TOP100城市阅读排行中的100个城市的总阅读量达到1.3亿次，与全国所有省份近1.5亿次的总阅读量相差不大，足可以看出TOP100城市阅读排行的代表性以及涵盖面。因此，当前阶段TOP100城市阅读排行数据有很强的代表性可以作为全国数字阅读状况的总体参照。

TOP100 城市阅读排行发布了各个城市居民对龙源期刊网上的杂志文章的总访问次数、全文访问次数、原貌访问次数、片段访问次数。这三项指标在不同层次上体现出了用户对阅读的需求，对于了解居民的阅读状况提供了真实的数据参照。

进行城市阅读排行，有利于促进城市对自身阅读状况的反思和改进。TOP100 城市阅读排行是在真实的访问数据的基础上做出的排行。总访问次数的多少能够体现居民的阅读积极性和活跃程度。全文阅读能够切实体现居民愿意为优质的期刊杂志内容付费的意愿和倾向性以及对网络阅读的喜爱程度。原貌阅读除了反映居民的付费意愿，还在一定程度上反映居民对图文阅读的喜爱程度。片段访问反映居民想要阅读的意愿。在这样的数据基础之上，市政府可以对辖区内的文化设施进行相应的改进，加大阅读推广的经费投入，以方便居民简单、快捷地获取优质的阅读内容。

城市阅读排行的上升，有利于提高城市的精神文明建设程度，加快打造全国文明城市。一个城市的精神文明发展状况就是城市的阅读状况的反映，尤其是在物质文明不断发展之后，精神文明的发展更要跟上，这是打造城市文化软实力的重要方面。城市的精神文明建设代表着一个城市的风貌，良好的城市风貌反过来对促进城市经济的发展大有助益，比如有利于吸引市外投资、发展壮大旅游业等。

城市阅读总体水平的提高，有利于推进城市文化软实力的提升。如今谈综合实力已经不是新鲜话题，具体到一个城市，实力的体现不仅仅在经济、科技等硬实力上，文化、价值观念、政策制度等影响自身发展潜力和感召力的城市软实力因素也越来越成为综合实力提高的重要方面。而提高文化软实力，最直接最有效的就是阅读。城市阅读总体水平的不断提升，对判断城市文化软实力的提高的程度提供了重要素材。

城市阅读的推广和普及，有利于整体提高城市居民的文化素质，促进社会和谐。城市整体阅读水平，直接影响到城市居民总体文化素质。要想提升城市居民总体的文化素质，推广城市阅读是直接途径。

2014 TOP100 城市阅读排行是一项建立在优质数字内容阅读基础上，以城市阅读量为统计对象的排行，是一项基于大数据的城市阅读数据监测。这对于市政府来说是一个促动，从而加快当地文化设施的配备和改善，有针对性地改变当下全民阅读推动工作中的薄弱环节，切实响应国家推动全民阅读的号召。

三、数字阅读影响力期刊群体已经形成

通过对十年数据的梳理，我们分别统计出十年间国内、海外及双栖期刊种数，想要以此观察人文大众类期刊在数字阅读方面的发展变化情况。从结果可以得出，国内、海外综合 TOP100 榜单上有 10%—20% 的期刊曾 5 次以上登上过排行榜，有 20%—30% 分别在 TOP100 排行中上榜 2 到 4 次、有 44%—49% 是第一次崭露头角。十年间曾 5 次及以上登上国内综合 TOP100 排行榜的期刊共计 69 种，占到总上榜刊种的 20%，这些期刊占比超过 10% 的类别排序为文摘文萃（17.39%）、文学小说（17.39%）、时政综合（14.49%）、商业财经（11.59%）；登上海外 TOP100 综合排行榜的期刊共计 47 种，占到总上榜刊种的 11%，这些期刊占比超过 10% 的类别排序为时政综合（21.28%）、文学小说（17.02%）、商业财经（12.77%）、文摘文萃（10.64%）。连续多年登上榜单的期刊，大多数是传统期刊领域中的品牌期刊，《读者》在 2012 年初牵手龙源，已经连续 3 年出现在 TOP100 排行前端。一个突出的特征就是这些期刊都有扎实的编辑团队和稳定的作者群体，在期刊内容的独立性、深刻性上都有明显优势，同时内容多偏向于正能量、独立思辨、深度挖掘，能给读者带来知识和思考。而十年间能够多次进入 TOP100 排行，说明在数字阅读时代读者对它们的认可，呈现出品牌期刊的网络延伸和普通期刊在网络上创造出自己的影响力的繁荣景象。

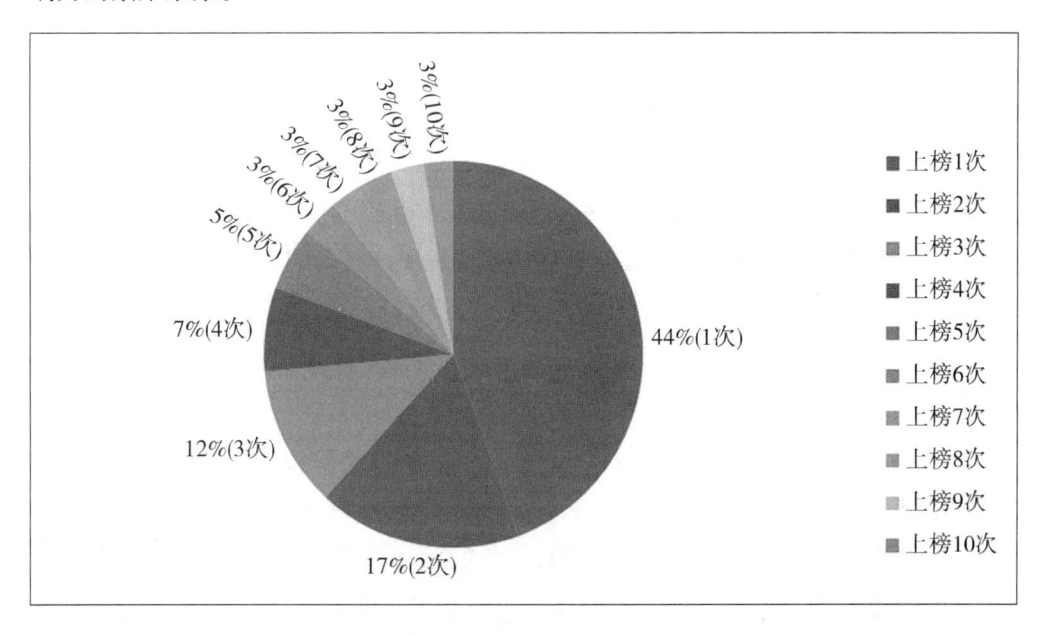

图 4　2005—2014 国内综合 TOP100 上榜次数分布情况

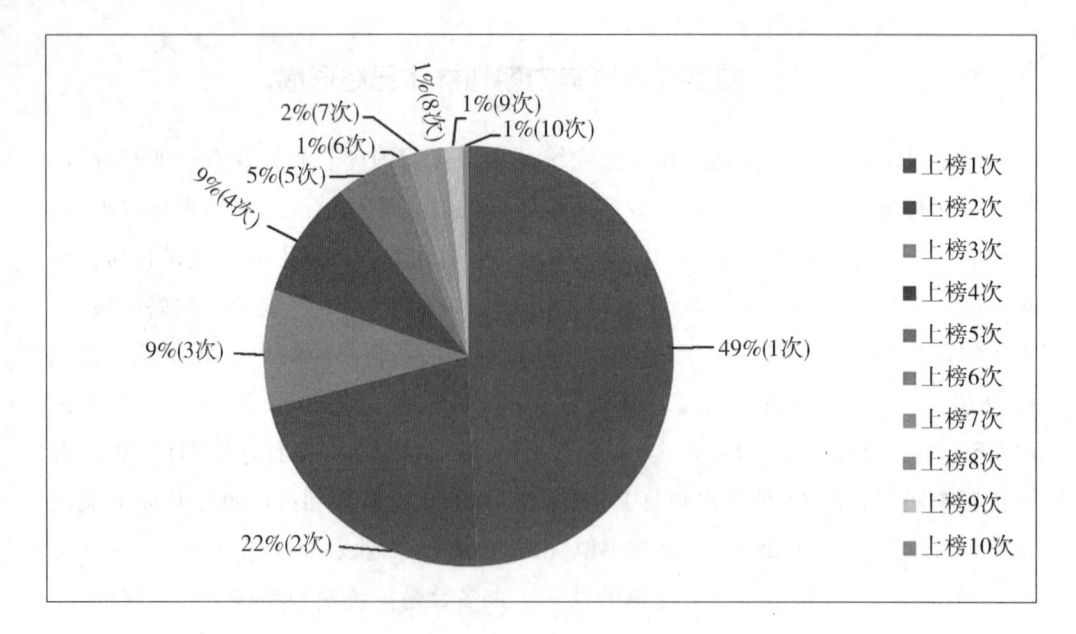

图5　2005—2014 海外综合 TOP100 上榜次数分布情况

从十年数据分析可以看出，互联网大众文学期刊在文摘文萃类、文学小说类、时政综合类和商业财经类方面的期刊在网络上已形成了阅读品牌和网络影响力，读者群体相对固定。

同时，可以看出，龙源十年 TOP100 排行中，国内、海外及双栖期刊，分别有 44%、49%、45%，在期刊数字阅读这个检验场上，可谓是"万类霜天竞自由"，在网络平台上，很多期刊都有机会参与竞争。具体分析，发现某期刊可能由于某一篇或几篇文章的高阅读量使得其一举登上 TOP100 排行。如：2014 年《创新作文》（1—2 年级）中有一篇文章，题目是《草地上的绵羊》，在同年的 TOP100 文章中排名第 4 位，阅读量为 175 154 次，而该期刊在综合 TOP100 排行榜中位列第 19 位，阅读量为 314 227 次，就《创新作文》这本杂志来说，这一篇文章就为它贡献了近 56% 的阅读量。所以，对于期刊运营来讲，打造精品文章，实则可以成为制胜的拳头产品。

我们纵向分析十年 TOP100 期刊数据，发现十年间有 5 次以上荣登 TOP100 排行榜的期刊有很多共同特征。

（1）大都是在传统期刊中发行量较大，有一定品牌影响力的期刊。这说明传统期刊的品牌影响力在数字期刊的竞争中占据明显优势，他们编辑的内容在网络时代依然具有较大的阅读吸引力，比如《意林》《视野》《人生与伴侣》。其中，文学小说、文摘文萃两大类占据了约四成的比例，时政类也非常突出，如《中国新闻周刊》《南风窗》《南方人物周刊》。

（2）从这些多次上榜的期刊的读者群体来分析，我们不难发现，有些期刊创刊时间比较长，积累了非常广泛的读者群体，以及良好口碑；虽然阅读方式发生了变化，可品牌影响力也从线下辐射到线上，这也就解释了像《读者》《十月》《啄木鸟》《故事会》《三联生活周刊》《当代》等有较强品牌影响力的期刊为何能多次上榜的原因。

（3）同时，一批窄众类期刊在十年传播中，也获得了份额并扩大了市场，如《轻兵器》十年间连续9次登上国内TOP100期刊排行榜，通过龙源这一数字平台，使得《轻兵器》这种线下窄众刊物成为了网上泛众读物，逐步完成了网络品牌的塑造，赢得了网络品牌影响力。

四、数字期刊付费阅读文学小说类最受青睐

2005—2014十年间，龙源共为全国四千多种综合性人文大众类期刊提供数字发行服务。综合龙源十年间发布的"TOP100"统计数据，我们发现，国内、海外读者的阅读倾向既有高度重合的部分，如均喜爱阅读文学小说类、商业财经类和时政综合类期刊，且十年间文学小说类的期刊上榜次数最高、最受国内、海外读者青睐；当然，也有不同之处，如国内读者阅读类别的集中度更高、海外读者相较于国内读者更喜欢阅读商业财经类和时政综合类期刊等。

十年累计登上国内TOP100综合排行榜的期刊共计356种、累计登上海外TOP100综合排行榜的期刊共计442种；累计登上国内、海外两份TOP100综合排行榜的双栖期刊共计230种。为了更加精准地了解国内、海外读者十年阅读取向的变化情况，我们将期刊类别分成了23个大类，并将2005—2014十年间所有登上国内、海外综合TOP100榜单及双栖期刊榜单的共计2585种期刊进行了逐一标注，详细统计结果如表1—表3所示。

表1 2005—2014国内综合TOP100排行榜类别统计表

（单位：种）

序号	类别	2005	2006	2007	2008	2009	2010	2011	2012	2013	2014	历年合计	所占比重
1	文学小说	19	19	11	13	20	13	19	6	10	9	139	13.90%
2	文摘文萃	14	15	16	11	13	14	16	10	10	10	129	12.90%
3	商业财经	8	7	15	12	15	13	16	13	15	14	129	12.90%
4	时政综合	10	6	9	10	12	9	12	17	17	25	127	12.70%
5	情感家庭	9	10	11	9	7	8	9	3	2	9	77	7.70%
6	学术	5	5	1	7	3	8	6	13	0	4	52	5.20%
7	娱乐时尚	7	7	7	3	2	2	5	7	7	3	50	5.00%

(续表)

序号	类别	2005	2006	2007	2008	2009	2010	2011	2012	2013	2014	历年合计	所占比重
8	摄影数码	2	3	4	4	7	6		8	5	3	42	4.20%
9	人文科普	3	2	2	4	2	4	5	3	5	4	34	3.40%
10	健康养生	4	8	4	5	4	3	0	3	0	3	34	3.40%
11	教育教学	0	0	1	4	5	6	2	5	4	6	33	3.30%
12	军事	4	4	3	2	2	2	2	3	6	2	30	3.00%
13	文化综合	6	5	3	3	2	1	3	1	2	2	28	2.80%
14	职场理财	2	2	5	2	1	1	3	2	2	2	22	2.20%
15	学生必读	3	1	2	2	2	3	1	2	3	1	20	2.00%
16	母婴	1	1	1	1	0	2	1	2	1	2	12	1.20%
17	体育	2	3	3	2	1	0	0	0	0	0	11	1.10%
18	旅游美食	1	2	2	1	1	0	1	0	2	0	10	1.00%
19	艺术收藏	0	0	0	1	1	2	2	3	1	0	10	1.00%
20	农业乡村	0	0	0	1	2	0	0	1	0	1	5	0.50%
21	动漫游戏	0	0	0	0	0	0	0	0	3	0	3	0.30%
22	汽车	0	0	0	0	0	0	0	0	3	0	3	0.30%

表2 2005—2014 海外综合 TOP100 排行榜类别统计表

(单位：种)

序号	类别	2005	2006	2007	2008	2009	2010	2011	2012	2013	2014	历年合计	所占比重
1	文学小说	17	24	23	24	14	12	17	6	6	4	147	14.7%
2	商业财经	4	0	1	0	16	26	18	16	15	29	125	12.5%
3	时政综合	12	13	4	6	9	13	10	15	16	18	116	11.6%
4	文摘文萃	12	10	9	9	5	8	15	4	5	4	81	8.1%
5	娱乐时尚	4	10	6	5	2	2	5	15	17	6	72	7.2%
6	情感家庭	6	9	12	15	7	7	9	1	0	3	69	6.9%
7	健康养生	10	9	12	13	3	2	0	0	0	3	52	5.2%
8	学术	8	3	5	2	11	5	3	2	0	12	51	5.1%
9	军事	4	5	6	4	2	2	5	9	9	4	50	5.0%
10	摄影数码	1	2	2	3	6	6	3	12	9	4	48	4.8%
11	教育教学	0	0	1	1	13	7	3	1	3	3	32	3.2%

（续表）

序号	类别	2005	2006	2007	2008	2009	2010	2011	2012	2013	2014	历年合计	所占比重
12	文化综合	6	4	5	5	2	2	2	3	2	0	31	3.1%
13	人文科普	4	3	3	1	1	3	1	1	4	4	25	2.5%
14	母婴	3	3	4	6	0	1	1	1	0	0	19	1.9%
15	职场理财	1	0	1	2	1	1	3	2	2	2	15	1.5%
16	学生必读	1	0	1	1	4	1	1	2	3	1	15	1.5%
17	旅游美食	1	1	1	1	0	0	1	5	3	1	14	1.4%
18	艺术收藏	2	2	2	0	1	0	2	1	1	1	12	1.2%
19	体育	3	2	1	2	1	0	0	0	1	0	10	1.0%
20	农业乡村	0	0	0	0	2	2	0	1	0	1	6	0.6%
21	汽车	0	0	0	0	0	0	0	1	3	0	4	0.4%
22	动漫游戏	0	0	1	0	0	0	1	1	0	1	4	0.4%
23	外文期刊	1	0	0	0	0	0	1	0	0	0	2	0.2%

表3 2005—2014双栖期刊排行榜类别统计表

（单位：种）

序号	类别	2005	2006	2007	2008	2009	2010	2011	2012	2013	2014	历年合计	所占比重
1	时政综合	10	5	1	3	7	9	10	14	16	17	92	15.7%
2	文学小说	12	15	7	8	11	6	9	3	4	3	78	13.3%
3	文摘文萃	10	8	8	8	5	8	12	4	5	3	71	12.1%
4	商业财经	1	0	0	0	9	12	10	7	13	11	63	10.8%
5	情感家庭	6	8	10	7	6	6	7	1	0	3	54	9.2%
6	娱乐时尚	4	5	5	3	2	2	3	5	9	3	41	7.0%
7	摄影数码	1	2	2	3	5	5	0	5	5	3	31	5.3%
8	军事	4	4	3	2	2	2	2	3	6	1	29	5.0%
9	文化综合	4	3	2	2	1	1	1	1	2	0	17	2.9%
10	人文科普	2	1	1	1	1	3	1	1	3	3	17	2.9%
11	健康养生	2	3	2	4	1	2	0	0	0	1	15	2.6%
12	学术	3	2	0	0	2	2	2	1	1	1	14	2.4%
13	职场理财	1	0	1	2	1	2	1	2	2	2	13	2.2%

(续表)

序号	类别	2005	2006	2007	2008	2009	2010	2011	2012	2013	2014	历年合计	所占比重
14	教育教学	0	0	0	0	4	4	2	2	1	0	13	2.2%
15	母婴	1	1	1	1	0	1	1	1	0	0	7	1.2%
16	旅游美食	1	1	1	1	0	0	1	0	2	0	7	1.2%
17	艺术收藏	0	0	0	0	1	2	1	1	0	0	5	0.9%
18	学生必读	0	0	0	0	1	0	0	1	3	0	5	0.9%
19	体育	1	1	0	1	1	0	0	0	0	0	4	0.7%
20	汽车	0	0	0	0	0	0	0	0	3	0	3	0.5%
21	农业乡村	0	0	0	0	2	0	0	1	0	0	3	0.5%
22	动漫游戏	0	0	0	0	0	0	0	0	3	0	3	0.5%

从表1、表2中可以看出，2005—2014年国内读者阅读类别有10%以上的占比及排序为文学小说（13.9%）、文摘文萃（12.9%）、商业财经（12.9%）、时政综合（12.7%），总占比为52.4%；海外占比及排序为文学小说（14.7%）、商业财经（12.5%）、时政综合（11.6%），总占比为38.8%。相对而言，国内读者阅读兴趣集中度更高。同时，我们还发现：一方面，国内、海外读者阅读兴趣有高度重合的部分，如，均喜欢阅读文学小说类、商业财经类、时政综合类三大类期刊，且文学小说类均拔得头筹，获得读者一致青睐；但另一方面，还是有一些差异，如：国内读者很喜欢阅读萃取了高度精华的文摘类期刊，但海外读者似乎在这一方面的兴趣稍弱，反而对商业财经类和时政综合类期刊的阅读兴趣更高，这可能是因为随着世界经济一体化，尤其是2008年经济危机、欧债危机后，中国在世界经济中扮演的角色愈加突出，海外读者必然越来越关注中国的经济发展情况、商业机会和与之息息相关的政策信息。

同时，从表1、2、3得出，国内、海外文学小说类期刊十年总上榜种类最多，分别达到了139种和147种，但近三年国内、海外均有略微下降的趋势；文摘文萃类和商业财经类，十年均保持相对稳定的上榜率；时政综合类十年间呈现稳中有升的态势；情感家庭类十年总体呈下降趋势。

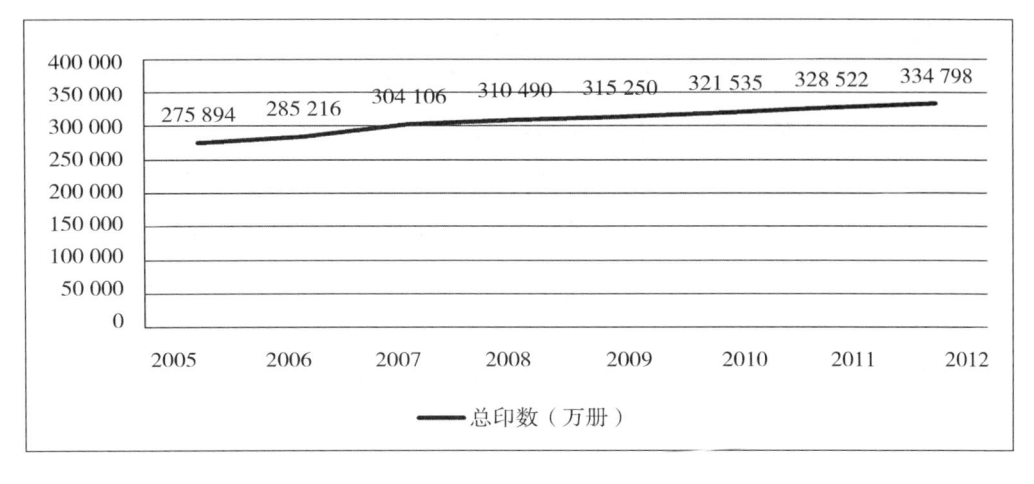

图6 2005—2012 全国期刊出版总印数趋势图

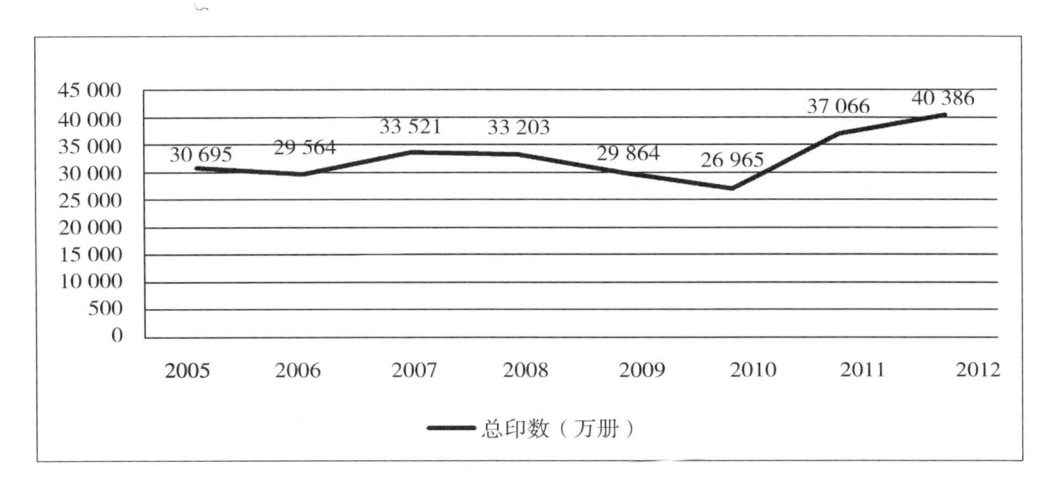

图7 2005—2012 全国文学艺术类期刊出版的总印数趋势图

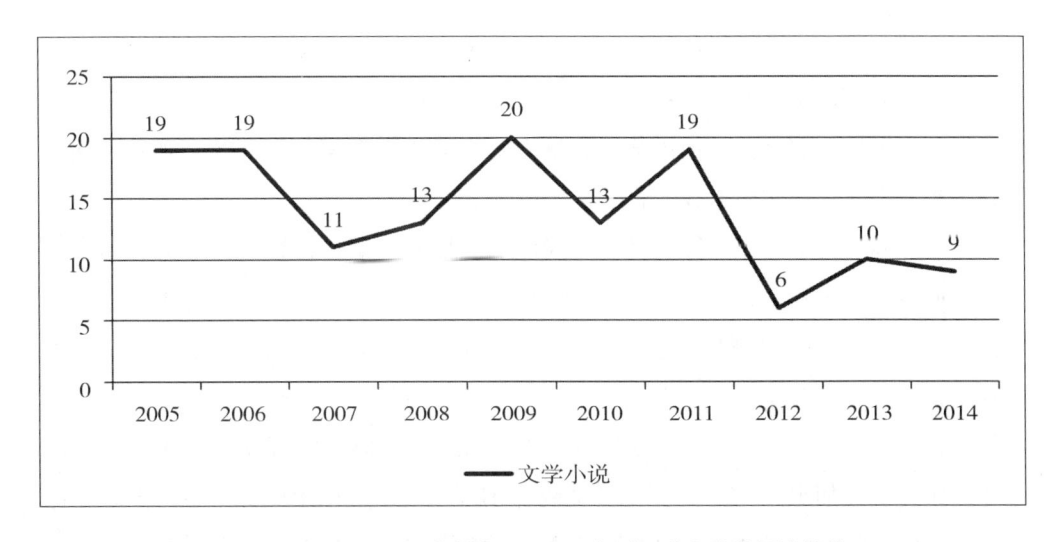

图8 2005—2014 国内综合 TOP100 期刊文学小说类阅读趋势

根据 2006—2013 年的《中国新闻出版统计资料汇编》，全国纸质期刊出版自 2005 年的 9 468 种增加至 9 867 种，总印数由 275 894 万册增至 334 798 万册，基本保持稳步增长态势。文学艺术类期刊由 613 种增至 635 种，总印数由 30 695 万册增至 40 386 万册，与全国总体期刊增长的态势不同，纸质文学艺术类期刊在 2008、2009、2010 年是有下降的态势，之后在 2011 年才又开始恢复增长的态势。这与龙源期刊网统计结果趋同，龙源大众文学类数字期刊十年的总阅读量亦是总体呈增长态势，尽管也有个别年份出现过下降的现象；而文学类期刊则虽同样是起起伏伏，但总体上略有下降。可见，数字阅读也同步折射了传统线下阅读的产业实际。

五、数字阅读上榜文章主题广泛

为了具体了解读者更倾向于阅读哪一类型的期刊内容，我们把龙源十年来发布的国内 TOP100 文章中的前 10 汇总后得到的 100 篇文章，进行了体裁、主题和文章标题的分析，结果发现，十年间最受欢迎的体裁是小说类，占到了 45%，这与 TOP100 排行中文学小说类更受欢迎的结果是一致的。主题方面则没有太多的规律性，涉及不同话题和领域，范围非常之广。

从分析结果看，小说类的有 45 篇、说明文 18 篇、议论文 17 篇、记叙文 10 篇，其他体裁包括新闻报道、笑话、采访报告和英文报道，合计有 10 篇。小说类体裁的文章在十年 TOP100 中阅读率最高，而经典励志、人生感悟和生活随笔在电台或纸质期刊中较多听到和读到的散文、诗歌体裁的文章则未出现在榜单中。

这些文章所涉主题比较广泛，涵括创业、婚姻家庭、爱情、生活反思、教育、历史、人物、人性、政策解读等。小说类的文章主题集中在都市生活、人性反思、成长故事、爱情悲剧、家庭关系、官场文学、城市历史、抗战故事、社会变迁、女性命运等永恒性话题上。其他体裁的文章主题则集中在健康保健、社会现象、网络话题、教育教学、人文旅游、人物等现实话题上。

标题是标明文章、作品等内容的简要语句。拥有一条好标题，文章就成功了一半。我们对 TOP100 的标题进行了统计分析，发现包含"我"的标题有 4 个，包含"你"的标题有 6 个，且很多文章标题使用的是第一、第二人称叙述视角，从中可以看出，第三人称叙述视角正逐渐向第一、第二人称叙述视角转变。从标题与主题的关系看，绝大部分标题直接表现主题，如《张曼玉的五次苦恋》，少部分为间接表现，如《夜凉如水》，多出现于小说标题，说明在国内 TOP100 文章中，主题和标题的关系特别紧密。读者更倾向于通过简单直接的标题选择自己感兴趣的主题。

六、个人用户重休闲、机构用户重实用

综合 TOP100 数据对比得出，不论国内与海外，个人用户在龙源期刊网上均倾向于购买情感家庭类、文学小说类、文摘文萃类和娱乐时尚类文章，机构用户则更倾向于为商业财经类、时政综合类及学术类等买单。这说明个人用户在使用网络阅读时更偏向于易读轻松类的内容，而机构用户更注重知识类内容的摄取，这可能是由于机构方面的用户比如公共图书馆的读者，他们可能正是为了某种实际需求才到图书馆查读数字期刊的；本文限于篇幅没有从阅读时间是否在工作上班时段内展开分析，留待以后。

十年间累计共涉及 300 种期刊的 1000 篇文章登上了国内文章 TOP100 排行榜，共有 291 种期刊的 1000 篇文章登上海外 TOP100 文章排行榜。

在 2011 年之前，龙源 TOP100 排行榜还没有分开统计机构用户与个人用户的阅读量。从 2011 年开始，龙源为了更好地总结和发现数字期刊在不同市场的投放效果，按照国内、海外公图市场、国内数字教育市场、国内党政企事业市场和农家书屋市场等角度，分别发布了 TOP100 数字阅读期刊排行。在网络阅读方面，龙源期刊网为读者分别提供有按文章和按期刊不同单位的付费阅读方式，而按篇付费的统计结果能在更细颗粒度上刻画用户对于不同内容的好恶取舍，更为直接体现用户的阅读喜好。为了更客观、准确地研究这一点，我们采用 2011—2013 年文章 TOP100 机构用户和个人用户付费数据来进行样本分析，以期达到更好的效果。

表4　2011—2013 国内与海外文章 TOP100 中各类别文章个人与机构付费阅读量对比

年份	文章类型	国内个人付费阅读量	国内机构付费阅读量	海外个人付费阅读量	海外机构付费阅读量
2011	情感家庭	536	316	0	0
	商业财经	2 648	2 741	254	19
	时政综合	19 317	53 148	1 410	1 437
	文学小说	46 145	18 986	37 310	2 683
	文摘文萃	2 157	1 051	80	79
	学术	94	805	0	0
	娱乐时尚	1 476	92	81	77
	职场理财	917	797	0	0
	教育教学	0	0	671	247
	文化综合	0	0	138	37

（续表）

年份	文章类型	国内个人付费阅读量	国内机构付费阅读量	海外个人付费阅读量	海外机构付费阅读量
2012	动漫游戏	49	0	0	0
	健康养生	6	43	0	101
	教育教学	31	30 015	0	6
	母婴	1	101	0	0
	农业乡村	1	8	0	91
	情感家庭	10	10	13	195
	商业财经	49	7 071	25	1 211
	摄影数码	18	139	374	18
	时政综合	1 675	138 938	127	9 656
	体育	0	28	0	6
	文化综合	2	4	7	197
	文学小说	8 929	5 086	7 024	2 281
	文摘文萃	9	8	9	144
	学生必读	88	212	237	19
	学术	5	71	0	195
	艺术收藏	1	6	0	0
	娱乐时尚	9	36	0	0
	职场理财	0	12	0	0
2013	母婴	322	3	0	0
	商业财经	444	233	25	9 593
	摄影数码	245	1 303	0	0
	时政综合	7 106	7 449	495	2 446
	文化综合	0	0	276	4
	文学小说	31 389	16 928	7 016	1 123
	文摘文萃	1 640	1 416	17	1 518
	学生必读	0	0	0	130
	学术	0	0	0	616
	娱乐时尚	349	218	0	102
	职场理财	612	166	0	184
	教育教学	0	0	0	216
	军事	0	0	0	164
	汽车	0	0	101	0
	情感家庭	0	0	3	126

表5 三年合计各类别文章个人与机构付费阅读量对比

文章类型	国内个人付费阅读量	国内机构付费阅读量	文章类型	海外个人付费阅读量	海外机构付费阅读量
情感家庭	546	326	情感家庭	16	321
文化综合	2	4	文化综合	421	238
文学小说	86 463	41 000	文学小说	51 350	6 087
文摘文萃	3 806	2 475	文摘文萃	106	1 741
娱乐时尚	1 834	346	娱乐时尚	81	178
健康养生	6	43	健康养生	0	101
农业乡村	1	8	农业乡村	0	91
摄影数码	263	1 442	摄影数码	374	18
体育	0	28	体育	0	6
动漫游戏	49	0	军事	0	164
母婴	323	104	汽车	101	0
艺术收藏	1	6	商业财经	304	10 823
商业财经	3 141	10 045	时政综合	2 032	13 539
时政综合	28 098	199 536	教育教学	671	469
教育教学	31	30 015	学术	0	811
学术	99	876	职场理财	0	184
职场理财	1 529	975	学生必读	237	149
学生必读	88	212	—	—	—

从上表可看出，国内个人用户倾向于付费阅读情感家庭、文学小说、文摘文萃和娱乐时尚等类别的期刊，机构用户则倾向于阅读文化综合、健康养生、摄影数码、商业财经、时政综合等类别的期刊。其中，娱乐时尚类个人付费阅读量是机构付费阅读量的5.3倍；时政综合类机构付费阅读量是个人付费阅读量的7倍，教育教学类文章机构付费阅读量是个人付费阅读量的近一千倍。由此可以看出，国内个人用户的阅读倾向于休闲娱乐等轻松的主题，而国内机构用户更倾向阅读时政学术等实用性较强的内容。

就海外而言，个人用户倾向于付费阅读的文章类别有文化综合、文学小说、摄影数码、汽车、教育教学及学生必读，机构倾向于付费购买的文章类别有情感家庭、文摘文萃、娱乐时尚、健康养生、农业乡村、体育、军事、商业财经、时政综合、学术及职场理财。其中付费量差异最大的有：文学小说类个人付费阅读量是机构付费阅读量的 8.4 倍，摄影数码类文章个人付费阅读量是机构付费阅读量的 20 多倍，情感家庭类文章机构付费阅读量是个人付费阅读量的 20 倍，商业财经类文章机构付费阅读量是个人付费阅读量的 35.6 倍。由此可见，文学与教育是海外个人用户主要的阅读主题，而海外机构用户更倾向生活及财经时政等资讯类的内容。

综合三年数据对比可知，不论国内与海外，个人用户都更倾向于购买文学小说类文章，机构用户都更倾向于为商业财经类、时政综合类及学术类等买单。印证了个人用户与机构用户的读者属性和阅读需求存在一定的差异。

七、移动阅读逐渐发力

从下图可看出，龙源网（龙源的手机阅读产品）三年来手机移动阅读增长趋势迅猛，增长率分别达到了 87.62% 和 235.52%。中国互联网络信息中心（CNNIC）发布的《第 34 次中国互联网络发展状况统计报告》显示，截至 2014 年 6 月，我国使用手机上网率达到 83.4%，首次超过传统 PC 整体使用率（80.9%），手机上网率的持续增长，推动了移动互联网的繁荣。同时，大众类期刊从内容上又非常适合移动阅读，两者互相促进，为读者提供更高质量的服务，这无疑将是推进期刊数字化的又一次契机。

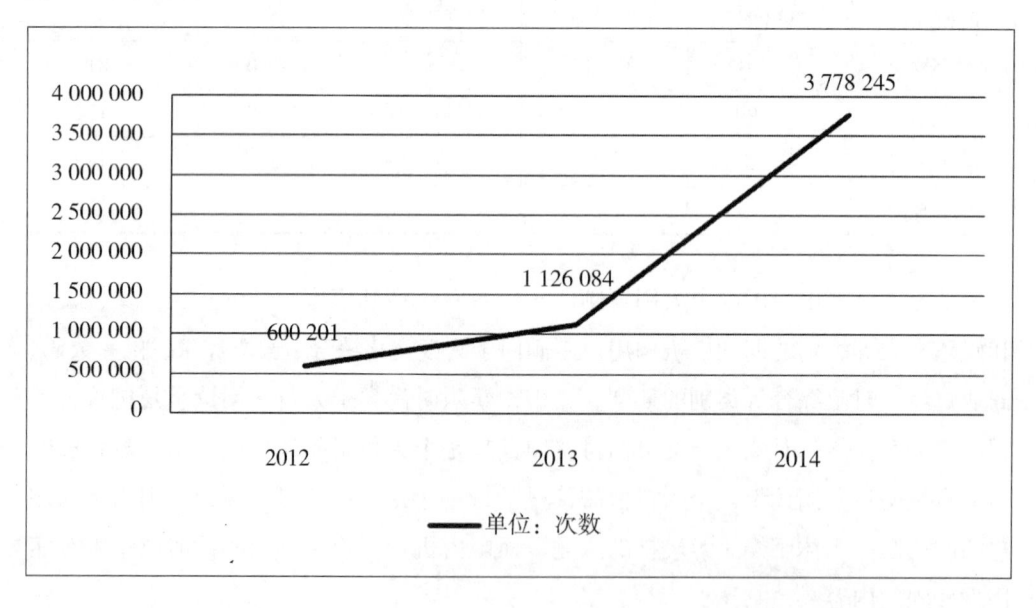

图 9　2012—2014 手机龙源网移动阅读 TOP100 期刊总阅读量趋势图

回顾龙源 TOP100 数据发布的十年，是我国数字网络技术快速发展与应用、阅读问题日益受到重视的十年。龙源期刊网通过技术手段所获得的一系列 TOP100 数据，可以通过新闻出版统计、国民阅读调查、互联网发展数据等各种权威渠道的相关量化数据加以佐证，是可靠的、精准的，已成为我们考察大众期刊数字阅读的重要指标，是数字网络环境下行业发展和政府决策的重要支撑。

龙源TOP100数据发布的十年，是龙源期刊网从小到大、快速发展的十年，也是我国数字出版产业从小到大、快速发展的十年。龙源期刊网作为"龙源荣誉"，既是我国数字出版产业发展历程的重要观察者，也是我国数字出版产业发展过程中的优秀践行者。

展望未来，随着国家推广全民阅读、持续推进新闻出版业数字化转型升级，以及各种数字网络技术的快速发展与应用，我们相信，数字出版产业仍将长期处于持续快速发展阶段，数字出版市场前景会更加广阔，数字出版企业在此过程中大有可为。知识改变命运，阅读改变人生，科技改变世界。人文大众期刊的数字阅读问题值得各方关注，我们会努力把这一工作做得更好！

2013数字阅读影响力期刊TOP100排行总解读

中国新闻出版研究院副院长　张　立

一年一度的龙源期刊TOP100排行发布，2013年是第九次，在今年的发布内容中，我发现了两个重要的变化：一是这个排行名称的变化。从2005到2012，TOP100排行发布一直以"期刊网络传播TOP100"见称，2013改称为"数字阅读影响力期刊TOP100"，这是一个从云端落到实处的改变，是一个创新。因为多年来，随着出版数字化转型的推进，也随着数字期刊的推广阅读，事实上一大批网络品牌期刊已经脱颖而出（比如2013年TOP100排行，《三联生活周刊》《读者》《故事会》《看天下》《第一财经周刊》等成为不同领域人群阅读最爱），现实中一批传统领域的品牌期刊已经成功地完成了网络品牌延伸，也有一批线下不很有名的刊物完成了网络上的品牌锻造，它们已经在数字阅读领域形成了影响力，所以改称"数字阅读影响力期刊排行"也是实至名归。另外从语义研究上来看，期刊"网络传播"，是讲此类出版物在网络载体上的发行，重心在"网络传播"，而改成"数字阅读"重心在读者，"影响力"也是从读者的角度出发而言。

第二个变化是今年的发布完全是按照不同的市场版块梳理的结果，是按照不同领域的受众群体数字阅读的排行（分国内、海外公共图书馆、国内、海外高等院校、国内基础教育、党政机构、企事业单位、农家书屋等公共文化服务体系）。这是一个重要的改变，是一个创新，也是我今天主要报告的主题内容。过去业界习惯于单纯按期刊发行量评判期刊的优劣，缺乏对类型期刊特别是类型期刊在不同市场领域里的表现研讨问题，而我们今年的TOP100期刊排行是以不同的消费领域受众群体的阅读情况来区分的，以此来检验我们的内容生产究竟是否符合目标读者的需要，或者说是目标读者的接受度，看看读者到底喜欢读什么。这种数据梳理方式体现了以人为本的服务理念，帮助我们直接到达了读者，了解到不同领域读者文化消费的差异性，给我们提供了按需求提供资源服务的可能。通过分析不同领域的受众，把握大众阅读的演变态势，对期刊产业的内容生产、品牌构建、数字化转型，数字期刊用户总结评估所购数字化资源的使用效果、推动和改进受众服务以及国家公共数字文化服务体系的建设和优化，都具有重要的意义与价值。

建设覆盖全社会的公共文化服务体系，是党和国家提出的全面建设小康社会的重要目标之一。而以数字化技术为支撑，以文化共享工程、数字图书馆推广工程和公共电子阅览室建设计划三大数字文化惠民工程为主体，以打造基于新媒体的服务新业态为目标，构建内容丰富、技术先进、覆盖城乡、传播快捷的公共数字文化服务体系是其重中之重。

在数字化阅读业已成为国民重要文化消费方式和学习生活方式的今天，期刊媒体的数字化阅读已成为重要的资源版块。这一资源的公众文化服务，具体来讲体现在公共图书馆、文化社区、农家书屋等民众服务方面。2013数字阅读影响力期刊各项TOP100排行数据，我想可以做如下九个方面的解读。

（1）2013年TOP100排行数据发现，国内公共图书馆受众的阅读兴趣比较广泛。其中阅读率最高的是财经商业类和文学文摘类，二者相加占到TOP100的46%；其次时政人物类、生活类和专业类刊物。我们分析，习惯使用公共图书馆资源的公民，社会经济地位和知识文化水平相对高端，爱学习爱读书，管理层和精英知识分子相对集中，经营管理、投资理财的意愿相对较高，读者对专业性较强的专业类刊物和教育与学习类刊物比较感兴趣。

相比之下，海外公图读者最青睐的是生活类和文学文摘类，二者相加占TOP100的67%，其中生活类占1/4强，这和国内公图存在较大的差异，国内公图生活类仅占13%。由于时空间隔和地域环境的原因，海外公图读者对中文专业类期刊和中文教育教学类刊物，基本不太关注，相反，国内读者不太感冒的中文文化类刊物，海外读者则表现出较高的阅读兴趣。

这些差异的存在，是国内期刊出版机构在内容生产和市场投放方面都有必要引起注意和重视的，也是国家在推进公共文化服务体系全覆盖的过程中，改善资源提供、更好地有针对性地满足需要可资参考的，同时也是我们的各级图书馆分析读者需求所必要的。

（2）2013国内个人付费阅读影响力期刊TOP100排行是国民个体真正自我买单付费阅读的数据，能够较好地反映公众的阅读取向，能够反映个人用户真实的市场需求。为了见"森林"又见"树木"，龙源同时推出了全网站数字阅读"TOP100文章"，分海外付费阅读TOP100文章、国内付费阅读TOP100文章、龙源网手机阅读TOP100文章三个榜单。在国内TOP100文章排行和海外TOP100文章排行中，文学文摘类期刊所占比例均超过五成，这说明了文学作品在阅读中占据主流地位，这不能不让文学工作者欢欣鼓舞。

（3）国内党政机关数字阅读影响力期刊TOP100排行呈现除了生活和文学文摘类以外，占比最大的是时政人物类，"红"色期刊入榜体现出鲜明的"党政"色彩。

榜单排名前三的《三联生活周刊》《公务员文萃》《党建》都是此类期刊，《公务员文萃》《领导文萃》《法制与社会》《领导之友》《党政干部学刊》，即令是排名相当靠前的文学文摘类期刊《啄木鸟》，其实也是公安部主管的刊登警事题材的文学刊物，多刊载一些纪实性很强的报告文学，在党政机关读者中颇具影响力。可见，这些期刊都折射出该领域读者的职业诉求，他们的阅读兴趣具有突出的读者职业的综合特征。

通过党政单位阅读TOP100榜单，我们还发现这个领域的读者除了热衷与自身业务相关的财经商业、科技网络类期刊之外，特别关注的还有教育教学类期刊。这是因为，这些干部、管理者、技术人员和各种白领，普遍文化素质较高，工作生活稳定，很多已经成家立业或已经为人父母，他们除了关注财经商业、科技网络、人文社科类刊物，谋求提升自身竞争能力、促进个人发展和职位升迁外，还特别关注子女教育，所以希望通过阅读与子女教育相关的教育教学类刊物，寻求能够帮助孩子、教育孩子、提升孩子学习能力和竞争能力的秘方和绝招。因此，此类期刊在党政机关读者中阅读率较高，是一个重要的发现，教育教学类期刊的发行方向应该照顾到这个群体。

（4）入选国内企事业数字阅读影响力期刊TOP100排行近半数（48%）是财经商业类期刊。商业财经类刊物以及时政新闻类刊物在国内、海外均受到欢迎，无论是线上线下，有着良好口碑及品牌效应的大众人文类期刊始终是读者阅读的首选。

（5）轻武器及军事类刊物在国内、海外TOP100榜单中排位相当靠前。

（6）移动阅读阅读排行，是今年TOP100排行的重头戏。今年一共推出了五个榜单，其中三个分别是龙源与之合作的中移动、中联通、中国电信的阅读榜单，一个是龙源网，龙源自己的手机阅读榜单，还有一个是Pad，即平板电脑阅读排行。经过统计分析，可以说情感生活、文学故事类期刊是三大电信运营商阅读平台上的"常客"，用户近半或超过一半喜欢阅读轻松休闲类的内容。根据艾瑞发布的《2011年度中国移动互联网电子阅读市场发展状况研究报告》，可以发现在这数量众多的用户中，以年龄18—25岁的年轻用户为主流，这部分用户倾向于带有一定理想主义和浪漫主义的作品来打发工作学习中的空闲时光，成为现阶段三大移动阅读平台用户的主要的阅读取向。三大运营商阅读基地需要进一步开展阅读引导，逐步拓展受众群和阅读范围。在手机成为占市场绝对量的阅读终端市场上，进一步推进正能量内容进入青少年的阅读视野，是我们都应努力的方向。

在手机逐渐成为第一大上网终端的形势下，龙源除了与中国移动、中国联通、中国电信三大运营商合作外，还推出了自己独立的手机阅读产品——"龙源网"，并以龙源4 200种期刊数据库作为内容来源，实现用户的个性化阅读服务和更加优质的内容推广。龙源网特设社会、科技、文史、生活和读者5个频道，编辑们依据频道类型对数据库中的期刊文章进行筛选，打破刊与刊间的界限，选取最优质的文章推荐给用户，并做到每日数次内容更新。除此之外，龙源手机网还为用户提供内容和期刊的分类检索，满足用户对内容和对刊物的不同需求。例如在龙源手机网中检索"小升初"，可以查看不同期刊关于这一内容的文章，这个功能实现了资源的碎片化和分类整合。正是由于龙源网以庞大的期刊数据库为支撑，加之编辑对内容的整合加工以及网站完善的产品功能，在产品设计、内容推介上做了许多功夫使龙源网阅读榜单呈现综合阅读特色，反映出多维度的阅读选择。

手机移动阅读将成为未来期刊数字化发展的主力军：手机阅读更青睐简短内容，阅读碎片化趋势明显，手机移动阅读将成为未来期刊数字化发展的趋势。根据中国互联网络信息中心（CNNIC）发布的第32次《中国互联网络发展状况统计报告》。报告显示，截至2013年6月底，我国网民规模达到5.91亿，手机网民规模达4.64亿，较2012年底增加4 379万人，网民中使用手机上网的人群占比提升至78.5%。手机成为新增网民第一来源，应用热点逐渐向手机端转移，成为第一大上网终端。在此形势下，龙源通过与中国移动、中国联通、中国电信三大运营商合作，并通过不断开发各种Pad版本和独立推出手机阅读产品"龙源网"，增加了数字内容在数量、点击量、下载量等各方面都持续增长。在移动阅读的赢利方面也有所增加。移动互联网迅速发展的背景下，基于手机和Pad平板电脑的移动阅读将进入快速成长期，数字化阅读日渐成为主流。

因此我讲讲平板杂志的阅读。我看了今年推出的iPad阅读TOP100期刊榜单和数据，发现Pad的阅读和手机移动阅读群体明显不同，iPad平板杂志的上榜期刊多为时政、经济、文化、旅游、时尚类的高端杂志，与手机移动榜单上的杂志情感故事类杂志居多形成强烈反差。平板杂志店用户多为收入较高、追求高品质生活的中青年群体。平板电脑毕竟不是生活必需品，而其阅读的场所也多为家中、咖啡店等需要有Wi-Fi信号支持的地方，所以其阅读需求也不尽相同，这类人群会更注重高品质的阅读。所以对APP的品质、用户体验和精细化服务的要求也就更高。由于平板电脑的可展示性，上榜的多为时尚图片类期刊杂志，但是目前收益似乎雷声大雨点小。

然而，通过分析Pad阅读榜单，我们发现学习类的杂志受到青睐。原来广大青少年群体实际上已经把Pad当作一个学习工具，用来复习预习功课。这一市场前景非常广阔。

但是平板杂志还处在推广期，不是说送进苹果商店就能坐收渔利，而是取决于阅读的订阅量和下载量，由于中国的大部分读者还不能接受付费阅读，推广营销措施至关重要这就需要龙源和刊社携手大力推广,所以说,平板杂志的期刊移动阅读目前还处于艰难的探索期。

但是,无论怎样,以手机为代表的数字阅读已经进入了快速成长期,中国互联网络信息中心(CNNIC)发布的第三十二次《中国互联网络发展状况统计报告》认为,应用热点正逐渐向移动端转移,手机将成为第一大上网终端。在这个时期,期刊社的核心竞争力仍然是品牌和优质的内容。这个成长期还有多长,离成熟期还有多远,我们现在不能下定结论。但是在这个过程中,机遇和挑战并存,我们希望期刊移动阅读能伴随着移动互联网的发展快速成长起来,成为引导大众文化消费的一个重要力量。

(7)比较国内和海外高校两份榜单,可以发现,国内、海外高校用户的期刊阅读存在较大的差异。首先,就阅读兴趣而言,国内高校读者最感兴趣的是文学文摘类,海外高校最感兴趣的是财经商业类,这表明国内高校用户相对比较感性,海外高校用户相对比较理性、现实和讲求实用。社会上常有声音反映,国内不少大学生躲进象牙塔,不谙世事,走出校门,适应社会的能力很差。出现这种状况的原因有很多,但阅读面的选择也许是其中一个很重要的方面。

(8)关于农家书屋TOP00榜单,和人们的直觉差距较大:真正和农村直接相关的农业农村类期刊并没有成为最受农家书屋读者欢迎和阅读量最高的期刊种类,相反,综合文化类期刊成为阅读率最高的期刊种类(《读者》以近22万的阅读量荣登榜首),文学故事类、生活情感类和养生保健类很受欢迎。在国内、海外公共图书馆和国内、海外高校颇受欢迎的财经商业类期刊,在农家书屋并没有太大的市场。2013入选农家书屋TOP100排行的只有区区的6种期刊,这说明我国广大农村大量中青年外出城市打工,留守农村的人口年龄偏大、妇女居多、中小学生群体庞大,这些人群对经济、管理、商业方面知识和资讯的需求远低于城市。这从一个侧面说明,随着中国经济、社会的快速发展,农村居民对养生保健、生活情感方面的知识需求正在不断产生,对生活质量的追求已不再是城里人的专利。农家书屋的建设不应想当然地将重心放在科学种养和农业科学方面,综合性人文内容的提供起码是现阶段最大的需求。

(9)基础教育市场期刊数字化阅读现状:在中小学基础教育机构期刊数字化阅读市场上,读者的兴趣比较集中,基本只涉及文学文摘类、教育与教学类和生活类,文学文摘类占45%,生活类占18%,教育与教学类占37%。

以上九个方面是我对2013数字阅读影响力期刊的一个解读,做这个排行,就要透过排行看到读者需求,否则就没有了意义。仔细研读这些榜单和今年TOP100课题组研究报告,我有两个强烈的体会:一个是这些根据不同市场版块梳理的阅读排行，每一个的确都呈现出它这个领域代表性的特色，比如公图的、海外的、党政的、移动的、平板的、基础教育中小学的、农家书屋的，受众的阅读隽刻着鲜明的领域属性，碍于篇幅，我不再一一枚举，请大家研读2013白皮书的各项排行和分析文章（2013 TOP100产学研相结合的课题组有一组分析文章在发给大家的白皮书后半部分）；第二个强烈的体会是，不管是哪一种排行，清清楚楚有一批刊物已经成为不同受众都喜欢的刊物，没有谁可以规定此刊定是品牌彼刊不能是品牌，关键是在自身内容的锻造。无论是对品牌和非品牌期刊而言，数字内容集成平台都是一个能够体现"全渠道""全方位""全天候"的发行渠道，积极探索数字阅读市场，紧跟技术进步，在内容创新上多下功夫，就有希望在数字阅读市场走出一条品牌之路，就能够给我们的读者送去阅读的食粮，给社会带来崇尚阅读的明媚春天！

2012龙源期刊TOP100排行总解读

中国新闻出版研究院副院长　魏玉山

在期刊数字化转型这个渐进的过程中，出于先行者的责任和义务，龙源期刊网从2005年起，每年都向业界发布期刊网络传播TOP100排行和相关数据分析报告，开创了数字时代一个期刊调研的新途径。通过网络数据来了解读者的阅读取向和阅读走势，通过数据分析来研读不同期刊内容的受欢迎度，以此来省思和改进期刊的编辑和营运策划，赢得了期刊群体的高度认同。2012年度，龙源的TOP排行除了国内和海外网络阅读TOP100之外，还增加了与三大运营商合作的龙源期刊移动阅读TOP100期刊、APP应用商店龙源期刊TOP100、手机龙源网移动阅读TOP100期刊等三个新设项目数据的发布。

市场调查公司易观国际的调查显示，2011年中国移动互联网用户规模已达4.3亿。我们即将进入一个智能手机和平板电脑的数量超过个人电脑的时代。据三大运营商披露的最新数字，中国手机用户已经达到10亿规模。中国拥有全球最多的手机用户，即使移动阅读用户群只占其中一成，那也绝对是一个颇大的数字。数年前世界传媒巨头默多克就曾放言"未来将是手机媒体的天下"，这一预言正在成为现实。随着移动商业模式和广告机会在扩展，杂志必然要将移动市场当作一个新的发行渠道和品牌增收来源。这也是为什么我们给今天的论坛赋予了"移动阅读"这个主题词的主要原因。

一、手机龙源网的移动阅读与三大运营商移动阅读的差异性

2012年，对于传统纸媒来说，是一个充满了传媒变局激烈演进的年份。执全球新闻类杂志牛耳的《新闻周刊》将在今年的12月31日出版完最后一期纸版后，完全转向电子版的《新闻全球周刊》。同时，《金融时报》德国版也将告别传统媒体的历史舞台。

可以说，报纸杂志类的生存环境正遭受着更大的挑战。在媒体发达的美国和德国最近相继有多份著名媒体关闭了平面媒体的出版，平面媒体的读者也在大量流失，

但是在移动领域，报纸杂志移动内容阅读用户却保持了高速增长态势。根据全球知名市场调查公司 comScore 的报告，美国报纸和杂志移动阅读用户数，在过去一年间增长了 60%。comScore 统计了移动 APP 和移动 Web 中的所有用户，移动阅读用户的增长除了电子书之外，移动电子杂志也迎来了新的一波高增长。继 PC 互联网之后，移动阅读是期刊在数字阅读中获得的另外一个新的渠道，也必将成为重要的收入来源。刊社从移动阅读上收获的影响力和收入将成正比发展。

如上介绍，龙源发布其中有三个榜单，一个是龙源与中国移动、中国联通、中国电信三大运营商合作，在他们的平台上推广营销的龙源期刊，一个是以龙源依靠自身的技术创新于今年 3 月正式推出的手机龙源网 TOP100，再就是龙源在 APP 苹果商店开设的"龙源'刊'店"以及使用龙源开发的客户端的单刊应用阅读 TOP100 排行。

龙源从 2009 年就开始了与三大运营商的合作，目前龙源与之合作上线的有 800 余种杂志。2012 移动 TOP100 排行数据来自三大运营商后台服务器数据统计，其中包含了 WAP 与客户端 PV，数据统计来源是科学严谨的。

从三大运营商 PV 数据来看，中国移动阅读基地《新民周刊》《三联生活周刊》《中国经济周刊》高居榜首，《上海故事》《IT 经理世界》《当代体育·足球》《轻兵器》《民间故事选刊》《天下美食》《恋爱婚姻家庭》等刊物跻身 TOP10，数据显示，中国移动阅读基地杂志阅读用户是以男性群体为主的中高端读者。

联通阅读基地方面，《文明》《民间故事选刊》《恋爱婚姻家庭》跻身三甲，《山海经·故事奇闻》《家庭》《故事林》《文史天地》《章回小说》《短小说》《微型小说选刊》等小说类杂志进入前 10，数据显示联通阅读基地的用户阅读的内容多为故事文摘类期刊群体。

在中国电信阅读基地，《南都娱乐周刊》《三联生活周刊》《看天下》《故事大王》《民间故事选刊》《当代体育·足球》《意林》《小小说月刊》《轻兵器》《优雅》属于 TOP10。客观数据反映电信阅读基地用户年龄偏低，爱时尚的年轻男性读者居多。

从三大运营商提供的数据来看，排除各个运营商推广、编辑方向侧重点不同等因素。三大运营商杂志阅读用户未有明显区别，故事、文摘、情感综合类杂志为主，男性读者更为忠诚。

手机龙源网是一个为移动阅读来优化资源的网站。手机龙源网支持 HTML5，运用该先进技术，可带来更好的阅读体验。

龙源看到，手机智能化趋势不可逆转。随着智能手机的逐渐普及，已经进入了"在旅途"（on the go）的阅读环境的中青年一代，显示了为优质内容愿意付费的意愿。为此，区别于三大电信商覆盖所有手机终端，龙源网凭借自身强大的优质内容资源规模，将龙源移动阅读发展战略定位于智能手机用户，以差异化竞争策略定位，抢滩移动阅读市场。手机龙源网经过半年多的试运营，在2012年5月19日正式上线以来，截止到龙源2012年度TOP排行正式发布，短短的180多天时间里，手机龙源网IP访问量达31 356 657次，平均每天访问量约有17万次。这些数据印证了目前我国手机阅读快速发展这一现象，也从正面客观肯定了手机龙源网的定位的准确性：朝着移动阅读、智能阅读、个性化服务的方向走出自己的康庄大道。

手机龙源网优选内容，精荐类别，重视阅读体验，相对于中国移动手机阅读只能搜索图书、联通"沃阅读"和中国电信天翼阅读只能定位到刊，手机龙源网编辑团队对首页文章采取把关再加工，撰写导语，修改标题，深挖潜能，提升内容价值。如2012年第45期《南都娱乐周刊》中的一篇文章，原文题目为《成名催人老》，在手机龙源网中推送时，标题被改为《暮光女，成名催人老》，由于该文章是讲述《暮光之城》女主角的经历，改后的文章标题借助《暮光之城》的"名人效应"，更容易吸引读者注意。又如2010年第11期《旧闻新知》中的一篇文章，原文题目为《张恨水题签戏弄土肥原贤二》，改后标题为《张恨水妙语戏"鬼子"》，不但更加短小，而且更能引起读者兴趣。编辑参与内容推介，把金子碎片"优秀的文章"和石头碎片（时间碎片）成功地结合，帮助读者达到了"点石成金"的效果。

在手机龙源网TOP10期刊中，时政综合类期刊占据了相当大的比重，如《三联生活周刊》《看天下》《南方人物周刊》等。《读者》作为"中国人的心灵读本"受到龙源的特别举荐，也收获了不错的比率。相比而言，三大运营商综合榜单TOP10期刊，类型则较为多样，上榜更多的是故事文学类、生活情感类、娱乐时尚类，期刊内容较为大众化、平民化。

面对越来越激烈的竞争，拥有核心竞争力具有重要的现实意义。打造核心竞争力方法之一就是确定独特的受众定位，特定的读者对象和市场空间才能占领渠道，各得千秋。为了进一步美好读者的阅读体验，考虑到智能手机用户的中高端性，手机龙源网首页文章头条最新推出新闻综述，对当日重大新闻萃取综述，不是简单的新闻汇编，还有独具个性的专业评点，让读者既满足了阅读诉求，又了解了当日的新闻时事。网站拥有的订阅收藏功能也满足了读者利用碎片化时间的需要，可见网站对读者服务的深度用心。

手机龙源网采取"内容流"的方式，打破了刊期的界限，由"读刊"变为"读篇"，将内容碎片化，形成任意组合的内容版块。如各个频道文章的选择，就是以篇为单位进行推送。"流内容"是龙源期刊总裁汤潮在第四届数字出版年会主论坛上提出的观点，其主要特点是内容碎片化、传送即时性、汇聚成流的海量整体内容以及以流媒体的方式进行传送的动态出版，很好地解决了"单元内容"的弊端。

位于手机龙源网 TOP100 文章第一位的是《品味生活 Life Style》2010 年第 2 期的《别样江南风》，作者是外国人。一本不知名的过刊，一位非本土作者，一篇讲述江南精品酒店的窄众文章，该篇文章的访问量却排在第一位，并且访问量远远超过第二位。虽说与"江南 style"的走红不无关联，但手机龙源网的搜索功能也在一定程度上起到了推动作用。

二、移动"深阅读"崛起

在智能手机普及之前，国内的移动阅读市场一直是"三低"（低年龄、低收入、低水平）读者的天下。随着移动阅读从"三低"人员不断向普通大众以及高水平、高收入、高学历的"三高"人群转移，移动"深阅读"正在快速崛起，这是今年手机龙源网 TOP100 和龙源移动阅读 TOP100 榜单带给我们的最大意义。

"深阅读"是针对"浅阅读"而言的，相对来说，深度阅读的内容更加具有思想性、话题性和传统力。如排名前两位的《新民周刊》和《三联生活周刊》，就是深度新闻及深度内容的典型代表。

对"深阅读"的重视，对于刊社来说，无疑是一个极大的利好消息。因为期刊，一向是以深度阅读和话题性取胜的。但是当移动互联网时代来临时，碎片化的快速阅读，使得期刊面临新闻网站及微博的巨大冲击，龙源的这一数据发布，无疑是传统期刊的一剂强心针，为期刊在移动阅读领域有所作为树立了更多的信心。

当然，"深阅读"在期刊移动阅读领域的崛起，并不意味着"浅阅读"需求的消失。通过对移动阅读 TOP100 排行进行简单分析，"故事""情感"两个元素仍然是影响移动阅读受众规模的重要因素。从移动阅读 TOP10 的榜单上我们就可以直观地看到，仅以"故事"为刊名的杂志就有 3 种，占据了手机阅读 TOP10 榜单的近三成，不论是《民间故事选刊》，还是《故事林》《上海故事》，传统的故事类杂志称为期刊移动阅读中受欢迎的一个类别。期刊网络传播排行榜中，故事类刊物在手机上表现出色的原因，与整个国内手机阅读的现状是共通的——手机杂志中故事性内容受到读者欢迎的这一特点，也是整个手机阅读的一个重要用户特征。

可以说，刊社在移动阅读时代来临的背景下，必须一手抓"浅阅读"，一手抓"深阅读"，深入浅出，深浅结合，才能在期刊移动阅读领域做到游刃有余。

三、平板杂志仍在探路期

2012 年 12 月初，默多克的新闻集团宣布，将关闭首份 iPad 电子报《The Daily》，而此时距离《The Daily》上市还不到两年时间。《The Daily》是美国第一份专为 iPad 设计的综合了新闻、体育、娱乐等信息的出版物。新闻集团当年在收视率极高的美国"超级碗"（Super Bowl）橄榄球赛的中场休息时段播放过它的广告，可见对这个庞大媒体帝国的最新产品的宠爱。当然，没有免费的午餐，在美国，《The Daily》应用程序每周订费为 99 美分。当时默多克表示，一定会有人愿意买这份电子报。

这份平板报纸的夭折，证明目前的平板阅读仍然面临很大的问题。但是，虽然互联网和移动电子终端（手机、平板电脑等）暂时还无法取代纸质的书和报刊，但传统的平面媒体已经不可避免地走上了一条数字化道路。未来的数字化发展会怎样发展，我们还很难一眼断定，因为只要出现一个新的划时代介质，就会有完全不一样的局面。而 iPad 等平板杂志正是现在最具前沿性的媒介，在它的身上寄寓了传统报刊数字化的新希望。

根据美国 comScore 在 2012 年 8 月份发布的一项统计，37.1% 的平板电脑用户至少通过其平板电脑阅读一次报纸，11.5% 几乎每天阅读。其中，Kindle Fire 用户表现最活跃，39.2% 至少阅读过一次，略高于苹果 iPad 用户的 38.3%。阅读频率最高的是 NOOK 平板电脑用户，13.4% 几乎每天阅读。也就是说，杂志比报纸在 iPad 版上更受欢迎，39.6% 的平板电脑阅读了杂志。Kindle Fire 用户再次领先，阅读比例为 43.9%，高于 iPad 用户的 40.3%。

龙源统计的数据显示，中国杂志平板阅读用户主要集中在"北上广"地区，64.3% 的用户为男性，62.5% 的年龄在 25—34 岁之间。这些都决定了 App Store 上的杂志类型较为高端。用户更为高端，这是平板阅读区别于手机阅读的一个重要特征，当然，这也跟平板电脑本身价格较贵、不是生活必需品的特征有关。

加上 iPad 等平板杂志在移动阅读上获取的收入规模尚小，可以说，目前的平板杂志仍然处在探路期。假以时日，平台阅读的读者需求和商业模式爆发后，才能获取更大的市场份额。

四、期刊数字阅读数量持续增长，付费阅读正在走向成熟

为了给期刊界更多的信息，龙源期刊网络传播中心还对 2005—2012 八年来的 TOP100 数据进行了梳理分析，发现以下几点。

（1）2005—2012 八年来，龙源共为合作中的 3 200 种期刊提供数字发行服务。八年累计登上国内 TOP100 期刊排行榜的期刊共 302 种、登上海外 TOP100 期刊排行榜的期刊共 381 种。以这两个 TOP100 为例，可以看到期刊数字阅读数量增长迅猛，呈逐年大幅递增的趋势，2012 年 TOP100 阅读量为 40 531 160 次，比 2011 年增加了

58%，是2005年的84倍之多；2012海外TOP100阅读访问量是18 506 181次，是2005年的333倍之多，这些实实在在的数字佐证了数字阅读的成熟。

（2）连续8年、连续7年、连续6年、连续5年等成为TOP100榜上期刊，一批期刊已经形成了网络影响力，其中既有成名大刊，也有窄众小刊，2005—2012连续八年登上TOP100榜单8年的期刊有13种，它们是《意林》《中国新闻周刊》《南风窗》《轻兵器》等。其中比较独特的是《南方人物周刊》在2011和2012年排名均为第四，但阅读量却有很大变化，2012年阅读量为1 051 330次，2011年的阅读量为759 579次，上升了38%之多。《南方人物周刊》年度TOP100文章，几乎清一色都是"封面人物"。作为一本报道人物的刊物，读者喜欢他们的"封面人物"栏目，可以说是名至实归了吧。《电脑爱好者》"特别话题"栏目的文章最受欢迎，访问量很高，这表明了这个栏目编得好，调动了读者的阅读兴趣。

2005—2012海外TOP100连续八年、连续七年登榜的分别有五种、十种。《当代》2012年的阅读访问量是2011年的5.8倍、是2005年的将近19倍，《读书》2012年的阅读访问量是2011年的27倍、是2005年的503倍，《轻兵器》2012年的阅读访问量是2011年的278倍、是2005年的208倍，《十月》2012年的阅读访问量是2011年的9倍、是2005年的33.84倍。除了刊社在内容编辑上的着力外，龙源在积极推动期刊的网络传播服务上也起到了重要作用。

从我们列举的TOP100中八年在榜、七年在榜刊物的不同数据，一个事实清晰地呈现给我们：内容好的刊物到网络上也必将是好刊物，网络传播实质上延伸了期刊的品牌。同时，窄众和小众刊物通过网络传播，也可以大大提升受众群体。

我们还确凿地发现，一批传统的平面纸质期刊通过网络传播进一步巩固和扩大了品牌自身的知名度，连续多年受到网络受众的追捧和认可，成为活力持久的"常青藤"型品牌期刊，这些市场地位稳固的期刊群体正是因为网络的传播和推广，才进一步延伸和扩大了自身的品牌价值，这从一个侧面说明了数字期刊数字化传播之前，平面纸质原刊的内容生产和品牌构建依然重要。也进一步巩固了品牌期刊作为文化精品和深度阅读内容产品的"长尾"效应。

五、TOP排行年年新晋期刊成群，数字阅读背后内容竞争激烈

从2005年到2012年，TOP100期刊每年均有新上榜期刊，并且是与年俱增，尤其是近两年。国内榜2006—2011年新晋期刊分别有35、33、41、35、40、57、48种期刊、海外榜分别新晋37、34、35、70、47、57、59种期刊。

年度TOP100排行出现如此大批新晋刊物这一事实，证明了网络读者数字阅读

的层面正在不断拓宽,特别是在海外。同时,也说明只要注重传播,大小刊物都会有机遇、有发展。我们由此还可以看到在TOP100排行的背后,期刊阅读内在的变化流速相当湍急,透过排行榜可以看到刊与刊之间、篇与篇之间内容的竞争是非常激烈的,促成这个变化最大的推手是读者,最有效的能量是内容,起决定作用的是内容的可读性:外在的是读者的取舍,内在的是期刊内容的较量。

六、受众构成:数字阅读与社会发展两相对应

龙源期刊网2012年度调查数据显示,目前国内数字化期刊的受众,其年龄主要集中在20—49岁之间。首先,尤其是30—39岁这一年龄段的中青年受众,是当下期刊数字化阅读的骨干和中坚,所占比例为总数的33.92%。这部分人群,普遍年富力强、高素质、有文化,社会和经济地位高,熟悉网络新媒体应用技术,他们是当下社会最具有活力、实力和消费能力的受众群体。其次,是20—29岁之间的年轻网民,所占比例为26.18%。这部分人,年轻、热情、时尚,接受新知识、新技术、新观念相对较快,多数是各级各类在校学生、知识分子及受过较高教育刚刚参加社会工作的年轻一代。再次,就是40—49岁之间,年纪稍长的中年社会职业者,所占比例为19.22%。这部分人,家庭、事业普遍较为稳定,知识水平、文化素质比较高端,也是数字阅读的重要受众群体。接下来,10—19岁网民占13.54%,大部分是年纪更小的中小学生;还有少量50—59岁的大龄受众,占到总数的4.62%,他们是网络阅读的配角。

从数字阅读网络受众的职业构成来看,根据龙源的调查,占比最大的社会职业是"教育/学生",为总数的56.56%;其次是IT占8.62%、建筑占5.40%、政府/公共服务占4.70%、营销/公关占3.74%、金融/房产占3.39%、传媒/娱乐占3.08%、医疗/保健占2.31%、服务占2.26%、电信/网络占1.96%。

从龙源期刊国内网络阅读受众的地域分布来看,数字化期刊的读者主要分布在广东、江苏、北京、山东、浙江、河南、湖北、上海等经济、文化发展水平较高或人口数量质量较好的省市。比如,广东占据总数的9.41%,江苏占7.97%、北京占7.49%、山东占6.68%、浙江占5.47%、河南占5.45%、湖北占4.79%、河北占4.72%,上海占3.74%,国内其他省市共占44.45%。期刊阅读网络受众的地域分布,基本和各地经济、文化、社会发展水平及人口数量和质量成正比例关系。在海外网络阅读市场,同样存在类似的情况。这也从另一个角度反向说明,随着社会政治、经济、文化和人的快速发展,数字出版和数字阅读必将具有广阔的市场前景和巨大的发展潜力。

2011 龙源期刊 TOP100 排行总解读

中国新闻出版研究院院长　郝振省

伴随着互联网的发展，中国期刊的数字化转型已经走过了十多年的路程。如今，数字期刊网络传播，已成为互联网上一道亮丽的风景线。

龙源期刊网自 1998 年以来，一直致力于这项工作。作为一个充满社会责任感的企业，龙源以"聚刊社力量、建服务平台，让中国期刊走向世界、走向未来"为理念，与 3 000 多家期刊社实现了正版授权合作，开展期刊的数字化发行，从而开创了面向机构、个人、运营商，以及北美、亚洲、澳洲主流社会的立体营销市场，为期刊社带来了逐年增大的经济效益和社会效益，有力地推动了期刊数字化转型的步伐。

在期刊数字化转型这个渐进的过程中，出于先行者的责任和义务，龙源期刊网从 2005 年起，每年都向社会发布期刊网络传播 TOP100 排行和相关研究成果。从 2006 年，始与中国新闻出版研究院联合发布，迄今已进行了七次，同时也为在线合作的每一家刊社提供其个性化的数据分析报告，由此开启了信息时代期刊市场调研的新方式，得到了业界的广泛关注和充分肯定，一年一度的期刊网络传播排行发布，业已成长为中国出版业和互联网内容行业的品牌活动之一。

2011 年度发布的 TOP100 排行，立足于数字内容市场投放的不同角度，重点梳理出了数字期刊在不同用户领域的阅读状况，不仅有国内、海外个人付费阅读排行，同时推出了手机阅读 TOP10、iPad 阅读 TOP10、国内、海外公共图书馆阅读 TOP100、国内中小学阅读 TOP100、党政企事阅读 TOP100 期刊等排行。这个排行不仅让我们看到了不同读者、不同用户的阅读喜好选择，给我们期刊工作者提供了选题策划、内容编辑和营销推广等方面的改进视角和依据，同时对现今数字期刊内容主要投放市场和营收来源的广大机构用户去总结发现购买资源的使用效果，去改进和推动读者服务有了新的观察视角。

一、差异——不同用户的阅读取向

党政企事阅读 TOP100 期刊，显示出这类阅读群体相对宽泛的种类选择，但在宽泛中有相对聚焦。其中综合文化类期刊占28%、企管财经占12%、文学类25%、时政人物类15%。排行前10的期刊有《青年文摘》（彩版）《意林》《三联生活周刊》《领导文萃》《视野》《青年文摘》《人生与伴侣》《今日文摘》《南方人物周刊》《新民周刊》。这十个刊物所代表的类别倾向非常全面反映出这个领域阅读群体的选择方向。其中，心灵鸡汤励志类刊物成为头号排位并在其TOP100占较重比例这一点，让一般认为党政企事单位读者是否更加青睐政经类的想法显得落伍，励志类的高居榜首显示了这个阅读群体的心志素养和向上追求。

在国内、海外公共图书馆阅读TOP100期刊中，存在国内和海外的差异。我们发现，海外公图领域阅读文学类的期刊占19%、生活家庭类期刊占到27%、时政人物类占14%；而国内公图阅读文学类刊物有14%，生活家庭类期刊只有4%、时政人物类15%、其他取向分散在企管财经、电脑网络、教育和学习等方面。从历年的TOP排行研究来看，文学一直是海外人的阅读首选，但是这两年生活类和时政类开始攀升，可以看出海外读者阅读点和面的延伸；而国内方面，阅读诉求范围比较宽，文学类升格，励志类和时政类位于TOP100前端，而生活家庭类的内容并不占重要位置，与海外榜形成强烈反差。

上海社会调查中心上海师范大学分中心朱易安教授主持的课题组最近发布的《上海白领文化需求调研报告》显示，五成白领从不去图书馆。社会白领阶层工作节奏比较快，工作和生活的压力、个人较高的兴趣爱好和时尚追求，会促使他们采取不一样的阅读方式，利用网络、智能手机、平板电脑。如何让阅读更好地融入现代人生活？如何把公共图书馆打造成"文化咖啡馆"？我认识的东莞图书馆的馆长李东来提出，要让图书馆从资源型向服务型转型，这是一个非常有见地的观念。龙源此次发布的国内、海外公图TOP100期刊排行正可以对图书馆研究读者有针对性地改善服务提供了参考依据。

在中小学阅读TOP100期刊排行中，医药卫生养生保健类高达27种，教育教学类占27种，医药保健类数量之多让人感到意外。二者加在一起超过半数的分量，不由让人感叹"身体是革命的本钱"这句老生常谈在中小学的阅读排行榜中得到了淋漓尽致的诠释。

据了解，中小学的数字资源，现阶段主要的使用者还是老师们。教师，人称"人类灵魂的工程师"，在家长普遍重视孩子教育的今天，长年过重的工作压力，过高的社会、家庭期望值，以及应试教育使他们身心疲惫不堪。带病工作似乎已经成为教师职业的特征，教师的身心健康成了关注的死角。龙源中小学领域阅读TOP100期刊医药保健类所占比重之大，让我们第一次了解到这个群体的内在需要。他们借助学校购买的数字期刊，恶补生活保健类的知识，保持自己的身心健康，从而更好地做好教育教学工作。中小学购买数字期刊资源的初衷是要辅助教学、增进阅读，其中对教师健康的促进，让校方获得了意外的附加值。

或许，一些保健养生类刊物从来不怎么认为中小学领域是他们一个非常重要的需求群体，通过龙源排行榜，是不是要改变看法？

上述用户的阅读差异以及不同领域用户之间的阅读差异性，无论是做期刊还是数字资源采买，都应该考虑到终端读者的最大需要，分析怎样满足这种需要，才是TOP100排行想要达到的目的。

二、成熟——数字化阅读趋势

标志一：增量

面对广大的互联网用户，龙源要做的是努力改进数字阅读体验，吸引更多的个人读者为优质内容付费，这方面我们已经看到了与年俱进的增长。3 000多种期刊聚合在一起，读者愿意掏腰包为之付钱才是硬道理。

面对机构用户，无论是图书馆还是中小学、党政企事单位，他们通过招投标集体买单，覆盖的人群可以免费阅读。如果说B2C个人付费阅读需要权衡思索、只有是他/她最想读的内容，他/她才付费的话，那么在机构用户覆盖的读者群体中，阅读是没有付费压力的，他/她的阅读路径和阅读选择可以比较真实地反映出他/她希望读什么，并且读了什么。透过龙源2011年度的各项阅读排行，首先从阅读绝对量来看，数字阅读已经更上层楼：党政企事业单位阅读TOP100期刊排行中，排行第一的是《青年文摘》（彩版），阅读量为7.18万次，国内个人付费阅读TOP100刊NO.1《三联生活周刊》6.16万次，这只是它们在单一领域内的阅读量；排行榜"国内读者个人付费阅读TOP100文章"第一位是《南风窗》的"'海关新政'扑朔迷离"，一篇文章就被阅读了34 008次、《收获》的"天香"一文被阅读了5182次。数字阅读以个人付费和机构买单两架马车并驾齐驱的方式，正在实现量的飞跃。

标志二：内容优则读

透过龙源2011 TOP100排行组群，我们发现不少期刊反复在不同的排行榜中占位，应该说这是读者的意志。是读者选择阅读它，从而造就了它们的排行位置。

怎样让读者选择阅读，那就要内容好，内容优则读。2011"国内个人付费阅读TOP100文章"排行榜涉及27个刊物，其中《当代》占12篇、《三联生活周刊》占11篇、《收获》占9篇、《中国周刊》占9篇、《十月》占8篇、《看天下》占7篇，六个刊就占掉了50%之上；海外个人付费阅读TOP100文章则涉及20个刊物，其中《收获》占23篇、《长篇小说选刊》占22篇、《当代》占13篇、《十月》《北京文学·中篇小说月报》各占 8 篇。五个刊就占了 74%，这说明了什么？说明了内容好才是制胜的法宝！还说明了什么？文学！文学！文学是解释人生、说明人生的，它源于生活、高于生活，是真善美的艺术呈现，人们是需要文学的，内容好，即使付费也是要读的！

一个可喜的现象，在龙源的诸多排行项目中，文学期刊的阅读量相当抢眼，而且都是品牌刊物的内容，它反映出我们的社会精神层面的东西在走高、升腾，文化的发展繁荣已经从数字阅读层面强烈地映现出来。这应该让文学期刊编辑们振奋，让我们建立起信心，把内容做好，"任凭风吹浪打，胜似闲庭信步"！

我们强调：龙源期刊网的网络传播排行数据是客观的、公正的。TOP100 只是一个切点，我们也可以 TOP200、TOP300 为切点，无论切点放在哪里，排行榜都有一个根本性的特征，就是决定"期刊排行位置"的是内容。因此，期刊排行体现的不是"龙源的评判"，亦非"刊物的优劣"（排行并不说明期刊质量的绝对优劣），而是展现了"读者的选择"——读者的阅读选择，决定期刊或文章的排行。龙源以篇为单位而非以刊为单位的独特阅读方式，使得用户对每篇文章、每种期刊及围绕主题对不同期刊内容的捆绑式阅读具备了独立性，用户的浏览和阅读记录完全能客观地反映出用户的需求，它形成了以读者需求为导向，期刊在网络传播、网络阅读中延伸营造品牌的新趋势。

标志三：品牌营造运动蓬勃

通过历年的排行，我们可以确定地说期刊的网络品牌打造已蔚然成风，一些知名期刊已经成功地完成了网络品牌的延伸，一些知名度原不太高的期刊通过网络传播和网民读者的认知，多次出现在 TOIP100 排行中，形成了龙源自发布 TOP100 排行以来国内、海外七连冠期刊群体。这个群体还将会不断地扩大，可以说，网络世界的期刊品牌队伍从这里生发形成。

表 1　中文期刊网络传播国内个人付费阅读 TOP100 期刊 7 连冠期刊

刊名	2011 国内排名	2010 国内排名	2009 国内排名	2008 国内排名	2007 国内排名	2006 国内排名	2005 国内排名
伴侣	68	12	13	20	21	37	27
东西南北	60	76	85	87	71	70	42
读书	30	45	52	43	30	51	38
今日文摘	3	64	58	29	18	42	41
领导文萃	19	23	18	6	15	60	36
南风窗	71	10	8	27	12	18	8

（续表）

刊名	2011 国内排名	2010 国内排名	2009 国内排名	2008 国内排名	2007 国内排名	2006 国内排名	2005 国内排名
青年文摘	10	4	1	1	1	4	9
轻兵器	96	24	36	58	10	8	2
人生与伴侣	81	14	9	10	9	52	39
商界	90	36	21	32	19	63	59
商业时代	73	31	25	8	32	73	25
视野	29	62	48	34	22	53	55
意林	2	5	5	2	2	6	67
中国新闻周刊	7	6	6	5	6	24	12

表2 中文期刊网络传播海外个人付费阅读TOP100排行7连冠期刊

刊名	2011 海外排名	2010 海外排名	2009 海外排名	2008 海外排名	2007 海外排名	2006 海外排名	2005 海外排名
当代	4	29	11	2	1	2	8
读书	20	18	94	29	39	35	57
青年文摘	6	9	15	3	2	16	33
轻兵器	91	53	81	6	4	7	4
人生与伴侣	80	14	17	44	74	81	61
十月	10	31	40	7	8	4	13
收获	1	67	8	11	11	5	16
啄木鸟	12	43	31	33	31	8	29

一个刊，在TOP100排行上榜一次也许没什么，但是如果它能够在龙源合作的3 000多种期刊中，连续7年榜上有名，那就说明了它已经完成了网络品牌的延伸或网络品牌的锻造。数字说话，毫无争议。

即便不是7连冠（有些刊物与龙源合作没有那么早），在2011龙源各项排行中，还存在大批网络传播效应优异的期刊群体。如《意林》杂志，它获得了国内公共图书馆领域阅读TOP100期刊第1名、国内中小学领域阅读TOP100期刊第1名、国内党政企事业单位阅读TOP100期刊第2名、国内、海外个人付费阅读TOP100期刊第2、第5名的好成绩；再如《三联生活周刊》杂志分别获得了国内、海外个人付费阅读TOP100期刊第1名、第2名、国内党政企事业单位阅读TOP100期刊第3名、国内公共图书馆领域阅读TOP100期刊第4名的位置。

我们还看到一个突出的现象，文学类的期刊在海外阅读排行中表现非常优异，而国内位次就不及海外。如《北京文学·中篇小说月报》2011年是海外公共图书馆领域阅读TOP100期刊第2名，海外个人付费阅读排行TOP100期刊第7名，而国内个人付费阅读却是第43名；《当代》杂志国内、海外个人付费阅读排行分别是第18和第4名，国内、海外公共图书馆领域阅读TOP100期刊第72名和第6名，国内、海外存在非常明显的差距。

还有不少刊物在某一项榜单中排位并不太高，而在另一类排行榜单中相当靠前，比如《兵器知识》。它在2011年度国内个人付费阅读TOP100期刊中占位第92名，而在海外个人付费阅读中高踞第16名，同时在国内公共图书馆领域阅读TOP100期刊它是第99名、而在海外公图阅读TOP100中直达第3名；相反，如《电脑爱好者》杂志，它是国内中小学领域阅读TOP100期刊第6名，但是在海外个人付费阅读TOP100期刊中却是第69名，再如《家庭》在海外公共图书馆阅读TOP100中是第24名，而在国内、海外个人付费阅读和中小学领域的阅读排位基本上处于TOP100的中段、《做人与处世》在党政企事阅读TOP100中居第14名，远高于他项榜单中的位置。这些现象，都说明了什么问题呢？一是说明了这些刊物在它排位较前的领域品牌知名度较高，二是说明了它的内容比较适合这些领域读者的诉求。

由此可见，期刊网络传播的广域性可以为期刊形成"墙内开花，墙外红"，可以"东方不亮西方亮"，也可以"堤内损失堤外补"。另一方面，通过这样的传播检验，我们的期刊编辑和我们的营销推广部门，在了解了自己编辑的内容和营销的效果存在这样那样的差异后，可以更给力某一些欠缺的方面，加以改进。这也是龙源今年按用户群体进行排行发布的用心。

今天，期刊数字化转型已经从观念和实质上产生了很大的跃进，期刊数字化传播中的网络品牌群体已经形成并正在壮大。期刊在网络环境中重塑品牌的运动，正悄然改变着期刊产业的生态格局。以龙源期刊网的期刊网络传播数据为参照，见微知著探讨期刊在数字化传播环境中的品牌塑造或延伸，不论在理论上还是实践上都具有深刻的现实意义。

三、载体——让内容适得其所

随着移动阅读的蓬勃兴起，龙源与三大移动运营商紧密合作，充分发挥杂志汇聚平台的作用，积极推动杂志的手机阅读。同时为了让更多杂志进入苹果商店，龙源开发了适应杂志共用的接入端口，省却了个刊的开发投入，有意愿的合作期刊便陆陆续续进入了苹果商店。这次推出的手机阅读TOP10和iPad阅读TOP10，分别是基于三大运营商提供和龙源APP客户端上的数据（截至2011年10月份）做出的。它基于龙源对这一充满未来的阅读方式的探寻和引导。

众所周知，手机阅读杂志收费是从2011年10月才开始的，这之前，三大运营商也一直处于尝试推广阶段，颇有些雷声大雨点小的感觉，实际阅读数据亦不可观，包括通过龙源共用客户端接入APP的杂志群体也只有300多种。但是，移动阅读的发展方向是绝对的，前景将无比灿烂。我们可以通过这两个排行，对这两种介质的阅读状况做一个阶段性盘点，去发现总结点儿对行业发展有用的东西，对受众读者增加更多的关注。

表3 2011三大运营商合作手机阅读TOP10期刊

排行	刊名	点击数
1	民间故事选刊	2 490 057
2	知音	1 975 150
3	微型小说选刊	1 561 986
4	读者	1 324 346
5	家庭百事通	1 279 446
6	男生女生（金版）	1 113 339
7	恋爱婚姻家庭	649 969
8	中外故事	589 638
9	做人与处世	474 089
10	故事林	351 669

表4 使用龙源客户端入驻APP商店iPad阅读TOP10期刊

排行	刊名	上线时间	数据提取	下载量
1	大众摄影	02/21/2011	10/09/2011	65 366
2	电影世界	02/21/2011	10/09/2011	30 015
3	疯狂英语	02/21/2011	10/09/2011	20 409
4	西藏人文地理	02/21/2011	10/09/2011	17 833
5	汽车杂志	02/21/2011	10/09/2011	12 320
6	三联生活周刊	02/21/2011	10/09/2011	11 280
7	看天下	02/21/2011	10/09/2011	11 034
8	中欧商业评论	02/21/2011	10/09/2011	10 515
9	中外管理	02/21/2011	10/09/2011	10 482
10	IT时代周刊	02/21/2011	10/09/2011	10 179

可以发现，手机阅读的刊物大多是故事文学、婚姻家庭和励志类刊物，全国发行量最大、知名度较高的《读者》《知音》杂志也在其中。我们不难判断，手机读者偏年轻、成长中，他们选择的这些内容比较通俗易懂、大多故事性和可读性较高、并且是以文字为主、适宜手机展现的期刊种类。

　　而 iPad 阅读 TOP10，显示出受众明显的中高端性。《三联生活周刊》《看天下》是时政类，《中欧商业评论》《中外管理》属于商业管理类，《大众摄影》《电影世界》《西藏人文地理》《汽车杂志》都是非常适宜 iPad 表现的刊物，《疯狂英语》和《IT 时代周刊》白领读者居多。iPad 的高价格和全新的触觉体验吸引了相对高收入、高品质生活的一代，而手机用户则彰显大众化趋势。

　　从传统阅读到数字阅读是阅读的革命。利用手机、MP4、iPad 等移动终端设备进行阅读更是让数字阅读走上了新的台阶。随着智能手机的普及，Pad 价位的适中下调，凭借互动体验、便捷、快速，数字化阅读将更有市场和生命力。

2010 龙源期刊 TOP100 排行总解读

中国新闻出版研究院院长　郝振省

从 2005 年到 2010 年，龙源期刊网连续 6 年发布了期刊网络传播 TOP100 排行榜，以及近 3 000 种期刊在线传播的 TOP100 栏目、TOP100 文章和各类型期刊的 TOP10 的发布。大量翔实客观的数字再次显示出这些走在期刊数字化传播前端的期刊群体在期刊在线传播中如何获得读者的拥趸，如何以各自的"数字发行量"客观地验证或创造出了自己的网络品牌影响力。在国家大力推动期刊数字化转型的过程中，用什么来衡量转型的良性运动、以什么依据指导转型期的困惑、从什么角度进行内容编辑的改进，龙源发布的这一系列数据毫无疑问是非常值得参考的依据。龙源课题组从不同的角度对 2010 年的传播进行了介绍和分析，这里综合报告如下。

一、公开排行数据，彰显数字发行量

龙源在 2009 年 11 月份举行的 TOP100 排行发布会上开业界之先河，在国内首次提出了"数字发行量"概念，并联合中国出版科学研究所向各合作刊社提供了年度数字发行量证书，在业内外引起了广泛回响，成为"搜狐"网站年内十大新闻之一。在此前不久，美国杂志出版商协会（Magazine Publisher Association，简称 MPA）宣布，将正式将期刊的数字发行量计入期刊有效发行量之中。数字发行量概念开始进入人们的视野，并引起了政府管理部门和业界有识人士的相当关注。

今年，龙源 TOP100 各类排行不仅发布了排行本身，同时也发布了各排行具体的发行数字，还特意标注出付费阅读发行量、浏览量、原貌版本的访问量，其中付费阅读量中还特意注明了机构与个人的区别。这不仅进一步增强了龙源排行的科学性和客观性，而且这些宝贵的数据对于研判期刊数字化传播得益并适时地总结经验极具价值。它将对确立数字发行量标准认证体系起到积极的推动作用。

在 MPA 的统计中，期刊的数字发行量主要是指通过网络发行的原貌版电子期刊的总量。由龙源期刊网倡议并主导的期刊数字发行量认证体系不仅包括原貌电子版的数字发行量、同时也包括用户（包括机构用户和个人用户）付费阅读次数，和包括读者通过搜索引擎抓取的龙源相关页面从而进行点击浏览的次数，三者之和为期刊的数字发行量。此数字产生的前提条件，必须是与龙源有合作的期刊，否则无从统计。数字发行量数据将主要以年度参考数据为主。

龙源期刊网络传播TOP100排行及数字发行量的提出，对于传统期刊社而言具有十分重大的价值。传统与数字化互动，市场增量。期刊网络阅读打破了原本期刊"本"的概念，以"文章"为单位供读者选择，细分的内容导致了细分的受众群；传统出版中非常"小众"的期刊在网络空间上也可以成为"大众"期刊。数字发行量打破了期刊杂志的发行量只限于传统纸质版形式的局限，将杂志电子版内容在网络上的传播发行量统计进来，成为网络化生存环境下期刊发行的全数据，很有意义。大到一本刊的具体网络的发行量，小到一篇文章及一个栏目阅读量，这是传统渠道根本无法实现的。比如2010年《当代》数字发行量17.3万，而《青年文摘》的数字发行量更是达到了84.3万，同比增加了10万。国内阅读TOP100期刊的访问量2010年度超过2 385.9万次，比2009年度1 616.4万次增加1.48倍；海外阅读TOP100期刊的访问量931.3万次，比2009年度144.5万次增加了6倍多。这些数据，都是网络平台与网络读者点对点的精准数据。

相比于期刊的印刷版发行量统计，龙源倡导的数字发行量具有明显的优势。其网站访问量、用户规模正在迅速扩大，具有较强的行业参照意义。数字发行量认证体系可以抹平期刊印刷版发行市场中存在的诸多竞争壁垒。目前，在一些大型时尚消费类期刊的博弈下，期刊在很多零售终端的渠道推广费用居高不下，因此很多中小期刊不得不被迫退出或者一直无法进入报亭、地铁、机场、超市等很多终端发行渠道。而在龙源期刊网上，并没有所谓的发行推广壁垒，这无疑为各大刊社的网络传播创造了一个公平、良好的发行竞争环境。在这种情况下，好的内容很容易被用户搜索、抓取、阅读，因此至少在公平性和传播效率上，期刊的数字发行量要比纸版发行量更加具有优势。计算数字发行量很可能成为众多中小型品牌期刊打赢数字时代翻身仗的有力武器。

二、网络品牌期刊群体已成规模，网络读者同样需要"好看"的内容

2010年龙源关键词TOP100排行中，以刊名作为关键词的搜索占到了81%。这说明数字期刊读者在登录龙源期刊网开展阅读之前就已经有了明确的目标——上龙源期刊网就是为了看某期刊或其中的某篇文章。这也说明在期刊数字化阅读过程中，由于原刊的品牌在读者群中已深入人心，读者会"找着读"，通过期刊刊名搜索完

成阅读，既有品牌影响力成为读者阅读数字期刊的一个重要因素。

比如《青年文摘》《意林》《电脑爱好者》《伴侣》《南风窗》《中国新闻周刊》《读书》《视野》《商界》《海外文摘》《人民文学》《十月》《当代》《收获》《家庭》从2005年开始就上了TOP100，取得了网络传播6连冠的好成绩。这些期刊在与龙源网合作之前就已经是知名期刊，拥有广阔的市场和数量众多的读者，它们在网络传播中，连续多年稳居排行榜前列，这显示了期刊原有品牌影响，也确立了品牌网络延伸的认知度。比如《故事会》，与龙源正式合作首年就进入TOP100第38名，2010年也获得了付费阅读TOP100期刊中第24名的好成绩，同时在海外阅读排行榜上也位于前端。《故事会》的连续上榜，再次证明了期刊的品牌影响力对网络阅读所产生的重要影响。

同时，另外一些窄众、小众或B2B类期刊，其纸版的发行量并不如上述杂志，但是它们却在网络传播中取得了喜人成绩。如《考试周刊》《商场现代化》《中国实用医药》《消费导刊》《中国医药导报》等位居期刊网络访问（总发行量）TOP100的杂志，其纸版杂志的发行量比起动辄数百万份的期刊来说并不大，但是却通过网络传播成功地扩大了影响，创造了不俗的数字发行量，塑造了自身的网络品牌，从这一方面来说，网络传播为期刊网络品牌塑造提供了一个卓有成效的平台。通过龙源这一数字平台，既有品牌完成了网络品牌延伸、线下窄众刊物成为网上泛众读物，逐渐完成了网络品牌的塑造，甚至形成了"网络影响力比纸版还要大"的可喜局面，从期刊业整体的发展角度考虑，我们认为窄众、小众类或专业类期刊网络品牌价值的持续上升，对于急需"做增量"的国内刊业来说，更加值得一书。

期刊的网络传播不论为大刊名刊，还是为受众范围相对较窄的刊物，都提供了一个公平竞技的舞台。通过以龙源期刊网为代表的数字传播平台，各类刊物都实现了十分宝贵的品牌增值。

龙源连续六年的期刊网络传播报告反复证明了这样一个事实：期刊的网络发行不会冲击到纸质期刊的发行，二者是"水涨船高"的连带关系。"受欢迎的纸质刊物，拿到网络上之后也仍然会受欢迎"，显示出线上发行"大户"与线下"大户"的高重合率，线下小刊，只要内容做得好，数字化营销仍然成绩不俗。这无一不证明了纸刊发行与数字发行良性互动发展的积极态势。

然而，面临着印刷版期刊整体下滑的趋势，仍有人把此归罪于网络，这个观点不仅不成立，并且已经相当落后。在网络迅速普及的现实生活中，期刊的网络传播扩大了期刊品牌的影响力，付费阅读增加了发行渠道，不少期刊的纸版发行还得到了上扬。科技在发展，新的载体产生了，我们不能不利用它发展自己，不利用它，实际是抱残守缺，好比逆水行舟，结果是不进则退。龙源TOP100排行有不少是周刊、半月刊，上市当天就传到网上了，不仅起到了积极的宣传推广作用，网上网下发行量都有不同的增长，再看一看TOP100文章排行中过刊被较多阅读的突出事实，影响是正面的还是负面的，答案是不言而喻的。

三、教育类期刊网络阅读走红，《考试周刊》包揽2010排行"全能项"

教育类期刊是我国期刊业的一方"重镇"，读者群包括教育管理工作者、教师、学生及学生家长等。随着我国出版体制改革和教育体制改革的深化，教育类期刊的行业保护和行政垄断特色逐渐淡化，被"断奶"推进市场经济大潮中接受"洗礼"。改版、分版甚至改名频仍，他们正经历着浴火重生的阶段。与此同时，教育信息化资源建设如火如荼，"班班通""校校通"正在大力推广。面对着数字化发展的机遇，龙源提供的网络传播数据，为教育类期刊在数字网络环境下探求新发展提供了参照系数。

在2010年龙源TOP100排行期刊中，教育类期刊具体包括教育、教学、中学读物和小学读物四个方面的刊物，其数量占到龙源期刊网所有合作期刊总数的1/4。近年来，顺应中小学数字图书馆、电子书包以及网络阅读低龄化等发展趋势，该类期刊的上榜比例有较大突破。在国内阅读TOP100期刊排行中，教育类期刊位居首位，共有16种期刊上榜，其网络发行总量达到3 055 971，占到TOP100期刊总发行量的12.88%。海外TOP100期刊榜单中，教育类上榜期刊有8种，位居第四，网络发行总量为336 874，占总量的3.62%。国内、海外教育类期刊的数字发行量达3 392 845，在龙源期刊网近3 000种期刊20多个类别中异军突起，中小学生数字化阅读走势上扬，显示出他们必将是网络阅读的主力军。

在教育类期刊中，特别值得一提的是《考试周刊》，在TOP100期刊、TOP100文章、TOP100栏目、各类TOP排行中均摘冠夺魁。可谓是教育类期刊驰向网络的一匹"黑马"。国内TOP100栏目排行中，《考试周刊》竟有10个栏目上榜，TOP100文章中其《利用教育心理学知识对学生进行考前心理指导》一文也高踞榜首。此文国内发行量达到15 333，其中付费阅读88.28%；该文章海外发行量为30 420，付费阅读达99.95%。《考试周刊》的高付费阅读比例，一方面说明了我国应试教育环境是何等需要此类内容，一方面《考试周刊》现象再次证明了去年我们在TOP100研究报告里总结的那样，内容好才是硬道理，精彩文章成就精彩栏目，精彩栏目成就了其TOP100期刊NO.1的地位。

课题组站在普通读者的角度研读了《考试周刊》"考试研究"栏目《利用教育心理学知识对学生进行考前心理指导》一文，发现这篇不足2 000字的文章不仅标题是教师、学生、家长共同关心的话题，行文亦是平实中肯、针对学生广泛存在的考前焦虑和心理强迫症，娓娓道来，很能说明问题。比如针对许多考生考前失眠，作者给出的指导意见是这样的："高考期间真正影响自己水平发挥的原因并不是晚上睡了八小时还是五小时，而是感觉自己睡眠不够而造成的心理阴影，只要不把'睡眠少'这件事本身当成心理包袱，它对高考成绩的影响几乎是零，这也是有科学依据的。"朴实的文风和科学的观点解答了受众最为关心的问题。

《考试周刊》结合应试教育实际，从不同方面为应试开出了"处方"，并且刊社编辑亦尽可能地切合学生应试实际，本着解决问题的角度策划专题、组织稿源、注重编辑质量，使得他们开出的"处方"成为"灵丹妙药"，必然受到读者欢迎。

四、期刊网络传播呈均衡发展趋势，浏览性阅读逐步向付费阅读过渡

与前五年的期刊网络传播TOP100榜单相比，2010年的各项排行呈现了涉及范围广（以1%的比例入围的期刊或文章很多），有均衡发展之势，同时又有相对聚焦，如教育类期刊以《考试周刊》为代表，"出镜率"大幅增高，新闻类期刊几乎都在榜上是"全家福"，文学类期刊在付费排行榜中仍然是当仁不让，商业财经、文摘文萃、情感家庭类刊物不分伯仲，期刊网络传播显现出一派百舸争流、欣欣向荣的景象。

课题组将包括浏览量在内的国内阅读TOP100文章和付费阅读TOP100文章的情况进行了分析。他们表现出如下特征：①前六类只有一类不同，其他五类比例均衡；②总量TOP100文前六类中有数码网络类文章而没有文学类文章，相反付费阅读TOP100文章中有文学类文章却没有数码网络类，并且各自拥有或缺失的这两个类别文章的比例相近。③总量TOP100文章占比例最高的类别是教育类、付费阅读TOP100文章的最高类别是商业财经类。课题组认为这三个特征很有代表性，反映出2010龙源整个排行的综合特征。

表1　国内阅读总量TOP100文章和国内付费阅读TOP100文章前6类比例

国内阅读总量TOP100文章前6类比例		国内付费阅读TOP100文章前6类比例	
期刊类别	百分比	期刊类别	百分比
教育教学	16%	商业财经	15%
文摘文萃	12%	文摘文萃	13%
商业财经	11%	情感家庭	10%
数码网络	10%	文学	9%
情感家庭	7%	教育教学	6%
时事新闻	7%	时事新闻	6%

首先，历年来龙源各类排行比较前端的刊物大都是这六个类别里的刊物，2010年的排行榜除了涉及更宽的范围外，也相对聚焦在这几类期刊，与往年不同的是，今年这几类的百分比相对均衡。这说明了什么问题呢？也就是上文提到的我们关于"网络品牌期刊群已初步形成"的观点得到了验证。比如教育教学类《考试周刊》《教师博览》，文摘文萃类《青年文摘》《意林》《视野》，商业财经类《商界》《理财周刊》，情感家庭类《家庭》《37°女人》《婚姻与家庭》，文学类《十月》《当代》《收获》《人民文学》《故事会》，时事新闻类《中国新闻周刊》《南风窗》《新民周刊》《新周刊》，数码网络类《电脑爱好者》《网友世界》等，这些刊物在龙源的季度排行和年度排行中都是频仍上榜的期刊，其他线下品牌刊物比如《大众医学》等，由于它所在的类别没有出现在前六类中，是每个类别中的拔尖刊物，而不像图表所示，占有较大的类别百分比。

其次，课题组分析了2010年度的各项排行，发现读者浏览比较多的是一些较为实用的知识内容，比如电脑类、而在付费阅读排行内，文学作品则居多，且大部分是中长篇小说。龙源作为一个付费阅读平台，当读者来到龙源期刊网，他/她可能有也可能没有付费阅读的心理准备（新老用户），在收费这个门槛面前，有的选择了离去，有的选择了付费进入全文。我们估计由于有些实用性的内容在其他网站或许可以免费获得，对付费望而却步的读者会多一些；而刚刚发表的文学作品是不容易在网站上检索得到的，所以，受文学内容的吸引，就有了付费阅读的可能。目前情况下，追求非物资层面的精神享受或愉悦，应该说是我们有可能把付费阅读增大做强的依据，也为文学作品的网络营收提供了进一步拓展的市场空间。

再者，教育类期刊在今年的排行榜内能够异军突起，主要原因缘于龙源在基础教育领域的营销推广工作。目前全国已经有2 000多所中小学、十多个教育城域网购买了龙源电子期刊阅览室，由此产生的阅读量属于有偿阅读，再加上网络个人付费阅读，上表付费阅读的6%即如此得来。而广大师生离开校园在家访问教育类期刊时，因为不在学校的IP范围内，不付费就不能进入全文，也就造成了总量排行教育类期刊居首，而在付费榜单中不得不屈居第五的地位的现象了。

我们由此看到，读者并不是不愿意数字阅读，也不可能是没有钱去支付阅读，关键是付费的理念还没有得到他们的认同，更不可能造出点击率就是付费率的营业蛋糕，但这里有一个渐进的过程。从龙源今年提供的各项数据看，总体数字发行量比去年是上涨的，其中纯粹的浏览量并不高，反而付费量要大过浏览量，也就是说，许多读者都从浏览片段进入了付费阅读全文，这在文学类期刊的阅读数字上表现得比较突出和充分。随着龙源对期刊呈现形态的不断优化，也随着我们的期刊内容更加适应网络读者的需求，随着移动阅读的普及和深入，龙源期刊网流量一定会迅速提升，更多的付费阅读是完全可以期待的。

五、网络化生存深刻地改变了期刊发展的生态环境，内容至上是制胜的不二法宝

数字化阅读正悄然改变着期刊业的生态格局。《故事会》杂志何承伟先生在今年故事期刊年会上说，期刊正处在调整期，大小新老期刊都处在一个新的起跑线上。无论是纸版期刊还是线上传播或移动阅读，期刊人不仅要积极地利用不同载体，还要积极地研究不同载体的特性，加大内容的改进，使之适应不同载体的受众。本报告提出了阅读指数的概念，主要是对期刊可读性或易读性的一个具体的衡量指标，阅读指数越高，表明某书/刊的可读性或易读性越高，其受读者欢迎程度越高；反之亦然。阅读指数可通过统计、汇总读者在一定时间内的购买量、借阅次数以及作者和读者评价，并对其进行必要的处理获得。提高阅读指数，最重要的是要在内容上狠下功夫，要追求可读性和易读性，并要不断地研究网络读者的阅读习惯，让内容更加贴近他们的需要。

《网络传播》杂志第5期披露，商务部5月在APEC电子商务工商联盟论坛上透露，中国网民人数达4.04亿，手机网民规模达到2.33亿，互联网普及率达到30.2%，超过世界平均水平，其中青少年网民规模在去年年底已达到1.95亿人，74%的青少年使用手机上网。面对着庞大的移动阅读市场，我们期刊人必须意识到期刊运营的生态环境已经发生了革命性的变化，我们要顺应技术革命的历史潮流，在研究传统发行渠道创新的同时，迅速实施数字发行新举措。期刊阅读市场是广阔的，载体的增加，只能增加更多的阅读机遇、给读者更多的阅读选择。期刊的发展空间事实上是变大了，它改变了原有单一的线下物理性质的发行模式，为内容提供了更便捷的发散性的多行通道。

2009 龙源期刊 TOP100 排行总解读

中国出版科学研究所所长　郝振省

近年来,面对传媒业日新月异的发展态势,传统期刊业如何认清发展方向,创新发展思路,积极利用新传播技术,紧跟信息化发展步伐,有效融入数字化出版潮流,实现产业转型和升级,开创行业的全新业态和发展模式,将决定期刊业未来的发展方向和水平。"龙源期刊网"作为先行者之一,在中国传统期刊的数字化出版事业,尤其是互联网出版上积极实践、创新发展,自2005年起,定期发布期刊网络传播TOP100数据,并向各个合作刊社提供年度网络传播数据分析报告,已经形成了互联网时代期刊调研的有效途径。连续五年的期刊网络传播的数据发布和研究,告诉给我们很多东西,这里,我做一些简单的归纳和总结。

发现一：期刊网络传播总量巨大,增长迅速

2009年度龙源期刊网所发布的合作期刊网上传播数据显示,期刊网络传播总量巨大。仅国内阅读TOP100期刊的访问量就超过1 616.4万次,海外阅读TOP100期刊的访问量逾144.5万次。由此推及龙源期刊网目前近3 000种合作期刊的网络传播量,足见当前期刊网络阅读已经颇具规模,传统期刊内容渐渐成为网民阅读的重要选择,期刊读者经由网络渠道获取知识、信息渐成习惯。

更为重要的是,数据显示,期刊网络阅读成长迅速。2006年度国内阅读TOP100期刊的访问量为460万次,2009年度超过1 616.4万次,短短4年增长351%。海外阅读TOP100期刊的访问量也呈平稳增长态势。

期刊网络阅读的繁荣景象,反映了网络普及、网民增多的整体趋势,反映了网民的阅读需求和指向,也体现了"期刊矩阵"的"圈效应"(即借助互联网技术平台,打破刊与刊、期与期界限,以规模化存在形成联动和辐射,提高接触率和阅读量)。这三方面因素互为支持,提示出传统期刊数字化网络阅读的必然走势。

龙源期刊网期刊网络阅读量的节节攀升,其原因是多方面的,例如受众逐渐接受期刊网络阅读,付费阅读的网络传播环境也日益成熟,变得方便快捷;国内期刊

社群体越来越认同"期刊数字化发展"这一趋势，对网络传播的协作和支持力度逐渐提高；龙源期刊网等网络阅读平台的品牌价值的提升以及其 2008 年度以来对公网读者阅读体验的不断改进和市场营销手段的加强等促进期刊网络传播产业链的形成等多方面的因素共同促使了这一快速增长的趋势的形成。

发现二：期刊网络传播品牌阵容正在形成

我们梳理了 2005—2009 五年的国内、海外双百排行榜单，整理出了一批连续 5 年和 4 年蝉联国内、海外 TOP100 排行榜的期刊群体，即 2009 年最新发布的"中文期刊网络传播国内及海外 TOP 排行 5 连冠、4 连冠期刊"。从中我们可以看出，在经历了数年的网络传播以后，一批刊物已经成长为网络品牌，他们已经从众多的期刊群体中脱颖而出，获得了网络读者的忠诚认可，逐渐形成了自己的网络品牌价值，例如文摘综合类中的《青年文摘》、科技网络类中的《电脑爱好者》、文学类中的《收获》、时政类的《南方人物周刊》等。无论是从文章排行、还是栏目排行、还是期刊排行中，都表现优异，演绎出"好文章催生好栏目，好栏目成就好期刊"的递进关系。这些期刊在网络传播中，集聚了较高的关注度，带来了相对固定的受众群体，连续多年稳居排行榜前列，显示了知名期刊的持久影响力，确立了品牌期刊网络延伸的认知度和影响力。此外，一些新进的期刊如《故事会》，它是从 2009 年开始与龙源正式合作的，合作首年就一跃进入 TOP100 第 38 名的地位，再次证明了内容好才是真正的好。网络阅读品牌的形成虽然与纸质期刊品牌影响力延伸不无关系，但更多依靠的是扎扎实实的吸引读者的实力，因为读者直接接触的是"文章"，而未必是"刊"，附着在纸质品牌期刊身上的"光环"和"购买惯性"作用有限。与此相反，网络读者则有可能因为在网上读到了一篇好文，而购买整本纸质期刊。从这个意义上讲，网络品牌是含金量更高的"金字招牌"。伴随着网络阅读的不断成熟，这些刊物的品牌价值将更多、更直接的在访问次数、刊社声誉及收入中得到体现。

值得注意的是在课题组梳理这 5 年的排行榜单时，还发现 TOP 排行中中后端期刊更替变化比较多，新进期刊在短短一年的时间内大量涌现，这一方面说明了网络读者阅读视野在扩大，同时也充分说明在网络环境中，一种期刊的影响力可能比较迅速地发生改变，没有了地域局限、时空阻隔之后，由寂寂无名到声名显赫的路途比现实世界中要短暂、便捷得多。网络最大限度地保证所有期刊处于平等的起跑线上，让品质说话，让内容发言，期刊网络平台更是以"推送""连带"等主动传播方式，让所有期刊都面临脱颖而出的可能。

发现三：国内、海外阅读取向趋同存异，成为期刊走出去的重要参考

随着国家"文化走出去、出版走出去"战略方针的推进，我们在连续5年的期刊网络传播数据分析中，特别注意研究国内、海外读者的阅读取向。从2005年至2008年，在龙源连续四年的排行发布中，无论是核心发布项TOP100期刊，还是TOP100栏目或TOP100文章，海外榜单一直存在一个相对聚焦的阅读范围即文学、养生保健、家庭、保健这几大类期刊群体。随着网络阅读的普及和深入，2009年国内、海外TOP100排行期刊反映出多元的发展生态，国内、海外阅读取向趋同存异。

国内最受读者欢迎的前10类期刊依次是：文学类、文摘文萃类、时事新闻类、党政法制类、商业财经类，海外最受欢迎的前5类期刊依次是：教育教学类、文学类、商业财经类、文摘文萃类、游戏数码类。2009国内、海外读者热读文学类期刊，以占总量16%的份额名列榜首，续写了网络世界的不老传奇，给人以文学将借助网络复兴甚而辉煌的无限期望。文摘文萃以14%的份额紧随其后，展示了"摘录萃取"这一编辑方式的极大魅力，由此可以推想，期刊作为一种成熟的以博取文章、把关选择、优化编撰的出版物，在信息泛滥、泥沙俱下的网络环境中必将大有可为。

分析2009年海外、国内TOP100文章榜单，除励志情感类文章外，国内读者对实用性文章的关注程度也大大超越海外读者。浏览国内TOP100文章榜单，《游戏展会该展什么?》《调教Windows，让系统更好用》《网络看电视全攻略》《有多少致富可以从电脑中来》《2008年初中物理竞赛模拟试题（课改区）》《如何看乙肝五项指标化验单》《用图表说话！实战Excel图表制作》《2009年，我的工作在哪里?》《玩转PDF，读遍天下书》等直接传授技能、方法的实用性文章有10数篇之多，而海外则少人问津。

海外读者对党政法制文章的热情也是国内所没有的。此类文章海外TOP100中有15篇之多，比国内多14篇，《郑州大学学报（哲社版）》的《毛泽东反特权思想对当前反腐败的意义》一文是唯一入选TOP100的大学学报类杂志文章，但其题材无疑属于党政法制类，这充分显示了海外读者的阅读兴趣。

2009年，教育教学类杂志在海外TOP100期刊榜单上表现引人瞩目。以《考试周刊》为首的14种期刊进入前100强，上榜数量居各类期刊之首。海外读者喜欢阅读国内教育类杂志，可能的原因之一，是近些年出国读书的中小学生越来越多，家长在孩子接受海外教育的同时，希望了解国内教育状况和教育理论、方法，以博取双方之长；另一方面原因，是越来越多的海外教育界人士注意到中国的学校教育、尤其是基础教育具有自己的特色和优势，因而产生了解、借鉴的浓厚兴趣。无论背

后的原因究竟怎样，一个不争的事实是，教育教学类刊物由于携带了中国特色，在全球人员流动、思想交流频繁的背景下，在海外有了越来越大的发展空间。

发现四：期刊网络阅读手段不断走向成熟

期刊网络阅读除渐成习尚外，内在形式也不断走向成熟。表现出如下特征：

（1）2008年、2009年TOP100关键词的检索次数与2007年相比增长迅速，都达到了2007年的2.3倍有余，并且这一数字还在不断地增长。

（2）检索词发生很大变化，刊名的检索次数增长了近10倍有余；人名检索次数则缩微，2008年只是2007年的1/12。

（3）2009年除了与2008年相同期刊名称检索占压倒多数外，不同的是2009年篇名及栏目名称搜索增多，达到了35 790次，几乎没有出现特定人名搜索行为，这是期刊网络阅读走向深度的有力佐证。

从2007年大量的人名检索到2008年以期刊名称为主检索变化、再到2009年期刊名称加篇名和栏目名称检索的这种递进变化，都说明龙源期刊网已经培养出了一批忠诚的网络读者，读者不再像以前那样目光散漫、随意搜索，而是更多直接选取刊名、栏目名或篇名检索，直奔内容阅读而去：来龙源就是读期刊的！也客观说明期刊的网络阅读进入了逐渐成熟的佳境。

发现五：大众杂志的分众化泛读，小众杂志的大众化传播

期刊网络传播中同时体现了传统期刊传播的"大众性"特点与网络传播"小众性"特点，而且这两种特点在期刊网络阅读的过程中打破了原有界限，不再分庭而立，而是相互融合、各取所需，使得期刊的网络传播呈现出具有传统传播与网络传播特点，又有别于这两种传播形式的特色，具体可从以下两个案例中看到。

主要体现在网络品牌类的期刊。在龙源TOP100期刊数据中，我们发现以《青年文摘》《电脑爱好者》《南方人物周刊》《意林》《南风窗》《大众医学》为代表的大众类期刊访问量继续迅速增长，他们的文章和栏目在TOP排行中占有很大比重，在网络传播的过程中读者被细分，实现了分众化泛读的效果。究其原因，主要是由于期刊网络阅读打破了原本期刊"本"的概念，以"文章"为单位供读者选择，细分的内容导致了细分的受众群，这也是未来期刊网络服务的主要方向之一。

在龙源TOP100期刊的数据中，我们发现传统出版中非常"小众"的期刊在网络空间上也可以成为"大众"期刊，如各类特殊兴趣类期刊，这些期刊往往是某些爱好者关心和阅读的载体，但是在网络上，小众期刊也日渐得到大众的喜爱。从

2005 年只有《海事大观》《坦克装甲车辆》和《搏击》三本期刊入围 TOP100，到近两年《轻兵器》《大众摄影》《兵器知识》《棋艺》《精武》《武当》等期刊的不断入围都足以说明这一问题。而以《轻兵器》为例，2009 年位居 TOP100 排行榜第 36 位，访问次数达到了 166 586 次，与传统大众期刊《收获》（335 260 次）、《当代》（267 632 次）、《新华文摘》（235 898 次）等相比差距并不是很大。而这类期刊尤其是军事、兵器类的忠实读者以年轻男性为主，这一群体也恰好是网络的主流消费群，因此可以说，小众期刊借由网络实现了大众化传播。

意义一：优质内容网络传播长尾效应，成为期刊社新的赢利机遇

网络传播与传统传播之间的差异性决定了它能够为期刊社数字期刊提供新的赢利机遇，主要体现为过刊文章价值凸显，优质内容长尾尤长。

互联网出版中并没有完全反映出期刊时效的必需性，好的内容期刊不会过期，可以持续地为期刊创造效益。以 2009 年"TOP100 文章"为例，其中 2009 年发行有 44 篇，2008 年发行的有 51 篇，2007 及 2007 年以前发行的有 5 篇；在前 10 名中，2009 年发行的只有 1 篇；而排名第 6 的《当代》的《因为女人》是 2007 年就发行的，并且还是 2008 年国内、海外 TOP100 文章排行之冠。以类别来看，国内 TOP100 文章中属于过刊的有 23 篇，其中文学作品 6 篇，居各类别之首，占总数的 26%；海外 TOP100 文章中属于过刊的有 24 篇，其中文学作品 10 篇，占总数的 42%，名列第一。这从一个侧面也可以说明，在网络传播中，文学作品由于内涵深厚，时效性几乎可以忽略不计，更能发挥"长尾"优势。由此我们有理由相信，在纸质文学期刊发行受阻、销路不畅的今天，网络将是它涅槃重生的天台、赢得读者的利器，文学复兴的希望或许就在这里。文学期刊经营者应该把握机遇，积极利用网络，并以网络传播的特点重塑文学作品形态，从而实现经营目标和文学理想。

数字阅读打破了刊期界限，由"读刊"变为"读篇"，再加上网络即时传播克服了纸质期刊查阅、携带不便的缺点，从而使过刊文章不再"过期"，能长久传播，优质内容能在相当长的时间内发挥"长尾效应"，创造持续的长期的效益，保值增值，这在 2009 年 TOP100 文章榜单上有着生动展示。

在网络传播中，其他类别文章也能获得程度不同的"长尾"效应。因为整体而言，期刊内容时效性不强，而以深度见长。即使是"时事新闻"和"时尚"类文章，"过刊"也能够获得持续的阅读量和影响力，其他类别应当更有潜力。榜单涵盖的只是千万篇文章中的前 100 篇，数以万计的文章中，以过刊而获得了新的传播效果的，又何止上述这些？只要是适合读者需要的文章，在网络传播中，就会有更

长的生命周期,都不会因时间因素而被埋没。

意义二:期刊数字化转型,整合营销前景广阔

鉴于网络阅读平台内容的集成性、服务的多样性等特点,使得其已经成为期刊网络传播的主要营销渠道。以"龙源期刊网"为代表的网络阅读平台在期刊网络传播中的作用日益明显。2009 年国内阅读 TOP100 期刊的总访问量为 1 600 多万次,仅这一数字就超过了 2008 年国内期刊付费阅读的总访问量,而海外的总访问量也达到了 140 多万次。由此可见,期刊网络阅读平台越来越受到读者的欢迎,其忠诚度也在不断提升,不论是国内还是海外读者,都对一些品牌期刊或感兴趣的内容具有"黏性"关注。以 2009 年 1 月 1 日至 10 月 29 日 Alexa 的日访问量统计数据为证,我们看到龙源期刊网已经进入相对成熟的发展阶段,平均每个用户的访量指数除个别日期外,可以稳定在 100—200 之间。

作为网络传播的中介和桥梁,在龙源期刊网这样的平台上,因网络的开放性和兼容性,所有的期刊获得的是平等的竞争和发展的机会。期刊网络阅读是一个"One-To-One"对接需求的体现,其中的一个"One"代表网民及其网络阅读的需求,另一个"One"代表期刊社及其期刊产品,而"To"就是数字阅读平台。这个"To"是数字阅读中必不可少的一环,也是具有重要作用的一环。以龙源为例,一方面,其所进行的 TOP100 排名,并不是为了宣传和褒贬,更多的从为产业服务出发,让期刊社能通过排行,解读并掌握网民及其数字阅读对接的道路,根据需求供给资源。另一方面,其所提供的数字阅读平台,打破了传统期刊社在销售渠道上的鸿沟,并克服了以往时空对于刊物销售的限制,为读者提供了全面、深度、灵活的阅读选择,满足了"读网时代"人们期刊阅读的需求。期刊数字化整合营销特别对机构用户的服务中,优势更不待言,很难想象一种期刊的数字化营销该如何进行。

意义三:网络阅读平台促进期刊网络传播产业链的形成

一条完整的产业链是一个产业生存和继续发展的重要保证,是能否形成一个行之有效且多方共赢的赢利模式的关键,其中主要包括了互惠互利的利益分配、明确的权利义务承担以及合理的定价原则等几个方面。以龙源期刊为代表的数字阅读平台在这些方面已经做出了相当的探索和贡献,并取得了不错的效果。在数字化传播产业链中,过度的竞争或垄断都会为产业发展带来弊端,而像龙源这样平台的出现,有效地避免了这类现象的发生,它们为期刊社、渠道商、技术提供商、增值服务营运商等共同营造了一个大家可以多方合作、协同共赢的平台。

综上所述，通过对 2005—2009 五年来龙源期刊网"TOP100"期刊数据的分析比较，首先我们看到数字期刊阅读的迅速发展，既是数字阅读平台作用的放大，同时也是我国近 3 000 种人文类期刊在数字化转型中的有效作为。此外，期刊数字化传播节节攀高的发展趋势已非常明朗，期刊社、数字阅读平台、读者作为这一传播过程中主要的三方，对于它们各自的特点、定位以及发展方向等也都有了较为清晰的认识，特别是明确了数字阅读平台对于推动期刊社从平面出版转向数字出版的重要性。而这些认识使我们有理由相信，只要把握好内容、增值服务、产业链责任等要素，期刊数字化传播的明天必将美好。从龙源期刊网的数据中我们也可以看到，个人付费阅读这块大蛋糕正在烘制，正处在不断地预热加温，终有一天会成熟。这个市场的开发才是数字期刊阅读的真正的春天到来。我们相信，随着传媒数字化转型的推进和未来龙源对数字化用户市场的进，通对数据的深度挖掘和广大期刊社的内容精进，期刊数字化发展趋势将会更加清晰和卓有成效。

意义四：期刊数字发行量形成，需要认定和推广

随着期刊数字化逐渐向纵深方向发展，"期刊数字发行量"这一概念也逐渐进入了人们的视野。2009 年下半年，美国杂志出版商协会宣布，将正式将期刊的数字发行量计入期刊有效发行量之中。对期刊数字发行量的重视，无疑是期刊业的一个具有指标意义的重要变革。

今年，为了适应目前国际期刊业的最新变化，同时弥补国内相关领域的研究空白，龙源期刊网联合各家刊社，通过综合 2005—2009 年 5 月的"龙源期刊网络传播 TOP100"各项数据，适时提出了期刊数字发行量的概念。大量的分析和访谈后我们判断，国内纸质期刊的发行市场未来还有很大的潜力可挖，但是需要投入更大的精力和成本才能获得杂志销量的上升。销出一本期刊的 ROI（投入产出比）将会越来越低，发行工作需要的投入也会越来越大。在这种背景下，加大数字传播力度、进行数字发行量认证，成为期刊提升自身传播效率的重要手段。与纸质期刊发行量不断收缩相对应的，是数字期刊的大踏步发展。以龙源期刊为代表的期刊数字传播平台，数年来已经培养了一批数字发行量不断成长、品牌影响力越来越大的期刊群体，一些期刊连续 5 年进入龙源"网络传播 TOP100 榜单"，成为了数字发行的品牌期刊。应该说，在数字化引领期刊未来的大背景下，数字发行未来势必会成为期刊发行的主流渠道之一。

一个明显的现象是，数字期刊的迅速勃兴大大摊平了期刊传播的成本，现实中的期刊在发行量增大的同时，印刷、物流等各种成本也会相应增加，呈现出边际效

应递减之势。但是期刊数字化传播的成本非常低廉，发行 10 份和 10 万份期刊的成本几乎没什么变化。因此，对于刊社来说，加大对期刊数字发行量这一概念的宣传力度，对于吸引更多的广告主具有巨大的价值。为了稳定刊社的广告客户，证明期刊不论以何种形态呈现都具有良好的广告价值，因此目前亟须建立一套数字发行量的评价和认证体系。

因此，肯定期刊的数字发行量，势在必行。把当下实实在在发生的数字发行量响亮地提出来，有利于期刊发展和巩固期刊业的既有成果。承认期刊数字发行量，不仅可以扩大期刊营收的市场份额，同时也是期刊业走数字出版之路的必然要求，它将是期刊在互联网环境下吸引新生代读者、保持对广告主吸引力的重要举措，也是自身发展、与时俱进的表现。因此，我们认为，龙源期刊网目前提出的"数字发行量"概念符合期刊业发展的历史规律，非常及时。

为此，我们提出以下三方面的建议。

第一，吁请国家相关部门认可数字发行量，肯定期刊在数字化转型过程中的这一标志性成绩，使之成为期刊运营的有效数据。

如今整个期刊产业正处于数字化战略布局的关键阶段，众多刊社由纸质期刊向数字化期刊迈进的步伐正在逐步加快。主管部门适时把期刊数字发行量纳入到我们正在建设中的发行量认证体系之中，不仅符合目前国际期刊业发展的最新趋势，同时对于增强期刊业对广告主的吸引力、规范期刊发行市场乱象、加速刊社数字化战略布局、推动期刊行业升级转型都具有很强的理论和现实意义。

第二，重视网络传播数据，积极进行期刊创新。

创新是媒体的本质和发展的内在驱动力。要想把自身的数字发行量转化为实际发行量，带来期刊发行量的提高，最核心的一点就是要把期刊的网络读者导入到自己的纸版杂志读者群中来。要想做到这一点，就必须要在刊物内容的选择、版式的设计等方面更加符合网络读者的喜好和口味。

要做到使网络读者满意，前提是刊社对网络传播数据的重视。课题组建议刊社对龙源定期提供的个性化数据分析报告，包括最受欢迎文章、最受欢迎栏目、最受欢迎期号等进行深入研讨和细致研究，找出这些之所以受欢迎的共同规律，并在纸版杂志的编辑过程中进行吸收和强化，同时对那些网络市场反应较差的内容进行清理，从而更好地把握数字阅读者的需求，让纸版刊物的内容真正符合读者的要求，做到兼顾老读者和新读者的平衡，这样才能有效地把杂志的数字发行量转化为有效发行量。

第三，研究数字阅读特点，全面提高刊物整体质量，实现数字化成功转型。

毋庸置疑，很多期刊的数字发行量往往由于刊物中的某一篇"明星文章"或者某一期带来的。如2008年第11期的《教育探索》杂志上刊发的《课堂教学有效性界说偏失的现状、影响及其纠正》一文，就为杂志带来了5 040次的数字发行量。单靠一篇文章就带来这么多销量，这对于纸质期刊的实际发行工作来说，在如今的市场环境下是很难操作的，这也正是期刊数字传播的优势：是真金就会发光，是好的内容就一定会被读者发现、认可。应该说，读者如果选择了一本刊物，也就是选择了这个期刊的品牌，而一本期刊的品牌培养仅靠一篇文章、一个栏目或者一期杂志是肯定无法实现的。纸质的场合，读者可能因喜欢某一篇文章买走整本刊物。但是网络的场合，读者完全是读我所需。因此，要想提升期刊的数字发行量，必须摒弃"以点带面"的思维，做到期刊内容的"期期可读、篇篇精彩"才能真正换取读者对内容全面接受，甚或带动纸质期刊的购买。否则，一旦读者通过某篇文章认识了一本期刊并产生购买意愿，但买来后却发现期刊的整体内容并不像自己想象的那样出色，未来就很可能再也不会购买这种期刊了。所以如果期刊的整体内容不佳，即使某些篇章在网络上获得再多的支持和追捧，最终杂志仍然无法吸引到这个读者。

除此之外，期刊要想真正做到数字发行量的物化和有价化，还必须注重一些营销细节，如刊网互动营销等，只有真正树立以读者为宗旨的服务取向，才能获得读者的真诚回报。

根据龙源的规划，为了进一步提升期刊数字发行量的准确性和科学性，他们正在同中国出版科学研究所以及相关的国际机构合作，建立期刊数字发行量的标准和流程并争取获得第三方的客观认证，让数字发行量正式计入各刊社的发行量中。

2008 龙源期刊 TOP100 排行总解读

中国出版科学研究所所长　郝振省

一、网络阅读正在走向成熟

根据 2008 年龙源期刊网所发布的在线合作期刊的网络传播数据来看，数字与网络出版传播取得很大的进展。2008 年，仅 TOP100 名期刊的网络阅读量比 2005 年 TOP100 的总阅读量增长 472.3%，比 2006 年 TOP100 期刊的总阅读量提高了 337%，比 2007 年的 TOP100 阅读总量增长 241.03%，说明期刊电子期刊化和网络阅读已为广大读者所接受。相对来说，海外访问量近年来一直保持平稳态势。

表1　2007 与 2008 TOP100 关键词分类比对

	总次数	刊名次数	人名次数	名词	—
2007	294 269	50 869	68 266	175 134	
	—	17.29%	23.20%	59.51%	—
	总次数	刊名次数	人名次数	网站名	一个题目的检索次数
2008	677 126	540 365	5 496	127 465	3 800
2008 比 2007	增长了2.3倍	10.62倍	8.10%	18.82%	0.56%

从表1可以看出，2008 年 TOP100 个关键词的检索次数是 2007 年的 2.3 倍，而其中刊名的检索次数是 2007 年的 10.62 倍，人名检索次数 2008 年只是 2007 年的 1/12。这两个数字说明了一个非常重要的问题，那就是 2008 年的网络读者不再像 2007 年那样目光散漫、随意拿个词搜索，而是直接检索期刊名称，直奔内容阅读而去，要知道这是一个多么深刻的变化！直接检索刊名占 TOP100 个关键词的 79.8% 这个比例，说明龙源期刊网已经培养出一批忠诚的网络读者，他们不再像昨天那样一会儿检索人名，一会儿检索一些五花八门的名词，心思游移不定，无心阅读，今日而是心无旁骛地为他所喜欢的期刊内容而来。有一篇文章就被检索了 3800 次，网络读者的深度阅读已进入了一个新的阶段。

因此形成的龙源期刊网期刊网络传播访问量的节节攀升，一方面得益于越来越多的受众开始认可期刊网络付费传播的价值，期刊付费阅读的网络传播环境正在逐步养成，另一个不可忽视的因素在于"龙源"这一品牌的价值近年来稳步提高。随着龙源期刊网通过各种手段在大中专院校、科研机构、军队、机关事业单位等社会团体进行广泛、深入的市场营销，以及在各类媒体上不懈地进行品牌推广，越来越多的读者开始选择龙源期刊网作为自己网上读刊的重要平台。

2008年是个极具媒体话题意义的一年，雪灾、地震、奥运会、毒奶粉，新闻事件之影响一浪高过一浪，这从2008年龙源期刊网"期刊网络传播数据排行榜"便可以找到很好的佐证：在龙源期刊网络传播数据国内阅读TOP100中，时政新闻类期刊占有很大比例，《中国新闻周刊》《新民周刊》《南风窗》等均在榜上，且《中国新闻周刊》占据第五位，创下近年来的最高记录。多事之年成就了新闻时政类期刊纸版零售的高潮，同样也创造了网络传播的新纪录。

2008年龙源期刊网络传播国内阅读TOP100中，财经管理类期刊占据了16种，比例高达16%，充分彰显网络用户对财经话题的高度关注。如《商场现代化》高居榜单第三位，尽管刊名很一般，但是"酒香不怕巷子深"，这份中文核心财经刊物，2008年在龙源期刊网的连续三个季度的排行报告中（龙源每个季度都有一个服务报告）都高居榜首，终于在年度的TOP100中排行第三。打开这本杂志，发现这本刊物栏目丰富，文章分量很重，有众多名家撰稿，这说明了网络的深度阅读时代已经在走向成熟。《商业时代》《理财周刊》《中国市场》《商界》《中国经济周刊》《环球企业家》等杂志均有上榜。

二、数据说话，内容好才真正受欢迎

（一）发布项之间存在内在的有机联系，并非孤立存在

研读龙源的各个发布项发现，TOP100期刊、TOP100栏目、TOP100文章、期刊分类TOP10之间的关系并不是孤立存在、截然不同的关系，相反它们之间是互相渗透、彼此关联递进的。以《青年文摘》为例，该期刊共有8个栏目入围TOP100栏目，是TOP100栏目中被选入栏目数量最多的期刊之一，其在TOP100期刊的排名也是第1名。《青年文摘》入选TOP100文章的数量高达19篇，换句话说，一共100篇文章入选TOP100文章，而《青年文摘》的入选文章占到了总入选文章的19%。这个例子印证了篇篇精华催生好栏目，栏目个个都好成就好期刊的道理。龙源2008发布的TOP100文章、TOP100栏目与TOP100期刊、分类TOP10之间的关系就是如此。即一个刊物的TOP100文章占的越多，栏目出现在TOP100栏目中就会越多，这

个刊物就越有可能入围TOP100期刊，也有可能在分类TOP10中出现。

(二) 少数期刊在TOP发布中的高占有率彰显品牌实力

国内阅读TOP100文章共涉及32个刊物，其中12个刊拥有TOP100文章的80%的占有率。2007年，6种刊物占据了国内TOP100文章的60%，这6种刊物是《当代》《小说月报》《长篇小说选刊》《收获》《意林》和《十月》，文学类刊物占据了这60%的53%，也就是说2007年度的TOP文章，文学作品占据了半壁江山。

表2　国内TOP100文章的80%由12个刊占有

刊　名	篇　数
青年文摘（红版）	19
意林	11
收获	8
小说月报	7
中国国家地理	6
今古传奇·故事版	6
当代	6
商界	4
书报文摘	3
人民文学	2
男生女生（金版）	2

2008年的变化之一：文学类期刊国内TOP100文章一统江山的局面不再；变化之二：文摘类期刊后来居上，成为国内TOP100文章中的所占份额最大者。2007年的TOP100文章《青年文摘》仅有2篇文章进入国内TOP100文章，而在2008年TOP100文章中文摘类期刊有33篇文章进入TOP100。除了《青年文摘》以19篇文章的占有率成为国内阅读TOP100文章中数量最多的期刊外，《意林》也以11篇文章入围TOP100成为仅次于《青年文摘》在TOP100文章中斩获最多的期刊。除此之外，《中国国家地理》《商界》在TOP100文章中的入选篇目也开始增多。由此可见，国内期刊网络阅读的范围在不断的扩展，网民的阅读已经不仅仅是消费长篇文学作品，文摘类期刊成为2008年度网络阅读期刊文章的最佳选择。

同时，读者的阅读内容呈现出多元化趋向，涉及的类别也比2007年更加丰富，除文学、文摘之外，艺术、科普、自然科学、时政新闻等等在TOP100文章中都有入围。由此可见，文学作品并非期刊网络阅读的首选，读者的阅读除了注重传统的休闲性阅读也开始注重知识性阅读。例如,《中国国家地理》在本年度有 6 篇文章入围 TOP100 文章,这 6 篇文章的主题涉及地理、宗教、人文、奥运等多种主题。以下是中国国家地理入围的文章标题和内容。《中国国家地理》以极具人文色彩充满诗情的标题为其文章获得较高的注目率。

表3 《中国国家地理》入围 TOP100 的文章名

刊名	文章	年份	期号
中国国家地理	沿着石窟的长廊,佛走进了中国	2007	11
中国国家地理	江南曾经是塞北?	2007	10
中国国家地理	太行山,把最美的一段给了河南	2008	5
中国国家地理	天气,奥运会中难以控制的"孩子脸"	2008	3
中国国家地理	呼伦贝尔:牧歌绝唱	2007	9
中国国家地理	成都平原、太湖平原、珠江三角洲谁更幸福?	2008	1

区别于国内受众阅读范围逐渐扩展,海外读者的阅读范围相对聚焦。阅读率最高的文章几乎全部来自文学期刊,文学期刊作品在海外阅读 TOP100 中占到总数的 92%。海外读者的阅读呈现出集中、恒定的趋向,受众最喜欢阅读的文章基本集中在《当代》《十月》《人民文学》和《收获》。这四种刊物的文章占到 TOP100 的 79%。其中《当代》更是以 39 篇文章入围海外 TOP100 而独占鳌头。

作为公众阅读平台,高品质的内容经受得起时间的考验,2007 年度 TOP100 文章的入围佳作《初夜》和《陈大毛偷了一支笔》在 2008 年度的网络传播中依然进入了 TOP100。这也再一次证明了 2007 年我们曾经做出的论断,优质的内容的传播周期会更长,在网络传播中,高品质的内容会随着时间的发展而不断增值。

三、国内、海外读者的阅读取向差异是存在的

在龙源连续四年的排行发布中,无论是核心发布项 TOP100 期刊,还是 TOP100 栏目或 TOP100 文章以及类别 TOP,国内读者的阅读往往会根据国内、海外的政治经济以及个人生活工作的特别需要去进行网络阅读,折射出社会的现实状况,表现出多元的发展生态,而海外榜单一直存在一个特别聚焦的阅读取向:文学、养生保健、家庭育儿这三大类。从 2008 年期刊海外网络传播数据 TOP100 中,依然表现如此。《中外文摘》《青年文摘》《当代》《十月》《故事林》等杂志排行前 10,反映出海外读者相对专注的阅读取向。其次医药保健类期刊多达 13 种,远远高于国内期刊网络传播 TOP100 中此类期刊的数字。中华传统医学养生保健知识一直是海外华人和一些西方人士最关注的中国传统文化之一,也一直是中国期刊海外阅读的主流。

第三，2008年海外阅读TOP100中有6种婴幼儿期刊上榜，其中包括《幼儿时代》《孩子》《父母必读》《娃娃画报》《为了孩子》《启蒙》。而在国内阅读TOP100种，只有《为了孩子》上榜。以文学文摘为主的纯休闲阅读和以保健养生育儿为主的偏实用阅读构成了海外读者两大主要期刊网络阅读诉求，不变中有微变。龙源连续四年发布的TOP100数据反复证明了这一点。国家新闻出版总署一直在讲"出版走出去"的战略，什么内容的刊适合率先走出去？这无疑是一个非常值得参考的依据。

2007 龙源期刊 TOP100 排行总解读

中国出版科学研究所所长　郝振省

2007年龙源期刊网在过去两年网络传播TOP100（分国内、海外，数据来源于龙源国内、海外的服务器，下同）期刊排行发布的基础上，又增加了TOP100文章和分类别TOP10期刊，从而使龙源网络传播数据的发布从刊社群体延伸到内容和类别层面，对我们客观地了解我国近2 000种期刊的网络传播的态势和由此折射出的期刊运营状况增加了新的视角。本文仅对龙源的这三项发布做一些粗浅的分析，以探究期刊网络传播的特征和期刊发展的新走势。抛砖引玉，就教于方家。

一、关于 TOP100 期刊

（一）从TOP100期刊的类别分布、地域分布、刊期分布看网络阅读的整体态势

根据龙源2007年国内阅读TOP100期刊排行的数据显示，最受读者欢迎的100个期刊中，文摘综合类期刊所占比重最大，达到20%；其次是管理财经类期刊，占19%；女性家庭类期刊占15%；文学类期刊占11%；体育健康类期刊和时事政治类期刊各占8%；时尚生活类期刊占6%；人文艺术类期刊占4%；军事科普类期刊和科技网络类期刊各占3%；教育教学类期刊占2%；理论学术类期刊所占比率最少，仅为1%，见图1。

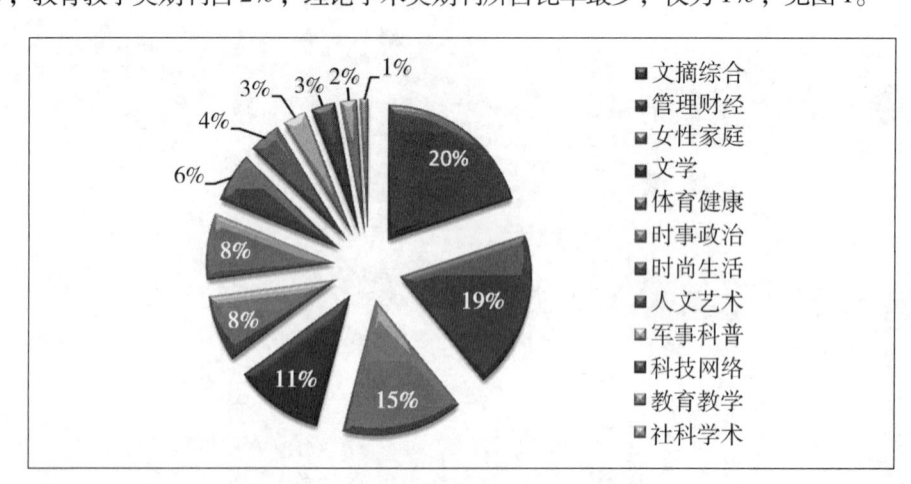

图1　2007年国内TOP100期刊类别分布

海外阅读 TOP100 中，文学类期刊占 24%；女性家庭类位居第 2，占 16%；体育健康类期刊排在第 3 位，占 14%、文摘综合类期刊和人文艺术类期刊各占 9%、军事科普类期刊和时尚生活类期刊各占 6%、理论学术类期刊占 5%、时事政治类期刊和教育教学类期刊各占 4%、管理财经类期刊占 2%、科技网络类所占比率最小，仅为 1%，见图 2。

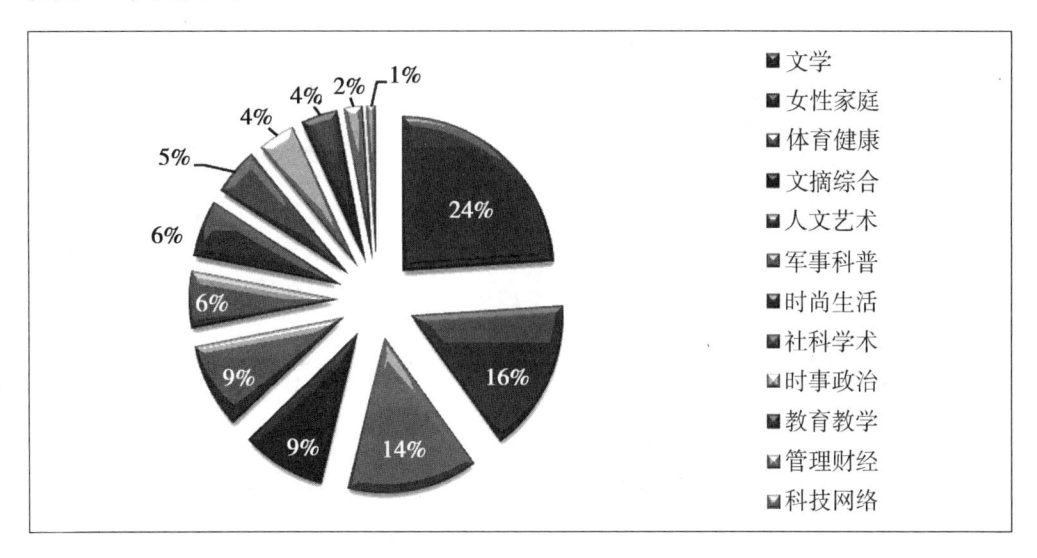

图 2　2007 年海外 TOP100 期刊类别分布

TOP 双百期刊国内、海外显示出不同的类别偏重，文学类一直是海外最受欢迎的期刊，几乎占 TOP100 刊的四分之一、女性家庭类和体育健康类也始终是海外读者的偏好，加上文学类比重占 54%。

相对于海外阅读的上述特征，国内阅读 TOP100 期刊则呈现出主流文化环境中读者阅读取向的不同态势。国内榜首先是文摘类期刊高居榜首，并且总体阅读量高耸，反映出人们在快节奏的日常工作和学习中，对综合、拔萃内容的偏爱。其次由于财经和理财信息与每个人的经济生活息息相关，尤其是今年股市走俏，管理财经类的阅读登上了第 2 位（相反财经类在海外阅读中是倒数第 2），反映出国内读者的网络阅读已经从泛阅读逐渐开始把网络当成工具，实用性地获取网络信息了。

（二）　国内 TOP100 期刊的地域分布

国内 TOP100 排行的地域分布涉及 21 个省或直辖市（见图 3）、海外地域分布涉及 24 个城市，北京分别以 44 家和 37 家期刊拥重而立。后四位国内是上海、广州、黑龙江和湖北，海外是湖北、上海、河南、广西，这其中的变化令人玩味。广州大学城华南师范大学文学院编辑出版系刘晖先生以龙源 2005 年 TOP100 期刊为例曾经撰文"北京地区人文社科期刊数字化阅读特点分析",他说,2005年北京出版期刊2810种,在全国具有强大的影响力。"数字北京"工程更是如虎添翼,强化了它的区域影响力与文化辐射力,吸引着全国乃至全世界的读者,使数字化阅读形成一种强大的向心力的作用。上海和广州一个作为国内第二大城市、一个是沿海发达城市,在第2、3位也在情理之中,湖北正在成长为期刊重镇。

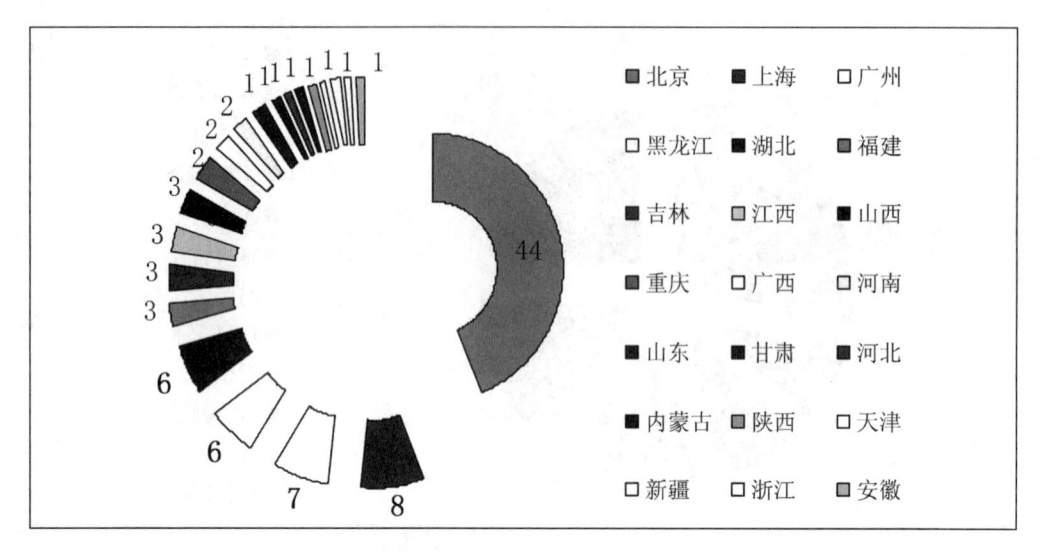

图3 国内阅读TOP100期刊地域分布

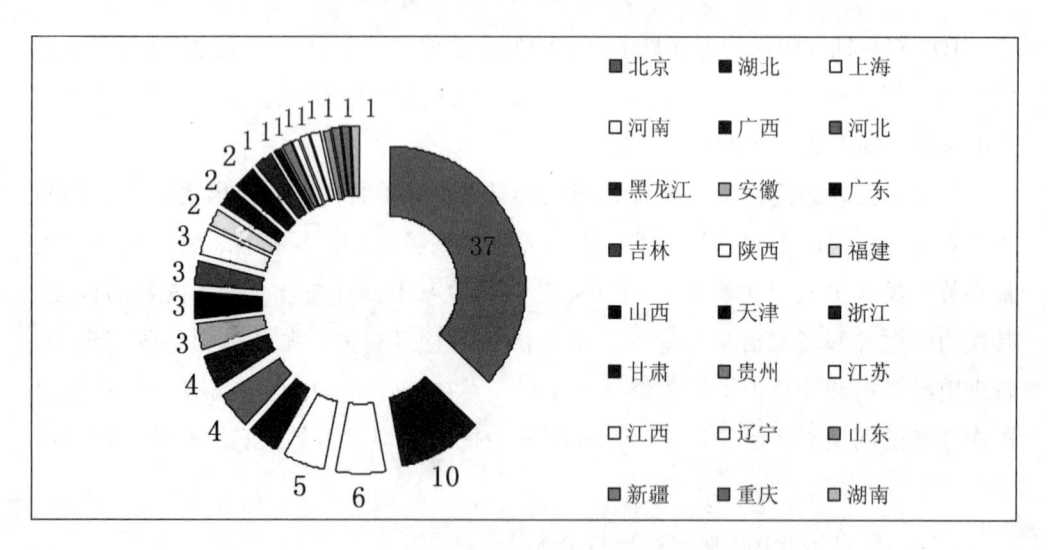

图4 海外阅读TOP100地域分布

注重地域的阅读分布,对宏观了解期刊行业的整体态势有帮助,具体到某个地域的刊物,可以借鉴这些数字,调整发行布局、甚或需要改进编辑策划,借鉴同类同区域期刊的地区发展经验,改善自我的运营。

（三）刊期分布

国内 TOP100 刊期分布以月刊、半月刊为主。其中月刊占 58%、半月刊占 31%、旬刊占 4%、周刊占 3%、双月刊占 3%、双周刊占 1%。

海外 TOP100 月刊最多，占到 78%、半月刊占 14%、双月刊占 5%、旬刊占 2%、周刊仅占 1%。

刊期可以调动或形成读者的周期性阅读期待，上图月刊的高比率和周刊的低比率都不可以为是绝对的数值，更不能代表这些刊期内的刊物受欢迎的程度。因为现实期刊世界中月刊本来就是基本的刊期形式。我们做这样的比较和图示，还是希望有一定的参考作用，比如期刊在考虑分版时，可以作为一个参照依据。

（四）国内、海外阅读 TOP100 双栖期刊是"品牌+内容"的代表

TOP100 期刊中国内、海外均有占位的期刊，龙源称之为"双栖期刊"。

和 2005、2006 年相比，双栖期刊显示出较强的稳定性，网络读者对品牌的高度认可和认知，这其中既有品牌的影响力，也有内容的吸引力，"品牌+内容"是凝聚读者的要素。

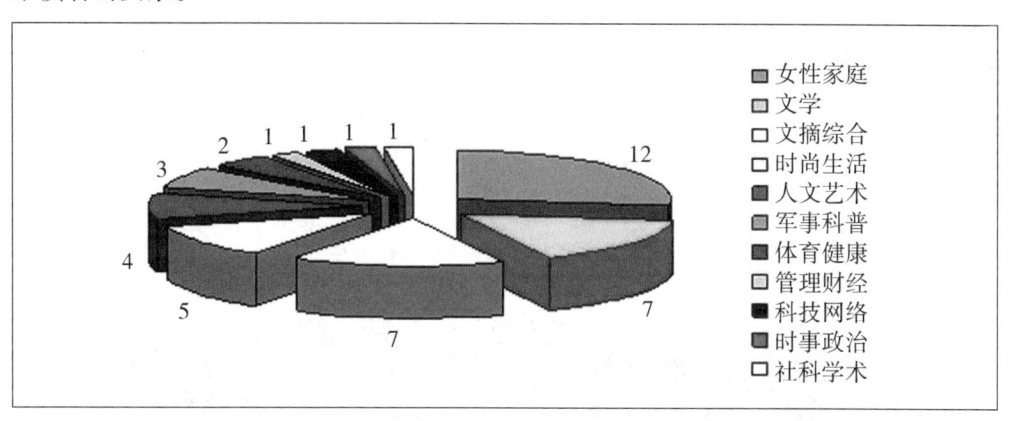

图 5　国内、海外 TOP100 双栖期刊的类别分布

1. 2007 年国内阅读 TOP100 排行变化大，但前端稳定

2007 年国内阅读 TOP100 排行总体呈上升趋势，其中排名上升的期刊占 43%，新上榜期刊占 28%；海外阅读 TOP100 排行中新上榜期刊数较多，占到 35%，排名上升的期刊占 33%，呈上升趋势的期刊共占排行榜 68%。一个比较重要的特征，一般新上榜的期刊绝大多数都位于榜单后 50 位，刊期可以调动或形成读者的周期性阅读期待，TOP100 期刊位列前 50 位的期刊通常比较稳定，这反映了网络传播的"前端稳定性"，即在网络传播中，传播被关注度达到了一定的程度，便有了相对固定的受众群体，其影响力和被认知程度相对而言会比较稳定。

2. 2005、2006、2007年国内、海外阅读TOP100期刊的比较

（1）品牌就是品牌，网络传播人气依然。在2005、2006、2007三年，国内TOP100期刊名次连续上升的有《意林》《商界》《青年文摘（红版/绿版）》《视野》《中国企业家》《书报文摘》《小品文选刊》《大众电影》《瞭望东方周刊》《电脑爱好者》。同样的，我们将2005、2006以及2007三年海外榜单做比较，共有41种期刊连续三年上榜，知名刊物位置相对稳定，表现出海外受众对国内知名刊物具有"粘性"关注。

（2）上升多于下降，中小期刊上升快。我们将2005、2006、2007年三年上榜期刊进行比较，发现共有59种期刊连续上榜，在连续上榜期刊中，2006年到2007年排行平均变化19.97次，有29种期刊排行上升，平均上升名次为18名，有6种期刊排行没有发生变化，其余24种期刊排行下降，平均下降名次为27.3次。

（3）三年的类别变化柱状图。

① 2005、2006、2007年国内阅读TOP100的类别变化与差异。

比较国内阅读TOP100期刊2005、2006、2007三年的变化发现，文学类期刊从2005年、2006年的第一位，2007年变为第四位；文摘综合类2005、2006都是第二位，2007年跃居第一；女性家庭类连续三年保持第三位不变，一个特异的现象，财经管理类在2005、2006的第六位高调出山，坐上了2007年的第二把交椅。玩味三年的变与不变，网络阅读正在走向成熟的印象深刻。

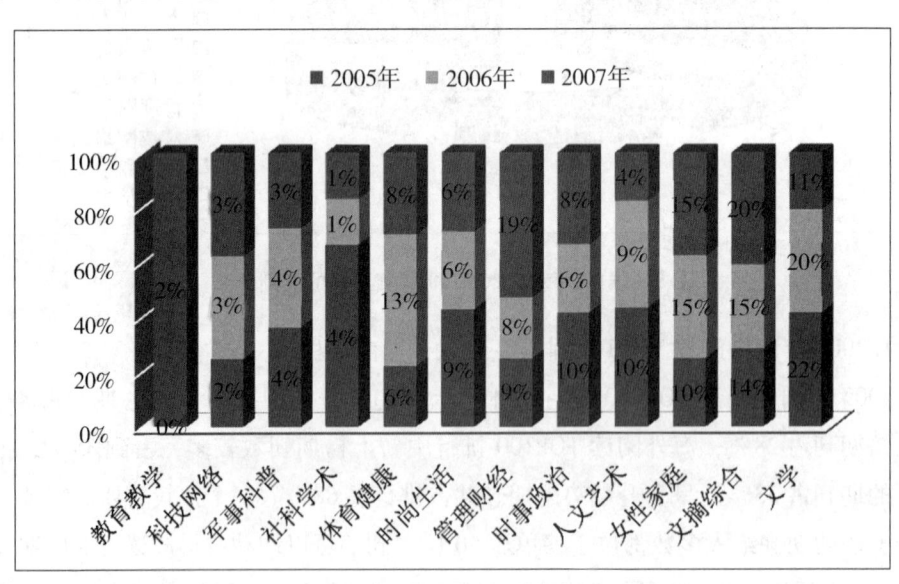

图6　2005—2007 国内TOP100期刊类别分布

② 2005、2006、2007海外阅读TOP100的类别变化与差异分析。

三年内文学类分别以21%、23%、24%持续攀升位居第一，女性家庭类在2006、2007年占据了第二把交椅，体育健康类在2005排第二、2007年排第三位，总体上看三年内各类阅读变化差异不大，文学类、女性家庭类和健康体育类期刊一直是海外读者的挚爱。海外读者阅读取向的相对稳定反映出他们在海外特定的生活环境中不变的身心诉求。龙源连续三年网络阅读TOP100期刊的分析发现的这一稳定的读者诉求，将为我国期刊走出去战略提供一个重要的参考依据。

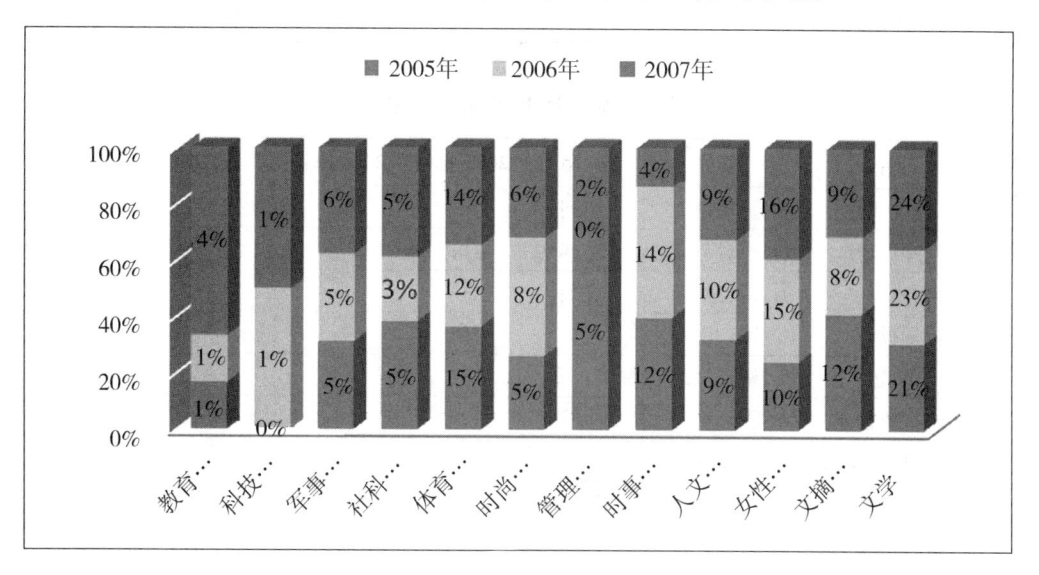

图7 2005—2007海外TOP100期刊类别分布

③ 国内TOP100期刊上升（UP）、下降（DOWN）、新上榜（NEW）分析。

表1 国内TOP100上升期刊TOP10

刊名	类别	刊期	2005排行	2006排行	升/降	2007排行	UP/DOWN
财经	管理财经	双周刊	当时尚未签约合作	90	N	7	U83
新周刊	时事政治	半月刊	当时尚未签约合作	66	N	13	U53
理财周刊	管理财经	月刊	当时尚未签约合作	88	N	38	U50
领导文萃	文摘综合	月刊	36	60	D24	15	U9
商界	管理财经	月刊	59	63	D4	19	U44
人生与伴侣	女性家庭	旬刊	39	52	D13	9	U43

(续表)

刊名	类别	刊期	2005 排行	2006 排行	升/降	2007 排行	UP/DOWN
商业时代	管理财经	旬刊	25	73	D48	32	U41
书报文摘	文摘综合	周刊	79	48	U31	11	U20
家庭	女性家庭	半月刊	当时尚未签约合作	62	N	26	U36
交际与口才	人文艺术	月刊	73	59	U14	27	U32

表2　国内TOP100新上榜期刊

刊名	类别	刊期	2005 排行	2006 排行	升/降	2007 排行
商场现代化	管理财经	旬刊	—	—	—	25
教师博览	教育教学	月刊	—	—	—	35
新财经	管理财经	月刊	—	—	—	40
科学投资	管理财经	月刊	52	—	D	43
电脑迷	科技网络	半月刊	—	—	—	44
中国经济信息	管理财经	半月刊	29	—	D	47
青年文摘·彩版	文摘综合	月刊	—	—	—	56
杂文选刊	文学	半月刊	—	—	—	59
青年博览	人文艺术	半月刊	—	—	—	66
看世界	时事政治	月刊	83	—	D	67

表3　海外TOP100上升期刊

刊名	类别	刊期	2005 排行	2006 排行	升/降	2007 排行	UP/DOWN
电脑爱好者	科技网络	半月刊	—	37	N	13	U26
军事文摘	军事科普	月刊	15	46	D31	16	U30
时代影视	时尚生活	半月刊	—	55	N	17	U38
医学美学美容	时尚生活	月刊	38	54	D16	34	U20
现代养生	体育健康	月刊	—	87	N	43	U44
海燕	文学	月刊	—	79	N	48	U31
传奇故事·上半月	文学	月刊	64	92	D28	50	U42
健身科学	体育健康	月刊	—	94	N	54	U40
海外文摘	文摘综合	月刊	1	81	D80	60	N22
百年潮	时事政治	月刊	10	97	D87	78	U19

表4 海外TOP100新上榜期刊

刊名	类别	刊期	2005排行	2006排行	升/降1	2006排行	2007排行
北京体育大学学报	理论学术	月刊	—	—	—	—	27
中小学信息技术教育	教育教学	月刊	—	—	—	—	30
爱情婚姻家庭·冷暖人生	女性家庭	月刊	—	—	—	—	31
养生大世界	体育健康	月刊	—	—	—	—	34
祝您健康	体育健康	月刊	—	—	—	—	38
诗刊	文学	半月刊	—	—	—	—	39
杂文月刊·选刊版	文学	月刊	—	—	—	—	46
启蒙（0—3岁）	教育教学	月刊	—	—	—	—	50
上海采风月刊	文化艺术	月刊	95	—	D	—	52
学术月刊	理论学术	双月刊	—	—	—	—	54

以上四个表格向我们揭示了这样几个问题：①2007年龙源TOP双百期刊排行整体呈上升趋势，一些期刊升幅较大；②三年中，由高位排行到下降低位，然后再回升，为期刊社和龙源提供了研究的课题，有可能是网络传播的社会适应度的问题，也有可能是期刊本身的问题，应该从诸多方面探讨究竟；③较少的期刊出现了排行下降，一个重要的原因是龙源期刊网的刊物越来越多，同类竞争加剧了。

二、关于TOP100文章

（一）从TOP100篇文章的刊社占有率看品牌期刊的影响力

2007年TOP100篇文章的排行像一个试金石，提炼出了期刊的品牌和品牌期刊的精华。

从如下表示，大刊名刊的高占有率证实了一句我们每个人都熟悉的话：真金不怕火来炼，又如"大浪淘沙"，好的就是好的，网络阅读留下了客观、公正的记录。

表5 国内阅读TOP100文章名刊占有率

刊名	占TOP100文章%	刊名	占TOP100文章%
当代	14	党员文摘	2
收获	6	读书	2
十月	3	男生女生·金版	2
当代经济	2	人民文学	2

(续表)

刊名	占TOP100文章%	刊名	占TOP100文章%
书报文摘	2	海事大观	1
中国音乐教育	2	新华文摘	1
装饰	2	时代影视	1
花生文摘	1	祝您健康	1
文学界	1	男生女生·银版	1
小说月报·原创版	1	首席财务官	1
网络与信息	1	红蜻蜓	1
青春潮活力派	1	青岛科技大学学报·社会科学版	1
章回小说	1	世界文化	1
理论观察	1	文苑	1
语文世界·高中版	1	当代小说·上半月	1
电子商务世界	1	电脑爱好者	1
中学政史地·高三综合	1	故事大王	1
书摘	1	名作欣赏	1
历史教学	1	新概念·英文阅读	1
互联网周刊	1	家庭医药	1
求是学刊	1	管理科学文摘	1
领导文萃	1	现代家庭	1
海外科技新书评介	1	潇洒	1
销售与市场	1	三月三·故事王中王	1
上海采风月刊	1	收藏	1
新晨	1	社会科学论坛	1
教育艺术	1	中国改革·综合版	1
电影画刊	1	商业时代	1
丝绸之路	1	译文	1
流行色	1	健康必读	1
小学生时代·综合版	1	企业经济	1
检察风云	1	烹调知识	1
中国针灸	1	东方剑	1
成功营销	1	婚姻与家庭	1
学术探索	1	东南大学学报·哲学社会科学版	1
中国林业教育	1	—	—

(二) 从TOP100篇文章的发布时间构成看期刊网络营销的长尾效应

当TOP100文章从龙源服务器提库生成之后,我们发现许多文章有些都是过刊内容,国内TOP100文章2006的占25%、2007占75%,具体构成也多是2007年的过刊内容,请看图示:

表6 国内TOP100文章过刊内容比例

2007	合计占75%	2006	合计占25%
第1期	12	第5期	2
第2期	12	第6期	3
第3期	10	第7期	1
第4期	19	第10期	7
第5期	2	第11期	1
第6期	6	第12期	2
第7期	3	第13期	2
第8期	2	第24期	5
第10期	4	第26期	1
第12期	1	第89期	1
第16期	4	—	25

表7 海外TOP100文章过刊内容比例

年份	TOP100占%	年份	TOP100占%
2001	1%	2005	25%
2002	1%	2006	29%
2003	12%	2007	10%
2004	12%	—	—

分析此表,2007年之前的期刊不仅在数量上占据优势地位,而且其整体排名也比较靠前。本年度TOP100篇文章排行前三甲位置的文章期号均为2006年。国内和海外双百文章揭示了在互联网传播的过程中期刊的"期"不会"过期"、好的内容在互联网的空间内具有出色的长尾效应,可以为期刊创造长期的持续的效益,同时也为作品传播提供了长久的生存和传播平台。

(三) 阅读内容的多元化

国内、海外TOP100文章中网民阅读覆盖面涉及10多个领域,从文摘、小说、女性、时尚、时事政治、文化艺术,到财经、电脑、教育等专业领域,都有数量不等的文章上榜。

（四）互联网的文学消费依然突出小说最受欢迎

中国文学的消费性在互联网时代日益彰显出来，文学活动全面市场化，文学期刊策划频繁，而小说是文学中最具消费型的一种体裁，小说精彩好看，符合了大众阅读小说的最基本的需求。小说的牵涉面很广，可以小到个人生活家庭伦理，也可以大到国家政治、宗教文化，能够综合反映出现代人的许多问题，比如城市生活的压力、社会的多样诱惑、情感的漂浮不定等等，而个人在社会中承受的各种压力也需要在阅读中得以释放。

（五）海外读者关注中国的宏观经济状况

从海外的 TOP100 文章可明显看出，海外读者对中国改革、金融、房地产、物流等比较关注。近几年，中国经济过热，房地产业高温不退，金融业也迎来历史少有的黄金时期，股市火爆，各种投资机会很多。海外读者浏览这些内容，一方面可管中窥豹，揣测中国的经济政策导向、宏观经济走势，另一方面可能与投资意向有某些关联，有些读者在寻找一些商业机会。

三、关于 TOP10 类型期刊

（一）期刊分类 TOP10 国内与海外阅读取向差异

表8　期刊分类 TOP10 国内与海外阅读取向差异

类别	国内阅读排位	海外阅读排位
文摘综合	1	5
管理财经	2	12
时事政治	3	9
女性家庭	4	2
科技网络	5	11
体育健康	6	4
文学	7	1
人文艺术	8	3
军事科普	9	6
时尚生活	10	7
综合学术	11	8
教育教学	12	10

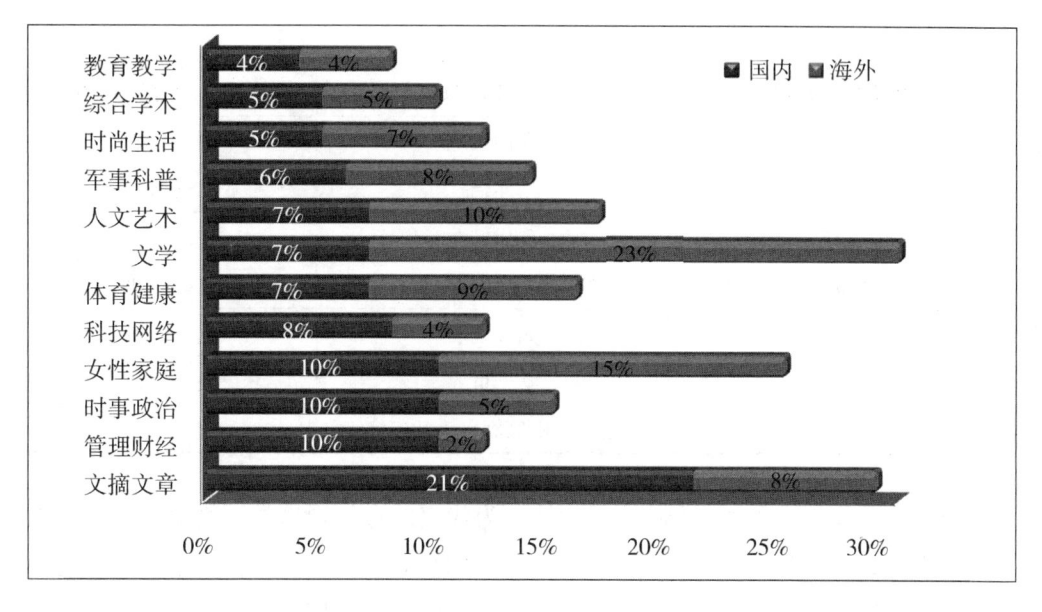

图8 国内、海外各类期刊 TOP10 浏览情况

类别	国内	海外
教育教学	4%	4%
综合学术	5%	5%
时尚生活	5%	7%
军事科普	6%	8%
人文艺术	7%	10%
文学	7%	23%
体育健康	7%	9%
科技网络	8%	4%
女性家庭	10%	15%
时事政治	10%	5%
管理财经	10%	2%
文摘文章	21%	8%

（二）国内、海外读者最希望阅读的三个类别及TOP10类型期刊

表9 国内读者最希望阅读的三个类别的TOP10期刊

文摘综合类 TOP10	管理财经类 TOP10	人文艺术类 TOP10
青年文摘（红版/绿版）	财经	中国新闻周刊
意林	卓越理财	南风窗
书报文摘	商界	新周刊
领导文萃	商场现代化	瞭望东方周刊
今日文摘	商业时代	南方人物周刊
视野	理财周刊	看世界
交际与口才	新财经	世界知识
海外文摘	科学投资	民主与法制
东西南北·大学生	中国经济信息	新民周刊
读书文摘青年版	销售与市场·营销版	—

表10 海外读者最希望阅读的三个类别的TOP10期刊

文学类 TOP10	女性家庭类 TOP10	人文艺术类 TOP10
当代	婚姻与家庭	大众摄影
北京文学	幸福	大众电影
人民文学	现代家庭	时代影视

(续表)

文学类 TOP10	女性家庭类 TOP10	人文艺术类 TOP10
长江文艺	女性天地	中国国家地理
十月	伴侣	读书
收获	现代妇女	中国京剧
故事林	爱情婚姻家庭·冷暖人生	电影画刊
啄木鸟	妇女之友	艺术市场
诗刊	女子世界	漫画月刊
山花	爱情婚姻家庭·生活纪实	钢琴艺术

以《青年文摘（红版/绿版）》《意林》为代表的青年励志类刊物显然受到网络青年读者的喜爱。关于成长、爱情、亲情方面的指导，温暖了一代网络青年。此类刊物在龙源期刊网中较多，《青年文摘》和《意林》成为此类当中的领军刊物。

管理财经类是龙源期刊矩阵中数量较多的一类，此类期刊的总体表现在本年度颇为抢眼。在管理财经类（国内）TOP10 的榜单上值得注意的是其群体性的卓越表现。管理财经类（国内）TOP10 的第 10 位《销售与市场·营销版》在 TOP100 总排名中位列第 56 位，而未进入管理财经类（国内）TOP10 的刊物中还有 8 种进入国内总排行 TOP100 期刊。此种期刊中，泛财经类的期刊有《财经》《新财经》《中国经济信息》，偏重于投资理财类的期刊有《卓越理财》《理财周刊》和《科学投资》，内容偏重营销管理类的有《商界》《商场现代化》《商业时代》和《销售与市场》，由此可见管理财经类期刊的群雄并起的外部刺激因素是本年度国内较热的经济形势，而其内部的动因是刊物类群内部结构的相对合理性配置。

综上，本文以数据为先导，着重探讨了由此表现出的期刊走势，偏重于数据展示，将研究分析的可能更多地留给专家学者和行业话语权者。这里我们仍然要强调：龙源期刊网的网络传播 TOP100 排行不是绝对的，但它是客观的。TOP100（包括分类 TOP10）只是一个切点，我们也可以 TOP200、TOP300 为切点，无论切点放在哪里，排行榜都有一个根本性的特征，就是：决定"期刊排行位置"的是内容。因此，期刊排行体现的不是"龙源的评判"，亦非"刊物的优劣"（排行并不说明期刊质量的绝对优劣），而是展现了"读者的选择"——读者的阅读选择，决定期刊或文章的排行名次。龙源以篇为单位而非以刊为单位的独特阅读方式，使得用户对每篇文章及每种期刊及以主题为核心不同期刊的内容捆绑阅读具有独立性，用户的浏览和阅读记录完全能客观地反映出用户的需求，它体现了以读者需求为导向，在网络传播、数字阅读中延伸期刊品牌的新趋势。

2006 龙源期刊 TOP100 排行总解读

龙源期刊网络传播课题组

基于龙源期刊网近 1600 种期刊的年度网络传播数据，我们于 2006 年 12 月正式发布"2006 期刊网络传播 TOP100 排行榜（国内、海外双榜）"（简称"2006 期刊双百排行榜"）。数据始于 2005 年 11 月 1 日，截至 2006 年 10 月 31 日。这是龙源期刊网自 2005 年首度发布"中文期刊网络阅读亚洲排行前 100 名"和"中文期刊网络阅读欧美排行前 100 名"之后，第二度将传统期刊网络传播的数据与排名公布于众，以继续研判国内、海外读者的阅读诉求和不同期刊的发展态势，并力图解读、掌握和利用其中所包含的"期刊达·芬奇密码"，为期刊界应对互联网时代的契机和挑战，省思、改进、革新并探索传统期刊的蓝海战略，提供相应的参考资料。

2006 期刊双百排行榜，相较于第一届排行榜，有两个角度的微调。首先，是用"网络传播"的概念，替掉"网络阅读"，来公布期刊的数据与排行，以此涵盖期刊在互联网传播中"One–To–One"的对接需求：一个"One"代表网民及其网络阅读，一个"One"代表刊社及其期刊杂志，"To"则代表龙源及其网络发行与网络传播平台；期刊双百排行是龙源网络发行与网络传播数据的客观体现，但是，我们不是为排行而做排行，我们期待刊社能穿透排行的表层，解读并掌握与网民及其网络阅读对接的道路，以需求供给资源；这才是期刊双百排行真正的意义和价值。其次，以"国内"替代"亚洲"，以"海外（包括港澳台）"替代"欧美"，让排行所关注与聚焦的市场范围，更接近于期刊的传统竞争市场，便于刊社对比期刊的网络发行和传统发行的市场竞争态势与走向，更准确地研判本刊本社 2006 年度经营状况，以及整个期刊竞争景框和产业景框；同时，在让期刊走向世界、让文化遍及全球的国家文化战略视野下，将"海外榜"单独列出来，在龙源期刊网面向全球华人进行网络传播的基础上，将有助于刊社了解国内、海外读者不同的阅读取向，省思自身如何成功"走出去"，让世界阅读中国。

在此，我们有必要郑重声明：期刊双百排行榜的数据完全来源于龙源自主开发的网站技术系统并且经过第三方访问分析和评价系统直接生成。是 2005 年 11 月 1 日至 2006 年 10 月 31 日一个年度里用户对龙源各刊的浏览纪录，它排除了任何人为引导、评论、推荐等主观因素，科学而客观地反映期刊的排名。还需要说明的是这些数据并不包括占总量约10%采用"镜像"服务的机构用户。期刊双百排行榜是"有代表性的"，一百个人是没有代表性的，十万人就很能说明问题，龙源2006年超过15亿次的全部访问数和300万的日平均数以及超过40万的每日页平均访问数，都能证明其基数的海量性，数据的准确性，生成的客观性，是能代表期刊网络传播的态势和趋向的。期刊双百排行榜也是"公正的"，它基于龙源独特的"以用户和用户需求为中心"的商务模式，以网民点击率和阅读率为基础，以网民和网民的阅读需求为导向，完全是他们读了什么刊、读了什么文章的阅读痕迹的客观反应，是"实证的"（是什么），而不是"规范的"（应该是什么），独特而公正地反映了读者的需求以及关注热点。期刊双百排行榜也是"有范围的"，TOP100只是一个切点，因为这个切点，我们可以考察因为网民的意志而进入TOP100的期刊的竞争状况和发展态势；同时，我们可以TOP200、TOP300为切点，来考虑这个排名段内"网民对期刊（及其文章和内容）的选择轨迹"。

但是，值得强调的是，无论切点放在哪里，排行榜都有一个根本性的特征，就是决定"期刊TOP位置"的，是网民的选择，而不是刊社或龙源的意愿。因此，期刊双百排行榜体现的不是"龙源的评判"（"期刊座次"并非龙源所能排序），亦非"刊物的优劣"（双百并不说明期刊质量的绝对优劣），而是展现了"网民的选择"！网民的阅读选择，决定期刊的TOP位置。由于龙源提供的以篇为单位而非以刊为单位的独特阅读方式，使得用户对每篇文章及每种期刊及以主题为核心不同期刊的内容捆绑阅读等需求具有独立性，用户的浏览记录完全能客观地反映出用户的需求，因此，可以说，双百排行榜体现的是"当前网民心目中的好刊物"或者"网民心目中的品牌期刊和期刊品牌"，它体现了以网民和网民需求为导向，在网络传播、网络阅读中重新塑造期刊品牌和品牌期刊的新趋势。值得指出的是，目前互联网的网民构成还是有其特征的。从国家互联网中心的调查和龙源的网民调查来看，虽然网络的普及正在日新月异，但目前使用网络的主要群体仍然是青少年。所以，期刊双百排行榜向传统期刊展示并提出的主要是一个趋势性的问题：在互联网时代如何重塑或创建、传播和经营期刊的品牌？

为了清晰地勾勒、描述这种趋势，我们尝试对期刊双百排行榜进行网络传播数据分析，通过用户的浏览数据，描述"当前网民心目中的好刊物"的信息事实，通过用户心目中热点期刊和热点内容的"变化动向"，分析内在于期刊类型、类型期刊、分众阅读等层面中的用户及用户需求，及其对期刊竞争态势和发展趋势的拉动与影响，从而思考和探索"互联网时代的期刊经营之道"。由于我们的分析具有一定的主观性和局限性，因此，本次分析报告旨在抛砖引玉，以期业界领袖、传媒精英、新锐人物等关注甚至参与到期刊网络传播数据的生成、分析与解读中来,并了解、掌握和利用其中所包含的"期刊达·芬奇密码",为传统期刊互联网时代的出版和运营,提供具有学术分量又有商战价值的意见和建议。

一、20%的"头"
——双百展现"网民心目中的好刊物(品牌期刊和期刊品牌)"

就2006期刊双百排行榜上榜期刊总的浏览次数来看,TOP100(国内榜)期刊浏览次数总计为 2 299 967 次,比2005年的 1 599 927 次增长了43.75%;TOP100(海外榜)浏览次数总计为 292 916 次,比2005年的 98 531 次增长了197.3%;国内、海外两个榜单都显示出,2006年网民点击率和阅读率,比起2005年有了显著的增长。

在此访问量的基数上,以网民点击率和阅读率为基础的客观、公正和平等的期刊双百排行榜,就不是一种个人化的趣味,而是一种集体性的选择,它体现了某种群体性的阅读潮流。在互联网时代,网民完全是根据自己的需求和兴趣选择期刊,所以当一个群体的兴趣和需求成为一种集体倾向和社会潮流时,由此而产生的期刊排行榜就表明了"网民心中的好期刊"的诞生:2005、2006年两年期刊双百排行榜上,出现的都是"网民心目中的好刊物";双百体现了网民对心目中的好刊物的选择,亦即展示了"网民心目中的品牌期刊和期刊品牌"。

根据"20/80定律",排行榜上的"双百期刊"可以说是龙源期刊网近1600种期刊的"20%"。为了具体说明问题,我们可以微观地截取双百期刊中的"20%"(排行榜上前20名的"TOP20期刊")来观察和论述这个问题。这20%中的20%,是由网民点击选出的双百期刊在龙源近 1 600 人文大众期刊中脱颖而出的缩影。

国内榜排名前20名期刊(国内TOP20期刊)按出版频率统计,包括:月刊《青年文摘》《北京文学》等九种,双月刊《新华文摘》《意林》等八种,半月刊《当代》《收获》等三种。国内TOP20期刊总浏览次数为 864 306 次,占整个上榜期刊浏览次数的37.58%,平均浏览次数为 43 215 次。

下面的数字显示,国内、海外TOP20在双百排行榜上的浏览次数比重都很大,显示了领军期刊在网络传播中的"注意力优势"。尤其是海外TOP20期刊的总浏览次数占整个海外上榜期刊总浏览次数六成以上,其中,仅排在前两位的《北京文学》和《当代》就几乎占整个浏览量的20%(《北京文学》占10.467%,《当代》占9.193%),意示着网民对期刊的倾向性选择。在这种倾向性选择中,当某些期刊形成"浏览优势"或"注意力优势"时,"网民心中的好刊物"就形成了,也是形成了互联网时代期刊品牌和品牌期刊。

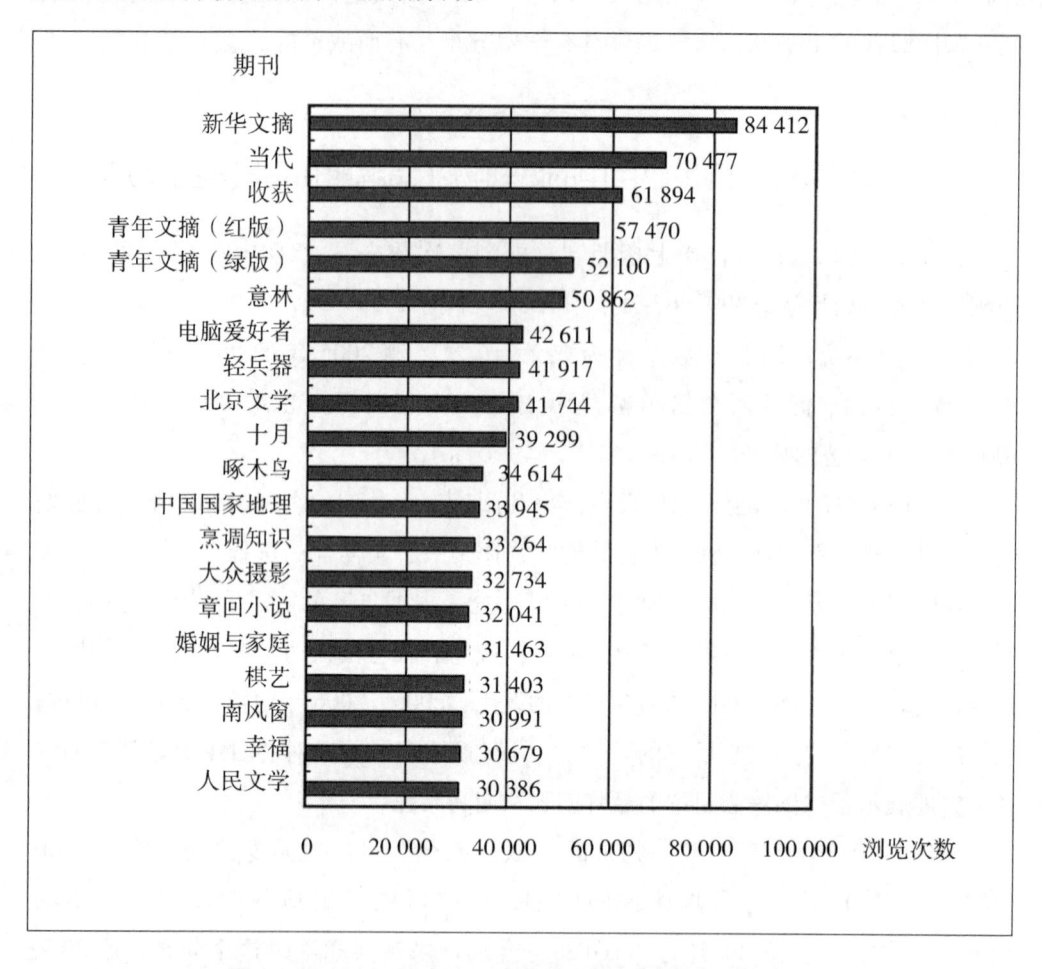

期刊	浏览次数
新华文摘	84 412
当代	70 477
收获	61 894
青年文摘(红版)	57 470
青年文摘(绿版)	52 100
意林	50 862
电脑爱好者	42 611
轻兵器	41 917
北京文学	41 744
十月	39 299
啄木鸟	34 614
中国国家地理	33 945
烹调知识	33 264
大众摄影	32 734
章回小说	32 041
婚姻与家庭	31 463
棋艺	31 403
南风窗	30 991
幸福	30 679
人民文学	30 386

图 1　TOP100(国内榜)前 20 期刊及各刊浏览次数统计

海外榜排名前 20 名期刊(海外 TOP20 期刊)按出版频率统计,包括:月刊《北京文学》《长江文艺》等十一种;半月刊《轻兵器》《大众电影》等六种;双月刊《当代》《十月》等三种。TOP20 期刊总浏览次数为 176 902 次,占整个上榜期刊浏览次数的 60.39%,平均浏览次数为 8 845 次。

国内、海外 TOP10 的"20%"只是这种互联网上好期刊形成和成形过程的一个缩影,以此类推,双百期刊在近 1 600 种期刊中的"20%"现象,也整体显示出来网民对好刊物(期刊品牌和品牌期刊)的选择。

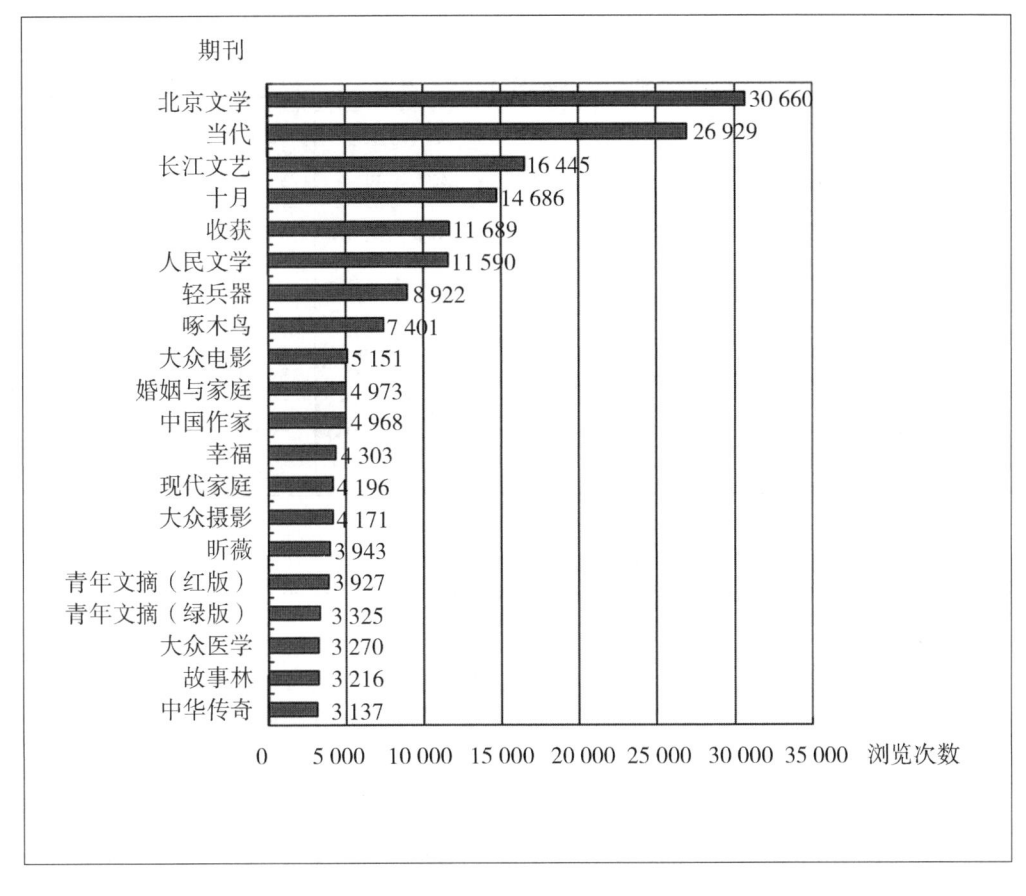

```
期刊
北京文学        30 660
当代           26 929
长江文艺        16 445
十月           14 686
收获           11 689
人民文学        11 590
轻兵器         8 922
啄木鸟         7 401
大众电影       5 151
婚姻与家庭     4 973
中国作家       4 968
幸福          4 303
现代家庭      4 196
大众摄影      4 171
昕薇          3 943
青年文摘(红版) 3 927
青年文摘(绿版) 3 325
大众医学      3 270
故事林        3 216
中华传奇      3 137
    0   5 000 10 000 15 000 20 000 25 000 30 000 35 000  浏览次数
```

图2　TOP100（海外榜）前20期刊及各刊浏览次数统计

这一点，在那些连续两年在双百排行榜中都居前列的期刊中表现得尤为明显。将国内、海外2005及2006年上榜期刊对比，分别得到国内、海外连续两年进入前20名的期刊，我们可以将它们看作用户认可的"核心期刊"，由此，我们制造了"网民核心期刊"的术语，来界定由于网民浏览次数选择、连续两年在双百榜中排行都居于前20（网民核心期刊TOP20）的期刊，通过"网民核心期刊"现象及其排名变化，来观察与描述网民对心目中的好刊物（期刊品牌和品牌期刊）的"注意力优势"选择。

表1　网民核心期刊（国内榜12种）2005年、2006年排名变化

序号	刊名	2005亚洲	2006国内	类别	浏览次数	国内排行变化
1	新华文摘	1	1	文摘·文萃	84 412	0
2	当代	3	2	文学·文论	70 477	1
3	收获	10	3	文学·文论	61 894	7
4	青年文摘·红版	9	4	文摘·文萃	57 470	5

（续表）

序号	刊名	2005 亚洲	2006 国内	类别	浏览次数	国内排行变化
5	青年文摘·绿版	11	5	文摘·文萃	52 100	6
8	轻兵器	2	8	军事·科普	41 917	-6
9	北京文学	6	9	文学·文论	41 744	-3
10	十月	18	10	文学·文论	39 299	8
11	啄木鸟	15	11	文学·文论	34 614	4
12	中国国家地理	30	12	旅游·民俗	33 945	18
13	烹调知识	31	13	健康·体育	33 264	18
14	大众摄影	17	14	艺术·摄影	32 734	3

表2 2005、2006年排行变化

序号	刊名	2005 欧美	2006 海外	类别	浏览次数	海外排行变化
1	北京文学	18	1	现代文学	30 660	17
2	当代	8	2	现代文学	26 929	6
3	十月	13	4	现代文学	14 686	9
4	收获	16	5	现代文学	11 689	11
5	人民文学	17	6	现代文学	11 590	11
6	轻兵器	4	7	科普科技	8 922	-3
7	现代家庭	3	13	女性生活	4 196	-10

在我们所谓的"网民核心期刊"中，国内榜上有12种，海外榜上有7种，其两年排名变化分别见表1、表2。从表中可见，连续两年登上国内、海外排行榜前20位的网民核心期刊占总排行榜的比例比较大：网民核心期刊在国内排行榜上有12种，占上榜数量12%，浏览总次数为583 870次，占整个上榜期刊总浏览次数的25.37%；网民核心期刊在海外排行榜上7种，占上榜数量7%，浏览总次数为108 672次，占整个上榜期刊总浏览次数的4.74%。

如果对网民核心期刊现象进行描述与解释，可以说：龙源期刊网为读者提供的期刊并不是完全集中在这些为数不多的核心刊上，因为不同的用户群体有不同的需要，所以我们需要提供更多内容和类型的期刊，以满足各种用户的需要；但是，从期刊整合层面看，尽管龙源期刊网拥有众多的期刊数量和类别，以上的期刊仍能脱颖而出，连续两年上榜，进入网民阅读视野、甚至成为网民聚焦与关注的热点，获得相应的"注意力优势"，从而成为整个双百期刊中"20%的头"。这"20%的头"

就是网民所选择的好刊物。

同理，上述双百期刊中的"20%"，以及整个双百期刊（处于龙源近1600种期刊的20%），由于网民浏览的选择，同样成为龙源期刊网所有期刊群中为网民聚焦与关注、获得注意力优势的好刊物，也就是他们在网络传播中期待记忆和阅读期刊中的期刊品牌与品牌期刊。因此，期刊双百排行榜不应该只被看成一个排行榜，而应该当成一种反映网络传播发展趋势的风向标来看待：网民正在形成"注意力优势"的阅读势力，来重塑或者改变互联网时代的期刊品牌和品牌期刊。

二、"变化"中的造星运动
——好刊物，网民"造"：网民决定期刊2005、2006的TOP位置

在"网民心目的好刊物"形成过程中，双百排行榜表现出许多"变化"：期刊在排行榜上不断地升或降。我们可以对排行榜上各种"变化"进行全面解读，通过描述期刊在排行榜上的升和降，来分析其内在的"网民阅读势力"和"期刊造星运动"——在变化中造就互联网时代的期刊明星。以此，我们可以观察与描述网民重新塑造互联网时代的品牌期刊和期刊品牌的发展趋势：好刊物，网民"造"！网民的阅读选择，决定期刊的TOP位置。

变化NO.1：传统，传统，在"传播"中"统帅"

第一种显著的"变化"动向，是"在传统领域有影响力的期刊，在网络领域仍然有影响力"，期刊的传统品牌和内容品质仍然影响着网民选择心目中的好刊物（品牌期刊和期刊品牌）。

从上述20%的排名先后看，在2005、2006年双百排行榜上，具有一定传统品牌的期刊仍然位居前列。而且，连续两年进入双百的"网民核心期刊"多是传统的品牌期刊。它们在排行榜上的排名变化，表明传统品牌期刊可以凭借长期积累的内容优势、影响力和公信力，把握阅读潮流，重新占领龙源期刊群的"阅读制高点"，从而在网络传播排行榜占据榜首。

从排名变化上看，在国内排行榜上，有九种网民核心期刊的名次排行上升，分别是：《烹调知识》《中国国家地理》《十月》《收获》《青年文摘（绿版）》《青年文摘（红版）》《啄木鸟》《大众电影》《当代》，平均上升名次为7.8位。有一种期刊排位未变，那就是排在第一位的《新华文摘》；有两种刊排名有所下降，分别为：《北京文学》和《轻兵器》。

在海外排行榜上，有五种网民核心期刊排名上升，分别是《北京文学》《收获》《人民文学》《十月》《当代》，平均上升名次为10.8位。有两种期刊排名有所下降，

分别是《轻兵器》和《现代家庭》。

这种排名变化，说明传统的品牌期刊在互联网时代公平、公正、公开的竞争平台上，仍然具有相当的竞争优势：它们在传统期刊市场中所积淀下来的期刊品牌，在网络传播着仍然有着很大的号召力，影响着网民对其 TOP 位置的决定。

变化 NO.2：小刊物朝前，大刊物靠后

第二种显著的"变化"动向，却是"小刊物朝前，大刊物靠后"，体现了网民集体去"传统旧品牌"、重塑"网络新品牌"意识。传统领域中所谓的"非品牌期刊"，在网络传播中有了同"传统品牌期刊"一起公平地竞争"网民心目中的好刊物（品牌期刊和期刊品牌）"的可能性和平等性。

将 2005 年同 2006 年都上榜的期刊榜上排名进行比较（表3），可以看出在国内、海外两年上榜期刊排名变化中，上升幅度显著的大多是 2005 年排在后五十位的期刊，其中《昕薇》《中华传奇》《章回小说》《大众医学》等刊在国内、海外排行榜上都排在上榜幅度最明显的前十位刊之列；与此同时，一些传统品牌大刊名刊却止不住下滑，甚至跌出双百排行榜外〔在对比两年上榜期刊排名变化时，需要注意的是，2005 年上榜期刊，对用户的划分是亚洲与欧美，而 2006 年对用户的划分是国内与海外（应刊社要求改变），因此排名比较与客观事实会产生一定的误差。〕

表3 TOP100（国内榜）2005、2006 两年均上榜的期刊及其排名变化

序号	刊名	2005 亚洲	2006 国内	排名变化	序号	刊名	2005 亚洲	2006 国内	排名变化
1	电脑爱好者	100	7	93	12	章回小说	43	15	28
2	昕薇	94	23	71	13	中外文摘	58	34	24
3	中华传奇	99	35	64	14	烹调知识	31	13	18
4	意林	67	6	61	15	中国国家地理	30	12	18
5	销售与市场	80	25	55	16	名作欣赏（鉴赏专刊）	92	71	16
6	搏击	98	45	53	17	交际与口才	73	60	13
7	瞭望东方周刊	89	39	50	18	今古传奇·故事版	60	50	10
8	时代影视	65	32	33	19	海事大观	56	47	9
9	大众电影	86	54	32	20	人民文学	28	20	8
10	大众医学	53	21	32	21	十月	18	10	8
11	书报文摘	79	48	31	22	收获	10	3	7

（续表）

序号	刊名	2005亚洲	2006国内	排名变化	序号	刊名	2005亚洲	2006国内	排名变化
23	互联网周刊	62	56	6	45	山花	76	89	-13
24	青年文摘（绿版）	11	5	6	46	为了孩子	20	33	-13
25	青年文摘（红版）	9	4	5	47	爱情婚姻家庭	5	31	-16
26	啄木鸟	15	11	4	48	诗刊	71	87	-16
27	大众摄影	17	14	3	49	现代家庭	13	29	-16
28	婚姻与家庭	19	16	3	50	医学美学美容	48	65	-17
29	视野	55	53	2	51	东西南北·大学生	37	57	-20
30	当代	3	2	1	52	军事文摘	22	44	-22
31	新华文摘	1	1	0	53	大众健康	51	74	-23
32	今日文摘	41	42	-1	54	小说精选	72	95	-23
33	北京文学	6	9	-3	55	领导文萃	36	60	-24
34	妇女之友	33	36	-3	56	东西南北	42	70	-28
35	商界	59	63	-4	57	书屋	35	96	-31
36	书摘	45	49	-4	58	优雅	50	82	-32
37	轻兵器	2	8	-6	59	现代妇女	34	67	-33
38	长江文艺	21	28	-7	60	电影画刊	44	83	-39
39	知识窗	68	77	-9	61	中华文摘	54	98	-44
40	伴侣	27	37	-10	62	商业时代	25	73	-48
41	南风窗	8	18	-10	63	全国新书目	40	93	-53
42	中国新闻周刊	12	24	-12	64	海外文摘	7	61	-54
43	读书	38	51	-13	65	装饰	23	91	-68
44	人生与伴侣	39	52	-13	—	—	—	—	—

国内榜2005、2006两年均上榜的期刊共有65种，其中30种期刊排名上升，35种期刊排名下降，一种期刊排名未变，排名上升期刊平均上升位次为25.5次，排名下降期刊平均下降位次为20.9次，上升幅度较下降幅度大。

上升幅度最大的前十名期刊有：《电脑爱好者》《昕薇》《中华传奇》《意林》《销售与市场》《搏击》《瞭望东方周刊》《时代影视》《大众电影》《大众医学》。

下降幅度最大的前十位期刊为：《装饰》《海外文摘》《全国新书目》《商业时代》《中华文摘》《电影画刊》《现代妇女》《优雅》《书屋》《东西南北》。

2006年新上榜的期刊有：《兵器知识》《财经》《财经界》《长篇小说选刊》《都市丽人》《读书文摘》《芙蓉》《故事林》《计算机应用文摘》《家庭》《家庭医学·新健康》《健与美》《精武》《科学养生》《理财周刊月末版》《南方人物周刊》《女性天地》《女子世界》《棋艺》《食品与健康》《武当》《现代医药卫生》《新家庭·情爱时尚》《新周刊》《养生大世界》《意汇（黑白版）》《中国针灸》《中国作家》《中老年保健》《祝您幸福·午后版》《卓越理财》等31种期刊。

表4　TOP100（海外榜）2005、2006两年均上榜的期刊及其排名变化

序号	刊名	2005 欧美	2006 海外	海外排行变化
1	大众医学	83	18	65
2	昕薇	80	15	65
3	中华传奇	77	20	57
4	保健与生活	91	41	50
5	海事大观	99	50	49
6	芙蓉	78	30	48
7	中老年保健	74	26	48
8	大众电影	47	9	38
9	青年文摘（绿版）	54	17	37
10	婚姻与家庭	46	10	36
11	书报文摘	95	62	33
12	伴侣	67	36	31
13	瞭望东方周刊	93	63	30
14	大众摄影	43	14	29
15	章回小说	51	22	29
16	长江文艺	31	3	28
17	读书文摘	98	75	23
18	优雅	72	49	23
19	纵横	70	47	23
20	读书	57	35	22
21	家庭医药	63	42	21
22	中国作家	32	11	21
23	啄木鸟	29	8	21
24	山花	40	21	19

（续表）

序号	刊名	2005 欧美	2006 海外	海外排行变化
25	爱情婚姻家庭	45	27	18
26	书摘	79	61	18
27	北京文学	18	1	17
28	青年文摘（红版）	33	16	17
29	家庭百事通	88	73	15
30	烹调知识	35	23	12
31	人民文学	17	6	11
32	收获	16	5	11
33	十月	13	4	9
34	当代	8	2	6
35	文史春秋	85	80	5
36	文史月刊	73	68	5
37	看世界	100	97	3
38	传奇故事（上半月）	94	93	1
39	东西南北	23	25	－2
40	党史博览	68	71	－3
41	轻兵器	4	7	－3
42	民主与法制	28	33	－5
43	现代妇女	34	39	－5
44	现代家庭	3	13	－10
46	中国新闻周刊	60	75	－15
47	医学美学美容	38	54	－16
48	人生与伴侣	61	81	－20
49	中国国家地理	6	28	－22
50	搏击	58	87	－29
51	军事文摘	15	46	－31
52	世界知识	27	60	－33
53	为了孩子	5	40	－35
54	南风窗	25	64	－39
55	新华文摘	7	48	－41
56	电影画刊	37	83	－46
57	海外星云	21	92	－71
58	三联生活周刊	9	86	－77
59	海外文摘	1	82	－81
60	百年潮	10	98	－88

国内榜2005、2006两年均上榜的期刊共有60种（表4），其中38种期刊排名上升，22种期刊排名下降。排名上升期刊平均上升位次为26.2次。

上升幅度最大的前十名期刊有：《大众医学》《昕薇》《中华传奇》《保健与生活》《海事大观》《芙蓉》《中老年保健》《大众电影》《青年文摘（绿版）》《婚姻与家庭》。

下降幅度最大的十种期刊是：《百年潮》《海外文摘》《三联生活周刊》《海外星云》《电影画刊》《新华文摘》《南风窗》《为了孩子》《世界知识》《军事文摘》。

2006年新上榜的期刊有：《21世纪》《COMO可人》《兵器知识》《传奇·传记文学选刊》《法律与生活》《故事林》《海燕》《黄河》《检察风云》《健康世界》《健身科学》《科学养生》《女子世界》《时代影视》《舒适广告》《娃娃画报》《外国文艺》《文艺生活（精品故事汇）》《现代军事》《现代养生》《潇洒》《小品文选刊》《新周刊》《幸福》《艺术市场》《悦己》《浙江中医杂志》《中国文艺》《中国针灸》等29种期刊。

以上数据说明，网络传播已经打破了传统品牌期刊与非品牌期刊的划分界限，它使在这个平台上的所有期刊都具备了进入读者视野的可能性和平等性："网民心中的好刊物"，可以是传统的品牌期刊，也可以是传统的非品牌期刊。龙源的网络传播，可以使一期杂志中的"领军选题"，从常规和平庸版面中跳跃出来，直接融入到期刊潮流中。这就在一定程度上模糊了品牌期刊与非品牌期刊的区分而共同面对网民的选择。一些传统的非品牌期刊在龙源的期刊网络传播中，有了跻身成为双百排行榜上品牌期刊与期刊品牌的可能性，有了同传统品牌期刊一起竞争"网民心目中的好刊物"的平等机会。事实上，这些新锐期刊，在双百排行榜上占有很大份额，不但成为亮"点"，还构成了"面"：它们在双百排行榜上占据了40%以上的份额，这在传统的阅读中是不可想象的。龙源期刊界面临一个网民缔造"期刊英雄"的新时代，而传统的精英和草根都有可能成为网络时代的期刊英雄。

变化NO.3：草根期刊成英雄，传统品牌变新刊

第三种显著的"变化"动向，就是"草根成英雄，名刊变新刊"。我们正在进入互联网时代的"期刊造星运动"，正在形成影响期刊成为"网民心目中的好刊物"亦即"互联网时代的品牌期刊和期刊品牌"的核心新因素——网民以及网民的需求。

对比2005年榜单，2006期刊双百排行榜里，出现了众多刚上榜的期刊：《幸福》《故事林》《中国针灸》《女性天地》《妇女之友》《女子世界》《电脑爱好者》等。其中《棋艺》《幸福》分别居于第17、19位。这两本期刊都没有登上2005年的国内阅读TOP100排行榜，还都处于排行榜以外的长尾期刊群里，而2006年这两

本刊就上升到了很高的位置。两本期刊的上榜证实了网络时代网民的确是在塑造自己心中的品牌期刊，在一个崭新的网络传播平台上打造期刊品牌。

从两年上榜排名变化看，2006年排名上升最快的期刊很多都是2005年排名在后五十位的期刊。而且，具有大众性及普及性的期刊排名靠前，时尚类期刊的上升趋势明显。最具代表性的就是《昕薇》，两年数据显示，它在国内、海外排名上升都非常迅猛。它2006年在国内榜上排34位，从这本期刊的周访问趋势我们能看到周一到周五访问趋势比较集中，这些时间女士们可能会通过期刊研究流行趋势，而周六、日则下降这说明这些女性周末都会选择出去购物，以便去实际感受流行时尚。从访问的区域我们可以看到北京、上海、广东名列前三甲，这三个城市也基本代表着时尚的潮流，这也很能说明，《昕薇》的定位是达到了预期的目标。再反过来，我们研究它的文章内容，就可以了解它确实把握到了年轻时尚女性读者的心态。

与这些现象相对应的，却是一些传统品牌期刊所面临的下降问题：同样是传统品牌期刊，为什么有些期刊迈进了期刊双百排行榜，有些却掉于榜单之外？为什么有些期刊2005年进入双百排行榜，但是2006年却未能成功进入？有些期刊在排行榜上不断上升，有些期刊却在不断下滑？与2005年相比，一部分传统品牌期刊被传统非品牌期刊取代，后者成为网络时代的新品牌；而传统品牌期刊，也在直面网民的阅读需求中，感觉到变革传统办刊思路的压力。这正是互联网时代的期刊品牌和品牌期刊生成机制的转变，龙源的网络传播正是这种机制转变的重要途径。

综上分析，期刊双百排行榜的"变化现象"，让我们看到，在"网民心目中的好刊物"形成过程中，期刊的传统品牌仍然是有用的——期刊的传统品牌和内容品质仍然影响着网民选择心目中的好刊物（品牌期刊和期刊品牌）——但已经不是核心性和唯一性的决定因素。这当中，"让好刊物找到找读者"的网络传播方式，使龙源期刊网对期刊的分类和整合，在很大程度上参考了用户的需求和热点，对不同用户群体推荐不同内容和类型的期刊，让有潜质的期刊脱颖而出，从而成为影响刊物能否成为网民心目中的品牌期刊和期刊品牌的重要因素。但是，正如我们上面触及、在下面即将要研判与分析的一样，草根成英雄，名刊变新刊，让我们看到真正决定它们在互联网时代的TOP位置的，是网民以及网民的需求。是网民（而非龙源或刊社自身），在决定着他们心目中的好刊物。期刊双百排行榜体现了互联网时代以网民为导向（而非以期刊为导向和以龙源为导向）的，重新塑造期刊品牌和品牌期刊的发展趋向。

三、"类型"排行的需求迹象
——期刊类型中的用户与用户需求

要说明以网民为导向的问题，最佳的方式就是对双百期刊进行类别的统计分析，亦即进行"期刊类型"及其排行变化分析，这样我们可以大体看出哪类期刊在浏览次数上占优势，更受读者关注。"期刊类型"本是以刊社为中心（期刊经营），或以龙源为中心（网络传播）的最佳体现，因为期刊类型本是以资源为出发点，对期刊进行分类和界定的；但是，期刊双百排行榜上榜的期刊类型及其排名，却体现了网民对"类型"的选择以及对类型期刊 TOP 位置的影响与决定，因此明显地体现出了网民需求的意图迹象，本质上是"以网民为中心"。

期刊双百排行榜让我们非常清晰地看到，是需求拉动期刊的排行，而非资源决定位置。在期刊传统发行中，主要是依靠渠道商向外推送，而期刊网络传播，却使其逐渐转变到依赖终端消费者直接拉动的形式。因此，对期刊双百排行榜的上榜"期刊类型"及其变化进行统计与分析，可以为刊社研判、解读甚至界定互联网时代的期刊用户及其阅读需求提供一种新途径新方式。

对于相对较少进入的期刊类型分析原因，是期刊本身，还是网络阅读习惯的差异？进一步解读可以发现其中的奥妙，并相应作出期刊的经营策略调整。是如何在起决定作用（如何决定上榜期刊类型及类型化 TOP 位置），以及这是一种什么样的用户群（分众用户），他们直接与潜在的阅读需求是什么（阅读潮流）。于龙源自己而言，此次分析报告重在这种路径的展示，而不在于用户及用户需求的真正界定。换句话说，我们寻找的是方法，还不是答案。

NO.1 非另类：掌握主流的阅读取向

首先，对期刊双百排行榜进行期刊类型的研判与分析，通常可以掌握期刊受众主流的阅读取向。依照龙源对期刊的分类，我们将进入双百的期刊进行类别的统计分析，并对期刊类型进行横向比较：在双百中，哪些类别在前，哪些类别在后？国内、海外期刊类型 TOP3 的差异？这样我们可以大体看出那类期刊在浏览次数上占优势，更受读者关注，以此可以把握他们主流阅读取向的倾向性选择——办刊，不是为了另类而另类，而是为了抓捕和应对主流的阅读取向。这个世界需要什么?！我们所有的商务模式都是围绕着以此为核心而建构的。

国内上榜期刊所覆盖的期刊类型主要有十四类，每类期刊所包含的国内前一百位期刊的数目（表5）。为了看得更清楚，我们将国内上榜期刊的类别百分比做成饼图（图3）。由此表和饼图可知，包含上榜期刊数最多的 TOP3 期刊类型分别是：文学·文论、文摘·文萃以及女性·家庭。这三类期刊覆盖的内容一般比较通俗，具有大众化的特点。

表5　2006 TOP100（国内榜）上榜期刊类型及刊数总计

类　别	上榜刊数	排　行
文学·文论	21	1
文摘·文萃	16	2
女性·家庭	15	3
健康·体育	12	4
管理·财经	8	5
时政·新闻	6	6
艺术·摄影	5	7
军事·科普	4	8
电脑·网络	3	9
时尚·娱乐	3	10
医药·医学	3	11
文化·生活	2	12
历史·宗教	1	13
旅游·民俗	1	14
总计	100	—

我们分别将各类型包含的国内上榜期刊的浏览次数进行累加，得出了每类上榜期刊的总浏览次数。我们将浏览次数进行排序，得到类别的排名次序（表6）。浏览次数排在前三位的TOP3期刊类型分别是：文学文论、文摘文萃以及女性家庭。依据浏览次数所作的上榜期刊类型的排行，同依据包含上榜数目的期刊类型排行大体相同，而排在最后的旅游民俗类和历史宗教类相比，前者浏览次数更多，所受的关注度更高。

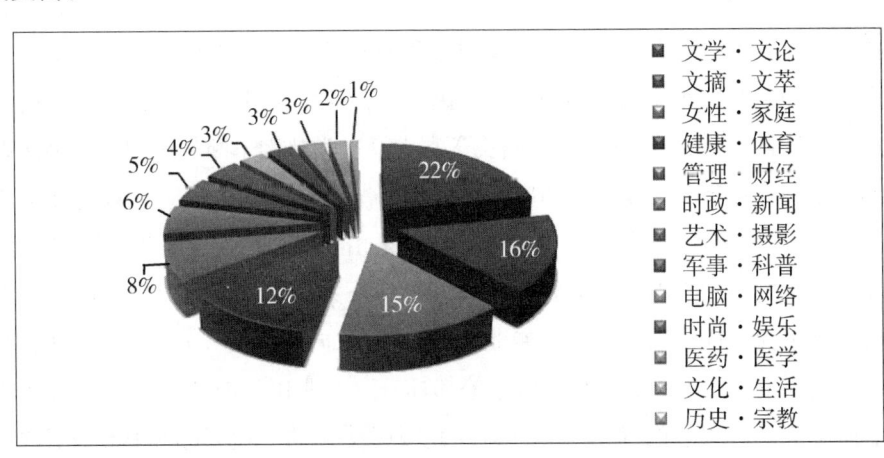

图3　国内上榜期刊的类别百分比

```
艺术·摄影    101 448
医药·医学    53 172
文摘·文萃              447 781
文学·文论               558 672
文化·生活    35 508
时政·新闻     128 564
时尚·娱乐     55 711
女性·家庭          314 623
旅游·民俗    33 945
历史·家教    20 298
军事·科普    100 210
健康·体育        237 010
管理·财经     134 572
        0   100 000  200 000  300 000  400 000  500 000  600 000
                          浏览次数
```

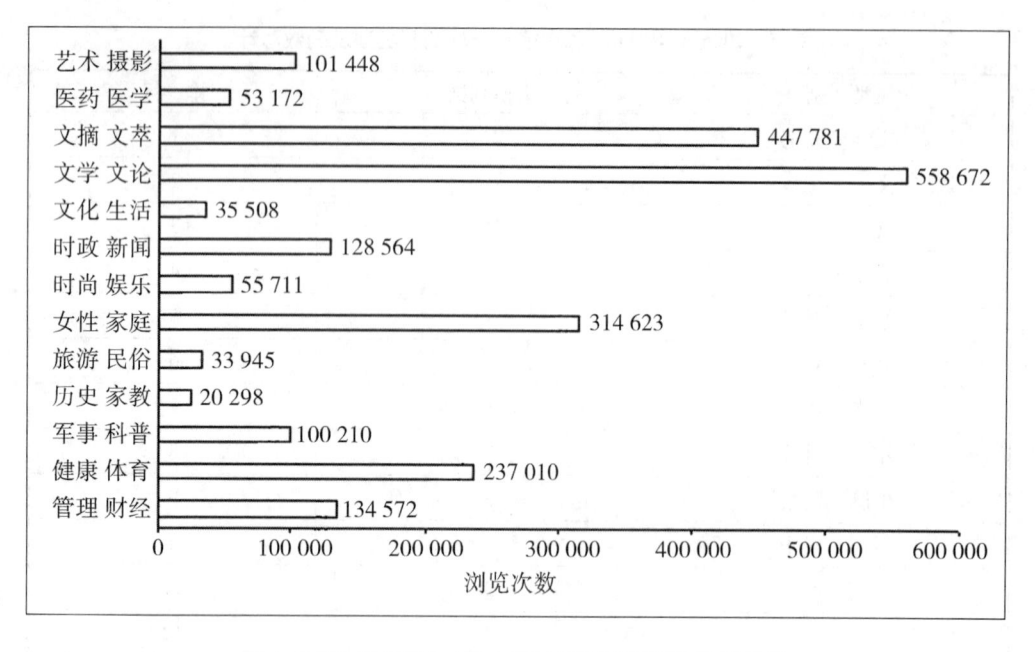

图4 2006 TOP100（国内榜）期刊类型浏览次数统计

进而我们统计各个期刊类型的平均浏览次数及浏览次数方差（图4）。由此表可以看出，每个期刊类型的平均浏览次数为164 283次，最高类别浏览次数为558 672次，最小类别浏览次数为24 298次，均方差为166 259次。均方差为反映整体分布的差异性参数，均方差越大，证明整体分布越分散，个体差异性越大，也就是说，期刊类型彼此之间的点击率和阅读率差异就越大，其潜藏的含义就是各个期刊类型的用户群数量悬殊越大，阅读需求的强弱差异也就越大。

对国内榜上榜期刊类型进行解读，我们以为它反映出了四种典型的主流阅读取向：①"公众化"，这种取向决定了"习惯阅读"的形态TOP3期刊类型（文学·文论、文摘·文萃以及女性·家庭）中，文摘·文萃以及女性·家庭本身就具有公众阅读的特点，属于综合性阅读，阅读门槛相对较低，因此受众面宽。文学·文论虽然有偏向纯文学、小众阅读的倾向，但因为其故事性的文学形态，使其在所有类型形态中易读性极高，在2006年网络文学和大众文学热潮不断的影响下，仍然以主流性的大众阅读姿态高居榜首。健康·体育的情况类似，本来适应小众（如关心健康的中老年人）和分众（如体育爱好者），但是由于2006年"过劳死"等热潮泛起，使得白领健康和知本精英健康意外地进入到公共视野，因此，带动此期刊类型阅读也进入了社会性的潮流。②"专业化"，这种取向决定了"知本阅读"的倾向。管理·财经、电脑·网络、医药·医学等都具有"专业化"的特点。③"情趣性"，这种取向决定了"兴趣阅读"（涵括与专业阅读交叉的专业兴趣和其他休闲兴趣）的选择。艺术·摄影、军事·科普、旅游·民俗等期刊类型能够上榜，均对此有所明证。有关文化历史的期刊，虽然相对其他类型来说，关注度不高，但这些类别仍然有上榜的期刊，堪称是与当前百家讲坛等带动的人文历史热潮遥相呼应。④"娱乐化"，这种取向的本质我们以为是"无聊阅读"，无聊创造注意力。此次，时尚娱乐类期刊进榜数目不多，这并不表明此种阅读需求的不旺盛，而是体现了龙源当前战略的选择和与刊社合作的实际，我们还尚未正式全面启动"期刊的多媒体"：期刊要在动感化、娱乐化、年轻化的多媒体中，才能让无聊创造出注意力经济，以及付费阅读的可能性产业。

表6 2006 TOP100（国内）期刊各类型浏览次数统计

排行	类别	浏览次数	排行	类别	浏览次数
1	文学·文论	558 672	8	军事·科普	100 210
2	文摘·文萃	447 731	9	电脑·网络	74 503
3	女性·家庭	314 623	10	时尚·娱乐	55 711
4	健康·体育	237 010	11	医药·医学	53 172
5	管理·财经	134 572	12	文化·生活	35 508
6	时政·新闻	128 564	13	旅游·民俗	33 945
7	艺术·摄影	101 448	14	历史·宗教	24 298

海外上榜期刊所覆盖的期刊类型主要有九类，我们用饼图将上榜期刊类型统计百分比直观地表示出来（图5）。海外上榜期刊中包含上榜期刊数目最多的TOP3期刊类型，是现代文学、女性生活以及健康体育。

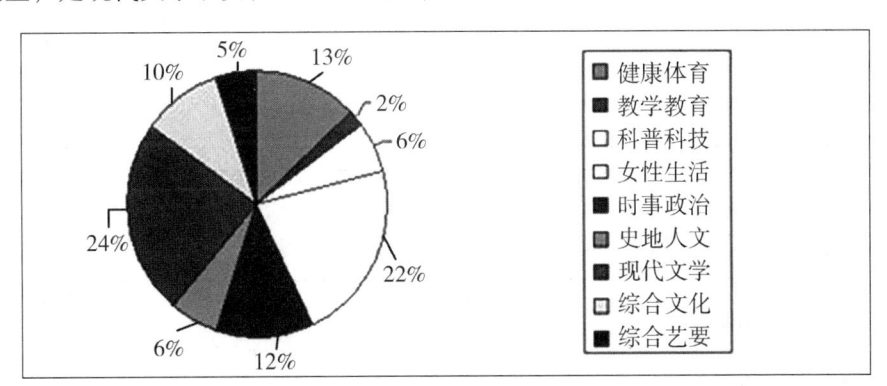

图5 海外上榜期刊类别统计

我们对海外上榜期刊各类型进行了浏览总次数统计（表7），浏览次数排在前三位的TOP3期刊类型分别是：现代文学、女性生活以及健康体育。我们同样将浏览次数进行排序，得到各类型的排名次序（图6）。从此表可以看出，浏览次数排名同包含上榜期刊数排名是不同的，其中，时事政治类期刊包含上榜刊数排名为第四，而浏览次数却相应较后，排在第六位；史地人文类期刊包含刊数排在第七位，而浏览次数却不及和它包含刊数相同的科普科技类，排在第八位；相反，综合文化类期刊浏览次数排名却较包含上榜期刊数排名靠前。这个数字细分析起来，可以见出网民的阅读期待（上榜期刊类型折射其阅读取向）和阅读体验（每一种类型中的期刊对其阅读需求的满足）之前的落差，并且可以以此考量各刊的内容、选题和经营思路。

可见，龙源海外排行榜上榜期刊类型与国内榜不尽相同，现代文学、女性生活以及健康体育排在海外榜的前三位，体现了"公众阅读"习惯性力量。与此相关联，海外用户情趣性阅读也表现得比较明显，对文化类期刊关注度相对较大，综合文化类、史地人文类包含上榜期刊数较多；海外用户比较关注中国有关时事政治类期刊，对教学教育方面的期刊有一定的关注度。相反，对专业化的"知本阅读"有所弱化。这是都是值得我们关注的阅读取向。

表7 2006 TOP100（海外榜）各期刊类型浏览次数统计

排名	类别	浏览次数
1	现代文学	152 703
2	女性生活	45 882
3	健康体育	22 413
4	综合文化	17 501
5	科普科技	17 211
6	时事政治	12 822
7	综合艺术	12 310
8	史地人文	10 550
9	教学教育	1 524

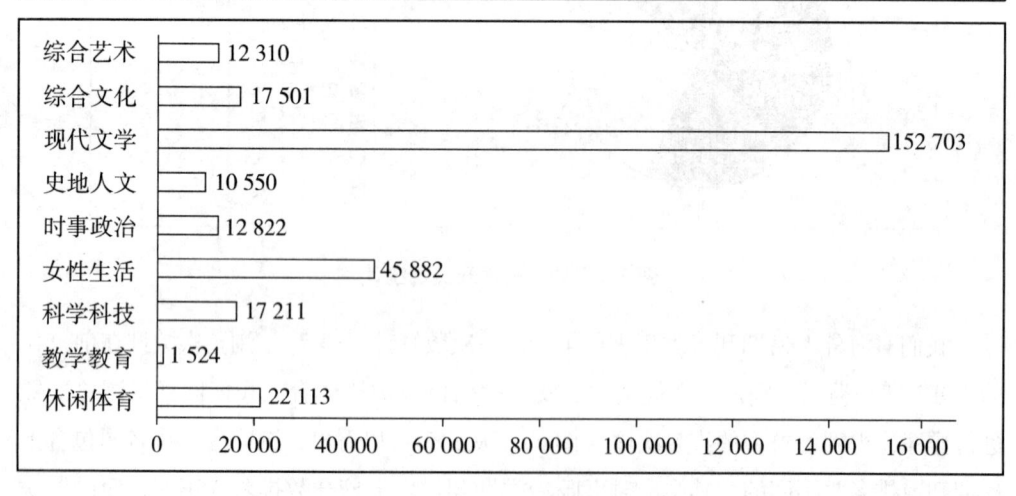

图6 2006 TOP100（海外榜）上榜期刊类型总浏览次数

NO.2 非单一：对接读者网络时代多元化的需求

其次，通过把双百排行榜划分成几个段落，并对网民核心期刊中的上榜类型进行分析，我们将发现一个普遍的事实，就是互联网时代读者的阅读需求，越来越趋于多元化！而这种多元化，在再一次为"每一本期刊都有市场都有读者"的传统说法做出例证的同时，却让人不容置疑地观察到另外一种崭新的变化：这种网络时代的"多元化"需求，与传统市场基于人群本身的多元化阅读不一样的是，它是基于"需求"本身的划分，同一个人身上已经分化出了多形态、多层面的需求：我想读什么，我不想读什么，我确认我有但是我不确定它是什么的潜在需求！因此，这种变化给期刊经营带来的最大契机和挑战都是：如何让一本杂志能够契合到"一个人"多元化的需求轨迹中去?! 这个问题是如此的棘手，以至于我们在下面这部分里，只能描述数据，连简单的反思都不能顺利地进行。

当把双百排行榜划分成几个段落，我们可以看出排在榜首而且占有很大比例的期刊类型。首先是文摘·文萃、文学·文论，在国内、海外排行榜的TOP20的40种期刊中，文学·文论、文摘·文萃类别的期刊分别占有18、7种期刊。其次，排在榜首，但是刊种数量不大的期刊类型是艺术摄影类的《大众电影》，电脑网络类的《电脑爱好者》，旅游民俗类的《中国国家地理》，女性生活类的《婚姻与家庭》《生活》，健康体育类的《烹调知识》等。第三，双百排行榜上占据中上游（20位到60位）的期刊类型是：健康·体育、女性·家庭、文摘·文萃、文学·文论、军事·科普、历史·宗教。最后，其余位置上散落分布着各个类型的期刊。由此可见，国内、海外上榜期刊不是集中在一两个类型中，而是集中在多个类型，而且各类型期刊浏览次数差异性较大。这种期刊类型多元化说明了什么？互联网时代读者需求的多元化！

为了进一步说明问题，我们将再度描述前面所说的国内、海外TOP20期刊及随之而提取出来的"网民核心期刊"中的期刊类型及其变化现象。

国内TOP20期刊包括九种类型期刊：文学文论类期刊《当代》等七种；文摘文萃类期刊《新华文摘》等四种；女性家庭类期刊《婚姻与家庭》等两种；健康体育类期刊《棋艺》等两种；电脑网络类期刊《电脑爱好者》一种；军事科普类期刊《轻兵器》一种；旅游民俗类期刊《中国国家地理》一种；时政新闻类期刊《南风窗》一种；艺术摄影类期刊《大众摄影》一种。TOP20期刊各类型包含期刊所占百分比及其浏览次数百分比分别是（图7、图8）：

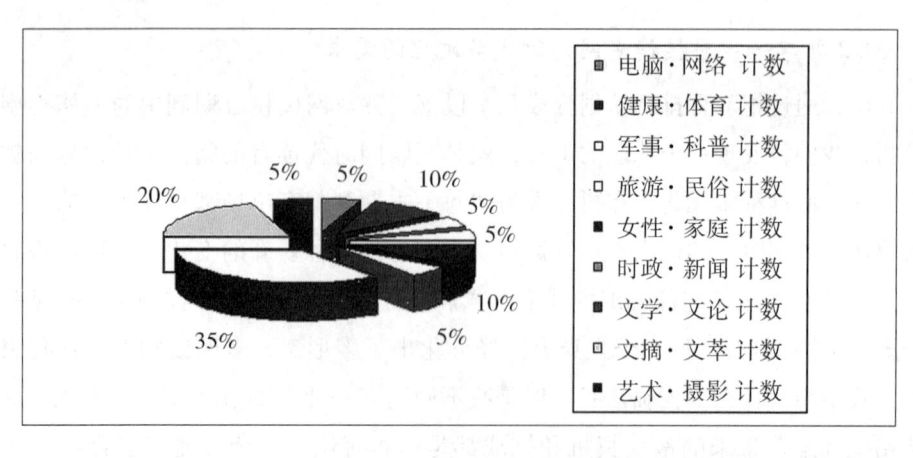

图7 2006 国内 TOP20 期刊各类型包含期刊所占百分比

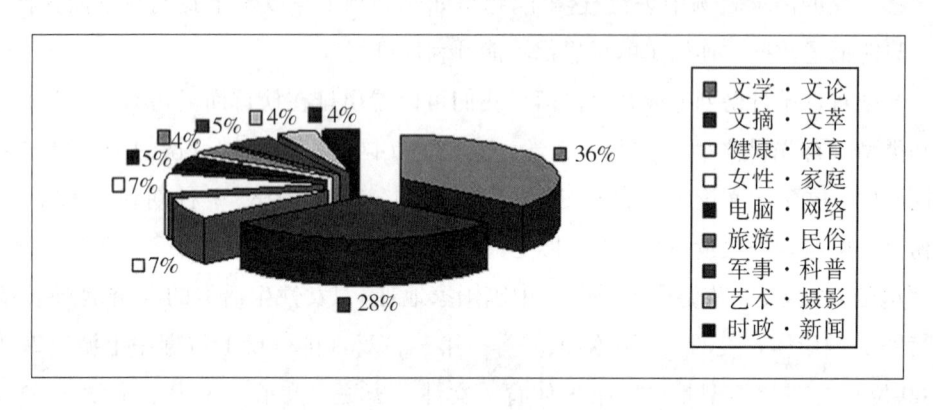

图8 2006 国内 TOP20 期刊各类型浏览次数百分比

2006 海外 TOP 20 期刊包括六种类型期刊：现代文学类期刊《当代》《十月》等十种；女性生活类期刊《婚姻与家庭》《幸福》等四种；综合文化类期刊《青年文摘》两种；综合艺术类期刊《大众电影》《大众摄影》两种；健康体育类期刊《大众医学》一种；科普科技类期刊《轻兵器》一种。海外 TOP20 期刊各类别包含期刊百分比及其浏览次数百分比分别是（图9、图10）：

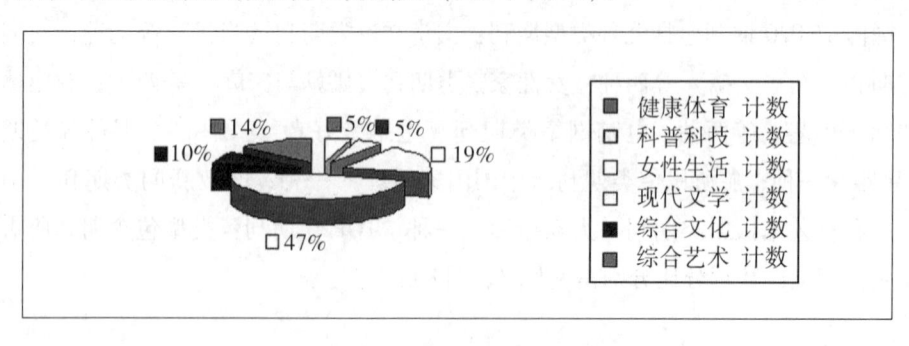

图9 2006 海外 TOP20 期刊各类型包含期刊百分比

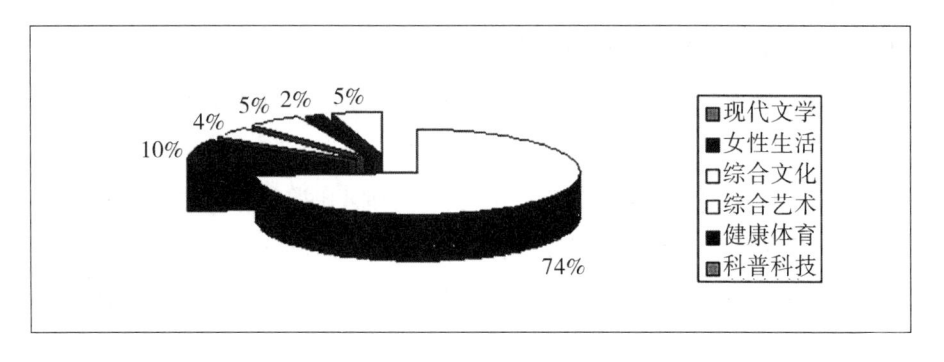

图 10　2006 海外 TOP20 期刊各类型浏览次数百分比

在"20%的头"——网民核心期刊——上榜期刊类型中，国内上榜期刊类型包含文学文论、文摘文萃、军事科普、健康体育、旅游民俗以及艺术摄影等六类，其中文学文论类所占比例最大，共五种，占整个核心刊的 41.67%，而文摘文萃类次之，共三种，占整个核心刊的 25%，而军事科普、健康体育、旅游民俗以及艺术摄影各有一种期刊，占核心刊的 8.33%。

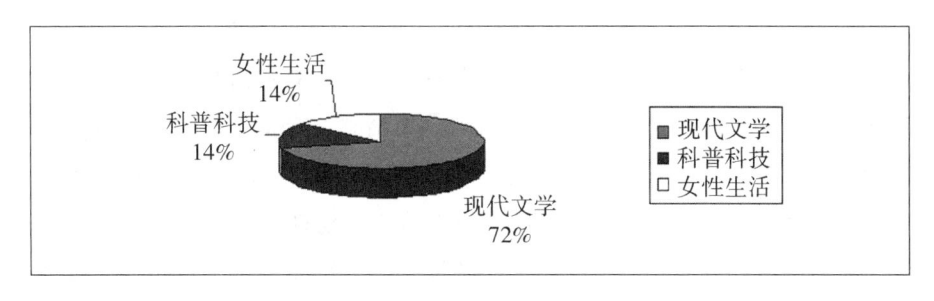

图 11　海外用户核心期刊类型比例

海外上榜期刊类型包含现代文学、科普科技以及女性生活共三类，现代文学有五种刊，占整个核心刊的 71.43%，而科普科技和女性生活各有一种刊，分别占整个核心刊的 14.29%（图 11）。

虽然还不能进一步的分析和得出结论，但我们仍然可以看出，双百排行榜只是我们看到的网民需求的一个 TOP 点，还有很多的期刊在 TOP200、TOP500 上，但是，其上榜期刊类型及其百分比，已经显示出了网民需求的多元化趋向。这种多元化需求，使刊物与读者之间的对接发生了本质变化，需求拉动类型，各个类型的期刊进入排行榜的多寡是由网民的选择决定的，这支无形的手似乎是刊社和龙源摸不到的，但是通过进一步的数据解读，我们可以把握住这种整体的多元化发展趋势，以此助益刊社革新和优化自身的办刊思路。这需要龙源和刊社的共同努力。

NO.3 非个性：观察分众时代的用户群

最后，通过解读上榜期刊类型，我们可以分析每种期刊类型所面对的类型用户群及其多元化的阅读需求，以研判分众时代的期刊经营：每一种期刊类型都代表着固定数量与需求的期刊"分众"；双百排行榜上的期刊类型及其排名变化，代表着分众阅读与分众传播的态势和走向；我们对其包含的信息进行解读、掌握和利用，可以用来指导互联网时代期刊的分众出版策略。但是，对这个群体，是像传统中按"类型"来划分，还是按照"分众"来划分，则是期刊网络传播不经意提出的分水岭。

从女性家庭类型看"姿本分众"：姿本就是主义。

相比2005年上榜的11种刊，该类别2006年上榜15种刊，数量有所增加（表11）。其中排名上升的期刊有：《幸福》《现代妇女》；排名下降的期刊有：《妇女之友》《婚姻与家庭》《为了孩子》《伴侣》《现代家庭》《人生与伴侣》《爱情与婚姻》。掉榜期刊有：《家庭百事通》《女报》；新上榜期刊有《都市丽人》《家庭》《女性天地》《女子世界》《新家庭·情爱》《祝你幸福·午后版》。

这类期刊共同的特点，是对女性情感世界的关注，对生活状态的关注，对女性健康或时尚流行的关注等。从内容上可以划分为情感、婚姻、家庭、时尚等。分众人群的跨度很大，年龄差距比较大；但是2006 TOP100（国内榜）此期刊类型平均浏览次数为20 975次，均方差为5 372，小于整个上榜期刊均方差，说明此类中用户的浏览差差异度相对较小，这证明了此类期刊的内容差异化程度不高，其核心思路聚焦于分众比较趋同的阅读需求：爱美，比较喜欢打扮（时尚追逐的焦点），对服饰、化妆品之类的东西比较感兴趣，而到了已婚的女性讨论的话题中关于家庭的比较多，如子女的培养等。

表8 国内TOP100期刊女性家庭类统计

排名	刊名	刊号	出版频率	浏览数
16	婚姻与家庭	1003-2991	半月刊	31 463
19	幸福	1003-4196	半月刊	30 679
29	现代家庭	1000-4300	半月刊	24 076
31	爱情婚姻家庭	1003-0883	月刊	23 284
33	为了孩子	1000-4319	半月刊	23 075
36	妇女之友	1002-4005	月刊	22 735
37	伴侣	1003-4935	半月刊	22 655

(续表)

排名	刊名	刊号	出版频率	浏览数
41	女性天地	1003-0778	月刊	21 255
46	祝你幸福·午后版	1003-8752A	月刊	20 312
52	人生与伴侣	1003-5001	旬刊	18 662
62	家庭	1005-8877	半月刊	17 450
67	现代妇女	1007-4244	月刊	15 627
75	新家庭·情爱时尚	1009-6191	月刊	14 526
78	女子世界	1004-3411	月刊	14 496
79	都市丽人	1009-9182	月刊	14 328

从财经管理期刊类型"专业精英分众"：知本玩转财富。

对比2005年榜单，2006年管理财经类国内上榜期刊为8种，而2005年上榜该类期刊有12种，平均浏览次数为16 821.5次，均方差为4 248.7。

其中两年都上榜的期刊中排名上升期刊有：《销售与市场》《中国企业家》《商界》。

下降的期刊有：《商业时代》（由73位到19位）。2006年新上榜的期刊有：《卓越理财》《商业时代》《财经界》《理财周刊月末版》《财经》。

掉榜期刊有：《中国经济信息》《中外管理》《企业文化与管理》《科学投资》《管理科学文摘》《商务周刊》《企业经济》《现代企业》。

耐人寻味的是，2006年海外榜上没有财经管理。

财经管理是期刊类型，但是，我们以为它可以以偏概全，可以用来指代中国当下正在流行的"专业主义""专业人士"，亦即"专业分众"，如财经专业人士、媒体专业人士、法律专业人士等，亦即是所谓的知本精英，他们共同的阅读需求是"知本阅读"。专业分众需要积极地向上发展，所以他们的阅读都有着很强的针对性；他们有着很强的求知欲望，他们希望获得足够的发展空间。他们的阅读可以分为专业阅读、资本阅读、信息阅读。而为专业分众提供内容的类型期刊，是知本与资讯的提供者。

从新闻时政等期刊类型看"意见领袖分众"：影响有影响力的人。

对期刊双百排行榜甚至对龙源期刊网进行全景透视，会发现相当一批传统期刊（而且多是品牌大刊），它们所贴的期刊类型标签或是文摘期刊（如《新华文摘》），或是生活时事期刊（如《三联生活周刊》《新周刊》），或是新闻周刊（如《新闻周刊》），或是人文思想期刊（如《读书》），或是时政类期刊（如《瞭望东方周刊》《南风窗》）。

两年都上榜期刊中排名上升的期刊有（表9）：《瞭望东方周刊》。排名下降的有：《领导文萃》《南风窗》《中国新闻周刊》。新上榜的期刊有：《南方人物周刊》《新周刊》。掉榜的有：《世界知识》《三联生活周刊》《百年潮》《中国党政干部论坛》。

表9　2006 TOP100 国内新闻时政期刊类型

排名	刊名	刊号	出版频率	类别	浏览数
18	南风窗	1004－0641	半月刊	时政·新闻	30 991
24	中国新闻周刊	1009－8259	周刊	时政·新闻	24 615
39	瞭望东方周刊	1672－5883	周刊	时政·新闻	21 779
58	南方人物周刊	1672－8335	半月刊	时政·新闻	17 730
60	领导文萃	1005－720X	月刊	时政·新闻	17 583
66	新周刊	1007－7006	半月刊	时政·新闻	15 866

它们分属不同的期刊类型，因此，如果是从表层看，它们也应该有不同的类型期刊出版和经营的策略和思路。但是，事实上，他们有一种共同的内在因素：都是为"意见领袖阶层"服务，由他们创造，为他们传播，供他们阅读。

这类分众群体，有事业单位的领导、知本精英、人文知识分子或者是公众意见领袖等能够影响业界的发展方向，制定业界的游戏规则，是时代潮流的风向标。他们的言行对社会的发展有着一定的影响。他们的阅读有着很强的思辨性、前瞻性、深刻性以及权威性。在这个群体中我们要研究深度阅读这个概念。这些期刊提出的是一种观点或者是对现实形势的一种解读，或者是对未来发展的一种预测，通过这个阅读群体的阅读看能否得到他们的共鸣，并在各自的领域得到推行。

所以，我们应该界定"意见领袖阶层"用户群及其阅读需求，应该以此为导向，考察以需求供给资源，为意见领袖提供类型化的期刊产品和内容，只不过时政、人文、新闻、生活等某一方面有所侧重而已。

以上我们仅仅选择了几种期刊类型，来勾勒其所反映的受众即分众用户群及其阅读需求，试图描述一种可能性的期刊研判路径：亦即通过期刊双百排行榜上的期刊类型及其变化，描述其目标分众的阅读痕迹和阅读期刊，分析上榜期刊是如何把握分众阅读的需求，它们的目标定位是怎样的，它们是否达到了预期的目标。这些都可以通过分众人群在类型期刊（包括其内容、文章、刊期）点击和阅读的相关数据分析，可以得到有关的结论。这是值得我们进一步做的专业分析内容。

综上分析，以网民和网民需求为导向，龙源期刊网络传播打通了刊物之间的阅读壁垒与界限，以需求来组合资源，让同一类期刊横向结构成期刊类型，让不同类型的期刊在纵向建构成阅读场，整合契入同一分众人群多元化的需求轨迹中（如龙源期刊网以不同类别的期刊进行分众组合，以契合意见领袖的阅读需求）。无论同类，还是不同类的，在阅读当月的杂志中，我们都会发现一些此呼彼应的阅读潮流，这是不同期刊在同一时段对当下正在发生的变化和趋势的捕捉与反应。这些不同反应，聚焦到分众读者的眼球和视野中，就变成了决定期刊类型及其个刊变化"TOP位置"的重要动力：在互联网时代，读者从自己的需求和欲望出发，根据自己的阅读兴趣和爱好，自主地选择期刊、文章、内容，并因此形成内在于期刊类型之中的主流阅读取向、多元化和分众阅读趋势。在这个分众时代，传统期刊和龙源期刊网如何联袂应对期刊分众及多元化的阅读需求和主动进行分众出版、分众发行、分众传播等"分众时代的分众经营"？我们需要进一步地探讨。

四、"对比"中的差异化
——国内、海外榜单中的"走出去"密码

"让期刊走向世界，让世界阅读中国"，这既是当前国家文化战略的主流趋势，亦是龙源期刊网为传播中文期刊、为全球华人服务的商务战略。龙源期刊网一直面向国内、海外发行与传播所签约的中文期刊，同时在捆绑销售中已经将诸多刊群营销至海外许多公共图书馆和大学图书馆。因此，期刊双百排行榜是中文期刊"走出去"和"走出去战略"所面对的契机与挑战的折射与反应。因此，拿出单独的一节，来对期刊双百排行榜进行国内、海外"对比"解读，研判与分析其中所蕴含的国内、海外读者共同的阅读趋势和潮流及其明显的需求差异，对于期刊立足于本土、让文化普及世界、让世界阅读中国的文化战略思路，具有明显的借鉴与参考意义。

从整体上看，国内前一百位期刊浏览次数总计为 2 299 967 次，最高浏览次数为 84 412 次，最低浏览次数为 12 600 次，平均浏览次数为 22 999.67 次，均方差为 12 700.59。海外浏览次数前一百位期刊中，最多的浏览次数为 292 916 次，最少浏览次数为 669 次，平均浏览次数为 5 800.317 次，均方差为 29 217.3，比国内用户浏览次数的均方差大，说明海外用户浏览差异性较国内用户大。

龙源 2006 年国内、海外排行双在榜的期刊共有 59 种（表 10），其中有 24 种期刊在国内、海外排行榜上的排名基本相同（差额小于等于 10），35 种期刊的排名相差较大（差额大于 10）。24 种排名基本相同的期刊里，在排行榜上排名比较靠前的

是：《爱情婚姻家庭》《伴侣》《北京文学》《大众摄影》《大众医学》《当代》《妇女之友》《婚姻与家庭》《烹调知识》《故事林》《十月》《收获》《书摘》《昕薇》。从这里面可以分析出国内、海外读者共同的阅读趋势和潮流，这是期刊所要把握和深化的核心竞争力：能够满足共性需求，才能真正发挥本土优势，扎下"中国特色"的根。

在排行有较大差异的35种期刊中，在国内排行榜上位置高于海外的是（括号内的数字为差额）：搏击（42）、电脑爱好者（30）、海外文摘（21）、瞭望东方周刊（24）、南风窗（46）、新华文摘（47）、中国新闻周刊（51）、青年文摘（红版）（12）、青年文摘（绿版）（12）、新周刊（33）。海外排行榜上位置高于国内的是（括号内的数字为差额）：长江文艺（27）、大众电影（45）、东西南北（45）、芙蓉（66）、科学养生（34）、山花（68）、小说精选（62）、优雅（33）、中国针灸（70）、中老年保健（60）等。海外用户浏览期刊比较集中，排在前十位的期刊浏览次数百分比就占了总浏览数的47.265%，将近一半。其中，《北京文学》更是占到了浏览次数的10.467%，而位居第二的《当代》也占了9.193%。这里面反映的是国内、海外的阅读差异，从这里我们可以解读出国内、海外不同阅读取向，从而对期刊实行差异化战略提供相应的思考方向。

表10 2006国内、海外榜上都有名的期刊浏览次数及排名

序号	刊名	刊号	刊期	国内访问量	海外访问量	国内排名	海外排名
1	爱情婚姻家庭	1003-0883	月刊	23 284	2 680	31	27
2	伴侣	1003-4935	半月刊	22 655	2 053	37	36
3	北京文学	0257-0262	月刊	41 744	30 660	9	1
4	兵器知识	1000-4912	月刊	18 073	1 625	55	51
5	搏击	1004-5643	月刊	20 339	801	45	87
6	长江文艺	0528-838X	月刊	24 237	16 445	28	3
7	大众电影	0492-0929	半月刊	18 086	5 151	54	9
8	大众摄影	0494-4372	月刊	32 734	4 171	14	14
9	大众医学	1000-8470	月刊	27 343	3 270	21	18
10	当代	0257-0165	双月刊	70 477	26 929	2	2
11	电脑爱好者	1005-0043	半月刊	42 611	1 990	7	37
12	电影画刊	1007-1164	月刊	14 062	842	83	83

（续表）

序号	刊名	刊号	刊期	国内访问量	海外访问量	国内排名	海外排名
13	东西南北	1000-7296	月刊	15 200	2 716	70	25
14	读书	0257-0270	月刊	18 739	2 091	51	35
15	读书文摘	1671-7724	月刊	14 053	899	84	76
16	芙蓉	1004-3691	双月刊	12 716	2 377	99	30
17	妇女之友	1002-4005	月刊	22 735	2 162	36	34
18	故事林	1002-2554	半月刊	24 341	3 216	26	19
19	海事大观	1009-5586	月刊	19 712	1 639	47	50
20	海外文摘	1003-2177	月刊	17 458	872	61	82
21	婚姻与家庭	1003-2991	半月刊	31 463	4 973	16	10
22	军事文摘	1005-3921	月刊	20 508	1 692	44	46
23	科学养生	CN23-1414	月刊	12 600	1 123	100	66
24	瞭望东方周刊	1672-5883	周刊	21 779	1 182	39	63
25	南风窗	1004-0641	半月刊	30 991	1 160	18	64
26	女性天地	1003-0778	月刊	21 255	2 601	41	29
27	女子世界	1004-3411	月刊	14 496	1 714	78	45
28	烹调知识	1004-5783	月刊	33 264	2 957	13	23
29	青年文摘（红版）	1003-0565	月刊	57 470	3 927	4	16
30	青年文摘（绿版）	1003-0565B	月刊	52 100	3 325	5	17
31	轻兵器	1000-8810	半月刊	41 917	8 922	8	7
32	人民文学	0258-8218	月刊	30 386	11 590	20	6
33	人生与伴侣	1003-5001	旬刊	18 662	881	52	81
34	山花	0559-7218	月刊	13 515	3 121	89	21
35	十月	0257-5841	双月刊	39 299	14 686	10	4
36	时代影视	1003-0816	半月刊	23 263	1 477	32	55
37	收获	0583-1288	双月刊	61 894	11 689	3	5

(续表)

序号	刊名	刊号	刊期	国内访问量	海外访问量	国内排名	海外排名
38	书报文摘	CN12-0025	周刊	19 646	1 198	48	62
39	书摘	1005-2968	月刊	19 623	1 255	49	61
40	为了孩子	1000-4319	半月刊	23 075	1 819	33	40
41	现代妇女	1007-4244	月刊	15 627	1 829	67	39
42	现代家庭	1000-4300	半月刊	24 076	4 196	29	13
43	小品文选刊	1672-5832	半月刊	15 254	1 730	69	44
44	小说精选	1008-5203	月刊	12 932	2 242	95	32
45	昕薇	5064-2631	月刊	25 358	3 943	23	15
46	新华文摘	1001-6651	半月刊	84 412	1 658	1	48
47	新周刊	1007-7006	半月刊	15 866	688	66	99
48	幸福	1003-4196	半月刊	30 679	4 303	19	12
50	医学美学美容	1004-4949	月刊	16 171	1 569	65	54
51	优雅	1672-1276	月刊	14 182	1 651	82	49
52	章回小说	1002-7548	月刊	32 041	3 119	15	22
53	中国国家地理	0257-019X	月刊	33 945	2 603	12	28
54	中国新闻周刊	1009-8259	周刊	24 615	899	24	75
55	中国针灸	0255-2930	月刊	13 088	2 852	94	24
56	中国作家	1003-1006	月刊	27 333	4 968	22	11
57	中华传奇	1003-9619	月刊	22 850	3 137	35	20
58	中老年保健	1002-7157	月刊	13 742	2 681	86	26
59	啄木鸟	1002-655X	月刊	34 614	7 401	11	8

虽然由于客观原因，国内、海外设置期刊类型时，分类的名称有异，但不妨碍我们对比研判期刊类型及其阅读走向。对比的数据显示，国内、海外的读者选择期刊的类型时，文摘·文萃、文学·文论、健康·体育、女性·家庭等四种类型基本持平，文学·文论类都是阅读的主体。国内排行榜上前两位的期刊类型及其居首位的期刊分别是文摘·文萃中的《新华文摘》和文学·文论中的《当代》。

海外排行榜上前两位的期刊类型及其居首位的期刊分别是文学·文论中的《北京文学》和女性·家庭中的《婚姻和家庭》。国内排行榜上，管理·财经类的刊物也占有相当的比例，与此同时海外排行榜上却是少有此类期刊的身影，相反医药·医学、历史·宗教类的杂志拥有一定数量的读者。海外排行榜排在前十名的，现代文学类占了七位之多，前六位全属于现代文学类。可见海外用户对现代文学类期刊的关注度高而且集中。截取相对微观的差异点，比如比较国内、海外两个榜单的 TOP5（表16），可以明显看出：国内榜单上文摘·文萃与文学·文论类别期刊的比例是 3：2，而海外榜单的 TOP5 全部属于文学·文论类。这些差异说明国内、海外读者在阅读习惯、心理和层次上有着很大的区别，这自然与社会的发展水平和民众的价值取向有关。

表11　2006 TOP100（国内、海外）TOP5 期刊比较

排名	刊名（国内）	刊名（海外）
1	新华文摘	北京文学
2	当代	当代
3	收获	收获
4	青年文摘（红版）	十月
5	青年文摘（绿版）	收获

总体来说，文学、女性、家庭以及健康等方面的期刊比较受海外用户关注，国内用户对电脑、财经以及管理等内容关注度较高，而国内用户对文化、时事政治、教育教学期刊比较关注。比较粗略地说，国内读者比较注重知识和实用，而海外读者则偏重于文学和修养以及养生保健。这与国内、海外读者的阅读心理以及整个社会的心理密切相关。但这时相当简单的对比和描述，要想通过双百解读国内、海外读者真正差异化的阅读取向和需求，从而思考应对策略，还需要我们进一步艰苦的努力。

五、如何迈进 TOP100
——排行榜启示：互联网时代的期刊蓝海战略

如果说期刊双百排行榜宣告了"网民心目中的好刊物"的诞生，是"网民心目中的品牌期刊"客观而公正的结果与反映，体现了一种以网民和网民需求为导向，在网络阅读（网络传播）中重新塑造传统期刊品牌和品牌期刊的新趋势，那么，双百排行榜向传统期刊展示并提出了一个趋势性的问题：在互联网时代如何重塑（或创建）、传播和经营传统期刊的品牌？

期刊双百排行榜向刊社提出了一个问题：如何成为网民心目中的好刊物？你的期刊如何迈进TOP100？

所以，与其说期刊双百排行榜给了我们一个结果，不如说它向我们预示了一个开始：从此开始，传统期刊与网络对接建构竞争战略，利用网络重建竞争优势。一方面，利用互联网的技术和力量，推进传统期刊的网络发行、网络传播、网络出版、版权管理以及互联网经营，提升传统期刊在互联网时代的品牌重塑、竞争优势和竞争战略；另一方面，利用期刊网络传播的数据分析，解读、掌握和利用读刊用户及其阅读需求的内在变化（即我们所谓"互联网时代的期刊达·芬奇密码"），调整、优化和革新传统期刊的策划（编辑）、发行和经营，建构传统期刊在新媒体经济中的核心竞争力和市场占有率。这就是"互联网革命中的期刊蓝海战略"。

在这条路上，龙源期刊网将继续以科学化、专业化、前沿性的网络传播数据分析报告，尝试从不同的角度和层面向业界展示期刊与网络对接的意义和价值，探讨互联网时代的期刊运营方向和产业整体战略。更重要的是，为刊社服务，为网民服务，继续建立二八和长尾的最佳契合平台，建构起让领军期刊和长尾期刊都能够公平、公正、公开地通向网民的路径，实现"One－To－One"的对接，成为互联网时代"网民心目中的好期刊"，傲姿未来的期刊时代！

携手龙源，今日的草根或许就是明日的期刊英雄！传统的大刊名刊依然是未来的业界领袖！

（执笔作者崔尚书，自由撰稿人）

第三部分

2005—2014龙源期刊 TOP100排行年度系列 数据分析报告

【2014】

城市阅读排行对推进全民阅读的意义

龙源期刊网络传播研究中心

2015年1月16日，国家新闻出版广电总局中国新闻出版研究院联合龙源数字传媒集团，在龙源期刊网2014城市阅读数据的基础上，联合推出了2014 TOP100城市阅读排行。

一、TOP100城市阅读排行发布的背景

自党的十八大报告明确提出"开展全民阅读活动"以来，各级政府都在致力于各种形式的全民阅读活动。根据联合国科教文组织的数据，我国国民阅读率一直落后于发达国家。国民阅读调查数据显示，我国18—70的国民人均阅读图书量2008年是4.75本，2009年是3.88本，2010年是4.25本，2011年是4.35本。相比而言，2011年韩国人11本、法国人20本、日本人40本、犹太人64本。犹太人的人口数量是世界人口的2‰，而获得诺贝尔奖的数量却占全世界的29%。

据报道，我国未成年人阅读状况不容乐观，亟待改善；国民阅读公共资源和设施不足、不均衡；阅读内容良莠不齐，需要积极引导和扶持；全民阅读工作缺乏统一规划、组织保障和经费支持。为此，全民阅读立法已经写进国家立法工作计划，国家将从立法的角度把全民阅读作为一项硬性工作来开展。通过阅读强化文化认同、凝聚国家民心、振奋民族精神、提高公民素质、淳化社会风气、建构社会主义核心价值观，增强我国文化软实力。

在这种背景下，基于龙源优质内容资源基础上的首次全国城市阅读排行，无疑为推动城市间的阅读活动、激励每个城市力争上游，起到积极的推动和鼓励作用。

二、龙源期刊TOP100城市阅读排行的生成方式

TOP100城市阅读排行是基于各城市IP地址，根据全国各城市阅读龙源期刊的

汇总数量进行的一个排行。互联网时代，大数据挖掘和梳理可以将网络阅读得到非常到位的统计，包括阅读的时间、地点、阅读的什么内容，阅读的时长等。依据这些数据，政府可以对辖区内的文化设施进行相应的改进，或加大阅读推广的经费投入，以方便居民更方便、快捷地获取优质的阅读内容。

表1 2014龙源期刊TOP100城市阅读排行

排行	城市名称	所属省份	阅读量	排行	城市名称	所属省份	阅读量
1	北京市	直辖市	33 659 235	27	保定市	河北省	2 711 682
2	上海市	直辖市	16 612 884	28	大连市	辽宁省	2 647 377
3	深圳市	广东省	16 592 913	29	南昌市	江西省	2 616 174
4	武汉市	湖北省	12 391 047	30	无锡市	江苏省	2 555 991
5	广州市	广东省	9 996 543	31	太原市	山西省	2 548 296
6	重庆市	直辖市	9 345 483	32	佛山市	广东省	2 378 808
7	郑州市	河南省	7 364 826	33	温州市	浙江省	2 346 534
8	南京市	江苏省	7 230 564	34	兰州市	甘肃省	2 292 678
9	天津市	直辖市	7 077 402	35	常州市	江苏省	2 248 128
10	杭州市	浙江省	6 621 336	36	贵阳市	贵州省	2 221 371
11	成都市	四川省	6 584 094	37	厦门市	福建省	2 217 609
12	西安市	陕西省	6 485 886	38	东莞市	广东省	2 114 667
13	长沙市	湖南省	5 237 568	39	泉州市	福建省	2 021 013
14	苏州市	江苏省	5 105 547	40	唐山市	河北省	2 008 512
15	石家庄市	河北省	4 449 429	41	潍坊市	山东省	2 008 089
16	济南市	山东省	4 424 283	42	烟台市	山东省	2 002 689
17	福州市	福建省	3 919 851	43	徐州市	江苏省	1 808 667
18	昆明市	云南省	3 580 092	44	南通市	江苏省	1 618 353
19	哈尔滨市	黑龙江省	3 315 141	45	绍兴市	浙江省	1 601 532
20	青岛市	山东省	3 278 619	46	金华市	浙江省	1 598 877
21	南宁市	广西壮族自治区	3 205 278	47	台州市	浙江省	1 587 636
22	合肥市	安徽省	3 154 257	48	临沂市	山东省	1 569 735
23	沈阳市	辽宁省	3 068 316	49	乌鲁木齐市	新疆	1 566 171
24	嘉兴市	浙江省	2 980 791	50	盐城市	江苏省	1 520 604
25	长春市	吉林省	2 978 901	51	廊坊市	天津市	1 334 997
26	宁波市	浙江省	2 716 047	52	呼和浩特市	内蒙古	1 331 028

(续表)

排行	城市名称	所属省份	阅读量	排行	城市名称	所属省份	阅读量
53	洛阳市	河南省	1 327 860	77	东营市	山东省	954 576
54	扬州市	江苏省	1 277 226	78	襄樊市	湖北省	939 186
55	邯郸市	河北省	1 254 357	79	吉林市	吉林省	930 735
56	淄博市	山东省	1 241 343	80	宜昌市	湖北省	927 684
57	桂林市	广西壮族自治区	1 158 939	81	滨州市	山东省	923 850
58	泰州市	江苏省	1 133 577	82	南阳市	河南省	893 124
59	邢台市	河北省	1 128 951	83	汕头市	广东省	890 199
60	新乡市	河南省	1 119 861	84	淮安市	江苏省	878 400
61	连云港市	江苏省	1 097 415	85	承德市	河北省	872 928
62	秦皇岛市	河北省	1 093 599	86	平顶山市	河南省	857 934
63	衡水市	河北省	1 079 280	87	江门市	广东省	850 716
64	济宁市	山东省	1 075 680	88	张家口市	河北省	838 881
65	海口市	海南省	1 053 081	89	柳州市	广西壮族自治区	820 152
66	中山市	广东省	1 044 459	90	聊城市	山东省	818 334
67	沧州市	河北省	1 025 955	91	大庆市	黑龙江省	816 408
68	银川市	宁夏回族自治区	1 022 409	92	湛江市	广东省	788 778
69	惠州市	广东省	1 014 327	93	丽水市	浙江省	782 937
70	赣州市	江西省	1 009 224	94	包头市	内蒙古	773 694
71	泰安市	山东省	982 836	95	衡阳市	湖南省	759 186
72	晋中市	山西省	972 459	96	湖州市	浙江省	756 405
73	珠海市	广东省	967 500	97	安阳市	河南省	745 425
74	商丘市	河南省	966 204	98	威海市	山东省	724 014
75	遵义市	贵州省	963 495	99	三门峡市	河南省	695 457
76	镇江市	江苏省	962 802	100	赤峰市	内蒙古	695 385

三、城市阅读排行位次，与区域的社会经济竞争力保持正相关

根据2014年龙源首次推出的城市阅读排行显示，用户主要集中在北京、广东、江苏、山东等地，而香港、西藏、青海等地用户的浏览次数颇低。2014排名第1的北京市浏览次数是第2名深圳市的2.6倍。

城市阅读排行与区域经济发展水平、区域内人口情况保持正相关。经济发展良好，且人口较多的竞争力强的城市，阅读就比较普及。在2014年中国社会科学院发布的《中国省域竞争力蓝皮书》中，研究人员根据中国省域经济综合竞争力评价指标体系和数学模型，在对"十二五"中期（即2011—2012）中国内地31个省、市、区（不含港澳台地区）统计分析基础上得出了全国省域经济综合竞争力排名。自江苏省（排名第1）到四川省（排名第10）的省、市、自治区属于省域竞争力的上游区；中游区包括从河南（排名11）到黑龙江（排名20）的省份；自江西（排第21）到西藏（排第31）的省份处于省域竞争力的下游区。笔者根据2014年龙源期刊的省份阅读排行，并结合2014年中国社会科学院发布的《中国省域竞争力蓝皮书》，制出了下表：

表2 2014年龙源期刊TOP用户分布省份排行与省域竞争力区域对比情况

排名	2014	区域	省域竞争力
1	北京	竞争力上游区	江苏
2	广东		广东
3	浙江		北京市
4	河北		上海市
5	湖北		浙江
6	江苏		山东
7	天津市		天津
8	河南		辽宁
9	上海市		福建
10	山东		四川
11	内蒙古	竞争力中游区	河南
12	安徽		湖北
13	湖南		安徽
14	福建		湖南
15	山西		吉林
16	四川		河北
17	江西		内蒙古
18	陕西		重庆
19	辽宁		陕西
20	重庆市		黑龙江

(续表)

排名	2014	区域	省域竞争力
21	广西	竞争力下游区	江西
22	吉林		海南
23	黑龙江		山西
24	云南		新疆
25	贵州		广西
26	新疆		贵州
27	甘肃		宁夏
28	香港		青海
29	台湾		云南
30	海南		甘肃
31	宁夏		西藏
32	澳门		注：省域竞争力不含港澳台
33	青海		
34	西藏		

可以看出，龙源期刊用户区域分布同省域竞争力保持正相关。如2014年龙源用户分布排行前十省市中就有七省市位于竞争力上游区，对应度达70%。排名靠前的北京市、江苏省位于省域竞争力的上游区。

而综合竞争力处于下游区的省、市、自治区的用户浏览排行普遍靠后，如西藏。可见龙源期刊在各城市被阅读的情况与该区域经济发展、网络条件有着密切联系。用户是否具备接触到龙源期刊网等数字内容、并形成媒介使用习惯，这都同用户所在地的经济水平、文化氛围以及网络技术条件有关。

四、"阅读环境"因素与"城市阅读指数"具有显著的正相关

一个国家的创造力与其人民的阅读密切相关，一个民族的文明程度和综合素质也和阅读密切相关。改革开放的30年中国创造了GDP增长的奇迹，成为全球第二大经济体。但我们必须看到，如果我们一心追求物质财富增长却忽略了精神财富的增长，其后果是十分可怕的。

因此，中国要想成为创新大国、文明大国，也必须成为学习大国、阅读大国。毋庸讳言，除了中国整体文化发展比较落后、国民素质发展不平衡之外，过去几十年一切"向钱看"、快速致富的物质环境进一步降低了全体国民追求知识、提升创

新能力的氛围。要彻底扭转这种情况必须要从国家的高度制定政策和措施。比如，把全民阅读的指标也当成 GDP 指标一样重视。不但要把全民阅读作为一句口号、一个号召，而且要当作各级政府的硬任务，当作必须达到的指标。只有这样，全民阅读才会象 GDP 不断增长，成为中国全民素质提升、创造力提升的重要基础。

GDP（Gross Domestic Product）是国民经济核算的核心指标，也是衡量一个国家或地区经济状况和发展。同样，全民阅读指数（Gross Domestic Reading）也应当成为一个省、市或区域在一定时期内的实际阅读的综合指标，反映一个城市、一个地区、乃至一个省份对于阅读环境、阅读质量、阅读花费、阅读时间等综合情况，得出反映居民阅读综合情况的数值。各级政府和领导要对全民阅读指数的指标当作 GDP 指标一样来完成。只有 GDP 没有 GDR 等于工作没有达标。全民阅读指数的检测和评定要设立中央级的统一标准。由专业的委员会和科学的统计方式，特别是要利用数字化技术和大数据技术进行进行检测统计。

从目前的社会环境和特点来看，GDR 的统计可以从三个方面来计算。第一，传统书、报、刊的销售量。主要通过传统的书店、报刊亭来统计；第二，图书馆、阅览室等公共文化服务体系的借阅量；第三，互联网、特别是个人移动终端的阅读统计量。此外，还可以把阅读环境（比如图书馆、书店、报刊亭、Wi-Fi 覆盖等）的建设作为考察参数。这些销售渠道的终端必须同国家的计算系统相连。对具体的阅读产品进行精确的计算。

自 2009 年开始，国内已经有了一个很有影响力的阅读调查：全国国民阅读调查报告。这项由中国新闻出版研究院执行的课题，每每耗时半年有余，调查读者接近两万人，对阅读率、人均纸质图书阅读量、媒介接触时间、国民平均能承受的出版物价格等进行了调查。但这些指标还需要进一步完善和细化，特别是面对数字化、移动互联网的新环境，数据还远远不够完整。

"阅读环境"因素与"城市阅读指数"之间具有显著的正相关，意味着随着政府加大公众阅读的政策支持力度、加大对于阅读活动的投入力度或者改善公共图书馆环境等举措将会有助于提升本地居民的阅读情况，进而促进社会整体阅读氛围的形成。

但是，这样的模式和方法还不够，还没有体现出目前阅读环境的根本性改变，也还没有形成由政府作为责任主体的阅读指数考核机制。

五、城市推动全民阅读，数字阅读是捷径

推动全民阅读，阅读成本是一个重要的问题。传统阅读因为印刷、物流、仓储

以及卖场展示等众多环节，使得出版物的成本增加，而数字阅读因其减少了这些环节而大大降低了成本，同样的成本可以购买到更多的内容。

数字内容存储在云端，通过云服务的方式实现内容的传输。用户可以随时获取自己所需要的内容阅读，无需花费大量的时间去书店或者图书馆按照门类筛选查找，分分钟实现海量信息即时筛选获取。

数字内容可以在手机、平板等智能终端上呈现，用户不管是在上下班的路上，还是外出旅游的途中，不管是在国内，还是在海外，都方便携带在身上，数字内容也随之带在身边，轻松出行。可以满足忙碌的现代人抓住碎片化的时间进行阅读。等待的时间、行路的时间、用餐的时间、睡前的时间等等，几分钟甚至是几秒钟的时间都能够用来摄取知识。这些碎片化的时间利用起来，既把时间的利用价值最大化，又把需要阅读的内容掌握了。这也是当下数字阅读大受欢迎的原因之一。

可以说，推广城市全民阅读，数字阅读是首选的捷径，既方便读者，又不造成环境的污染和资源浪费，是绿色阅读。

六、"全民阅读"阅读导向非常重要

要倡导正能量的知识阅读，比如文化、思想、科学艺术、历史、思想的人文阅读；生活、健康、时尚、技能等的兴趣阅读，要抵制那些毒害心灵的淫秽、犯罪的有害读物。必要时应当建立阅读内容的指导分级制度。哪些适合未成年人，需要从销售、借阅等方面予以指导。因此，国家应当从细发布图书、期刊、报纸以及其他阅读品种的指导清单和等级。从出版的源头上做好价值和质量导向。

政府、研究机构联合文化机构和单位，建立全民阅读指数的标准和评价体系。让全民阅读沿着健康快速的道路前进。

期刊产业数字化传播十年特征解析

——基于龙源期刊TOP100十年数据的分析

祝兴平

2005年前后，我国开始提出"数字出版产业"的概念。2005年11月，龙源期刊网开始推出年度"龙源期刊网络传播TOP100排行"，至今已延续十年。此间十年，正是我国期刊产业从传统产业形态向数字化产业形态发生变革和转型的十年。十年间，我国数字出版产业发展迅速，年产值规模增至2 500亿元（据中国新闻出版研究院《2013—2014中国数字出版产业年度报告》。2013年为2 540.35亿元，比2012年增长31.25%，是整个新闻出版行业年增长率9.7%的3倍）。但是，这种增长主要是由网络广告、网络游戏和数字音乐等非文字内容，而非图书报刊等文字内容为主的数字化传播所带来的，用中国新闻出版研究院魏玉山院长的话来说，这是一种"低层次、低质量的增长"，我国的数字出版产业尚处于较低水平的培育期，根据美、日等国经验，真正对文化素质的提升、价值观的培养，甚至对文明的传承，影响最深的还是文字。新闻出版广电总局副局长孙寿山在"2014中国数字出版年会"上的讲话也认为，这种"低层次繁荣"的背后，存在着赢利模式不清晰、缺乏有影响力的数字出版平台、缺少优质内容等诸多问题。

期刊，是典型的文字类内容产品，是能够有效提高数字化出版整体质量的媒体类型，龙源期刊网是目前国内最有影响的数字化出版平台之一，主要以综合性的人文大众类期刊作为主要传播和运营对象。分析龙源过去十年用大数据技术挖掘和收集的，客观、准确的期刊产业数字化传播TOP100全样本数据，可以总结我国期刊产业数字化传播十年来的基本特点，探索期刊产业数字化转型的基本趋势和内在规律，提高数字出版的整体质量。

一、"数据即价值"：市场调研与评估趋于科学化

我国期刊产业的数字化出版，始于1996年。是年，作为重点支持的国家项目，清华大学和清华同方集团率先打造的首家学术类期刊数字化传播平台"中国期刊网"（中国知网，CNKI，最初以光盘形式离线传播）正式运营。紧接着，龙源集团

于1998年推出"龙源期刊网",开始大众化期刊的数字化出版。前者侧重小众化、专业性较强的学术文献的数字化出版,服务对象主要为高校、科研院所等机构用户;后者则面向国内、海外个人和公共图书馆等机构用户进行大众化期刊的数字出版和增值服务。相对而言,龙源更加面向社会和大众,内容也相对丰富、可读,服务对象除了机构用户,也包括了越来越多样化的个人用户,特别是随着智能手机的普及和移动互联时代的到来,这一特点体现得更加突出。因此,龙源十年来发布的期刊产业数字化传播TOP100调查数据,更加贴近期刊产业数字化传播的市场实际,通过龙源的调查数据可以较好地反映期刊产业数字化传播的一些基本特点和发展脉络。

2005年,龙源基于当时在线的近1 600种(现在是4 200余种)中文期刊的年度网络传播数据,首度发布了"中文期刊网络阅读亚洲排行TOP100""中文期刊网络阅读欧美排行TOP100"(后统一为国内、海外排行)等榜单,并为每家在线的合作期刊提供了个性化的网络传播综合数据分析报告(这些数据蕴藏着价值和商机),由此开启了信息时代期刊产业市场调研的新方式。2006年,在发布2006"期刊国内、海外TOP100排行"的同时,又推出"国内、海外TOP100文章""各类中文期刊网络传播TOP10"。2008年,在TOP期刊、TOP类别、TOP文章等发布项的基础上,又增加了所有在线期刊TOP栏目的排行。具体方法是,根据国内、海外服务器记录的相关数据,运用大数据挖掘技术,通过对全样本数据的全面梳理,将读者网络阅读的文章归结到各个栏目,结果发现好文章能打造好栏目,好栏目可成就好期刊。也就是说,通过阅读率高的好文章,可追寻好栏目,经由好栏目,能研判好期刊,这就推动期刊产业数字化传播效果评估和内容质量评判,朝着定量化、科学化、可靠性的方向迈进了一大步。2010年,龙源在发布基于3 000种在线期刊数据各项TOP排行的同时,首次公开了支撑各项排行的具体的浏览量和付费阅读发行量的数据,进一步增强了龙源TOP100排行的客观性和可靠性。这些量化的数据具有很强的市场意义和商业价值:期刊在网络上的数字化阅读量(网络发行量)的大小,实际代表了期刊受欢迎程度的高低;以"付费"为基础的龙源商业模式,可以量化评估各期刊媒体的市场适应性、传播效果和品牌价值。

在传统业态环境下,对期刊内容质量和传播效果的量化分析,只能通过售卖量(发行量、订阅量、零售量)的计量来间接推断,或运用样本分析法对受众进行传播效果调查。而在数字化传播业态下,受众的媒介使用行为会被服务器作为使用痕迹留存和记录下来,运用大数据技术可以挖掘和收集到这些全样本数据,并且迅速、及时、准确、全面,这对期刊产业生产和传播的质量评估、绩效考核,期刊产业的受众调查和市场分析,公共图书馆等机构用户评估所购期刊数字化资源的使用效益等,带来了前所未有的革命性的变革。通过期刊用户媒体使用数据的跟踪、挖掘,准确了解受众的市场需求和期刊阅读的基本走势,通过这些数据的分析,科学有效地研判和评价不同期刊的内在质量、传播效果、运营绩效,这是有别于传统业态的一个突出的特点和优势。

二、"规模出效益":整合传播与规模营销前景广阔

据中国互联网信息中心 CNNIC 调查的数据,截至 2014 年 6 月,我国网民达 6.32 亿,手机网民达 5.27 亿,较 2013 年底增加 2 699 万人,网民中使用手机上网的占比 83.4%,比 2013 年底上升了 2.4 个百分点,手机成为第一大上网终端。与此同时,2014 年上半年中国网民人均周上网时长 25.9 小时,比 2013 年下半年增加 0.9 小时。互联网发展的重心,开始从"广泛"转向"深入",对人类生产生活各方面的影响将越来越广泛和深刻。对于期刊产业而言,这就意味着,广阔的网络空间和庞大的移动阅读市场,使得期刊运营的业态环境发生了前所未有的革命性变化,期刊的信息载体、传播介质和营销渠道已经日益丰富和多元(从数字内容网络支付阅读平台,向手机、手持阅读器、iPad 平板电脑阅读器平台拓展),它改变了原有单一的线下物理性质的发行和营销模式,为内容产品提供了更加便捷的发散性的多元化传播渠道,期刊产品的整合营销传播前景将越来越广阔。

由于聚合众多期刊种类的网络综合阅读平台,具有内容的集成性、阅读的便捷性、服务的多样性等特点,它仍将是期刊数字化出版的基础、主要传播和营销渠道,其规模优势远远甚于某一期刊单独所作的网络出版等数字化的努力,以龙源期刊网为代表的网络综合阅读平台在期刊数字化出版和规模化营销中的作用日益突出。以龙源期刊网的数据为例:2005 年,龙源国内阅读 TOP100 期刊的总访问量为 241 余万次,海外阅读 TOP100 期刊的总访问量为 14 余万次;2009 年,国内阅读 TOP100 期刊的总访问量为 1 600 万次,海外阅读 TOP100 期刊的总访问量为 140 余万次;2014 年,国内阅读 TOP100 期刊的总访问量为 2 350 余万次,海外阅读 TOP100 期刊的总访问量为 301 余万次。从 2005 到 2009 再到 2014,十年间期刊的网络阅读总量在逐步上升:国内、海外阅读 TOP100 期刊两个市场十年间各自的访问量均增长了 10 倍左右;两个市场十年间总的访问量则增长了 10.4 倍!这说明,期刊网络阅读平台成为越来越重要的传播渠道,无论国内还是海外读者,对一些品牌期刊和优质内容都表现出持久的"黏性"关注。2014 年 TOP100 个人用户中,排名前三,邮箱分别为 lcvc@163.com、xust@163.com 和 njlib@njlib.vip.qikan.com 的用户,其年度阅读量分别为 708,874 次、440,405 次、221,289 次,数量相当可观。

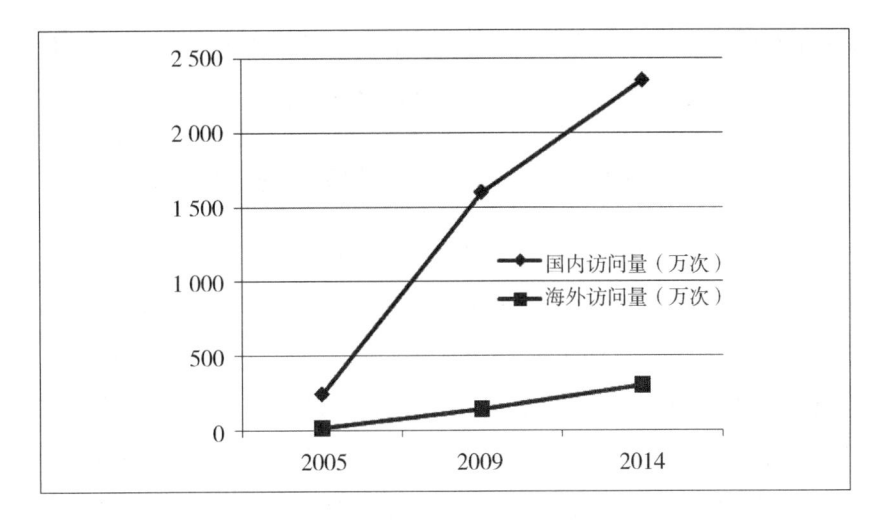

图1 国内、海外十年间访问量增长走势

作为期刊数字化传播的中介与桥梁，在网络化综合阅读平台上，由于网络的开放性、平等性和兼容性，所有的在线期刊都有平等的展示、传播和竞争的机会，成批的期刊聚合在一起又能形成期刊集群独特的规模优势（实践证明，即使是大刊名刊，单一期刊的数字化很难实现赢利），以规模营销的方式赢得国内、海外用户，形成可持续的赢利模式。与此同时，它还打破了传统期刊产业在销售和营销渠道上的差别，克服了时空对于期刊销售的限制，在给各期刊提供高效、便捷营销渠道的同时，也给读者提供了全面、深入、灵活的阅读选择。比如，由于大型时尚消费类期刊的强力竞争，国内期刊在很多零售终端的渠道推广费用居高不下，迫使许多中小期刊被迫退出或无法进入报亭、地铁、机场、超市等终端发行渠道，而在网络化期刊传播平台上，则完全消弭了这种所谓的发行推广壁垒；与此同时，网络传播平台的综合化、集成化、整合性营销对于公共图书馆、高校等机构用户的服务，相对于传统期刊，其优势也不可同日而语。此外，以龙源为代表的网络阅读平台，还锻造和延伸了期刊产业数字化传播的产业链和价值链，它为期刊社、渠道商、技术提供商、增值服务运营商等打造了一个多方合作、协作共赢的公共平台。

而且，这种集成化的数字化阅读平台，可有效降低期刊产业网络传播的营销成本。尽管国内期刊市场仍有发行潜力可挖，但需要投入的精力和成本会越来越大，销出一本期刊的ROI（投入产出比）将会越来越低。与传统纸质原刊发行量持续滑坡和收缩相对的，是十年来在线期刊数字发行量以10倍左右的速度在快速增长。这其中，一个重要的原因是，期刊的数字化传播和规模化营销大大摊平了期刊营销和传播的成本。一般而言，传统期刊在发行量增加时，印刷、物流等各种成本就会相应增加，呈现边际效应递减之势。相反，数字化平台网络发行的成本却非常低廉，发行 10 份和发行 10 万份，除了增加流量带宽和客服，其成本几乎没有任何变化，因此其发行的效益就会大幅提高。可见，渠道就是价值，规模就是效益。

三、"产业转型"：技术进步驱动产业结构变革

数字技术的引入，传播科技的突飞猛进，极大地改变了传媒产业的结构形态，导致了传媒产业的业态环境出现了前所未有的变革，经历了巨大的历史变迁。回顾数字出版产业在国内发展的十年，可以由两个维度总结其发展轨迹。第一个维度，是传播介质及与网络的结合程度。由此，可将数字出版的发展分为三个阶段：第一阶段是初级数字出版产品阶段，大约在 2004 年之前，主要是以光盘或软磁盘方式存在的离线产品，比如清华同方生产的学术期刊离线光盘；第二阶段是 2004 年前后，与互联网紧密结合，数字出版生成了网络化的产品，主要是以 PC 端在线阅读为主的产品，比如中国期刊网（知网）和龙源期刊网提供的网络期刊在线服务。第三阶段，则是近年来兴起的依托于移动互联网的移动阅读产品，比如龙源和三大运营商（中移动、中联通、中电信）、APP 应用商店开发的移动阅读产品及龙源手机网上的期刊产品等。

第二个维度是以交互性来界定。其中，第一阶段的产品是离线产品（如光盘），不具备交互性，是传统内容的简单数字化；第二代依托于互联网的产品，则具备了交互功能；第三代，数字出版业开始定义为社会化的阅读产品，特别是移动互联网和智能手机的崛起和普及，使得此时的产品形态交互性更强，而且已经涵括了所有的表现形式，文字、图片、音视频等。

在这两个维度中，一以贯之的，是数字技术的进步，是传播科技对于期刊出版产业结构形态和业态环境的变革与重构。作为国内最具影响力的期刊数字化出版平台之一，龙源期刊网十余年来数字化发展的轨迹和十年 TOP100 排行数据的变化，正好反映和体现了我国期刊产业数字化发展和产业转型的历史脉络。

比如，在期刊网络传播阶段，龙源 2005—2010 年的 TOP100 排行，主要是围绕期刊的"网络传播"来展开，留意的是在线期刊的"数字发行量"。而在移动互联网、智能手机和期刊移动阅读逐步普及的背景下，龙源 2011 年发布的 TOP100 排行，在梳理不同用户领域国内、海外个人付费阅读排行的同时，还推出了手机阅读 TOP10、iPad 阅读 TOP10。2012 年还特别增加了与三大运营商合作的龙源期刊移动阅读 TOP100 期刊、APP 应用商店龙源期刊 TOP100、龙源网（2013 年底获第三届中国政府出版奖）移动阅读 TOP100 期刊等三个新设项目数据的发布。

随着出版数字化转型的推进、期刊数字化阅读的推广，一批网络品牌期刊脱颖而出，具有了较强的数字阅读影响力，因此 2013 年的排行变成了"数字化阅读影响

力期刊 TOP100 排行"。在数字化阅读业已成为国民重要文化消费方式和学习生活方式的今天，期刊媒体的数字化阅读已成为公共文化服务体系建设一种重要的资源板块，这些资源在公共文化服务系统的传播效果和使用绩效究竟如何，成为龙源关注的重点。因此，2013 年龙源按照公共图书馆、高等院校、基础教育、党政机构、企事业单位、农家书屋等公共文化服务系统各机构用户和市场板块，细分发布数字化阅读 TOP100 排行。通过分析不同消费领域受众群体数字化阅读的特点和变化，把握大众阅读的演变态势，这对期刊产业的内容生产、品牌构建，数字化期刊机构用户总结评估所购数字化资源的使用效果、推动和改进受众服务，以及国家公共数字文化服务体系的建设和优化，具有重要的意义与价值。

2013 年年底，中国智能手机用户超过 6 亿，手机移动阅读成为未来期刊数字化发展的主力。因此，2014 年的发布，顺应国家对全民阅读的重视和推广，关注重点在社会化移动阅读环境下的"全民阅读"，在重点发布 2014 全民阅读综合方阵 TOP100 排行的同时，还推出了"城市阅读排行"和以手机为代表的移动阅读方阵 TOP100 排行等。

不同年度排行角度和数据的变化与调整，正好体现出传播科技在期刊产业数字化转型过程中的推进和驱动作用。由此，可以提炼出期刊产业数字化发展十年的一个基本的逻辑，那就是，数字技术进步带来产业形态和结构转型，期刊产业变革导致 TOP100 排行的结构调整。

四、"品牌至上"：品牌刊群传播效应突出

期刊的数字化传播使得所有的期刊，无论是家喻户晓的大刊名刊，还是专业性强、受众范围相对较窄的小众化期刊，都有了一个公平竞争的渠道和舞台。通过平等、开放的数字化传播平台，各类刊物都实现了宝贵的品牌推广与价值增值。龙源连续十年的期刊数字化传播 TOP100 排行数据，反复证明的一个基本事实是：期刊的数字化传播不会影响和冲击纸质原刊的发行，二者是"水涨船高"的连带和互动的关系。受欢迎的品牌纸质原刊，到了网上仍然是人们追捧的对象。调查发现，传统的线下发行大户，几乎一无例外地都是数字发行量排名靠前的佼佼者，二者之间存在着高度的重合率和一致性。其中，一个典型的案例是《故事会》。发行大户《故事会》直至 2009 年才加盟龙源期刊网，但上网的当年便一跃进入 TOP100 的第 37 位，访问量达到 16 余万次。入网 6 年，在国内 TOP100 排行中年年上榜，是"六连冠"，在海外 TOP100 排行中是"五连冠"。

考察 2005—2014 龙源期刊数字化阅读 TOP100 排行"十连冠""九连冠"期刊，很容易发现这样一个基本的事实，品牌就是品牌，名刊就是名刊。品牌期刊，大刊

名刊，经过数字化、网络化传播后，其品牌效应、传播效果得到进一步凸显和放大。一些线下的"小刊""专业化期刊"，由于内容有特色，"小众化"内容得到"大众化"传播，数字化营销仍然取得了不俗的业绩。这说明，纸质原刊发行与期刊数字化发行之间，是一种良性发展的互动和互补关系。

在网络和各种新媒体迅速普及、既深且广地影响人类生活的今天，期刊的网络化传播、数字化营销，扩大了期刊品牌的影响力，付费阅读拓展了发行渠道，不少纸质原刊的发行量因此受益，不降反升，逆势上扬。期刊的数字化传播，使得传统的大众化期刊实现了分众化泛读（消解了"本"的概念，期刊分解为文章，内容细分导致受众群体细分），小众化的期刊实现了大众化传播（特殊兴趣类期刊如《轻兵器》，经网络的放大传播，也能成为主流大众的喜爱）。

表1 中文期刊国内个人付费数字化阅读2005—2014 TOP100 期刊"10连冠"刊物

排名 刊名	2014排名	2013排名	2012排名	2011排名	2010排名	2009排名	2008排名	2007排名	2006排名	2005排名
中国新闻周刊	12	22	10	7	6	6	5	6	24	12
商界	90	54	34	90	36	21	32	19	63	59
视野	30	28	33	29	62	48	34	22	53	55
意林	6	4	6	2	5	5	2	2	6	67
伴侣	21	17	41	68	12	13	20	21	37	27
读书	39	20	40	30	45	52	43	30	51	38
南风窗	13	22	39	71	7	8	27	12	18	8

表2 中文期刊海外个人付费数字化阅读2005—2014 TOP100 排行"9次上榜"刊物

排名 刊名	2014排名	2013排名	2012排名	2011排名	2010排名	2009排名	2008排名	2007排名	2006排名	2005排名
兵器知识	92	8	16	16	61	72	21	56	51	—
大众摄影	71	4	4	—	35	30	8	10	14	43
当代	—	63	78	4	27	11	2	1	2	8
电脑爱好者	7	2	2	70	5	2	10	13	37	—
读书	—	16	29	20	19	94	29	39	35	57
十月	43	—	84	10	29	40	7	8	4	13

根据龙源十年来的排行榜单和调查数据，可以清晰地发现，一批传统的平面纸质期刊通过网络进一步巩固和扩大了品牌的知名度，多年受到受众的追捧，成为

"常青藤"型品牌期刊（如国内期刊 TOP100"十连冠"）。特别是文学文摘类的《读书》、时政人物类的《中国新闻周刊》、生活类的《轻兵器》等，无论是在国内还是海外，连续 8 年都是 TOP100 上榜品牌（TOP100"八连冠"国内、海外双栖期刊）。这些品牌期刊，无论是 TOP 文章、TOP 栏目，还是 TOP 期刊排行，都表现出色，体现出"好文章催生好栏目，好栏目成就好期刊"的逻辑关系。这些地位稳固的期刊群体，因为网络的传播和推广，进一步扩大和延伸了品牌价值，也进一步凸显了品牌期刊作为文化精品和深度阅读内容的长尾效应。

五、"内容为王"：优质内容长尾效应明显

长尾理论，作为网络时代一种新兴的理论，最初用来描述亚马逊和 Netflix 一类网站的商业模式。基于成本和效率的因素，过去人们只关注重要的人或事，只关注需求曲线的头部，而将曲线尾部、需要更多精力和成本才能关注到的多数人或事予以忽略。而在网络时代，由于传播技术的进步，关注的成本大幅降低，人们有望以很低的成本关注正态分布曲线的尾部，由此产生的总体效益甚至会超过头部。亚马逊网络书店的图书销售额中，有 1/4 来自排名 10 万以后的书籍，这些冷门书籍的销售比例正以高速成长，预估未来可占整个书市的一半以上。

与长尾理论相应的是二八理论。二八理论对应的是大的、集中的市场，在这样的期刊市场上，20% 的主流期刊内容资源可以为刊社创造出 80% 的效益；长尾理论对应的，则是以前被忽略的较小的、分散的市场，比如一些知名度小、受众范围窄、传播力弱的期刊，比如过往期刊上刊载的、被传统读者忽略和遗忘的老旧文章。

龙源期刊网历年发布的 TOP100 文章，可以验证期刊在网络传播过程中，能借助长尾效应实现内容价值的延续。传统线下期刊的实时销售关注的是需求曲线的头部，而期刊的数字化传播所关注的将拓展至需求曲线的尾部。网络平台为期刊（限期的和过期的）内容的销售，提供了足够大的存储能力和足够快的到达受众的渠道。正如长尾理论所认定的，只要存储和流通的渠道足够大，销售品种足够多，需求不旺或销售欠佳的期刊产品共同占有的市场份额，就可以和那些数量不多的期刊热卖品所占据的市场份额相匹敌，甚至更大。

如果说，传统期刊市场主要争夺的是稀缺性内容资源，是与时效性赛跑，是通过对当下主流、热门或流行的内容进行争夺来创造利润，那么互联网则为传统期刊销售所忽略的，在较长时段内所累积的长久性内容资源的价值增值提供了可能。期刊的网络化数字化传播打破了传统"期"的概念，让期刊的价值和生命并不伴随"过期"而消亡，让其在更长久的时间里产生累积性的传播效应。龙源历年发布的 TOP100 文章

排行中，过刊上刊载的文章占据较大比例的事实表明，传统期刊市场所忽略的过期的优质内容资源，在数字化传播中其生命力和创造价值的能力是可以延续的。

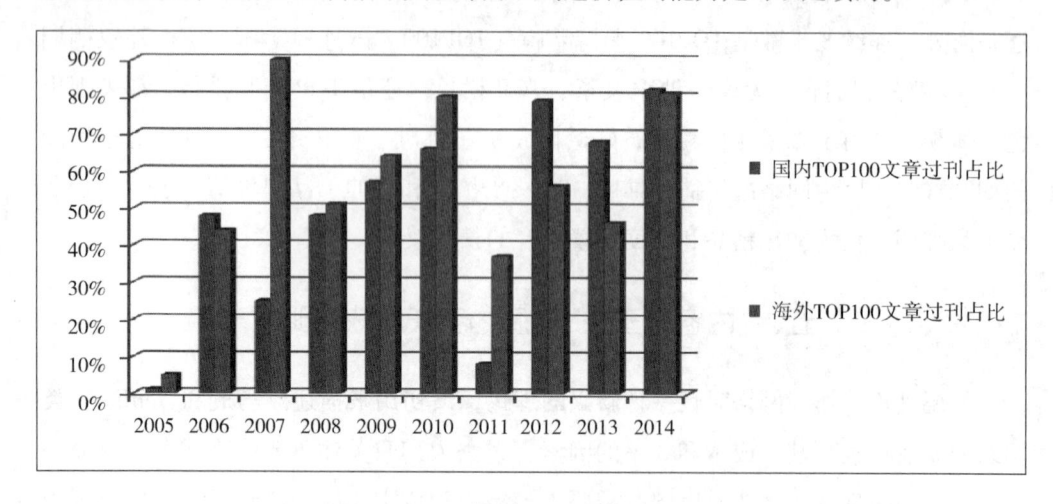

图 2　国内、海外 TOP100 文章过刊占比

据笔者统计，2005—2014 十年间，龙源期刊网国内阅读 TOP100 文章中，过刊文章 482 篇，占总比例的 48.2%，各年度占比依次为 1%、48%、25%、48%、57%、66%、8%、79%、68%、82%；十年间龙源海外阅读 TOP100 文章中，过刊文章 552 篇，占总比例的 55.2%，各年度占比分别为 5%、44%、90%、51%、64%、80%、37%、56%、46%、81%。2012—2014 手机移动阅读 TOP100 文章板块，过刊文章占据总比例的 79.3%，年度占比依次为 70%、82%、86%。十年来，国内、海外数字化阅读 TOP100 文章中，过刊文章所占总比例接近和超过一半的事实，客观地验证了优质内容的长尾效应。

六、"趋同存异"：国内、海外阅读取向日渐接近

随着国家文化"走出去"战略的逐步推进，我们在连续多年的期刊数字化传播 TOP100 数据分析中，特别留意调查和研究国内、海外受众阅读取向的异同。从 2005—2014 年，龙源连续十年的排行发布中，无论是核心发布项 TOP100 期刊，还是 TOP100 栏目、TOP100 文章和分类别 TOP 排行，海外排行榜单中一直存在一个相对比较聚焦的阅读范围，即商业财经、生活、文学文摘、时政人物、女性家庭、专业刊物、数码网络、教育与学习、文化、养生保健十个大类的期刊群体。

2005—2014 十年间，国内、海外 TOP100 期刊两份排行榜单涉及 2000 个期刊名录，笔者选择 2010—2014 五年的排行数据作为分析样本，对其中国内、海外 TOP100 期刊排行两个板块所涉 1000 个期刊名录，按类别分别汇总计量，对比分析各自的期刊

类别构成。统计显示，五年来最受海外受众欢迎的数字化阅读 TOP100 期刊中，商业财经类所占比重最大，达到 22.2%；其次是生活类，占 20.8%；文学文摘类占 17.2%；时政人物类占 15.2%；女性家庭类占 6.4%；数码网络类占 5.4%；专业刊物类占 5.4%；教育与学习类占 4.6%；文化类占 1.8%；卫生保健类比例最小，占 1%。

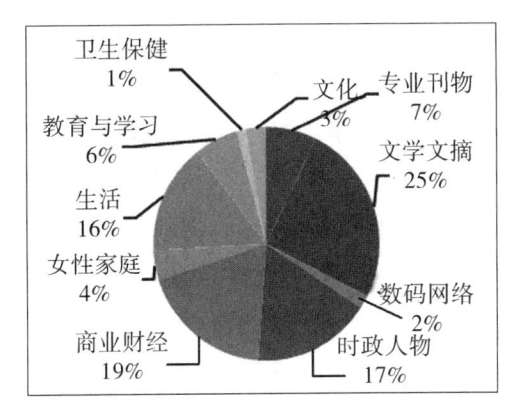

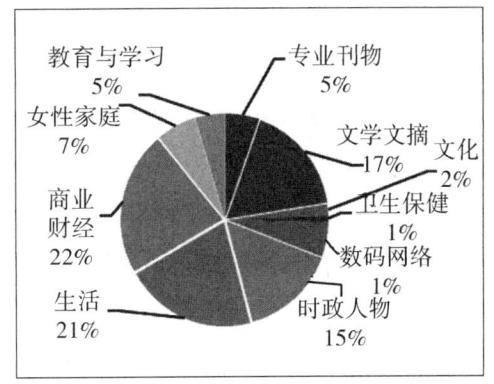

图3 2010—2014 国内 TOP100 期刊各类别比例　图4 2010—2014 海外 TOP100 期刊各类别比例

对比五年来国内阅读 TOP100 期刊统计数据，可以发现，在数字化媒介的大力推动下，国内、海外受众关注的期刊种类相当接近，表明国内、海外受众对数字化中文期刊的阅读兴趣在逐步趋同。但海外读者的阅读取向是同中有异，在期刊种类趋同的同时，各类期刊在榜单中所占比例还是存在一定程度的差异，侧重点与国内读者略有不同。据统计，五年来在国内数字化阅读 TOP100 期刊中，文学文摘类占比最大，为 25.4%；商业财经类为 18.8%；时政人物类为 16.8%；生活类为 15.4%；专业刊物类为 7.2%；教育与学习类为 6.2%；女性家庭类为 4.2%；文化类为 2.8%；数码网络类为 1.8%；卫生保健类为 1.4%。

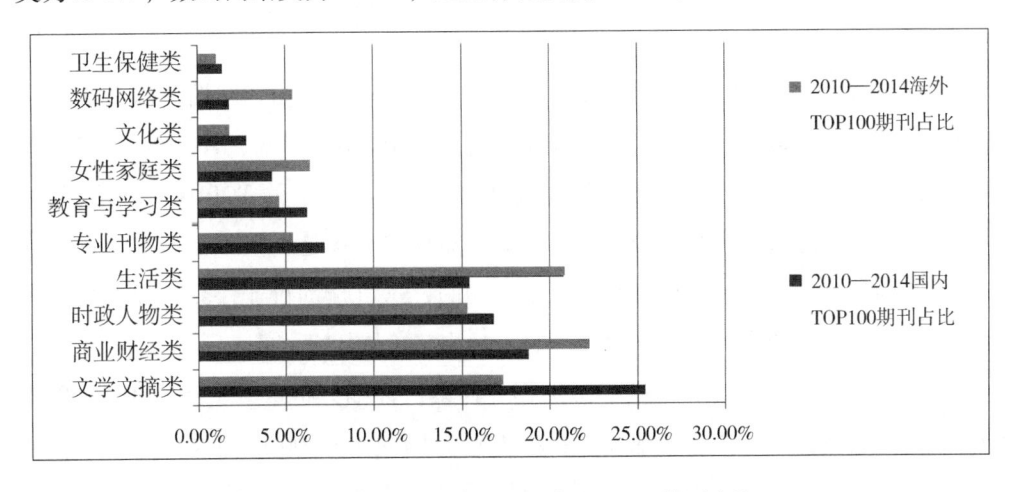

图5 2010—2014 海外、国内 TOP100 期刊占比

尽管国内、海外在不同类别期刊使用频率和侧重程度上存在一定的差异,但综观十年来期刊产业数字化阅读的调查数据,仍然可以清晰地发现,国内、海外期刊数字化阅读经过十年的发展,可以提炼出几个带有普遍性的特点和主要的阅读取向。

(1)"大众化"。大众化的阅读取向,决定了"习惯性阅读"的期刊类型。文摘、文萃、时政、新闻、人物、女性、情感、婚姻、家庭、母婴、教育、生活一类期刊,本身就具有大众化、公众性阅读的特点,属于综合性阅读,阅读门槛低,受众面宽,容易成为公众"习惯性阅读"的选择种类。文学小说、故事一类期刊,因其故事性、可读性强,触及人类普遍的情感,加上网络文学和大众文学热潮的推动,也以主流大众阅读的姿态雄踞行业榜首。而养生保健、医药卫生、体育一类刊物,随着人们生活质量和保健意识的提高,也进入了公众的社会化阅读的视野。

(2)"专业化"。专业化取向看似窄众化、小众化,但它决定了"知本性阅读"的倾向。商业、财经、管理、数码、网络、医药医学及各种专业性较强的刊物,都具有较强的专业化、知识性、实用性的特点,影响着财经、法律、媒体、学界等专业人士、高端人群和知识精英,他们的知本阅读主要分为专业阅读、资本阅读和信息阅读。

(3)"趣味性"。这种取向,决定了受众"兴趣性阅读"的选择。艺术、摄影、军事、科普、旅游、美食、民俗、历史、文化、收藏等期刊类别能够上榜,可以证明这一点。

(4)"娱乐化"。寻求娱乐,是人类接触媒介、阅读期刊最为直接的动机之一。娱乐化的取向,决定了人们"休闲性阅读"的选择。通俗八卦新闻、时尚、娱乐、游戏、动漫、音乐类期刊能够上榜,集中体现了这种取向。

七、"付费为主":深度阅读习惯渐已养成

国内、海外TOP100期刊"片段浏览"访问量,是龙源期刊网惟一以受众未付费片段浏览的点击数量进行计量而产生的发布项,TOP100期刊、TOP100文章等排行则是以受众实际付费产生的阅读量为依据而得出。未付费的TOP100片段浏览文章的价值在于,通过对照和比较,可以准确获知哪些文章是受众一带而过随意浏览的,哪些则是受众个人或机构付费后深度阅读的,这可帮助行业探究,吸引受众由未付费片段浏览转变为付费后深度阅读的因素,究竟是什么。

随机选取2010、2012、2013的数据作为样本,仔细分析这三个年度TOP100期刊各类阅读量数据,笔者清楚地发现:2010年,国内TOP100期刊未付费的片段浏览量为549.22万次,个人付费和机构付费合计的付费阅读量为850.17万次,付费阅读占总阅读量1 399.39万次的60.75%;2012年,国内TOP100期刊未付费的片

段浏览量为 1 292.26 万次，付费阅读量为 1 492.34 万次，付费阅读占总阅读量 2 784.6万次的 53.59%；2013 年，国内 TOP100 期刊未付费的片段浏览量为 1179.37 万次，付费阅读量为 740.41 万次，付费阅读占总阅读量 1 919.78 万次的 38.57%。

2010 年，国内 TOP100 文章未付费的片段浏览量为 2.51 万次，个人付费和机构付费合计的付费阅读量为 16.65 万次，付费阅读占总阅读量 19.15 万次的 86.95%；2012 年，国内 TOP100 文章未付费的片段浏览量为 67.22 万次，付费阅读量为 19.27 万次，付费阅读占总阅读量 86.49 万次 22.28%；2013 年，国内 TOP100 文章未付费的片段浏览量为 1.26 万次，付费阅读量为 26.80 万次，付费阅读占总阅读量 28.06 万次的 95.5%。付费阅读 TOP 排行内容中，文学文摘类占比最大，时政人物类其次，生活类列居其后。

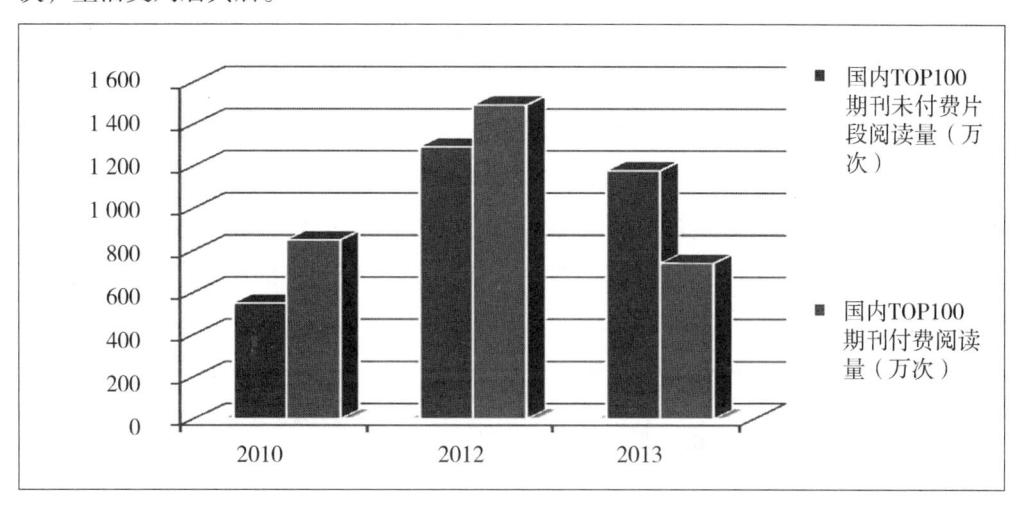

图 6 2010—2013 国内 TOP100 期刊付费与未付费情况对比

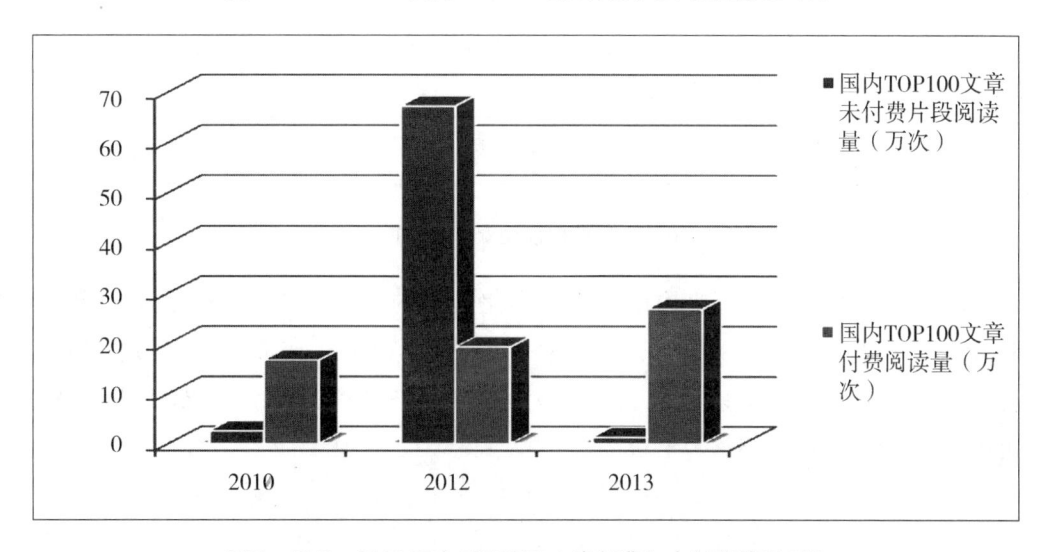

图 7 2010—2013 国内 TOP100 文章付费与未付费情况对比

国内 TOP100 期刊及 TOP100 文章的网络阅读，以个人及机构用户付费后的深度阅读为主的事实表明，经过十年左右的心理适应、阅读体验和付费消费理念的培育，用户已逐步开始接受有偿阅读，愿为自己感兴趣的优质内容付费后进行深度阅读。这在某种程度上也是期刊媒体内容的性质和期刊读者的构成及需求所决定的。

八、受众构成：阅读与社会发展同步崛起

根据龙源数据，目前期刊的数字化阅读，年轻受众占据主流，其年龄集中于 20—49 岁之间。其中，30—39 岁这一区间的中青年读者，是目前期刊数字阅读的中坚和主力，占据总数的 33.92%。他们普遍年富力强，有素质、有文化，经济和社会地位高，熟知数字化媒体技术，是最具活力和消费能力的受众群体。第二个群体是 20—29 岁之间的年轻人，占比 26.18%。这帮人年轻、时尚，接受新的知识、技术及观念相对较快，多数是各级各类在校学生、知识分子及受过较高教育刚刚步入社会的年轻网民。再次，是 40—49 岁之间，年纪较大的中年社会职业者，占 19.22%。他们事业、家庭普遍稳定，文化素养、知识水平较为高端，也是期刊阅读的重要群体。此外，10—19 岁的读者占 13.54%，多为更小的中小学生；最后是 50—59 岁的大龄读者，占 4.62%。

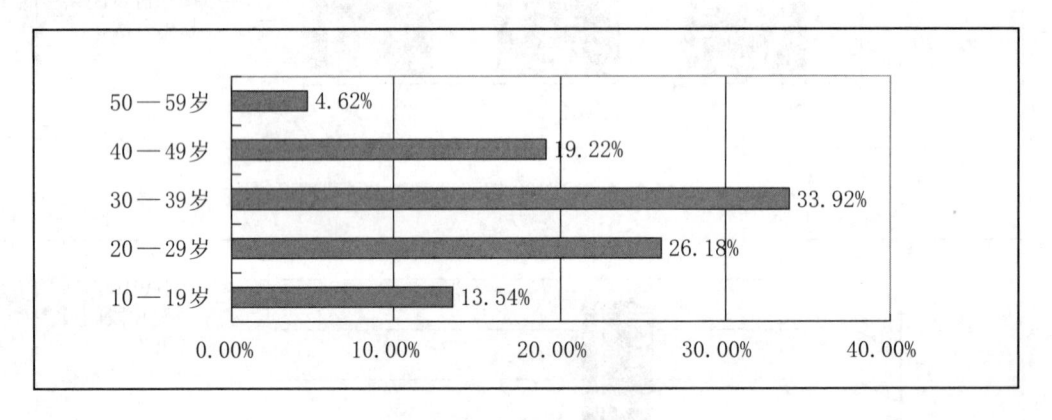

年龄段	比例
50—59 岁	4.62%
40—49 岁	19.22%
30—39 岁	33.92%
20—29 岁	26.18%
10—19 岁	13.54%

图 8　网络阅读受众年龄分布

从网络期刊受众的职业构成来看，占比最大的是"教育/学生"，为总数的 56.56%；其次是 IT，占 8.62%、政府/公共服务占 4.70%、建筑占 5.40%、营销/公关占 3.74%、传媒/娱乐占 3.08%、金融/房产占 3.39%、医疗/保健占 2.31%、服务占 2.26%、电信/网络占 1.96%。

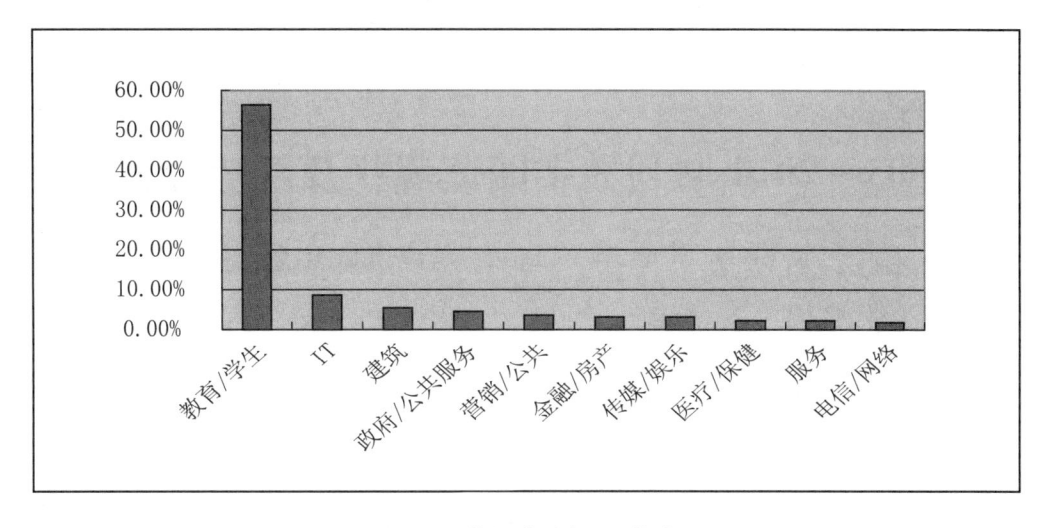

图9　网络阅读受众职业构成

从国内期刊受众的地域分布来看，主要集中于广东、江苏、北京、山东、浙江、河南、湖北、上海等经济、社会及文化发展水平较高或人口数量质量较好的省市。其中，广东、江苏、北京、山东、浙江、河南、湖北、河北、上海分别占9.41%、7.97%、7.49%、6.68%、5.47%、5.45%、4.79%、4.72%、3.74%，其他省市占44.45%。

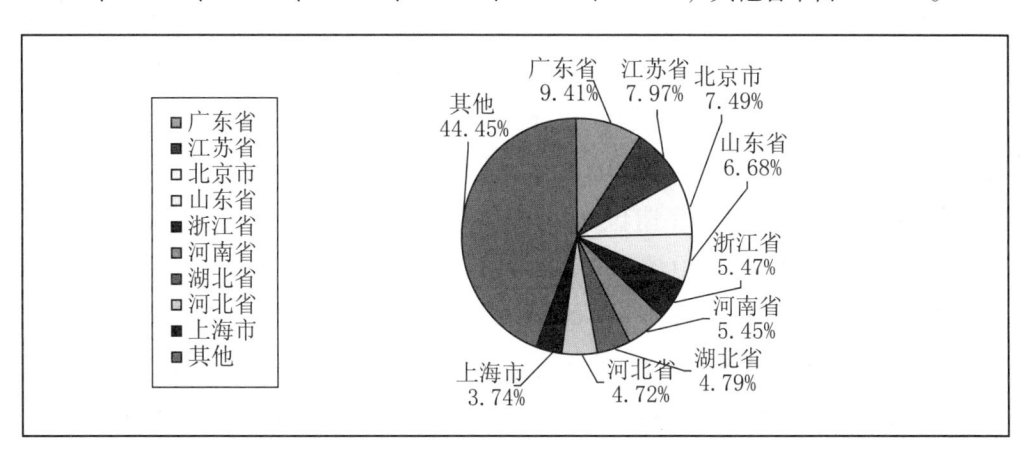

图10　国内网络阅读受众地域分布概况

数据显示，期刊网络受众的地域分布，与各地经济、社会、文化发展水平及人口数量与质量呈现正比例关系。海外阅读市场，同样存在类似情况。这从一个角度反向说明，随着经济社会、文化和人的快速发展，期刊的数字出版和阅读，必将迎来广阔的市场前景和巨大的发展潜力。

（作者为中央财经大学副教授、硕士生导师，龙源期刊网络传播研究中心专家委员）

2005—2014期刊数字阅读现状及趋势分析
——基于龙源期刊十年"国内阅读TOP100文章排行"数据的文本分析

段乐川 李 频

在数字出版发展日新月异的今天，期刊数字化浪潮方兴未艾，围绕互联网、移动终端等平台的数字阅读通道被不断地构建、创新和演进。学界在关注期刊数字化的同时，也高度重视期刊数字化形态下的数字阅读状况。阅读状况的优劣，从某种程度上来说，决定着期刊发展的成败得失。研究阅读，尤其是新兴媒介的阅读状况，也有着深刻的社会意义。人类阅读行为，在社会大变迁的历史起伏中，因应着媒介变革的现实逻辑，也在发生着亘古未有的深刻变革。这一变革，既体现在阅读载体新旧交替的推陈出新上，也表现在阅读价值观、思维方式、阅读习惯的多元呈现上。在这一变革过程中，期刊作为最具有编辑缔构性的现代媒介，其受众的阅读行为，也在发生着耐人寻味的变化，值得深入认识和思考。

作为国内最有影响的数字期刊龙头企业之一，龙源期刊网从2005年起，每年向社会发布期刊网络传播TOP100排行和相关研究成果，迄今进行了10次。在龙源期刊网TOP100的数据中，值得关注的是每年国内TOP100文章数据。这100篇文章都是在期刊数字传播中最受读者关注的文本，一定程度上代表着期刊数字化十年中读者的阅读状况。本文以近十年来龙源期刊网发布的"国内TOP100文章"数据为中心，进行量化统计和实证分析。旨在探讨期刊数字阅读行为现状和发展趋势，重点分析期刊数字阅读主题的变化和走向。

一、受众阅读行为变迁的多种视角

从文化视角来看，阅读行为是受众和文本交互作用的相互影响过程。阅读的对象是文本，阅读行为的客体也是文本，这就决定了研究阅读行为必须首先从文本研究开始。作为阅读行为的客体构成，文本内容的历史变迁，既是阅读主体行为的客观结果，也反过来影响到阅读主体的行为选择。因此，从文本内容的现实样本出发，以多重视角来反观阅读这一具有高度社会性和主体性的文化行为，无疑有着丰富的社会价值和文化价值。

(一) 阅读主题"多样化"中的"集中化"

文本内容是文本的核心。无论文本形态怎样变化，文本内容总是有一定的类别归属。这一类别归属，总是在一定程度上显示着受众阅读主题的变迁。结合文本内容主题，可以尝试将文本主题分为纯文学、经济、时尚、生活、新闻时政历史、地理、科普、娱乐、其他几大类。按照这样一个主题分类来看，龙源期刊网国内阅读TOP100文章，可以得出如下数据：

表1　龙源网2005—2014国内阅读TOP100文章内容主题类型分析

类型	2005	2006	2007	2008	2009	2010	2011	2012	2013	2014
纯文学	18	21	62	28	22	30	45	10	50	15
经济	4	8	2	7	9	5	9	7	9	7
时尚	6	6	1	2	3	4	3	3	2	3
生活（教育、健康）	42	32	18	37	28	30	18	33	13	35
新闻时政历史	6	10	6	6	10	10	15	17	11	15
地理	1	6	2	5	2	3	2	3	2	3
科普	13	6	4	4	8	5	2	5	2	8
娱乐	9	10	4	9	10	6	6	20	11	10
其他	1	1	1	2	8	7	0	2	0	4

可以看出，十年来期刊数字阅读文本主题构成具有显著的"多样性"特征。受到读者青睐的文本主题涉及方方面面，可以说无所不包，应有尽有。具体分析，又呈现出"多样化"中"集中化"的特征。

一是纯文学阅读占据核心位置，拥有不可动摇的主导地位。一直以来，文学边缘化成为社会关注的焦点。人们认为，文学的社会影响力日渐式微，逐渐变成了大众生活中可有可无的文化形态。与此同时，一些人指出，虽然现在文学市场上的文学图书出版每年都在递增，但是文学图书的销量在不断锐减。与此同时，文学期刊的经营发展状况也令人忧心，众多名刊都存在着发行量下滑、经营锐减的现实困境。于是乎，文学不断被边缘化的命运，似乎成为一个冷酷的社会现实。然而，龙源期刊TOP100文章的十年数据显示，纯文学的阅读在数字传播中有着强劲生命力，以无可动摇的高位次阅读占有率彰显着纯文学不可替代的文化价值。十年来，纯文学阅读主题占据总阅读的 27.5% 比例，充分地显示了纯文学阅读依然强劲的主题需求。从年代际变化的情况来看，十年来纯文学阅读较为稳定，除了在 2010 年出现微小波动外，其余年份的阅读占有率均高达 20% 以上。具体数据如图 1 所示：

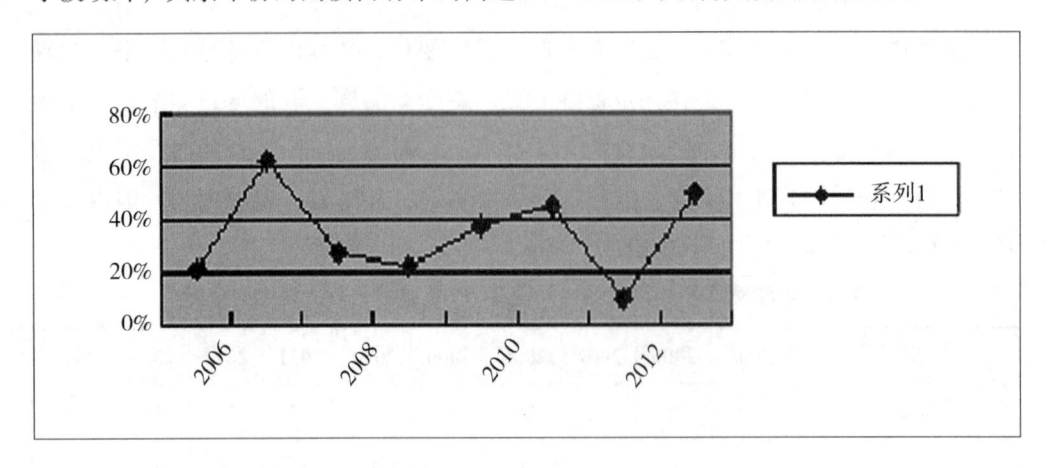

图 1　龙源网 2005—2014 国内阅读 TOP100 文章纯文学主题类文章占有率

探讨纯文学主题文本的阅读影响力，还可以从 TOP100 文章的前 5 名占有情况来进行统计。TOP100 的前 5 名，基本上显示的是每年最为流行的文本主题。对其统计，可以得出以下数据：

表 2　龙源网 2005—2014 国内阅读 TOP100 文章前 5 名文章主题数据

类型	2005	2006	2007	2008	2009	2010	2011	2012	2013	2014
纯文学	0	4	3	3	2	2	3	0	5	0
经济	0	0	0	1	0	0	0	1	0	0
时尚	0	0	0	0	0	0	0	0	0	0
生活（健育教育）	3	1	2	0	3	2	0	0	0	3
新闻时政历史	0	0	0	0	0	0	1	3	0	1
地理	0	0	0	0	0	0	0	0	0	1
科普	1	0	0	0	0	1	0	0	0	1
娱乐	1	0	0	1	0	0	1	1	0	0
其他	0	0	0	0	0	0	0	0	0	0

这个数据进一步从另一个方面佐证了纯文学在大众阅读中的"流行性"，并不是空穴来风，而是一个较为显著的文化现象。十年间，纯文学主题类文章成为年度最受关注、点击量最高的文本类型。这充分说明，文学"边缘化"这一社会议题，在网络传播的情况下需要人们重新估量。这里面既有网络"二度"传播的"接受"

影响，同时也有网络传播的媒介特性作用。网络传播下载的便捷性、阅读的随意性，都赋予了纯文学阅读以新的方式，也给予了其新的生命力。

纯文学文本的文学体裁，同样是一个值得我们关注的阅读现象。统计数据显示，在纯文学阅读中，长篇小说占据着压倒优势的重要比例。然而，从发展趋势上来，中短篇小说和长篇小说的比例在2007年之后发生很大变化，中篇小说更加受到读者追捧，甚至在2011年和2012年数量超过了长篇小说。与此同时，短篇小说数量发展也比较稳固。诗歌的阅读依然是纯文学阅读的"盲区"，至少在这近十年TOP100文章榜单中，没有诗歌入列。这一方面反映了，诗歌阅读甚至创作的现实困境，另一方面也与诗歌在新媒介环境下传播特征未受到应有的重视有着密切关系。

表3 龙源网2005—2014国内阅读TOP100文章文学类文章体裁数据

类型	2005	2006	2007	2008	2009	2010	2011	2012	2013	2014
长篇小说	0	14	20	10	13	20	14	3	32	10
中篇小说	9	4	32	15	8	14	21	4	20	3
短篇小说	6	1	1	1	1	0	2	1	1	0
诗歌	2	0	0	0	0	0	0	0	0	0
散文	1	1	0	0	0	0	0	0	2	0
报告文学	0	0	1	0	1	0	2	1	1	0

二是生活类主题受到追捧。生活类主题包括了教育、体育、医学、健康、情感等多个方面。数据显示，生活类主题阅读占据总阅读主题的21%比例，与纯文学阅读主题有着不相上下的位次优势。其中，情感类主题占31%，医学健康类占8%，生活类占41%，教育类占16%。

从TOP100的前5名占有情况统计数据来看，生活类主题的比例也毫不逊色，共有8篇文章入围，成为仅次于纯文学阅读的第二大具有影响力的阅读主题。

（二）阅读功用"趋同"化

按照阅读主体的心理诉求，一般将阅读类型分为选择性阅读、功利性阅读、娱乐性阅读和知识性阅读。选择性阅读是一种超功利的享受性阅读。显而易见，纯文学阅读就是选择性阅读。娱乐性阅读是一种消遣性阅读，主要是包括体育类主题、摄影类主题；知识性阅读主要是专业型主题的阅读，包括教育学术等类型；功利性阅读主要是针对特定目的应景性阅读，主要包括教育类主题中的应试类文章。以这四个类型为标准，对十年来近一千篇文章主题进行统计分析，发现十年来选择性阅读占据重要地位，阅读的超功利性和精神趣味性在整个期刊数字阅读中有着鲜明表现。与此同时，娱乐性阅读占有不可忽视的压倒性优势，成为整个阅读的最重要构成。具体数据如表 4 所示：

表 4　龙源网 2005—2014 国内阅读 TOP100 文章阅读功用类型数据

类型	数量（篇）	类型	数量（篇）
选择性阅读	301	娱乐性阅读	500
功利性阅读	58	知识性阅读	141

然而，从历史的视野来看，近十年来阅读类型也在发生不显著却又略显复杂的变化，四种阅读类型并不是一种固定不变的比例，而是呈现出交错起伏的变态发展趋势。其中，功利性阅读从 2010 年起开始陡然升温，成为阅读类型中变化最大一个现象。

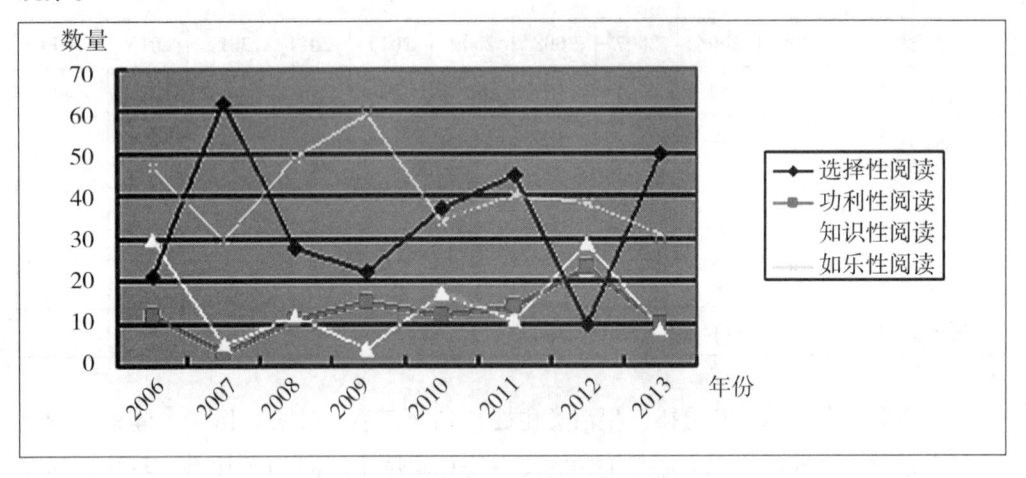

图 2　龙源网 2006—2013 国内阅读 TOP100
文章阅读功用类型年度数据

需要注意的是，2008 年娱乐性阅读的分量在近十年间达到最低值。这无疑与当年发生的"汶川"大地震有着密切关系，社会关注的主题从娱乐性走向了知识性和实用性。人们在娱乐的同时，更加关注社会新闻和生活文化类的主题。

从整体来看，近十年间阅读主题类型的主要变化是，选择性阅读和功利性阅读呈现出较为超出一般的稳定性，并有着渐趋性上升趋势。与此同时，娱乐性阅读呈现出无法阻挡的潮流性趋势。这种潮流性趋势，至少可以表现在两个方面，一是从文章有关人物主题的数量看，其中有关历史性人物主题的有 9 篇，分别是围绕邓小平、毛泽东、周恩来和曾国藩的，而有关娱乐明星的人物主题文本有 15 篇之多，分别围绕范冰冰、张柏芝、谢霆锋、李谷一等；二是从文章主题来看，有关现实生活和娱乐的关键词在整个篇目中占有很重要的分量，具体统计如表 5 所示：

表5 龙源网2006—2013国内阅读TOP100文章标题"关键词"数据统计

关键词	篇数	关键词	篇数
女人	12	情人	3
爱情	9	女友	3
幸福	7	游戏	3
男人	6	演员	2
笑话	5	美女	2
回家	4	秘密	2
邓小平	4	张柏芝	2
毛泽东	4	毒药	2
咒语	4	反腐	2
快乐	3	暧昧	2
短信	3	课堂教学	2
手机	3	裸女	1
时尚	3	超女	1
男女关系	3	—	—

篇目标题所显示的文章关键词，从一定程度上显示着文章的主题。这些主题，既是社会生活的现实生动反映，同时又在读者的阅读中重构影响着社会生活。由此，这些关键词也就有着不可忽视的社会学意义。

（三）阅读"热点化"效应明显

仔细梳理和审视TOP100十年千篇文章，会发现这样一个现象，即阅读"热点化"效应明显。这种"热点化"效应，一方面表现在整体的读者阅读趋势中，另一方面体现在分类的读者阅读话题中。从整体上来讲，十年中有这样一些阅读主题受到关注，并形成了特定的文化现象。

一是历史类题材文本脱颖入选。在十年阅读进程中，我们惊异地发现在阅读娱乐化的趋势裹挟之下，读者并没有失去对历史真实求索的热情。一些重要历史事件和人物主题的文章受到一定程度的关注。2006年，余华的长篇小说《兄弟》和邓贤的报告文学《黄河殇》，以及《邓小平交班》《外交部发言人轶事》等历史故事性文章都入选TOP100文章，成为受到读者普遍关注的文本。到了2007年和2008年，历史类题材文本更是表现不菲。到了2009年，《南方人物周刊》的《晚清第一重臣曾国藩》，也是当年历史类题材文本的杰作。2012年《北京档案》的《冯玉祥为什么发动"北京政变"?》《黎明前的枪声》，2013年邓贤的报告文学《父亲的一九四二》李伟的《谁来领导中国：从毛泽东到邓小平》亦是历史类题材出色文本。

整体而言，历史类题材文本都与其时的社会变化有着千丝万缕的联系。诸多文章都因应着当时社会政治的变化，既是历史的回声，同时又是现实的响应，构成了文本与社会双重互动的重要一幕。

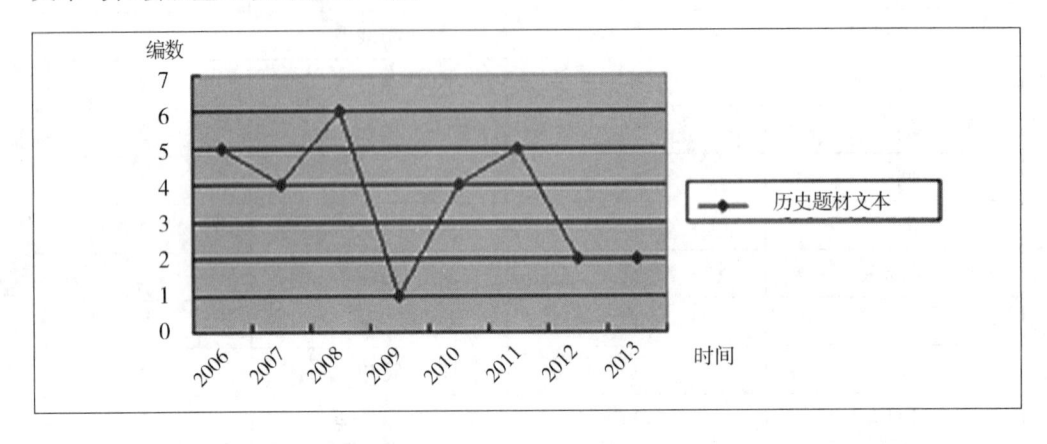

图3　龙源网2005—2014国内阅读TOP100文章历史题材文本年度数据统计

二是健康教育类主题受关注，阅读热度日趋走高。作为与人们日常生活紧密相关的"硬"主题，医学健康和教育类主题，在十年历程中呈现出日渐走高的阅读趋势，并成为较为有影响的阅读热点。以健康类主题为例，2006年《八种不良饮食习惯使你看起来老十岁》《致命禽流感》《5分钟妆容速成班开课啦》，2007年《秋风拂面耐寒锻炼时》，2008年《暧昧是种慢性毒药》等5则，2009年《如何看乙肝五项指标化验单》，2011年《育儿焦虑症》《回到厨房》，2012年《一氧化碳让你远离心脑血管病》《一氧化氮——心血管系统的保护神》《幼儿园一周带量食谱推荐表》《几种风味黄瓜腌制方法》，2013年《癌症是可以避免的》，2014年《幸福夫妻有十个好习惯》等。如图4所示：

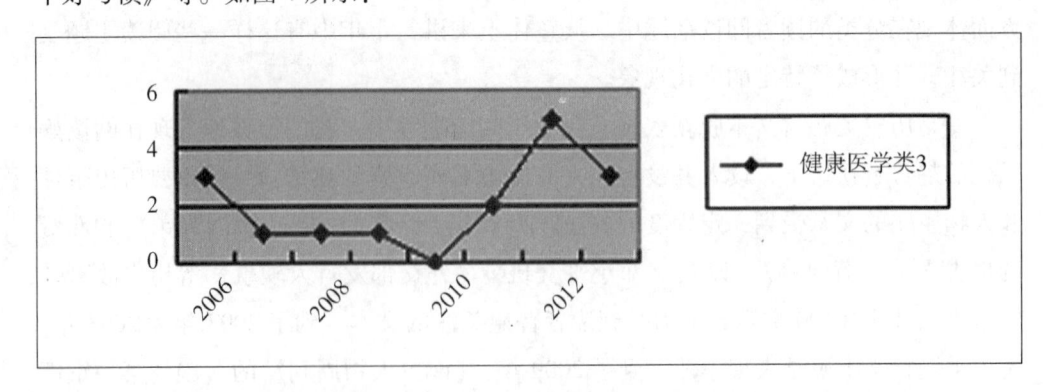

图4　龙源网2006—2013国内阅读TOP100文章健康医学类题材文本年度数据统计

医学健康类主题趋势走高，是经济发展到一定程度的结果。随着人们的物质生活水平逐步提高，人们对健康的关注也越来越深切。也要看到，医学健康类文本的主题也有着多样性，从生活健康到身体健康再到医学常识，读者关注的议题的领域越来越细化。

与医学健康类阅读主题相关的是，教育类阅读主题也是近十年阅读趋势日益走高的重要类型。从数据上来看，教育类阅读主题在2010年表现出很大波动，入选TOP100榜的数量日益增多。而且值得关注的一个现象是，2010年有13篇文章入选榜单，而且有2篇文章入居是年榜单前五名，《考试周刊》的《利用教育心理学知识对学生进行考前心理指导》一文位居是年榜首。具体数据如图5所示：

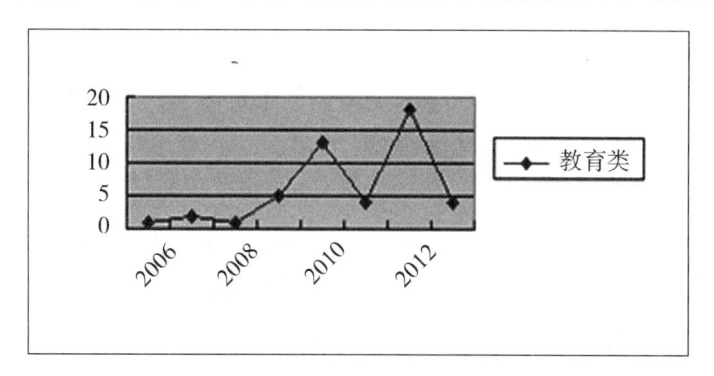

图5 龙源网2006—2013国内阅读TOP100
文章教育类题材文本年度数据统计

在十年TOP100文章榜单之中，有两年教育类话题荣登榜首，一为前文所言2010年的《利用教育心理学知识对学生进行考前心理指导》一文，二为2009年《课堂教学有效性界说偏失的现状、影响及其纠正》一文。数据统计显示，中小学教育话题，尤其是中小学生应试教育的话题占据着主导性分量。以2013年TOP100文章中的18篇文章为例，其中有7篇是有关中小学生如何写作文的。与此同时，有关大学生教育的文章篇数也不少。2010年有3篇文章讲大学生的婚恋观和道德教育。除此之外，有关大学改革、大学生择业、中小学生课堂改革之类的主题也屡见榜单，在不同时空下总是成为教育主题文本中常见常新的议题。

二、期刊布局的"极化"现象

从数据上来看，近十年来，读者数字阅读行为的变化，可以说在一定程度上重构着媒介的布局和媒介影响力。一方面是，入选榜单的期刊文章数量呈现出两极分化现象，即一些名刊在同类刊物中入选文章数量庞大，占据压倒性优势。另一方面是，一些新刊黑马"脱颖而出"，不断地入主榜单，甚至刷新着榜首的影响力，成为期刊数字化进程中令人关注的一个重要现象,彰显着期刊网络传播迥然不同的特征。

(一)新闻时政类刊物的"两极分化"

表6 龙源网 2006—2013 国内阅读 TOP100 文章新闻时政类刊物入选文章数据统计

新闻时政类型	TOP100 文章数量	新闻时政类型	TOP100 文章数量
中国新闻周刊	3	中国周刊	9
三联生活周刊	33	看天下	16
南方人物周刊	15	新民周刊	1
南风窗	3	—	—

新闻时政类主题,一方面构成了大众阅读的重要内容;另一方面,从数据也可以看出,新闻时政类刊物的竞争较为激烈。其中,《三联生活周刊》在整个阅读方阵中"最为抢眼",博得了新闻时政类阅读受欢迎刊发文章的"头筹",次之的《看天下》影响力也不可小觑,进入 1 000 篇文章数量达到 16 篇之多。而专以新闻时政为主打品牌的《中国新闻周刊》和《中国周刊》则稍微逊色。其中原因,或为受众阅读趣味的文化生活取向有关。《三联生活周刊》和《看天下》较为注重生活文化类选题的策划、组织和报道,这无疑从一定程度上吻合了受众阅读由"雅"入"俗"、由"硬"入"软"的客观现实。

(二)文摘类刊物布局同样极化现象严重

表7 龙源网 2006—2013 国内阅读 TOP100 文章文摘类刊物入选文章数据统计

文摘类期刊	TOP100 文章数量	文摘类期刊	TOP100 文章数量
青年文摘	12	人民文摘	2
读者	6	中华文摘	1
领导文萃	3	海外文摘	2

文摘类刊物是基于流行为目的而进行的二次选择、二次优化和二次传播。在是次统计中,文摘类刊物整体表现不俗,有诸多文章入选 TOP100,超过了 2% 的贡献率。从文摘类期刊自身情况来看,《青年文摘》和《读者》两个品牌刊物入选流行文章的几率更大。这一方面,是其影响力作用的结果,另一方面则与两个刊物的内容和读者定位密不可分。

(三）情感类刊物"矩阵排列"

表8 龙源网2006—2013国内阅读TOP100文章情感类刊物入选文章数据统计

情感类期刊	TOP100文章数量	情感类期刊	TOP100文章数量
妇女之友	5	家庭	3
人生与伴侣	6	恋爱婚姻与家庭	2
伴侣	4	都市丽人	3
婚姻与家庭	3	婚姻与家庭	4

情感类刊物十年来进入流行阵营的文本主题也有一定分量。尤其是《人生与伴侣》和《妇女之友》两份刊物在影响力上还是有一定位次。与此同时，情感类刊物在流行影响力贡献上有一个重要特点就是平分秋色、不相上下，并没有其他刊物类型表现出的差距较大的情况存在。这一方面说明情感类刊物是大众所需，另一方面显示刊物定位的差异化还是较为明显。

（四）文学类刊物"一枝独秀"

文学类刊物表现最为抢眼的是《当代》，入选榜单达77篇文章之多，呈现出一枝独秀之势。而《十月》和《长篇小说选刊》位次并列，均有34篇文章，影响力势均。传统名刊《收获》《啄木鸟》和《小说月报》紧次其后，然而入选文章数量却不可同日而语，都在17篇左右徘徊。

（五）财经类刊物"异军突起"

财经类刊物榜单排名，颇令人大跌眼镜。以倡导优秀商业文化和创业精神为特色的商业财经月刊《商界》，以16篇入选榜单文章而位居同类刊物之首，显示了不可小觑的网络传播影响力。而业界知名刊物《财经》入选文章只有8篇，显示了巨大的文本传播差距。与此同时，《卓越理财》《理财》等新刊，影响也都位居《财经》之后，而超越《销售与市场》《中国经济周刊》等老刊名刊。

（六）教育类刊物"行情看涨"

教育类刊物可分为专业性学术性刊物与大众性教育刊物。从入选榜单文章数量来看，大众性教育刊物网络传播影响力要更甚，入选文章数量较大。而一些学术性专业性刊物也有文章入选，如《中国教育科研》等。但总体看来，教育刊物以服务学生学习为主的实用性刊物影响较大，入选文章也较多。尤其是有关中小学生作文的刊物呈现出集合式入榜趋势，包括《作文成功之路》《阅读与作文》《作文周刊》《作文新天地》《初中生·作文》《作文与考试》《小雪花·初中高分作文》《21世纪中学生作文》等8个刊物，不能不令人咋舌中小学作文教育市场的潜力。

（七）女性时尚刊物"不甘落后"

女性和时尚类刊物以《昕薇》《美与时代》两个刊物入选文章较多，均有 3 篇文章入选榜单。而《37°女人》《COMO 可人》《流行色》三个刊物则均以 2 篇入选。

三、结　论

（一）期刊数字阅读正向深度和分众化转变

期刊数字阅读已成为期刊阅读的重要阅读方式。纵观十年来龙源 TOP100 国内阅读文章榜单，文章主题内容呈现出集中化趋势，入选最多文章主题始终是文学类和文化生活两大类文章。这说明，与社交类媒体阅读不同，期刊数字阅读有着相对深度阅读的特征。从阅读动机来讲，如前所述，在实用性和娱乐性阅读发展的同时，选择性阅读和知识性阅读发展趋势也较为明显，这无不从另一个侧面说明，期刊数字阅读的理性、实用性和深度性将是贯穿期刊数字阅读行为始终的一大特征。与此同时，还要看到健康教育、科普科技类，甚至教育学术类的文本阅读率都有较高体现，并且在主题分类上呈现出更加多样化、多元化的趋势，由此反映出的数字阅读向专业化、分众化发展趋势，也值得关注。

（二）品牌期刊的优势明显但受到严重挑战

十年来，入选十年国内阅读 TOP100 文章数量最多的期刊大部分是品牌刊物。如纯文学类《当代》，情感类《人生与伴侣》，文摘类《青年文摘》，新闻时政类《三联生活周刊》等，都是读者长期按"黏性"关注的名刊老刊。但是，也要看到《昕薇》《美与时代》《商界》等年轻刊物却在不同类别的刊物入选数量位次上表现不菲，甚至超越了同类刊物的佼佼者。这提示我们思考，数字期刊的文本传播呈现出与传统期刊截然有别的特征。即它是以单篇文章为传播形态的，表现出脱离刊物构成的传播特性。这也是很多不知名小刊能够在入选榜单中异军突起的一大原因。

（三）阅读主题的"热点化"效应明显

阅读主题的"热点化"效应，一方面表现在整体的读者阅读趋势中，另一方面体现在分类的读者阅读话题中。整体讲，十年中形成了不同的受众关注的阅读主题，比如历史、健康和教育等。这些主题在一段时间内成为读者普遍关注的社会议题，既影响着阅读风尚，又形成特定的文化现象，并在一定程度上重构着期刊的内容传播力。

（作者依序为河南大学新闻与传播学院出版科学系副教授；中国传媒大学教授、博导）

2005—2014龙源期刊海外数字阅读TOP100排行纵议

施勇勤　高慧芳　王飞扬

全球数字化浪潮催生了各种数字化传播终端和数字化产品，开辟了大众数字阅读的新市场，迫使传统期刊向着数字化的方向变革和转型。为了延长期刊产品生命周期、拓展数字阅读市场，传统期刊社纷纷与期刊数据库、数字阅读平台等内容聚合商和平台商合作，在数字技术和平台技术的支撑下，有效开拓期刊数字阅读新市场。传统期刊出版与数字内容聚合商的纽带已经绑紧，期刊数字阅读平台已粗具规模；龙源期刊网，是国内首屈一指的中文期刊数字阅读的内容聚合商和平台商，是我国期刊产业数字出版的先行者，自1998年上线以来，一直活跃在期刊数字出版和阅读市场，已经成为中文期刊大众化数字阅读的"龙头老大"。

从2005年起，龙源每年都进行一次当年度的阅读排行，以TOP100为截点，通过客观数据向社会报告当年度的数字阅读状况和特征。作为全球最大的中文数字大众期刊传播平台，龙源期刊网一直致力于传统期刊的数字化传播和数字化阅读市场的推广，其发布的TOP100排行榜已然成为期刊数字阅读和数字传播领域的风向标。在大数据背景下，连续十年的TOP100排行数据也为数字出版产业研究者提供了强有力的数据支撑。本文将从2005年到2014年龙源期刊网连续发布的海外阅读TOP100期刊、TOP100双栖期刊、海外阅读TOP100文章3份榜单出发，探究十年来海外数字阅读纵向发展所呈现出的特点，掌握海外读者的阅读趋向，以期为我国大众期刊出版、对外传播和数字出版"走出去"提供参考。

根据龙源最新数据，2014年龙源海外阅读TOP100的期刊访问量达到了2005年的30倍，中文期刊的海外数字阅读的影响力有了很大的提高。中文期刊海外数字阅读市场的开拓，不单单具有市场价值，更具有中国文化走出去的战略意义。

一、龙源海外数字阅读市场特点分析

（一）品牌期刊长盛不衰

数字化传播方式使内容资源得以更广泛地传播。在传播过程中，高质量的品牌期刊仍是读者数字化阅读的首选，许多品牌期刊在龙源十年排行榜上经久不衰，愈发充满活力。

统计显示，2005—2014十年TOP100排行，千种期刊共有445种登上了龙源期刊海外数字阅读TOP100排行榜单。其中，有多次连续多年跻身于海外数字阅读TOP100榜单的期刊群体。它们在经过了十年的数字化传播之后，已然成长为数字阅读影响力期刊，形成了自己的品牌价值。详见下表：

表1 2005—2014 七次以上进入海外数字阅读影响力TOP100排行十连冠期刊

序号	刊名	2014海外排名	2013海外排名	2012海外排名	2011海外排名	2010海外排名	2009海外排名	2008海外排名	2007海外排名	2006海外排名	2005海外排名
1	轻兵器	65	7	9	91	71	81	6	4	7	4

表2 2005—2014 连续海外数字阅读影响力TOP100排行九连冠期刊

序号	刊名	2014海外排名	2013海外排名	2012海外排名	2011海外排名	2010海外排名	2009海外排名	2008海外排名	2007海外排名	2006海外排名	2005海外排名
1	当代	—	63	78	4	27	11	2	1	2	8
2	读书	—	16	29	20	19	94	29	39	35	57
3	十月	43	—	84	10	29	40	7	8	4	13
4	兵器知识	92	8	16	16	61	72	21	56	51	—
5	大众摄影	71	4	4	—	35	30	8	10	14	43
6	电脑爱好者	7	2	2	70	5	2	10	13	37	—

注：—表示当年未进入TOP100榜单

表3 2005—2014 海外数字阅读影响力TOP100排行八连冠期刊

序号	刊名	2014海外排名	2013海外排名	2012海外排名	2011海外排名	2010海外排名	2009海外排名	2008海外排名	2007海外排名	2006海外排名	2005海外排名
1	时代影视	—	37	17	36	50	14	53	17	55	—
2	人生与伴侣	64	—	—	81	13	17	44	74	81	61
3	伴侣	41	—	96	—	7	10	19	22	36	67
4	军事文摘	68	33	69	90	—	—	67	16	46	15
5	中国新闻周刊	8	25	10	18	6	4	—	—	75	60

注：—表示当年未进入TOP100榜单

表4　2005—2014 海外数字阅读影响力 TOP100 排行七连冠期刊

刊名	2014 海外排行	2013 海外排行	2012 海外排行	2011 海外排行	2010 海外排行	2009 海外排行	2008 海外排行	2007 海外排行	2006 海外排行
大众电影	—	—	52	—	73	6	14	14	9
意林	73	19	13	5	9	84	34	—	—
啄木鸟	—	—	—	12	41	31	33	31	8
北京文学	—	—	98	57	33	—	15	3	1
收获	—	—	—	1	57	8	11	11	5
看世界	26	45	36	76	25	—	—	—	96
理财周刊	57	52	62	67	10	54	90	—	—
南风窗	16	30	43	—	20	27	—	—	64

注：—表示当年未进入 TOP100 榜单

由于龙源与期刊社的合作起始时间的关系，有些品牌期刊并没有出现在我们上述列表中。例如，《故事会》2008 年与龙源授权合作、连续六年年年在榜；《读者》2012 年与龙源合作，连续三年位列海外阅读 TOP100 排行榜中且排名越来越靠前，其三年的表现为，2012 年第 93 位，2013 年第 21 位，2014 年第 2 位，再一次彰示了品牌期刊的影响力。还有这几年新创刊的期刊界的黑马，如《看天下》（2005 年创刊，2010 年与龙源合作），2011 至 2014 连续四年荣登 TOP100 期刊排行前五名；《壹读》（2012 年 8 月 6 日正式创刊即与龙源合作）位列龙源 2013 TOP100 期刊第 14 名、2014 TOP100 期刊第 10 名的位次。

2013 年 9 月，中国邮政集团公司在刊博会上发布了"2013 年度期刊邮政发行排行榜 50 强"。《读者》《看天下》《三联生活周刊》《南风窗》《中国新闻周刊》《家庭医生》《演讲与口才》等品牌期刊都位列其中。在博思数据研究中心发布的《2013 年中国杂志期刊十大品牌排行榜》中，《读者》位居榜首。由此看来，线下市场占有率较高的纸质品牌期刊其数字化付费阅读排名也会靠前。品牌期刊的线下发行并没有阻碍其数字化发展，拥有良好口碑的高质量品牌期刊仍是读者数字化阅读的首选。传统期刊的品牌优势在数字化传播过程中不断延伸。

（二）阅读兴趣多元发展

经过对龙源期刊网 2005—2014 年海外数字化阅读 TOP100 榜单进行数据分析，海外阅读上榜次数在 3 次（含 3 次）以上的期刊，共计 128 种，海外最受欢迎的期刊类别依次是：时政综合类、文学小说类、商业财经类、文化生活类、文摘文萃类、娱乐时尚类、家庭养生类、数码摄影类、军事类等，涉及范围广泛，反映了海外读者的阅读兴趣呈现多元化态势。时政综合类期刊的阅读比较靠前，说明海外读者热衷于中国的时政人物,关注中国的变化;军事类期刊的关注则与近些年来国际军事形势有关。掌握十年来海外读者的阅读趋向,给国内期刊出版者以借鉴和参考,对我国数字出版"走出去"战略具有重要的意义。

表5 2005—2014 海外数字阅读影响力 TOP100 上榜 3 次及以上期刊类别列表

排序	期刊类别	出现次数	占比	排序	期刊类别	出现次数	占比
1	时政综合	21	16%	13	文化综合	2	2%
2	文学小说	19	15%	14	职场理财	2	2%
3	商业财经	16	13%	15	教育教学	1	1%
4	文化生活	12	9%	16	娱乐生活	1	1%
5	文摘文萃	10	8%	17	艺术收藏	1	1%
6	娱乐时尚	9	7%	18	人文科普	1	1%
7	家庭养生	8	6%	19	文学文摘	1	1%
8	摄影数码	6	5%	20	农业乡村	1	1%
9	军事	5	4%	21	专业刊物	1	1%
10	学术	4	3%	22	事实综合	1	1%
11	母婴	3	2%	23	体育	1	1%
12	旅游美食	2	2%	24	—	—	—

此外,从近十年上榜次数在 3 次以上的期刊的刊期来看,月刊占据了半壁江山,为 55%;其次为半月刊,22%;周刊,9%;旬刊,9%;双月刊,3%;双周刊,2%。

表6 2012—2014 海外数字阅读影响力 TOP10 期刊列表

2014 海外阅读 TOP10 期刊			2013 海外阅读 TOP10 期刊			2012 海外阅读 TOP10 期刊		
排行	刊名	期刊类别	排序	刊名	期刊类别	排序	刊名	期刊类别
1	三联生活周刊	时政综合	1	三联生活周刊	时政综合	1	三联生活周刊	时政综合
2	读者	文摘文萃	2	电脑爱好者	摄影数码	2	电脑爱好者	摄影数码
3	看天下	时政综合	3	漫画世界	动漫游戏	3	看天下	时政综合
4	壹读	时政综合	4	大众摄影	摄影数码	4	大众摄影	摄影数码
5	南方人物周刊	时政综合	5	看天下	时政综合	5	第一财经周刊	商业财经
6	财经	商业财经	6	故事会	文学小说	6	故事会	文学小说
7	电脑爱好者	摄影数码	7	轻兵器	军事	7	南方人物周刊	时政综合
8	中国新闻周刊	时政综合	8	兵器知识	军事	8	南都娱乐周刊	娱乐时尚
9	南都娱乐周刊	娱乐时尚	9	第一财经周刊	商业财经	9	轻兵器	军事
10	第一财经周刊	商业财经	10	南方人物周刊	时政综合	10	中国新闻周刊	时政综合

从 2014 年度海外数字阅读 TOP100 期刊榜单中，同样可以发现海外读者的阅读兴趣呈现出多元化态势，阅读的期刊类型多种多样，包括商业财经类、时政综合类、学术类期刊、教育教学类、人文科普类、职场理财类等期刊。详见右图：

（三）国内、海外双栖期刊同中有异

中国新闻出版研究院发布的《第十一次全国国民阅读调查报告》显示，2013 年，我国国民数字化阅读方式接触率为 50.1%，较上年上升了 9.8 个百分点。人均每年阅读电子书 2.48 本，比上年增加 0.13 本，但还是远低于日本、韩国、法国等国家，国内数字化阅读还有较大的发展空间。此外，在数字化环境下长大的年轻一代已成为了数字阅读的主力军。

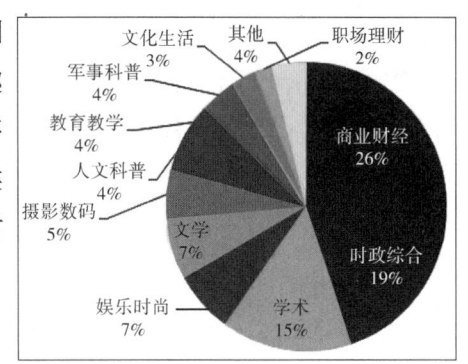

图 1　2014 海外数字阅读影响力 TOP100 期刊类型

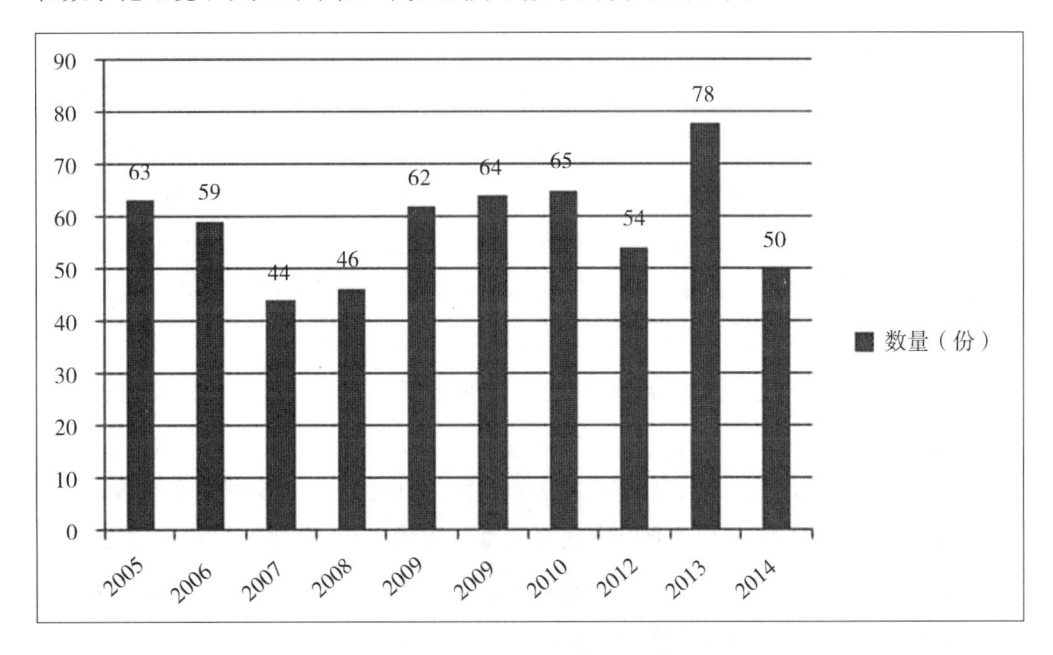

图 2　2005—2014 双栖期刊

首先从上榜数量上看，我们统计了 2005 年—2014 十年间双栖期刊的上榜数量，发现双栖期刊的上榜数目在 2013 年最高，为 78 种；2014 年 TOP100 双栖期刊上榜数目 50 种，涵盖了 11 种期刊类型，阅读范围较宽泛。其中，时政综合类期刊占比最高，为 36%；其次为商业财经类，占 20%；文学类，占 10%；娱乐时尚类，占 8%；女性家庭、人文科普、摄影数码类各占 6%；职场理财、家庭养生、学术、军事类各占2%。这些数据，反映了国内、海外读者基本有着共同的阅读趋向。2007年、2008年分别为44种、46种，其余年份相对平稳。也就是说，国内、海外的读者在期刊阅读的选择上具有很大的相似性。究其原因，一方面是因为国内读者的阅读品位越来越与国际接轨，另一方面随着中国国际地位的提高以及期刊国际水准的不断提高，海外人士想更多地了解中国。

另外，我们发现针对一些大刊名刊，国内与海外读者的阅读量存在较大差异。2014年TOP100双栖期刊国内总阅读14 350 230次，而海外阅读次数为1 924 835，国内阅读是海外阅读次数的7.5倍。同样作为2014国内、海外数字阅读TOP100榜首的《三联生活周刊》，其国内阅读次数是海外阅读次数的20倍。在国内TOP100期刊排名第6的《意林》，其海外排名则到了第73位。无独有偶，2012年TOP100双栖期刊榜单中，《读者》在国内的排名为第7，而在海外的排名则为94，由此看来，国内一流的品牌刊物在海外的知名度还有待提升。

（四）小众期刊借船出海

在龙源期刊网海外数字化阅读TOP100期刊排行榜中，我们发现许多小众化的传统期刊也榜上有名，在数字化阅读浪潮中通过数字化平台的传播和推介，已然成为了"大众化"数字阅读的品牌期刊。这主要得益于数字化阅读平台的发展和传播介质的革命性变化，这种变革打破了传统的以"整刊"为单位的购买阅读方式，读者可以按照自己的阅读兴趣购买其中的单篇文章，这种以"文章"为单位的在线付费阅读方式，将本属于专业化、小众化的期刊也推进了排行榜单。此外，借助数字化传播平台，将数字化期刊存放云端，不受发行范围的限制，小众读者可以随时付费获取。因此，数字化阅读平台可以更好地满足读者的阅读需求、延伸传统期刊的品牌价值。

《轻兵器》作为一本专门介绍轻武器的刊物，其受众为一小部分军事爱好者，但是在数字化阅读领域，连续十年出现在了海外阅读TOP100排行榜中，它在2013年的海外总阅读量为349 373次，位列排行榜第7位。可见，数字化阅读平台为小众化期刊的传播提供了很好的推广平台。

（五）过刊文章历久弥新

数字化阅读平台的发展使期刊阅读呈现出明显的长尾效应，过刊文章同样受追捧。研究发现，过往期刊的文章在海外阅读TOP100文章中占有一定的比例。经过数据整理，2007年最高达到了51%，最早的文章可追溯到1992年。此外，有的文章连续多年出现在了海外阅读TOP100文章排行榜中。如《尖叫的豆芽》一文先后出现在了2011年、2012年度海外阅读TOP100文章排行榜中且排位靠前，位列第2

名和第 4 名。

2013 年海外阅读 TOP100 文章中，发表于《小康》杂志的《弱势群体的安全感更需要保护》（2011 年）一文以 1429 的点击量排名榜单第 2；来自《陕西行政学院学报》的文章《"大保障"理念下的失地农民保障制度研究》（2010 年）排名第 5，像这样的过往文章在近 9 年的榜单中还有很多。通观这些文章，他们或是反映社会民生现象，或是传播经典文学，或是传授某一专业技能，都拥有高质量的内容。

在海外数字化阅读 TOP100 文章中，有相对集中的现象。其中来自于《中国经济周刊》《当代》《十月》《长篇小说选刊》《中国新闻周刊》《北京文艺》《财经》等品牌期刊的内容较多。比如 2006 年、2008 年、2009 年、2011 年的海外阅读 TOP100 文章分别来自于 17、16、27、20 种期刊。2008 年 TOP100 文章有 39 篇文章来自于同一本期刊《当代》，为近十年文章来源最集中的一本刊物，足见品牌期刊的影响力。2007 年的海外阅读 TOP100 文章来源于 72 种期刊中，是近十年中最为分散的一次。其余几年分别为：2010 年的 56 种、2012 年的 40 种、2013 年的 56 种、2014 年的 59 种。表明高质量的品牌期刊在数字化阅读市场上地位稳固。

2014 年海外数字阅读 TOP100 文章的第一篇竟出自低年级小学生写作刊物《创新作文（1—2 年级）》的《草地上的绵羊》，全文共 38 字，运用了排比的修辞手法，句式整齐、语言生动、优美。还有一篇来自外文刊物的《Why I Learn Chinese》。究其原因，一方面随着海外移民人数不断增加，在海外家长仍坚持让孩子学习汉语，体验汉语修辞手法的神奇之处；另一方面汉语在国际上的影响力大增，近年来全球掀起了学习汉语的热潮，有的海外学校也已经将汉语作为必修课来对待。排名第三的则是一篇关于艺术收藏的文章，由于中华民族有几千年历史，流传下来许多艺术珍品，这些介绍性的文章可以帮助海外喜欢艺术藏品的读者更好地了解中国文化，因此得到了众多读者的青睐。我们还发现，2014 海外数字阅读 TOP100 文章榜单排名靠前的是一些专业化、小众化的文章，反映出数字阅读正在从浅表走向深入，也正印证了小众类期刊借助数字化阅读平台可以实现大众化传播。

我们计算了一下，2014 年度海外数字阅读 TOP100 文章《财经》有 7 篇、《中国经济周刊》有 5 篇、《IT 时代周刊》有 4 篇、《第一财经周刊》4 篇、《证券市场周刊》4 篇。这 5 种刊物全部是商业财经类期刊，商业财经类期刊以 26% 的占比位居 2014 年度海外数字阅读影响力 TOP100 期刊类型首位，说明读者阅读的期刊类型与文章类型保持一致。商业财经类期刊、文章得到海外读者的青睐，主要与近年来中国经济的飞速发展密切相关，国际社会时刻关注中国经济发展态势。

以上数据可以表明，优质的内容始终会受到读者的追捧，经久不衰，不会因时间的流逝而被读者遗忘；另一方面也表明，数字化阅读平台提高了期刊的重复使用率,延长了期刊的生命周期。

二、海外数字阅读趋势分析

随着数字技术的发展和文化消费社会趋势的变化,数字阅读正在从"娱乐至死""大众狂欢"的阅读体验,"免费午餐"的消费阶段,迈向理性沉思、心灵共鸣的文本阅读体验,和小众化市场、个性化需求的付费市场的转变;而这,正是龙源数字期刊网络传播平台的新契机。传统期刊借助网络传播平台和技术实现数字化生存,内容提供和内容消费也将在传播平台上形成双边经济效益。

在对龙源十年海外TOP100数据分析的基础上,我们发现高质量的品牌期刊在数字化阅读市场占据着有利地位,强化期刊的品牌优势成为出版者不可小觑的责任,当然,这要以高质量的内容资源为基础。在互联网络发展的今天,各种终端设备以及网络技术的发展也是开展数字阅读的必要条件。出版者要出版多种高质量的内容资源,在日益细分的阅读市场中占据有利地位,满足读者日益多元化的阅读需求。

(一)品牌期刊的优势继续强化

海外阅读展现出非常显著的品牌效应,无论是从TOP100期刊榜来看,还是从TOP100文章所在的期刊来看,都反映出线下市场占有率较高的纸质品牌期刊的数字化付费阅读排名也会靠前。一方面因为品牌期刊常有好文章,另一方面品牌本身就有强大的吸引力。这说明纸质期刊的品牌延伸到了互联网上,在这个新的渠道上继续受到读者的追捧,从而强化了原有品牌的价值。拥有良好口碑的高质量品牌期刊仍是读者数字化阅读的首选。在互联网上品牌同样非常重要,做好品牌的创立、维护、深化和延伸是出版社的重要任务。

(二)阅读细分市场已成趋势

海外阅读市场的细分化已经成为必然趋势。首先,海外读者的数字阅读表现出多元化的兴趣,各个小类之间的差距并不是很大,没有一个类别占据超过20%的比例,就是说存在多个细分市场,且每一个市场都有较大的商机。其次,高点击率的文章并不一定出自非常著名的大众期刊,甚或是一本小众期刊,这说明小众的爱好也能带来较为可观的效益。国内、海外的阅读同中有异,这说明国内和海外这两个细分市场不同。由此可见,对于各个期刊来说,明确自己的定位,找准相应的细分市场,发挥自己的特色就显得尤为重要。

(三)内容为王的定律日益明显

海外阅读可以明显地看到内容为王的定律。首先,品牌期刊的高上榜率。品牌往往意味着高质量,因此非常好地体现了内容为王的定律。其次,小众期刊文章的高点击率说明只要文章内容好，也会受到读者的追捧。再次，过刊文章的长尾效应也说明文章内容好，其价值并不随着时间而减弱，在数字化阅读时代下将得到重新的挖掘。最后，平台为在海外缺乏发行渠道的期刊提供了机会，在龙源平台上各个期刊站在了同一起跑线上。因此，把握每一篇文章的质量，打造每一期的高质量期刊，应成为每一个期刊出版社的必备信念。

（四）数字化平台在数字传播中的桥梁作用将日益凸显

数字平台作为连接内容和用户的桥梁，其作用在数字传播中越发显得重要。优质的平台，能够做到吸引用户和聚合内容、并形成这两者的良性循环，从而最终成为一个具有海量的优质内容和大量活跃的忠诚用户的传播阵地。数字化平台承担了非常重要的内容聚合、分发、销售和用户反馈的功能，成为了连接他们和用户之间的重要桥梁，并以之为标杆，促成用户的优质化。因此，对出版社来说，如何利用好这一座桥梁，就成为了数字化传播中的一个重要课题。

（五）大众阅读中的个性化服务日益重要

由于数字化内容的易保存性以及其生产能力的提高，龙源平台上的数字内容越来越多，满足读者的个性化需求也是网络时代必须处理的课题之一。因此，以智能推送服务为代表的一系列个性化服务势在必行。

（六）新技术在未来阅读市场中的作用日益明显

随着新技术越来越深入人们的生活，人们的阅读形态也发生了变化，从 PC 机的普及，到手机、平板电脑等移动阅读工具的广泛使用，这表明一个新的阅读市场的形成。新市场具有良好的前景，却存在着技术门槛，以及藏在门槛背后的进入经济成本。龙源期刊网通过利用互联网等新技术，成功开拓了数字期刊阅读的新市场，为出版者提供了发行服务，从而为传统的期刊出版社降低了进入技术门槛的经济成本，为期刊的数字化提供了非常的渠道。从中可见，在未来阅读市场的发展中新技术的作用将越发明显，无论是数字平台本身还是出版社都需要加强对新技术应用的关注，从而立于不败之地。

（作者施勇勤为上海理工大学出版印刷与艺术设计学院出版传播系主任、教授，龙源期刊网络传播研究中心专家委员；高慧芳、王飞扬为上海理工大学硕士研究生）

龙源期刊移动阅读进入稳定成长期

张 聪 宋 宁 刘晓宇

2014年7月,中国互联网络信息中心(CNNIC)第34次《中国互联网络发展状况统计报告》显示,截至2014年6月,中国网民规模达6.32亿,其中,手机网民规模5.27亿。网民上网设备中,手机使用率达83.4%,首次超越传统PC整体80.9%的使用率,手机作为第一大上网终端的地位更加巩固。短短几年时间,基于移动互联网的终端基本已经普及。从2010年开始,龙源期刊网在移动阅读领域做了多项尝试。经过五年的发展,在期刊内容的移动手机阅读,龙源期刊APP的推广,龙源网手机应用客户端等方面都取得了不俗的成绩。在移动互联网迅速发展的形势下,期刊内容的移动阅读前景广阔,特别是在移动支付、互联网金融的迅速发展中,期刊移动阅读已经进入了稳定增长期。

一、近三年苹果商店中龙源期刊APP的发展情况分析

龙源期刊网较早在手机和iPad等移动终端实现了布局,实现移动阅读内容的多平台运营。在iPhone、iPad等终端上,用户可以下载龙源APP,在APP龙源"刊"店里购买期刊,也可以购买由龙源负责维护提供技术支持的单个的期刊APP。

笔者梳理了2012—2014的苹果商店期刊APP的TOP100榜单,将累计下载量进行统计,提取龙源期刊APP的TOP10期刊(见表1),总结出以下特点。

表1 2012—2014龙源期刊平板杂志下载量排名TOP10

排行	2012	2013	2014
1	三联生活周刊	三联生活周刊	看天下
2	大众摄影	看天下	创业家
3	电影世界	故事会	故事会

(续表)

排行	2012	2013	2014
4	故事会	中国国家旅游	环球人物
5	看天下	人力资源管理	IT时代周刊
6	疯狂英语	环球人物	航空知识
7	万达电影	财经文摘	大众摄影
8	电脑爱好者	看历史	影像视觉书架
9	西藏人文地理	IT时代周刊	三联生活周刊
10	中国国家旅游	大众摄影正式版	财经文摘

(一) 期刊APP阅读群体主要为中青年高端用户

从排行榜中可以看出，像《三联生活周刊》《故事会》《看天下》等品牌期刊在平板杂志领域表现优秀。品牌仍然是期刊社的核心价值所在。

平板杂志的上榜期刊多为时政、经济、文化、旅游、时尚类的高端杂志，情感故事类杂志的比例较低。这也从一个侧面反映出平板杂志店用户多为为收入较高、文化层次较高、追求高品质生活的中青年群体。

(二) 由于手机移动阅读的分流，期刊APP用户量减少

以《三联生活周刊》为例，这个在平板杂志领域耕耘较久、表现出色的期刊，其APP的下载数量三年来呈下滑趋势。虽然《三联生活周刊》的2013年付费排名比2012年有所提高，但是其订阅量却减少了很多。2014年排名第一的《看天下》的下载量较去年也有下滑。期刊APP的下载量和订阅量和目前国内iPad的持有量相比是非常不成比例的。有文章显示，根据UC浏览器在Pad上的下载量，全国持有iPad的用户大概有1 500万[1]，而实际的持有量应该远远超过这一数字。笔者推测有几个原因造成。第一，用户资源和注意力已经被少数超级APP占据，比如腾讯、淘宝、百度三家的地位已经不可撼动。百度最新发布的《移动互联网发展趋势报告（2014Q2）》显示，日活跃用户（DAU）过亿的APP只有3个，过5 000万的5个。而其他的APP应用只能在这些超级APP夹缝之间求生存。第二，手机阅读业分流了大量的平板杂志的用户，导致平板杂志的用户

---

[1] 数据来自《我为什么说Pad市场被低估了》，虎嗅网，2013—4—9，http://www.huxiu.com/article/13292/1.html

量总体减少。第三，期刊社对自己的APP产品的推广和支持力度有限，也没有找到较好的赢利模式。虽然传统期刊纸质版的发行量都在下降，但是从利润贡献度来看，期刊APP目前对期刊社的贡献是非常有限的。而期刊社整体的数字出版还远未成为主营业务。

（三）教辅类期刊APP前景看好

在近几年的榜单中有一个明显特点，那就是学习类教辅杂志越发受到青睐。《疯狂英语》《初中生世界中考物理》《作文大王》《我爱写作文》等，这些杂志的排名都比较靠前。目前，教辅类APP应用具有发布渠道广泛、数量丰富、价格低廉、受众细化、内容精准、周期短、更新速度快等特点。在苹果商店里搜索"教辅"，出现100多种APP。据第三方统计，目前有超过2万个学习类APP在iPad平台上使用。从总体上看，基础学科教辅期刊较多，个性化教辅期刊较少。以龙源期刊店为例，教辅类期刊大概有95种，集中在语文、数学、英语等"主科"上，像音乐、美术、地理等一些"副科"的教辅类期刊很少，而且多为低年级辅导类。虽然目前一些教辅类期刊APP的发展已经取得了一定的成绩，但是教辅类期刊的转型问题仍迫在眉睫。大部分的教辅期刊出版还只是停留在纸质方面，而做了APP的教辅类期刊大部分只是将传统纸质期刊内容转换照搬到数字阅读平台上，模块设计简单，视觉体验较弱，互动体验较少。总体来看教辅类期刊总体还没有向"增强型"（enhanced）期刊APP转型，即期刊社没有将传统纸媒内容进行重新整合、改造、包装和精准分类，添加多媒体内容，形成新的数字期刊品牌，教辅类期刊APP的发展还仅处于尝试期和成长期。[①]

二、与三大运营商合作龙源期刊移动阅读总结分析

龙源期刊网于2009年开始分别与三大电信运营商合作，目前龙源期刊与之合作上线的期刊合计有800余种。龙源希望在三大阅读基地与刊社之间架起桥梁，为刊社进行数据加工，并实现对用户的个性化阅读服务，更好地将优质内容推广。

根据龙源提供的数据，笔者进行了横向和纵向的对比分析。纵向是以时间为轴，梳理了从2012—2014三大运营商手机按3年阅读点击量排序的TOP10期刊。横向是对三大运营商各自3年来的数据进行梳理，得出各自的TOP10期刊（见表2）。由此分析出一些趋势和特点。

---

① 张聪，刘晓宇，肖倩. 论教辅类期刊APP的发展[J]. 科技与出版，2013，12：86—88.

表2 2014三大运营商龙源期刊阅读点击量TOP10期刊

排名	中国移动	中国联通	中国电信
1	IT经理世界	三联生活周刊	民间故事选刊
2	三联生活周刊	故事林	故事林
3	中国经济周刊	电脑爱好者	上海故事
4	民间故事选刊	小说月刊	小品文选刊
5	故事林	中国经济周刊	三联生活周刊
6	上海故事	新民周刊	音乐周刊
7	中国经济周刊	青年文学家	37°女人
8	看世界	南方人物周刊	小小说月刊
9	IT时代周刊	知音	山海经
10	轻兵器	读者	章回小说

（一）三大移动阅读平台的阅读量和用户量都有一定的增长

数据显示，2012年三大移动运营商手机阅读TOP100期刊的总点击量有1 171万，2013年为4 116万，2014年为2 763万，在增长后又有所回落。虽然用户的阅读习惯已经从传统的PC互联网向移动终端转移，但是用户的选择也更多了，阅读内容包涵书籍、报刊、博客、微博、微信、视频等等，其中像微博和微信就分流了大量的用户。然而，前十名期刊的总体阅读量都有小幅增长，这也从另一个方面表明移动阅读的马太效应，就是优质的内容更有吸引力。

（二）移动阅读市场排名变化较大，文化故事类期刊持续受到用户青睐

纵观近三年的排行榜，每年的第一名都不一样，这显示在移动阅读用户的喜好尚未稳定，环球宝贝、IT经理世界、最头条这三个第一名都是不同种类的期刊内容，前十名期刊中，像经济类、时政类、IT类的期刊也连年上榜，所以单从种类来看也很难看出哪类期刊内容更受用户的喜欢。值得注意的是，从2013年以来，文化故事类期刊似乎更受青睐，这两年在前10名中都有5个文化故事类期刊上榜，在总数中占50%。有报告显示，30岁下的用户成为移动阅读的主流，故事和文化类的期刊也成为近几年移动阅读平台用户的主要阅读内容。

（三）原创、优质、专业的内容是期刊移动阅读的主流

从三大移动阅读平台的TOP10期刊中可以看出，故事类、财经类、时政类、文

化类、生活类期刊比较受欢迎。因为移动阅读往往是在休闲时的零碎时间,用户很难自己去搜索内容,往往根据平台的个性化推荐来进行阅读。像《今日头条》这样的个性化推荐阅读平台和像Zaker、网易云阅读这样的社交阅读平台的走红也从侧面印证了原创推荐的内容更受移动阅读用户的欢迎。这也从一个侧面说明,优质的品牌、精选的内容和大量的原创内容仍然是期刊移动阅读的主流。

(四)小众、专业、女性期刊在期刊移动阅读中也有一定市场空间

像《轻兵器》《文明》《音乐周刊》等这样的小众杂志在历年和各运营商的榜单中都普遍存在,凸显了移动阅读呈现多样化的特点。而女性杂志也差不多占据了半壁江山,比《知音》《婚姻与家庭》《37°女人》等女性杂志仍然受移动用户的青睐。小众化是相对于大众化而言的,是市场环境下期刊运作的必然,也是期刊发展的必然趋势。近年来不少期刊满足特定读者的个性化需要,把小市场做深做透,反而收到了意想不到的效果,期刊的发行量渐增且保持稳定,市场竞争力更强。

(五)三大运营商移动阅读平台还有很大的发展空间

目前,三大移动阅读平台期刊内容的点击量总量还有很大的发展间。比如中国移动手机阅读基地业务的日均访问点击量超过1亿次。联通的沃阅读和电信阅读基地的日点击量也非常高。而龙源TOP100期刊总点击量一年仅有2000多万。移动阅读内容的寡头现象非常严重。从内容上来看,主流的移动阅读输出商的内容以玄幻类、言情类、穿越类等主流内容为主,其他小众市场的内容几乎没有,用"二八定律"来形容的话,其余内容连"二"都不到。[①] 但是我们也应该看到,期刊内容的移动阅读还有很大发展空间。对于未来三大运营商的期刊内容的移动阅读表现,我们可以概括为在成长中伴随着压力,在竞争中伴随着希望。

三、龙源网手机APP阅读分析

在手机逐渐成为第一大上网终端的形势下,龙源除了与中国移动、中国联通、中国电信三大运营商合作外,还推出了自己独立的手机阅读产品——"龙源网"(m.qikan.com),并以龙源4 000种期刊数据库作为内容来源,旨在实现用户的个性化阅读服务和更加优质的内容推广。

正是由于龙源网以庞大的期刊数据库为支撑,加之编辑对内容的整合加工以及网站完善的产品功能,使龙源手机网呈现综合化特点,能够满足用户多维度的阅读

---

① 郭静. 新媒体的变现——电子杂志[OL] 钛媒体. 2013.09.03, http://www.tmtpost.com/60468.html.

需求。

(一) 龙源网近三年的用户量和阅读量稳定增长

根据统计,2013 年龙源网 TOP100 期刊的总阅读量是 2012 年的两倍多,2014 年则是 2013 年的 4 倍多。总体趋势成数倍的增加,品牌期刊是其中的领头羊。

表3　龙源网 2012—2014 TOP10 期刊榜单

排行	2012	2013	2014
1	读者	读者	三联生活周刊
2	三联生活周刊	城市建设理论研究	读者
3	看天下	三联生活周刊	看天下
4	南方人物周刊	壹读	壹读
5	博客天下	看天下	南方人物周刊
6	新民周刊	南方人物周刊	南都娱乐周刊
7	中国新闻周刊	新民周刊	财经
8	电脑爱好者	财经	中国新闻周刊
9	南都周刊	中国新闻周刊	电脑爱好者
10	财经	电脑爱好者	新民周刊

(二) 阅读倾向的多元化和内容品种的丰富化

如图1 龙源网手机阅读期刊类别统计所示,期刊各类别所占比例比较平均,呈现出阅读倾向的多元化和内容品种的丰富化的特点。其中商业(31%)、时政人物(20%)和生活(20%)是用户比较感兴趣的三大期刊类别。与上文分析得出的三大移动阅读平台的用户偏好时尚娱乐文化故事类期刊有明显区别。它表现出来的读者阅读的综合性,一方面是由于除龙源网在产品设计、内容推介上做了许多功夫,另一方面的原因可能是用户规模的问题。三大移动阅读平台拥有 5 亿多用户,如果龙源网有如此规模的用户,年轻人把故事和娱乐内容翻出来看,说不定轻松休闲类内容消费也会成为龙源网的重要部分。

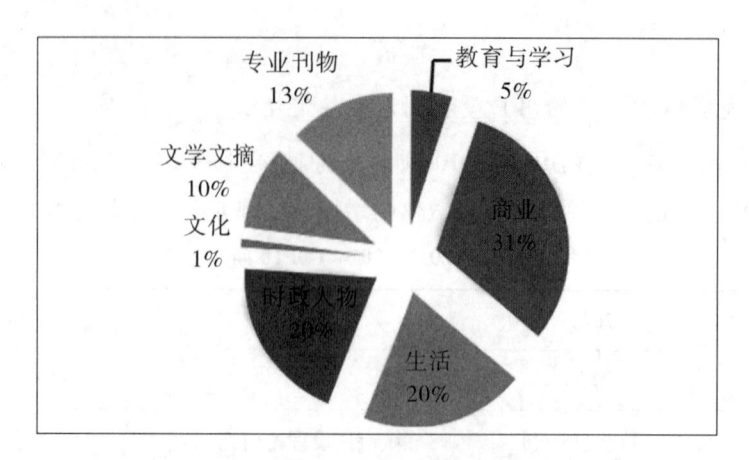

图1　手机龙源网阅读期刊类别统计

四、期刊移动阅读未来发展趋势分析

《中国移动用户阅读报告2014》显示，手机阅读应用的使用率仅次于手机即时通讯、手机搜索、手机音乐，2013年中国移动阅读市场规模达62.5亿元，增长高达80.1%。进军移动阅读将为出版社、在线阅读企业带来新的市场，获得运营商、技术资源及用户群。中央财经大学文化创意研究院执行院长魏鹏举认为，4G时代运营商对用户争夺加剧，渠道已经不是吸引用户的惟一手段，数字阅读将为运营商带来新的赢利渠道，其将成为运营商赢利模式升级、增加用户黏性的重要增值服务之一。从龙源期刊网提供的数据，我们可以看到如今中国期刊移动阅读的些许特征，也能从中看到压力和挑战，未来的期刊移动阅读应该要注意哪些问题，朝什么方向发展，会呈现怎样的特点，这些都是需要我们不断思考和实践。

（一）移动阅读领域可选择性增多，竞争加剧

2014年3月14日皮尤研究中心最新一项研究显示，超过64%的美国成年人使用Facebook，其中近30%的使用者通过社交媒体获取新闻和杂志。如此看来，用户对于期刊杂志的信息获取途径会变得更加丰富，这就对期刊移动阅读的发展提出了一个严峻的挑战。

近年来，随着手机网民数量的持续增长，人们移动阅读时间越来越多，但是内容也更加地多样化，用户的需求和口味也在不断地变化。所以从总体量上，期刊移动阅读的市场并不是迅速增加，而是稳定增长。而在国家新媒体政策的刺激下，传统期刊社会更加重视新媒体领域，期刊社已经加快了移动阅读的发展步伐，促使移动阅读更加迅速地走入大众生活之中。

（二）新兴期刊层出不穷，移动领域逐鹿中原

在移动阅读榜单中，一些期刊新秀增长迅速，并逐渐成为移动阅读的主流。像

《壹读》《电脑爱好者》《博客天下》等创刊仅几年的杂志在各类榜单中也占据了较高位置，这得益于他们的定位准确、数字化发展程度较高。而原来在期刊 PC 网络阅读中显示出的"纸质影响力越大，网络阅读量越大"的趋势也逐渐变化，在移动阅读领域，各领风骚一两年的杂志也很多见。诸多新兴杂志一开始就走在了数字化转型的前端，一些传统杂志必须求新求变才能在移动阅读时代占有一席之地。

(三) 个性化阅读和窄内容将成为移动阅读的主流

在智能手机的普及，移动阅读的消费群体的需求也会不断升级，更注重个性化阅读和窄内容的移动阅读将逐渐成为主流。虽然三低（低年龄，低收入，低水平）的阅读仍然占据了一定的市场，但是随着运营商和期刊社不断优化用户体验，更多的个性化阅读与专业期刊内容将不断增多。比如像《中华养生保健》《时代金融》《音乐周刊》这样的小众杂志也在排名中显著提升。数据显示：2011 年订阅量较大的杂志，多是新闻类和故事类，如《中国新闻周刊》《青年文摘》等；2012 年订阅量较大的期刊类别变得多了起来，不仅有故事类如《读者》，还有新闻类、财经类、IT 类，种类逐渐增多；2013 年，其他的期刊种类也日渐多样化，有 IT、漫画、摄影、兵器等等。2014 年的榜单变化更加明显，《创业家》《航空模型》等杂志在平板杂志中表现出色；而在手机阅读领域，养生、科技、法律等期刊也发展迅速。独特的内容定位与差异化产品服务才能保障移动数字阅读产业的市场健康发展。期刊社在新媒体战略上要考虑到消费者在性别、年龄、学历背景、收入、阅读习惯等方面的差异，以根据不同的目标消费者来细分市场。

(四) 期刊 APP 用户体验和消费习惯尚待改进，赢利模式仍需探索

互联网消费调研中心 ZDC 发布的《2013 年中国 IT 网民 APP 使用行为调查报告》显示，从付费 APP 的下载情况来看，超七成参与调查的 IT 网民表示未下载过付费 APP，仅有 27.9% 的网民表示下载过付费 APP。目前国内大多数 APP 应用均为免费下载产品，报纸和期刊的资源获得渠道更是丰富，在用户还未培养起付费习惯的情况下，期刊 APP 想要通过收费订阅赢利其实非常困难。多数期刊 APP 都有免费阅读内容，有的期刊的过往版本可以让读者免费阅读，还有的期刊不仅是过往版本，就连最新的一期都可以免费阅读。

不仅如此，用户体验也是影响用户消费的一个重要问题。除了部分可以直接下载和阅读的期刊外，还有部分期刊需要注册和登录才能下载。对于开发商来说，这个过程便于他们对客户信息的搜集和分析，以及方便日后进行收费。而有的用户怕泄露个人信息，或者觉得这个过程操作不便。还有，苹果公司的"单笔交易最低 0.99 美元"这个设置不符合中国国情，0.99 美元已经等于约 7 元人民币，这与纸质

杂志平均10元的价格相差不远，未能强烈吸引读者购买电子版。相比之下海外期刊在iPad上对中国用户更有吸引力，一是因为缺少购买印刷版的渠道，二是价格优势非常明显。虽然期刊APP可以下载后离线阅读，但是最关键的下载环节需要在网络环境下才能完成，而目前我国Wi-Fi覆盖率还较低，这导致在无网络环境下，用户难以下载更新内容。并且在网络状态不好时，如网速较慢的状态下，期刊内容更新更是困难重重。另外，由于iPad期刊采用的多媒体元素较多，需要加载很多高像素的图片、视频等，这也导致iPad期刊文件内容较大，下载速度较慢，这严重影响用户的使用兴趣。对于付费杂志来说，用户在下载时并不能直接用网银或支付宝等其他支付方式直接支付给运营商，而是需要通过网银电脑端或手机银行客户端把钱先充值到用户的Apple账号，再通过App Store对杂志进行购买。当Apple账号中的余额使用完毕，仍然需要通过此方法再进行充值。过程较为繁琐，且需要读者有网银或有绑定手机银行，这也对期刊APP的发展造成一定影响。

综上所述，期刊移动阅读已经进入了稳定成长期，在这个时期，期刊社的核心竞争力仍然是品牌和优质的内容。这个成长期还有多长，离成熟期还有多远，我们现在不能下定论。但是在这个过程中，机遇和挑战并存，我们希望期刊移动阅读能伴随着移动互联网的迅速发展快速成长起来，成为引导大众文化消费的一个重要力量。

（作者张聪为北京印刷学院新闻出版学院博士、院长助理，宋宁、刘晓宇为北京印刷学院硕士研究生）

龙源期刊用户行为特征的变与不变

程 迪 韩 婷 陈 丹

用户阅读行为是企业以及各杂志社数字化发展的风向标,相关的研究对整个互联网领域也有着重要意义。2014 年是龙源期刊网 TOP100 相关数据的第十次发布,本文根据 2005—2014 年龙源期刊网的阅读排行数据,分析用户阅读行为的变与不变,以期为我国数字阅读的营销推广提供更好的参考。

一、从十年期刊排行看龙源期刊用户行为特征的变化

(一)搜索关键词发生了变化

定位为华文世界最大数字杂志超市的龙源期刊网,有着丰富的内容资源和强大的搜索功能。读者可通过网站的高效关联性搜索,在近 60 万册中文期刊与亿万篇文章中,搜寻自己需要的内容,按篇计费。

以时间为线索,分析 2006 年至 2014 年龙源期刊 TOP100 检索关键词。如图 1 所示,《读者》《青年文摘》《意林》等知名品牌对网民吸引力较大,同时与《读者》《青年文摘》等签约的作家对网民的吸引力也比较大,读者追着品牌来到网上,特别是 2008 年、2009 年、2010 年这三年,网民通过搜索知名刊物及作家姓名进入龙源期刊网的比重逐渐达到一个高峰。

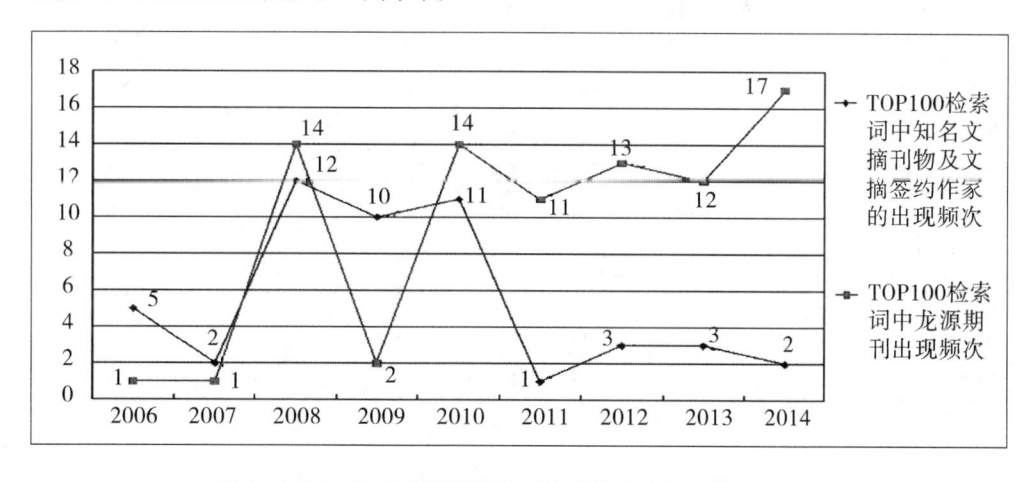

图 1 2006—2014 龙源品牌与刊物品牌引流网民情况对比图

2010年之后，随着龙源期刊网的影响力逐步增强，通过搜索龙源品牌进入龙源期刊网的比重快速增长。在龙源发布的2014 TOP100关键词中，"龙源期刊"的条目数是2006年相应条目数的17倍。即用户在各种搜索引擎中，更多地采用直接输入"龙源期刊网""龙源期刊网首页""www.qikan.com""龙源期刊免费入口""longyuan"汉语拼音等与龙源期刊网直接相关的关键词，到达龙源页面。

可见，随着时间的推移，龙源这一期刊集成平台的品牌知名度在逐年提高，当用户有阅读需求时往往能想到龙源期刊，用户的搜索兴趣由具体刊物向龙源这个集成品牌转移，也说明现在的读者更多关注阅读的具体内容、关注内容平台上一篇篇的文章，而不仅仅是关注以刊为单位的整体，数字阅读的碎片化趋势加强。

（二）用户对内容关注度产生了变化：特别突出的是对文学文摘关注度稳中有降，对时事政治关注度日益增长

根据2014年龙源公布的国内期刊TOP100数据，笔者总结了2005—2014十年间每年各类期刊所占百分比，如表1所示。国内期刊TOP100数据直接反映了用户对龙源期刊网期刊内容的关注程度，体现出用户的喜爱和偏好。其中，用户对龙源期刊的一些精品内容表现出极大的关注。首先，文学文摘类杂志在过去的10年间一直是多数用户关注的焦点，2005—2014十年期间，文学文摘类杂志有6年在国内TOP100中所占百分比超过30%，甚至在2011年占比高达39%，这说明了文学文摘类杂志在国内阅读TOP100排行期刊中占有重要地位。其次，龙源用户对于时政综合类、教育类、商业财经类期刊关注度呈上升趋势。而文学文摘类期刊虽长期被用户关注，但从历年占比方面考察呈下降趋势（见表1和图2）。

表1 2005—2014龙源网各类期刊在国内TOP100中所占百分比

年份	时政综合	教育	文学文摘	商业财经	生活家庭	时尚娱乐	人文科普	党建法制	数码	专业（医学、会计、学术等）
2014	25%	10%	20%	15%	13%	4%	6%	2%	3%	2%
2013	18%	5%	31%	19%	9%	3%	5%	0	2%	8%
2012	20%	7%	16%	17%	10%	4%	8%	2%	10%	6%
2011	13%	3%	39%	18%	13%	5%	5%	0	1%	3%
2010	7%	8%	28%	22%	11%	6%	5%	2%	6%	5%
2009	9%	6%	35%	12%	10%	4%	8%	2%	8%	6%
2008	6%	6%	26%	14%	13%	6%	10%	3%	7%	9%
2007	6%	1%	30%	19%	17%	8%	10%	2%	4%	3%
2006	8%	0	36%	8%	20%	8%	11%	1%	4%	4%

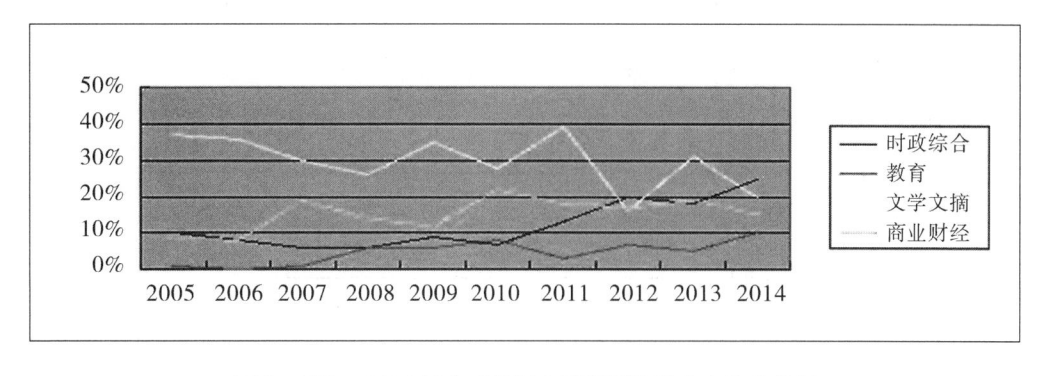

图2　2005—2014 用户对龙源各类期刊关注度变化趋势图

2014年时政综合、文学文摘、商业财经类杂志在国内 TOP100 期刊中仍占重要地位。时政综合类杂志增幅最大，继 2012 年后再次成为占比最大的杂志类别，这表明，人们关心新闻时事、国家大事，政治意识和权利意识逐步增强。

（三）付费情况一直在变化：用户付费阅读总量逐年增长，付费比率稳中有增

分析龙源期刊国内阅读 TOP100 期刊的历年数据可知，付费阅读群体总量逐年增长，同时付费比率略有增长。既体现了龙源期刊网良好的发展态势，也反映出网民付费意识的渐趋加强。2014 年国内 TOP100 排行期刊的总付费阅读量是 2005 年的 TOP100 期刊总付费阅读量的 28 倍多。

（四）阅读路径不断变化：由 PC 端向以手机为代表的移动端转移

易观国际《中国移动阅读用户研究报告》显示，截至 2013 年年底，移动阅读活跃用户达到 4.9 亿人。2013 年中国移动阅读市场规模较 2012 年增长 80.1%，达到 62.5 亿元。2013 年手机阅读应用的使用率仅次于手机即时通信、手机搜索、手机音乐。移动阅读成为继 PC 互联网之后，期刊在互联网传播中的另一个重要渠道。

龙源期刊网的移动阅读入口主要表现在三个方面，一是龙源与中国移动、中国联通、中国电信三大运营商合作，在他们的平台上推广营销的龙源期刊；二是依靠龙源自身的技术创新推出的手机龙源网；三是龙源在苹果商店开设的"龙源刊店"及使用龙源开发的客户端的单刊应用。分析这三方面的移动阅读数据发现，龙源用户的移动阅读以手机阅读为主导，从 2011 年到 2014 年手机阅读一直占据移动阅读的主导地位，其点击量在几十万次以上，远远超过 iPad 期刊下载量。由图3 可见，近年来龙源期刊网的手机阅读增长迅速。

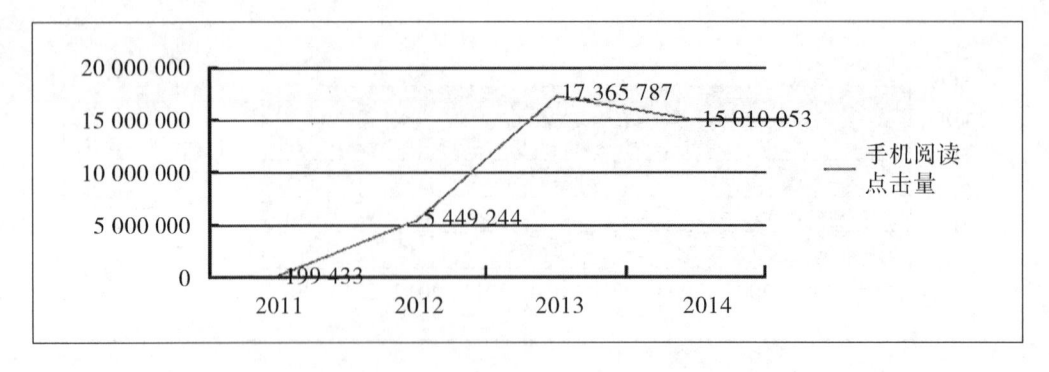

图3 2011—2014手机阅读TOP10期刊点击量变化图

二、龙源期刊用户行为的不变特征

（一）用户阅读目标明确，多直接搜索刊名、人名

整理2006年至2014年九年的龙源TOP100关键词。关键词是指网民根据其自身需求，通过各大搜索引擎查找相关内容时输入的语词。用户往往是在各大搜索引擎上进行搜索后跳转到龙源期刊网上的，用户检索时输入的关键词便是用户搜索目标的直接体现。笔者在900条TOP关键词中筛选出891条有效关键词。其中，"人名"类80条（占9%），"刊名"类364条（占41%），两者合计高达50%。

（二）用户始终对精品内容保持较高的关注度

在龙源期刊的发展过程中，其用户始终对龙源期刊的精品内容保持较高的关注。分析"2005—2014年龙源网各类期刊在国内TOP100中所占百分比"可发现，十年间用户对知名刊物的需求始终较大，对精品内容的关注热情不减。如表2和表3所示品牌刊物始终位于每年度排行榜的前列。

表2 2005—2014龙源国内阅读TOP10期刊

排行	2014	2013	2012	2011	2010	2009	2008	2007	2006	2005
1	三联生活周刊	城市建设理论研究	电脑爱好者	三联生活周刊	电脑爱好者	青年文摘	青年文摘	青年文摘	新华文摘	新华文摘
2	读者	三联生活周刊	三联生活周刊	意林	考试周刊	电脑爱好者	意林	意林	当代	轻兵器
3	看天下	读者	看天下	今日文摘	新周刊	商场现代化	商场现代化	电脑爱好者	收获	当代

（续表）

排行	2014	2013	2012	2011	2010	2009	2008	2007	2006	2005
4	壹读	意林	南方人物周刊	南方人物周刊	轻兵器	南方人物周刊	电脑爱好者	新华文摘	青年文摘（红）	世界知识
5	南方人物周刊	故事会	电脑迷	看天下	中国新闻周刊	意林	中国新闻周刊	婚姻与家庭	青年文摘（绿）	爱情婚姻家庭
6	南都娱乐周刊	电脑爱好者	意林	青年文摘（彩版）	青年文摘	中国新闻周刊	领导文萃	中国新闻周刊	意林	北京文学
7	财经	看天下	读者	中国新闻周刊	商场现代化	收获	考试周刊	财经	电脑爱好者	海外文摘
8	中国新闻周刊	考试周刊	党建	南都周刊	南方人物周刊	南风窗	商业时代	棋艺	轻兵器	南风窗
9	电脑爱好者	财经	大众摄影	中国经济周刊	意林	人生与伴侣	新华文摘	人生与伴侣	北京文学	青年文摘（红）
10	新民周刊	读者·校园版	中国新闻周刊	青年文摘	南风窗	考试周刊	人生与伴侣	轻兵器	十月	收获

表3　2005—2014 龙源国内阅读 TOP10 期刊连续上榜 TOP100 排行次数

刊名	青年文摘（彩版）	电脑爱好者	意林	中国新闻周刊	南方人物周刊	三联生活周刊	读者	看天下	考试周刊	轻兵器
连续上榜次数	9	8	8	7	5	4	4	4	4	4

三、龙源用户行为特征对内容数字化传播的启示

（一）适当开放限免，增强用户黏性

虽然目前龙源期刊网的用户数量与浏览次数增幅较大，但是多数新用户只是处在体验与观望的阶段，新访客的人均浏览页数和平均访问时长只有老访客的一半左右，跳出率也比老访客高出了12.4%，用户黏性较低。深层原因，还是受众付费阅读习惯尚未养成的问题。或许通过限时免费活动、适当开放部分免费杂志或文章等方法，可以让读者有机会对杂志风格、水准有全面的了解，提升用户阅读的使用体验，从而提升付费比率、增强用户黏性。据了解，龙源网 APP（获 2013 中国出版政

府奖）首页文章已经在通过免费吸引用户，但是在杂志层面仍然是付费形式，这对于保护正版授权人的积极性的确是应该坚持的。

（二）注重个性营销，开发潜在市场

一方面，针对目前用户比较集中的区域，深挖经济较发达城市用户的阅读需求，注重口碑营销，并形成品牌效应，继续积累品牌优势；另一方面，想办法扩大在欠发达城市的用户群，充分开发潜在市场。可考虑以发展机构用户为切入点，再向个人付费用户迈进。还可有选择地针对偏远地区、少数民族地区开展免费使用等受众体验活动。这样既有助公益，又提升了品牌的知名度和美誉度。

据了解，龙源期刊目前正在推广期刊社的微信营销的综合方案，协助期刊社个体利用微信订阅号的方式进行营销推广。微信作为一个新崛起的大众平台，必将成为期刊借船出海的优质推广渠道。

（三）优化时政内容，满足网民需求

数据显示，龙源用户对时事政治关注度日益增长：时政杂志2012年之后再一次超过文学文摘类杂志，成为龙源TOP100期刊中占比最大的杂志类别；杂志作为社会热点的沉淀性报道，还是有其独到的阅读价值，受到读者的青睐。龙源发布的10年TOP100关键词中，有关政治社会热点的搜索词有132个，占13.2%。

大量网民对政治热点保持极高的关注，若龙源平台的内容可以满足他们，那么由搜索引擎流入的网民便会停留下来，并有可能转化为付费用户甚至成为忠实用户。因此，优化时政内容、更好地满足用户这方面的需求，是期刊开发新用户的好途径。

（四）发挥内容优势，明确品牌定位

期刊一定要以内容优势为基石，把内容做精做大，充分发挥期刊品牌的影响力。另一方面，数字内容服务平台需要明确品牌定位。以龙源期刊为例，需要明确其电子期刊超市的定位，发挥好数字内容平台的作用，对各自分散的刊物和篇章进行有机整合，尽可能满足受众对内容的多样化需求，增强和优化用户体验，进而在受众心中树立起明确的品牌形象。当用户有阅读需求时，第一个想到的就是龙源期刊，想读期刊了，便首选在龙源期刊网上进行查阅。如能达到这样的境界，龙源的市场影响力和品牌价值便会得到前所未有的提升。

（五）了解用户特征、优化推广渠道、增进付费营收

随着移动互联网的兴起与广泛应用，数字内容企业面对着更为海量的用户和用户行为，如何抓住有效用户，将合适的内容传递给相应的受众就显得尤为重要。而解决这一问题，或许可从了解用户特征，优化推广渠道，进行精准营销入手。

相比起PC互联网时代，当今移动互联网用户的人口属性特征更加便于明确。

同时，越来越多的用户在跨屏使用互联网，因此，我们可以通过分析用户的跨网行为数据，来明确用户特征。包括年龄、性别、教育程度、地域等人口属性维度的特征，以及个人偏好、消费兴趣、产品喜好等行为特征。应力图精准地分析、描述目标群体的阅读消费行为、生活形态和媒体接触习惯等，为优化推广渠道和和制订更为有效的广告计划提供便利。

总之，要在充分了解用户特征的基础上创新表现形式，使得推广渠道精准化，为不同的用户群量身定做属于它们的文化盛宴。

（作者依序为北京印刷学院出版学硕士；北京印刷学院传播学学士；北京印刷学院新闻出版学院执行院长，龙源期刊网络传播中心专家委员）

【2013】

2013 公共文化服务体系中龙源期刊影响力解析

祝兴平

建设覆盖全社会的公共文化服务体系，是党和国家提出的全面建设小康社会的重要目标之一。而以数字化技术为支撑，以文化共享工程、数字图书馆推广工程和公共电子阅览室建设计划三大数字文化惠民工程为主体，以打造基于新媒体的服务新业态为目标，努力构建内容丰富、技术先进、覆盖城乡、传播快捷的公共数字文化服务体系是其关键。

在数字化阅读业已成为国民重要文化消费方式和学习生活方式的今天，期刊媒体的数字化阅读已成为重要的资源版块。拥有3 400家合作期刊社和强大期刊数据库的数字化内容提供商龙源期刊网，自2005年起连续发布中文期刊国内、海外数字化阅读TOP100年度排行榜单。研读龙源新近出炉的2013年度期刊数字化阅读各项TOP100排行数据，发现创新亮点迭出，其中按不同市场不同受众的阅读结果推出的系列榜单，分公共图书馆、高等院校、基础教育、党政机构、企事业单位、农家书屋等公共文化服务系统不同用户的影响力期刊排行，是今年最大的亮点。由此期刊媒体数字化传播的基本规律和不同受众群体数字化阅读的基本特点更加清晰，这对把握大众阅读的演变态势，期刊产业的内容生产、品牌构建、数字化转型，数字期刊用户总结评估所购数字化资源的使用效果、推动和改进受众服务以及国家公共数字文化服务体系的建设和优化，都具有重要的意义与价值。

一、公共图书馆期刊数字化阅读现状

纵向比较龙源历年发布的各类数字化阅读排行榜单，可以清楚地发现，2013年度国内公共图书馆数字化阅读TOP100期刊名录与往年相比，存在较大的重合度。也就是说，以往受公共图书馆读者青睐的期刊，本年度同样普遍受关注。这表明一方面，高质量的品牌期刊，在数字化阅读市场上地位相对稳固；另一方面，公共图书馆这种典型机构用户数字化阅读的口味和取向，也相对稳定和容易把握。

如果单独分析 2013 龙源期刊国内公共图书馆数字化阅读 TOP100 排行榜单，可以发现，上榜期刊主要是财经商业、文学文摘、时政人物、生活、专业刊物、教育与学习等几个大类。其中，入选的商业类期刊有 24 家，占总量的 24%，文学文摘类期刊占总量的 22%，时政人物类期刊占总量的 18%，专业刊物占总量的 15%，生活类期刊占总量的 13%，教育与学习类期刊占总量的 6%。这表明，国内公共图书馆受众的阅读兴趣比较广泛，但阅读率最高的是财经商业类和文学文摘类（二者占比近 50%），时政人物类、生活类和专业类刊物也有不俗的表现。

不仅如此，如果横向比较 2013 国内公图数字化阅读 TOP100 排行和 2013 国内个人付费阅读 TOP100 排行两份榜单，可以发现二者上榜期刊的重合度高达 46%。也就是说，近半数期刊是公图和个人付费阅读 TOP100 排行榜单的"双栖"期刊，这些重合的"双栖"期刊主要集中分布在时政人物、文学文摘、生活、商业四个大类中，四类期刊分别所占"双栖"期刊的比例为 28.3%、28.3%、17.4% 和 17.4%。这说明，大众化的、普遍受到各类受众欢迎的期刊主要集中分布在这几个类别中，这和原貌版纸质原刊的状况大体一致。

表1 2013 国内公共图书馆、个人付费阅读 TOP20 比较

2013 国内公共图书馆阅读 TOP20 期刊				2013 国内个人付费阅读 TOP20 期刊			
排名	刊名	刊期	期刊类别	排名	刊名	刊期	期刊类别
1	三联生活周刊	周刊	时政人物	1	三联生活周刊	周刊	时政人物
2	电脑爱好者	半月刊	商业	2	电脑爱好者	半月刊	商业
3	大众摄影	月刊	生活	3	看天下	旬刊	时政人物
4	中国周刊	月刊	时政人物	4	故事会	半月刊	文学文摘
5	看天下	旬刊	时政人物	5	漫画世界	周刊	生活
6	意林	半月刊	文学文摘	6	大众摄影	月刊	生活
7	财经	旬刊	商业	7	读者	半月刊	文学文摘
8	销售与市场·商学院	月刊	商业	8	意林	半月刊	文学文摘
9	故事会	半月刊	文学文摘	9	轻兵器	半月刊	生活
10	当代	双月刊	文学文摘	10	南方人物周刊	周刊	时政人物

(续表)

2013 国内公共图书馆阅读 TOP20 期刊				2013 国内个人付费阅读 TOP20 期刊			
排名	刊名	刊期	期刊类别	排名	刊名	刊期	期刊类别
11	十月	双月刊	文学文摘	11	第一财经周刊	周刊	商业
12	—	—	—	12	兵器知识	月刊	生活
13	伴侣	月刊	生活	13	财经	旬刊	商业
14	看世界	半月刊	时政人物	14	壹读	双周刊	时政人物
15	考试周刊	周刊	教育与学习	15	中国周刊	月刊	时政人物
16	啄木鸟	月刊	文学文摘	16	南都娱乐周刊	周刊	生活
17	理财周刊	周刊	商业	17	博客天下	旬刊	时政人物
18	南风窗	双周刊	时政人物	18	南都周刊	周刊	时政人物
19	南方人物周刊	周刊	时政人物	19	新民周刊	周刊	时政人物
20	南都周刊	周刊	时政人物	20	读书	月刊	生活

国内个人付费数字化阅读 TOP100 排行，这是国民个体真正自我买单付费阅读的期刊数据，能够较好地反映公众的阅读取向以及个人用户真实的市场需求。2013 国内个人付费阅读 TOP100 上榜期刊在种类上与公共图书馆基本重合，只是各自占比有所不同。其中，生活类期刊占 37%，文学文摘类占 20%，商业类占 18%，时政人物类占 17%，教育与学习类占 7%，文化类占 1%。比较发现，在公共图书馆中最受欢迎的是财经商业类期刊（占总数的 24%），因为习惯使用公图资源的读者，社会经济地位和知识文化水平相对高端，管理层和精英知识分子相对集中，经营管理、投资理财的意愿相对较高，而个人付费用户多数是熟悉和常用新媒体的时尚年轻人，比较注重生活质量和个人化的生活方式，因此在阅读中更青睐的是生活类期刊，它们占上榜期刊的 37%（近 1/4）；专业类刊物在公图读者中较有市场（占比 15%），个人用户则基本不感兴趣；文化类期刊在个人用户中拥有一定的读者（占 1%），而公图中基本无人问津；上榜种类重合的文学文摘类、时政人物类和教育与学习类期刊在两份榜单中表现得半斤八两，旗鼓相当，这些类型的期刊一直是各类期刊阅读市场广受欢迎的常青树，它们在今年的排行榜单中依然表现突出。

如果再横向比较国内和海外公共图书馆两份榜单，同样能够发现一些不同点。从海外公图上榜期刊种类来看，生活类占 41%，文学文摘类占 26%，商业类占

15%，时政人物类占 14%，专业刊物占 2%，文化类占 2%。

表 2　2013 国内、海外公共图书馆数字化阅读影响力期刊 TOP20 比较

2013 国内公图阅读 TOP20 期刊				2013 海外公图阅读 TOP20 期刊			
排名	刊名	刊期	期刊类别	排名	刊名	刊期	期刊类别
1	三联生活周刊	周刊	时政人物	1	当代	双月刊	文学文摘
2	电脑爱好者	半月刊	商业	3	大众摄影	月刊	生活
3	大众摄影	月刊	生活	4	电脑爱好者	半月刊	商业
4	中国周刊	月刊	时政人物	5	北京文学·中篇小说月报	月刊	文学文摘
5	看天下	旬刊	时政人物	6	十月	双月刊	文学文摘
6	意林	半月刊	文学文摘	7	啄木鸟	月刊	文学文摘
7	财经	旬刊	商业	8	数码摄影	月刊	商业
8	销售与市场·商学院	月刊	商业	9	三联生活周刊	周刊	时政人物
9	故事会	半月刊	文学文摘	10	兵器知识	月刊	生活
10	轻兵器	半月刊	生活	11	摄影世界	月刊	生活
11	当代	双月刊	文学文摘	12	大众电影	半月刊	生活
12	兵器知识	月刊	生活	13	轻兵器	半月刊	生活
13	十月	双月刊	文学文摘	14	农业工程技术·温室园艺	月刊	专业刊物
14	航空知识	月刊	生活	15	伴侣	月刊	生活
15	看世界	半月刊	时政人物	16	微型计算机	半月刊	商业
16	考试周刊	周刊	教育学习	17	北京文学	月刊	文学文摘
17	伴侣	月刊	生活	18	故事林	半月刊	文学文摘
19	理财周刊	周刊	商业	19	南都周刊	周刊	时政人物
20	南风窗	双周刊	时政人物	20	婚姻与家庭·社会纪实	月刊	生活

就上榜期刊种类而言，国内公图读者的兴趣相对比较广泛和多样，其中他们最感兴趣的是财经商业类和文学文摘类，二者相加占到总数的 46%；海外公图读者最

青睐的是生活类和文学文摘类（二者相加占到总数的67%），特别是生活类竟占到总数的1/4强，这和国内公图存在较大的差异（国内公图仅占13%）。此外，国内公图读者对专业性较强的专业类刊物和教育与学习类刊物也比海外读者更感兴趣，海外公图读者对中文专业类期刊和中文教育教学类刊物，基本不太关注，相反，国内读者不太感冒的中文文化类刊物，海外读者则表现出一定的阅读兴趣。

二、党政机关、企事业单位期刊数字化阅读现状

入选党政机关 TOP100 排行榜单的期刊，就其种类而言，时政人物类占22%，文学文摘类占20%，商业类占14%，生活类占38%，专业类刊物占5%，教育与学习类占1%。除了常青藤型的生活和文学文摘类以外，占比最大的是时政人物类，榜单排名前两位的《三联生活周刊》《公务员文萃》都是此类期刊，《公务员文萃》《领导文萃》《党建》《法制与社会》《领导之友》《党政干部学刊》等"红色"期刊赫然在列，无不体现出"党政"的色彩，即令是排名相当靠前的文学文摘类期刊《啄木鸟》，其实也是公安部主管的刊登警事题材的文学刊物，多刊载一些纪实性很强的报告文学，在党政机关读者中颇具影响力。可见，这些期刊都折射出该领域读者的职业诉求，他们的阅读兴趣具有突出的读者职业的综合特征。

表3 2013党政机关、企事业单位数字化阅读影响力期刊 TOP20 比较

2013 党政机关数字化阅读 TOP20 期刊			2013 企事业单位阅读 TOP20 期刊		
排名	刊名	刊期	排名	刊名	刊期
1	三联生活周刊	周刊	1	财经	旬刊
2	公务员文萃	月刊	2	英才	月刊
3	故事会	半月刊	3	环球企业家	半月刊
4	读者	半月刊	4	三联生活周刊	周刊
5	啄木鸟	月刊	5	商界	月刊
6	当代	双月刊	6	证券市场周刊	周刊
7	电脑爱好者	半月刊	7	创业邦	月刊
8	领导文萃	半月刊	8	中国企业家	半月刊
9	同舟共进	月刊	9	创业家	月刊
10	理财周刊	周刊	10	中外管理	月刊
11	中国周刊	月刊	11	南都周刊	周刊
12	世界知识	半月刊	12	财经国家周刊	周刊
13	看天下	旬刊	13	销售与市场·管理版	月刊

(续表)

2013 党政机关数字化阅读 TOP20 期刊			2013 企事业单位阅读 TOP20 期刊		
排名	刊名	刊期	排名	刊名	刊期
14	读书	月刊	14	董事会	月刊
15	国家人文历史	半月刊	15	中国市场	周刊
16	北京文学·中篇小说月报	月刊	16	财经界	月刊
17	小小说月刊·下半月	月刊	17	商界评论	月刊
18	父母必读	月刊	18	经理人	月刊
19	党建	月刊	19	商业时代	旬刊
20	财经	旬刊	20	现代出版	双月刊

就国内企事业单位的情况而言，入选 2013 国内企事业期刊阅读 TOP100 排行的近半数（48%）是财经商业类期刊，这些期刊和企事业单位读者所从事职业的性质比较贴近，因此这种较高的占比很好理解。但有个现象比较特别，那就是，教学教育类期刊所占比例也较高。根据龙源 2013 年 6 月份的月份调查数据和排行榜单（见《出版参考》2013 年 6 月下），国内企事业单位数字化阅读 TOP20 期刊中，教育教学类期刊共有 7 种（《考试周刊》《读写算·教研版》《东方青年·教师（上半月）》《小作家选刊·教学交流（下旬）》《课程教育研究·新教师教学》《读写算·下旬刊》《新课程·教师》），占到 TOP20 期刊中的 35%。企事业单位读者为何关注教育教学类期刊呢？这是因为，这些企事业单位的干部、管理者、技术人员和各种白领，很多已经成家立业或已经为人父母，他们除了关注财经商业、科技网络、人文社科类刊物，谋求提升自身竞争能力、促进个人发展和职位升迁外，还特别关注子女教育，所以希望通过阅读与子女教育相关的教育教学类刊物，寻求能够帮助孩子、教育孩子、提升孩子学习能力和竞争能力的秘方和绝招。因此，此类期刊在企事业读者中阅读率较高，是一个重要的发现，教育教学类期刊的发行方向应该照顾到这个群体。

三、基础教育市场期刊数字化阅读现状

2013 龙源期刊基础教育机构数字化阅读影响力期刊 TOP100 排行榜单，基本集中在文学文摘（特别是文学故事类）、教育与学习、生活娱乐等几个大类中，其中，文学文摘类占 45%，生活类占 18%，教育与教学类占 27%，商业类占 3%，时政人物类占 3%，动漫游戏类占 1%，专业刊物占 1%，未分类占 2%。

表4 2013基础教育市场数字化阅读影响力期刊TOP20

排行	刊名	刊期	阅读量	期刊类别
1	故事会	半月刊	112 428	文学文摘
2	轻兵器	半月刊	97 935	生活
3	大自然探索	月刊	63 011	生活
4	电脑爱好者	半月刊	62 923	商业
5	小小说月刊·下半月	月刊	58 929	文学文摘
6	飞碟探索	月刊	57 028	生活
7	故事大王	月刊	50 266	文学文摘
8	意林	半月刊	46 744	文学文摘
9	读者	半月刊	43 277	文学文摘
10	时代影视	半月刊	42 733	生活
11	军事文摘	月刊	35 920	生活
12	读者·校园版	半月刊	34 405	文学文摘
13	百科知识	半月刊	31 248	生活
14	中小学教学研究	月刊	20 861	教育与学习
15	民间故事选刊·上	月刊	17 443	文学文摘
16	创意世界	月刊	16 349	商业
17	音乐周刊	—	—	—
18	今古传奇	—	—	—
19	中学生博览	—	—	—
20	意林·少年版	—	—	—

在中小学基础教育机构期刊数字化阅读市场上，读者的兴趣比较集中，基本只涉及文学文摘类、教育与教学类和生活类，三者相加占到了上榜总数的90%。这表明，国内基础教育机构期刊受众的阅读兴趣相当集中。特别是占比最大（45%）的文学文摘类期刊（主要是文学故事类），其受众主要是国内基础教育机构里的中小学生，他们对文学故事类期刊表现出很强的兴趣，由于年龄普遍较小，一般都比较喜欢故事类的期刊（《故事会》以11万的阅读量荣登榜首便是明证）。同时，由于年轻、时尚、普遍熟悉网络、手机等新媒体的使用，因此文学故事类期刊占比突出，这也从一个侧面反映出青少年才是真正网络阅读的一代。

榜单占比第二位的是教育与教学类期刊，这个27%的占比主要是国内基础教育教师们的贡献，他们比较重视教学技巧、教育理论和技术等方面知识的学习和了解，用于自身充电提高。

中国的基础教育机构是一个庞大的阅读市场，3 亿左右中小学生的市场容量是任何有抱负的出版企业无法无视和忽略的。与此同时，庞大的中小学教师队伍也是期刊阅读市场的一支劲旅。

四、国内、海外高校期刊数字化阅读现状

2013 龙源期刊国内高校数字化阅读影响力期刊 TOP100 排行，文学文摘类占 25%，生活类占 25%，财经商业类占 22%，时政人物类占 18%，专业刊物类占 3%，教育与学习类占 6%，文化类占 1%。从刊期分布来看，月刊占 41%，半月刊占 28%，周刊占 13%，旬刊占 14%，双周刊占 2%，双月刊占 2%。可见，刊期以月刊和半月刊为主，二者占据总量的 69%。

对比 2013 龙源期刊海外高校数字化阅读 TOP100 榜单，可以发现，期刊种类分布有别于国内高校，其中财经商业类占 34%，生活类占 19%，专业刊物占 19%，文学文摘类占 12%，教育与学习类占 3%，时政人物类占 8%，文化类占 5%。

表 5　2013 国内和海外高校数字化阅读影响力期刊 TOP20 比较

2013 国内高校阅读 TOP20 期刊				2013 海外高校阅读 TOP20 期刊			
排名	刊名	刊期	期刊类别	排名	刊名	刊期	期刊类别
1	电脑爱好者	半月刊	商业	1	英才	月刊	商业
2	三联生活周刊	周刊	时政人物	2	证券市场周刊	周刊	商业
3	看天下	旬刊	时政人物	3	历史学家茶座	季刊	生活
4	故事会	半月刊	文学文摘	4	Beijing Review	周刊	专业刊物
5	大众摄影	月刊	生活	5	China Weekly	月刊	专业刊物
6	财经	旬刊	商业	6	商情	周刊	商业
7	中国周刊	月刊	时政人物	7	思维与智慧·上半月	月刊	文学文摘
8	考试周刊	周刊	教育学习	8	读书	月刊	生活
9	意林	半月刊	文学文摘	9	CHINA TODAY	月刊	专业刊物
10	南方人物周刊	周刊	时政人物	10	Caixin – China Economics & Finance	月刊	专业刊物
11	轻兵器	半月刊	生活	11	地理教育	月刊	教育学习
12	南都娱乐周刊	周刊	生活	12	昆明航空	月刊	生活

（续表）

2013 国内高校阅读 TOP20 期刊				2013 海外高校阅读 TOP20 期刊			
排名	刊名	刊期	期刊类别	排名	刊名	刊期	期刊类别
13	南风窗	双周刊	时政人物	13	电脑爱好者	半月刊	商业
14	第一财经周刊	周刊	商业	14	财经	旬刊	商业
15	看世界	半月刊	时政人物	15	现代家庭	月刊	生活
16	中国青年	半月刊	时政人物	16	汽车之友	半月刊	生活
17	商场现代化	旬刊	商业	17	财经界·学术版	半月刊	商业
18	当代	双月刊	文学文摘	18	21世纪商业评论	双周刊	商业
19	今日文摘	半月刊	文学文摘	19	兵器知识	月刊	生活
20	今古传奇·武侠版	旬刊	文学文摘	20	北京文学·中篇小说月报	月刊	文学文摘

比较国内和海外高校两份榜单，可以发现，国内、海外高校用户的期刊阅读存在较大的差异。首先，就阅读兴趣而言，国内高校读者最感兴趣的是文学文摘类，海外高校最感兴趣的是财经商业类，这表明国内高校用户相对比较感性，海外高校用户相对比较理性、现实和讲求实用。社会上常有声音反映，国内不少大学生躲进象牙塔，不谙世事，走出校门，适应社会的能力很差。出现这种状况的原因有很多，但阅读面的选择也许是其中一个很重要的方面。

对比国内和海外高校阅读其他各类别期刊在榜单中所占比例，可以发现，国内高校时政人物类上榜比例比海外高出 10 个百分点，而海外高校专业期刊上榜比例比国内高出 16 个百分点，海外高校文化类期刊上榜比例也高于国内。这种阅读兴趣的差异性，也从一个侧面反映了国内高校读者重政治（热衷时政、人物）、轻技术（不重视专业）、轻人文（忽略文化）的特点。海外读者也更加"去政治化"、更加重视专业技术和了解中国文化。

五、农家书屋期刊数字化阅读现状

农家书屋是公共文化服务系统一个非常重要的组成部分，也是党和国家文化惠民工程和公共文化服务体系建设十分重要的一环。以龙源调查所得的天津农家书屋期刊数字化阅读 TOP100 排行作为个案和样本，可以推断我国农家书屋期刊数字化阅读的基本概况。

从上榜期刊（龙源 2013 年 10 月提供）的类别来看，综合文化类期刊最受欢迎，占上榜期刊总数的 19%，文学故事类占 16%，生活情感类占 11%，养生保健类占 11%，农业乡村类占 8%，时政新闻类占 8%，教育教学类占 7%，娱乐时尚类占 7%，商业财经类占 6%，社会科学类占 5%，职业职场类和体育健身类各占 1%。

表6 2013 天津农家书屋数字化阅读影响力期刊 TOP20

排行	刊名	刊号	阅读量	用户类别	期刊类别
1	读者	1005-1805	219 120	天津农家书屋	综合文化
2	故事会	0257-0238	95 401	天津农家书屋	文学故事
3	爱情婚姻家庭·生活纪实	1003-0883B	82 342	天津农家书屋	生活情感
4	感悟	1009-8798A	72 134	天津农家书屋	生活情感
5	意林	1007-3841	52 341	天津农家书屋	综合文化
6	大众健康	1002-574X	45 324	天津农家书屋	养生保健
7	东方女性	1007-7219	33 436	天津农家书屋	生活情感
8	保健与生活	1005-5371	32 428	天津农家书屋	养生保健
9	妇女生活	1002-7904	30 237	天津农家书屋	生活情感
10	作文通讯·锦瑟	1003-7357B	26 329	天津农家书屋	教育教学
11	北京文学	0257-0262	25 453	天津农家书屋	文学故事
12	视野	1006-6039	23 453	天津农家书屋	综合文化
13	新民周刊	1008-5017	22 809	天津农家书屋	时政新闻
14	小小说大世界	1817-1230	21 338	天津农家书屋	文学故事
15	今日文摘	1007-5186	19 543	天津农家书屋	综合文化
16	家人	1672-4674	18 790	天津农家书屋	生活情感
17	食品与健康	1004-0137	17 365	天津农家书屋	养生保健
18	父母必读	1000-727X	17 234	天津农家书屋	生活情感
19	大众电影	0492-0929	16 387	天津农家书屋	综合文化
20	故事林	1002-2554	15 346	天津农家书屋	文学故事

由此可见，和人们直觉差距较大的是，真正和农村直接相关的农业农村类期刊并没有成为农家书屋读者阅读量最高的期刊种类，综合文化类期刊成为阅读率最高的期刊种类（《读者》以近 22 万的阅读量荣登榜首），文学故事类、生活情感类和养生保健类这些常青树型的文学、生活类期刊也有不错的表现。在大城市里的国内和海外公共图书馆和国内、海外高校颇受欢迎的财经商业类期刊，在我国的农家书屋并没有太大的市场，这说明我国广大农村大量中青年外出城市打工，留守农村的人口年龄偏大、妇女居多、中小学生群体庞大，这些人群对经济、管理、商业方面知识和资讯的需求远低于城市。养生保健类期刊和生活情感类各占比 11% 说明，随

着中国经济、社会的快速发展,农村居民对养生保健、生活情感方面的知识需求正在不断产生。农家书屋的建设不应想当然地将重心放在科学种养和农业科学方面,综合性人文内容的提供起码是现阶段最大的需求。

六、公共文化服务系统机构用户期刊数字化阅读总体情况

2013国内机构用户龙源期刊数字化阅读影响力期刊TOP100总排行榜单,生活类占据总排行榜单的32%,财经商业类占23%,文学文摘类占22%,时政人物类占16%,教育与学习类占4%,专业刊物类占2%,文化类占1%。而海外机构用户TOP100总排行榜单中,生活类占40%,文学文摘类占27%,商业类占15%,时政人物类占14%,专业刊物类占2%,文化类占2%。

从统计数据来看,国内机构用户期刊阅读兴趣较海外广泛,上榜期刊种类多于海外,国内机构用户期刊阅读兴趣主要集中于生活类、财经商业类和文学文摘类三类;海外机构用户阅读兴趣主要聚焦在生活类和文学文摘类两类(两项占比67%,尤其生活类占40%)。国内机构较欢迎的财经商业类期刊海外机构要低出8个百分点,国内有一定市场的中文教育与学习类期刊海外基本不太关注。

这说明,国内、海外机构用户期刊数字化阅读市场的兴趣和关注点确实存在一定的差异。这些差异的存在,是国内期刊出版机构在内容生产和市场投放方面都有必要引起注意和重视的,也是国家在推进公共文化服务体系全覆盖的过程中,改善资源提供、更好地有针对性地满足需要可资参考的。

(作者为中央财经大学副教授、硕士生导师,龙源期刊网络传播研究中心专家委员)

优质内容移动阅读将进入快速成长期

张 聪

中国互联网络信息中心（CNNIC）发布的第三十二次《中国互联网络发展状况统计报告》显示，截至2013年6月底，我国网民规模达到5.91亿，手机网民规模达4.64亿，较2012年底增加4 379万人，网民中使用手机上网的人群占比提升至78.5%。手机成为新增网民第一来源，应用热点逐渐向手机端转移，成为第一大上网终端。在此形势下，通过与中国移动、中国联通、中国电信三大运营商合作，以及不断开发各种Pad版本和推出的独立手机阅读产品"龙源网"，龙源在点击量、下载量等各方面都持续增长，在移动阅读的赢利方面也有所增加。我们有理由相信随着移动互联网的迅速发展，传统期刊的数字化发展和基于期刊内容的移动阅读将会进入快速成长期，而随着移动支付的逐渐普及，传统期刊依靠移动阅读进行赢利指日可待。

一、2013年与三大运营商合作龙源期刊移动阅读对比分析

龙源于2009年开始分别与三大电信运营商合作，目前龙源期刊与之合作上线的有800余种。本文对2013中国移动、中国电信和中国联通期刊阅读TOP100榜中期刊类别进行了统计，据此研判分析这三大移动阅读平台用户的偏好异同。

由下面三个饼图可以看到如下两大特征。

（一）中国移动、电信、联通三大移动阅读平台用户都偏向文化故事类期刊

中国移动龙源期刊TOP100榜单中娱乐时尚、文学故事、情感生活类占到45%、综合文化和商业财经类各占16%，其余分配在另外五个类别中，中国电信龙源期刊阅读TOP100中，娱乐时尚、情感生活和文学故事加在一起占到62%、综合文化占12%；中国联通榜单中这类期刊的比例达到了63%。可以说文化故事类期刊在三大移动阅读平台上均占据了主流的地位，这说明中国移动、中国电信和中国联通三大移动阅读平台用户近半或超过一半喜欢阅读轻松休闲类的内容，中移动的读者也有13%关注综合文化，兴趣相较宽泛。

（二）三大电信运营商移动阅读平台的用户偏好存在差异

但三家平台的用户在其他期刊类别的选择上却不尽相同。从图1中国移动手机阅读期刊类别统计中可以看出，娱乐时尚类是仅次于文化故事类的中国移动用户最感兴趣的期刊类别。通过图2和图3能够发现，分别不同程度地对人文科普、养生保健、科技网络都有涉猎。出现这种差异可能与阅读平台的摘选和推荐有关。中国移动的阅读平台中共设6个分类推荐频道，分别是时尚、娱乐、新闻、生活、财经和军事，其中有2个频道属于娱乐时尚类。由于推荐力度强，用户的阅读偏好便往这个方向倾斜。

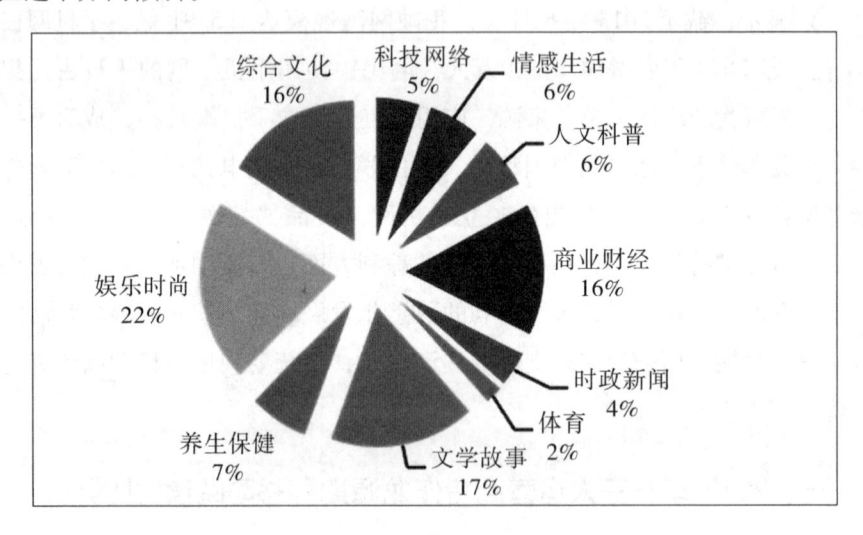

图1　中国移动龙源期刊阅读类别统计

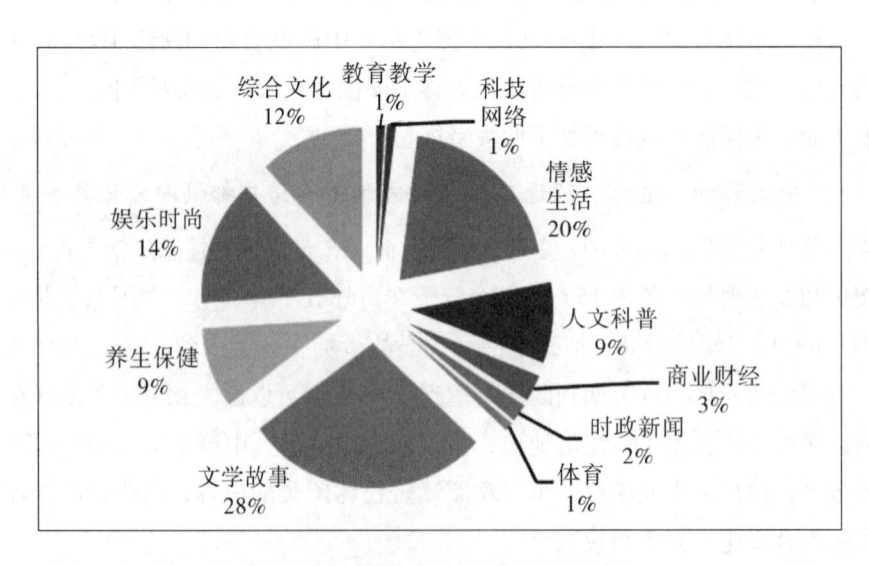

图2　中国电信龙源期刊阅读类别统计

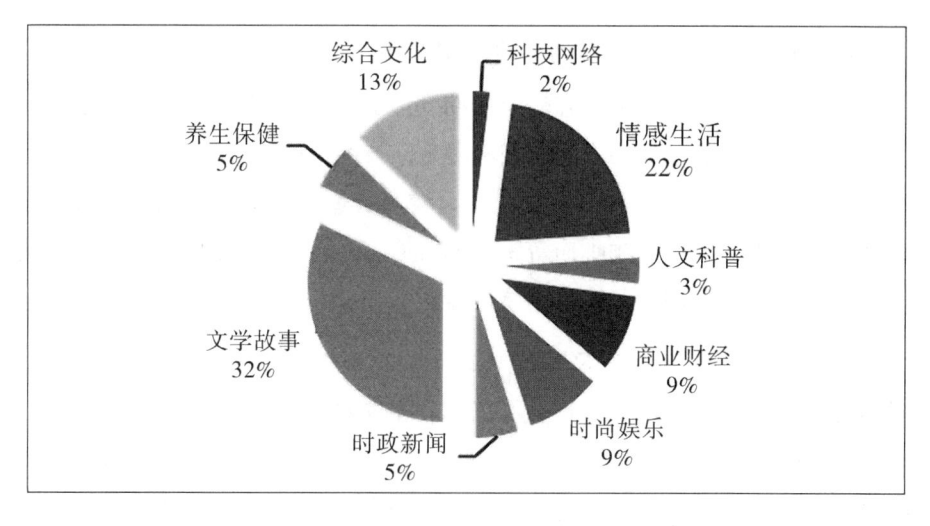

图3 中国联通期刊阅读类别统计

二、2013年平板杂志移动阅读榜单分析

2013年平板杂志的移动阅读数据主要来源于两个方面，一个是龙源提供免费客户端，期刊单个与苹果商店签约进入、所谓单刊APP订阅和下载量榜单，另一个是苹果商店店中店龙源"刊"店里的期刊订阅下载量的榜单。这两个榜单都可以为我们分析平板杂志的阅读情况提供借鉴。

排名	刊名（单刊APP下载量）	刊名（"刊"店订阅量）
1	三联生活周刊	读书
2	看天下	三联生活周刊
3	故事会	看天下
4	中国国家旅游	环球企业家
5	人力资源管理	钱经
6	环球人物	37°女人
7	财经文摘	中国国家旅游
8	看历史	恋爱婚姻家庭
9	IT时代周刊	中国新闻周刊
10	大众摄影	军事文摘

（一）平板杂志和手机移动阅读群体明显不同

从上表就可以看出，平板杂志的上榜期刊多为时政、经济、文化、旅游、时尚类的高端杂志，情感故事类杂志的比例不明显，与手机移动榜单上的杂志截然不同。平板杂志店用户多为为收入较高、文化层次较高、追求高品质生活的中青年群体。其阅读的场所也多为家中、咖啡店等需要有 Wi–Fi 信号支持的地方，对 APP 的品质、用户体验和精细化服务的要求也就更高。

（二）教辅类平板杂志前景广阔

在榜单中有一个明显特点，那就是学习类的杂志越发受到青睐。《初中生世界中考物理》《作文大王中高年级版》《我爱写作文》《初中生世界八年级物理》等，这些杂志的排名都比较靠前。这类杂志没有出现在手机移动阅读的榜单中，但是却有着独特的市场。教辅类期刊对于某些家庭来说是刚性需求，而且具有连贯性，必须进行订阅。另外，这样的期刊读者也追求严谨和质量。所以，教辅类期刊可以加大对平板杂志的投入，这一市场前景非常广阔。

（三）平板杂志阅读的订阅量和下载量还没有达到理想状态

在单个期刊 APP 下载量榜单中，排名第 1 的《三联生活周刊》的下载量仅 5 万多，还远远领先于第 2 名《看天下》的 3.8 万和第 10 名的《大众摄影》的 9 000 多，到第 100 名的《计算机世界》仅有 1 500 多。而在订阅量榜单中，排名第 1 的《读书》杂志不到 50，排名第 24 位的《中国经济周刊》不到 10，在 Pad 中订阅量排名第一的《三联生活周刊》平均每天的订阅量还不到五本。而像《父母必读》《英才》《花样盛年》《音乐周刊》这样的品牌杂志由于订阅量和下载量有限，2013 年已经下架，不再耕耘平板杂志这个领域。这和目前国内 iPad 的持有量相比，显然是非常不成比例的。有文章显示，根据 UC 浏览器在 Pad 上的下载量就拥有大概 1 500 万的用户①。而实际的持有量应该远远超过这一数字。相比平板杂志，人们可能更愿意订阅纸质杂志，这也从一个侧面反映，平板杂志的移动期刊阅读还不成熟，平板杂志的期刊移动阅读目前还处于艰难的探索期。

三、龙源网手机阅读 TOP100 与移动阅读的对比分析

在手机逐渐成为第一大上网终端的形势下，龙源除了与三大运营商合作外，还推出了自己独立的手机阅读产品——"龙源网"，并以龙源 4 000 种期刊数据库作为

---

① 数据来自《我为什么说 Pad 市场被低估了》，虎嗅网，2013—04—09，http：//www.huxiu.com/article/13292/1.html

内容来源，旨在实现用户的个性化阅读服务和更加优质的内容推广。为此，龙源网特设社会、科技、文史、生活和读者 5 个频道，龙源网的编辑依据频道类型对数据库中的期刊文章进行筛选，打破刊与刊间的界限，选取最优质的文章推荐给用户，并做到每日数次内容更新。除此之外，龙源手机网还为用户提供内容和期刊的分类检索，满足用户对内容和对刊物的不同需求。例如在龙源手机网中检索"小升初"，可以查看不同期刊关于这一内容的文章，这个功能实现了资源的碎片化和分类整合。

如图 4 龙源网手机阅读期刊类别统计所示，期刊各类别所占比例比较平均，呈现出阅读倾向的多元化和内容品种的丰富化的特点。其中商业（31%）、时政人物（20%）和生活（20%）是用户比较感兴趣的三大期刊类别。与上文分析得出的三大移动阅读平台的用户偏好时尚娱乐文化故事类期刊有明显区别。它表现出来的读者阅读的综合性，一方面是由于除龙源网在产品设计、内容推介上下了许多功夫，另一方面的原因可能是用户规模的问题。三大移动阅读平台拥有 5 亿多用户，如果龙源网有如此规模的用户，年轻人把故事和娱乐内容翻出来看，说不定轻松休闲类内容消费也会成为龙源网的重要部分。

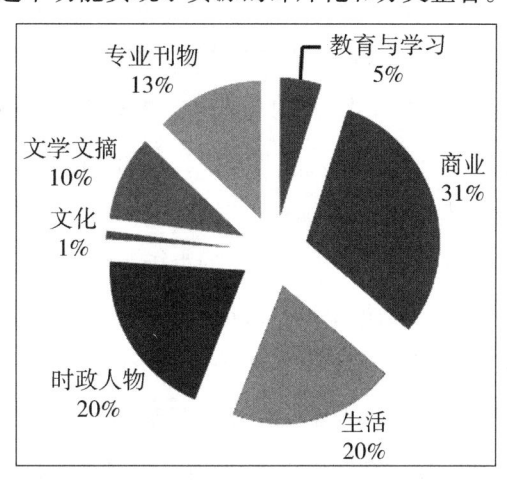

图 4　龙源网手机阅读期刊类别统计

四、期刊移动阅读未来发展趋势分析

通过上述对比分析，可以看出在 2013 年，移动阅读领域总体发展良好，期刊行业发展变化迅速，期刊阅读依然存在问题。以下一些趋势特点与方家共享。

（一）品牌期刊仍占据主要位置，发展前景广阔

在各类榜单中，占据主要位置的仍是品牌杂志，如《三联生活周刊》是国内最早开始进行移动阅读和数字化转型的大牌期刊之一，其新媒体已经包括了平板端、iPhone 手机端、Android 手机端、生活者社区、电子杂志、彩信手机报、电子专刊、节气刊等多种类型，并且在微博、微信公众平台等领域也造诣颇深。三联的新媒体战略几乎覆盖了数字媒体的全部方面，再加上其优质的内容，成熟的商业推广模式，使得杂志的影响力越来越大，赢利点越来越多。

（二）新兴期刊层出不穷，移动领域逐鹿中原

在移动阅读榜单中，一些期刊新秀增长迅速，并逐渐成为移动阅读的主流。像《壹读》《电脑爱好者》《博客天下》等创刊仅几年的杂志在各类榜单中也占据了较高位置，这得益于他们的定位准确、数字化发展程度较高。而原来在期刊 PC 网络阅读中显示出的"纸质影响力越大，网络阅读量越大"的趋势也逐渐变化，在移动阅读领域，各领风骚一两年的杂志也很多见。可以说是诸多新兴杂志一开始就走在了数字化转型的前端，一些传统杂志必须求新求变才能在移动阅读时代占有一席之地。

（三）个性化阅读和窄内容将成为移动阅读的主流

在智能手机的普及，移动阅读的消费群体的需求也会不断升级，更注重个性化阅读和窄内容的移动阅读将逐渐成为主流。虽然三低（低年龄，低收入，低水平）的阅读仍然占据了一定的市场，但是随着运营商和期刊社不断优化用户体验，更多的个性化阅读与专业期刊内容将不断增多。比如《中华养生保健》《时代金融》《音乐周刊》这样的小众杂志也在排名中显著提升。

（四）读者低龄化，移动阅读难抗低俗

随着新一代 00 后的成长，随身携带的电子产品作为阅读器替换原有的纸质书籍的趋势越发明显。越来越年轻的读者群体对于新技术产品的超强适应性，阅读兴趣也在不断转移。诸如《男生女生金版》《桃之夭夭 B 版》《飞》系列（《飞言情》《飞粉色》《飞魔幻》）《武侠故事》等更加适合年轻少男少女青春期得到心理满足的杂志获得了十分靠前的排名。鬼故事的惊悚，穿越言情小说的跌宕起伏，魔幻武侠小说的神功，外加华丽的图片明星又或者是八卦轶事等，都是能够迅速吸引住年轻读者眼球的杂志，再加上其内容符合大众的消费口味，迅速获得成功。

综上所述，期刊移动阅读已经进入了快速成长期，在这个时期，期刊社的核心竞争力仍然是品牌和优质的内容。这个成长期还有多长，离成熟期还有多远，我们现在不能下定结论。但是在这个过程中，机遇和挑战并存，我们希望期刊移动阅读能伴随着移动互联网的迅速发展快速成长起来，成为引导大众文化消费的一个重要力量。

（作者为北京印刷学院新闻出版学院院长助理、博士）

2013龙源期刊付费阅读TOP100文章数据分析

施勇勤 李明霞 王飞扬

随着数字技术的发展和各类智能终端产品的推广，数字阅读已经逐渐走入人们的日常学习和生活之中，阅读产品的数字化已经成为不可逆转的趋势。在此过程中，众多的技术提供商、内容集成商和发行运营商在数字发行和数字阅读市场开拓上发挥了巨大的作用。作为中文期刊数字阅读产业领头羊的龙源期刊网，是目前国内最大的中文期刊数字内容聚合商和平台运营商，现已获得4 200多家综合性人文大众类期刊的正版授权，长期以来一直积极推动传统期刊的数字化传播和数字阅读市场的推广。自2005年起每年向社会发布中文期刊国内、海外各类TOP100排行榜，在数字阅读市场的推广和期刊内容的数字化传播方面独树一帜，其TOP100排行榜已经成为期刊数字阅读和数字传播领域的风向标。

2013年度中文期刊数字阅读影响力期刊TOP100排行榜是自2005年以来第9次数据发布，为了见"森林"又见"苗木"，龙源同时推出了全网站数字阅读"TOP100文章"，分海外付费阅读TOP100文章、国内付费阅读TOP100文章、龙源网手机阅读TOP100文章三个榜单。本文将围绕这几个榜单，结合移动阅读的大趋势，重点梳理手机这一移动终端与PC端数字阅读的不同，手机网移动阅读如何体现了数字阅读的个性化和多元化的特点以及"长尾效应"。这些数据对把握期刊数字阅读市场的特点和变化、预测数字阅读的动向和趋势，都具有重要的意义。

一、品牌期刊独占数字阅读鳌头，数字化期刊长尾效应显著，内容创新是树立品牌的原动力

互联网内容资源长期以来被人看作是"免费的午餐"，传统出版要想通过网络PC端数字阅读获得市场利润往往是"理想很丰满，现实很骨感"。而龙源期刊经过多年的努力，搭建了期刊内容数字传播的平台，在付费数字阅读方面做了大量的探索性和开拓性的工作。在三个付费阅读TOP100文章中，上榜文章超过5篇的期刊分别为：国内榜为《三联生活周刊》《当代·长篇小说选刊》《当代》《十月》等。

而且这些排名靠前的期刊上榜文章数量也与后面的期刊有较大差距，比如海外阅读和手机阅读TOP100的前三名占据各自榜单的比例都在三成左右，而国内阅读更是接近五成左右。

表1 付费阅读TOP100上榜文章为3篇以上的期刊统计表

国内付费阅读TOP100文章		海外付费阅读TOP100文章		手机网阅读TOP100文章	
期刊名称	上榜篇数	期刊名称	上榜篇数	期刊名称	上榜篇数
三联生活周刊	17	当代	12	读者	19
当代·长篇小说选刊	15	当代·长篇小说选刊	10	壹读	7
当代	14	译林	6	南都娱乐周刊	5
十月	10	第一财经周刊	4	凤凰生活	4
北京文学·中篇小说月报	7	读者	3	看天下	4
译林	7	商界	3	南方人物周刊	3
读者	6	十月	3	看世界	3
看天下	6	收获	3	三联生活周刊	3
啄木鸟	6	—	—	—	—

表2 付费阅读TOP100上榜文章出版年份统计表

国内付费阅读TOP100文章		海外付费阅读TOP100文章		手机网阅读TOP100文章	
出版年份	上榜篇数	出版年份	上榜篇数	出版年份	上榜篇数
2009	1	1992	1	2009	1
2011	3	2005	1	2010	1
2012	46	2009	3	2012	44
2013	50	2010	5	2013	54
—	—	2011	7	—	—
		2012	29		
		2013	54		

在博思数据研究中心发布的《2011年中国杂志期刊十大品牌排行榜》中，《读者》位居榜首，中国邮政集团公司在2013年刊博会上发布的《2013年度报刊邮政发行排行榜100强》中，《读者》《三联生活周刊》《看天下》等杂志都位列其中。在龙源期刊的付费阅读排行榜中可以看到的是，《读者》《译林》《十月》《三联生

活周刊》《看天下》《当代》等在传统阅读领域早已被读者耳熟能详的品牌期刊，在数字阅读领域独占鳌头。由此可见，龙源期刊网以量化的客观数字示众，将传统期刊的品牌效应如何进行网络延伸与增值、进一步增加了阅读量、提升了品牌期刊的知名度演绎得淋漓尽致。

期刊的数字化传播可以呈现较为显著的长尾效应，我们对上榜文章的出版年份进行梳理，对2012年度以前往期发表的文章统计后发现，国内付费阅读TOP100榜单中，往期发表的文章占4%；手机TOP100榜单中，往期发表的文章占2%；但是海外TOP100榜单，往期发表的文章占17%，最早的文章是1992年发表的。从付费点击量排名上看，往期文章具有较高的付费点击率量排名，比如手机网阅读TOP100中的《"大保障"理念下的失地农民保障制度研究》（2010年）一文位列榜单第1名；海外付费阅读TOP100中的《弱势群体的安全感更需要保护》（2011年）一文位列榜单第2名，《"大保障"理念下的失地农民保障制度研究》（2010年）位列第5名。从付费阅读点击量上看，海外付费阅读的点击量占17.4%。

由此可见，数字期刊运营平台提供了一个扁平化的期刊文章展示空间，使得期刊文章的"铺货"范围更广，品种更多；更重要的是，该平台提高了往期文章的复用率，延长了期刊文章的生命周期，使得期刊的优质内容不会随着时间的流逝而黯然离场。只要是好文章并具有长效性，往期文章同样可以跟新版期刊的文章平分秋色，甚至拔得头筹，焕发异彩。

值得注意的是，一些知名品牌刊物如《三联生活周刊》《电脑爱好者》《故事会》《译林》《啄木鸟》《北京文学》，在龙源期刊发布的TOP100期刊排行中，大多已经连续9年上榜，并保持名列前茅的优势。但也有些多年来连续登榜的知名期刊，没能登上今年的排行榜。这种现象一方面反映了读者数字阅读需求的多变，另一方面也反映了数字阅读市场的竞争在数字阅读的运营平台上，"内容为王"将体现得更加明显，品牌和非品牌期刊都处在一个扁平状的起点线上，谁能跑得长、跑得远，要看谁家的文章质量好，谁家内容产品的生命周期长。因此，面对内容集成平台和数字阅读市场，对品牌期刊而言，一方面要对接数字平台和传播技术，进一步巩固并扩大了自身品牌的知名度、延伸品牌价值；另一方面要必须时刻保持警觉和活力，不断进行内容创新，满足读者日益多样化的阅读需求，提供优质的内容资源。无论是对品牌和非品牌期刊而言，数字内容集成平台都是一个能够体现"全渠道""全方位""全天候"的发行渠道，积极探索数字阅读市场，紧跟技术进步，在内容创新上多下功夫，就有希望走出一条品牌之路。

二、文学作品仍为主流阅读产品，手机终端带来阅读趋向多元化，国内、海外读者偏好有较大差异

根据对 2013 年国内阅读和海外阅读 TOP100 文章类别的统计，国内付费阅读由文学文摘（67%）、时政人物（26%）、商业（5%）、生活（2%）四个类别组成；海外阅读 TOP100 文章由文学文摘（53%）、时政人物（10%）、商业（29%）、生活（4%）、专业刊物（2%）、教育与学习（2%）这六个类别组成；龙源网手机阅读 TOP100 文章由文学文摘（32%）、时政人物（31%）、商业（12%）、生活（22%）、专业刊物（1%）、教育与学习（1%）、文化（1%）这七个类别组成。

在国内 TOP100 文章排行和海外 TOP100 文章排行中，文学文摘类期刊均超过五成，说明文学作品在阅读中占据主流地位，这不能不让文学工作者欢欣鼓舞。相比而言，文学文摘在手机网阅读中目前只占到了大约三成，剩下约七成被时政人物、生活和商业这三类所占据。由于手机阅读的便捷性，使得读者随时随地可以展开阅读，因而手机网阅读 TOP100 文章排行榜中涉及的文章乃至期刊的类别较为丰富、阅读的文章需求更加多样化。

同时，通过国内、海外 TOP100 文章横向比较发现，不同的文化差异对群体的阅读倾向具有一定影响。国内阅读 TOP100 文章内容类型比较单一，只有文学文摘、时政人物、生活、商业四大类。而海外阅读 TOP100 文章类型更为丰富，包括文学文摘、时政人物、生活、商业、教育与学习、专业刊物六大类。总体而言，海外受众的阅读口味更为丰富。同时，海外阅读兴趣存在较大差异：国内群体对时政人物的阅读兴趣远远高于海外群体，占到总阅读量 26%，海外仅占 10%；而在海外阅读中，商业财经类文章阅读占到了 29%，国内仅为 5%。

表 3 付费阅读 TOP100 文章类别与占比统计表

国内付费阅读 TOP100 文章		海外付费阅读 TOP100 文章		手机网阅读 TOP100 文章	
文章类别	占比%	文章类别	占比%	文章类别	占比%
文学文摘	67%	文学文摘	53%	文学文摘	32%
时政人物	26%	时政人物	10%	时政人物	31%
商业	5%	商业	29%	商业	12%
生活	2%	生活	4%	生活	22%
—	—	专业刊物	2%	专业刊物	1%
—	—	教育与学习	2%	教育与学习	1%
—	—	—	—	文化	1%

三、个人阅读与机构阅读 TOP100 文章的内容类型存在差异

数字阅读市场的 B2B 模式和 B2C 模式是两大传播渠道。龙源海外付费阅读 TOP100 文章排行榜中,个人付费阅读偏向于文学文摘类,也对时政人物类有所涉猎,而机构用户读者阅读偏向于商业、时政人物、教育与学习和专业刊物这四类,《销售与市场·成长版》的《终端铺货常见抗拒点化解》荣登 NO.1,就是以海外机构用户 5 944 次的点击量成就的。同时两者都涉及生活类期刊文章的阅读。

在国内付费阅读 TOP100 文章中,个人阅读和机构阅读在商业、生活、时政人物这三类上相差不多,但在文学文摘上个人付费阅读远高于机构用户阅读。国内阅读 TOP100 文章的头号文章是《当代》2012 年第 5 期的文章,个人用户付费阅读 1 881 次,机构用户只有 959 次。为什么会有这样的差别?由于龙源是个付费阅读网站,读者只有真正愿意看才付费去读,而好的文学作品是最能让读者慷慨解囊的。而机构用户方面,由于是机构买单,个人阅读时不需付费,读者阅读的宽泛性就显露出来了,有限的时间里,阅读的范围宽了,就不可能造成某一篇或某一个方面的内容份额太大。

值得注意的是,TOP100 的海外个人付费阅读总量为 7 933 次,机构付费阅读总量为 16 222 次,机构阅读总量是个人阅读量的 2 倍。而国内付费阅读市场的情况正好相反,机构付费阅读量为 27 716 次,而国内个人付费阅读量却高达 42 107 次,个人阅读是机构阅读量的 1.5 倍。从文章类型上看,海外个人付费阅读最多的是文学文摘类文章,其次是时政人物类文章;机构阅读量最多的是商业类文章,其次是文学文摘类文章。而国内个人阅读和机构阅读的文章类型是相同的,阅读量由高到低的顺序分别是文学文摘、时政人物、商业和生活类文章。

本年度的国内个人阅读市场要好于机构阅读市场,这可能跟国内读者比海外读者更了解龙源期刊网的品牌有关;同时也说明,海外个人阅读市场还有很大的空间,有待开发,也亟待期刊品牌在海外地区的树立。

四、手机移动阅读带来期刊数字化发展新机遇,将成为未来发展的主力军

随着移动互联网的迅猛发展,中国目前已成为全球最大的智能手机用户市场,越来越多的手机用户依赖于通过手机上网获取需要的信息。移动网络+数字内容+智能手机,给手机阅读市场的发展带来利好。龙源网络版手机阅读自 2012 年正式上线,至今已发展整一年,2013 手机付费阅读 TOP100 文章数据的发布,预示着手机移动终端阅读将成为未来期刊数字化发展的大趋势,同时也将带来数字阅读时代的一些新变化:

（一）手机移动阅读使期刊品牌效应相对弱化，为更多期刊提供了更为广阔的发展平台

虽然线下知名期刊品牌杂志仍占据 TOP100 排行主位，但在手机阅读中，异军突起了一批线下知名度不高的期刊。这些期刊在 TOP100 排行中均有一篇文章，虽入围数量不多，但对期刊知名度提高仍功不可没。正是基于手机阅读提供的广阔性平台，数字期刊出版领域的长尾效应将逐渐形成并成为一种长期的发展趋势。

（二）手机阅读出现兴趣多元化、内容品种丰富化趋向，阅读更倾向于通俗、生活、娱乐性内容

国内、海外 PC 终端上的期刊阅读，内容主要集中在文学、商业和时政人物这三个板块，且呈现阶梯状分布，读者对不同类别的阅读具有比较鲜明的取向。而龙源网手机阅读 TOP100 文章中，文学文摘类（32%）、时政人物（31%）、生活（22%）、商业（12%）各占有不小的比重，呈现四足鼎立的状态，同时还出现了教育、学习、文化等阅读内容，也可能与编辑摘选推荐有关，呈现出阅读倾向的多元化和内容品种的丰富化的新特点，这对期刊的发展将起到良好的推动作用。解决好"单元"和"流"的供给方式，进一步实现智能化推送和个性化定制是下一步手机阅读的方向。

这里，本文特通过对上榜文章数量最多的《读者》分析发现，手机阅读内容更倾向通俗，与生活相关，以及娱乐性较强的内容。

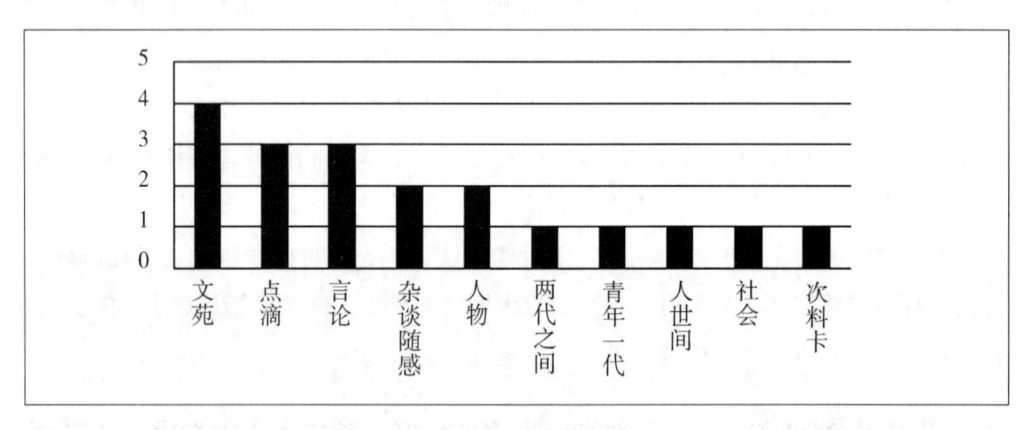

图1 龙源网手机阅读 TOP100 文章中《读者》文章所在栏目统计

《读者》杂志进入龙源网手机阅读 TOP100 文章排行榜的文章高达 19 篇，几乎占五分之一，其中《读者》文苑栏目有 4 篇，点滴和言论栏目有 3 篇，人物和杂谈情感栏目各有 2 篇，两代之间、青年一代、社会、资料卡栏目各有 1 篇。这细致地反映了读者在阅读过程中的倾向和兴趣：主要以通俗生活类为主，多具有娱乐性，或者与日常生活中人们想要迫切了解的信息密切相关。这正是由于手机

移动终端的一些特质所造成的,人们多在工作学习的闲暇时间使用手机来进行短暂的阅读,更倾向于阅读自己感兴趣的与自己生活相关的信息内容,以消磨或利用碎片化的时间。

(三) 手机阅读更青睐简短内容,阅读碎片化趋势明显

无论国内、海海外,抑或 PC 终端、手机终端,文学内容阅读均占据最大比重。但值得注意的是手机移动阅读的文学作品类型明显与传统的 PC 终端不同,手机阅读更青睐内容简短故事作品,阅读碎片化的趋势尤为明显。

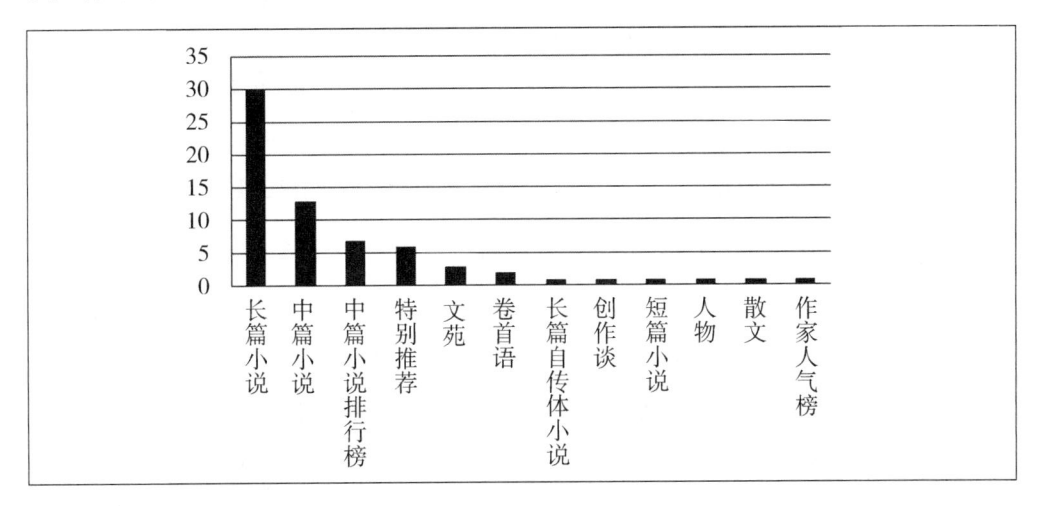

图 2　国内付费阅读 TOP100 文章所在文学文摘类期刊栏目统计

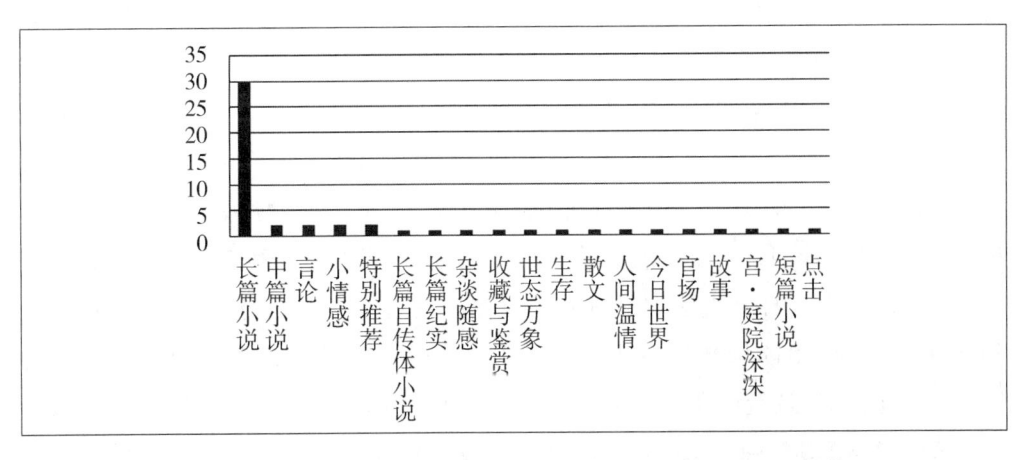

图 3　海外付费阅读 TOP100 文章所在文学文摘类期刊栏目统计

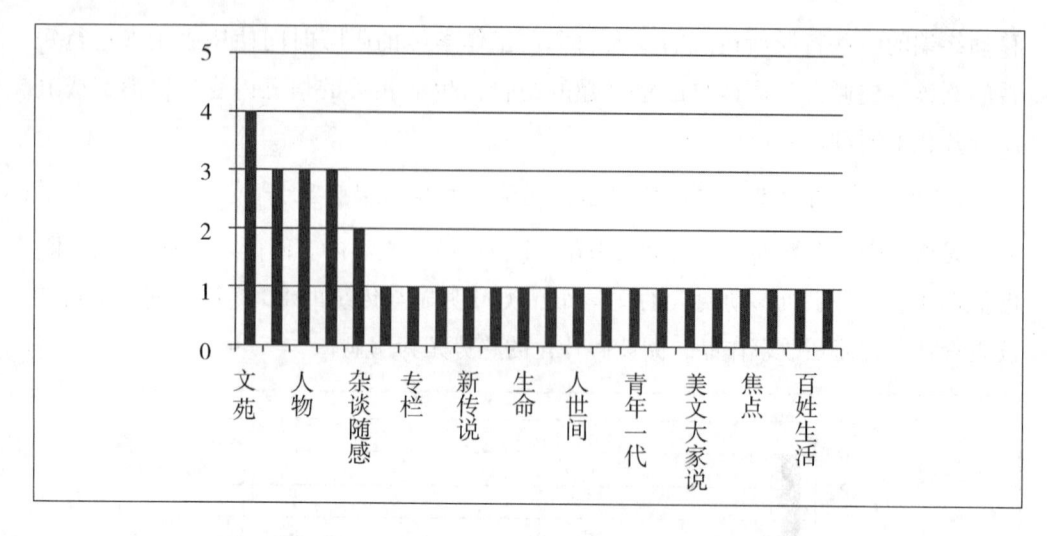

图 4　手机龙源网 TOP100 文章所在文学文摘类期刊栏目统计

以上数据显示，在传统的 PC 终端上阅读文学类作品，主要集中在长篇小说和中篇小说上，比重达到 50% 以上。而手机阅读未见长篇中篇踪影，主要以短篇内容为主。这一数据对比，进一步凸显了手机阅读的碎片化特征。

（四）手机移动阅读将成为未来期刊数字化发展的趋势

龙源期刊网作为期刊数字化出版发行的先行者和领头羊，经历了将纸质期刊转为数字期刊的第一次飞跃，取得了巨大成功。目前龙源期刊网在 PC 终端数字出版的基础上，进一步发展手机移动终端阅读，这将是第二次飞跃的过程。2012 年 5 月 19 日，手机龙源网正式上线，这也是龙源大胆创新结出的果实。而 2013 年 TOP100 数据的出炉，让我们看到第二次飞跃已完美起航。

《第 31 次中国互联网络发展状况统计报告》显示，"截至 2012 年 12 月底，我国网民规模达到 5.64 亿，其中手机网民数量达到 4.2 亿，年增长率达 18.1%，远超网民整体增幅的 3.4%，手机成为第一大上网终端"[①]。手机逐渐超越其他媒体终端，已经成为人们日常生活中最重要的媒体，是真正的"随身媒体"。通过对比 2013 年 TOP100 阅读量数据发现，国内 PC 终端阅读量总计为 69 823，海外为 24 155，而手机阅读量均高于国内、海外 PC 终端阅读量，达到 73 094。手机阅读量大，说明了龙源期刊网手机阅读产品开发已取得阶段性成功。同时我们也能看到，数字阅读是一个快节奏、碎片化的时代，手机移动终端将能更好地满足这一阅读特征需求。

---

① 中国互联网信息中心《第 31 次中国互联网络发展状况统计报告》，2013 年 1 月 15 日，http://www.cnnic.net.cn/hlwfzyj/hlwxzbg/hlwtjbg/201301/t20130115_38508.htm

而由国内最大手机杂志运营平台 VIVA 无线新媒体发布的《2012 年度中国手机杂志业态发展报告》显示,"手机杂志阅读用户的年龄在 20-39 岁,用户特征是大学学历、收入稳定、喜欢高消费;而影响手机阅读的直接因素是:杂志品牌、更新时间、内容选择、展现形式;影响手机阅读的间接因素是:时效性、独家报道、内容深度。"① 这对龙源手机网合作期刊社而言,具有一定的参考价值,龙源期刊网对平台用户的服务质量和对期刊社品牌的数字化延伸和维护以及期刊文章的内容质量,将决定龙源网手机阅读市场的前景。龙源手机网阅读 TOP100 文章排行榜的推出,有力地促进了各期刊社的品牌化进程,也为期刊社开启了新的数字阅读市场。

龙源网正以积极的态度和大胆的创新,不断开发新产品,满足人们的阅读需求,也为期刊出版寻求更为广阔的数字阅读市场而搭建平台和桥梁。当然,中间商和运营商只是一个数字传播的平台或渠道,而真正能够扭转数字阅读市场乾坤的,则是期刊文章的内容质量和刊社品牌。对一个真正开放的数字平台和阅读市场而言,"内容为王"将是永恒的定律。

(作者依序为上海理工大学数字出版与传播硕士点负责人副教授,期刊网络传播研究中心专家委员;上海理工大学编辑出版学专业博士讲师;上海理工大学数字出版与传播硕士研究生)

---

① VIVA 无线新媒体网站《新媒体关注:手机杂志 掘金数字化·报告看点》,http://www.vivame.cn/mag/wap/web2/newsdetail? id = 335578

【2012】

龙源期刊2012国内、海外网络传播TOP100排行特征解析

祝兴平

伴随着数字技术的发展和传播科技的进步，我国数字出版产业发展呈现出强劲的发展势头和巨大的发展潜力。

拥有3 000多家合作期刊出版单位和强大期刊数据库的数字化内容提供商龙源期刊网，凭借其强大的资源优势和行业地位，自2005年起连续8年发布中文期刊国内、海外网络传播TOP100排行榜单，以及3 000种主要期刊国内、海外在线传播的TOP100栏目、TOP100文章、国内、海外访客地区分布等专业项目的权威发布。2012年度的TOP100排行榜单，根据各刊网络阅读的"片段浏览""个人付费""机构付费""原貌版阅读"四个部分的阅读量调查数据叠加排队得出。2012年还特别增加了与三大运营商合作的龙源期刊移动阅读TOP100期刊、APP应用商店龙源期刊TOP100、龙源手机网移动阅读TOP100期刊等三个新设项目数据的发布。仔细研读龙源2012年度TOP100排行数据，可以发现期刊数字化传播的一些基本特点。认真分析这些专业数据，寻找期刊网络传播的内在规律和受众数字化阅读的基本特点，把握大众阅读方式的演变态势和期刊产业数字化转型的基本趋向，对于我国期刊产业的内容生产、编辑业务的改进，期刊品牌的塑造与传播，期刊网络传播影响力的提升，以及期刊产业数字化转型和实施"走出去"战略等，都具有重要的理论价值和现实意义。

一、品牌至上："常青藤"型品牌期刊地位稳固

根据2012年度调查数据，结合龙源历年来发布的排行榜单，可以清晰地发现，一批传统的平面纸质期刊通过网络传播进一步巩固和扩大了品牌自身的知名度，连续多年受到网络受众的追捧和认可，成为活力持久的"常青藤"型品牌期刊，特别

是文学文摘类的《读书》、生活类的《轻兵器》等刊,无论是在国内还是海外网络阅读市场,连续 8 年都是 TOP100 上榜品牌。这些市场地位稳固的期刊群体因为网络的传播和推广,进一步延伸和扩大了自身的品牌价值,也进一步巩固了品牌期刊作为文化精品和深度阅读内容产品的"长尾"效应。

表 1 中文期刊网络传播国内个人付费阅读 TOP100 期刊"8 连冠"刊物

刊名	2012 国内排名	2011 国内排名	2010 国内排名	2009 国内排名	2008 国内排名	2007 国内排名	2006 国内排名	2005 国内排名
中国新闻周刊	10	7	6	6	5	6	24	12
读书	40	30	45	52	43	30	51	38
今日文摘	60	3	64	58	29	18	42	41
领导文萃	59	19	23	18	6	15	60	36
南风窗	39	71	10	8	27	12	18	8
轻兵器	14	96	24	36	58	10	8	2
人生与伴侣	42	81	14	9	10	9	52	39
商界	34	90	36	21	32	19	63	59
商业时代	43	73	31	25	8	32	73	25
视野	33	29	62	48	34	22	53	55
意林	6	2	5	5	2	2	6	67
伴侣	41	68	12	13	20	21	37	27

表 2 中文期刊网络传播海外个人付费阅读 TOP100 排行"8 连冠"刊物

刊名	2012 海外排名	2011 海外排名	2010 海外排名	2009 海外排名	2008 海外排名	2007 海外排名	2006 海外排名	2005 海外排名
当代	79	4	29	11	2	1	2	8
读书	29	20	18	94	29	39	35	57
轻兵器	9	91	53	81	6	4	7	4
十月	85	10	31	40	7	8	4	13

结合国内和海外两个市场的龙源运营统计数据,2012 单刊年度销售 TOP10 排行榜为下表所示,基本上也都是线下发行和传统阅读市场认可度较好的知名品牌期刊,这从一个侧面说明了数字化传播之前平面纸质原刊的内容生产和品牌构建依然重要。

表3

销售排名	1	2	3	4	5	6	7	8	9	10
刊名	故事会	看天下	意林	电脑爱好者	南方人物周刊	好运Money+	2012年单刊年度销售TOP10排行	销售与市场·成长版	三联生活周刊	商界

二、内容为王：线上、线下期刊品牌高度重叠

2012年度网络阅读TOP100调查数据显示，和过去几年的调查结果相似，无论是国内用户还是海外用户，通过网络进行线上阅读次数最多的TOP100中文期刊，基本都是各个类别中的品牌期刊，国内、海外用户热衷关注的期刊名录高度重合。这说明，品牌期刊、精品内容同时受到国内、海外用户的欢迎。不仅如此，调查发现，网络阅读率高、数字发行量大的品牌期刊和线下发行量大、受众欢迎度高的平面纸质期刊之间存在着高度的一致性。这说明，内容产业"内容为王"的规律再次得到印证，期刊的网络传播必须以纸质原刊和精品内容为基础，期刊的数字化传播会冲击和挤占传统纸质期刊生存空间的结论缺乏事实依据。期刊的网络传播不仅不会影响纸质原刊的发行，相反还会借助新的传播技术和媒介渠道，扩大纸质原刊的知名度和品牌影响力，进一步延伸传统期刊的市场辐射力和品牌价值。

表4　2012国内网络阅读TOP10期刊

排名	刊名	片段浏览	个人付费	机构付费	原貌版阅读	访问量总计	期刊类别
1	电脑爱好者	439 788	11 505	414 910	669 912	1 536 115	商业
2	三联生活周刊	123 016	81 106	347 041	977 674	1 528 837	时政人物
3	看天下	77 847	50 629	439 221	649 896	1 217 593	时政人物
4	南方人物周刊	81 803	46 089	527 607	395 831	1 051 330	时政人物
5	电脑迷	459 830	2 809	154 918	160 531	778 088	商业
6	意林	167 256	41 141	300 974	238 311	747 682	文学文摘
7	读者	228 620	91 455	301 504	85 461	707 040	文学文摘
8	党建	365 230	11 301	315 114	13 007	704 652	时政人物
9	大众摄影	73 084	51 974	105 549	468 113	698 720	生活
10	中国新闻周刊	95 878	32 964	263 773	303 340	695 955	时政人物

表 5　2012 海外网络阅读 TOP10 期刊

排名	刊名	片段浏览	个人付费	机构付费	原貌版阅读	访问量总计	期刊类别
1	三联生活周刊	16 473	5 977	14 285	977 674	1 014 409	时政人物
2	电脑爱好者	51 741	421	4 857	669 912	726 931	商业
3	看天下	9 361	2 802	2 429	649 896	664 488	时政人物
4	大众摄影	10 762	7 254	2 699	468 113	488 828	生活
5	第一财经周刊	1 340	901	848	474 694	477 783	商业
6	故事会	4 251	685	4 820	423 427	433 183	文学文摘
7	南方人物周刊	14 855	2 495	4 051	395 831	417 232	时政人物
8	南都娱乐周刊	9 290	786	1 339	344 641	356 056	生活
9	轻兵器	16 201	134	1 184	336 346	353 865	生活
10	中国新闻周刊	14 643	1 614	3 230	303 340	322 827	时政人物

三、两栖存在：国内、海外 TOP100 双栖期刊占比突出

对比 2012 年度国内、海外网络阅读 TOP100 期刊两份排名榜单，在两份榜单中同时占有一席之地的"两栖"期刊共有 54 种，占到上榜期刊总数的 54%。

其中，时政人物类期刊有 15 种，占 36%；商业财经类 14 种，占 38.6%；文学文摘类 6 种，占 9%；生活类 12 种，占 27%；教育与学习类 3 种，占 5.6%；专业类刊物 3 种，占 5.6%；文化类期刊 1 种，占 1.9%。统计分析这些"两栖"期刊的数量和种类，可以发现国内、海外读者的共同兴趣和普遍的价值取向。数据显示，最受国内、海外读者共同青睐的期刊种类是商业财经类、时政人物类和生活类三大品类，共占双栖期刊总数的 81%。

四、种类趋同：国内、海外 TOP100 上榜期刊类别接近

2012 年度统计数据显示，中文期刊国内网络阅读 TOP100 和海外网络阅读 TOP100 涉及的期刊种类完全吻合，分别是时政人物类、商业类、生活类、文学文摘类、教育与学习类、文化类、专业刊物等七个种类，只是不同类别在国内、海外网络阅读 TOP100 期刊种所占的比重略有不同。

其中，时政人物类期刊在国内 TOP100 中占 16%，在海外 TOP100 中占 15%；商业类期刊在国内 TOP100 中占 24%，在海外 TOP100 中占 26%；生活类期刊在国

内 TOP100 中占 25%，在海外 TOP100 中占 41%；文学文摘类期刊在国内 TOP100 中占 16%，在海外 TOP100 中占 10%；教育与学习类期刊在国内 TOP100 中占 6%，在海外 TOP100 中占 4%；专业类期刊在国内 TOP100 中占 12%，在海外 TOP100 中占 3%；文化类期刊在国内、海外 TOP100 中占 1%。

这说明，生活类期刊在海外读者中更受欢迎，文学文摘类、专业类期刊在国内更受读者青睐，其他四类期刊在国内、海外受欢迎程度旗鼓相当。

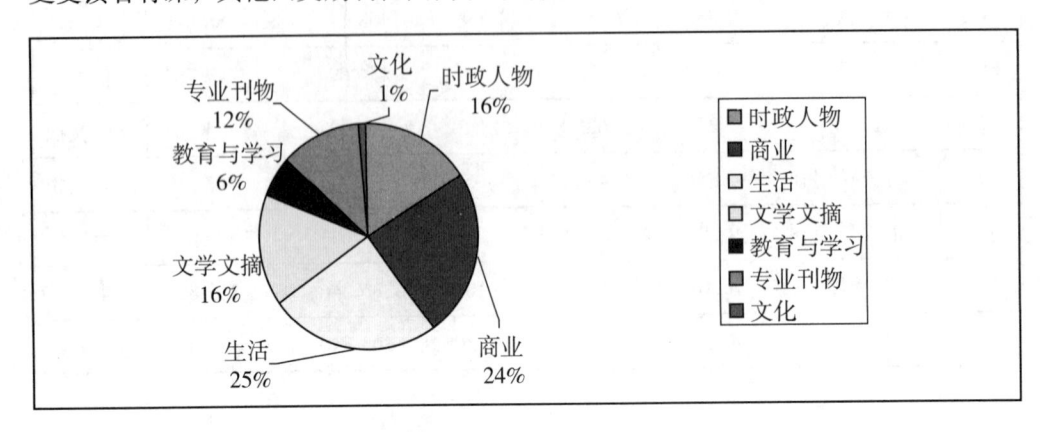

图1　各类期刊所占国内阅读 TOP100 期刊比例

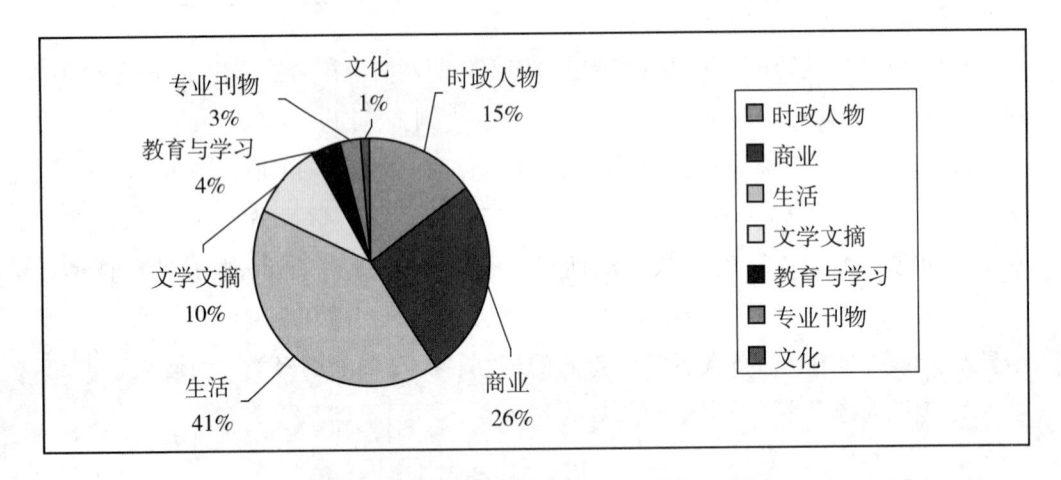

专业刊物 12%；文化 1%；时政人物 16%；教育与学习 6%；文学文摘 16%；生活 25%；商业 24%

图2　各类期刊所占海外阅读 TOP100 期刊比例

专业刊物 3%；文化 1%；时政人物 15%；教育与学习 4%；文学文摘 10%；生活 41%；商业 26%

调查结果说明，顺应世界经济全球化、市场化的发展，人们对于科技、经济资讯的普遍需求，经济类、科技类、时政类期刊大为风行。随着社会经济的持续增长，居民消费水平进一步提高，人们更加重视休闲娱乐，提高生活质量，通俗八卦新闻、生活、娱乐、旅游、健康、文学文摘、女性时尚、教育与学习、网络游戏、财经工商、理财类期刊成为新宠。这种情形，在国内畅销图书出版领域存在十分类似的状况。在网络传播媒介的大力推动下，国内、海外期刊受众阅读口味逐步接近和趋同，一定程度上也在说明当代中国正日益融入世界。这些结论对于我国期刊产业"走出去"无疑具有有益的参考价值。

五、趣味接近：国内、海外TOP100文章所属期刊同中有异

分析2012年度龙源期刊国内、海外网络阅读TOP100文章两份榜单，可以发现：国内期刊网络阅读TOP100文章集中分布在时政人物、商业、生活、文学文摘、教育与学习、文化、专业刊物等七类期刊中，其中各类期刊所占比例大小及排序为：教育与学习类25%；文学文摘类22%；商业类17%；时政人物类15%；生活类14%；专业刊物类6%；文化类1%。其中，国内阅读出现TOP100文章最多的期刊是文学类的《当代》（4篇）和时政人物类的《看天下》（4篇）。

而海外期刊网络阅读TOP100文章则集中出现在文学文摘、生活、时政人物、商业、教育与学习、专业刊物等六类期刊中（文化类空缺），其中各类期刊所占比例大小及排序为：文学文摘类69%；生活类18%；时政人物类10%；教育与学习类5%；商业类4%；专业刊物类4%。其中，海外阅读出现TOP100文章最多的是文学文摘期刊，囊括了全部文章总量的69%；最受欢迎的文章类型是长篇小说，出现TOP100文章最多的期刊几乎全部都是刊载长篇小说的文学类期刊，其中《当代》26篇，《收获》12篇，《十月》7篇，《北京文学·中篇小说月报》6篇。

比较国内、海外相关数据，可以发现，国内、海外读者期刊网络阅读的取向和趣味总体较为接近。首先，国内、海外网络阅读的TOP100文章分布的期刊种类非常接近；其次，特别值得一提的是，文学文摘类期刊同时受到国内、海外网民的普遍欢迎，国内、海外受众付费精读的TOP100文章大部分分布在这类期刊中（其中，国内占到总量的22%，海外则高达69%），展现了反映人类共同情感、审美取向和道德价值理念的文学艺术，对于国内、海外网民同样具有深刻的影响和持久的魅力。另外，生活类期刊也是国内、海外读者共同青睐的"长青"种类。

当然，国内、海外读者的需求毕竟存在一定的差异。比如，国内TOP100文章25%出现在教育教学类期刊中，而海外只有5%；商业类期刊产生了国内TOP100文章中的17%，而海外只有5%；即使同为国内、海外读者最受欢迎的期刊文学文摘类，但国内、海外TOP100文章分布的比例还是存在一定的差异：海外高达69%，而国内只有22%。时政人物类期刊分布的TOP100文章国内也比海外高出5个百分点。

不过，还有一点必须引起注意。TOP100文章是年度最受网络阅读欢迎的热门

文章，是网民付费精读的重点内容。认真分析2012年度国内、海外TOP100文章榜单后可以发现，在两份榜单上，TOP100文章在本年度现刊的分布量远远不及其他年份出版的过刊。比如，国内期刊网络阅读TOP100文章，21%来自2012年度现刊，79%则来自此前各年度出版的过刊；海外期刊网络阅读TOP100文章，本年度现刊占据44%，此前各年度出版的过刊占据56%。这表明，品牌期刊、精品内容的"长尾"效应展露无遗！这再一次印证了，精品内容对于数字化出版和网络阅读意义重大。

（作者为中央财经大学副教授、硕士生导师，龙源期刊网络传播研究中心专家委员）

手机龙源网的移动阅读战略

杨 萌 陈 丹

随着移动互联网信息技术的发展和终端升级,以手机、平板电脑、电子阅读器等移动设备为阅读终端的移动阅读渐渐成为当下数字化阅读的主流。其中手机由于具有便携性以及较高的性价比,已成为目前我国数量最大,普及率最高的数字阅读移动终端。中国互联网络信息中心(CNNIC)《第30次中国互联网络发展状况统计报告》显示:截至2012年6月,中国手机网民的总规模达3.88亿。其中,手机浏览器用户规模为2.78亿,在手机网民中的渗透率为71.7%。另外,易观智库最新数据显示,2012年第2季度中国移动阅读市场活跃用户数达3.58亿,同比增长幅度达33%。随着移动商业模式和广告机会在扩展,杂志必然要将移动市场当作一个新的发行渠道和品牌增收来源。在这种环境下,龙源全面实施移动互联网战略,手机龙源网(m.qikan.com)应运而生。

一、手机龙源网的定位

手机龙源网是一个移动阅读来优化资源的网站。龙源看到,手机智能化趋势不可逆转。随着智能手机的逐渐普及,已经进入了"on the go(在旅途)"的阅读环境的中青年一代,显示了为优质内容付费的意愿。为此,区别于三大电信商覆盖所有手机终端,龙源网凭借自身强大的优质内容资源规模,将龙源移动阅读发展战略定位于智能手机用户,以差异化竞争策略定位,抢滩移动阅读市场。手机龙源网在2012年5月19日正式上线以来,经过半年多的试运营,截止到龙源2012年度TOP排行正式发布,短短的180多天时间里,手机龙源网IP访问量达31 356 657次,平均每天访问量约有17万次。这印证了目前我国手机阅读快速发展现象,也从正面客观肯定了手机龙源网定位的准确性。

二、优选内容,精荐类别,重视阅读体验

手机龙源网首页呈现编辑精选的日更新的文章流、导航条重点提示了诸如封面、文史、社会、科技、生活类别,外加《读者》杂志作为专门频道。这种布局适应手

机界面的最佳直观性效果，让文章第一时间进入读者视野，可以看出网站以推荐"篇"读为主，以"类"读为辅的匠心。

表1中可以看出，在手机龙源网TOP100期刊榜单中，时政、财经类期刊居多，不乏学术类、艺术收藏类期刊；而与三大电信运营商合作期刊上榜更多的是故事文学类、生活情感类、娱乐时尚类，形成鲜明对比：

表1 手机龙源网与三大运营商TOP100刊类别比对

手机龙源网TOP100	数量	三大运营商TOP100	数量
商业财经	20	文学小说	23
时政综合	15	生活情感	16
学术	14	娱乐时尚	13
家庭养生	10	时政综合	11
学生必读	9	商业财经	9
职场理财	5	旅游美食	4
文摘文萃	5	文摘文萃	4
教育教学	4	家庭养生	3
娱乐时尚	3	人文科普	3
人文科普	3	体育	3
农业乡村	3	汽车	2
文学小说	2	数码	2
数码	2	职场理财	2
生活情感	2	其他	2
其他	2	教育教学	1
艺术收藏	1	军事	1
—	—	学生必读	1

将手机龙源网与三大运营商TOP10期刊所在类别进行比对，如图1所示：

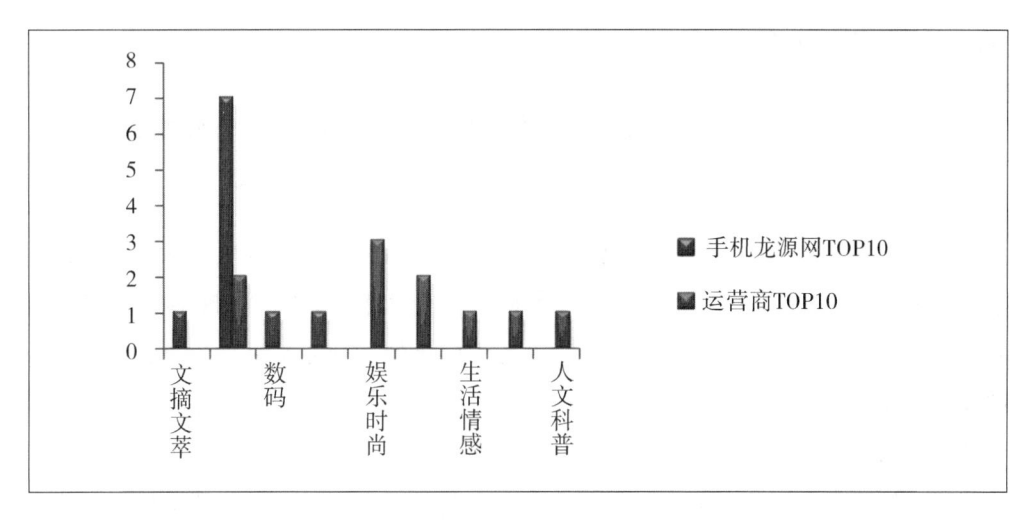

图 1　手机龙源网、三大运营商 TOP10 期刊类别对比

可以看出，手机龙源网 TOP10 期刊中，时政综合类占相当大的比重，且都是些名刊大刊，如《三联生活周刊》《看天下》《南方人物周刊》等。（见表2）其余上榜类别，也是学术、数码类专业性较强的期刊；《读者》作为"中国人的心灵读本"受到龙源的特别举荐，也收获了不错的比率。相比而言，三大运营商 TOP10 期刊类型较为多样，期刊也较为大众化、平民化。

表 2　手机龙源网、三大运营商 TOP10 期刊对比

手机龙源网 TOP10	类型	三大运营商 TOP10	类型
读者	文摘文萃	环球宝贝	娱乐时尚
三联生活周刊	时政综合	新民周刊	时政综合
看天下	时政综合	三联生活周刊	时政综合
南方人物周刊	时政综合	民间故事选刊	文学小说
博客天下	时政综合	文明	人文科普
中国健康月刊·B版	学术	时尚内衣	娱乐时尚
新民周刊	时政综合	南都娱乐周刊	娱乐时尚
中国新闻周刊	时政综合	中国经济周刊	商业财经
电脑爱好者	数码	恋爱婚姻家庭·青春	生活情感
南都周刊	时政综合	故事林	文学小说

为进一步美好读者的阅读体验，考虑到智能手机用户的中高端性，手机龙源网首页文章头条最新推出新闻综述，比较专业地对当日重大新闻萃取综述，不是简单的新闻汇编，还有独具个性的专业评点，让读者既满足了阅读诉求，又了解了当日的新闻时事。网站拥有的订阅收藏功能也满足了读者利用碎片化时间的需要，可见

网站对读者服务的深度用心。

三、从"单元内容"走向"流内容",方便读者个性化选择

伴随着"以用户为中心"经营模式的建立,传统出版内容也在发生巨大改变,以"碎片化","微内容"为主要特征的数字阅读渐成趋势。传统出版作为一种静态出版,载体内容与载体形式的不可分离性使得传统出版内容以一种整体的"单元内容"形态呈现,早期的数字出版即为这一形态的延续,即原文呈现。单元内容的弊端也是显而易见的:由于受载体所限,内容提供十分有限,不适应网络时代的海量信息;时间滞后性,不能同步阅读信息;内容呈现方式单一,不能实现内容的重组与深挖。然而,"单元内容"方式并不是传统出版特有的,中国移动手机阅读也是按照整本期刊订阅、专区包月的方式计费,用户选择受限,难以实现个性化的订阅。

"流内容"是龙源期刊总裁汤潮在第四届数字出版年会主论坛上提出的观点,其主要特点是内容碎片化、传送即时性、汇聚成流的海量整体内容以及以流媒体的方式进行传送的动态出版,很好地解决了"单元内容"的弊端。对于手机龙源网而言,这种"流内容"打破了刊期的界限,由"读刊"变为"读篇",将内容碎片化,形成任意组合的内容版块。如各个频道文章的选择,就是以篇为单位进行推送,这就使附着在纸质品牌期刊身上的"光环"和"购买惯性"对读者的影响有限,优质内容凸显,更有利于读者个性化选择。分析手机龙源网TOP10文章所在的期刊,如表3所示,发现这些期刊中有些名不见经传,如《躬耕·最红颜》《都市小说》等,这些小刊单篇文章却有不错的访问量,读者的个性化阅读得以体现。

表3 手机龙源网TOP10文章所在期刊

排名	手机龙源网	排名	手机龙源网
1	品味生活Life Style	6	躬耕·最红颜
2	—	7	都市小说
3	收获	8	译林
4	优秀作文选评(初中版)	9	视野
5	北京青年	10	中国保健营养·临床医学学刊

四、提供全面的搜索功能,帮助读者准确定位

在内容为王的时代,如何把优质内容更有效的呈现给用户;用户通过何种方式能获得自己想要的内容,这些都是需要注意的。手机龙源网不但可以实现对期刊的

搜索，还可以按内容搜索。

位于手机龙源网TOP100文章第1位的是《品味生活Life Style》2010年第2期的《别样江南风》，作者是外国人。一本不知名的过刊，一位非本土作者，一篇讲述江南精品酒店的窄众文章，该篇文章的访问量却排在第1位，并且访问量远远超过第2位。虽说与"江南style"的走红不无关联，但搜索功能也在一定程度上起到了推动作用。相对于中国移动手机阅读只能搜索图书、联通"沃阅读"和中国电信天翼阅读只能定位到刊，手机龙源网为读者提供了更多的新的选择，即不仅可以搜索期刊，还可以搜索文章。提供的搜索功能相对全面，能够帮助读者快速精确地找到目标。

五、专业编辑导语、让标题更适合手机界面的局限

在这个信息爆炸的时代，我们每天接触到的事物愈来愈多，变化愈来愈快，需要处理的信息愈来愈海量。为了解决这一问题，大多数现代人用搜索式阅读、标题式阅读、定制式阅读、联通式阅读、跳跃式阅读等等"浅阅读"方式在"海量资讯时代"的阅读深度和阅读效率之间做出了抉择。对于手机阅读用户而言，由于用户身处移动环境，时间短，干扰因素多，无法静心阅读，阅读节奏较快，快餐式、浏览式、随意性、跳跃性、碎片化的阅读特征更加突出。在这种情况下，作为数字期刊运营商，内容的提升、标题的设计以及结合时事热点的文章推送就显得格外重要。

在"海量信息""碎片化时间"的环境下，手机阅读网站更需要"眼球"，文章标题的设计尤为重要。打开手机龙源网首页，可以看出文章标题较短小精悍，且附有导语及配图，扩充了读者阅读内容，提高了文章访问几率。手机龙源网编辑团对首页文章采取把关再加工，撰写导语，修改标题，深挖潜能，提升内容价值。就拿2012年第11期《妇女生活》中的一篇文章来说，原文题目为《亲生子掐死私生女：不能说破的关系几败俱伤》，细读文章内容发现，该文并不涉及亲生子掐死私生女的内容，原文标题有误。在手机龙源网生活频道中推送时，标题被改为《两亲家争夺亲情，子女离婚没赢家》，通过专业编辑的审核，避免了错误扩大，编辑的专业性得以体现。再如2012年第45期《南都娱乐周刊》中的一篇文章，原文题目为《成名催人老》，在手机龙源网中推送时，标题被改为《暮光女，成名催人老》，由于该文章是讲述《暮光之城》女主角的经历，改后的文章标题借助《暮光之城》的"名人效应"，更容易吸引读者注意。又如2010年第11期《旧闻新知》中的一篇文章，原文题目为《张恨水题签戏弄土肥原贤二》，改后标题为《张恨水妙语戏

"鬼子"》,不但更加短小,而且更能引起读者兴趣。

从手机龙源网 TOP100 文章排行中发现,"莫言""钓鱼岛""王立军""江南 style"等关键字在榜单中都有出现,由于"流行因素"影响而上榜的文章有 10 篇之多,且《别样江南风》《蛙》《无盐的结局》排在榜单的前 10 位。这一方面体现了手机期刊读者关注热点的特性,另一方面,也与手机龙源网专业编辑们适时的推送与有效适时推出相关专题不无关系。

可见,专业的编辑团队参与内容推介,把金子碎片(优秀的文章)和石头碎片(时间碎片)成功的结合,帮助读者达到了"点石成金"的效果。

六、应用 HTML5,全面提升读者阅读体验

从发展来看,在提高用户体验的基础上,对于手机浏览器,中转压缩或云端推送的省流量的方式意义变得不大,中缩这样的方式很难适应 3G 时代大屏幕、强处理能力的需求,云端推送在一定程度上可以节省流量,但未来随着带宽的增强、Wi-Fi的普及,手机浏览器更注重的是对网页的显示效果,不再是"省钱省流量",而基于 HTML5 的技术带来的操作和浏览体验将会出现新的变革。于是,手机浏览器对于 HTML5 标准的支持程度,就变成了提升用户体验的一项重要指标。

手机龙源网支持 HTML5,运用该先进技术,提升了读者的阅读体验,带来更好的阅读感受。如,浏览体验跨平台能支持跨平台视频、交互等富媒体应用。并且几乎能百分百"重现"PC 上的页面,做到无缝体验;不用安装 Flash 插件就能流畅观看互联网上的音视频等。

七、过刊文章容易读取,提高优质内容价值

中国移动手机阅读业务采用按本、按专区包月、包月订购、会员包月的方式进行推广,虽然免流量费和功能费,但是如果想要阅读某本期刊的某一篇文章,需购买整本期刊才可以。手机龙源网打破了刊期的界限,由"读刊"变为"读篇",过刊文章不再"过期",优质内容的价值得以提升。不仅是手机龙源网,从龙源期刊网国内、海外阅读 TOP100 文章中也能够看出此特征。从图 2 中可以明显看出,在荣登 2012 年榜单的文章中,不乏 2011 年、2010 年,甚至更早的文章。

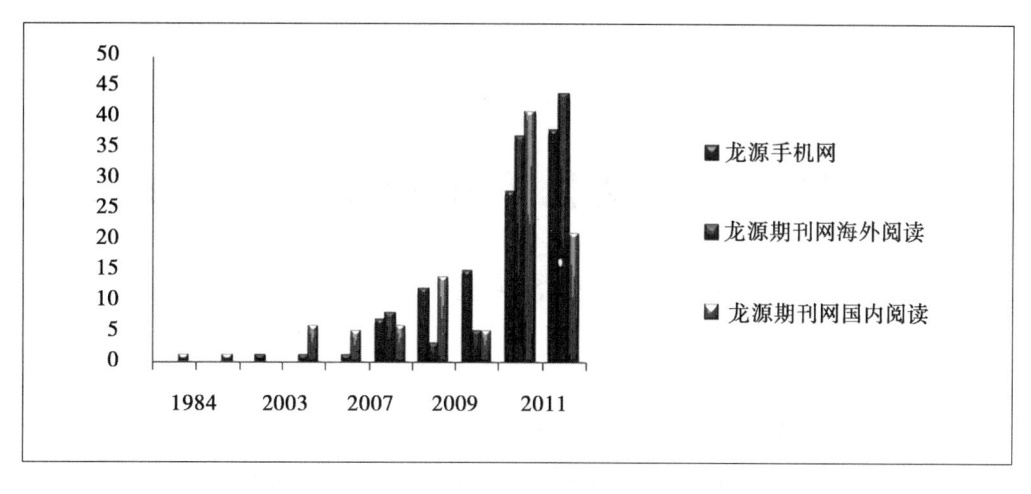

图 2　TOP100 文章发表时间

目前，全球数字出版行业和内容产业正在发生深刻变化，数字化、国际化的竞争进一步加剧。中国期刊所幸的是由于像龙源等几家数字出版企业已经形成了期刊的聚合平台，为规模化营销提供了基础和条件。移动设备给期刊业带来的震荡虽然是巨大的，消费者也会为制作精美、内容丰富的数字期刊付费，机遇与挑战并存。海外期刊业已经奋起应对挑战，在这一竞争中，只会适者生存。如何深挖潜能、有效利用优质资源、进行技术创新、实现差异化竞争，是每一个期刊人应该用心思考的大课题。可以预见，在移动互联网及手机应用多元化发展的背景下，在龙源期刊网等数字期刊运营商以及众多期刊内容提供商的努力下，数字期刊产品和服务将不断丰富，手机阅读的产业链也会更加开放化，商业模式也将一步步走向成熟。

（作者依序为北京印刷学院传播学 2011 级研究生；北京印刷学院新闻出版学院教授、院长，龙源期刊网络传播中心专家委员）

2005—2012 龙源期刊 TOP100 排行分析报告

龙源期刊网络传播研究中心

在期刊数字化转型这个渐进的过程中，出于先行者的责任和义务，龙源期刊网从 2005 年起，每年都向社会发布期刊网络传播 TOP100 排行和相关数据分析报告，为业界开创了数字时代一个期刊调研的新途径。通过网络数据来了解读者的阅读取向和阅读走势，通过数据分析来研读不同期刊的内容的受欢迎度，以此来省思和改进期刊的编辑和营运策划，赢得了期刊群体的高度认可。

国内 TOP100 上榜期刊分析

一、2005—2012 上榜期刊总体描述及频次统计

TOP100 期刊阅读数量增长迅猛，呈逐年递增的趋势，其中 2012 年阅读量最多，为 40 531 160。而 2005 年阅读次数最低，为 482 993。2012 年 TOP100 期刊阅读次数为 2005 年的 84 倍之多。增长最快的年份分别是 2008 年（增长 306%）2009 年（增长 108%）、和 2012 年（增长 170%）。

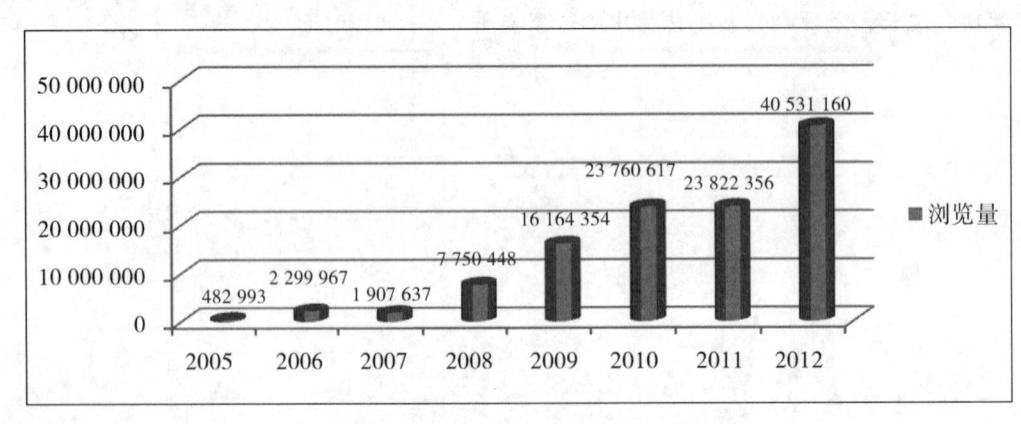

图1　2005—2012 各年度 TOP100 阅读总量分布

2005—2012年8年来，龙源共为全国3200种期刊提供数字发行服务。8年累计登上国内TOP100期刊排行榜的期刊共302种。占比例最大的为上榜1次的期刊，共126种，占整个上榜期刊的42%，其次是上榜2次的期刊，58种、占19%，上榜3次的44种、占15%、上榜4次和5次的都是18种，分别占6%、上榜6次的15种，占整个上榜期刊数量的5%，上榜8次的有13种，占整个上榜期刊的4%，上榜7次的期刊10种，占整个期刊的3%。

二、连续8年上榜期刊排名与阅读量变化

连续8年上榜期刊2005年至2012年排名及阅读量变化如表1所示：

表1 国内8年连续上榜期刊各年排名及阅读量

序号	刊名	2005 排名	2005 浏览次数	2006 排名	2006 浏览次数	2007 排名	2007 浏览次数	2008 排名	2008 浏览次数	2009 排名	2009 浏览次数	2010 排名	2010 浏览次数	2011 排名	2011 浏览次数	2012 排名	2012 浏览次数
1	伴侣	27	4 531	37	22 655	21	39 731	20	91 577	13	267 208	24	272 459	68	133 052	41	343 474
2	读书	38	3 748	51	18 739	30	30 891	43	66 096	52	123 076	40	206 224	30	278 475	40	356 860
3	今日文摘	41	4 178	42	20 889	18	40 254	29	83 232	58	111 628	59	153 897	3	823 860	60	302 989
4	领导文萃	36	3 517	60	17 583	15	43 840	6	146 762	18	222 642	20	281 409	19	329 851	59	304 392
5	南风窗	8	6 198	18	30 991	12	44 685	27	83 378	8	322 878	10	486 651	71	122 260	39	362 496
6	轻兵器	2	8 383	8	41 917	10	45 723	58	54 734	36	166 586	4	634 218	96	55 782	14	614 353
7	人生与伴侣	39	3 732	52	18 662	9	46 864	10	123 343	9	280 556	23	272 979	81	98 517	42	342 748
8	商界	59	3 448	63	17 241	19	39 897	32	76 883	21	210 024	11	466 086	90	73 473	34	393 518
9	商业时代	25	2 980	73	14 902	32	30 447	8	134 354	25	188 046	42	202 768	73	118 038	43	338 042
10	视野	55	3 619	53	18 095	22	39 399	34	73 609	48	125 662	31	232 010	29	280 528	33	396 967
12	意林	67	10 172	6	50 862	2	132 026	2	380 228	5	367 422	9	566 805	2	882 533	6	747 682
13	中国新闻周刊	12	4 923	24	24 615	6	54 482	5	191 206	6	358 964	5	617 571	7	604 146	10	695 955

13种期刊2006—2012年阅读量变化趋势图如下图所示：

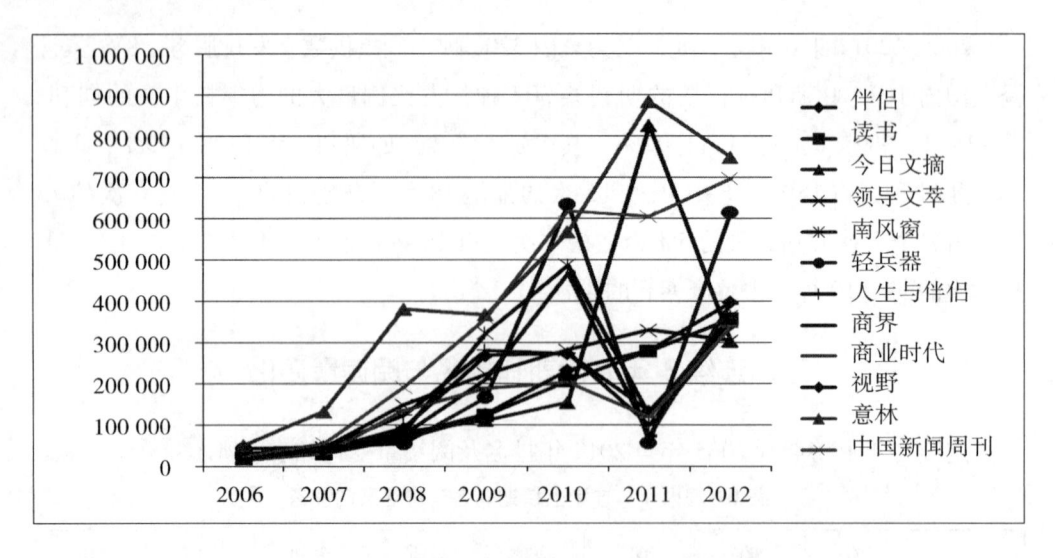

图2 连续8年上榜期刊2005—2012年阅读量变化趋势

由表1和图2可以看出：

第一，8年来，各刊阅读量波动都比较明显，总体保持上升态势。上升趋势比较明显的刊物分别为《轻兵器》《中国新闻周刊》《商业时代》《商界》《读书》《领导文萃》，而《南风窗》《伴侣》《人生与伴侣》则在2011年稍有下降后，在2012年排名上涨。

第二、《轻兵器》排名由2011年的96名上升到了14名，升幅最大，它的阅读次数也由55 782上升到614 353，上升了10.4倍之多，而《轻兵器》在2007年之前排名都在前10位，到了2008年，下降至58位，一直处于下降阶段，2011年更是下降至96名。而在2012年名次大幅回升，说明读者对《轻兵器》这类军事类期刊的内容兴趣又开始提升。这与目前近一年内国内、海外军事政治局势有密切关系。

第三、《商业时代》《商界》《读书》《领导文萃》分别作为上升最快的期刊之一，可以看出读者对商业化信息、时政新闻的关注度持续提升。

2012年13种期刊阅读数量如下图所示：

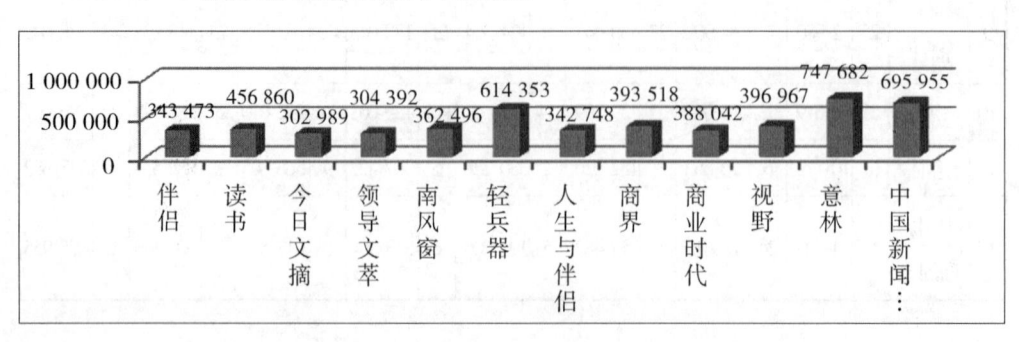

图3 连续8年上榜期刊2012年阅读量分布

其中《意林》阅读次数最多，达到 747 682 次，排列第二的是《中国新闻周刊》，阅读次数为 695 955，排列第三的是《轻兵器》，阅读次数为 614 353。

就刊种数而言，连续上榜 8 年的期刊种数占 100 种期刊的 13%；就阅读量而言，2012 年国内 TOP100 期刊总阅读量为 40 531 160 次，其中这连续 8 年上榜的期刊总阅读量为 5 457 506 次，占整个阅读量的 13.5%，这 13 种期刊可作为龙源的品牌期刊。这些期刊加入龙源的年份如表 2 所示：

表 2　8 连冠期刊加入龙源年份

序号	刊名	加入龙源年份	上榜年份
1	伴侣	2004	2005—2012
2	读书	2003	2005—2012
3	今日文摘	2003	2005—2012
4	领导文萃	2003	2005—2012
5	南风窗	2002	2005—2012
6	轻兵器	2000	2005—2012
7	人生与伴侣	2003	2005—2012
8	商界	2000	2005—2012
9	商业时代	2001	2005—2012
10	视野	2003	2005—2012
11	意林	2003	2005—2012

三、连续 7 年上榜期刊排行及阅读量变化分析

7 次上榜的期刊共 10 种期刊，2005 年至 2012 年阅读排行及阅读量变化如表 3 所示：

表 3　上榜 7 次期刊 2005—2012 阅读排名及阅读量

序号	刊名	2005		2006		2007		2008		2009		2010		2011		2012	
		排名	浏览次数	排名	浏览次数	排名	浏览次数	排名	浏览次数	排名	浏览次数	排名	浏览次数	排名	浏览次数	排名	浏览次数
1	兵器知识	—	—	55	18 073	31	30 784	46	65 441	46	127 554	13	446 076	92	67 098	45	329 304
2	大众电影	86	3 798	54	18 086	33	29 058	31	77 009	35	168 134	18	295 375	—	—	48	320 658
3	大众摄影	17	6 874	14	32 734	17	42 606	63	52 378	43	146 096	12	455 349	—	—	9	698 720
4	大众医学	53	5 742	21	27 343	49	24 484	30	82 343	55	116 524	68	143 888	—	—	56	309 842

（续表）

序号	刊名	2005		2006		2007		2008		2009		2010		2011		2012	
		排名	浏览次数	排名	浏览次数	排名	浏览次数	排名	浏览次数	排名	浏览次数	排名	浏览次数	排名	浏览次数	排名	浏览次数
5	电脑爱好者	100	8 948	7	42 611	3	116 091	4	200 129	2	710 560	1	880 966	—	—	1	1 536 115
6	东西南北	42	3 192	70	15 200	71	20 552	87	41 583	85	79 724	66	146 052	60	141 574	—	—
7	海外文摘	7	3 666	61	17 458	29	31 446	66	49 435	100	71 468	75	139 007	—	—	90	247 914
8	南方人物周刊	—	—	58	17 730	51	24 240	19	93 971	4	378 188	8	574 287	4	759 479	4	1 051 330
9	时代影视	65	4 885	32	23 263	45	25 288	40	69 701	40	152 976	14	445 120	—	—	25	438 859
10	知识窗	68	3 048	77	14 513	58	22 738	22	90 460	—	—	57	156 592	28	292 865	97	235 445

其中，2010 年到 2012 年连续三年上榜的期刊只有 3 种，分别为《兵器知识》《南方人物周刊》和《知识窗》。说明 10 年到 12 年三年，读者的阅读关注变化较快。

上榜 7 次的期刊 2006 年至 2012 年阅读量变化趋势如图 4 所示：

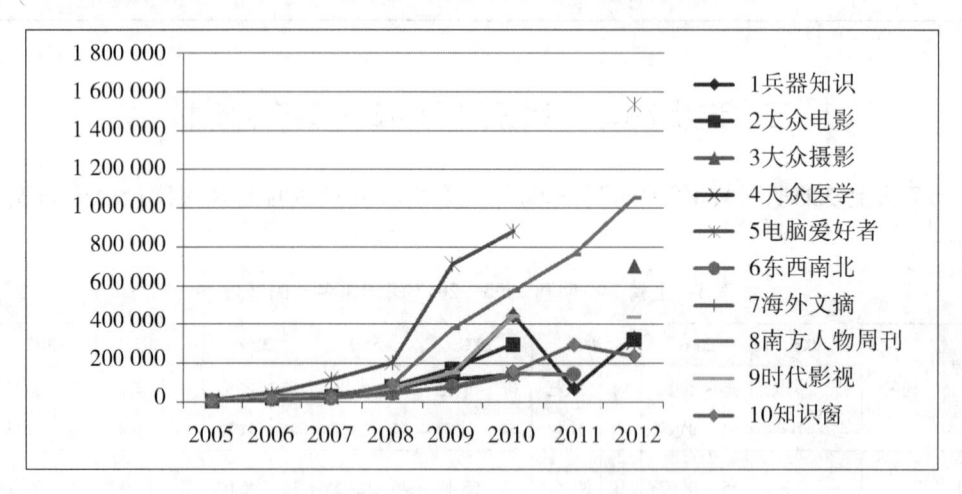

图 4　进榜 7 次期刊 2005—2012 浏览次数趋势图

从上图可以看出，阅读量呈快速上涨的是《电脑爱好者》《南方人物周刊》，平稳上涨的是《时代影视》《东西南北》，但《东西南北》在 2012 年未进入 TOP100 榜单。而《电脑爱好者》在 2011 年跌出榜单后，2012 年重新回到榜单，并排名 TOP100 榜单第一名。可见 2012 年读者对这类专业性质的期刊阅读需求是极其旺盛的。

这 10 种期刊只有《东西南北》这一种刊 2012 年未入榜，而此刊在之前 7 年中都在 TOP100 之列。这 10 种期刊在 2012 年 TOP100 中的阅读量统计如图 5 所示：

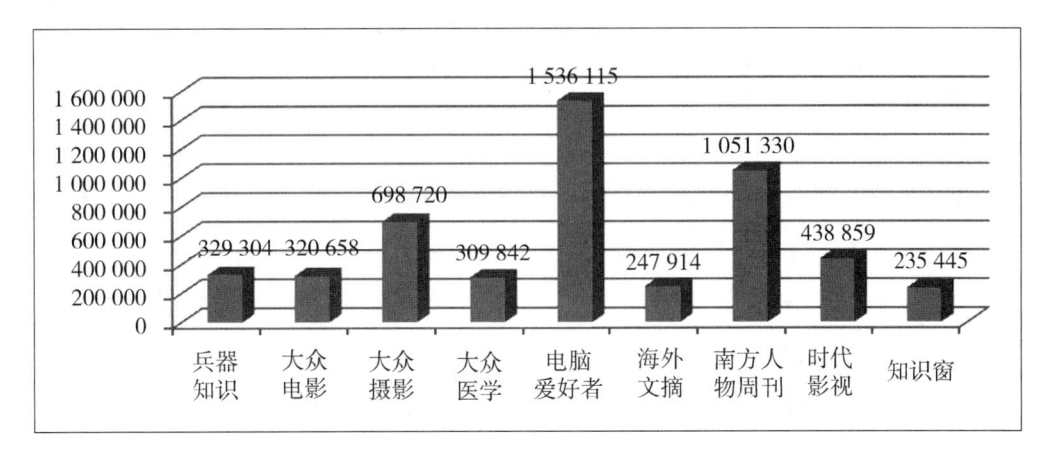

图 5　9 种 7 次进榜期刊 2012 年阅读量统计

7 年上榜期刊加盟龙源期刊的时间及首次上榜时间如表 4 所示：

表 4　国内连续 7 年上榜期刊加入龙源期刊的时间及首次上榜年份

序号	刊名	加入龙源年份	首次上榜年份
1	兵器知识	2005	2005
2	大众电影	2001	2001
3	大众摄影	1999	1999
4	大众医学	1999	1999
5	电脑爱好者	2005	2005
6	东西南北	1999	1999
7	海外文摘	2000	2000
8	南方人物周刊	2004	2004
9	时代影视	2003	2003
10	视野	2003	2003

四、《南方人物周刊》的个案分析

其中比较独特的是《南方人物周刊》在 2011 和 2012 年排名均为第 4，但阅读量却有很大变化，2012 年阅读量为 1 051 330，2011 年的阅读量为 759 579，上涨了 38% 之多，除了刊社在内容编辑上的着力外，龙源在积极推动期刊的网络传播服务上也起到了重要作用。

作为2011年和2012年排名没有变化，但阅读次数涨幅最快的《南方人物周刊》，2012年其阅读TOP12文章如表5所示：

表5 《南方人物周刊》2012阅读TOP10文章

文章排行	文章标题	刊名	年份	刊期	所在栏目
1	大青衣林青霞	南方人物周刊	2011	32	封面人物
2	从小女生到大女人	南方人物周刊	2011	32	封面人物
3	中国艺术家权力榜	南方人物周刊	2011	33	封面人物
4	纽约活着，否则死去	南方人物周刊	2011	31	封面人物
5	赵本山 从艺术到权力	南方人物周刊	2011	33	封面人物
6	纽约十年 2001—2011	南方人物周刊	2011	31	封面人物
7	三平霸业	南方人物周刊	2011	29	封面人物
8	为什么是乔布斯？	南方人物周刊	2011	35	封面人物
9	刘香成 用影像向世界说明中国	南方人物周刊	2011	33	封面人物
10	姚晨 我不是愤青儿	南方人物周刊	2011	28	封面人物

可以看到，几乎清一色都是"封面人物"。作为一本报道人物的刊物，读者喜欢他们的"封面人物"，可以说是实至名归了吧。

五、《电脑爱好者》和《兵器知识》个案分析

作为2011年落榜、2012年冲到排名第一的期刊，2012年读者阅读量最高的10篇文章如表6所示：

表6 《电脑爱好者》2012阅读TOP10文章

文章排行	文章标题	刊名	年份	刊期	所在栏目
1	亲，不能再这么读了	电脑爱好者	2011	22	特别话题Ⅰ
2	至高无上的音乐享受	电脑爱好者	2011	15	特别话题Ⅰ
3	今年过年不送礼 送礼就送照片书	电脑爱好者	2012	1	特别话题
4	自己动手给N8换个大电池等	电脑爱好者	2011	10	硬派演武堂
5	别扔三招唤醒老电脑	电脑爱好者	2011	23	特别话题Ⅰ
6	偷梁换柱 没绑定的电脑也能上网	电脑爱好者	2011	17	生活百事通
7	自己打造视觉盛宴　显示设备两大新玩法搭建向导	电脑爱好者	2011	14	特别话题

(续表)

文章排行	文章标题	刊名	年份	刊期	所在栏目
8	电子书的浴火重生	电脑爱好者	2011	10	卷首语
9	学做专业 EXCEL 图表	电脑爱好者	2011	19	特别话题
10	IDF2011 英特尔"平板梦"开始的地方	电脑爱好者	2011	10	新视界

可以看到《电脑爱好者》"特别话题"栏目的文章最受欢迎，这表明了这个栏目编得好，调动了读者的阅读兴趣。

《兵器知识》作为军事类期刊，和连续 8 年进榜的《轻兵器》一样，由 2011 年阅读的谷底反弹到 2012 年的第 45 位，阅读量从 6 万多增加到 2012 年的 32 万多，增加了 5 倍多。让我们看一下这本杂志 2012 年读者最关注的 TOP10 文章。排行如表 7 所示：

表7 《兵器知识》2012 阅读 TOP10 文章

文章排行	文章标题	刊名	年份	刊期	所在栏目
1	格斗训练	兵器知识	2010	12	封面主题
2	韩国空军武器装备的"美国控"	兵器知识	2011	2	封面主题
3	韩国陆军十大抢镜装备	兵器知识	2011	2	封面主题
4	南非"掠夺者"防地雷装甲车	兵器知识	2011	8	彩图吧
5	韩国海军十大拿	兵器知识	2011	2	封面主题
6	太极旗掩映下的韩国军队	兵器知识	2011	2	封面主题
7	特种兵六面体	兵器知识	2010	12	封面主题
8	中国"巢湖"号新型导弹护卫舰	兵器知识	2011	8	彩图吧
9	中国下一代主战坦克猜想	兵器知识	2011	8	旁观者
10	国产新型驱逐舰发射干扰弹	兵器知识	2011	8	彩图吧

可以看出读者对韩国军事装备较感兴趣，这 10 篇文章中，有关韩国军事的占了 4 篇之多，另外，与我国新型武器相关的文章也有 2 篇。从栏目看，读者对图片效果较好的"彩图吧"文章感兴趣，对信息的接受度比较直观，尤其是"封面主题"文章，更为青睐。

六、2005—2012 TOP100 新晋刊物

从 2005 年到 2012 年，TOP100 期刊每年均有新上榜期刊，每年新增期刊种数分布如图 7 所示：

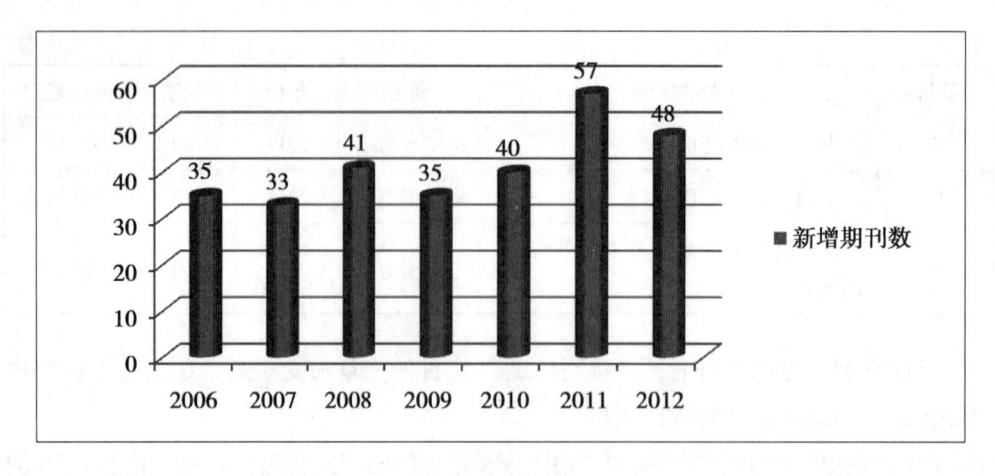

图6　每年新入榜期刊种数

可以看出，在龙源期刊网的平台上，期刊阅读的这种内在变化很大，新入榜期刊种数与年俱增。尤其是近两年，2011年新入榜57种期刊，占据TOP100的一多半，2012年新入榜48种期刊，几乎占到了榜单的一半，且这48种期刊阅读总量为18 091 371，占整个2012年TOP100期刊阅读总数的44.6%，其中有19种新增位居TOP50之内。也就是说，2012年排名前50的期刊，有19种是新晋刊物。可见在TOP100的背后，期刊阅读内在的变化流速湍急，透过排行榜可以看到刊与刊内容的竞争是非常激烈的，促成这个变化最大的能量是内容，起决定作用的是内容的可读性。

海外榜上榜期刊分析

一、上榜期刊总体描述及频次统计

2005—2012年8年来登上海外TOP100期刊排行榜的期刊共381种，具体期刊上榜次数与对应刊种分布如图7所示：占比例最大的为上榜1次的期刊，共205种，

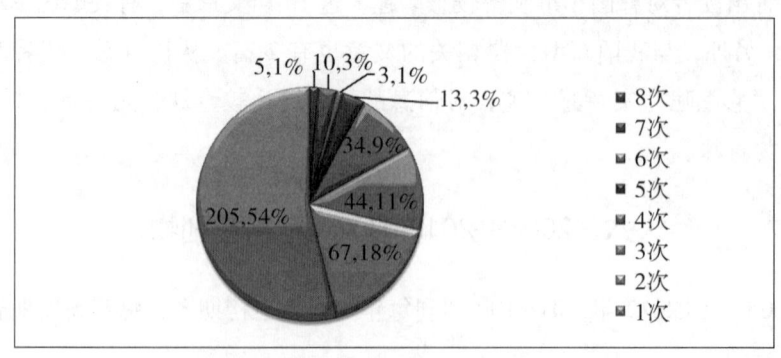

图7　海外不同上榜次数刊种分布

占整个上榜期刊的54%，其次是上榜2次的期刊，共67种，占18%，再来是上榜3次的期刊，共44种，占11%。刊种最少的是上榜6次的期刊，共3种，占1%。

二、连续8年上榜期刊排行及浏览量变化分析

其中连续8年入榜的期刊包含《十月》《轻兵器》《读书》《当代》等期刊。

连续上榜的5种期刊2005年至2012年排名变化如下表所示：

表8　2005—2012连续8年上榜期刊的排名变化

序号	刊名	2005 排名	2005 浏览量	2006 排名	2006 浏览量	2007 排名	2007 浏览量	2008 排名	2008 浏览量	2009 排名	2009 浏览量	2010 排名	2010 浏览量	2011 排名	2011 浏览量	2012 排名	2012 浏览量
1	当代	8	5 117	2	26 929	1	4 413	2	10 950	11	23 170	27	96 490	4	16 541	79	96 981
2	读书	57	397	35	2 091	39	845	29	2 622	94	6 828	35	82 672	20	7 366	29	199 897
3	轻兵器	4	1 695	7	8 922	4	3 171	6	6 984	81	7 154	1	469 664	91	1 272	9	353 865
4	十月	13	2 790	4	14 686	8	2 508	7	6 348	40	12 734	33	88 513	10	10 574	85	94 436

5种期刊2006年至2012年阅读量变化趋势图如下图所示：

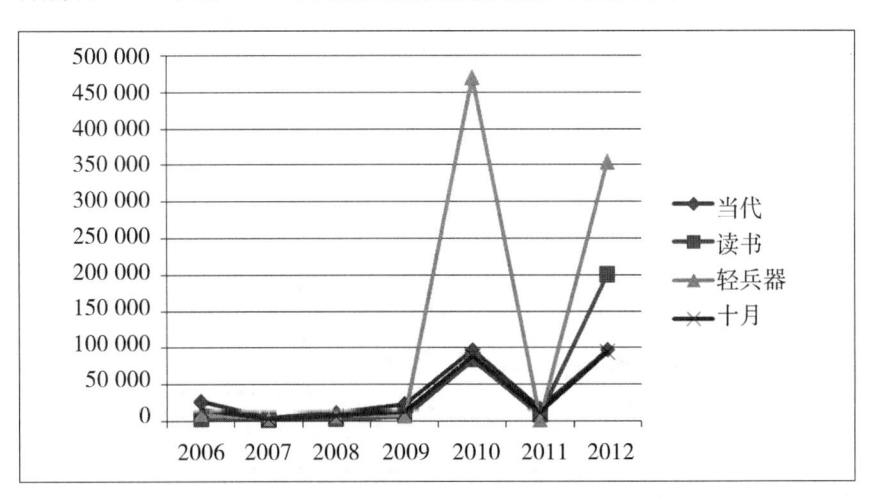

图8　海外连续8年上榜期刊2005—2012阅读量变化趋势

就刊种数而言，连续上榜8年的期刊种数占100种期刊的5%；就阅读量而言，2012年海外TOP100期刊总阅读量为18 506 181次，其中这连续8年上榜的期刊总阅读量为851 424次，占整个阅读量的4.6%。

三、连续7年上榜期刊排行及浏览量变化分析

7次上榜的期刊共10种，2005—2012年阅读排行和阅读量变化如表9所示：

表9 2005—2012 海外上榜7次期刊阅读排名及阅读量

序号	刊名	2005		2006		2007		2008		2009		2010		2011		2012	
		排名	浏览量	排名	浏览量	排名	浏览量	排名	浏览量	排名	浏览量	排名	浏览量	排名	浏览量	排名	浏览量
1	伴侣	67	390	36	2 053	22	1 363	19	3 747	10	25 454	39	71 613	—	—	97	84 357
2	北京文学	18	5 825	1	30 660	3	3 198	15	4 383	—	—	44	60 220	56	3 269	99	84 226
3	兵器知识	—	—	51	1 625	56	611	21	3 627	72	8 310	6	354 306	16	7 707	16	256 983
4	大众电影	47	979	9	5 151	14	2 086	14	4 569	6	29 894	14	167 162	—	—	52	138 251
5	大众摄影	43	792	14	4 171	10	2 331	8	5 526	30	15 962	5	355 703	—	—	4	488 828
6	电脑爱好者	—	—	37	1 990	13	2 133	10	5 007	2	53 926	3	391 017	69	2 028	2	726 931
7	人生与伴侣	61	167	81	881	74	478	45	1 812	17	18 536	40	70 363	80	1 784	—	—
8	时代影视	—	—	55	1 477	17	1 739	56	1 581	14	20 388	10	314 621	35	5 342	17	239 275
9	收获	16	2 221	5	11 689	11	2 282	11	4 911	8	29 476	41	67 388	1	27 522	—	—
10	啄木鸟	29	1 406	8	7 401	31	1 100	33	2 412	31	15 818	60	45 141	12	8 772	—	—

海外连续7年上榜的10种期刊阅读量变化趋势如下图所示：

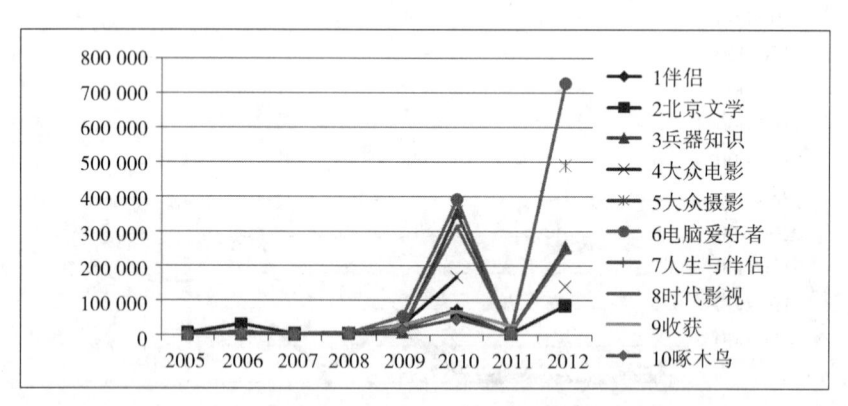

图9 2005—2012 海外上榜7次期刊阅读量变化趋势

从上图中可以看出，《电脑爱好者》是波动最大也是涨幅最大的期刊。从2010年的排行第三跌到2011的排行第69，在2012年又上升至第2位。而《收获》和《啄木鸟》两本期刊的排名分别从2011年的第1名、第12名在12年跌至榜单外，期刊本身必有什么重大改变。

这 10 种期刊有 3 种期刊 2012 年未进榜：《人生与伴侣》《收获》《啄木鸟》。而这 3 种刊在之前 7 年中都在 TOP100 之列。

连续 7 年上榜的 10 种期刊 2012 年进入 TOP100 的期刊浏览量统计如图 10 所示：

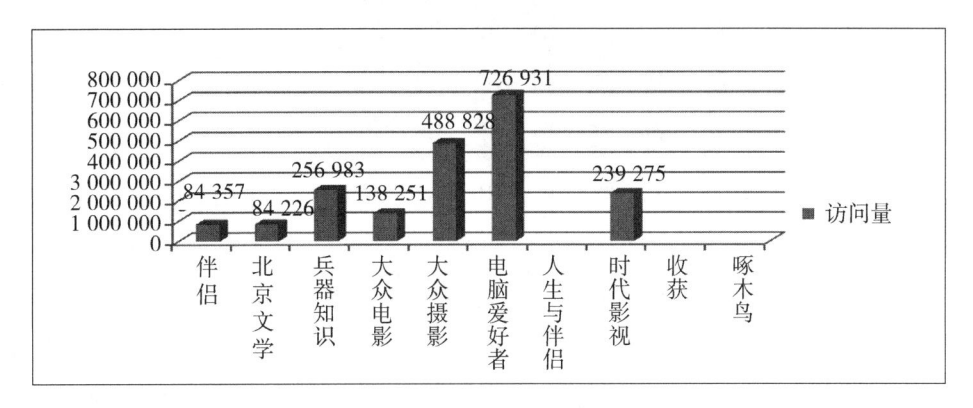

图 10　海外进榜 7 次期刊在 2012 阅读量分布

（一）海外各年度 TOP100 期刊阅读总量分布

各年度 TOP100 阅读总量分布如图 11 所示：

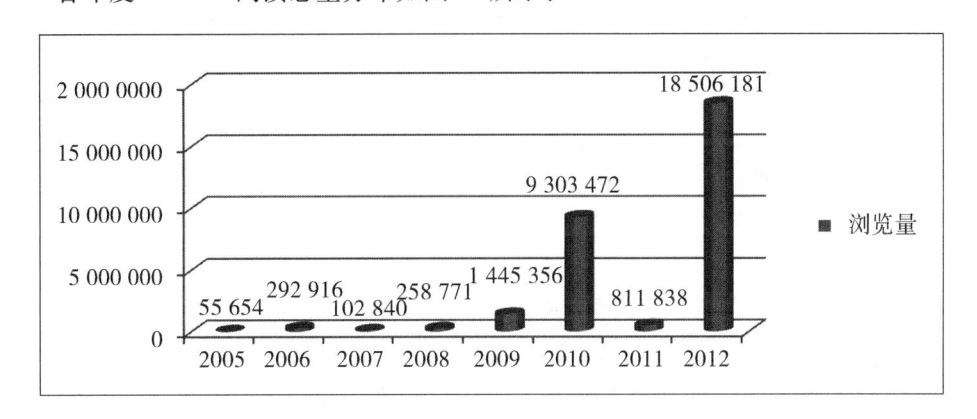

图 11　海外 TO100 期刊各年阅读量分布

可以发现，海外 TOP100 期刊阅读总量差距非常明显，其中 2012 年和 2010 年较多，分别为 18 506 181 次，9 303 472 次，其余年份都相对较低，最少的为 2005 年，阅读量为 55 654 次，2012 年的阅读量是其 333 倍之多。2011 年阅读次数明显少于 2010 年与 2012 年，是因为海外数据统计的服务器统计功能在 2011 年停了一段时间有关。

（二）新晋刊物

从 2005 年到 2012 年，海外 TOP100 期刊每年均有新上榜期刊，每年新增期刊种数分布如图 12 所示：

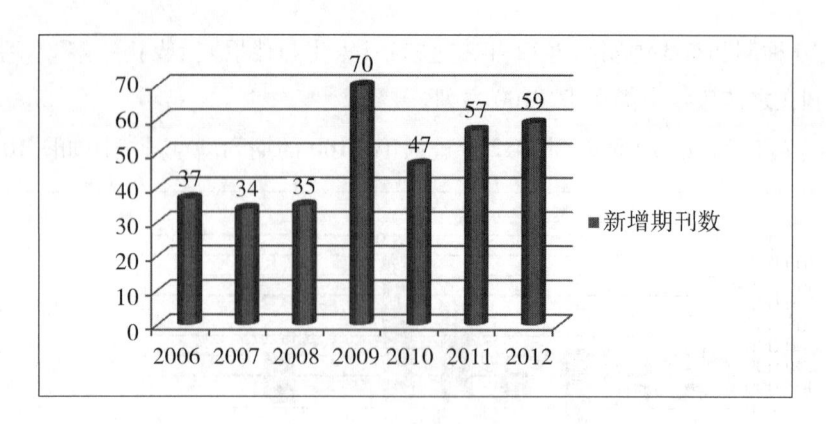

图 12　海外每年新入榜期刊种数

可以看出，海外 TOP100 与国内榜单类似，每年变化非常大，竞争激烈，每年新入榜期刊种数占 TOP100 不小的比例。2009 年新晋期刊种数最多，为 70 种，也就是说，这一年的 TOP100 大部分是新晋期刊，其次是 2012 年新入榜 59 种期刊，占据 TOP100 的一多半，第三是 2011 年，新入榜 57 种期刊。

TOP100 排行内的期刊的新面孔不断涌现，并且呈压倒优势，内在的是期刊内容的较量，外在的是读者的阅读取舍。

2012 年新入榜的期刊如表 10 所示：

表 10　海外 2012 新入榜期刊

排行	刊名	访问量	排行	刊名	访问量
4	大众摄影	488 828	35	《新世纪》周刊	177 935
5	第一财经周刊	477 783	37	环球人物	171 937
14	今古传奇·武侠版	262 336	38	摄影旅游	170 822
20	北京青年	228 343	39	中国国家旅游	168 919
21	城市建设理论研究	224 448	42	现代营销·信息版	156 556
22	女报·时尚	216 196	43	南风窗	155 974
23	摄影之友	214 492	46	BOSS 臻品	149 835
25	诗刊	209 236	47	收藏	149 340
27	电脑迷	206 310	48	课堂内外（高中版）	147 065
31	现代兵器	190 501	49	世界名枪	146 107
32	航空知识	189 869	51	坦克装甲车辆	140 676
33	读天下	185 072	52	大众电影	138 251
34	都市丽人·美食堂	179 657	54	数码摄影	130 939

(续表)

排行	刊名	访问量	排行	刊名	访问量
56	读写算	128 914	80	财经·视觉	96 658
57	数码精品世界	128 836	81	移动一族	96 174
58	好主妇	125 976	82	都市主妇	95 948
59	好运 Money +	125 534	83	21 世纪商业评论	95 109
61	瞭望东方周刊	124 401	89	中国实用医药	90 764
63	影视圈	119 603	90	户外探险	90 464
64	商界评论	119 574	91	商界·时尚	90 332
65	农村百事通	117 763	92	八小时以外	90 143
66	摄影世界	116 853	93	互联网周刊	89 522
71	文史参考	111 428	94	读者	89 110
72	汽车之友	110 898	95	作文与考试·初中版	86 950
74	做人与处世	99 299	96	IT 经理世界	85 365
75	oggi 今日风采	99 080	97	伴侣	84 357
76	旅伴	98 742	98	航空模型	84 234
77	新旅行	98 031	100	女报生活	83 712
78	数字时代 stuff	97 253	—	—	—

这 59 种期刊阅读总量为 8 761 892，浏览量占整个 2012 年海外 TOP100 期刊阅读总数的 47.3%，而刊种个数却占到 59%，这 59 种期刊中有 24 种排在 TOP50 之内。也就是说，2012 年排名前 50 的期刊，与往年比有一半都是新晋刊物，可以看出海外用户的阅读兴趣正在扩大、发散，是一个好的现象。

综上分析，我们从龙源 TOP100 排行 8 年阅读量与年俱增，可以说明数字杂志越来越受到欢迎、期刊数字化发行量不可小觑，广告主已经开始关注这个正在走向繁荣的市场；从我们列举的 TOP100 中 8 年在榜、7 年在榜刊物的不同数据，一个事实清晰地呈现给我们：内容好的刊物到网络上也必将是好刊物，网络传播实质上延伸了期刊的品牌。同时，窄众和小众刊物通过网络传播，也可以大大提升受众群体；TOP100 不断出现较大比例的新晋刊物这一事实，证明了网络读者数字阅读的层面正在不断拓宽。只要注重传播，大小刊物都会有机遇、有发展。

（作者为龙源期刊网总编辑、龙源期刊网络传播研究中心秘书长）

【2011】

从龙源期刊网络传播数据看期刊数字阅读新趋势

马雪芬

龙源期刊网从2005—2010连续6年对其合作的3000多种期刊进行网络传播TOP100的统计与信息发布,并就此开展产学研相结合的期刊网络传播研究,先后推出6部研究报告的白皮书,获得了业界的关注和认可。

最近刚刚出炉的2011年龙源期刊网络传播数据立足2010年9月到2011年9月的龙源合作期刊的各种传播数据,不仅有历年发布的个人付费阅读的TOP100期刊数据,还创新推出目前为止数字期刊内容主要的投放市场国内、海外公图、国内中小学和党政企事阅读TOP100期刊的信息。这组数据较为清晰地描述了当下期刊数字阅读的趋势和特征,我们从中发现,文学和时政是用户阅读数字期刊的最大诉求,这也符合期刊的社会功能角色。

国内最早致力于期刊数字化传播的龙源期刊网,多年来除服务个人用户外,还为众多国内国际图书馆、中小学数字图书馆及党政机关企事业单位提供期刊数字阅读服务。而机构用户已经成为龙源期刊网与其他数字期刊平台相比最大的优势,也是目前数字期刊阅读的一方重要市场。在龙源期刊网络传播数据中,机构用户中单刊的最高的访问量已经超过个人用户的最高阅读量。(如党政企事业单位阅读TOP100期刊排行中,最高的是《青年文摘》(彩版),阅读量为7.18万次;国内个人付费阅读量最高的为《三联生活周刊》,6.16万次。)因此,龙源期刊网络传播数据也体现出个人付费阅读和机构用户使用并驾齐驱的阅读特征。

一、文学诉求和品位阅读成为主流

纵观今年的龙源期刊网络传播数据,无论是TOP100期刊,还是TOP100文章,均呈现出明显的布阵特点,优秀的文学、文摘刊物及品牌期刊占据的份额最高,与往年相比,有明显的增长趋势。

对文学刊物的追求体现了阅读群体的阅读素养，在今年的龙源期刊网络传播数据中，这一特点尤为明显。在龙源2011年度的各项发布中，可以看到各类大刊名刊比肩接踵，如《青年文摘》《意林》《视野》《收获》等文学、文摘类刊物均高居各榜单榜首位置。

表1　2011龙源期刊网络传播阅读排行 TOP100 • 按用户群阅读 TOP10 期刊

排名	中小学阅读 TOP10	党政企事阅读 TOP10
1	意林	青年文摘（彩版）
2	青年文摘（彩版）	意林
3	中国中医药咨讯	三联生活周刊
4	教师博览	领导文萃
5	父母必读	视野
6	电脑爱好者	青年文摘
7	故事大王	人生与伴侣
8	中国当代医药	今日文摘
9	中国实用医药	南方人物周刊
10	37°女人	新民周刊

表2　2011龙源期刊网络传播阅读排行 TOP100 • 国内、海外公图阅读 TOP10 期刊

排名	国内公图阅读 TOP10	海外公图阅读 TOP10
1	意林	—
2	青年文摘（彩版）	北京文学·中篇小说月报
3	南风窗	兵器知识
4	三联生活周刊	南都周刊
5	视野	37°女人
6	青年文摘	当代
7	电脑爱好者	收获
8	伴侣	疯狂英语·口语版
9	领导文萃	伴侣
10	理财周刊	青年文摘

表3 2011龙源期刊网络传播阅读排行TOP100·国内、海外个人付费阅读TOP10期刊

排名	国内个人付费阅读TOP10	海外个人付费阅读TOP10
1	三联生活周刊	收获
2	意林	三联生活周刊
3	今日文摘	长篇小说选刊
4	南方人物周刊	当代
5	看天下	意林
6	青年文摘（彩版）	青年文摘
7	中国新闻周刊	北京文学·中篇小说月报
8	南都周刊	南都周刊
9	中国经济周刊	青年文摘（彩版）
10	青年文摘	十月

需要强调的是，数年来的龙源期刊网络传播均呈现这一明显特征。这也印证了在网络传播环境中，内容的文学性成为吸引用户的核心要素，正如多位国际知名杂志主编所主张的那样——在新媒体环境中，杂志更要充分挖掘自身的魅力，那就是极具文学性的深度故事，这也是杂志独特于其他媒体的特质所在。就文学性而言，与其他类型的刊物相比，文学、文摘类期刊肯定略胜一筹。尤其是以《收获》《当代》《十月》为代表的文学刊物，它们往往是中国畅销小说的诞生地。

从龙源期刊网多年来的TOP100文章分布来看，文学类也一直高居榜首，并且，多年来这一阅读布局特征一直不变。在各种TOP100文章排行中，出自文学类期刊的文章所占比例最高可以达到90%以上，并且小说类型尤为突出。由此可见，用户对网络文学的热度持续未减，广受欢迎的是长篇小说和中篇小说，如《北京文学中篇小说选刊》《长篇小说选刊》都位于龙源TOP100的前端。

在期刊数字化的转型中，刊社一方面在积极准备转型，另一方面却又有很多顾虑，比如，在浩如烟海的网络环境中自身品牌会不会受到弱化。但在龙源期刊网络传播数据中，我们清晰地看到品牌期刊的身影越来越多。如果说早期的网络传播排行中偶尔存在一些良莠不分的现象，那么，现在这一现象早已荡然无存。在2011年龙源期刊网络传播TOP100的所有数据中，品牌期刊占据了绝大部分的份额，如中国期刊业的知名品牌《青年文摘》《三联生活周刊》《中国新闻周刊》《意林》《收获》《当代》《电脑爱好者》等，均榜上有名。结合国内品牌期刊纸质版本线下发行的实际情况，我们发现，一些期刊的网络传播排阵布局与线下销售份额基本吻合，比如，国内发行量最大的时政类刊物《三联生活周刊》在龙源期刊网络传播中高居

时政类刊物榜首；中国老牌著名文学杂志《收获》高居文学类榜首。尽管近年来纸质文学刊物发行量持续下滑，但在网络传播中，文学期刊却广受欢迎。

二、国内、海外 7 连冠

从国内阅读 TOP100 文章的分布来看，已经摆脱了以往网络阅读猎奇猎艳的庸俗化倾向，充分体现了用户的阅读品位和眼光的提升。跻身阅读量前 100 的文章中，我们清晰地发现，文学和时政阅读也是主要的方向，且大多数文章均来自知名刊物，如《收获》《当代》《十月》《中国周刊》《三联生活周刊》等。《收获》《当代》《十月》是目前中国最优秀的文学类杂志，《中国周刊》《三联生活周刊》则是目前中国最畅销的时政类刊物，具有强大的影响力。从这 TOP100 文章的源头分布上，我们也看到了用户倾向于选择优质刊物的优质内容。如果说纸质期刊购买行为体现了绝对理性（动辄 10 元、15 元的售价），那么这种理性购买在数字阅读上也得到了延续，这也再次说明，无论是在何种介质上，优质的内容永远是最稀缺和最宝贵的，是读者的上乘选择。

三、期刊数字阅读从任意向理性逐渐过渡

分析历年的龙源期刊网络传播数据，我们发现，阅读量和浏览量最高的期刊和文章分布正呈现一种逐渐从散、乱向聚集和规律性发展的态势，尤其是随着机构用户的逐渐增多，期刊数字阅读呈现出越来越明显的理性色彩。

龙源网络传播党政企事阅读 TOP100 期刊主要包括文学、时政、生活服务和商业类期刊，比如文学、文摘类的《青年文摘》《意林》《视野》《小品文选刊》，时政类的《三联生活周刊》《领导文萃》《南方人物周刊》《新民周刊》《中国新闻周刊》，生活类的《人生与伴侣》《家庭》《家人》《伴侣》，商业类的《理财周刊》《电脑爱好者》《经济研究导刊》，与这一群体的人群特征和职业特点非常契合。来自党政企事业单位的用户都是成熟人群，其阅读选择表现出明显的理性和成熟特征。随着网络对人们生活的渗透，互联网人群已经逐渐走出年轻化的单一特征，互联网人群的逐渐扩大也意味着数字阅读群体的逐渐扩大，这一点已经被印证。

从龙源最新发布的中小学阅读 TOP100 期刊我们看到，教育教学类和生活保健类期刊居多，据了解，目前中小学购买的数字期刊资源，主要使用者是教师，这两大阅读取向非常清晰地反映出人民教师工作与生活的实际需要。

此外，从国内浏览 TOP100 文章的分布来看，实用性文章占比越来越大，足见用户的理性阅读习惯已经日渐形成。在这 100 篇文章分布中，医药健康类内容、计

算机使用和维护以及教辅方面的文章成为主要的构成类型。《电脑爱好者》《电脑知识与技术》《网络与信息》《计算机应用文摘》等相关杂志的内容榜上有名。教育教辅类文章也是主要的选择方向，《优秀作文选评》《作文周刊》《小学教学参考》等教育教辅类杂志有多篇文章获得了较高的点击量。

随着期刊出版商对苹果 iPhone 手机、各类 Pad 的逐渐认可和利用，期刊数字化呈现出多形式、多介质特点，尤其是 Pad 版期刊的迅速成长，大大推进了期刊数字化阅读进程。从龙源网络传播数据 wap 阅读排行的期刊分布来看，以故事类、情感类、传奇类期刊为主，这与手机阅读用户目前低龄化、低收入化、年轻化的特点直接相关；而 iPad 版期刊则呈现出另一番景象。iPad 版 TOP10 分别为：《大众摄影》《电影世界》《疯狂英语》《汽车杂志》《三联生活周刊》《看天下》《中欧商业评论》《中外管理》《IT 时代周刊》。其中，《大众摄影》的阅读量达到 6.5 万次，这 10 种刊的阅读量均超过 1 万次。从 iPad 版期刊排行的分布来看，图片见长、文章优质、内容稀缺、适合高端人群的期刊在 iPad 版上更有发展空间。而国内 iPad 属于相对高收入成熟人群，iPad 已经成为这类人群阅读数字期刊的重要平台。

（作者为《中国传媒商报》周刊主编、龙源期刊网络传播研究中心专家委员）

龙源期刊不同用户数字阅读差异化分析

陈 丹 辛晓磊

近年来，随着科技手段不断更新和数字化进程加快，数字化阅读凭借快捷、高效、即时交互式、易查询等特点，获得了越来越多读者的青睐。中国新闻出版研究院第八次全国国民阅读调查显示，2010年我国18—70周岁国民数字化阅读方式接触率为32.8%，比2009年增加了8.2个百分点，增幅为33.3%。相较于传统纸质媒介的阅读率，数字化阅读方式的增长幅度最大。这说明数字化阅读逐渐成为人们主要的阅读方式之一。

龙源期刊网（www.qikan.com.cn）作为全球最大的中文杂志在线阅读网站，目前全文在线的综合性人文大众类期刊已达到3 000种，内容涵盖时政、党建、管理、财经、文学、艺术、哲学、历史、社会、科普、军事、教育、家庭、体育、休闲、健康、时尚、职场等领域，且有原貌版、文本版、语音版、手机版等多种阅读版本。

在数字阅读逐步走向深入的现在，龙源2011年度的阅读排行报告首次给出了分不同用户群体的阅读排行，为我们研究数字阅读给出了新的视角、从这些新的视角出发，去发现、总结数字阅读环境下办刊、读刊的密码，这对于资源的提供方期刊社、数字期刊内容的使用者图书馆以及相关研究者，都颇有意义，当然相关研究成果也将最终惠及数字期刊读者。

本文将深入分析龙源期刊网2011年度TOP100排行数据，从个人用户与机构用户的阅读差异、机构用户之间的差异性，来分析数字阅读领域的阅读差异性。

一、个人用户与机构用户的阅读差异

（一）国内个人、机构用户阅读差异

1. 期刊类别

六成以上期刊同时受到个人及机构用户的欢迎，但文学文摘类和生活类期刊更受到机构用户青睐。

通过分析数据发现，同时进入个人阅读TOP100与机构阅读TOP100排行的期

刊有 61 种，这表明无论是个人还是机构用户，对数字期刊的选择存在很大的趋同性。但我们同时发现，部分期刊的机构阅读与个人阅读排行差距较大，表 1 是机构阅读与个人阅读差异最大的十种期刊，分析发现，文学文摘类和生活类期刊占大多数。其中《博客天下》《南都娱乐周刊》等机构阅读量远大于个人阅读量。

表 1 期刊个人阅读与机构阅读排行对比

刊名	机构阅读排行	个人阅读排行	期刊类别
博客天下	94	15	时政人物
南都娱乐周刊	91	16	生活
啄木鸟	76	14	文学文摘
可乐	90	30	文学文摘
恋爱婚姻家庭	77	22	生活
当代	71	18	文学文摘
北京文学·中篇小说月报	96	44	文学文摘
经济研究导刊	84	35	商业财经
百科知识	87	45	生活
商场现代化	50	13	社科学术

2. 阅读量

国内 TOP100 期刊排行中，个人阅读量远低于机构用户阅读量，付费或为影响因素，机构用户阅读基数群体大也是一个重要的因素。

通过分析发现，机构用户阅读量远大于个人用户的阅读量，我们以两类用户阅读排行 TOP10 期刊的阅读为例进行分析，从表 2 中可以看到两类用户阅读量上的明显差异。这一方面与机构用户所占的基数较大有关，另一方面也可能受到付费因素的影响。机构用户由于不用自己掏钱阅读，阅读选择的空间相对较大，也没有阅读费用方面的顾虑。而个人用户在阅读时则会更多考虑费用因素。

进一步分析国内 TOP100 文章排行发现，多数文章的全文阅读量都是大于片段阅读（这里所说的全文阅读即指付费阅读），但也有个别文章的片段阅读大于全文阅读，如表 3 所示。也就是说，这部分文章只进行了内容浏览而没有付费进行全文阅读。这里可能需要我们对这些文章内容去做一下探究，可能会发现这些内容虽好，但还没有好到足以吸引读者为其付钱，从而最终与"付费"失之交臂。所以，关于网络在线阅读付费习惯养成的问题，它是相对的又是绝对的，"相对"是指的确存在付费习惯养成的问题，"绝对"是说内容好，就可以让读者掏腰包。

同时，也可看出，付费模式对个人用户的阅读影响较大，对机构用户阅读的影响相对较小。

表2　个人用户与机构用户阅读量对比

个人阅读 TOP10		机构阅读 TOP10	
刊名	阅读量	刊名	阅读量
三联生活周刊	61 951	意林	227 204
意林	39 964	青年文摘（彩版）	219 386
今日文摘	39 326	三联生活周刊	181 076
南方人物周刊	36 329	青年文摘	122 026
看天下	31 434	南风窗	118 488
青年文摘（彩版）	31 387	视野	112 920
中国新闻周刊	27 808	领导文萃	106 954
南都周刊	27 483	伴侣	103 782
中国经济周刊	25 404	电脑爱好者	103 258
青年文摘	25 057	看世界	87 062

表3　国内 TOP100 文章中片段阅读大于全文阅读的文章分析

文章标题	全文	片段	个人阅读	机构阅读
官味	990	1 209	739	251
公共裙带	960	1 179	508	452
张柏芝　谢霆锋　不适合但离不了	646	1 127	554	92
你就像四房太太	631	1 084	347	284
"不独立，无大学"	601	779	134	467
笑话笑话 14 则	555	1 408	79	476
王芳萍：台湾妓权运动第一人	550	726	339	211

3. 文章类别

对于休闲、娱乐类文章，个人用户阅读量大于机构用户，休闲阅读渐成个人阅读的主流。

由于受到付费因素的影响，一般认为对于同一篇文章的阅读，机构用户的阅读量要远大于个人用户的阅读量。但在分析国内 TOP100 文章时发现，有 49% 的文章阅读量是个人用户多于机构用户的。其中，小说类文章就占据了 53% 的比例，（如图 1 所示）。可见，休闲阅读越来越成为人们阅读的主要内容，人们越来越倾向于通过阅读轻松的内容来缓解工作及生活压力。另外,分析发现,在个人用户阅读量较大的文章中,封面故事、封面人物与特别推荐的文章分别占据了27%和12%,可以看出,期刊网站的各种推介形式,对于个人用户来说,效果更明显。

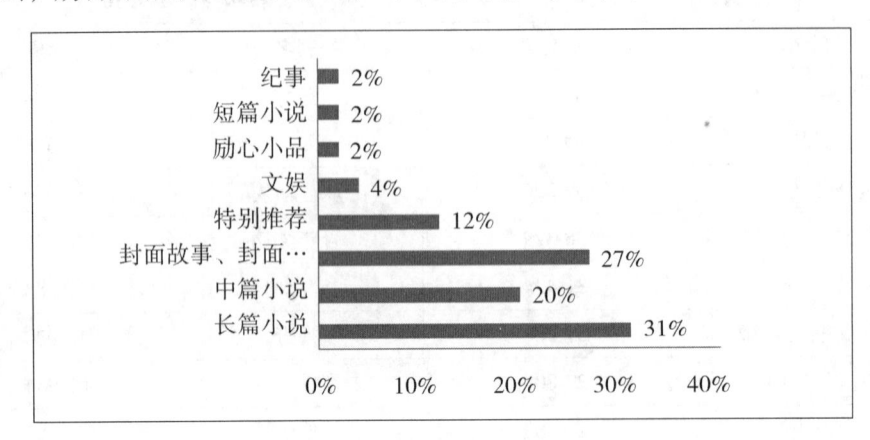

```
纪事           2%
短篇小说        2%
励心小品        2%
文娱           4%
特别推荐        12%
封面故事、封面…  27%
中篇小说        20%
长篇小说        31%
```

图1 个人阅读大于机构阅读栏目分布

(二)海外个人、机构用户阅读差异:个人阅读量高于机构阅读量,阅读费用主要来自个人用户

通过分析海外阅读TOP100文章排行发现,其中89%的文章个人阅读量高于机构阅读量,而全文阅读(即付费阅读)比例均高于片段阅读的比例,表4仅截取排行榜中排名前10的文章举例说明。

可见,海外用户阅读费用主要来自个人用户。这与国内相应的阅读情况完全不同。这可能与海外读者较为成熟的付费理念相关,也在另一方面说明,海外机构用户的阅读推广也还需要花力气。

表4 海外个人与机构付费阅读分析

文章标题	片段浏览	个人付费阅读	机构阅读
"海关新政"扑朔迷离	3	0	1 315
尖叫的豆芽	5	0	917
天香	51	500	46
云中人	64	327	34
好人难做	44	292	68
成也短信败也短信	0	0	294
中文系	21	267	16
末日撞击	16	243	21
宋钧	8	205	0
点绛唇	20	183	22

二、不同类型机构用户阅读差异性分析

(一) 国内、海外机构阅读差异

1. 阅读类别

知识、资讯类期刊同时受到国内、海外机构用户的青睐，但海外机构用户更倾向阅读文学文摘类文章。

通过分析龙源数据发现，文学文摘类、时政人物类期刊在国内、海外TOP100排行中占据重要位置。可见，无论国内还是海外的机构用户都更喜欢阅读知识、资讯类期刊。但在分析国内、海外阅读TOP100文章的数据时我们发现，国内、海外机构阅读的文章类型存在较大差异。国内用户主要阅读文学文摘与时政人物类，而海外机构中91%倾向阅读文学文摘类期刊，时政人物类期刊阅读比率较低（见图2、图3）。

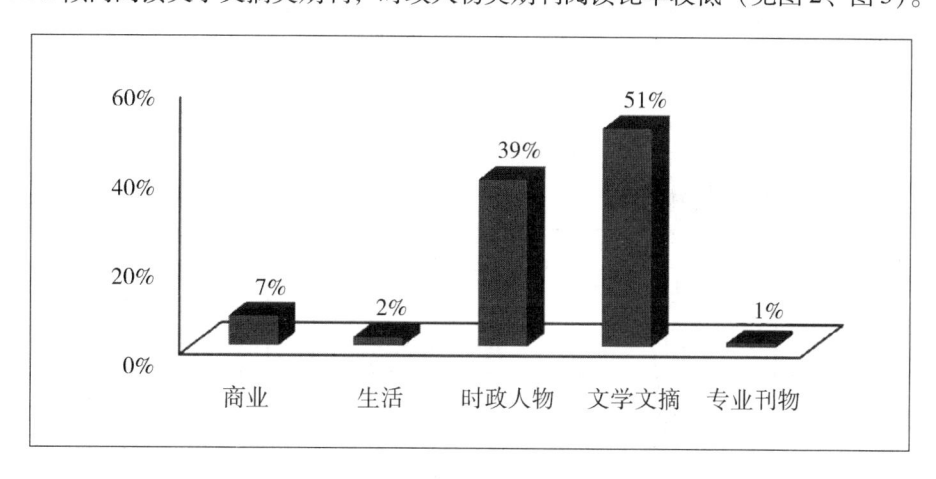

图2　国内机构阅读TOP100文章分类

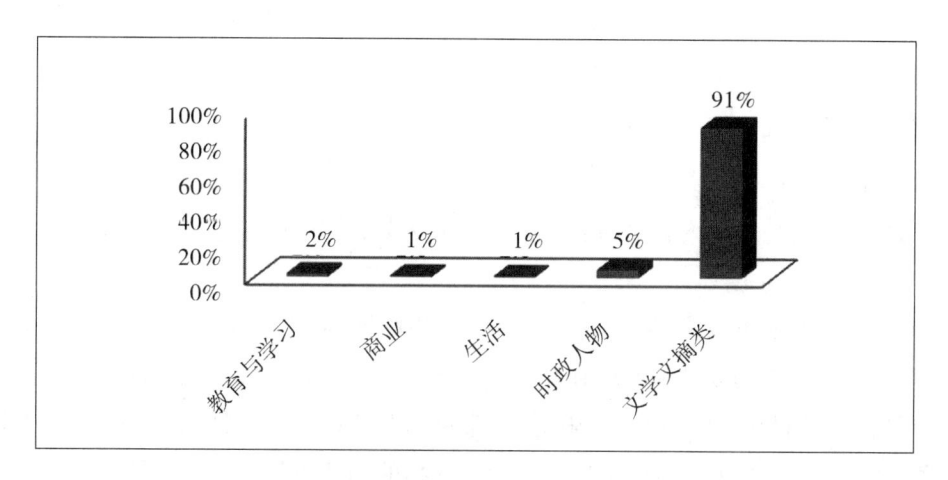

图3　海外机构阅读TOP100文章分类

2. 阅读版本

海外机构阅读语音版期刊远大于国内机构。

数字期刊在龙源期刊网上的表现形式多种多样，通过分析数据发现，上榜期刊的阅读次数是由多个版本的阅读次数组成的，可见在数字化阅读过程中，期刊不同的表现形式为不同阅读习惯的读者提供了多种阅读的途径和方式。而国内、海外机构在进行数字期刊阅读版本选择上，最大的差异在于语音版的阅读。

语音版阅读不仅丰富了我们阅读的方式，同时也使我们有效地利用闲暇时间。虽然目前龙源开放的语音版期刊资源不多，海外机构语音版阅读率高于国内机构，多为时政类或文学类期刊（见表5）。

表5 国内、海外机构语音版阅读排行

	单位名称	标题	刊名	语音
海外	Burnaby Public Library	爱钱总统萨科齐如何生财？	看世界	1 435
	Toronto Public Library	问苍茫	当代	296
国内	东莞图书馆	宣传部长	当代	944
	山西大学图书馆	塔里亚风月夜	小说月报	372
	南京图书馆	弯道超越	北京文学	278

海外"听"刊很大一部分文章是来自商业类杂志的内容。数字期刊阅读版本的选择，到底是受原刊的影响，还是受到读者特定阅读环境的制约？是由用户的阅读习惯决定的，还是受到阅读平台的制约……这里尚有一系列的问题需要我们进行深入分析。

（二）国内机构用户阅读差异

1. 阅读类别

数字化手段使阅读内容更加多样化，中小学图书馆阅读特色鲜明，健康养生类期刊成为其阅读的主流。

从图4中我们可以看到，在机构阅读TOP100期刊中，党政企事业单位与国内公共图书馆之间在阅读类别上没有太大的差异，这两类机构50%以上的阅读都集中在文学文摘类期刊；但中小学机构的阅读类型却与前两者有着鲜明的区别，其中教育学习类、生活类期刊占据较大比例，专业刊物的阅读更是大大超过了党政企事业单位和公共图书馆用户的阅读。

值得注意的是，中小学机构用户 TOP100 的阅读中，占最大比例的并不是我们普遍认为的教育和学习类，而是生活类。通过具体分析他们阅读的期刊发现，《家庭科学·新健康》《科学养生》《大众医学》《养生保健指南》等健康养生类占较大比例，可见中小学机构用户中主要的阅读主体是教师而非学生。此外，随着生活节奏的不断加快，中小学教师也越来越注重健康与养生，因此对这类期刊更加关注。

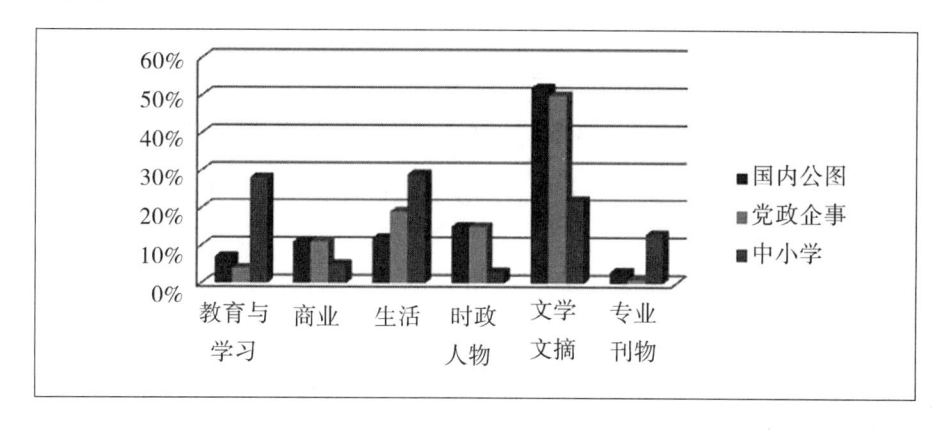

图 4　三类机构用户阅读类别比较

2. 阅读地域

地域因素极大地影响着用户的阅读偏好，使各类用户的阅读各具特色。

地域因素对读者的数字化阅读有极大的影响，使其在阅读类型、地域偏好、阅读时间等方面存在一定的差异。而地区经济发展水平与数字化阅读之间往往有着密切的关系。下面将以分别位于我国三大经济圈之环渤海经济区、长江三角洲、珠江三角洲天津图书馆、杭州图书馆、东莞图书馆为例展开分析，其阅读情况如下：

（1）阅读类别：受不同社会环境的影响，三个图书馆读者的期刊阅读类型各有偏好。

通过对每个图书馆阅读访问量排名前 30 位的期刊进行分析，我们发现，天津图书馆读者以阅读生活类和时政人物类为主，分别占据 30% 和 27% 的比例；杭州图书馆读者阅读类型相对较多，且文学文摘类期刊的阅读比例最大，为 47%，且这一类别期刊的阅读明显高于其他图书馆；东莞图书馆读者阅读期刊类型比例较为平均，文学文摘类占据 30%、生活类与时政人物类分别为 23%，与前两个图书馆不同的是，东莞图书馆阅读商业类杂志的比例高于天津和杭州图书馆（见图5）。

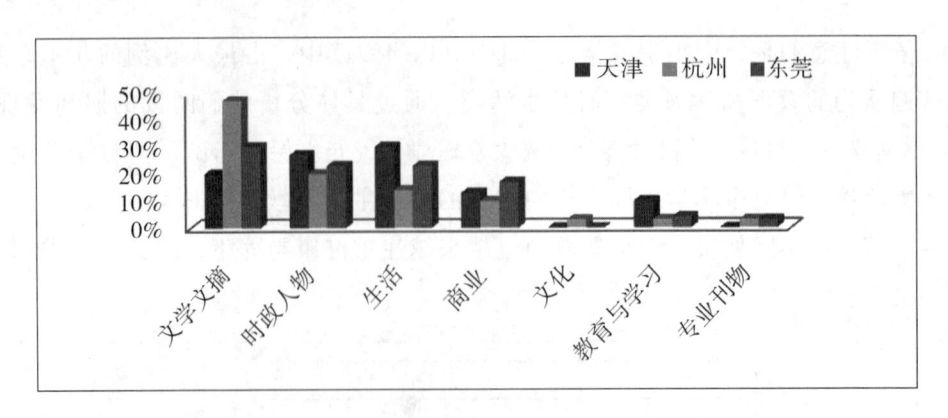

图5　天津、杭州、东莞图书馆期刊阅读类别比较

（2）期刊发行商所在地：三个图书馆数字期刊阅读呈去本地化与地域的接近性两种特征。

我们选取这三个图书馆阅读排名前10位的期刊进行分析，经过比较发现，这三个图书馆读者阅读的期刊发行地为北京的居多，表现出较为明显的期刊发行去本地化特征。北京作为首都，出版资源丰富，杂志发行量大，辐射范围广，品牌影响力大，为广大读者们所周知，再加上网络传播的辐射力与跨时空性。因此不难理解天津、杭州、东莞图书馆读者普遍喜欢阅读北京发行的期刊。

此外，数据分析发现，三个图书馆读者在期刊的阅读选择上又有很强的地域接近性。邵培仁在《传播学》一书中指出，影响传播者的因素包括接近性。"这种接近性或相似性会使受众产生一种'同体观'倾向，把传播者看作是'自己人'，从而在传播中也易造成传播者同受众意见一致的情境。"这里所说的接近性不仅包括心理的接近，也包括地域上的接近性。在分析这三个位于不同地区的图书馆的阅读差异时，我们发现，各个图书馆的阅读选择也有着地域因素的影响。

如图6、图7、图8所示，由于地理上的接近性，天津图书馆用户阅读的期刊发行商所在地90%在北京和河北；杭州图书馆用户除了喜欢阅读北京发行的期刊外，还倾向于阅读杭州和上海发行的期刊；东莞图书馆的用户较于前两个图书馆来说，更加多样，除阅读北京发行的期刊外，还倾向于阅读广东、广西和上海所发行的期刊。此外，东莞图书馆阅读量居榜首的期刊也正是广东的《伴侣》杂志。

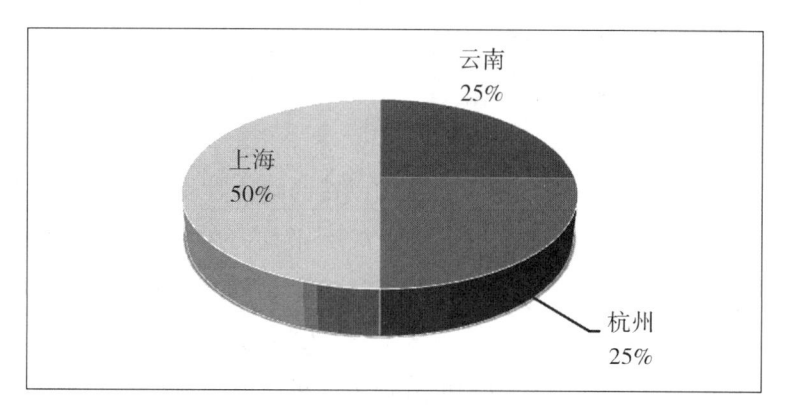

图 6　天津期刊阅读 TOP10 发行商所在地

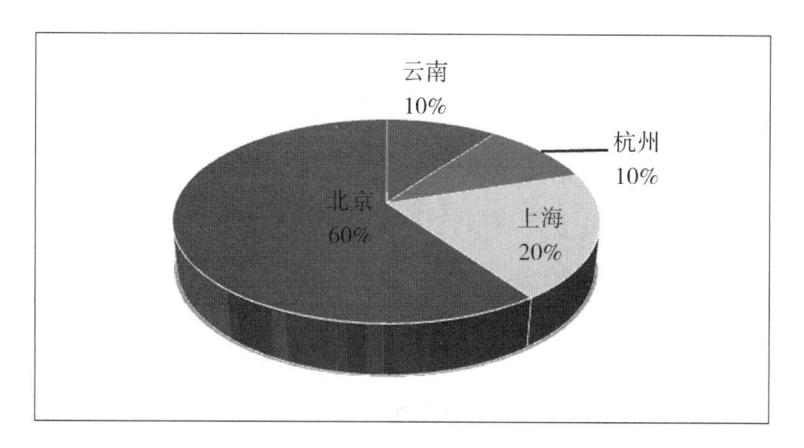

图 7　杭州期刊阅读 TOP10 发行商所在地

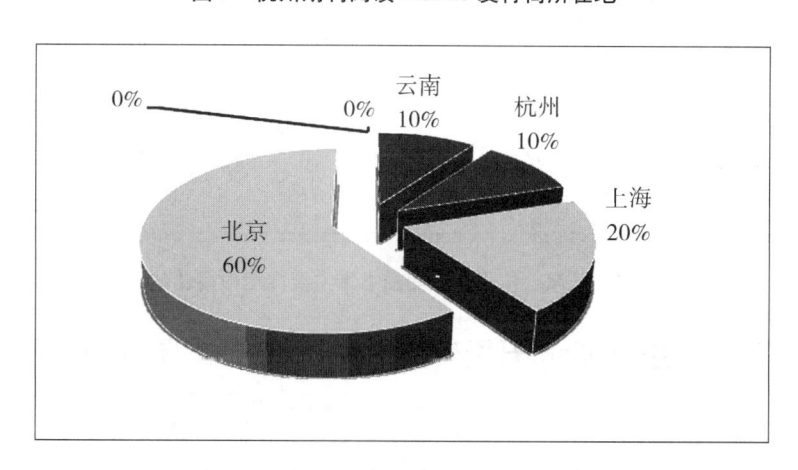

图 8　东莞图书馆期刊阅读 TOP10 发行商所在地

由此可见，读者在选择期刊时，大多会选择那些全国性的知名刊物，可见期刊"品牌影响力"是影响读者阅读的重要因素；另一方面，由于对所在地出版或发行的期刊较为熟悉，故较易选择本地期刊进行阅读，可见，数字期刊是纸版期刊的数字化延伸，纸版期刊对其仍具有较大的影响。

（3）阅读时段：受地域因素影响，三个图书馆在阅读时段上存在一定差异，东莞图书馆10:00—11:00间访问量最大。

如图9所示，天津、杭州、东莞三家图书馆的阅读时段存在一定差异。相较于另两个图书馆，天津图书馆阅读的时间段较为平均，在13:00—15:00、20:00—22:00这两个时段访问量较高，这段时间应该是午休时间及晚饭后休息的时间，人们喜欢阅读一些内容轻松的文章，这从天津图书馆的阅读文章排行中也可得到证实。在天津阅读文章排行中，位于前几位的分别是《星河湾"地乱"》《我们从哪里来，到哪里去?》《世界的，为什么不是中国的》等，属于比较轻松的内容。

杭州图书馆，其阅读时段主要集中在下午从13:00—17:00的时间段，其中15:00—16:00为阅读量最大的时段，这说明杭州图书馆读者更喜欢在下午访问图书馆的数字期刊内容；

东莞图书馆在上午10:00—11:00的访问量最大，这也许由于东莞是一个外来务工人群比较集中的城市，由于轮班或轮休的原因，人们上午到图书馆阅读的需求比较突出。

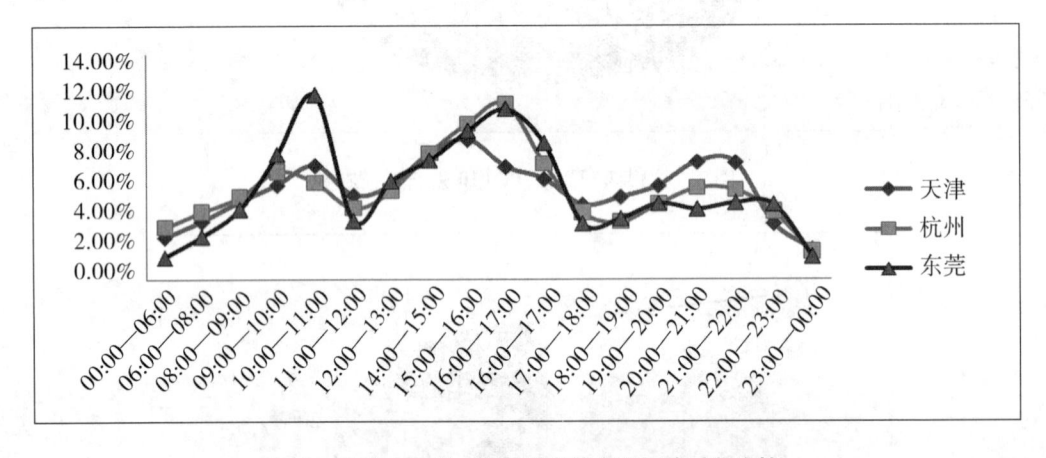

图9 天津、杭州、东莞图书馆主要阅读时段比较

三、影响机构用户开展期刊数字化阅读的主要因素分析

龙源网络传播课题研究组在2010年发布的《龙源期刊数字化阅读指数报告》中，曾提出影响读者开展期刊数字化阅读的因素包括读者分布的区域性、读者阅读的目的性、原刊品牌影响力、期刊的产品形态、网络推介方式以及期刊收费情况等。综合本文前面的分析发现，我国机构用户在阅读数字期刊时具有一定的特点，影响我国机构用户数字化阅读的因素与其他用户相比，也略有不同。其中"读者分布的区域性"以及"读者阅读的目的性"两个因素对机构用户数字化阅

读影响作用明显增强,另外,期刊品牌影响力的作用在机构用户中体现的也更为突出。但是,相较于个人用户,我国机构用户在开展期刊数字化阅读时对收费情况以及网站对期刊内容的推介方式等都不是太在意;另外,国内、海外机构用户因网络传播的硬件环境不同,因此,在期刊产品的数字化表现形态的选择上也显出一定的差异性。

数字图书馆建设方兴未艾。作为数字内容的用户集成单位——我国的各级图书馆正在从资源型向服务型图书馆转变。我们看到各类机构用户在阅读的过程中因各自的阅读习惯以及所在的领域、地域等因素的不同而各具特色,对于机构用户数字期刊阅读的差异性,很多假设还需要更多的数据来支撑,很多问题还需要我们进一步探索与研究,因此,龙源针对这一领域提供的阅读数据以及相关的分析,对于刊社、各图书馆以及相关的研究者开展相关业务和研究具有一定的借鉴和指导意义。

(作者依序为北京印刷学院新闻出版学院教授,龙源期刊网络传播研究中心专家委员;北京印刷学院传播学硕士研究生)

数字期刊阅读量统计路径及方法初探

陈 丹

从 20 世纪 90 年代中期开始,个人电脑和互联网络在我国民众中迅速普及。据中国互联网信息中心(CNNIC)统计,截至 2011 年 6 月底,中国网民规模达到 4.58 亿。这不仅仅体现了信息技术的发展,实际上,计算机网络应用的大众化正在悄然改变着人们获取信息、学习知识的途径,也深刻影响着人们的阅读习惯和思维方式。

与此同时,网络的蓬勃发展所形成的新的读者群和内容生态环境,给传统期刊带来了巨大的发展空间。根据中国新闻出版研究院发布的《2010—2011 中国数字出版年度报告》数据显示,2010 年中国数字出版产业总体收入为 1 051.79 亿,其中数字期刊为 7.49 亿,这说明数字期刊和期刊数字化阅读已为广大读者所接受。

在这一大背景下,出现了多家颇具规模的专业期刊网络传播平台和众多的个性化期刊数字化传播网站,许多期刊在进行传统出版的同时,也实现了数字化传播发行,一个新的内容产业已经形成。但是目前为止,在这个领域,还缺乏对数字期刊的发行统计规则,这对行业转型的把控、产业的估量、著作人的版权收益统计、内容编辑加工质量评估、传播的人群对象分析等一系列问题显得缺乏依据,已阻碍了中国数字出版发展的进程,因此需要尽快制定一个统一的标准,对数字期刊的阅读量进行科学的统计分析,以此促进各方的利益分成,以科学发展观推进数字出版。

一、数字期刊阅读量的提出

(一)现有数字化产品浏览量的统计方法梳理

新闻出版总署 2010 年发布的《关于加快我国数字出版产业发展的若干意见》(新出政发〔2010〕7 号)文件提出:数字出版是指利用数字技术进行内容编辑加工,并通过网络传播数字内容产品的一种新型出版方式,其主要特征为内容生产数字化、管理过程数字化、产品形态数字化和传播渠道网络化。只要使用二进制技术手段对出版的各个环节进行操作,应该都属于数字出版的范畴。因此,数字出版是传统出版业在内容和形式上的延伸和扩展,不仅大大丰富了出版物的内容和形式，也改变了传统出版物的生产方式和消费理念，直接创造出一些新的出版媒体形式。

作为开展数字出版的主要平台，各种类型的网站成为目前较为典型的数字出版物。关于网页浏览量的统计指标和方法，目前主要有以下几种：①访问用户数（Users Reach），指通过 Internet 访问某个特定网站的人数。②页面浏览数（Page Views），是指用户访问了某个特定网站的多少个页面。如 Alexa 发布的排名结果的计算就主要取决于访问用户数（Users Reach）和页面浏览数（Page Views）。③UV（独立访客）：Unique Visitor，访问网站的一台电脑客户端为一个访客，00:00—24:00内相同的客户端只会被计算一次。④IP（独立 IP）：指独立 IP 数，00:00—24:00内相同 IP 地址被计算一次。如雅虎统计指数（YSR）就通过 PV、UV、IP，以及用户停留时间、访问情况、用户行为等因素综合分析按不同权重计算来评判来源质量的指数，指数越高，表明来源质量越高。此外还有流量：指网络上有多少资料正在被传递。浏览：指用户所用浏览器向服务器要求下载某一咨询时，每按下一次鼠标就浏览一次。这些指标和方法多用于评估网络广告。

但是，对于数字期刊浏览量以及阅读量的统计和评价，目前并没有较为科学和权威的标准。从 2005 年起，龙源期刊网用文本全文阅读的页面浏览量作为标准，衡量读者对龙源期刊网上内容的接受程度，并统计出每年的 TOP100 期刊和 TOP100 文章。但是，这种统计方法是否全面？数字化内容的浏览与阅读量之间有何关系，如何较为科学地统计数字期刊的阅读情况？本文将以龙源期刊网为例对数字期刊的阅读量的统计路径和方式进行分析。

（二）数字期刊阅读量的界定

阅读是从书面材料中获取信息的过程，是读者和文本的对话。阅读是一种主动的过程，是由阅读者根据不同的目的加以调节控制的。对于传统期刊的阅读，无论是发行者，还是广告商，都主要以该期刊的发行量为考量指标。同理，对于数字期刊的阅读，主要是考量阅读主体（读者）与数字化文本相互交流信息与知识的程度，也即数字期刊中数字内容被网民获取的信息量多少。因此，与前面涉及的网页浏览量相比，还是有所不同的。由于浏览包括主动、被动浏览（如自动弹出网页等），浏览时读者对呈现内容的接受程度也有所不同，因此，本文建议将"有效浏览量"与"阅读量"等同起来，如在读者进行数字期刊浏览时，只有进行有效的浏览量，才可以作为数字期刊阅读量进行统计。

通过前面的论述可知，目前对于如何统计网页的浏览量，已有一些较为公认的方法和指标，那么，如何对浏览的"有效"性进行考量，即对本文提出的"数字期刊阅读量"进行统计，是本文要研究的重点。数字期刊阅读量的统计，应以人们阅读数字期刊中的文章数为基本单位，包括对整本刊物（原貌版）的付费点击次数、对期刊中某篇文章（文章版）的付费点击次数、对其他类型（语音版、手机版等不同产品版本）的付费点击次数以及用户对期刊中某篇文章（文章版）的片段阅读次数、对整本刊物（原貌版）的浏览次数等各种要素。

二、龙源期刊网数字化阅读现状分析

（一）龙源期刊网数字化阅读路径

作为国内数字期刊的领跑者之一，龙源期刊网积极参与、促进期刊的网络传播，依靠强大的技术支持，为3 000多种合作期刊定期提供详细的内容传播数据。这些数据均来自于计算机网络系统对用户阅读行为自动进行的统计，科学、客观、真实。

龙源期刊网在向社会开放的内容具有丰富多彩的呈现方式，可以大大丰富读者的阅读体验。比如，原文原貌版，保留了杂志原有版式，用户可以翻页阅读，仿佛一册在手。另外还有文本版，文本版则将杂志中的文字还原到网页上，可以复制、粘贴，保留每一篇文章和重要的图标和图片，最适合边阅读、边收藏的网络读者。人声语音版充分利用网络多媒体的特色，聘请电台专业的播音员把优秀的杂志内容变成可用手机、MP3、MP4下载的有声杂志，可以向无暇上网的人以及盲人提供服务。此外，还有手机版和Pad版阅读。其中，用户在阅读原文原貌版时，可以进行浏览，也可以放大阅读。在龙源期刊网的显示数据中，放大阅读量即为用户付费整刊阅读量，浏览量是用户点击浏览杂志的数量（除封面外用户只能放大浏览四页）。用户在阅读文本版时，有文本全文阅读和片段阅读两种模式，与原貌版阅读类似，全文阅读也为付费阅读，片段阅读是用户对文章的一部分进行浏览（在龙源期刊网中，片段浏览字数是全文首字起到300字之后的第一个句号止）。手机版阅读则是指对期刊的付费阅读。

故用户在龙源期刊网上的阅读方式有两种：一种是用户在期刊网上付费点击的期刊次数，一种是读者点击浏览其中包括读者通过搜索引擎抓取的龙源相关页面从而进行点击的次数。其中，用户在龙源期刊网上付费阅读的期刊次数包括对整本刊物（原貌版）的付费点击次数、对期刊中某篇文章（文章版）的付费点击次数，以及对其他类型（语音版、手机版等不同产品版本）的付费点击次数。而用户在龙源期刊网上点击浏览的期刊次数包括对整本刊物（原貌版）的浏览，对期刊中某篇文章（文章版）的片段阅读次数。

同时，在龙源期刊网上还可以进行高级智能搜索，你可以通过不同的搜索功能搜索你感兴趣的文章，而不必阅读整本杂志。例如，你想阅读"家庭理财"或"数字出版"方面的相关文章，只要在网站上搜索关键词，所有杂志中的相关文章瞬间尽数集中在你眼前，帮助你跨越一本杂志的局限，进行全方位的立体化的阅读。

（二）龙源期刊数字化阅读现状

我们对龙源期刊网提供的3 618种期刊数据进行分析，其中包括综合894种，占全部期刊的25%；教育与学习类767种，占全部期刊的21%；专业刊物576种，占全部期刊的16%；文学文摘类421种，占全部期刊的12%；生活类413种，占全部期刊的11%；商业类330种，占全部期刊的9%；时政人物类151种，占全部期刊的4%；文化类66种，占全部期刊的2%。

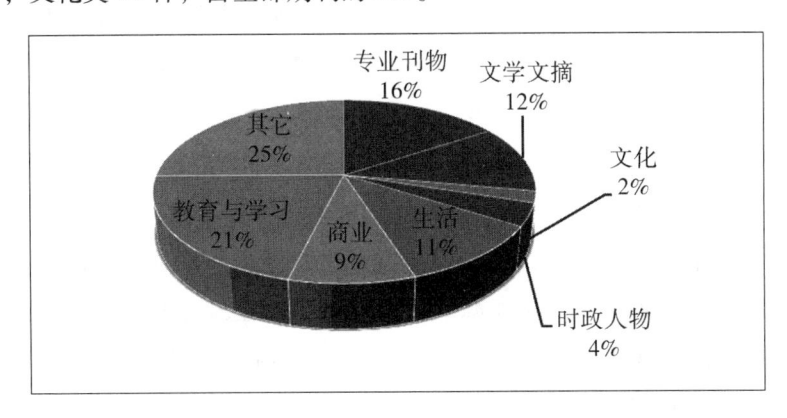

图1　各类型期刊数占总期刊数的比例

从数据中我们可以看出，用户阅读内容的选择涉及多个领域，用户阅读类型呈现多样化。

1. 与全文文本阅读相比，某些杂志用户倾向于片段浏览

在龙源期刊网提供的3 618种期刊数据中，超过八成期刊的片段浏览量大于全文阅读量。其中，教育与学习类、专业类期刊表现尤为明显，大多数的浏览量是片段浏览产生的，相关数据如下表所示：

表1　片段浏览量多于全文阅读量期刊占类型期刊数的比例

类型	期刊数	片段浏览量多于全文阅读量	占期刊数比例
综合	894	608	68.01%
教育与学习	767	731	95.31%
商业	330	290	87.88%
生活	413	336	81.36%

(续表)

类型	期刊数	片段浏览量多于全文阅读量	占期刊数比例
时政人物	151	118	78.15%
文化	66	58	87.88%
文学文摘	421	277	65.80%
专业刊物	576	539	93.58%

从数据中我们可以看出，对于教育与学习类、专业刊物类期刊，用户更倾向于浏览片段。进一步分析发现，某些期刊的片段浏览量远远多于全文阅读量。例如，《中国钓鱼》的片段浏览量为130 678，但它的全文阅读量仅为236；《考试周刊》的片段浏览量为1 166 014，全文阅读量为83 195，二者相差1 082 819之多。

2. 对于原貌版的阅读，用户热衷于浏览

我们对龙源期刊网提供的国内TOP100和海外TOP100期刊原貌版数据进行分析，结果发现，针对原貌版的阅读，在TOP100期刊中，所有的期刊浏览量均多于放大阅读量。为什么会出现这样的结果？因为放大阅读是要为整刊买单的，很多读者会在此却步。前面我们提到，龙源期刊网是用文本付费阅读全文阅读的页面量统计TOP100排行的，这样会把一些原貌点击浏览量多而文本全文阅读量少的期刊排除在外，出现这样的结果也就不足为奇了。

正因为如此，我们才有必要提出一种更为全面的统计方法来计算数字期刊的阅读量。

三、数字期刊阅读量统计方法的构想

（一）数字期刊阅读量统计要素组成

根据上面数据分析可以看出，不管是文本版阅读还是原貌版阅读，有很大一部分用户会选择片段阅读、期刊浏览。根据前面我们对数字期刊阅读量概念的界定，数字期刊阅读量主要是考量阅读主体（读者）与数字化文本相互交流信息与知识的程度，也即数字期刊中数字内容被网民获取的信息量多少。因此，除了全文阅读文本版期刊文章、整本下载阅读原貌版文章以及手机阅读文章的数量外，读者对期刊文本片段的阅读量以及对期刊原貌版的浏览量应该也成为数字化产品阅读量统计的有效组成部分。

（二）数字期刊阅读量统计公式

前面提到，龙源期刊网目前统计数字化产品阅读量的方式是以付费与否为取舍标准的,这从 TOP 排行的角度,有一定的道理。但作为数字期刊的阅读量统计方式,我们有必要提出一种更为全面的统计方法来计算数字期刊的阅读量。

前面,我们已经提出数字期刊阅读量的概念。这里将对期刊阅读量的计算方法给予说明。

由于数字期刊阅读量以文章数为基本单位,对于龙源期刊网相关的换算,我们可以分为两类,一类是关于原貌版的换算,包括对整本刊物(原貌版)的付费点击次数、整本刊物(原貌版)的浏览次数进行换算,另一类是对文本版进行换算,即对某篇文章(文章版)的片段阅读次数进行换算。首先,我们对原貌版进行换算:

1. 对整本刊物(原貌版)的付费点击次数的换算

一本期刊一般会有40—50篇文章,但针对某一本期刊,文章数各不相同,我们用系数 λ 表示。

2. 对整本刊物(原貌版)的浏览次数进行换算

龙源期刊网上对于原貌版整本刊物的放大阅读除封面外只能有四页,把其换算成期刊数,应为 $\frac{4}{期刊总页数}$。再根据我们对于原貌版整本刊物的换算方式,把原貌版浏览次数换算成数字期刊阅读量应该是 $\frac{4\lambda}{期刊总页数}$。

3. 对某篇文章(文章版)的片段阅读次数的换算

龙源期刊网上的片段浏览字数是全文首字起到 300 字之后的第一个句号止,根据这一情况,我们取一个中间值 350 字。针对每一篇不同的文章,字数各不相同,所以我们用变系数来表示某篇文章片段阅读次数的换算:$\frac{350}{文章总字数}$。

那么,整本刊物(原貌版)的付费点击阅读与整本刊物(原貌版)的浏览次数之和换算成阅读文章数即为原貌版的有效阅读量,期刊中某篇文章(文章版)的付费点击次数与期刊中某篇文章(文章版)的浏览次数之和即为文本版的有效阅读量,二者之和再加上手机版的付费点击次数即为期刊的有效阅读量。

我们用字母表示数字期刊阅读量的计算方式:

Q:数字期刊阅读量

A:期刊中某篇文章(文章版)的付费点击次数

B:期刊中某篇文章(文章版)的片段阅读次数

C:整本刊物(原貌版)的付费点击次数

D:整本刊物(原貌版)的浏览次数

E:手机版的付费点击次数

λ:对整本刊物(原貌版)的付费点击次数的换算系数

α：文章总字数

β：期刊总页数

由此我们得出数字期刊阅读量的计算方式为：

$$Q = A + \frac{350}{\alpha}B + \lambda\left(C + \frac{4}{\beta}D\right) + E$$

以上，以龙源期刊网为例，对其数据进行分析，从数字期刊的有效浏览量的角度，提出了数字期刊的阅读量的概念以及计算方法。这对于制定数字期刊阅读量的统计标准，具有一定的借鉴意义。标准化数字期刊阅读量，不仅可以扩大期刊营收的市场份额，同时也是期刊业走数字化出版之路的必然要求，它将是期刊在互联网环境下吸引新生代读者、保持对广告主吸引力的重要举措，对于吸引更多的广告主具有巨大的价值，也是自身发展、与时俱进的表现。

（作者为北京印刷学院新闻出版学院院长、教授，龙源期刊网络传播研究中心专家委员）

【2010】

龙源期刊网运营模式与中国期刊数字化发展新思维

三 石

龙源期刊网在期刊数字出版业的影响力越来越大,已经从原有的期刊数字内容网络付费阅读向手机、手持阅读器、平板电脑平台拓展成为国内十分优秀的期刊数字化出版多渠道发行的运营商,并且探索出比较成熟的符合数字化出版发展规律的运营模式。从中国数字出版整体的角度观察,龙源期刊网的期刊数字出版运营,已经远远走在了图书数字出版前面,因为,到今天为止,中国的图书数字出版仍沉浸在关于赢利模式的摸索与争论中,在阅读设备硬件厂商与传统出版社的内容博弈中,而龙源期刊网的期刊数字内容运营早已赢利并与中国90%的期刊社分利多年。同时,通过龙源期刊网络将中国期刊的数字内容销往海外,并且在美国、加拿大各大城市的公共图书馆里中,以"龙源电子期刊阅览室"命名的阅读平台正在越来越受到当地读者的喜爱,应该说,这初步实现了中国期刊数字内容全球营销的目标。

在此,笔者根据多年对中国期刊数字化出版的观察与思考,结合龙源期刊网的运营模式,对中国传统期刊社在向数字化转型阶段的焦点问题,提出操作性很强的六大建议。

一、期刊数字化运营与赢利模式清晰,内容深度加工为转型首位

龙源期刊网的期刊原貌版和文字版网络销售平台,当下已经成熟,无论是通过电脑还是手机或其他手持阅读器进行下载和在线阅读,都已经是比较清晰的内容数字化发行与赢利模式,无论传统的期刊阅读者或碎片化阅读时代的年轻阅读者,都能得到比较好的数字化内容消费体验。同时,龙源网为VIP会员所提供的每日更新的封面推荐文章,已经具备数字内容个性化阅读提供的特征。必须强调的是,龙源网所创造的单篇文章阅读收费的模式,既符合期刊数字化阅读的特征,又能全方位地满足各类阅读者的消费需求。应该说,龙源期刊网的包年或包月阅读全部数字期

刊、单册订阅数字期刊、单篇计费阅读数字期刊、阅读传统期刊原貌版及阅读传统期刊文本版这一系列传统期刊数字化内容运营方式，已经与全球传统期刊数字化内容运营的模式接轨，今后的模式创新也只是在其基础上实施。因此，对于传统期刊数字化内容的运营及赢利模式无需争论，读者只要付费便可满足其各种期刊产品形态的数字化阅读的需求。同时，传统期刊数字化与图书数字化在防盗版方面的最大的优势在于期刊的连续出版物的特性，也许有个别"数字爱好者"喜欢将个别时尚类的传统期刊扫描成 PDF 文件与同行"分享"，但持续将传统期刊扫描并识别转换为文本文件传播的几率甚少，数字内容的盗版问题一般不会困惑传统期刊社。

进一步看，就传统期刊社而言，在以上成熟的运营模式下，传统期刊社不能像将纸质期刊提供给邮局或书店那样，仅仅将纸质期刊内容提供给龙源期刊网这类数字销售平台便作为最终目标，而是要主动地结合数字化阅读的特点，配合数字内容销售渠道进行传统期刊内容的深度加工。因为读者对网络阅读及手持阅读器与传统阅读的习惯是不一样的，阅读需求也不相同，期刊社要针对不同载体来深度加工传统期刊内容并提供，要细化到标题、梗概、内容删减或知识延伸等等。我认为，期刊社针对传统期刊内容的深度用心才是传统期刊社数字化转型重要的阶段性标志的要素。

二、网络阅读排行与数字发行量意义重大，传统与数字化互动市场增量

龙源期刊网络传播 TOP100 排行及数字发行量的提出，对于传统期刊社而言具有十分重大的价值。期刊网络阅读打破了原本期刊"本"的概念，以"文章"为单位供读者选择，细分的内容导致了细分的受众群；传统出版中非常"小众"的杂志在网络空间上也可以成为"大众"杂志。数字发行量打破了期刊杂志的发行量只限于传统纸质版形式的局限，将杂志电子版内容在网络上的传播发行量统计进来，才应是网络化生存环境下期刊发行的全数据。在此，我用"精准"二字来定义这两项指标，大到一本刊的具体网络的发行量，小到一篇文章及一个栏目的阅读量，这是传统渠道根本无法实现的。比如 2010 年《当代》数字发行量 17.3 万，而《青年文摘》的数字发行量更是达到了 84.3 万，同比增加了 10 万。国内阅读 TOP100 期刊的访问量 2010 年度超过 2 385.9 万次，比 2009 年度 1 616.4 万次增加 1.48 倍；海外阅读 TOP100 期刊的访问量 931.3 万次，比 2009 年度 144.5 万次增加了 6 倍多。这些数据，都是网络平台与网络读者点对点的精准数据，十分珍贵。同时，龙源还提供了一个应引起传统期刊关注的基于龙源阅读数据统计的以时点为单位的阅读量，即本杂志的全天中某一时点的阅读流量，这个数据，对研究读者阅读习惯、网络阅

读消费习惯等都有着极其巨大的价值。应该说，龙源网已经完成了从一个网络销售商向服务商转型。

可惜的是，龙源期刊网所提供的这些数据并未得到传统期刊社的广泛重视，这些传统期刊社并没有对这些有巨大价值的数字进行深度分析。我认为，我们的传统期刊应把龙源的这两项指标作为重要的课题来研究，研究网络传播排行所反应的当下读者阅读取向，选题的把握度、标题的吸引力、网络阅读适合的体例与风格，甚至可以细化到研究网络阅读最佳文章的字数规律等等。最高层次的是研究如果在选题、文章写作方面将传统期刊与网络阅读进行互动，最大限度地扩大传统市场与网络阅读市场的增量。

三、期刊数字内容多渠道发行粗具规模，内容创多种呈现样式

龙源期刊网近年来已经从原有的期刊数字内容网络平台付费阅读向手机、E—LNK手持阅读器 iPad 等平板电脑阅读器平台拓展，成为国内十分优秀的期刊数字化出版多渠道发行的运营商。手机阅读方面，除龙源网自己开发的手机客户阅读软件外，与移动、电信、联通等运营商合作，推荐期刊数字内容的移动阅读；在E—LNK手持阅读器方面，同样通过包月下载方式供读者消费，同时，又与其他品牌阅读厂商合作并推广数字杂志；iPad 等平板电脑阅读器方面，龙源网为各期刊社单独开发阅读软件，同时提供适应 iPad 平台的在线阅读消费。这些，均给传统期刊的数字内容提供了不同终端的消费路径，让传统期刊内容有了 N 种销售渠道。

在此基础上，传统期刊商要有充分的认识和行动。其一，要充分了解和分析各种数字阅读终端的硬件特性和阅读特点；其二，要充分了解和研究各种阅读终端的消费人群及阅读习惯；其三，充分认识到这些不同的硬件终端是传统期刊数字化内容的重要发行渠道。传统期刊社要能根据不同的阅读终端的特点和要求，提供不同的内容。这里所指的"不同的内容"，并不是指内容的简单加工与删减，而应在原有内容的基础上进行二度创作、编辑，创作各种不同风格的呈现样式。比如说用手机阅读传统期刊，我个人认为期刊原貌版并不适合手机阅读，因此，对原版期刊的文本、图片内容进行二度编辑才能真正适合手机阅读需求，并且在呈现方式上，一定要打破原版的思维方式才能让期刊手机阅读重生。同样，平板电脑的期刊数字化阅读也是如此。

四、纸质原貌版和文本版只是数字化的初级阶段，多媒体编辑是出路

纸质原貌版和文本版的网络销售运营虽说已经比较成熟，但仍是期刊数字化的

初级形态,还不能定义为真正的期刊数字出版,只能算是通过网络及移动设备平台对传统期刊内容所转换的数字化内容进行销售,并不是一个出版概念,而是一个传统期刊数字化内容销售或发行的概念。而期刊数字化出版应是根据网络或移动技术的特点,通过数字化的技术从事数字期刊的出版活动。这与传统期刊出版根本的差别主要体现在纸质平面出版与基于网络或移动技术的多媒体出版。简单地说,期刊数字出版应是集合文本、声音、图像、动画、视频等元素,运用数字呈现技术综合而成的新型的编辑出版活动,具有可视性、交互性、多样性、娱乐性。因此,传统期刊社在期刊数字出版的编辑人才、编辑流程、编辑技术等方面都要有根本性的革命,这已经是迫在眉睫的事。

我强调迫在眉睫,是因为当下正是传统期刊社大力进入期刊数字出版的大好时机,切不可错失良机。同时,从数字出版的特性及期刊内容提供的角度,传统期刊社如果不思变化,就不可能是内容的唯一提供商,就有可能被淘汰,我们的传统期刊社一定要有这种危机感并且危则思变。数字内容运营商都有可能组建出一支适合期刊数字出版的编辑团队,这一点,我们去研究盛大模式便可理解。

五、数字阅读进入超链接时代,发行商与内容提供商面临升级

所谓的超链接是指从一个网页指向一个目标的连接关系,这个目标可以是另一个网页,也可以是相同网页上的不同位置,可以是一段文本或者是一个图片,一个电子邮件地址,一个文件,甚至是一个应用程序。超链接按照链接路径的不同,网页中超链接一般分为以下3种类型:内部链接、锚点链接和外部链接。在此,笔者并不是介绍纯技术"超链接",而是指出"超链接阅读"模式已经成为大多年轻一代阅读的习惯,从页面的一段文字点击所链接的名词解释或相关知识介绍,点击所链接的音频与视频,或是点击进入社区互动页面,同样,从音频视频的阅读也可反过来点击所链接的文字。这种超链接阅读已经彻底打破了单本图书或单品种期刊的阅读模式,超链接的存在满足了阅读者加强信息之间的联系,获得更多的信息和知识的目的。我们可以这样形容这种超链接阅读:"一次源于超链接的行程,是一列不知开向何方的火车,起点虽然确定,但终点总是未知"。我们回到期刊数字化阅读,超链接时代,期刊阅读将成为一种碎片化阅读,读者以超链接为纽带顺利实现了在不同信息碎片之间的阅读切换。超链接使数字期刊内容非线性化,更符合人的联想思维,"使人们摆脱了传统的线性阅读的束缚"。因此,超链接的阅读时代,无论是龙源期刊网这样的服务商还是传统期刊社在运营及编辑方面都应及时进行"版本升级"。

龙源期刊网当下正在着手研究期刊超链接阅读方式，策划其运营模式、网页程序、阅读器与网络超链接互动等创新，并借其技术特性建构出数字期刊独特的碎片化、非线性、多层级与主动性和交互式的阅读路径。而传统期刊社更是要深度研究超链接的阅读特性，研究数字期刊信息呈现方式层级化，策划提供主动性与交互式阅读超链接内容。

六、纸质期刊与数字期刊的整体营销，发展中的重要课题

龙源期刊网近年来在针对数字期刊的营销推广方面做了大量的工作，除期刊网本身熟练运用信息技术手段，进行试阅读、千字阅读、封面文章推介、邮件推送、语音阅读等一系列的网络营销推广外，还在新媒体营销方面进行尝试，比如手机营销、博客营销、微博营销、视频营销等待，如阅读器终端内容推广等等。这其中最为核心的是龙源期刊网近年来十分注重客户数据库营销，充分发挥网络注册阅读者的数据库资源优势，细分阅读人群，定期精准地传递新刊导读信息，起到了良好的导读促读的营销推广效果。而作为传统期刊营销，我认为在整个出版体系中，其营销技术含量运运超过传统图书出版社，在渠道及读者推广，在广告营销等方面，其招术几乎已经使用得淋漓尽致。同时，期刊新媒体营销也早已经成为传统期刊营销的利器。

而在此我所提出的纸质期刊与数字期刊整体营销的概念，是指网络、移动平台服务商与传统出版社合作的整体营销，是指两者最大限度地发挥各自的优势，进行网络推广与实体渠道推广的整体营销，是指数字期刊阅读与纸质期刊阅读的整体营销推广。这是期刊数字化出版发展中的一个重要课题，我认为有三个问题十分重要，一是网络渠道与传统渠道整体营销概念的共识，二是传统期刊与数字期刊综合营销人才的培养，三是传统期刊与数字期刊整体营销技术的创新。

（作者为市场营销专家，《出版营销》杂志主编，自由撰稿人）

龙源期刊数字化阅读指数报告

陈 丹 周 玥

本报告将在多角度、多侧面分析龙源期刊网 2005—2010 年连续 6 年的 TOP100 上榜数据的基础上提出"数字化阅读指数"这一概念，通过全面分析影响该指数的各种因素，构建一个较为全面的数字化阅读指数的指标体系，以期对目前我国期刊的数字化阅读现状进行量化梳理，从而为数字期刊运营者和刊社开展期刊数字化运营，以及读者开展数字化阅读提供一定的指导与帮助。

阅读是人们从符号中获得意义的一种社会实践活动和心理过程，也是信息知识的产生者和接受者借助于文本实现的一种信息知识传递过程。数字化阅读就是指人们通过计算机或类似设备在本地或远程读取以数字代码方式存储在磁、光、电介质上的各种信息的一种阅读方式。数字化阅读是阅读主体（读者）与数字化文本相互交流信息与知识的过程，是阅读主体借助数字化阅读工具开展实践活动与精神活动的一种体现。与传统的文本阅读相比，数字化阅读具有以下几方面的特点，即文本主题的杂合性、显示形式的多样性、阅读内容的丰富性、阅读过程的互动性、阅读环境的开放性、阅读方式的虚拟性以及阅读行为的共时性。

近年来，随着数字出版技术及网络技术的不断发展，以及数字内容及形式的不断丰富，我国包括在线阅读、手机阅读、手持式阅读器阅读等方式的数字化阅读率持续增长。根据中国出版科学研究所第 7 次全国国民阅读调查数据，2009 年国民各类数字媒介阅读率达到 24.6%，数字化阅读已越来越成为人们了解世界、增长知识、交流思想的重要方式之一，从而正在成为全社会的一种新的阅读方式。

在这个汹涌澎湃的数字化阅读大潮中，龙源期刊网（www.qikan.com.cn）作为全球最大的中文期刊网之一，有将近 3 000 种数字期刊，其读者遍及国内、海外。自 2009 年 9 月 1 日至 2010 年 8 月 29 日，共有 72 532 375 人访问了该网站，平均每天有 3 407 475 个页面被访问，龙源海量的数字期刊内容及庞大的读者群，通过龙源期刊网形成了一个纵横交错的期刊数字化阅读平台。

本文在多角度、多侧面分析龙源期刊网 2005—2010 年连续 6 年的 TOP100 上榜数据的基础上，提出"数字化阅读指数"这一概念，通过全面分析影响该指数的各种因素，构建一个较为全面的数字化阅读指数的指标体系，以期对目前我国期刊的数字化阅读现状进行量化梳理,从而为数字期刊运营者和刊社开展期刊数字化运营,以及读者开展数字化阅读提供一定的指导与帮助。

一、数字化阅读指数概念的提出

阅读指数主要是对图书或期刊可读性或易读性的一个具体的衡量指标,阅读指数越高,表明某书/刊的可读性或易读性越高,其受读者欢迎程度越高,反之亦然。阅读指数可通过统计、汇总读者在一定时间内的购买量、借阅次数以及作者和读者评价,并对其进行必要的处理来得到。其表现形式可以是具体的数值,也可以是主观的评价,甚至可以是各种可视化符号。而所谓数字期刊的阅读指数,是对应纸版期刊阅读指数的一个概念,它也同样应该反映该数字期刊的可阅读性或易读性,是该期刊(或其中的某篇文章)受读者欢迎程度的一个重要的量化指标,其具体的表现形式和衡量方法同样也有多种。目前常见的,也是较为简单、客观的一种表示方式就是某期刊或其中刊载的文章在网络上的点击率或阅读率。

龙源期刊网 6 年来连续发布的 TOP100 数据均来源于自主开发的网络技术系统,并且经过第三方访问分析和评价系统直接生成,都是基于读者的点击浏览和付费率统计出来的重要数据,因此,它们在一定程度上是龙源期刊网中各上网期刊及其文章数字化阅读指数的一个量化反映。在目前,对期刊特别是数字期刊的定量研究方法还比较缺乏的情况下,数字化阅读指数无疑是衡量数字期刊受读者欢迎程度的一种简便易行的量化指标。为了更好地解析期刊的数字化阅读指数,本报告将重点分析影响该指数的几个主要因素,并由此建立一个数字化阅读指数公式。

二、期刊数字化阅读指数影响因素分析

(一) 内部因素

作为传播内容的接受者,网络读者尤其不是被动、孤立地存在,而是作为拥有自己价值观的社会成员,具有某种能动性。他们不会像一些人所想的那样在接触传播内容时不加辨别地全盘接受,而是更倾向于选择与自己的既有兴趣和态度一致的内容加以接触和接受,这种选择具有某种"能动性"。基于传播过程中的选择性接触机制、使用与满足心理、读者自身条件及其所在的环境是影响数字期刊阅读的内因。

1. 读者分布区域的影响

2010 年龙源期刊网国内用户区域分布数据显示,龙源用户分布极为不均,从访问的页面数来看,主要集中在北京、广东省、山东省、江苏省、浙江省和湖南省,这几个省和直辖市用户访问的页面数都在 4 万以上,其中居于首位的北京用户的访问页面数更是达到了 70 万次以上,占到了访问页面总数的 48.51%。而贵州、内蒙

古、宁夏、新疆、青海、海南、西藏等地区则成为龙源期刊数字化阅读中最不活跃的地区，这些地区用户访问龙源期刊网的页面数全年累积均在1万次以下，其中西藏只有306次。

从表1数据可以看出，龙源期刊的阅读区域分布与我国同期网民的分布以及网络域名数分布具有较高的契合度。其中龙源阅读活跃的地区，同样也是我国网络域名数较为集中以及网民数量较多的地区；反之，浏览龙源页面较少的地区，也是我国网络域名和网民数最低的区域。

表1 龙源期刊阅读情况与我国网络域名及网民分布情况对比表

龙源阅读情况		网络域名分布情况		网民分布情况（2009年数据）	
地区	浏览页面数	地区	域名数	地区	网民数量（万人）
北京	700 853	北京	2 319 472	广东	4 860
广东	66 849	广东	1 211 749	山东	2 769
山东	56 774	福建	1 075 975	江苏	2 765
江苏	52 998	上海	825 961	浙江	2 452
浙江	47 193	浙江	806 391	河南	2 007
湖南	44 922	江苏	501 740	河北	1 842
河南	39 079	山东	448 231	四川	1 635
四川	37 099	湖南	271 291	福建	1 629
安徽	35 118	四川	255 928	辽宁	1 595
江西	31 732	河北	253 538	湖北	1 469
湖北	31 593	湖北	247 427	湖南	1 406
上海	31 276	河南	214 566	上海	1 171
河北	31 036	辽宁	181 421	北京	1 103
福建	27 982	重庆	117 622	安徽	1 069
辽宁	25 667	安徽	110 782	山西	1 064
陕西	24 996	陕西	109 698	广西	1 030
广西	20 877	天津	103 262	陕西	995
云南	18 584	黑龙江	99 446	黑龙江	912
重庆	17 338	江西	84 847	云南	844

（续表）

龙源阅读情况		网络域名分布情况		网民分布情况（2009年数据）	
地区	浏览页面数	地区	域名数	地区	网民数量（万人）
山西	17 124	广西	76 447	重庆	803
天津	16 736	山西	74 964	江西	790
黑龙江	14 977	吉林	66 936	吉林	726
甘肃	13 986	海南	50 929	新疆	634
吉林	13 270	云南	46 415	内蒙古	575
贵州	8 413	贵州	36 952	贵州	573
内蒙古	5 393	内蒙古	35 876	天津	564
宁夏	3 640	新疆	26 604	甘肃	535
新疆	3 065	甘肃	21 834	海南	244
青海	1 826	宁夏	16 755	青海	154
海南	1 225	青海	13 334	宁夏	141
西藏	306	西藏	6 645	西藏	53

可见，读者分布区域情况对数字化阅读具有一定的影响。读者要保证数字化阅读的顺利进行，就必须依赖一定的阅读设备和技术。电脑、网络、上网能力是不可缺少的要素。这些要素都与读者的经济实力和区域经济发展程度有关，因此，网络软硬件环境好，网民集中的地区自然也成为期刊数字化阅读开展较好的区域。

2. 读者阅读需求影响

随着网络时代的来临，网络的便捷性、交互性和巨大的信息存储量使得阅读内容极大丰富，网络形成一个巨大的信息资源数据库，加之现代生活节奏的不断加快，读者的阅读目的也在明显转变。很多人进行网络阅读时，一方面为了满足即时性的信息需求，另一方面也是为了打发时间、放松心情。网络阅读用户对内容的深度要求降低，网络阅读的性质也朝着实用化和娱乐化的方向发展。读者的这些阅读需求特点在龙源期刊2010年发布的国内、海外TOP100文章排行数据中得到了印证。通过分析2010年龙源国内TOP100文章排行发现，包括《利用教育心理学知识对学生进行考前心理指导》《三年级习作训练⑤：爸爸妈妈的爱》等考试和作文辅导、教学方法及教学内容辅导类的文章占到24%。另外，《软件运行出现（0XC0000135）错误》《在线制作公章》等计算机实用知识类文章也获得了较高的点击率，占到TOP100上榜文章的12%。可见，期刊网络阅读过程中，较为短小的实用资讯类文章因满足了读者快速获得实用信息的特点，受到喜爱。

发表在龙源期刊网《当代党员》期刊中的一篇文章《怎样写党性分析材料》，也是一个典型例子。该文章发表于2005年，所在刊物也不属于消费类大刊，但由于其标题契合了目前许多读者的实用性目的，从而给龙源带来了4599次的点击，并跻身于2010年龙源TOP100文章排行前列。

另一方面，通过分析龙源数据发现，小说、散文等文学类作品在国内和海外TOP100排行中也占据了重要位置，国内TOP100文章排行榜中有16篇此类文章，而在海外TOP100排行榜中则有37篇。这也进一步说明，通过阅读进行休闲娱乐、享受美文从而放松身心是国内、海外读者的普遍追求。数字化阅读市场已经培育出一大批期刊受众愿意为精神层面的追求付费阅读。2010龙源发布的包括浏览在内的总发行量榜单和付费阅读榜单已经清晰地勾勒出两条并行不悖的网络阅读路线及受众群体，非常值得研究。

（二）外部因素

1. 原刊内容的影响

（1）期刊品牌的影响力。刊社是数字期刊内容的提供者，决定着刊物内容的取舍选择，是数字期刊传播活动的中心环节之一。从近三年龙源期刊网的用户最常用搜索词TOP100的数据对比可以发现，2008、2009年读者直接搜索刊物名称的次数占到了总次数的七成以上；2010年龙源关键词TOP100排行中，以刊名作为关键词的搜索更是占到了81%。这就说明数字期刊读者在登录龙源期刊网开展阅读之前就已经有了明确的目标——上龙源期刊网就是为了看某期刊或其中的某篇文章。这也说明在期刊数字化阅读过程中，由于原刊的品牌在读者群中已深入人心，读者会"找着读"，通过期刊刊名搜索完成阅读，"已知"成为影响读者阅读数字期刊的一个重要因素。

表2　2005—2010年网络传播TOP100排行6连冠期刊列表

刊名	2010国内排名	2009国内排名	2008国内排名	2007国内排名	2006国内排名	2005国内排名
电脑爱好者	3	2	4	3	7	100
青年文摘	4	1	1	1	4	9
意林	5	5	2	2	6	67
中国新闻周刊	6	6	5	6	24	12
南风窗	10	8	27	12	18	8
伴侣	12	13	20	21	37	27
人生与伴侣	14	9	10	9	52	39

（续表）

刊名	2010 国内排名	2009 国内排名	2008 国内排名	2007 国内排名	2006 国内排名	2005 国内排名
领导文萃	23	18	6	15	60	36
轻兵器	24	36	58	10	8	2
商业时代	31	25	8	32	73	25
商界	36	21	32	19	63	59
大众电影	43	35	31	33	54	86
读书	45	52	43	30	51	38
时代影视	50	40	40	45	32	65
视野	62	48	34	22	53	55
今日文摘	64	58	29	18	42	41
大众摄影	72	43	63	17	14	17
东西南北	76	30	8	10	14	42
海外文摘	85	100	66	29	61	7
伴侣	7	10	19	22	36	67
青年文摘	9	15	3	2	16	33
人生与伴侣	14	17	44	74	81	61
读书	18	94	29	39	35	57
当代	29	11	2	1	2	8
十月	31	40	7	8	4	13
大众摄影	32	30	8	10	14	43
啄木鸟	43	31	33	31	8	29
大众电影	52	6	14	14	9	47
轻兵器	53	81	6	4	7	4
人民文学	60	44	12	5	6	17
收获	67	8	11	11	5	16

从表2数据可以看出，2010年发布的期刊网络传播国内、海外TOP排行6连冠中，有几本期刊连续几年都保持了很高的点击率，例如《青年文摘》《电脑爱好者》《伴侣》等。其中《青年文摘》更是从2006年以来一直保持国内排行前四名的成绩。这些期刊都是在与龙源网合作之前就已经是知名期刊，拥有广阔的市场和数量众多的读者。这些期刊在网络传播中，连续多年稳居排行榜前列，这显示了知名期刊的刊名对数字期刊阅读的影响力，也确立了阅读品牌网络延伸的认知度。此外，还有一些新加盟龙源的期刊如《故事会》，它是从2009年开始与龙源正式合作的，

合作首年就一跃进入 TOP100 第 38 名的位置，2010 年也获得了付费阅读 TOP100 刊中第 24 名的好成绩，同时在海外阅读排行榜上也位于前端。《故事会》的连续上榜，再次证明了期刊的品牌影响力在网络上的延伸对网络阅读所产生的重要影响。

（2）文章标题的影响。由于期刊网上信息繁多，登上期刊网站就会看到几十本杂志或者几百篇文章，扫描式阅读已经成为网络阅读的主要方式。读者在这种阅读环境下已经养成了对标题的"依赖感"，在海量的信息中通过快速扫描文章标题去发现对自己有用的信息。这种阅读带有极大的跳跃性、检索性、忽略性，如果标题中没有醒目的关键词，没有清晰的提示与标识，没有引人注意的种种细节，就难以抓住读者飞速运行的眼球。

通过对 2010 年国内 TOP100 文章标题的分析和统计，除了文学、作文类文章外，其余 77 篇文章标题均有较为清晰、明确的指向，标题中有明显的指示词。如《工资薪金个人所得税简化计算方法》《北京同仁医院眼科中心名医介绍》《在线制作公章》等，这些文章可以让读者在快速浏览时立刻明白文章内容，从而快速决定是否阅读。

由此可以看出，文章标题对读者的网络阅读起到一定的引导作用，是决定期刊是否被阅读的重要因素。

2. 数字期刊表现形式（产品形态）的影响

根据加拿大学者麦克卢汉和英尼斯的媒介理论，传播媒介不只是传播内容的载体或者工具，它可以直接影响内容的传播效果。网络的诞生把一种新的信息载体带入人们的生活中，这样就引进了一种新的尺度或者说创造了一个新的环境。我们在研究数字期刊阅读的时候，也要看到期刊与网络融合并不仅仅是把期刊放到网络上这么简单的，因为传播手段的改变，期刊的表现形式也会产生一些新的变化，从而对数字期刊的阅读产生影响。

数字期刊在龙源期刊网上的表现形式多种多样，目前有文本版、原貌版、语音版、多媒体版和手机版等形式，通过对龙源 2010 年国内 TOP100 上榜期刊进行分析发现，所有上榜期刊的阅读次数都是由文本版和原貌版两种不同形式的阅读次数组成的，可见在数字化阅读过程中，期刊不同的表现形式为不同阅读习惯的读者提供了多种阅读的选择方式，从而也增加了数字期刊被阅读的可能性。

表 3 龙源国内 TOP100 期刊中原貌版阅读多于文本版的期刊列表

刊名	文本版阅读次数	原貌版阅读次数	期刊类别
中国新闻周刊	292 136	325 435	时事新闻
新周刊	234 440	428 003	时事新闻
南风窗	231 168	255 483	时事新闻

(续表)

刊名	文本版阅读次数	原貌版阅读次数	期刊类别
南方人物周刊	210 731	363 556	人物
轻兵器	168 458	465 760	科普科技
商界	144 444	321 642	商业财经
大众电影	132 149	163 226	文艺动漫
时代影视	124 865	320 255	文艺动漫
视野	113 320	118 690	文摘文萃
新民周刊	112 978	144 840	时事新闻
故事会	107 306	320 012	故事
大众摄影	104 648	350 701	游戏数码
兵器知识	95 120	350 956	科普科技
十月	83 098	83 294	文学

深入分析2010年期刊TOP100上榜期刊发现，文本版阅读次数大于原貌版阅读次数的期刊占到了86%。可见读者在期刊数字化阅读中，更喜欢用较为简洁、直接的方式去阅读期刊内容。而对那些原貌版阅读次数大于文本版阅读次数的期刊进行分析发现，除了龙源期刊网较多推介的时政新闻类期刊外，原貌版被读者点击较多的主要集中在摄影、影视或兵器展示类期刊，这类期刊同其他类型期刊相比，显然更适于用图文并茂或以图为主的原刊形式展示，具体数据见表3。

由此可以看出，数字期刊的呈现形式在一定程度上对期刊的数字化阅读有影响，期刊的多种呈现形式，会对数字期刊阅读起到一定的促进作用，但只有在呈现形式与期刊内容匹配的情况下，这种效应才会被放大或增强。

3. 网络推介方式的影响

网站信息内容组织的本质是：网站编辑在信息内容的整合和发布中，将网站信息内容的单篇层次（即单个信息内在的层次，如单条信息、照片、图表等）、单元层次（由多条信息按主题组合在一起的网站专题、栏目形成的单元）、类别层次（同单元信息按照功能组合在一块，形成一个类别如网站频道）和整体层次（目标网民定位明确的完整的网站形象）这四个层次上做好信息配置，优化信息结构，从而使网站信息获得最佳的传播效果。

如图1所示，在龙源期刊网首页，是期刊超市推荐的近百种期刊封面，每期以28种轮换。跟踪分析发现，这些推荐期刊中《中国新闻周刊》《南方人物周刊》等时政人物类期刊常常被放在展示期刊的前两行（第一屏），读者打开龙源期刊网后，就可以方便的点击进入这些期刊。因此，在龙源 TOP100 期刊排行榜中，网站重点推介的这些期刊，都有不错的阅读点击，且这些期刊原貌版的阅读次数与文本版不相上下，远远高于其他期刊原貌版的点击数。可见，龙源期刊网站在版式上的安排与推介，可以为上网期刊获得不小的点击数。

图 1　龙源期刊网首页推介期刊展示

另外，通过分析龙源 TOP100 文章发现，许多上榜的期刊文章并不是当年的新品，过刊文章成为其中的一个重要分支。以 2010 年为例，上榜的 100 篇文章中，2009—2010 年发表的文章不到六成，其余超过四成的文章均为过刊文章，发表时间则从 2008 年一直可以追溯到 1989 年。可见，网络阅读克服了纸质期刊查阅、追溯不便的缺点，从而使过刊文章不再"过期"，使历史成为现在，使优质内容能在相当长的时间内发挥"长尾效应"。而实现这种长尾效应的主要手段无疑是期刊网站对其中内容所采取的各种形式的推介。在龙源期刊的网络平台上，龙源以 3 000 余种人文大众的期刊资源为中心，凭借其庞大的在线期刊数字资源，在物理形态上形成了一个纵、横、立体交织的"期刊矩阵"，构成了一个以期刊内容资源为主的数字形态内容库。在这个期刊的海洋中，龙源通过包括刊名和标题的站内检索、方便的导航系统以及人性化的阅读推荐，最大限度帮助读者找到到达站点上其他任何信息的分级路径，回聚到因链接而发散的预定目标，完成对某一主题的完整阅读，从而使那些能满足读者需要、有阅读价值的文章，不会被时间埋没，在网络传播中拥有了更长的生命周期。

由此可见，网站的推介对于期刊的数字化阅读作用重大。

4. 付费模式的影响

数字内容的收费模式一直是困扰网络运营商的一个问题，但是由于网上免费的内容仍是主流，数字期刊收费阅读势必会造成一些读者的流失。在龙源 2010 年国内 100 篇浏览量（包括全文阅读和片段阅读）最大的文章中，付费比例（即阅读全文次数占全部阅读次数比例）大于 50% 的文章只占到不足 20%，而超过八成的上榜文章，其点击率主要来自读者的片段阅读，大部分读者在网上阅读期刊文章时，往往只是浅尝辄止，一遇到"收费"这一门槛时，往往选择放弃，付费阅读导致读者的大量流失。

如表 4 所示，仔细分析国内 TOP100 文章排行榜发现，在付费比例较高（大于 50%）的 19 篇文章中，具有较高水准的中长篇小说占到了 10 篇；另外，还有 3 篇涉及考试或教学研究的文章也获得了较高的付费阅读量。可见，数字期刊要想从读者的口袋中"掏"出真金白银来，具有优质的内容是必要条件。

表 4　龙源国内 TOP100 文章中付费比例大于 50% 的文章列表

文章标题	全部	全文	片段	付费比例
利用教育心理学知识对学生进行考前心理指导	15 333	13 536	1 797	88.28%
探寻文本的适度解读　厘定教学的合理取舍	13 672	13 400	272	98.01%
宣传部长	6 934	6 472	462	93.34%
园林植物色彩的应用	4 814	4 032	782	83.76%
人民警察（1）	3 862	3 401	461	88.06%
马上天下	3 715	3 601	114	96.93%
暧昧	3 195	3 172	23	99.28%
大学生参加社会实践的意义和途径方式调查研究	3 059	1 949	1 110	63.71%
北方佳人	2 751	1 682	1 069	61.14%
政治发展也要"五年规划"	2 645	2 120	525	80.15%
神鹰	2 646	2 638	8	99.70%
吃好饭再来等	2 552	2 041	511	79.98%
搞车	2 349	2 095	254	89.19%
风和日丽	2 344	2 302	42	98.21%
大使国家公关新时代	2 287	2 270	17	99.26%
太阳黑子	2 444	2 266	178	92.72%
四千老干部对党史的一次民主评议	2 266	1 323	943	58.38%
地图：2010 上海世博攻略手册	2 123	1 519	604	71.55%
中小企业融资问题及对策研究	2 108	1 148	960	54.46%

另外，文章要获得较高的付费阅读，还必须要讲究开篇方式，否则，如在文章开始试读的 200 余字中就将内容阐释得差不多了，读者也失去了付费阅读全文的兴趣和必要。2010 年国内 TOP100 文章排行榜中，《工资薪金个人所得税简化计算方

法》一文就是典型案例，该文在试读部分，已将计算应纳税额的公式列出，从而使得该文虽然获得了 11 450 次的点击，但真正付费阅读的读者只有 6 人。

当然，在文章开始通过精彩的导语，抓住读者的眼睛，并能吸引其继续阅读下面的余文也是增加读者付费阅读的重要手段之一。

三、数字期刊数字化阅读指数公式及其相关因子

通过以上分析，我们发现影响数字期刊阅读的因素很多，我们可以根据阅读的主体和客体，即期刊的读者以及其所阅读的数字期刊，将这些因素分为内部因素和外部因素，其中与读者相关的因素为内部因素，而与期刊相关的因素为外部因素。因此，数字期刊数字化阅读指数是由多种因子共同作用而产生。

本报告在前面分析的基础上，综合考虑数字期刊阅读过程中各种因素对期刊点击率的贡献和影响，以及各种因素之间的关系，归纳总结出如下数字期刊数字化阅读指数公式：

$$F_{(DRI)} = k_1 f_{i(x1,x2)} + k_2 f_{o(y1,y2,y3,y4)}$$

其中 $F_{(DRI)}$ ——数字化阅读指数；

f_i ——影响数字化阅读指数内部因子；

f_o ——影响数字化阅读指数外部因子；

k_1 ——内部因子影响系数；

k_2 ——外部因子影响系数；

$x1$ ——读者分布的区域性；

$x2$ ——读者阅读的目的性；

$y1$ ——原刊内容（包括原刊刊名、标题等）；

$y2$ ——网络表现形式；

$y3$ ——网络推介方式；

$y4$ ——数字期刊收费情况。

总之，提高期刊的数字化阅读，是一个涉及期刊原有品牌、期刊读者、期刊内容、网站内容展示以及内容营销推介方式等多维度、多角度的系统工程，数字期刊的数字化阅读指数是多种因素共同作用的结果，其中各因素对该指数的影响程度还需进一步探索和研究。

（作者依序为北京印刷学院出版传播与管理学院教授，龙源网络传播课题组成员；北京印刷学院出版传播与管理学院硕士研究生）

期刊数字化传播中的品牌塑造

马雪芬　李　鹏

成立于1998年的龙源期刊网,如今即将走过第12个年头。12年间,龙源期刊网的合作刊社不断增加,已成蔚为大观之势。自2005年龙源首次发布期刊网络传播排行榜以来,上榜刊物的种类不断丰富,排行榜对于期刊网络传播的权威性和代表性不断增强,已经成为期刊业乃至传媒业中广受关注的年度"风向标"性事件。

课题组注意到,经过多年的网络传播和积累,一些期刊已经通过龙源期刊网这一有效的数字分销平台逐渐打造出了自己在网络上的品牌影响力,网络读者的不断增加、传播范围的不断扩大等指标都是期刊网络品牌价值不断升值的突出体现。在数字化传播过程中,大部分刊社都在经历着"从默默无闻到有人喜欢,再到用户愿意掏腰包付钱阅读"的过程。此过程中对期刊品牌塑造的作用是巨大的,因此我们有必要对这一变化进行梳理。

经过多年的发展,在数字内容产业,龙源期刊网无疑是国内现阶段在综合类杂志数字化方面开拓力度最大的一家,目前合作的刊社已经超过3000家,合作的模式也已经囊括了网络、电子书、多媒体、语音等多种版本,已经展现出一个潜力巨大的全媒体开发布局。

回过头来看龙源与广大刊社携手发展的十多年历程,我们发现:龙源积多年之功,已经逐渐形成了其数字化传播中的网络品牌,在这个平台上,已经催生了数字期刊品牌群体。而且,这种对期刊数字化传播过程中的品牌塑造过程,正悄然改变着期刊业的生态格局。更为关键的是,在发展个人付费阅读的同时,广大的机构用户正逐步成为龙源数字期刊的重要用户,而这不仅仅是对传统纸质期刊线下发行下滑的一种弥补,同时也具有重要的战略意义——它展示了期刊数字化发展的巨大市场空间。在此背景下,课题组认为,以龙源期刊网的期刊网络传播数据为基础,见微知著探讨期刊在数字化传播环境中的品牌塑造,不论在理论上还是实践上都具有深刻的意义。

一、期刊网络品牌的认定

龙源期刊网主导的"期刊网络传播TOP100排行榜",从2005年首次发布至今已经连续进行了6年。在这6年里,涌现出了大量的具有网络影响力的期刊品牌。这些品牌中既有《青年文摘》《意林》《中国新闻周刊》《家庭》《收获》《十月》《故事会》《商界》这些本身纸质期刊就拥有巨大品牌影响力的大众期刊品牌,也有诸如《考试周刊》《商场现代化》《教师博览》《轻兵器》等相对窄众的非大众化期刊品牌。我们看到,通过龙源这一数字平台,既有品牌完成了网络品牌延伸、线下窄众刊物成为网上泛众读物,逐渐完成了网络品牌的塑造,甚至形成了"网络影响力比纸版还要大"的可喜局面,充分体现了网络传播这一手段的巨大优越性。

2009年,龙源期刊网开业界之先河提出的"数字发行量"概念得到了业内外的广泛反响。今年,我们看到2010龙源TOP100各类排行不仅发布了排行本身,同时也标注出了不同版本的发行量,并特意标注出付费阅读的发行量,这些宝贵的数据不仅进一步增强了龙源排行的科学性和客观性,而且对于研判期刊数字化传播得益、并适时地总结经验极具价值。虽然目前为止对期刊品牌价值的判断尚没有统一的量化方法,但是,龙源期刊排行榜明示的这些"数量",给我们提供了一个很好的思路,那就是杂志在网络上的数字化阅读量,即发行量的高低实际也代表了杂志受欢迎程度的大小;同时,以"付费"为基础的龙源商务模式,可以为我们验证哪些杂志才是读者真正喜欢、"不惜"掏钱付费阅读、并持续地购买阅读的杂志,这样的杂志就一定会成为品牌。

二、期刊网络品牌的特点分析

下面课题组将针对龙源期刊网国内访问、海外访问以及原貌版的访问量相加得出的龙源期刊网"2010年期刊网络品牌TOP10"进行期刊品牌特点梳理,请见表1。

表1 2010 期刊网络品牌 TOP10

排名	刊名	国内访问量	海外访问量	原貌版访问量	总访问量
1	考试周刊	788 541	50 448	70 167	909 156
2	电脑爱好者	505 475	15 526	375 491	896 492
3	新周刊	234 440	5 861	428 003	668 304
4	轻兵器	168 458	3 904	465 760	638 122
5	中国新闻周刊	292 136	11 240	325 435	628 811
6	青年文摘	397 461	9 152	218 277	624 890

(续表)

排名	刊名	国内访问量	海外访问量	原貌版访问量	总访问量
7	商场现代化	563 895	22 751	35 938	622 584
8	南方人物周刊	210 731	6 409	363 556	580 696
9	意林	301 955	9 412	264 850	576 217
10	南风窗	231 168	6 445	255 483	493 096

一般来说，期刊的网络品牌价值作为期刊品牌价值的一部分，两者存在着很强的正相关关系。一般来说，期刊的品牌价值越大，那么其在网络上的影响力就越大，同样，其网络品牌价值越大，就越能推动期刊整体品牌的发展和壮大。

总体上来看，自龙源期刊网2005年首次发起期刊网络传播"TOP100"排行以来，期刊的网络传播一直保持了较为稳定的发展态势。如《青年文摘》《电脑爱好者》《意林》等杂志一直居于网络传播排行榜的前端。仔细分析，我们发现，对于龙源期刊网上的期刊网络品牌来说，它们还具有如下几个特点：

（一）时事新闻类杂志显示出蓬勃生长力

从分析数据上来看，与前5年相比，2010年期刊网络传播TOP100的一个较为明显的变化就是时事新闻类杂志的快速崛起。在2010年期刊网络访问（总发行量）排行榜的TOP100期刊中，几乎所有的时事新闻类期刊都上了榜，《中国新闻周刊》《新周刊》《南风窗》分列为第5、第8和第9名，几乎占据了前10名的1/3，《新民周刊》《南都周刊》《世界知识》《南方人物周刊》也都在TOP100排行前端位置。此类期刊显然已经成为TOP100中最大的一支类别。TOP100中其他期刊则分散在各自所属的类别如科普科学、社科学术、数码网络、文摘文萃、医药卫生、市场营销中。即使不按照龙源期刊网提供的上述期刊分类方法，我们仍然可以从榜单上得出结论——新闻类期刊已经取代了传统的文摘类期刊和教育教学类期刊，成为TOP100期刊中最受欢迎的杂志类别。这也是今年TOP100榜单中的一个亮点。

时事新闻类杂志在网络传播上的"满堂红"，与其巨大的品牌影响力是分不开的。相对于其他类别的杂志，新闻、财经类杂志更倾向于向受众提供"硬新闻"——即跟人们日常生活息息相关的新闻，加上这类期刊多以深度报道见长，因此受到新闻网站的冲击较小，其提供的内容相比其他类型的期刊品牌来说更具有穿透力，因此它们的品牌对受众的影响力也更大，再加上龙源期刊网对此类杂志的大力推介，挣个"满堂红"也是顺理成章的事儿。

（二）大众消费类期刊品牌价值更高

国际期刊业倾向于把经营性期刊分成两大类别：大众消费类期刊和 B2B 类期刊。相对来说，由于具有更庞大的受众数量，大众消费类期刊相比于 B2B 类期刊，具有更大的品牌影响力，同样也具有更高的品牌价值。

比如，纸版杂志发行量较大的一些重量级刊物如《青年文摘》《故事会》《意林》《电脑爱好者》《家庭》等，它们在网络上不论是付费阅读量还是免费浏览量都位居前列，而这些杂志基本上都属于大众消费类刊物。

同时，另外一些 B2B 期刊品牌，其纸版的发行量并不如上述杂志，但是它们却在网络传播中取得了惊人成绩。如《考试周刊》《商场现代化》《中国实用医药》《消费导刊》《中国医药导报》等位居期刊网络访问（总发行量）TOP100 的杂志，其纸版杂志的发行量比起动辄数百万份的文摘类期刊来说并不大，但是却通过网络传播成功地扩大了影响，创造了不俗的数字发行量，塑造了自身的品牌，增强了自身品牌建设。从这一方面来说，网络传播为期刊网络品牌塑造提供了一个卓有成效的平台。

从表 1 中我们可以看到，TOP10 中有三本专业类刊物：《考试周刊》《轻兵器》《商场现代化》，其余 7 本刊物都被认定为大众消费类刊物（也有观点认为《电脑爱好者》为 B2B 类杂志），大众消费类刊物占到了榜单的大多数，这与此类刊物受众广泛的特点相互契合。随着上榜大众消费类刊物的不断增多，线上线下传播特点的相似程度越来越高，也从侧面证明出龙源期刊网的排行数据正在变得更加有代表性。

（三）线上发行"大户"与线下"大户"的高重合率

龙源连续六年的期刊网络传播报告反复显示出这样一个核心要素：期刊的网络发行不会冲击到纸质期刊的发行，二者是"水涨船高"的连带关系。"受欢迎的纸质刊物，拿到网络上之后也仍然会受欢迎"，排行榜位居前列的大部分杂志，如《电脑爱好者》《青年文摘》《意林》《中国新闻周刊》《南方人物周刊》等，都有着不俗的线下发行量，显示出线上发行"大户"与线下"大户"的高重合率，这些无一不证明了纸刊发行与数字发行良性互动发展的积极态势。

然而，面临着印刷版期刊整体下滑的趋势，仍有一些期刊人把此归罪于网络，归罪于期刊的网络传播，这个观点不仅不成立，并且已经相当落后。在网络迅速普及的现实生活中，期刊的网络传播扩大了期刊品牌的影响力，付费阅读增加了发行渠道，不少期刊的纸版发行还得到了上扬。科技在发展，社会在进步，新的载体产生了，我们不能不利用它发展自己，不利用它，就相当于闭关自守，相当于逆水行舟，结果是不进则退的。龙源 TOP100 排行有周刊也有半月刊和月刊，这些杂志当期就出现在龙源网上，新刊上市（网），宣传意义大过实际销售，根本不会影响到当期的销售。再看一看 TOP100 文章排行中过刊被较多阅读的突出事实，影响是正面的还是负面的，答案是不言而喻的。

因此可以说，期刊的网络传播不论为大刊名刊，还是为受众范围相对较窄的刊物，都提供了一个公平竞技的舞台。通过以龙源期刊网为代表的数字传播平台，各类刊物都实现了十分宝贵的品牌增值。

（四）专业类期刊品牌价值持续上升

从龙源期刊数字化传播数据排行中我们总结出，龙源数字期刊传播实现了两个重要功能：一是专业学术类期刊借助龙源期刊网实现了发行量及品牌价值的更大传播，一些线下发行量几千份的杂志得以传播到更广的范围。这类内容的主要用户为教育系统，教师、学生及培训机构从业人员占据重要比重；第二大功能就是大众综合类期刊通过数字化传播，对线下发行实现了最好的弥补。从期刊业整体的发展角度考虑，我们认为前者，即专业类期刊网络品牌价值的持续上升，对于急需"做增量"的国内刊业来说，更加值得一书。

分析发现，龙源海外的传播数据也是如此，文学类期刊虽然将总访问量的头把交椅让位于《考试周刊》，但在付费阅读 TOP100 文章中，文学类依旧占据了很大一部分。比如，今年以来的畅销文学作品《金山》《风语》《解放战争》《马上天下》《暧昧》等通过文学类杂志连载，在海外阅读传播中的访问量也均排在前 15 名之列，足见精品文学杂志在数字化传播中一直可以内容取胜。海外 TOP100 数据中，按期刊类别看来，教育教学、中学读物等占据了将近一半，从中可以判断，海外的主要用户来自于海外华人和学习汉语的群体。

包括语音版、电子书版、多媒体版在内的其他期刊数字化传播模式由于对开发的期刊品种本身先做了有针对性的选择，因此，基本都是精品杂志，而且集中度也比较明显。但从中也可以看出，语言学习类尤其是英语学习类期刊在此类传播模式中占比较大，这恰恰体现了多媒体版本语言学习类期刊的特征。比如，《新东方英语》《疯狂英语》《双语互动》等英语类期刊在龙源电子阅读器上的阅读排行中占据了重要位置。以上这些数据都显示出，专业类期刊品牌的价值通过龙源期刊网的传播仍处在持续上升的通道之中。

（五）各类刊物在网络平台上都能够"发扬光大"

从龙源提供的分类中我们发现，在上述 TOP10 榜单中，包括了科普科学、社科学术、数码网络、时事新闻、文摘文萃、医药卫生、市场营销等 7 类期刊。有如此多类型的刊物进入 TOP10，课题组感到十分欣喜，这进一步说明了所有类型的期刊都将会是期刊网络传播的受益者,而不是由某一类刊物"独霸天下",这也是龙源今年排行数据值得关注的一个重要变化趋势。

从龙源提供的2010年TOP100文章数据中可见,实用性是用户付费阅读的主要诉求,其次是文学欣赏:前100篇文章中教育教学、电脑问题解决方案甚至党建工作指导等内容占比较大,也说明用户对此类文章的需求,这是典型的实用性阅读消费;其次,各类文学期刊在龙源期刊数字化传播的各类统计中也占有显著的位置,再次印证文学欣赏是用户使用数字期刊的重要诉求之一。

我们认为,正是因为读者对网络的高度依赖,希望通过网络满足自身的各种不同需求,因此造就了各种类型的期刊在网络上都有机会来塑造自身的品牌。

即使按照大众消费类和B2B杂志的分类法,我们也能看到以高居排行榜首的《考试周刊》为代表的专业类杂志的良好表现,几乎能与大众消费类杂志平分秋色。因此可以说,随着龙源期刊网的受众量不断增加、品牌影响力进一步提升,各类刊物都能在网络平台上都能够"发扬光大"。

(六)数字化阅读年轻一代将成为主力军

与前五年的期刊网络传播TOP100榜单相比,2010年的各项排行中,一些期刊的排名发生了明显变化,教育类期刊以《考试周刊》为代表,"出镜率"大幅增高,新闻类期刊如上所述几乎是"全家福",文学类期刊在付费排行榜中仍然是当仁不让,商业财经、文摘文萃、情感家庭类刊物不分伯仲,期刊网络传播显现出一派百舸争流、欣欣向荣的景象。

随着各大期刊从去年年底开始进一步加大对数字化的投入力度,"期刊网络传播"对于很多期刊来说,已经从犹豫彷徨走向了真正的实践之中,因此在网络传播平台上的竞争也更为激烈。除此之外,龙源期刊网近年来在大众B2C市场多有斩获,B2C用户持续快速增长,这也为龙源原有的受众构成带来了变化,这也是造成这种变化的一个不可忽视的因素。

而且,这种变化的背后都指向一个事实——在数字化阅读中,年轻一代将成为主力军,正是因为选择数字化阅读的年轻人越来越多,才使得如此多的适合年轻人阅读的期刊通过网络平台形成了自己的网络品牌影响力。这也似乎证明一点,越受到年轻人喜欢的期刊,越容易在网络上快速扩张自己的品牌影响力。

表 2 部分国内及海外六连冠期刊历年排名

刊名	2010 国内排名	2009 国内排名	2008 国内排名	2007 国内排名	2006 国内排名	2005 国内排名
青年文摘	4	1	1	1	4	9
电脑爱好者	3	2	4	3	7	100
意林	5	5	2	2	6	67
刊名	2010 海外排名	2009 海外排名	2008 海外排名	2007 海外排名	2006 海外排名	2005 海外排名
收获	67	8	11	11	5	16
伴侣	7	10	19	22	36	67
十月	31	40	7	8	4	13

注：2010 年国内排名与 2010 年海外排名两项所用数据为付费阅读与非付费浏览相加得出的总排行。

总之，在龙源数字化传播"生态圈"中，期刊品牌的阵营发生了些微变化。在传统的纸质期刊品牌价值榜上，一直是大众综合类杂志独领天下，这跟期刊产业由广告和发行收入为主导的经济模式密不可分，比如，《读者》《时尚》《财经》（《财经》今年 6 月已与龙源授权合作）等杂志品牌价值高达数十亿。在龙源期刊网，除了一大批上文提及的大刊名刊获得了网络品牌延伸外，与之相比，大量的中小刊物，特别是专业类刊物，多年来很难用品牌价值的排行系统来进行价值力分析。但是，在龙源的数字化传播图阵中，一些相对窄众的刊物的价值排行清晰可见，这也在一定程度上构成了此类刊物的影响力，这首先应该是网络传播的功效，同时也是龙源"B2C + B2B"这种全方位市场营销带来的积极变化。

三、如何提高期刊品牌的网络影响力

我们相信，伴随着网络阅读的不断成熟，数字期刊的品牌价值将更加彰显，并将直接地在访问次数、刊社声誉及收入中得到淋漓尽致的展现。因此，打造期刊品牌的网络影响力，完成从纸版向数字化跨越的历史性转折，成为众多刊社的当务之急。那么，我们又该如何来打造期刊的网络品牌呢？毋庸置疑，打造期刊的网络品牌是一项较为复杂的系统工程。整体来说，课题组认为，提高期刊网络品牌，需要有以下几个步骤。

（一）增强纸版期刊的品牌影响力

在数字出版中，有一个非常明显的现象：纸版图书的发行量越大，其网络阅读量也越大，龙源数据就说明这个问题。同样，以盛大文学为代表的网络文学平台给出的数据也表明，在网络上点击量越高的小说，其印刷成纸版书后卖得就越好。从这一事实上我们可以知道，对于期刊的网络传播来说，它与期刊品牌之间存在着强烈的相辅相成的正相关关系。因此，要想提高期刊的网络品牌价值，根源是提高期刊自身的品牌价值。

期刊的网络品牌价值可以从两个方面去营建：一个是通过原貌版，一个是通过文本版。对于读者来说，如果他愿意付钱，那么吸引它的肯定是刊物整体的内容、风格和版式等形成的综合性吸引力。如果他选择付费阅读单篇文章，那么吸引他的主要因素是文章的标题和内容。龙源的排行数据从不同角度提供了依据。

表3　2010年期刊网络传播文章版访问总排行TOP15

总排行	刊名	访问量
1	考试周刊	788 541
2	商场现代化	563 895
3	电脑爱好者	505 475
4	青年文摘	397 461
5	意林	301 955
6	中国新闻周刊	292 136
7	中国实用医药	257 008
8	消费导刊	243 304
9	新周刊	234 440
10	南风窗	231 168
11	中国医药导报	220 327
12	伴侣	211 861
13	南方人物周刊	210 731
14	人生与伴侣	210 523
15	管理观察	206 325

表4　2010年期刊网络传播原貌版总排行TOP15

总排行	刊名	访问量
1	轻兵器	465 760
2	新周刊	428 003
3	电脑爱好者	375 491
4	南方人物周刊	363 556
5	兵器知识	350 956

(续表)

总排行	刊名	访问量
6	大众摄影	350 701
7	中国新闻周刊	325 435
8	诗刊	324 062
9	商界	321 642
10	时代影视	320 255
11	故事会	320 012
12	意林	264 850
13	南风窗	255 483
14	青年文摘	218 277
15	都市丽人	208 564

从表3、表4中，课题组研究发现，相比于"期刊访问总排行"的前15名杂志，"原貌版总排行"的TOP15杂志，其品牌更为大众所熟知。而且，表4原貌版排行榜中的刊物，一般来说纸版杂志发行量及广告额也更大——如《电脑爱好者》《故事会》《意林》等杂志拥有巨大的发行量，而《新周刊》《南方人物周刊》《中国新闻周刊》《商界》《南风窗》《都市丽人》等杂志都拥有较为可观的广告额。发行量和广告额两方面的指标，是衡量一个期刊品牌价值大小的最重要指标，因此可以说，这些拥有巨大品牌价值的杂志，正是通过龙源期刊网这一绝佳的新媒体传播平台，拥有了巨大的网络品牌价值。

课题组从中得出的结论是：要想提高期刊在网络上的品牌价值，就一定要从塑造期刊自身品牌入手，只有这样，才能起到事半功倍的效果。

（二）注重网络推广，把纸版期刊品牌的影响力移植到网络上来

当然，仅仅有纸版期刊的品牌影响力是不够的，这是期刊塑造网络品牌的必要条件，而不是充分条件。要想提高自身的网络品牌影响力，杂志还有关键的一步要走，那就是把纸版期刊品牌的影响力移植到网络上来。

要想完成品牌价值的移植，期刊社在网站上应该有与受众接触的"出口"，也就是说，期刊社的品牌应该在网上有对网民进行传播、与网民实现互动的通道。

一般来说，这种"出口"多是期刊社为自己杂志建设的网站，大多数有实力的杂志已经建设了自己的网站，龙源期刊网也帮助一大批中小杂志建设了独立的站点。不过，在互联网竞争日益激烈的今天，多数杂志网站都处于"赔本赚吆喝"的尴尬境地，一方面赢利困难，另一方面网站流量太小，无法留住受众。因此，除了一些

资金实力较为雄厚的刊社外,大多数刊社如果要想通过新媒体来提高自己品牌的网络用户接触率,就必须依靠一些集合性的大型内容分销平台,诸如苹果的 iPad 以及龙源期刊网等。由于目前龙源期刊网已经打破了手机、阅读器等诸多阅读终端之间转化不便的阅读限制,把阅读终端从 PC 上打通到了智能手机和电子阅读器上,因此不啻为期刊与受众接触的一个良好"出口",课题组也因此认为,龙源期刊网早已成为期刊塑造网络品牌价值的一个良好阵地。

当然,建设与网民接触的通道只是期刊提升自身网络价值的第一步。当这一平台搭建好之后,杂志还需要跟数字平台一起进行一些有技巧的营销。比如,一般而言,数字期刊平台可以为刊社精确地统计出受众的构成、阅读行为特点等内容,刊社要想获得持续增长的网络品牌影响力,就一定要对这些统计数据进行深入研究,并推出有针对性的应对举措。另外,持续加大在数字平台上的宣传力度也是刊社的可选项之一。

(三) 高质量的内容才是稳操胜券的密匙

在经历了多年的网络传播以后,一批期刊已经成长为网络品牌,获得了网络读者的忠诚度,并逐渐塑造了自己的品牌价值。一方面是一些大刊名刊所形成的网络品牌知名度,例如文摘综合类中的《青年文摘》《意林》,科技网络类中的《电脑爱好者》,文学类中的《收获》,以及整体走红的《中国新闻周刊》《新周刊》《南风窗》《南方人物周刊》《新民周刊》等。另一方面是以《考试周刊》《商场现代化》为代表的教育、社科学术类期刊,由于频频在龙源期刊网上有上佳的表现而声名鹊起。归根结底,课题组认为,期刊要想获得更高的网络品牌价值,还是应该把落脚点放在提高自己的内容质量上来,这才是期刊在网络品牌塑造中稳操胜券的密匙。

比如《考试周刊》,《考试周刊》不论从数字发行总量国内、海外 TOP100 期刊还是付费阅读 TOP100 期刊,以及 TOP100 栏目、TOP100 文章上拿到了 2010 年龙源排行榜"全能"冠军:它不仅摘得今年杂志访问总排行第一的桂冠;同时其刊登的文章《利用教育心理学知识对学生进行考前心理指导》斩获了文章浏览量第一的宝座;其栏目"外语教学与研究"成为国内访问排行第一的期刊栏目;栏目"考试研究"成为海外访问排行第一的杂志栏目。这有力说明,杂志在打造品牌影响力时,文章、栏目和杂志品牌三者是一个密不可分的整体,而其中期刊文章的好坏——也即杂志内容质量的高低则是决定杂志品牌是否能在网络传播中胜出的关键。2010 期刊网络传播的"考试周刊"现象非常值得研究,它的存在将激发更多更好的期刊创造网络品牌的自觉意识。

(作者依序为《中国图书商报》传媒周刊主编、记者;龙源网络传播课题组成员)

教育类期刊龙源网络发行综合分析

包韫慧

"在龙源期刊网连续发布的6次期刊网络传播TOP100排行榜单中",教育类期刊的上榜频次逐年加快。2010年,教育类期刊异军突起,其网络发行量呈迅猛递增的态势。其中,教育类刊物《考试周刊》位居国内、海外各类排行首位,是教育类期刊驰向网络的一匹"黑马"。本文旨在通过对教育类期刊数字化网络发行的综合分析,探求期刊数字化转型大潮中,数字期刊的在线传播及传统期刊的数字化转型等方面的经验和路径。

从2005年到2010年,龙源期刊网连续6年发布了期刊网络传播TOP100排行榜单,以及近3 000种期刊在线传播的TOP100栏目、TOP100文章和各类型期刊的TOP10的发布。大量翔实客观的数字再次显示出这些走在期刊数字化传播前端的期刊群体在期刊在线传播中如何获得读者的拥趸,如何以各自的"数字发行量"客观地验证或创造出了自己的网络品牌影响力。在国家大力推动期刊数字化转型的过程中,用什么来衡量转型的良性运动、以什么依据指导转型期的困惑、从什么角度进行内容编辑的改进,龙源发布的这一系列数据毫无疑问为我们提供了主要参考。

在龙源2010年的TOP100排行发布中,教育类期刊占位突显,特别是《考试周刊》一刊不仅在国内、海外排行中高居榜首,并且在TOP100栏目和TOP100文章中占有很高的比例。针对由此带动的教育类期刊整体走势上扬,本文将展开纵深分析,希望通过此类期刊网络传播发行数据的研究和分析,探究期刊数字化和数字化期刊可持续发展的可行性经验和路径。

一、TOP100排行数据显示教育类期刊网络发行增势迅猛

教育类期刊是我国期刊业的一方重镇,读者群包括教育管理者、教师、学生及学生家长等。随着我国出版体制改革和教育体制改革的深化,教育类期刊的行业保护和行政垄断特色逐渐淡化,被"断奶"推进市场经济大潮中接受洗礼。改

版、分版、甚至改名频仍，正经历着浴火重生的阶段。面临着数字化发展的机遇，龙源提供的网络传播数据，为教育类期刊在数字网络环境下探求新发展提供了参照系数。

在2010年龙源TOP100排行期刊中，教育类期刊具体包括教育、教学、中学读物和小学读物等四个方面的刊物，其数量占到龙源期刊网所有期刊种类的1/4强。从近几年的情况来看，顺应中小学数字图书馆、电子书包以及网络阅读低龄化等发展趋势，该类期刊的上榜比例有较大突破。

从龙源期刊网2007—2010年发布的TOP100期刊排行上看，教育类期刊呈明显的上升势头，上榜频次增长较快，详见表1。

表1　2007—2010龙源TOP100排行教育类期刊上榜情况

年份	国内上榜期刊数	海外上榜期刊数	双栖期刊数	国内上榜栏目数	海外上榜栏目数	双栖栏目数	国内上榜文章数	海外上榜文章数	双栖文章数	关键词
2010	16	8	5	15	11	10	27	6	1	8
2009	7	15	3	7	10	5	5	1	0	7
2008	3	0	0	7	0	0	3	0	0	6
2007	3	1	0	0	0	0	0	11	0	8

从上表可以看出，2009年之前教育类期刊在各类排行上的表现不是非常突出，仅在个别排行中出现。从2009年开始，教育类期刊开始崭露头角，特别是2010年，教育类期刊在各类排行中都比往年有较大突破，位居国内TOP100期刊、栏目、文章排行首位，在海外排行中也都位居前列。

教育类期刊不仅在排行中占有上榜数量的优势，在网络数字版的发行方面也占有较大份额。从TOP100期刊的数字化网络发行总量来看，2010年增长较快。国内TOP100期刊网络发行总量（文本版+原貌版）为23 722 698，比2009年上涨46.76%；海外TOP100期刊网络发行总量为9 313 472，比2009年上涨544.93%。数字期刊的发行量呈明显递增态势，特别是海外市场，增势迅猛。这一方面体现了数字期刊传播的优势逐步凸显，另一方面也印证了期刊网络品牌的逐步形成，特别是龙源期刊网在海外读者心目中的品牌地位。

表2　国内、海外TOP100期刊主要类别上榜种数及数字发行量

类别	国内上榜种数	数字发行量（文本版+原貌版）	占总发行量比例	海外上榜种数	数字发行量（文本版+原貌版）	占总发行量比例
教育教学	16	3 055 971	12.88%	8	336 874	3.62%
文摘文萃	11	2 885 166	12.16%	10	937 151	10.06%
数码网络	10	2 927 544	12.34%	8	1 233 186	13.24%
商业财经	9	1 860 635	7.84%	15	842 472	9.05%
情感家庭	7	1 449 867	6.11%	8	493 648	5.30%
医药卫生	7	1 203 609	5.07%	2	67 279	0.72%
时事新闻	6	2 472 845	10.42%	6	1 368 624	14.70%
文学	2	276 396	1.17%	10	635 058	6.82%
党政法制	3	636 602	2.68%	7	327 675	3.52%
市场营销	2	430 961	1.82%	6	262 085	2.81%

从TOP100期刊排行中的期刊类别来看，国内、海外的分布都较为分散，国内排行期刊有21个类别，海外排行期刊有22个类别，上榜期刊主要集中在教育、文摘文萃、数码网络、商业财经、文学、情感家庭、时事新闻等类别中，国内期刊上榜超过5种的有7类，海外超过5种的有9类，其中有6类期刊为国内、海外双栖类别。期刊网络传播的特点是有集中有分散，分散中有集中。并且，国内、海外市场异同并存的特点也非常鲜明。详见表2。

在国内TOP100期刊排行中，教育类期刊位居首位，共有16种期刊上榜，其网络发行总量达到3 055 971，占到TOP100期刊总发行量的12.88%。海外TOP100期刊榜单中，教育类上榜期刊有8种，位居第四，网络发行总量为336 874，占总量的3.62%。国内、海外教育类期刊的网络发行量达3 392 845，在龙源期刊网近3 000种期刊20多个类别中异军突起。

表3　国内TOP100栏目分类汇总

类别	栏目数	文本版发行量
教育	15	801 514
情感家庭	12	294 686
文摘文萃	11	381 378
时事新闻	10	348 128
数码网络	8	396 819
社科学术	8	357 458
商业财经	8	179 273

(续表)

类别	栏目数	文本版发行量
人物	5	143 543
文学	5	111 846
医药卫生	4	139 264
文艺动漫	3	121 149
投资理财	3	74 433
党政法制	3	61 709
时尚生活	2	52 371
文化综合	1	68 876
市场营销	1	41 584
史地人文	1	20 639
TOP100 栏目总量	100	3 594 670

在TOP100栏目和文章中更是彰显了它的优势，均为排行第一名。教育类共有5种期刊的15个栏目上榜，文本版的总发行量达801 514，占TOP100栏目总发行量的22.30%，是发行量第二名数码网络类期刊的2倍多；教育类期刊共有27篇文章上榜，文本版发行量达到112 475，占TOP100文章总发行量的30.59%，比第二名数码网络的发行量高出近17个百分点。详见表3、表4。

表4 国内TOP100文章分类汇总

类别	文章数	文本版发行量
教育	27	112 475
文学	14	44 896
数码网络	13	50 062
情感家庭	6	20 017
文艺动漫	5	15 114
时事新闻	5	15 853
时尚生活	5	15 064
商业财经	4	20 794
党政法制	4	15 256
医药卫生	3	15 143
投资理财	2	7 639
行业期刊	2	5 889

(续表)

类别	文章数	文本版发行量
健康养生	2	5 396
文摘文萃	2	4 921
故事	2	4 628
企业管理	1	4 814
科普科技	1	3 919
人物	1	3 726
市场营销	1	2 042
TOP100 文章总量	100	367 648

二、《考试周刊》"黑马"驰骋的内外因分析

在教育类期刊中，特别值得一提的是《考试周刊》，该刊位列国内、海外TOP100期刊、栏目、文章各类排行榜首，可谓是教育类期刊驰骋网络的一匹"黑马"。从TOP100期刊排行来看，《考试周刊》国内网络发行量达858 708，占教育类期刊网络发行总量的28.10%，占TOP100网络发行总量的3.62%；海外网络发行量为120 615，占教育类期刊发行总量的35.80%，占TOP100发行总量的1.30%。《考试周刊》在国内、海外的出色表现甚至超过了某些期刊类别的总体发行量。

从表5、表6可以看到，国内TOP100栏目排行中，《考试周刊》有10个栏目上榜，其网络发行量占到国内教育类栏目发行量的77.75%；海外栏目排行中，《考试周刊》有9个栏目上榜，网络发行量占到海外教育类栏目发行量的93.35%。《考试周刊》"考试研究"栏目的《利用教育心理学知识对学生进行考前心理指导》一文位居国内、海外TOP100文章榜首，国内文本版发行量达到15 333，其中付费阅读88.28%；该文章海外文本版网络发行量为30 420，付费阅读99.95%。这一系列数据除了说明《考试周刊》在网络传播中的品牌影响力以及由此带来的高付费阅读比例之外，还说明《考试周刊》精彩的文章成就了其精彩的栏目，其精彩的栏目也成就了其TOP100期刊NO.1的地位。

表5　国内TOP100栏目教育类上榜情况

刊名	栏目	文本版发行量	TOP100栏目排名
考试周刊	外语教学与研究	143 105	1
考试周刊	数学教学与研究	65 795	9
考试周刊	语文教学与研究	62 463	11

(续表)

刊名	栏目	文本版发行量	TOP100 栏目排名
考试周刊	教育教学研究	60 484	13
考试周刊	高教高职研究	60 117	14
考试周刊	文学语言学研究	57 566	15
考试周刊	考试研究	51 633	19
班主任之友	教之行	48 899	21
考试周刊	体育教学与研究	48 770	22
中国教育技术装备	教学研究	44 436	26
考试周刊	理化生教学与研究	40 991	28
中国教育技术装备	教学园地	39 452	29
考试周刊	出类拔萃	32 270	40
小学教学研究	语文	23 550	66
课外阅读	成长	21 983	71

表 6 海外 TOP100 栏目教育类上榜情况

刊名	栏目	文本版发行量	TOP100 栏目排名
考试周刊	考试研究	31 187	1
考试周刊	外语教学与研究	4 273	6
班主任之友	教之行	2 184	13
考试周刊	文学语言学研究	1 898	16
考试周刊	高教高职研究	1 561	24
考试周刊	数学教学与研究	1 523	27
考试周刊	教育教学研究	1 483	30
考试周刊	语文教学与研究	1 358	37
考试周刊	体育教学与研究	1 184	53
中小学心理健康教育	一线快递	1 054	71
考试周刊	理化生教学与研究	983	80

笔者站在普通读者的角度研读了《考试周刊》"考试研究"栏目《利用教育心理学知识对学生进行考前心理指导》一文，发现这篇不足 2 000 字的文章不仅标题是教师、学生、家长共同关心的话题，行文亦是平实中肯，针对学生广泛存在的考前焦虑和心理强迫症，娓娓道来，很能说明问题。比如针对许多考生考前失眠，作

者给出的指导意见是这样的:"高考期间真正影响自己水平发挥的原因并不是晚上睡了八小时还是五小时,而是感觉自己睡眠不够而造成的心理阴影,只要不把'睡眠少'这件事本身当成心理包袱,它对高考成绩的影响几乎是零,这也是有科学依据的。"朴实的文风和科学的观点解答了读者最为关心的问题。

《考试周刊》之所以在龙源2010年TOP100排行诸项中摘冠成魁,从本篇文章可见一斑。在目前应试教育的环境下,《考试周刊》从不同方面为应试开出了不同的"处方",并且刊社编辑亦尽可能地切合学生应试实际,本着解决问题的角度策划专题、组织稿源、注重编辑质量,使得他们开出的"处方"成为"灵丹妙药",必然受到读者欢迎。

三、海外网络发行看好,内外市场和而不同

在2009年以前龙源TOP100各项排行中,比较稀见教育类期刊上榜。但从2009年开始,教育类期刊开始较多地在海外的榜单上出现。在2010 TOP100期刊排行中,教育类期刊在国内有16种期刊上榜,海外是8种期刊上榜,其中5种期刊为国内、海外排行双栖期刊,分别是:《考试周刊》《教师博览》《班主任之友》《新课程研究·基础教育》《中外教学研究》。国内、海外的读者在期刊阅读时都注重品牌期刊的选择,对教育类内容的关注也部分集中在教育教学研究资料的需求上。不同之处是,国内对教育的关注面更广一些,包括教育的各个方面,涉及的读者群也较为丰富,包括教育管理者、教师、学生、家长等;而海外市场对具体教育实践关注不多。这点可以通过海外机构阅读比例较高得到印证,国内、海外对教育类期刊的阅读都是机构阅读的比例高于个人阅读的比例,海外的机构阅读的比例更高,机构阅读是海外阅读最主要的渠道,而机构阅读的读者以教育管理者和教师为主,国内、海外教育现状的不同决定海外读者更关注教育教学理论的研究。这也从一个侧面提示国内、海外的阅读机构应是今后教育类期刊扩大发行的重要关注点之一。

(一)国内网络发行以文本版的片段浏览为主

从各类网络发行量情况来看,国内TOP100期刊的付费阅读量与片段浏览量基本持平,为1.04:1,这说明有近50%的读者从免费的片断浏览进入了付费的全文阅读。文本版阅读量是原貌版阅读量的1.89倍,这说明喜欢阅读文本版的读者要比阅读原貌版的读者多出近两倍;个人阅读量只占机构阅读量的16.23%,说明了个人付费阅读仍然是一个很小的销售份额,这和龙源目前主要的营收来自图书馆机构用户是相吻合的。

以上是整体状况,而教育类期刊的情况略有不同,付费阅读和片段浏览是0.74:1,教育类期刊因其实用性较强,读者如果通过片段浏览可以获取相关信息后便不会转入

全文付费阅读，因此，比例相对低一些；教育类期刊文本版阅读量是原貌版阅读量的4.2倍，说明读者更喜欢文本格式的阅读，因为文本格式便于拷贝粘贴，方便读者获取所需信息知识；个人阅读量是机构阅读量的10%。可见，教育类期刊在付费与浏览比例、文本阅读和个人付费与机构阅读上比整体状况尤甚。详见表7。

表7 国内TOP100期刊教育类网络发行情况

刊名	总量（文本+原貌）	付费	片段浏览	个人	机构	原貌
考试周刊	858 708	411 866	376 675	24 871	386 995	70 167
中国校外教育·理论	211 690	37 426	124 849	6 962	30 464	49 415
成才之路	171 034	35 837	111 008	5 674	30 163	24 189
中国教育技术装备	165 528	46 065	86 379	4 558	41 507	33 084
成功·教育	150 657	33 126	92 514	4 611	28 515	25 017
教育与职业·理论版	142 114	62 316	61 824	6 599	55 717	17 974
文学教育	132 143	20 594	89 651	5 451	15 143	21 898
教师博览	155 570	88 974	20 651	2 646	86 328	45 945
教育前沿·理论版	138 796	35 401	74 099	4 860	30 541	29 296
新课程研究·基础教育	147 890	39 466	59 403	3 421	36 045	49 021
教苑荟萃	143 511	30 501	66 687	2 735	27 766	46 323
中外教学研究	100 722	39 114	56 958	3 027	36 087	4 650
中国信息技术教育	153 707	43 173	51 654	3 063	40 110	58 880
语文教学与研究（综合天地）	125 976	21 828	70 166	5 022	16 806	33 982
小作家选刊·教学交流	138 825	30 597	60 693	5 885	24 712	47 535
班主任之友	119 100	73 927	14 819	2 480	71 447	30 354
总量	3 055 971	1 050 211	1 418 030	91 865	958 346	587 730
TOP100总量	23 722 698	7 909 053	7 604 600	1 104 628	6 804 425	8 209 045
教育类占比	12.88%	13.28%	18.65%	8.32%	14.08%	7.16%

从具体期刊来看，只有《教师博览》和《班主任之友》存在绝对的付费阅读优势，分别是片段浏览的4.31倍和4.99倍。此外，《考试周刊》和《教育与职业·理论版》的付费阅读与片段浏览基本持平，分别为1.09和1.01。回顾TOP100期刊过去几年的榜单，我们会发现，这4种期刊的表现一直不错，有着相对稳定的读者群，已经形成数字期刊品牌，因而才能获得较高的付费率。特别是《考试周刊》无

论是上榜栏目还是上榜文章的表现都可圈可点，也印证了期刊网络传播"内容为王"的不变准则。

教育类期刊的读者普遍选择文本格式的阅读和浏览，主要出于实用的目的。因为文本版可以拷贝粘贴，中小学校在购买数字化期刊内容资源时特别注重这些期刊是否具备文本格式，龙源的排行数据也验证了他们的这种需要是切实存在的。从排行数据可以看出，像《考试周刊》和《中外教学研究》等刊物阅读量很高，这说明读者需求的是内容，对原有版式并不十分在意，内容的好坏是教育类期刊制胜的不二法宝。

（二）海外网络发行以原貌版的付费阅读为主

教育类期刊海外的发行数据显示其市场特征正好同国内相对，对教育类期刊的消费以原貌版的付费阅读为主。从表8可以看出，教育类期刊的海外排行中有8种，其付费阅读量达69 621，占到TOP100期刊总付费量的14.50%，这与海外读者的消费习惯相关，同时也说明龙源期刊网在海外市场已经形成的品牌，聚拢了一批核心读者。

教育类期刊在海外市场的数字发行不同于国内市场的另一显著特征是以付费阅读为主，海外付费阅读总量是片段浏览总量的13.17倍。像《教师博览》《中小学心理健康教育》《班主任之友》的付费阅读都是片段浏览的20倍之多，《班主任之友》甚至达到了43.83倍。而国内只有《教师博览》和《班主任之友》是付费比例较高的期刊，堪与海外付费阅读情况比肩，但是整体上海外付费阅读还是大大高于国内的。

表8 海外TOP100期刊教育类网络发行情况

刊名	总量（文本+原貌）	付费	片段	个人	机构	原貌
考试周刊	120 615	46 876	3 572	345	46 531	70 167
教师博览	50 750	4 640	165	5	4 635	45 945
中小学心理健康教育	20 212	4 011	191	11	4 000	16 010
班主任之友	34 075	3 638	83	2	3 636	30 354
新课程研究·基础教育	52 040	2 647	372	24	2 623	49 021
中外教学研究	7 645	2 622	373	10	2 612	4 650
金色年华·学校教育	22 977	2 679	271	4	2 675	20 027
新课程研究·教师教育	28 560	2 508	260	38	2 470	25 792
总量	336 874	69 621	5 287	439	69 182	261 966
TOP100总量	9 313 472	480 111	64 254	24 463	455 648	8 769 107
教育类占比	3.62%	14.50%	8.23%	1.79%	15.18%	2.99%

海外 TOP100 期刊网络总发行量显示原貌版是文本版的 16.11 倍，除《新课程研究·基础教育》原貌版比文本版的比例高于 TOP100 总体水平外，教育类期刊原貌版是文本版的 3.5 倍。同国内的情况刚好相对，两地读者的阅读特点有较大差异，海外读者更倾向于原貌版的阅读，这主要是因为教育类期刊的海外读者不需要利用拷贝粘贴的功能来完成备课或写作的需要，只需要了解信息或理解知识即可，所以一般选择较为直观的原貌版的阅读。

由此看来，即便同一类期刊，由于阅读诉求不同，国内、海外读者也会表现出不同的选择方式，我国的中小学无论是教师还是学生甚至是家长，由于教学、升学的压力很大，消费教育类期刊致用的动机很强，所以多选用文本版，可方便随时取用；而海外读者不存在这样的现实需要，他们阅读教育类期刊目的就是为了获取信息、拓展知识。这一方面暴露出目前我国应试教育的现状，一方面也给教育类期刊的网络运营以提示，在今后的网络传播中可以考虑更多版本的开发，并根据不同地区读者群的不同阅读特点和需求推广不同的版本，以期获得更好的传播效果。

（三）实用型阅读需求较强，付费阅读有待开发

针对教育类期刊数字发行量不小、但是付费阅读数量不及浏览量大、个人付费阅读远不及机构付费阅读的现实，文学类期刊则表现出迥然不同的特质。请看表 9：

表9　教育类、文学类期刊 TOP100 发行量一览表

TOP100	类别	上榜数量	总量 (文本+原貌)	付费	片段	个人	机构	原貌
期刊	教育类	16	3 055 971	1 050 211	1 410 830	91 865	958 346	587 730
	文学类	2	276 396	129 951	62 931	24 416	105 535	83 514
栏目	教育类	15	801 514	428 928	372 586	26 068	402 860	—
	文学类	5	111 846	102 994	8 852	32 711	70 283	—
文章	教育类	27	112 475	31 106	81 369	414	30 692	
	文学类	14	44 896	31 029	13 867	13 184	17 845	

从表9来看，文学类期刊相比教育类期刊所占有的发行量并不算大，但文学类期刊付费阅读占总发行量的比例很高，期刊、栏目、文章的付费阅读比例分别占 47.02%、92.09%、69.11%，远远高于教育类期刊，教育类文章的付费阅读比例只有 27.66%。

龙源 2005—2010 年的网络传播数据一再显示，文学类期刊在网上的阅读态势一直是非常兴旺的。2008 年，国内 TOP100 文章中文学类占 25%，海外榜单文学类占 92%；2009 年，国内 TOP100 期刊中，文学类上榜 16 种。2010 年，国内付费阅读

TOP100 文章，文学类占 39%；海外付费阅读文章占 32%。种种数据表明文学类期刊在网络传播特别是付费阅读中读者比较踊跃，而且近年来国内读者阅读比例渐渐超过了海外读者比例，充分显示出文学的吸引力。课题组发现与龙源合作多年的《收获》《十月》《当代》《小说月报》《人民文学》《北京文学》等品牌文学期刊，由于已经积累了强大的品牌影响力，再造了网络读者的忠实度，使得文学类期刊在网络上获得了品牌延伸，付费阅读比例远远高于其他各类期刊。

此处，耐人寻味的是：教育类和文学类期刊作为满足读者实用性和精神愉悦两个不同层次需求的期刊类别，虽然存在读者埋单与否的重大差异，但是在网络发行量较大的一些重要期刊方面，如上述刊物，读者还是欣然付费的。无论是出于实用的目的，还是追求精神滋养，内容好很重要，与文学期刊相比，教育类期刊应进一步打造好内容，增加趣味性、可读性，以抓住浏览者，使其成为付费阅读的消费者。

从个人和机构阅读的情况也可以看出两类期刊的差别，虽然两类期刊的传播收入都以机构阅读为主，但文学类期刊个人阅读占总量的比例远高于教育类期刊，特别是文学类文章，个人阅读与机构阅读的比例为 0.74∶1，而教育类文章的比例仅为 0.01∶1。数据对比发现，海外读者付费的比例高于国内读者，这同读者的消费习惯密切相关，海外读者已经养成付费阅读的消费习惯，只要确实有阅读需求即会付费，而国内读者对互联网内容付费的习惯还有待于养成，没有完全脱离"免费午餐"的状态，这也是导致国内付费阅读不高的原因之一。

四、低龄网络读者正在成为网络阅读主力

中国互联网信息中心《2009 年中国青少年上网行为调查报告》显示，在我国 3.84 亿网民中，50.7% 为 25 周岁以下青少年群体；中学生网民规模达 7 488 万人，占青少年网民的 38.4%，小学生占 7%。网民低龄化的趋势非常明显。中小学生网络使用的主要目的是娱乐，包括游戏、音乐等，使用搜索引擎获取信息的比例不高，但 2009 年青少年使用网络的综合工具作用更加明显，其对搜索引擎有较强的使用需求，使用率达 73.9%，高于整体网民 73.3% 的水平。由于大部分处于初等教育学龄期，受到家长和老师的约束较多，在家庭上网比例最高，为 81.1%。

从 TOP100 文章排行中上榜文章的内容来看，国内上榜文章与作文相关的有 12 篇，针对小学生和初高中生的各 6 篇，其发行量为 42 012，其中 99.26% 由片断浏览构成。其余 15 篇文章，有 10 篇是针对中小学生学习的，特别是和考试有关的文章很受读者欢迎；另 5 篇是针对教师教育教学研究而用的。在所有上榜文章中，针对中小学读者的有 22 篇，占国内教育类文章的 81.48%。其中，以小学

生为读者的有9篇，以中学生为读者的有11篇。这同CNNIC报告中网民低龄化的特征相吻合。

表10 国内TOP100文章教育类前10名

文章标题	刊名	栏目	文本版发行量	TOP100文章排名
利用教育心理学知识对学生进行考前心理指导	考试周刊	考试研究	15 333	1
探寻文本的适度解读 厘定教学的合理取舍	小学教学研究	语文	13 672	2
四年级习作训练6：走进乡村生活，感受田园风光	优秀作文选评（小学版）	方法	8 446	6
未来的交通工具	红领巾（1—2年级）	异想天开	4 890	11
让优秀成为一种习惯	创新教育	管理创新研究	4 726	13
2009年中国大学数学专业排名（研究生专业）	数学金刊·高中版	数学深造篇	4 704	16
学会生存 学会自我保护	优秀作文选评（小学版）	作文·课堂	4 597	19
语文五年级下册期末测试题（人教版）	小学教学参考（语文）	聚焦热点·复习考试	4 319	21
给外地的亲友写一封信	阅读与作文（小学高年级版）	课堂作文	4 120	24
三年级习作训练⑤：爸爸妈妈的爱	优秀作文选评（小学版）	作文·课堂	4 082	25

中小学生这一群体正处在接受初等教育阶段，从龙源排行教育类期刊逆势上扬来看，这部分群体在未来的网络使用特别是网络工具的使用方面有较大的发展空间。中小学领域大力推动的班班通、校校通等信息化建设，也必将促进中小学生在今后的网络使用将更频繁。教育类期刊应借此契机做好网络传播的准备，以更多地培育网络新生代读者。

五、教育类期刊数字化转型，走品牌创新发展之路

20世纪80年代中期开始，教育类期刊因为庞大的市场需求以及教育主管部门得天独厚的资源优势，获得了迅猛的发展，无论是读者规模，还是期刊品种、社会影响都史无前例。当时，大部分中小学教育期刊主要通过行政或学校渠道向学生、教师、家长发行。随着我国社会主义市场经济体制的逐步完善和教育体制改革的不断深化，教育类期刊原有的发行方式受到了挑战，依靠行业甚至行政手段等优势维持或提高发行量的办法不再奏效。根据国家减轻中小学生和家长负担的规定，强行摊派和推销教育期刊被明令禁止。2003年，中共中央办公厅、国务院办公厅联合下发《关于进一步治理党政部门报刊散滥和利用职权发行，减轻基层和农民负担的通知》后，各地采取了更强硬的措施禁止中小学教育期刊强行摊派和推销，导致多数中小学教育期刊发行量大幅下滑。失去政策优势的传统教育期刊生存压力加大，数字化转型成为顺应时代潮流的必然选择。

科学技术的迅猛发展使现代人越来越依赖电脑和网络，中小学生对网络的应用也在逐年加强。网络方便快捷，在知识传播与获取方面有着其他媒体无法比拟的优势，网络教学、远程教育方兴未艾，国家中小学数字图书馆的建立，新闻出版总署大力扶持的电子书包项目，都表明教育类期刊同网络的联合已成大势所趋，将成为教育类期刊新的增长点。我国庞大的教育类期刊市场和不断改善的教育环境也成为教育类期刊发展的巨大动力。教育类期刊的数字化转型将成为其新的发展机遇。

我国教育类期刊品种多，从期刊传播角度及我国现有国情看，传统期刊与网络结合能使其固有优势得到更充分地发挥。如期刊的时效性、信息性、扩散传播性等要求在网络上能够达到更好的传播效果。

教育类期刊只有具备独特个性、鲜明风格以及较强的实用性才能获得读者的青睐。无论是传统教育类期刊的发展，还是数字化期刊的传播，期刊的刊名和内容都是不可忽视的重要元素。内容作为期刊最为重要的核心竞争力之一，已经通过龙源的数据得到了印证。而刊名只有新颖独特，具有针对性，最好能直观地反映它的市场定位特别是读者定位，才能使读者很容易从刊名的特征形成感性认识，从而强化期刊的影响力。比如，《班主任之友》是全国仅有的两家以班主任为目标读者的教育期刊之一，以"享受教育、快乐阅读"为宗旨，由于其准确的读者定位，在班主任群体中享有较高的知名度和美誉度。在近年的网络传播中，也取得了较好的传播效果。《教师博览》针对大多数农村教师读者收入低、负担重、时间紧、资料少和阅读面不宽、信息储备不多的状况，开设了新视野、信息窗、人世间、人物谱、耕

耘录、读书乐等众多栏目。这些栏目的文章具有很强的实用性和可读性，千字文居多，信息量大。它有效地开阔了教师的阅读视野，丰富了教师的精神生活，因而深受广大教师的喜爱。这两种刊物既在刊名上有较强的针对性和清晰的定位，又在内容上具有很强的可读性，因此深受读者喜爱。

此外，教育类期刊分版是较为普遍的现象，如小学版、中学版、英语、语文、金版、银版等，教育类期刊面对的主要是从小学一年级到高中三年级的学生和教师、家长，读者对象的认知能力和接受能力相差悬殊，市场也需要合理的细分。分版后的期刊读者对象更加明确，有利于发行量的提升，经济效益也更好，分版是寻求准确读者定位的重要手段之一。细看国内TOP100文章排行榜的教育类文章，在27篇上榜文章中，有22篇文章所在期刊的刊名有明确的读者指向。当然，刊名及分版都是促进期刊传播的重要手段之一，最核心的还是内容。

无论是传统教育类纸媒期刊的经营，还是数字期刊的传播，都不能忽视品牌形象的打造，这是增强期刊核心竞争力的一大法宝。教育类期刊目前在内容上还存在一定的同质化现象，如TOP100榜单中所反映出的，教育类期刊的内容主要集中在有关教学的实际应用上，这是市场需求的很大一部分，也必定是期刊社竞争的焦点。如何能在竞争中取胜，除了做好内容质量和创新，品牌的树立至关重要。品牌意识淡薄是影响我国教育类期刊发展的一大关键问题。

从TOP100排行榜能够看出，教育类期刊的品牌意识逐渐觉醒，品牌开始逐步树立，品牌影响力开始显现，我们期待传统教育类期刊在数字化转型过程中，能够做到窄众刊物广泛传播，为社会和期刊社带来更多的社会效益和经济收益，同时依托网络建立同读者交流、沟通的精神家园，更是发展作者群体，树立自身品牌形象，打造媒体影响力的良好途径。

（作者为北京印刷学院新闻出版学院副教授，龙源网络传播课题研究组成员）

期刊数字化内容营销的现状和前景

穆广菊

在国家大力推动传统出版的数字化转型的过程中,赢利模式始终是困扰行业的重大问题。针对这一困惑,龙源期刊网将已经走出来的路子和方法以及观点与大家分享。

一、数字化内容营销的 B2B 模式

B2B,即机构用户营销,是相对于以个人为销售对象的营销模式。全球性的数字化图书馆的建设,为数字化内容的购买提供了需求可能。

从 2005 年开始龙源向美国、加拿大的公共图书馆和大学图书馆推出了数字化期刊阅读平台、冠名为"龙源电子期刊阅览室"的服务。五年来,美国和加拿大的主要州市的公共图书馆(包括他们下属的众多分馆)和部分大学都已经开通龙源提供的电子期刊阅览室的服务,在近两年内,又先后实现了我国香港、澳门等地以及日本、澳大利亚、新加坡典型用户的开发,使中国大陆优秀的人文大众类期刊杂志通过互联网送达了海外读者面前,满足了广大海外读者阅读大陆期刊的诉求。同时,龙源电子期刊阅览室已走进国内 28 个省级图书馆的阅读平台,有近千所中小学购买了龙源数字期刊。

龙源目前 B2B 营销的服务方式一般是通过 IP 地址绑定的方法实现服务。过去,一些数字内容产业基本上都是通过镜像服务方式(把数据内容光盘的内容下载到当地用户的服务器里),这种方式化费人力物力、更新缓慢、并有数据安全的问题。龙源在业界率先推出了 IP 地址绑定的服务方式,通过让用户方直接访问龙源服务器,读者便可通过访问他们所居住国家区域的图书馆网址,凭着自己的借书证号,即可远程登陆访问他们所在的图书馆购买的中国大陆的期刊杂志,不仅满足了海外读者读刊的及时性,也保证了内容的安全。这种方式充分体现了互联网的特性,开通服务瞬间可以实现,极大地方便了海外用户,也促进了市场拓展。龙源在过去五年的海外市场的营销推广中,大约有几百家美国加拿大的公共图书馆、购买了龙源

电子期刊。这些海外用户购买的阅览室购买的期刊种数从一两百种到一千多种不等，从而使龙源合作的，以《中国新闻周刊》《大众医学》《当代》《大众电影》《读书》《故事会》《家庭》《青年文摘》为代表的各类大陆名刊大刊得到了国内、海外传播，这种传播是规模性的、及时的、可持续的。

数字化期刊内容的 B2B 营销模式，其实还是传统的销售方式，是老瓶装新酒的销售模式。所不同的是，销售人员的知识结构要发生变化，售前、售中和售后的服务，科技成分更高一些。许多人对期刊数字化后通过这种形式行销颇不以为然，而这在数字内容产业市场上仍不失为一块重要的可耕田地，收获也是值得期待的。

下面我们来看看，龙源 2005—2009 年期刊网络传播 TOP100 排行连续五年在榜（下称五连冠）期刊的营收状况：

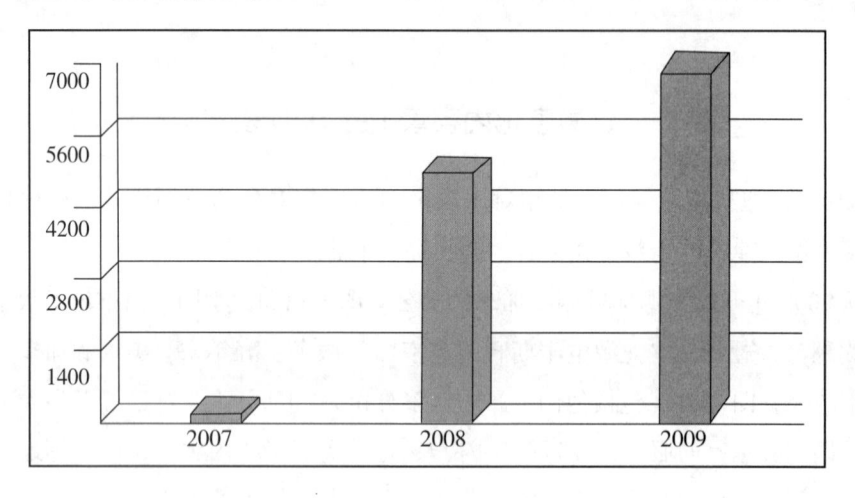

图1　《人生与伴侣》销售年度增长柱状图

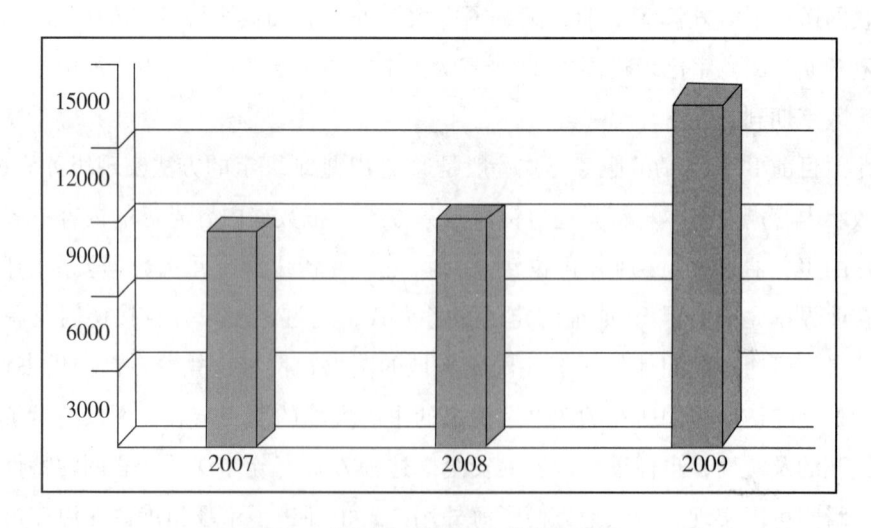

图2　《读书》销售年度增长柱状图

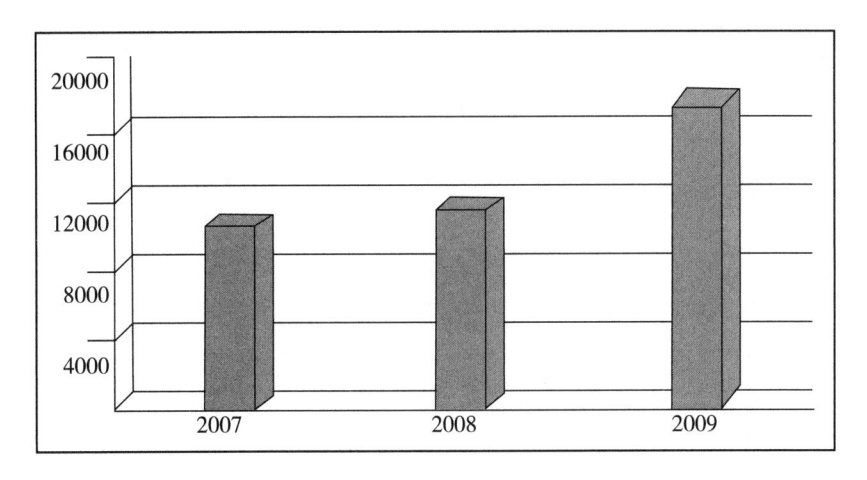

图3　《人民文学》销售年度增长柱状图

上图我们以连续五年上了龙源期网 TOP100 排行的期刊的收入的一个柱状图。不难看出，收入是与年递增的。这几个刊同时也是龙源合作的近 3 000 种期刊收入的一个缩影，从 2005—2009 年，合作期刊的数字化内容的营收普遍实现了不低于 30% 以上的增长。

进一步，如果我们有兴趣解剖其中一两个刊社的收入结构的话，我们可以看到：

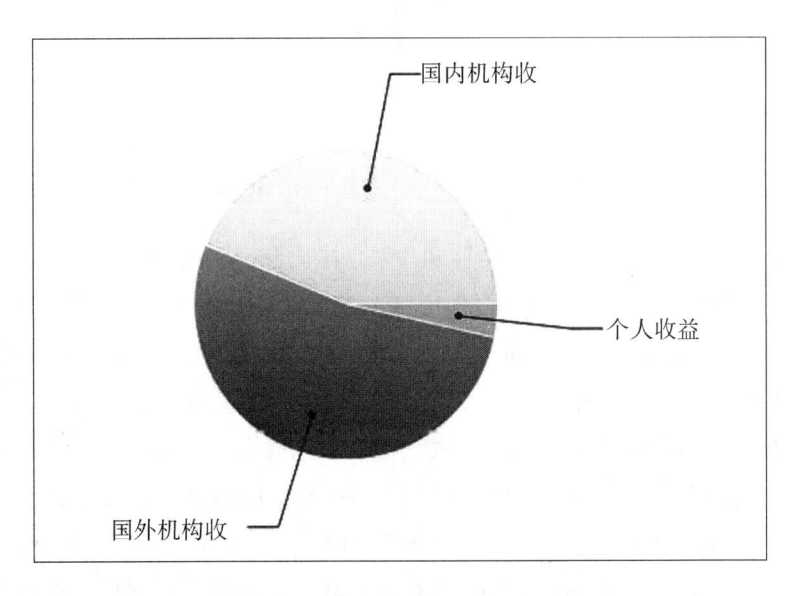

图4　《当代》电子版 2009 年收入来源

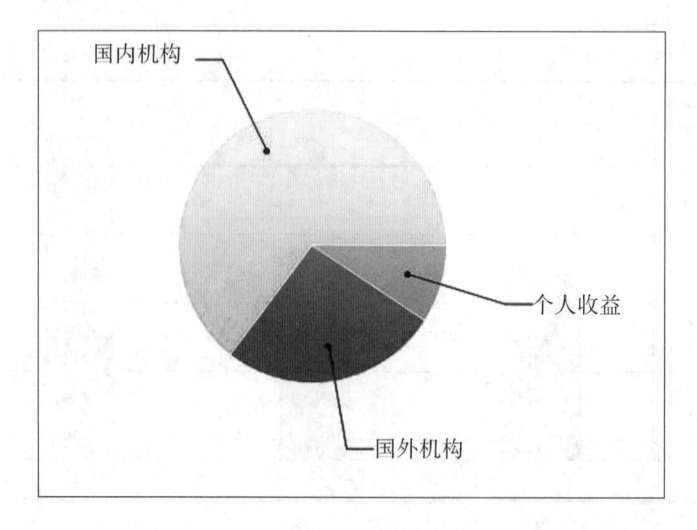

图5 《大众医学》电子版2009年收入结构

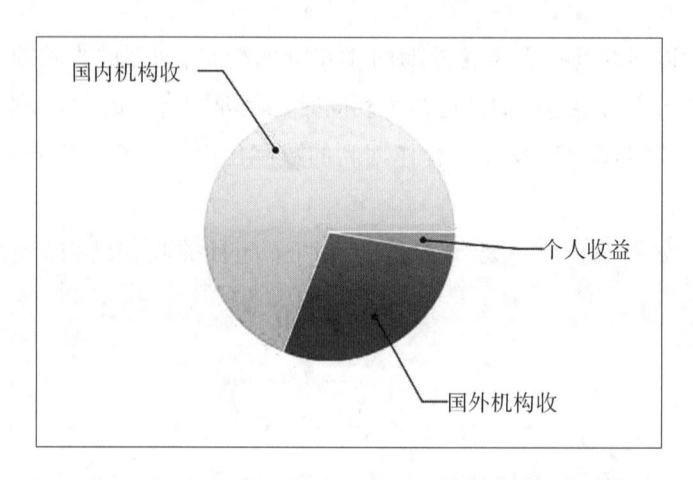

图6 《青年文摘（上半月）》电子版2009年收入结构

可以看出，《当代》作为文学类期刊，来自国内和海外机构用户的收入基本上已是平分秋色的局面（这再次印证了龙源历年来关于海外读者的阅读选择文学是第一位的观点），《大众医学》《青年文摘（上半月）》电子版的收入2/3来自国内机构用户，它们一个共同的比例倾向就是来自个人消费的收入还是一块很小的蛋糕。

期刊数字化内容以B2B的营销方式，借助于互联网络，拓展了发行区域、发展了前所未有的读者群，此项收入成为传统期刊在授权的基础上、在原有的发行领域之外的一项纯利润收入。这项收入，目前虽然没有或者说还远远没有传统发行的收入大，但是，判断一个企业最重要的是要看到增长的幅度，而不是绝对的额度，一个没有增长性的商业合作是没有前景的。

几年来，龙源在阅读平台上不断改进服务，优化读者体验。从2005年开始，龙源期刊网提供自动选刊系统，增加英文界面，增加期刊原貌版的服务、增加听刊的功能、在当地图书馆路演、发放传单（附件 4 宣传单），帮助当地图书馆促进阅读等。因此，海外的用户保证了百分之一百的续约，并有增订和新增，国内用户也实现了 25% 的增长幅度。

二、B2C，一个正在迅速增长的市场蛋糕

互联网出版最大的特点，是让我们直接面对终端读者。但是网络在线付费阅读，很长一段时间门可罗雀。原因就在于读者享惯了免费的内容，尚没有形成付费阅读的习惯。上述 B2B 商务模式也是互联网发展过程中一种迂回的模式，这个模式通过不用读者付费的方式，客观上培育了读者网络阅读的习惯。将来我们在回首检点互联网初期商务模式的功过是非时，一定会充分肯定它的贡献的。但从发展的眼光看问题，B2B 绝对不应是一个主流的模式（上面展示的饼图中个人用户营销的蛋糕不应该永远那么窄小）。数字出版的前景之所以辉煌，关键就在于它将最终吸引所有的读者，如不是这样，国家何须如此重力推动数字化转型？原因就在于出版的未来，在于数字化——不抓数字化，就是放弃未来。网络付费阅读，由于观念和环境条件的局限，不可能在几个早晨就改变了，需要较长时间的培育和养成。经过多年的努力，龙源期刊网通过本身专业特色的形成和对优质资源的占有，个人用户逐年增加，通过建立起线上线下营销互动的商务体系，近两年获得了直线上升。

为了改进读者阅读体验，龙源期刊网除了不断优化内容组合和流程设计之外，还特别重视在线以及售后客户服务，如下饼图所示，在线读者注册支付、余额激活、期刊检索、账户登陆、阅读更新和下载类问题大约占到 58% 的程度，网络付费和阅读正在走向成熟。

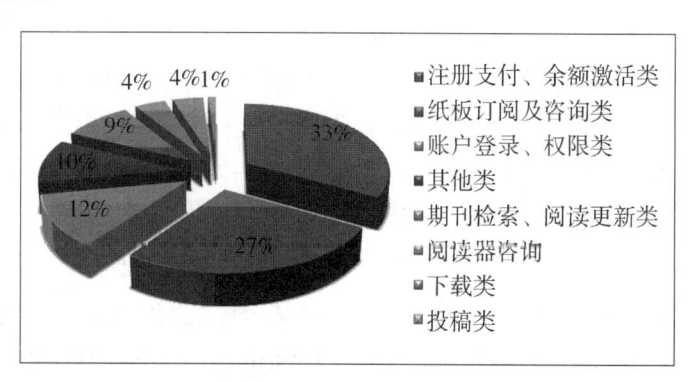

图 7　龙源期刊网 2010 年 7 月客户问题归类图示

下面两个曲线走势图是龙源期刊网 2007—2009 三年间付费用户数量和付费金额的同比增长示意图：

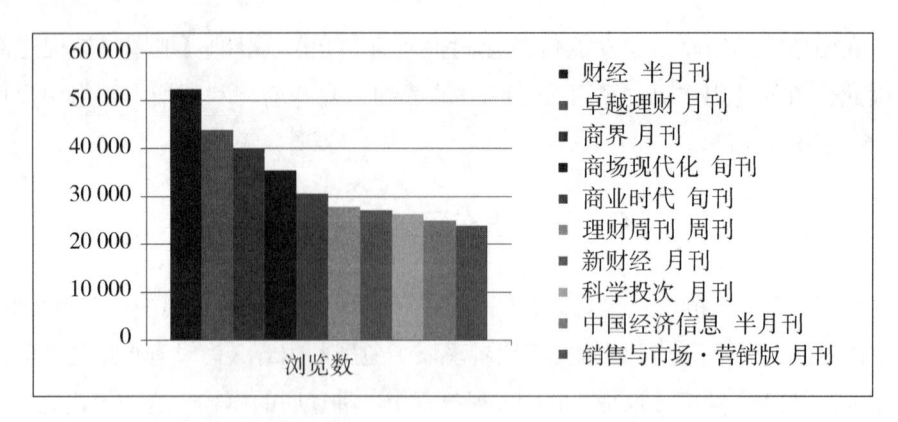

图8　付费用户数量2008同比增长1500%、2009同比增长240%

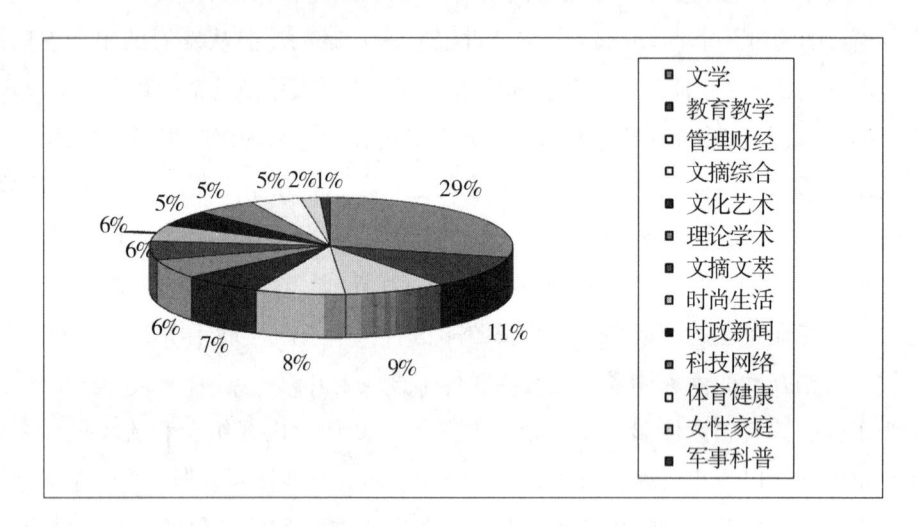

图9　付费金额2008同比增长102%、2009同比增长300%

关于龙源的读者群，数据显示查找资料的用户仍然是网站阅读群的主力军，这种消费模式具有阅读行为发生时间随意、购买内容集中，消费频率不稳定不确定等特点。未来龙源还需要进一步改善阅读感受，丰富阅读载体，更多地吸引那些消费频度更高、以阅读为主要目的消费者。比如进一步改善网站搜索引擎的功能，加强"相关文献推荐"版块，还有很大的市场可供开发。

传统媒体数字报刊收费与定价策略也是B2C营销的关键手段。在龙源期刊网，期刊内容不同版本有不同的定价方式，原貌版基于原纸刊定价的三分之一、文本版按篇计费，也允许期刊社自行制定原貌电子版的价格，期刊社参与定价的积极性和主动性不够。随着对赢利模式的重视，不排除网络定价出现行业规范，或许更有利于数字出版的良性发展。

关于数字内容付费阅读的量化标准及版权价值认定，传统出版行业旧有标准明显不适合网络环境下的版权利益标准。期刊数字化传播，丰富了内容的阅读模式，化整本阅读为单篇文章阅读,并以先进的信息技术手段实现了对阅读记录的详细记载和量化分析,科学准确,翔实可信。每一次付费阅读都通过计算机系统自动详细记录在案,可随时查阅,不存在人为操控,其与传统的纸质出版物的印刷量相比更为精确,因此对于数字内容的数量认定和价值认定,应该以其实际付费阅读的次数为计量标准,以其实际支付的金额作为计费标准,而不是按照纸质出版物的计费标准来进行认定。

当然,从遍享免费到接受收费,这需要一个长期的过程,无论互联网企业还是广大网民都需要足够的时间来适应。版权保护的目的并不是为了束之高阁,有偿使用,大道通天。中国互联网发展到今日,如何建立合理化、正常化的互联网新秩序应该是互联网发展的重中之重。随着国家对于数字化出版的大力倡导与切实推进,这种新秩序的建立对于网络出版和数字化阅读产业更显得尤为重要。

三、移动阅读:数字期刊营销前景灿烂

2003年,日本手机导入了包月套餐式的定价机制,手机不再按照流量计费,由此引发了手机出版热潮。很快,短短两三年内,日本通过手机上网的人数就超过了电脑上网的人数,日本出版社也瞄准了这一战略发展时机,大力投入了手机出版业务。人们的阅读习惯开始发生了很大的变化,手机阅读变得普遍和随时随地。

我国有7亿手机用户,3G手机的普及,真正的数字阅读时代将从这里开始。数字化内容营销的黄金时代已经来临。我国有9 600多种刊物,其中有4 000余种属于人文社科大众类杂志,这4 000余种杂志共聚集了近2 000万订阅读者和3亿零售读者以及4.8亿传阅读者。杂志阅读人群72%聚集在经济较发达地区,特别是北京、上海、重庆、南京、广州5个经济发达城市占有全国零售40%,订阅近30%的期刊发行量。因此,手机阅读的重点推广和营销工作可以先从几个主要城市做起,特别是针对于目前的零售杂志消费群体。以北京、上海、广州、南京、重庆为主要营销点,建立基本用户群体。锁定5个城市能够大量降低推广成本也会成为推广营销费率比最高的5个地区,因为中国杂志发行量的40%来自这五个城市。

《华尔街日报》此前宣布,将与苹果iPad平板电脑合作,提供《华尔街日报》网络版订阅服务,月注册费为17.99美元。而印刷版报纸的读者可以每周1.99美元的折扣价订阅该应用。相比之下,通过亚马逊Kindle电子书阅读器订阅《华尔街日报》的月服务费为14.99美元。且不论孰高孰低,关键是目前为止我国的手机杂志仍然是免费为主,只有少数公司(其中包括龙源期刊网)结合各运营商包括其省级运营商业务在做付费手机杂志服务,此外多数免费手机杂志以消费/时尚类杂志为主。由于此类杂志不在意发行收入,兴趣在于借助免费内容吸引读者关注其广告或

产品，真正以内容为主打的刊物较少，如此造成了手机杂志的整体形象不好，有"缺斤少两、内容拼凑"的消费者认知。刊社也因其影响品牌或没有得到实际收益更新积极性减弱，从而导致了内容滞后，用户迅速减少之恶性循环的现状。

但是，移动阅读营销方兴未艾，前景似锦。我们应该迅速改善手机支付环节（日本的手机具有支付现金、一卡通、2D条形码读取、字典、数字电视、音乐播放、电子书籍阅读等多种功能）。支付方式不便捷，就不能促进用户养成良性的消费习惯。在解决支付方便的问题后，移动阅读营销，还应该设计如下的营销措施：

（1）预览方式。预览每篇文章的头100字左右，而并非免费化每本杂志的几篇文章，杂志内容没有连贯性，如果有整篇的免费阅读，用户就会跳跃式阅读避免付费阅读。

（2）千字阅读。试用千字计费方式，但是千字价格需要稍高（一毛钱/千字）或根据刊物的定价而定千字价格。这样可以形成用户的快速和多次消费。这也体现了数字阅读的优势——只为自己需要的付费。

（3）整本购买。

（4）刊物订阅。以用户熟知的方式长期订阅杂志，采取一次扣费使用全年的方式，新刊上线后系统可以发短信给用户提示内容目录，用户也可以直接通过短信地址阅读刊物。

（5）人群包月。主要根据年龄和男女分割为10个人群，每个人群匹配一个10—20种杂志的包月，照顾到所有杂志类别。

（6）全包月。针对于包销群体或高消费群体，年费昂贵，其实没有人能阅读那么多期刊，但是这类用户喜欢任何时间都可以看所有的杂志的概念。（龙源期刊网CEO会员售价￥599从不打折。）

"聚刊社力量，建服务平台，让中国期刊走向世界、走向未来"是龙源期刊网成立12年来始终如一的宗旨。"走向世界"说的是广度、"走向未来"指的是数字出版的未来。龙源正在全力以赴推进移动阅读的进展，无论是后台技术支撑还是网上营销抑或线下推广，都将一步一个脚印做出努力，我们相信，通过龙源期刊网期刊矩阵的综合营销，我国人文大众类期刊一定会在数字化转型时代做出应有的业绩，实现双赢的目标。

（作者为龙源期刊网总编辑兼副总裁，龙源期刊网络传播中心课题组负责人）

【2009】

期刊数字发行量的认定和推广

李 鹏

随着期刊数字化逐渐向纵深方向发展,"期刊数字发行量"这一概念也逐渐进入了人们的视野。2009年下半年,美国杂志出版商协会(Magazine Publisher Association,简称MPA)宣布,将正式将期刊的数字发行量计入期刊有效发行量之中。对期刊数字发行量的重视,无疑是期刊业的一个具有指标意义的重要变革。

今年,为了适应目前国际期刊业的最新变化,同时弥补国内相关领域的研究空白,龙源期刊网联合各家刊社,通过综合2005—2009年5月的"龙源期刊网络传播TOP100"各项数据,适时提出了期刊数字发行量的概念,以供与期刊界参考。

一、认可期刊数字发行量势在必行

一方面,2008年下半年爆发的全球性金融危机给全球的期刊产业带来重大影响,期刊的发行市场和广告市场都呈现出明显的下跌之势;另一方面,随着数字化对传统期刊的影响不断加深,期刊的数字化转型趋势更加明显。可以说,金融危机和数字化这两个因素给全球期刊业带来了巨大的压力,并在一定程度上重塑了期刊产业的发展方向。而具体到期刊的发行市场,尤其是终端零售市场面临着巨大的挑战。

根据美国出版信息稽查局(Publication Information Bureau,简称PIB)的统计数据,截至今年第3季度,美国期刊的零售量与去年同期相比跌幅超过20%。而在国内,情况也不容乐观,今年上半年以来,众多期刊除了订阅量波动不大外,零售量都呈现出小幅或者严重下滑。乐观的看法认为期刊的销售在经济走出危机之后将会逐渐恢复,但也有悲观的观点认为,金融危机是压倒众多中小期刊的"最后一根稻草"——很多期刊将就此进入发行萎缩甚至退出市场的低迷周期。

经过大量的分析和访谈后我们判断,国内期刊的发行市场未来还有很大的潜力可挖，但是需要投入更大的精力和成本才能获得杂志销量的上升。销出一本期刊的ROI（投入产出比）将会越来越低，发行工作需要的投入也会越来越大。在这种背景下，加大网络传播力度、进行数字发行量认证，成为期刊提升自身传播效率的重要手段。与纸质期刊发行量不断收缩相对应的，是数字期刊的大踏步发展。以龙源期刊网为代表的期刊数字传播平台，数年来已经培养了一批数字发行量不断成长、网络影响力越来越大的期刊群体，一些期刊连续5年进入龙源"网络传播TOP100榜单"，成为了网络发行的品牌期刊。应该说，在数字化引领期刊未来的大背景下，网络发行未来势必会成为期刊发行的主流渠道之一。

一个明显的现象是，数字期刊的迅速勃兴大大摊平了期刊传播的成本，现实中的期刊在发行量增大的同时，印刷、物流等各种成本也会相应增加，呈现出边际效应递减之势。但是期刊网络传播的成本非常低廉，发行1万份和10万份期刊的成本几乎没什么变化。因此，对于刊社来说，加大对期刊数字发行量这一概念的宣传力度，对于吸引更多的广告主具有巨大的价值。为了稳定刊社的广告客户，证明期刊不论以何种形态呈现都具有良好的广告价值，目前亟须建立一套数字发行量的评价和认证体系。

综上所述，肯定期刊的数字发行量，势在必行。把当下实实在在发生的数字发行量响亮地提出来，有利于期刊发展和巩固期刊业的既有成果。承认期刊数字发行量，不仅可以扩大期刊营收的市场份额，同时也是期刊业走数字化出版之路的必然要求，它将是期刊在互联网环境下吸引新生代读者、保持对广告主吸引力的重要举措，也是自身发展、与时俱进的表现。因此，我们认为，龙源期刊网目前提出的"数字发行量"概念符合期刊业发展的历史规律，非常及时。

二、龙源进行期刊数字发行量认证的客观优势

应该说，决定期刊数字发行量是否成立的基础是其数据的准确性与真实性。课题组认为，作为一家从事多年网络电子期刊出版服务的大型平台，龙源期刊网具有以下三个技术特征。

第一，龙源期刊网的系统采用B/S架构，以.net为主开发的高性能平台，系统分为机构用户访问平台和个人用户访问平台两部分，在机构用户平台中我们根据用户个性化的需求自定义显示模板，自定义选刊，并且自定每本的分类等。在个人访问平台可以根据用户的需求支持单本付费和单篇付费阅读等多项个性化的功能。系统采用的多级缓存机制，每个页面打开的响应速度在2至4秒。

第二，在版本方面，龙源期刊网也投入了大量的开发工作，目前主要的版本有

文本版、原貌版、语音版、电子书版、多媒体版等多种符合目前网络出版的数据和格式：①原貌版保持印刷期刊原版原式，无须下载阅读器，直接网页在线翻页和阅读，一键控制放大、缩小、翻页等阅读功能，改善读者阅读体验；②文本版以标准 HTML 文本格式，图文混排，网页浏览器直接阅读，可复制，方便引用；③语音版以标准 MP3 格式，单篇文章在线播放和分段下载，为手机读者、移动读者、盲人读者服务等。

第三，在检索方面，龙源期刊网也完成了全文检索系统的开发，在检索方式上分为简单检索、复合检索、高级检索，在检索功能上可以按刊名、刊号、作者、邮发代号、出版社、主办单位、出版时间、主题词、标题等多种方式检索，检索响应时间在 0.2 秒以内。

以上三个技术特征是进行期刊数字发行量认证的基础和出发点。与此同时，课题组调阅龙源期刊网刚刚统计出炉的 2009 年第 3 季度服务报告也发现，龙源期刊网目前正处于新一轮高速成长阶段。通过 Google Analytics 的分析数据表明，龙源期刊网第 3 季度的网站总访问量达 15 755 841 次；页面浏览量为 27 572 721。除此之外，龙源期刊网目前的 Alexa 排名也呈现出快速上升势头，如下图所示：

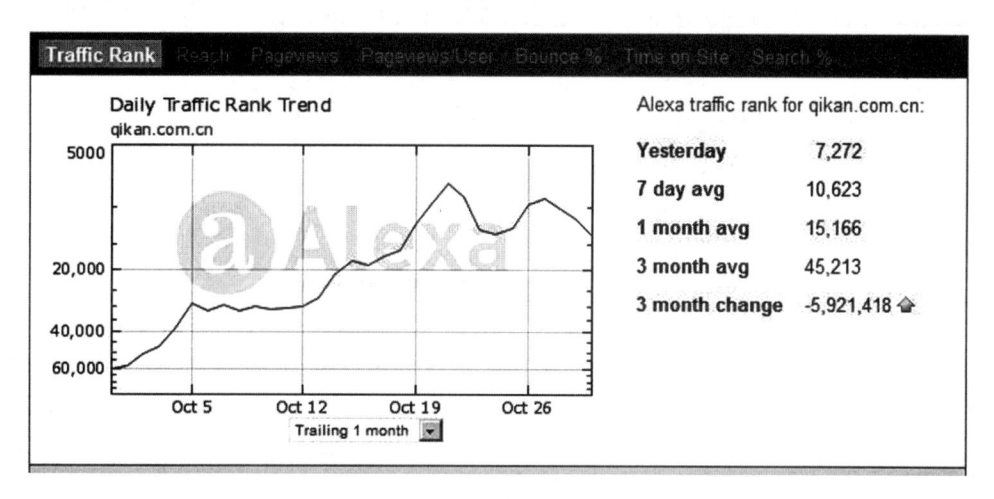

图 1　龙源期刊网 2009 年第三季度 Alexa 全球排名

与此同时，龙源期刊网的注册用户数量也处于快速上升阶段。根据龙源内部统计数据显示，2009 年 7 月份，龙源期刊网新增注册用户数 31 324 人次；2009 年 8 月份新增注册用户数 45 877 人次；2009 年 9 月份新增注册用户数 51 126 人次。不仅注册用户不断增多，而且增幅也保持逐月扩大之势。

课题组认为，之所以取得上述发展成绩，源于龙源期刊网增加了与更多刊社的合作，增加了更多用户感兴趣的内容，同时对用户服务的要求也更加系统化，因此带来了网站流量和注册用户的平稳上升。我们预计，龙源期刊网目前改版后的效果在此阶段还未完全体现出来，预计对于未来数月，全新的改版模式会有更好的效果展现。

综上所述，龙源期刊网一方面具备了统计期刊数字发行量的技术优势，另一方面其网站访问量、用户规模正在迅速扩大，行业参照意义越来越强，因此我们认为，由龙源和各家刊社合作统计期刊数字发行量具备现实的条件和基础。

三、期刊数字发行量的认证标准

在 MPA 的统计中，期刊的数字发行量主要是指通过网络发行的原貌版电子期刊的总量。不过，由于国内目前并没有相关的统一管理和统计机构，因此，由龙源期刊网倡议并主导的期刊数字发行量认证体系主要包括以下两个方面：一是用户在龙源期刊网上付费点击的期刊次数，二是读者点击浏览其中包括读者通过搜索引擎抓取的龙源相关页面从而进行点击的次数，两者之和为期刊的数字发行量。

其中，用户在龙源期刊网上付费点击的期刊次数包括对整本刊物（原貌版）的付费点击次数、对期刊中单篇文章（文章版）的付费点击次数，以及对其他类型（语音版、手机版等不同产品版本）的付费点击次数之和，这些都是基于服务器的技术统计数据经过精确的计算而生成的；针对读者点击浏览的次数，龙源称之为传播量。龙源认为，数字发行量不能沿袭传统纸媒的做法——卖掉一本算一本，网络发行不管读者有没有购买，他封面看到了、目录看到了、甚至每篇文章的开头看到了，虽然没有看到全文，但是达到了一定传播效果，这个也应该算作一种发行，与付费阅读的发行量若作区别的话，称之为传播量。

为了做到数据的科学性和全面性，在期刊数字发行量这一计算体系中，核心是"付费点击"，也就是说，只要是用户通过付费模式的点击都可以成为期刊数字发行量的有效组成部分。另外，点击传播量包括搜索引擎抓取的龙源相关页面的点击次数（是指网络用户通过搜索引擎而找到的相关杂志付费页面），这也应该成为期刊数字发行量的有效组成部分。据龙源期刊网统计，来自搜索引擎的访问量大约占10%左右的比重。

需要指出的是，期刊数字发行量既不等同于传统杂志的发行量，也区别于互联网网页的点击量，它应该是顺应网络时代的发展可以独立存在，或者说与纸质发行量并行不悖的认证体系。龙源期刊网本次提出的数字发行量的概念是指合作期刊过去一年里通过龙源期刊网传播发行的付费阅读其内容的数量和读者点击浏览的传播量之和，与传统纸媒杂志的期发行量不属同一概念范畴。①期刊数字发行量的统计数字产生的前提条件，必须是与龙源有合作的期刊，否则无从统计。②数字发行量数据将主要以年度参考数据为主。由于刊社与龙源合作的起始时间不一，课题组最终选择以"年"为时间段来进行统计，确切地说，这里统计的是期刊的"年度数字发行量"。当然，当网络阅读达到充分成熟，数字基数更大一些，月度数字发行量甚至期发行量还是可以给出的。

四、期刊数字发行量的优劣分析

课题组通过对龙源期刊网2005—2009年的各类TOP100榜单研究，并对各刊纸版杂志的真实发行量进行分析后认为，期刊数字发行量与实际发行量之间并无十分明显的相关关系，决定期刊数字发行量大小的关键并非其纸质受众群体的大小，而是取决于其文章质量、选题标准、关键词设置以及对SEO等网络推广手段的应用效果。

以下表格为课题组通过对近5年来与龙源合作的期刊国内、海外综合排名而得出的"龙源2005—2009网络传播TOP100期刊"中蝉联5年榜单简称"五连冠"的期刊。对于下列榜单，需要说明：这些期刊从2005年龙源第一次进行网络传播排行数据发布时就是龙源的合作期刊，并且一直到2009连续五年的国内、海外100排行均榜上有名的期刊。

表1 2005—2009国内、海外网络传播TOP100连续5年榜上有名期刊

刊名	2009国内	2009海外	2008国内	2008海外	2007国内	2007海外	2006国内	2006海外	2005国内	2005海外
青年文摘	1	15	1	3	1	2	4	16	9	33
人生与伴侣	9	17	10	44	9	74	52	81	39	61
当代	11	11	98	2	34	1	2	2	3	8
伴侣	13	10	20	19	21	22	37	36	27	67
人民文学	34	44	91	12	68	5	20	6	28	17
大众电影	35	6	31	14	33	14	54	9	86	47
轻兵器	36	81	58	6	10	4	8	7	2	4
大众摄影	43	30	63	8	17	10	14	14	17	43
读书	52	94	43	29	30	39	51	35	38	57
大众医学	55	49	30	24	49	25	21	18	53	82

以这些刊为例，我们来比较一下，它们2009年度印刷版杂志发行和网络发行的数字，其中印刷版发行量数据由各家刊社提供，数字发行量数据由龙源期刊网提供，

具体数字如下表所示：

表2　蝉联5年TOP100期刊印刷版发行量与数字发行量

刊名	2009印刷版期发行（万）	2009网络付费年度发行量	2009包括网络浏览传播量在内的总发行量
青年文摘	300	721 540	4 236 999
人生与伴侣	70	280 556	1 055 526
当代	10	267 632	657 874
伴侣	11	267 208	1 172 468
大众电影	5	168 134	1 364 387
轻兵器	5	166 586	1 078 675
大众摄影	15	146 096	1 147 586
读书	10	123 076	867 140
大众医学	35	116 524	940 578

整体来说，期刊数字发行量的榜单呈现出两个特色：第一，纸质发行量大的期刊往往数字发行量也表现抢眼，如《青年文摘》《电脑爱好者》《今古传奇》《中国新闻周刊》《商界》等杂志，不仅纸质发行量在所在的领域居于前列、每年都有递增，在数字发行量方面也表现十分出色；第二，一些纸质发行量不是非常大的细分市场期刊也获得了较高的数字发行量，如《当代》《人民文学》《轻兵器》《大众摄影》等专业类杂志，在龙源期刊网上跃升成为"大众刊物"，受到了付费读者的广泛青睐。

这一分析再次证明了之前龙源研究报告已经反复提及的三项结论：第一，期刊的网络发行不会冲击到其纸版的发行；第二，在龙源平台上，期刊网络读者与期刊的纸质读者重合度并不高，网络多为刊物开拓了新的阅读受众；第三，"内容为王"的媒体定律并不过时，内容优异但纸质期刊发行量不大的刊社完全可以通过龙源平台获得巨大的网络传播效果。

相比于期刊的纸质发行量统计，龙源倡导的数字发行量具有一些明显的优势。比如，数字发行量认证体系可以抹平期刊印刷版发行市场中存在的诸多竞争壁垒。在一些大型时尚消费类期刊的博弈下，目前，期刊在很多零售终端的渠道推广费用居高不下，因此很多中小期刊不得不被迫退出或者一直无法进入报亭、地铁、机场、超市等很多终端发行渠道。而在龙源期刊网上，并没有所谓的发行推广壁垒，这无疑为各大刊社的网络传播创造了一个公平、良好的发行竞争环境。在这种情况下，所谓"酒香不怕巷子深"，好的内容很容易被用户搜索、抓取、阅读，因此至少在公平性和传播效率上，期刊的数字发行量要比实际发行量更加具有优势。应该说，数字发行量认证体系的推出，很可能成为众多中小型品牌期刊打赢数字时代翻身仗的有力武器。

与此同时，相比于期刊的纸质发行量按册统计，龙源提出的期刊数字发行量其中包括期刊文章的付费点击、期刊原貌版的付费点击、文章语音版的付费点击、网页被搜索引擎抓取量的计算等各种元素。这里不同的阅读形式是否应有加权系数，比如点击浏览究竟是否可以算发行量，以及期刊运用全媒体手段出版的语音版、手机版等形式的阅读统计方式或许不能简单按次统计等，都存在进一步确定规范的问题。尽管龙源强大的后台数据系统进行了精确的计算和统计，由于"期刊数字发行量"是龙源期刊网在国内首次提出的概念，因此整个数字发行量的确认体系还存在有待商榷的地方。但是，作为3 000种期刊的聚合平台，连续5年的网络传播数据统计为龙源提供了提出数字发行量的责任和义务，龙源认为数字出版引领期刊未来，是到了承认和确立数字发行量的时候了。龙源期刊网将在未来与各刊的合作中对期刊数字发行量认证体系进行进一步的深入探讨，并力争使其成为整个行业的恒定标准。

五、期刊数字发行量转化为现有发行量的探讨

以上的分析表明，一般来说，纸质发行量较大的期刊，其数字发行量也较大，但现有发行量较小的期刊中，却也有很大部分期刊具有较大的数字发行量。因此，提出数字发行量这个概念后，众多刊社关心的问题可能是，如何才能把期刊的数字发行量转化为自身价值，或者说成为现有发行量？为此，我们提出以下三方面的建议。

（一）吁请国家相关部门认可数字发行量，肯定期刊在数字化转型过程中的这一标志性成绩，使之成为期刊运营的有效数据

如今整个期刊产业正处于数字化战略布局的关键阶段，众多刊社由纸质期刊向网络化期刊迈进的步伐正在逐步加快。主管部门适时把期刊数字发行量纳入到我们正在建设中的发行量认证体系之中，不仅符合目前国际期刊业发展的最新趋势，同时对于增强期刊业对广告主的吸引力、规范期刊发行市场乱象、加速刊社数字化战略布局、推动期刊行业升级转型都具有很强的理论和现实意义。

（二）重视网络传播数据，积极进行期刊创新

创新是媒体的本质和发展的内在驱动力。要想把自身的数字发行量转化为现有发行量，带来期刊发行量的提高，争取把期刊的网络读者导入到自己的纸版杂志读

者群中来，要想做到这一点，就必须要在刊物内容的选择、版式的设计等方面更加符合网络读者的喜好和口味。

要做到使网络读者满意，前提是刊社对网络传播数据的重视。课题组建议刊社对于龙源期刊网定期提供的专门性分析报告，包括最受欢迎文章、最受欢迎栏目、最受欢迎刊期等进行深入研讨和细致研究，找出这些部分之所以受欢迎的共同规律，并在纸版杂志的编辑过程中对这些优势进行吸收和强化，同时对那些网络评价不好、市场反应较差的内容进行清理，从而更好地把握网络读者的需求，让纸版刊物的内容真正符合网络读者的要求，做到兼顾老一代和新生代读者的平衡，这样才能有效地把杂志的数字发行量转化为实际现有发行量。

（三）适应网络特点，做到摒弃"以点带面"思维，提高刊物整体质量

毋庸置疑，网络阅读往往由于刊物中的某一篇"明星文章"或者某一期出色编辑的单刊给刊物带来较大的阅读量。如2008年第11期的《教育探索》杂志上刊发的《课堂教学有效性界说偏失的现状、影响及其纠正》一文，就为杂志带来了5 040次的数字发行量。单靠一篇文章就带来这么多销量，这对于纸质期刊的实际发行工作来说，在如今的市场环境下是很难操作的，这也正是期刊网络传播的优势，在网络上，读者完全是读我所需。是真金就会发光，是好的内容就一定会被读者发现、认可。

纸质发行的场合，应该说，读者如果选择了一本刊物，也就是选择了这个期刊的品牌，读者可能因喜欢某一篇文章，买走整本刊物。网络的场合，一篇好文章固然可以带来高阅读率，但是要想整体提升期刊的数字发行量，对期刊的内容编辑会有更高的要求，必须摒弃"以点带面"的思维，要做到期刊内容的"期期可读、篇篇精彩"，才能真正换取读者对内容全面接受，提升数字发行量甚或带动纸质期刊的购买。

除此之外，期刊要想真正做到数字发行量的物化和有价化，还必须注重一些营销细节，如刊网互动营销等，只有真正树立以读者为宗旨的服务取向，才能获得读者的真诚回报。

根据龙源期刊网的规划，为了进一步提升期刊数字发行量的准确性和科学性，他们正在同中国出版科学研究所以及相关的国际机构合作，建立期刊数字发行量的标准和流程并争取获得第三方的客观认证，使通过龙源期刊网网络传播统计数据得出的发行量正式计入各刊社的发行量中。

（作者为《中国图书商报》传媒周刊记者，龙源网络传播课题研究组成员）

期刊数字出版领域龙源商务模式的探究

晓 雪

于1998年试运营、1999年正式开通的龙源期刊网毫无疑问已经成为全球最大的中文期刊网,也是目前国内最大的人文电子期刊数字化服务商。可以说,龙源期刊网今天的成就要归功于十多年来一直坚持的付费阅读这一健康的商业发展模式。

一、"知识主体论"

中国已经进入了一个真正的互联网时代,新商业模式层出不穷。作为互联网时代的思考者代表,克里斯·安德森最新提出的"免费"经济学理论可谓振聋发聩,一时间,"免费"被视为数字化网络时代的商业未来。的确,现在从互联网上几乎可以免费获取一切。也正因为如此,互联网蓬勃发展十多年以来,一直是技术为王,内容价值被无限缩小,从而造成了以内容为王的传统媒体(特别是报刊)在面对互联网的合作邀约时犹豫不决、缩手缩脚甚至吃尽大亏。在充斥着免费信息和服务的网络环境中,作为内容生产者的编辑、记者们,其创造价值被严重低估。特别是在中国这样一个知识产权保护体系不够健全的国度,"新闻剽窃"光明正大,盗版横行。以门户网站新浪、搜狐为代表的众多新闻网站一直在大量地低成本或无成本"使用"传统媒体采编人员创造的优秀内容。在这种背景下,内容创造似乎不再神圣,新闻工作者也不再那么令人向往,关于媒介的许多传统价值观被颠覆或摧毁……

无疑,在文明社会,创造知识的主体应该得到最大的尊重和最高的利益。尊重知识主体,尊重创造者的价值,这一人类的根本信条不应该因为互联网或者其他新兴媒体而改变。就是这种宗旨,让龙源期刊网诞生并成为其赖以生存的根本。

龙源期刊网的宗旨和商业架构都来自于龙源期刊网总裁、哲学博士汤潮提出的"知识主体论"。正如他最近几年一直在强调的一个理念——"优质内容是互联网最终制高点,对优质内容的争夺必将是中国与世界真正较量的战场。"汤潮认为,数字化打破了传统的出版价值链,中国数字出版业应该在根本上从价值观入手,把主要的利益向知识的消费者转移，建立更加健康的价值链和商务模式。在新的价值链中，作为知识创造者的作者成为价值的主体，出版社编辑是知识的拥有者和加工者，他们的知识劳动同样也要获得认可。"一个民族，一个国家最根本持久的核心竞争力在于它的创造力和文化软实力，来源于知识。"

基于这一"知识主体论"，龙源期刊网一直坚持沿着付费阅读的路径发展，尽管开始时是那么艰难。在今天的媒介环境下，我们来重新审视龙源期刊网的商业模式，便不得不对它的健康价值链和商业选择心生敬意（特别是从一个内容创造者的角度来看）。今年下半年以来，Google版权门引起全球作家的公愤，官司陆续上演，这是典型的技术对创作的侵犯、资本对知识的掠夺。

二、付费阅读

十多年来，龙源期刊网一直奉行知识主体论，以服务为核心，倡导数字出版健康的价值链，本着共享透明的服务精神，同近3 000家人文大众类期刊建立了稳定的合作关系和成功的商业模式。能被3 000个合作方共同接受的合作方式一定是符合大多数人利益诉求的方式。具体来说，龙源期刊网上的内容由签约期刊杂志社、作者或知识产权拥有人提供，作者的权益分以下三种情况分别处理：作者的作品是与龙源期刊网签约的期刊上已发表的作品，该作品的电子版权已由发表该作品的刊社授权给龙源，龙源和刊社之间有一个收益分成比例，给刊社的比例中包括作者的权益和杂志社的编辑权益，作者作品的销售分成由刊社直接支付；作者的作品如果是由读者通过"荐稿中心"推荐到龙源期刊网的，销售所得的20%作为版税或分成分配给作者或版权所有人，当分配收益积累超过50元时，龙源期刊网会主动与作者联系；无法联络到本人的作者收益将按照中国有关版权保护的规定转给版权保护中心转交。

上述这样一个严谨的合作模式目前国内期刊数字化领域绝无仅有，它大大消除了刊社与之合作的障碍和后顾之忧，更是对作者、编辑权益最大限度的保护。

现在，龙源已经成为拥有期刊合作方最多的数字出版服务商，合作刊社涵盖时政、财经、管理、文学、艺术、哲学、历史、医疗、生活、科普、军事、教育、家庭、时尚、职场、养育等领域，这本身就是一座丰富的矿藏。据悉，目前龙源的合作方中，收益最大的当属《青年文摘》，现在它大概每年从龙源期刊网获得的收益有十多万。由于龙源期刊网一直坚持付费阅读，因此，形成了作为技术服务和平台服务的龙源与提供内容的刊社之间公平、透明的合作模式。对此，汤潮表示，首先要有知识产权，受到保护的知识产品才可能源源不断地生产，从而形成良性循环。

与龙源签约的作者或者期刊都能在网上查到自己作品的销售情况，对自己应得的分成一目了然。

在互联网早期时候，许多都市报和期刊都将自己的内容"无偿"贡献给网络，唯一诱惑他们的是借助网络这样一个渠道，报刊的内容得以向更多的用户延展。然而，这种合作双方并不对等的模式，养大了网站，却扼杀了报纸和期刊。只因为在这种合作中，传统报刊的品牌被瓦解，内容被重新组合，甚至网站在转载时连报刊和记者的名字都不列出。从这个角度来看，传统报刊第一次触网就经历了严重受伤。与之相比，龙源的数字化发行平台极大可能地保护了合作期刊的品牌传播和内容生产者个人的品牌传播，对于刊社和作者来说，这种合作虽然产生的真金白银并不多，但至少对他们的品牌是一次免费传播。也唯有这样，大量的期刊人才放下戒心，握手龙源，开始拥抱数字化。

三、层层递进的收入源

龙源期刊作为一个数字化阅读的付费平台，网民在线付费阅读已经成为一个最为核心的收入模式。也由于网站上的内容比较分散，用户既可以单篇文章阅读，也可以订阅某本或某几本杂志，形成了非常良性的阅读选择，开始吸引大量的注册用户。目前龙源期刊网的收入源基本包括在线付费阅读收入、机构销售收入、无线增值收入、阅读终端销售收入等。

龙源期刊网目前主要的销售收入基本来自期刊电子版的零售（主要以龙源期刊网阅读卡为主，平均每年的销售增幅大约在30%左右）和集团机构。龙源推出的电子阅览室颇受大中小学、政府机关等机构的欢迎。在海外，作为全球最大的中文期刊网尤其受到公共图书馆的欢迎。据悉，美国纽约皇后图书馆、布鲁克林图书馆等都是龙源电子中文期刊阅览室的机构用户；龙源还通过授权台湾一家数字产品机构，让龙源中文期刊电子阅览室进入了台湾地区；中国知名的家电销售企业苏宁也曾购买龙源的电子期刊内容数据库，作为增值服务送给苏宁客户；为了给本国公民学习中文、了解中国文化提供方便，新加坡政府曾跟龙源进行过接触，探讨将龙源电子中文期刊阅览室引入新加坡境内。2009年，国家图书馆馆庆100周年之际，龙源期刊网的200种期刊顺利中标近200万元，成为全国性建设数字图书馆唯一的期刊杂志提供商。在推动文化产业大发展、大繁荣的背景下，全民阅读的呼声越来越高，龙源期刊网所拥有的优势资源和快捷平台，在全民阅读的大课题上肯定会有更大的作为。

在此我们还想强调一点的是，由龙源数千种合作刊社的内容组成的这个庞大的内容数据库——龙源期刊网平台本身也蕴含着极大的价值。它基本涵盖普通消费者对知识诉求的各个领域，这个内容平台完全可以满足人们中文学习、文化生活纵览、日常阅读服务等各种需求。也正因为如此，龙源期刊网吸引着越来越多的注册用户和访问者，网站本身的广告价值也将会一步步被挖掘和放大。

四、价值链的无限延伸

"90后"的阅读方式不得不让新老媒体开始认真思索未来的媒介服务趋势。今年夏天，一个叫马修的15岁男孩完成了一份足以让华尔街震撼的关于青少年媒介消费的"调查报告"。这份报告对"90后"消费媒介的方式有非常详细的跟踪调查。移动的媒介消费无疑将成为未来的主流，而今年以来最炙手可热的电子书、电子阅读器以及3G带来的手机阅读、手机文学市场都带来了无限的想象空间。而在这一方面，龙源期刊网并没有落后。

2008年年底，龙源期刊网联合易博士，推出龙源定制化电子阅读器，通过该阅读器可以阅读龙源近3 000多种期刊内容。阅读器的销售收入中，刊社同样可以参与分成，龙源在此真正成为了一个渠道，销售内容的渠道。同时，龙源期刊网手机版也已经尝试了很多年，无线增值收入成为了一个有力补充。作为一个同时致力于推广全民阅读的企业公民，龙源专门开发了盲人阅览室，"用耳读期刊，用心看世界"是语音有声版的最大特点。龙源的真人语音阅览室不但可以为盲人等不方便阅读的人提供服务，也可以让用户通过MP3、手机等下载，变读刊为听刊。

2009年新闻集团总裁默多克宣布，旗下所有新闻网站将实行收费，这无疑为内容生产商吃了一颗定心丸，在媒体大佬的一呼百应下，其他媒体势必效仿，收费将成为大势所趋。在国内，诸多出版人也相信，网络阅读收费将会逐渐普及。我们已经看到，以起点中文网、红袖添香等为代表，文学网站的付费阅读已经越来越成为主流，门户网站读书频道也开始尝试付费阅读——而解决好了版权保护和内容权益保障两大问题的龙源期刊网未来的潜力会更大，一旦付费模式真正成为主流，其发展势必会呈几何级扩张。

(作者为《中国图书商报》传媒周刊主编，龙源网络传播课题研究组成员)

从 2005—2009 龙源期刊网 TOP100 数据浅析期刊网络传播发展趋势

董言笑　周澍民

一、前　言

近年来，面对传媒业日新月异的发展态势，新媒体的替代性正表现得越来越强。在新形势下，传统期刊业如何认清发展方向，创新发展思路，积极利用新传播技术，紧跟信息化发展步伐，有效融入数字化出版潮流，实现产业转型和升级，开创行业的全新业态和发展模式，将决定期刊业未来的发展方向和水平。龙源期刊网作为国内期刊数字化传播的先行者之一，在中国传统期刊的数字化出版事业，尤其是互联网出版方面积极实践、创新发展，取得了一定的成绩。同时，自 2005 年起，龙源开始定期发布期刊网络传播 TOP100 数据，并向各个合作刊社提供年度网络传播数据分析报告，开启了互联网时代期刊调研的新途径。本课题将从 2005—2009 年龙源期刊网连续发布的 TOP100 期刊数据出发，试图探究五年来期刊网络传播纵向发展所呈现出的趋势，以期为未来提供参考。

二、2005—2009 年期刊网络传播趋势分析

趋势一：期刊网络传播发展迅速，机遇与挑战并存

1. 期刊网络阅读已为广大读者接受

五年来，随着网络的不断普及和期刊数字化人潮的不断推进，期刊网络阅读连年保持增长态势。网络阅读已经慢慢地渗入到人们的日常生活当中，成为读者进行阅读、获取知识的一个重要途径。从龙源 TOP100 期刊的数据来看，2006 年国内付费阅读量为 460 万次左右，到了 2008 年，这一数字已经增长到 1 550 万次，三年间的增长率达到了 337%，而截至今年第三季度，2009 年又比 2008 年度增加了 118%，且这一数据还将进一步有所上升。其中，海外期刊阅读量 2005—2008 年一直保持平稳态势，2009 年有较大幅度的增长。

龙源期刊网期刊网络阅读量的节节攀升，其原因是多方面的，例如受众逐渐接受期刊网络阅读，付费阅读的网络传播环境日益成熟，变得方便快捷；国内期刊社群体越来越认同"期刊数字化发展"这一趋势，对网络传播的协作和支持力度逐渐提高；龙源期刊网等网络阅读平台的品牌价值的提升以及其 2008 年以来对公网读者阅读体验的不断改进和市场营销力度的持续加强、促进了期刊网络传播产业链的形成等等，多方面的因素共同促使了这一快速增长趋势的形成。

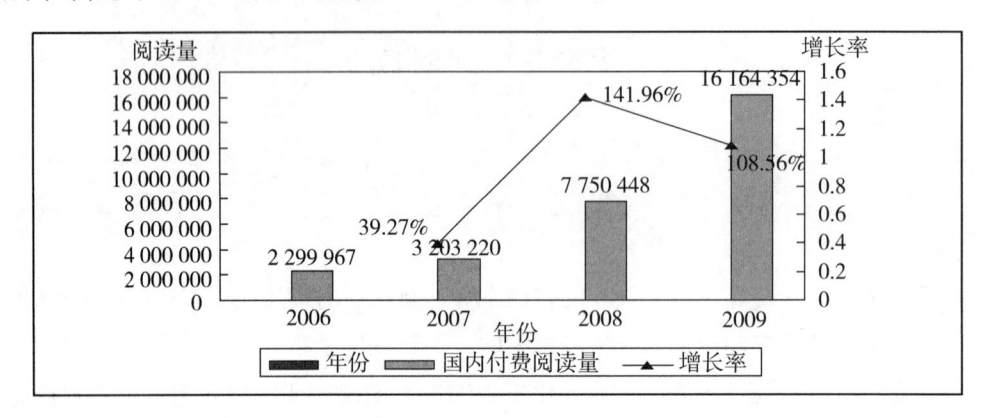

图 1　2006—2009 年龙源期刊网国内付费阅读量变化比较

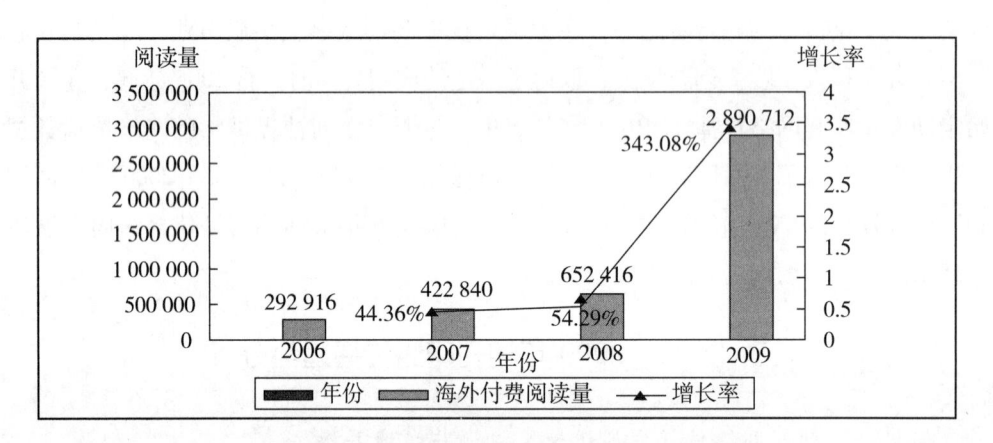

图 2　2006—2009 年龙源期刊网海外付费阅读量变化比较

2. 期刊网络阅读手段不断走向成熟

期刊网络阅读除了渐成习尚之外，其内在形式上也不断走向成熟。如下表所示，表现出如下特征：

（1）2008、2009 年 TOP100 关键词的检索次数与 2007 年相比增长迅速，都达到了 2007 年的 2.3 倍有余，并且这一数字还在不断地增长。

（2）检索词发生很大变化，刊名的检索次数增长了近 10 倍有余；人名检索次数则缩微，2008 年只是 2007 年的 1/12。

（3）2009年除了与2008年相同期刊名称检索占压倒多数外，不同的是2009年篇名及栏目名称搜索增多，达到了35 790次；几乎没有出现特定人名搜索行为，这是期刊网络阅读走向深度的有力佐证。

从2007年大量的人名检索到2008年以期刊名称为主检索变化、再到2009年期刊名称加篇名和栏目名称检索的这种递进变化，都说明龙源期刊网已经培养出了一批忠诚的网络读者，读者不再像以前那样目光散漫、随意搜索，而是更多直接选取刊名、栏目名或篇名检索，直奔内容阅读而去：来龙源就是读期刊的！也客观说明期刊的网络阅读进入了佳境。

表1 2007—2009 TOP100 关键词分类对比

	TOP100 关键词	总次数	刊名次数	人名次数	其他名词	—
2007	—	294 269	50 869	68 266	175 134	
	占总次数的百分比		17.29%	23.20%	59.51%	
2008	TOP100 关键词	总次数	刊名次数	人名次数	网站名次数	
	—	677 126	540 365	5 496	127 465	
	占总次数的百分比	—	79.80%	8.10%	18.82%	
2009	TOP100 关键词	总次数	刊名次数	篇名或栏目名次数	网站名次数	其他名词
	—	687 950	483 635	35 790	139 112	29 413
	占总次数的百分比	—	70.30%	5.20%	20.22%	4.28%

艾瑞咨询"2005—2010年中国数字杂志行业报告"提供了数字杂志（包括网络杂志）用户占网民比例、活跃用户占总用户比例稳中有升，由此可见网络阅读用户的数量及粘性都在不断增长，龙源期刊网可谓是一个突出的例证。

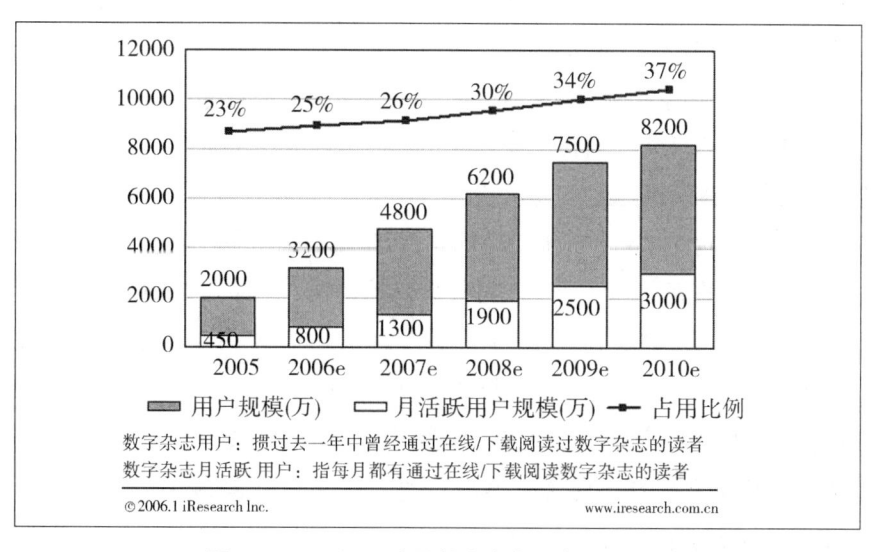

图3 2005—2010 中国数字杂志用户占网民比

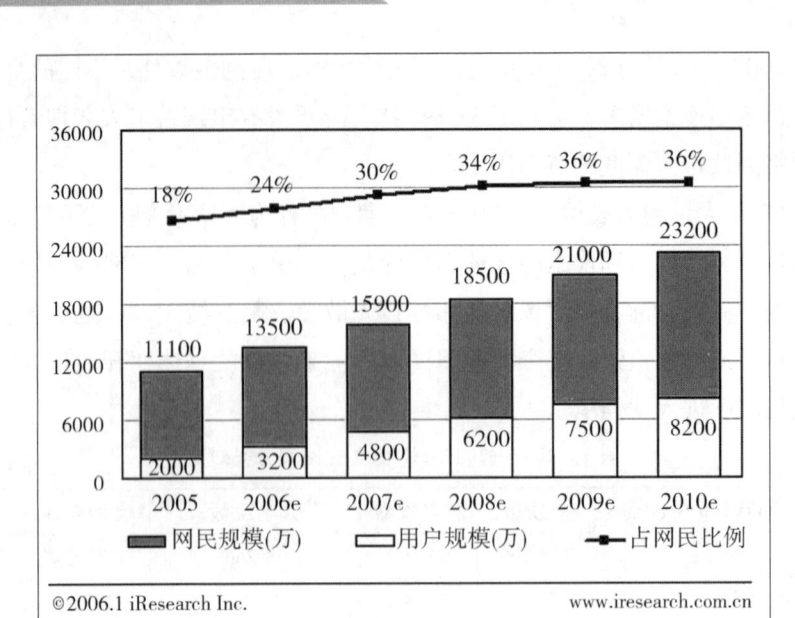

图4 2005—2010 中国数字杂志月活跃用户占总用户比

3. 期刊网络传播中机遇与挑战并存

通过对五年来国内及海外"TOP100 期刊"排名变化的比较，我们发现国内有 36 种期刊连续上榜，海外有 21 种期刊连续上榜。其中，排名呈现上升趋势的期刊多于呈现下降趋势的期刊。并且位于 TOP100 期刊排行的前端，它们表现相对稳定，形成了一个面孔熟悉的 TOP 刊群。

期刊网络传播的前景是无限的。在这一数字化的转型过程中，期刊社内容、网络阅读平台都将会遇到各种各样的发展机遇，用户数、点击数、期刊种类等的激增都是最好的佐证，此外期刊网络传播中所体现出的一些特有的属性，如用户的多元化、阅读差异、内容细分等，都将为数字期刊的发展带来新的机遇。

但与此同时，我们还应该清楚地认识到机遇的背后同样隐藏着挑战，以目前行业发展现状来看，产业规模与传统期刊业相比仍然较小（2008 年的产值传统期刊为 250 亿元，数字期刊为 6 亿元）；赢利模式单一，主要集中在网上包库、流量收费、广告等方面；个人付费率低，根据《2007—2008 年数字出版行业发展报告》调研数据显示，数字出版物普遍存在着个人付费率低的情况，数字出版物读者付费率（复合）平均为 5.9%，其中数字期刊个人付费率仅为 4.6%。由于龙源持续不断地改进读者的阅读体验，增加网站粘性，在同类网站中提升较快，特别是 2008 年以来在线个人付费阅读一直在稳步上升，但较之机构用户市场仍显缓慢。

趋势二：传统期刊社因网络传播而"变"

1. 期刊网络传播促进期刊媒介的数字出版转型

随着互联网的发展，网络阅读用户数量将进一步的增长，数字化网络阅读将更加大众化，传统期刊社所面临的数字出版转型的压力也与日俱增，期刊的网络传播将有效地促进这一转型过程。从龙源的 TOP100 数据中我们发现，无论是期刊的数目还是种类都在不断增加，同时网络显示出了对传统期刊格局的巨大重塑力，各类期刊从同一起跑线出发，通过龙源这个平台获得巨大的网络传播力和影响力，一些传统期刊传播中的特征被颠覆。传统期刊数字出版转型其实就是一个内容深层次加工与重组的过程，并在这一过程中提供更多的增值服务。期刊网络传播及龙源等期刊平台的出现，为这一过程解决了渠道、收费模式、内容导向等多个难题，在未来期刊数字出版产业转型过程中，期刊网络传播及平台还将发挥重要作用。

2. 期刊网络传播对期刊运营具有导向作用

研读龙源的各项数据发现，其提供的一些受众原始阅读数据可以为期刊社的编辑出版工作提供实际帮助，并具有一定的导向作用。

首先，网络传播切实反映了读者的阅读需求，期刊的市场竞争程度及优胜劣汰从中直接得到体现。龙源 TOP100 数据除了对近 3 000 种期刊网络阅读访问量进行了排名，还将其划分为十二个类别，并进行了分类期刊排行。从这些数据中刊社可以找到很多有价值的信息。

从历年总体期刊、栏目和文章的排行数据出发，我们可以看出，在国内，文摘综合类、管理财经类、女性家庭类和文学类是较为具有竞争力的类别。在海外，则是文学类、女性家庭类、体育健康类及文摘综合类最受欢迎。而且从每类期刊的访问次数中我们可以看出在数字期刊市场中各类期刊所占的大致份额。

课题组通过对这些数据的细致分析，得出了关于期刊网络传播的几点现实借鉴：一是休闲阅读和情感阅读是网络阅读的重点，这决定了以这类题材为主题的刊物将在网络传播中继续走强；二是近年来财经内容颇受关注，理财和投资成为以白领精英为主的读者群的阅读首选；三是文摘综合类期刊占据优势，归因于此类刊物以其精选、摘要、综合等本质特征与网络传播海量信息集成的特质在一定程度上的互补；四是国内和海外在对期刊的类别选择有一定的倾向性，地域性和时效性相对较弱，而知识性、文学性、实用性相对较强的刊物更适合海外市场的阅读需求。

从分类期刊排行的数据中，我们可以看出每类期刊市场内部的竞争情况。以文摘综合类期刊为例，从 2007—2009 年始终是《青年文摘》和《意林》遥遥领先，而《青年文摘》上下半月刊（红版与绿版）之间也表现出势均力敌之态，这在一定程度上证明了其分版的成功，它们与《意林》一起构成了三足鼎立的局面，在三者的拉动下,文摘综合类期刊在网络传播中整体走高。与此同时产生的问题就是大多数文摘综合类期刊如何从众多类似刊物中脱颖而出。再以科技网络类期刊为例,该类期刊的明显特征是《电脑爱好者》一枝独秀,远远领先于其他同类期刊,在2009年的数据中该类期刊排名第二的《计算机文摘》以121 934次的访问量排在国内TOP100期刊的第53位,是《电脑爱好者》710 560次访问量的1/6左右。《电脑爱好者》如何在众多内容相似、题材相近的刊物中胜出是值得其他同类期刊深入思考和借鉴的。

其次,网络传播可以帮助期刊社鉴定作品质量。龙源期刊网的付费阅读是以篇或字数来进行费用结算的,所以作品本身的内容品质在网络阅读中得到了真实的检验,这可以为期刊社选题及栏目设置等提供帮助。以TOP100栏目及文章为例,期刊社可以借助龙源这样的网络传播平台,客观地统计出刊物中文章和栏目的阅读量(包括浏览量和付费阅读量)、栏目在同类期刊中的受欢迎程度以及刊物中各个栏目横向比较的欢迎程度等多种数据。再以2008年《电脑爱好者》为例,其常设栏目有11个,从内容比例上看表2中入选的四个栏目占其全部内容约70%。

表2　2008《电脑爱好者》入选TOP100栏目对期刊阅读的贡献率

栏　　目	栏目对期刊阅读的贡献率
聪明用电脑	43.6%
明白买电脑	10.4%
数字时代	7.1%
我就CFan	5.8%

注:阅读贡献率即栏目阅读量占期刊阅读总量的百分比

分析上表我们可以发现,"聪明用电脑"栏目对期刊的阅读贡献率为43.6%,是其他3个进入"TOP100栏目"的2倍,从这一点来看,读者阅读《电脑爱好者》就是要找到"用电脑的窍门",这符合期刊编辑者的初衷。此外,"聪明用电脑"43.6%的阅读贡献率与其50%左右的期刊内容比例相当,说明该栏目既是期刊的主打栏目,也是读者最喜爱的栏目。因此《电脑爱好者》之后采取的发展策略是在强化优势栏目的基础上同时着力于其他栏目的提升。到了2009年,我们发现《电脑爱好者》入围"国内TOP100栏目"的数量达到了7个,说明该刊物内容整体实力的上升,而各个栏目在点击数都上升的情况下,对于期刊阅读的贡献率也趋于平均。

表3　2009《电脑爱好者》入选TOP100栏目对期刊阅读的贡献率

栏目	点击次数	栏目对期刊阅读的贡献率
聪明用电脑	158 396	22.30%
稀饭软组织	141 806	20.00%
硬派圈子	52 338	7.40%
明白买电脑	52 252	7.40%
新人帮	45 016	6.30%
新视界	32 558	4.60%
数字时代	28 414	4.00%

3. 网络传播成为期刊社新的赢利机遇。

网络传播与传统传播之间的差异性决定了它能够为期刊社数字期刊提供新的赢利机遇，主要体现在两个方面。

（1）期刊网络传播过程中内容长尾效应明显，也就是说期刊在互联网出版中并没有完全反映出时效的必需性，好的内容期刊不会过期，同时互联网的空间内具有出色的长尾效应，可以持续地为期刊创造长期而稳定的效益。以2009年"TOP100文章"为例，其中2009年发行有44篇，2008年发行的有51篇，2007及2007年以前发行的有5篇；在前十名中，2009年发行的只有一篇；而排名第六的《当代》的"因为女人"是2007年就发行的，并且还是2008年国内、海外TOP100文章排行之冠。这些数据都说明了内容长尾在期刊网络传播中的突出体现。造成这种现象的主要原因一方面是因为网络传播打破了传统期刊出版受时空限制的影响，"过刊"的概念不复存在；另一方面是在网络传播的过程中优质内容的传播周期会更长，价值也会随着时间的发展而提升。

表4　部分国内及海外五连冠期刊历年排名

刊名	2009 国内排名	2008 国内排名	2007 国内排名	2006 国内排名	2005 国内排名
青年文摘	1	1	1	4	9
电脑爱好者	2	4	3	7	100
意林	5	2	2	6	67
刊名	2009 海外排名	2008 海外排名	2007 海外排名	2006 海外排名	2005 海外排名
收获	8	11	11	5	16
伴侣	10	19	22	36	67
十月	40	7	8	4	13

（2）期刊网络传播过程中品牌价值得到体现。从龙源 2009 年最新发布的"中文期刊网络传播国内及海外 TOP 排行 5 连冠期刊"这一数据中我们可以看出，在经历了五年的网络传播以后，一批刊物已经成长为网络品牌，获得了网络读者的忠诚认可，逐渐形成了自己的品牌价值，例如文摘综合类中的《青年文摘》、科技网络类中的《电脑爱好者》、文学类中的《收获》等。而且伴随着网络阅读的不断成熟，这些刊物的品牌价值将更多、更直接的在访问次数、刊社声誉及收入中得到淋漓尽致的展现。

表5 在 2009 年国内阅读"TOP100 栏目"占位举例

TOP100 栏目排行	刊名	刊号	栏目名称	占 TOP100 栏目%	访问量
2	电脑爱好者	1005-0043	联明用电脑	7%	79 198
5		1005-0043	稀饭软组织		70 903
33		1005-0043	硬派圈子		26 169
34		1005-0043	明白买电脑		26 126
44		1005-0043	新人帮		22 508
67		1005-0043	新视界		16 279
85		1005-0043	数字时代		14 207
9	南方人物周刊	1672-8335	封面人物	5%	50 659
21		1672-8335	观点		35 245
59		1672-8335	新闻		18 426
79		1672-8335	后窗		15 149
83		1672-8335	公共		14 588
16	南风窗	1004-0641	独家策划	4%	37 829
43		1004-0641	时政		22 654
71		1004-0641	国际		16 059
77		1004-0641	财经		15 342
7	青年文摘	1003-0565	情感	6%	68 769
8		1003-0565	成长		51 811
15		1003-0565	人生		37 942
35		1003-0565	万叶集		26 375
56		1003-0565	社会		18 902
58		1003-0565	文苑		18 499

（续表）

TOP100栏目排行	刊名	刊号	栏目名称	占TOP100栏目%	访问量
37	青年文摘（彩版）	1673-4955	思	3%	25 131
98		1673-4955	智		12 927
84		1003-05656	万叶集		14 534
12	商场现代化	1006-3102	经营管理	11%	44 964
45		1006-3102	产业经济		21 791
51		1006-3102	财会探析		20 843
53		1006-3102	商业研究		20 450
55		1006-3102	人力资源		19 233
64		1006-3102	商业视角		16 816
66		1006-3102	国际经贸		16 704
70		1006-3102	区域经济		16 129
72		1006-3102	电子商务		15 828
88		1006-3102	营销策略		13 611
90		1006-3102	经济与法		13 404
30	意林	1007-3841	心灵鸡汤	5%	27 856
40		1007-3841	世间感动		23 754
49		1007-3841	专栏		21 176
65		1007-3841	成功之钥		16 741
89		1007-3841	浮世绘		13 473

此外，从龙源发布的各项数据来看，期刊、栏目、文章之间的关系也是造就品牌的关键。以"TOP100期刊"五连冠《青年文摘》为例，它在2009年的TOP100栏目及TOP100文章的数量分别是12和13个，而2008年分别为8和19个。再次证明"好文章催生好栏目，好栏目成就好期刊"的递进关系。

以上的两点，内容长尾及品牌价值，都可以为期刊社提供一些在网络传播中如何赢利的新思路。

趋势三：期刊网络传播对读者产生重大影响

在期刊网络传播的环境下，受众的自我选择意识以及数字期刊服务的特性共同决定了读者的阅读习惯发生改变。比如，数字期刊以"篇"为单位的阅读方式，改变了读者们原先整本浏览的阅读习惯，也逐步影响他们向深度阅读的发展。再比如，数字期刊传播中特有的检索、链接等功能，帮助读者可以轻松实现跨期刊、跨地域、跨时间的阅读，使得整个网络阅读呈现出一种截然不同的阅读形式，读者将不再是像以前那样流水式、独立地浏览期刊，而是会以文章题材、作者、热点时事等为核心而向不同种类、不同发行时间的内容辐射出去，最终形成有一个或多个特定核心的"期刊矩阵"。如果说传统的期刊阅读是"从面到点"的话，那么数字期刊阅读就是"以点带面"。

趋势四：期刊网络传播兼具传统期刊传播与网络传播的双重属性

期刊网络传播中同时体现了传统期刊传播的"大众性"的特点与网络传播"小众性"的特点，而且这两种特点在期刊网络阅读的过程中打破了原有的界限，不再是分庭而立，而是相互融合、各取所需，使得期刊的网络传播呈现出具有传统传播与网络传播特点，又有别于这两种传播形式的特色。具体可以从以下两个案例中看到。

1. 大众杂志的分众精读

在龙源TOP100期刊的数据中，我们发现以《青年文摘》为代表的大众类杂志在访问量上继续迅速增长，2009年付费阅读达到了721 540次，而与之相对应的是其入围"TOP100栏目"及"TOP100文章"中的栏目（12个）和文章（13篇）数量较多且访问量分散平均。由此可见，这类大众期刊在网络传播的过程中读者被细分，出现了分众精读的现象。究其原因，主要是由于期刊网络阅读打破了原本期刊"本"的概念，以"文章"为单位供读者选择，细分的内容导致了细分的受众群，好的内容会有更多的人愿意读。这也是未来期刊网络服务的主要方向之一。

可以看出，表中刊物占TOP100栏目的41%之多。

2. 小众杂志的大众化传播

在龙源TOP100期刊的数据中，我们发现传统出版中非常"小众"的杂志在网络空间上也可以成为"大众"杂志，如各类特殊兴趣类杂志，这些杂志往往是某些爱好者关心和阅读的载体，但是在网络上，小众杂志也日渐得到大众的喜爱。从2005年只有《海事大观》《坦克装甲车辆》和《搏击》三本杂志入围TOP100，到近两年《轻兵器》《大众摄影》《兵器知识》《棋艺》《精武》《武当》等杂志的不断入围都足以说明这一问题。而以《轻兵器》为例，2009年位居TOP100排行榜第36位，访问次数达到了166 586次，与传统大众期刊《收获》（335 260次）、《当代》（267 632次）、《新华文摘》（235 898次）等相比差距并不是很大。而这类期刊尤其是军事、兵器类的忠实读者以年轻男性（龙源的用户中有大量的军队机构用户）为主，这一群体也恰好是网络的主流消费群，因此可以说，小众杂志借由网络实现了大众化传播。

趋势五：以"龙源期刊网"为代表的网络阅读平台在期刊网络传播中的作用日益明显

1. 网络阅读平台成为期刊网络传播的主要渠道

鉴于网络阅读平台内容的集成性、服务的多样性等特点，使得其已经成为期刊网络传播的主要渠道。龙源期刊网 2009 年仅国内阅读 TOP100 期刊的访问量就有 1 600 多万次，仅这一数字就超过了 2008 年国内期刊付费阅读的总访问量，而海外 TOP100 期刊的总访问量也达到了 140 多万次。由此可见，期刊网络阅读平台越来越受到读者的欢迎，其读者忠诚度也在不断提升，不论是国内还是海外读者，都对一些品牌期刊或感兴趣的内容具有"黏性"关注。以 Alexa2009 年 1 月 1 日至 10 月 29 日的日访问量统计数据为证，我们看到龙源期刊网已经进入相对成熟的发展阶段，平均每个用户的访问量指数除个别日期外，可以稳定在 100—200 之间。

2. 网络阅读平台在期刊网络传播中的桥梁作用

作为网络传播的中介和桥梁，在龙源期刊网这样的平台上，因网络的开放性和兼容性，所有的期刊获得的是平等的竞争和发展的机会。期刊网络阅读是一个"One–To–One"对接需求的体现，其中的一个"One"代表网民及其网络阅读的需求，另一个"One"代表期刊社及其期刊产品，而"To"就是网络阅读平台。这个"To"是网络阅读中必不可少的一环，也是具有重要作用的一环。以龙源为例，一方面，其所进行的 TOP100 排名，并不是为了宣传和褒贬谁，更多地是从为产业服务的角度出发，让期刊社能通过排行，解读并掌握网民及其网络阅读对接的道路，根据需求供给资源。另一方面，其所提供的网络阅读平台，打破了传统期刊社在销售渠道上的鸿沟，并克服了以往时空对于刊物销售的限制，为读者提供了全面、深度、灵活的阅读选择，满足了"读网时代"人们对期刊阅读的需求。

3. 网络阅读平台促进期刊网络传播产业链的形成

一条完整的产业链是一个产业生存和继续发展的重要保证，是能否形成一个行之有效且多方共赢的赢利模式的关键，其中主要包括了互惠互利的利益分配、明确的权利义务承担以及合理的定价原则等几个方面。以龙源期刊网为代表的网络阅读平台在这些方面已经做出了相当的探索和贡献，并取得了不错的效果。在网络传播产业链中，过度的竞争或垄断都会为产业发展带来弊端，而像龙源这样平台的出现，有效地避免了这类现象的发生，它们为期刊社、渠道商、技术提供商、增值服务营运商等共同营造了一个大家可以多方合作、协同共赢的平台。

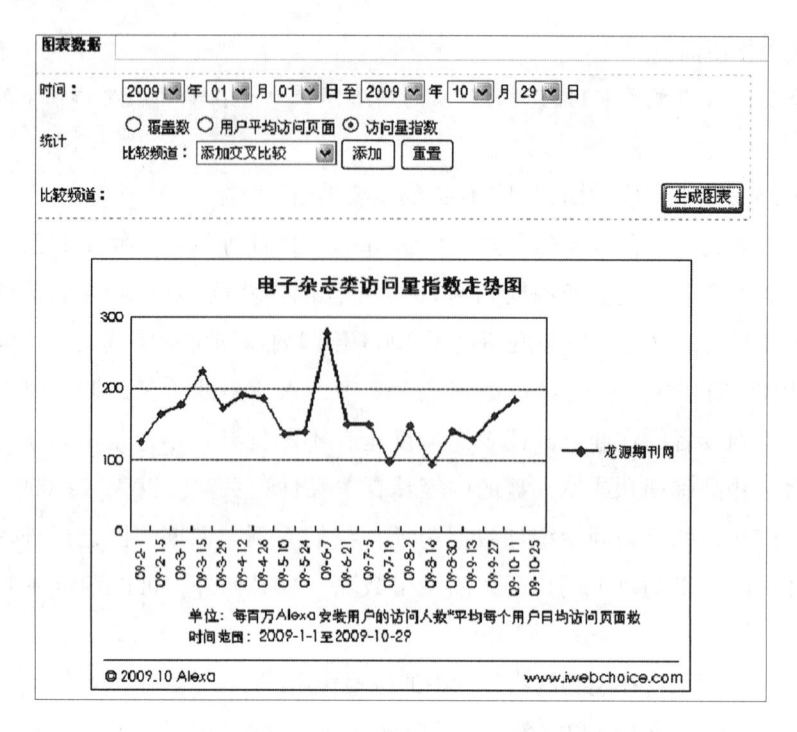

图5 2009年1月1日—10月29日龙源期刊网访问量指数

综上所述，通过对2005—2009五年来龙源期刊网"TOP100"期刊数据的分析比较，首先我们看到数字期刊阅读的迅速发展，既是网络阅读平台作用的放大，同时也是我国近3 000种人文类期刊在数字化转型中的有效作为。此外，期刊网络传播节节攀高的发展趋势已非常明朗，期刊社、网络阅读平台、读者作为这一传播过程中主要的三方，对于它们各自的特点、定位以及发展方向等也都有了较为清晰的认识，特别是明确了网络阅读平台对于推动期刊社从平面出版转向数字出版的重要性。而这些认识使我们有理由相信，只要把握好内容、增值服务、产业链责任等要素，期刊网络传播的明天必将更加美好。从龙源期刊网的数据中我们也可以看到，个人付费阅读这块大蛋糕正在烘制、正处在不断地预热加温，终有一天会成熟，这个市场的完全开发才是数字期刊阅读春天真正到来的时刻。我们相信，随着传媒数字化转型的推进和未来龙源期刊网更多的年度期刊网络阅读市场的报告，通过龙源期刊网对用户数据挖掘工作的进一步展开和广大期刊社的内容精进，期刊网络传播的数字化发展趋势将会更加清晰。

（作者依序为上海理工大学出版印刷与艺术设计学院硕士生和教授，龙源网络传播课题组成员）

2009年度龙源期刊网络传播特征分析

于春生

2009年度，中国期刊在数字化道路上继续发展。越来越多的刊社加入了数字化队伍，获得了更广泛的社会影响，甚至取得了经济收益。龙源作为国内数字期刊业的领跑者之一，和刊社的合作数量进一步增多，机构用户大幅拓展，个人注册用户数量不断上升。为及时反映上述诸方面变化，与业界同仁共同研判行业发展现状与趋势，龙源再次发布网络传播数据，包括TOP期刊、TOP类别、TOP栏目、TOP文章、TOP活跃用户（各项发布均包括国内、海外两组数据）等多种排行数据。这些数据均来自龙源计算机网络系统对用户阅读行为的记录，科学、客观、真实地反映了期刊网络传播的实际情况。多项数据，反映了龙源本年度期刊传播方面的客观情况，也蕴含着数字期刊发展的基本规律，课题组对之进行了深入分析，发现了其中某些具有普遍意义的特征，汇报如下，希望有益于数字期刊事业发展，并与业界同仁共勉。

一、期刊网络传播总量巨大，增长迅速

2009年度龙源期刊网数据显示，期刊网络传播总量巨大。仅国内阅读TOP100期刊的访问量就超过1 616.4万次，海外阅读TOP100期刊的访问量逾144.5万次。由此推及龙源期刊网目前近3 000种合作期刊的网络传播量，足见当前期刊网络阅读已经颇具规模，传统期刊内容渐渐成为网民阅读的重要选择，期刊读者经由网络渠道获取知识、信息渐成习惯。

更为重要的是，数据显示，期刊网络阅读成长迅速。2006年度国内阅读TOP100期刊的访问量为460万次，2009年度超过1 616.4万次，短短4年增长351%。海外阅读TOP100期刊的访问量也呈平稳增长态势。

期刊网络阅读的繁荣景象，反映了网络普及、网民增多的整体趋势，反映了网民的阅读需求和指向，也体现了"期刊矩阵"的"圈效应"（即借助互联网技术平台，打破刊与刊、期与期界限，以规模化存在形成联动和辐射，提高接触率和阅读量）。

这三方面因素互为支持，提示出传统期刊数字化网络阅读的必然走势。与时俱进还是茫然漠视？迎头赶上还是裹足不前？考验期刊人的智慧与勇气。

二、各类期刊冷热不同，国内、海外同中有异

龙源期刊网根据内容特点和网络读者定位，将3 000多种合作期刊划分为33个类别，并对各类期刊访问量前10强（龙源各类合作期刊的总数的10%）进行统计。依据这一分类，也可以为TOP100期刊找到类别归属，可以了解某一种期刊在同类别中的占位情况，可以对比不同类别期刊的优势劣势，从而便于宏观把握期刊网络传播的整体格局，为某类、某种期刊发展规划找到理论依据。

根据某一类别期刊入选TOP100的数量，再将入选数量相同的期刊类别根据此类期刊平均排名进行排序，可以发现，国内最受读者欢迎的前10类期刊依次是：文学类、文摘文萃类、时事新闻类、党政法制类、商业财经类、教育教学类、故事类、生活家庭类、游戏数码类和娱乐动漫类（如图1）。文学类以占总量16%的份额名列榜首，续写了网络世界的不老传奇，给人以文学将借助网络复兴甚而辉煌的无限期望。文摘文萃以14%的份额紧随其后，展示了"摘录萃取"这一编辑方式的极大魅力，由此可以推想，期刊作为一种成熟的以博取文章、把关选择、优化编撰的出版物，在信息泛滥、泥沙俱下的网络环境中必将大有可为。

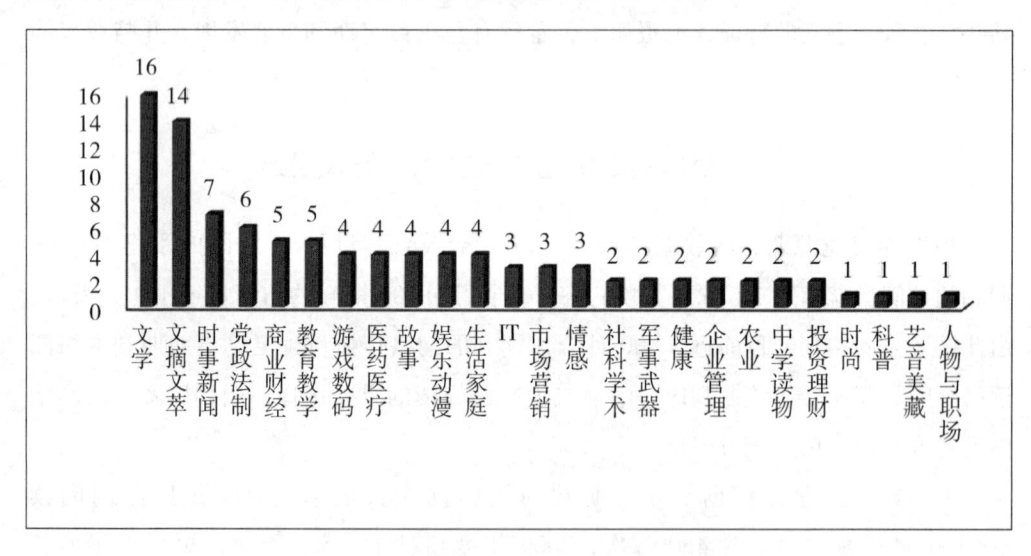

图1　2009年国内TOP100期刊分类分布图

对海外TOP100期刊按类别分布进行排序（如表2），数据显示，海外最受欢迎的前10类期刊依次是：教育教学类、文学类、商业财经类、文摘文萃类、游戏数码类、医药医疗类、时事新闻类、娱乐动漫类、党政法制类、IT类。

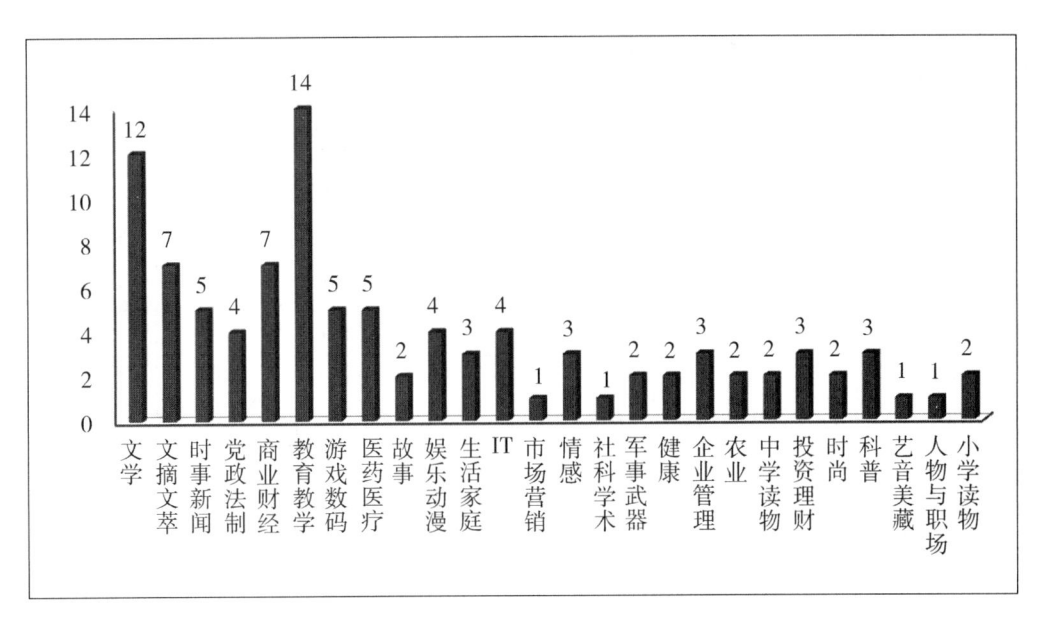

图 2　2009 年海外 TOP100 期刊分类分布图

比较国内、海外情况，发现各类期刊受欢迎程度大致相同，但存在一定差别。位居前 10 名的刊类中，文学、文摘文萃、商业财经等 8 类是重合的；在国内 TOP100 期刊没有上榜的 8 类期刊，史地人文、汽车、亲子等 7 类也未能登上海外 TOP100 期刊榜单。由此可见国内、海外阅读需求具有相当的一致性，优质的适合读者需要的内容在国内、海外都会受到欢迎。

当然，国内、海外读者需求毕竟还存在一定差异。故事类、生活家庭类杂志进入国内 TOP100 期刊榜单的杂志数量在各类别中居于前 10 名，在海外却都未能进入前 10 名；而医药医疗类、IT 类则正好相反，进入海外 TOP100 期刊榜单中的杂志数量在各类别中居于前 10 名，在国内则未能进入前 10，说明休闲娱乐刊物在国内更加流行，拥趸众多，而包含中国文化特色的期刊在海外更受欢迎。

教育教学类杂志在海外 TOP100 期刊榜单上表现引人瞩目。如表 1 所示，以《考试周刊》为首的 14 种期刊进入前 100 强，上榜数量居各类期刊之首。海外读者喜欢阅读国内教育类杂志，可能的原因之一，是近些年出国读书的中小学生越来越多，家长在孩子接受海外教育的同时，希望了解国内教育状况和教育理论、方法，以博取双方之长；另一方面原因，是越来越多的海外教育界人士注意到中国的学校教育、尤其是基础教育具有自己的特色和优势，因而产生了解、借鉴的浓厚兴趣。无论背后的原因究竟怎样，一个不争的事实是，教育教学类刊物由于携带了中国特色，在全球人员流动、思想交流频繁的背景下，在海外有了越来越大的发展空间。

表1 教育教学类杂志进入海外TOP100期刊榜单情况

排名	刊名	刊号	刊期	访问次数
21	考试周刊	1673-8919	周刊	17 896
29	成才之路	1008-3561	旬刊	16 212
39	教育艺术	1002-2821	月刊	12 782
53	职业教育研究	1672-5727	月刊	10 080
64	教育探索	1002-0845	月刊	8 910
65	今日中国教研	1561-2518	月刊	8 860
66	新课程研究·基础教育	1671-0568	月刊	8 778
67	中国教育技术装备	1671-489X	半月刊	8 762
69	教师博览	1008-5009	月刊	8 722
78	教育与职业·理论版	1004-3985A	半月刊	7 646
82	中小学心理健康教育	1671-2684	月刊	7 086
85	现代教育科学（高教研究）	1005-5843	双月刊	7 026
99	中外教学研究	1562-2579	月刊	6 592
100	班主任之友	1003-823X	月刊	6 476

三、双栖期刊明显增多，共同兴趣催生网络品牌

双栖期刊指在国内TOP100期刊榜和海外TOP100期刊榜上都占有一席之地的期刊。这类期刊的身上体现着国内、海外读者的共同兴趣。2009年，双栖期刊共有62种，涉及24类期刊，其中文学类9种，占14.5%；文摘文萃类6种，占9.7%；教育教学类、时事新闻类、娱乐动漫类、商业财经类各4种，各占6.5%。这6类共31种期刊占据了双栖期刊的半壁江山，说明这些类别的刊物受到海外、国内读者的共同欢迎。

与龙源期刊网合作的3 000多种期刊中，属于"双栖"的这62种既属于海外读者阅读最多的100种之列，又属于国内读者阅读最多的100种之列。被国内、海外读者共同选中的事实，说明它们的确质量优良。而其中《当代》《人民文学》《小说月报》等刊物，在2008年也属于双栖刊物，连续两年被国内、海外读者普遍青睐，堪称网络阅读品牌期刊。

2009年度TOP100双栖期刊达62篇，如此高的重合率在一定程度上也说明国内、海外读者对优质期刊的判断一致性很高，阅读需求比较接近。如果拿这一数字与2007年的43种和2008年的42种比较，可以看出国内、海外读者的阅读需求在2009年明显趋同。而这种趋同性也表现在对不同期刊刊期的选择上，如图3。

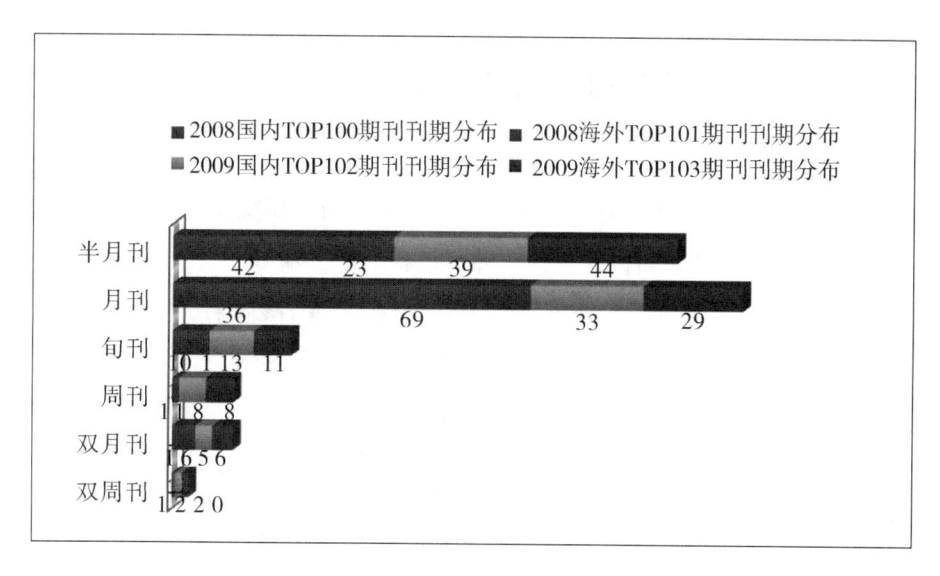

图 3 2008、2009 国内、海外 TOP100 期刊刊期分布比较图

图 3 显示，2009 年国内 TOP100 期刊刊期分布与 2008 年相比，变化微小，半月刊占主导地位，月刊其次，旬刊、周刊、双月刊（季刊）、双周刊所占比重逐步递减。而海外 TOP100 期刊刊期分布则变化巨大，2008 年月刊有 69 种，属于绝对主导，2009 年减少为 29 种，次于半月刊 44 篇的比重，旬刊、周刊、双月刊（季刊）、双周刊依次递减，刊期分布规律和国内刊期分布十分接近，直观的表现就是两条分布曲线十分接近。

TOP100 期刊是读者阅读选择的结果，刊期客观存在，虽然读者并不会因为不同刊期而选择或者放弃某种期刊，但对不同刊期内容的选择，一定程度上反映出无意识中的阅读期待和阅读习惯。因此，上述刊期分布上的接近性，可以看作国内、海外数字期刊阅读一致性的一种表现。

再者，刊期反映期刊的出版、传播频次，其长短直接影响期刊内容的时效性和深度，一般而言，刊期短则时效性强、内容深度不足，刊期长则相反。因此，海外 TOP100 期刊中，月刊数量与 2008 年比，大幅减少 40 篇，而半月刊、旬刊、周刊数量分别增长 21 篇、10 篇和 7 篇，足见海外读者逐渐倾向于实效性较强的内容，对内容深度的要求有所降低。这一变化成因多样，但原因之一应该是：海外读者群逐步扩大，并由传统期刊阅读者向普通的网络用户迁移，从而使数字期刊阅读具有了更多网页浅层阅读的特征。无论怎样，我们应该关注这一现实情况，在期刊内容生产中注意适应网民的阅读习惯。

四、成名期刊地位稳固，新进期刊活力涌动

总体看来，与2008年国内TOP100期刊相比，2009年度国内TOP100期刊变化较大。100种阅读量最大的上榜期刊中，属于新上榜的就达到33种，占1/3。文学类期刊上榜总数为16种，新进期刊达9种；教育教学类期刊一共有3种，2种是新上榜期刊；市场营销类3种，2种属新上榜；故事类共4种，2种是新上榜期刊。由此可见，新进期刊网络传播势头迅猛，大有改写2008年国内TOP100期刊面貌之势。

表2　2009年国内TOP100期刊新上榜期刊

在TOP100中的排名	刊名	刊号	刊期	类别
7	收获	0583-1288	双月刊	文学
19	今古传奇·武侠版	1671-4601	旬刊	故事
30	长篇小说选刊	1672-9552	双月刊	文学
31	十月	0257-5841	双月刊	文学
37	故事会	0257-0238	半月刊	故事
41	青年文摘（彩版）	1673-4955	半月刊	文摘文萃
44	教师博览	1008-5009	月刊	教育教学
45	课外阅读	1009-9514	半月刊	中学读物
51	安徽文学	1671-0703	月刊	文学
54	北京文学·中篇小说月报	0257-0262	月刊	文学
59	家庭医药	1671-4954	月刊	医药医疗
63	班主任之友	1003-823X	月刊	教育教学
68	销售与市场	1005-3530	旬刊	市场营销
69	网友世界	1671-7074	半月刊	游戏数码
71	书屋	1007-0222	月刊	文摘文萃
77	婚育与健康	1006-9488	月刊	健康
78	名作欣赏·上旬刊	1006-0189	旬刊	文学
79	幸福·悦读	1003-4196B	月刊	生活家庭
80	经济师	1004-4914	月刊	商业财经
82	文史精华	1005-4154	月刊	党政法制
83	海外星云	1002-4514	半月刊	文摘文萃
84	报刊荟萃	1672-8688	月刊	党政法制

（续表）

在 TOP100 中的排名	刊名	刊号	刊期	类别
88	电影文学	0495-5692	半月刊	娱乐动漫
89	小小说月刊	1009-5888	月刊	文学
91	文学教育	1672-3996	半月刊	教育教学
92	中国企业家	1003-5087	半月刊	企业管理
93	章回小说	1002-7548	月刊	文学
94	电脑迷	1672-528X	半月刊	游戏数码
95	财经	1671-4725	双周刊	商业财经
96	消费导刊	1672-5719	半月刊	市场营销
97	农村百事通	1006-9919	半月刊	农业
98	译林	1001-1897	双月刊	文学
99	新世纪周刊	1002-395X	旬刊	时事新闻

新进期刊在短短一年的时间内大量涌现，这一方面说明了网络读者阅读视野在扩大，同时也充分说明在网络环境中，一种期刊的影响力可能比较迅速地发生改变，没有了地域局限、时空阻隔之后，由寂寂无名到声名显赫的路途比现实世界中要短暂、便捷得多。网络最大限度地保证所有期刊处于平等的起跑线上，让品质说话，让内容发言，期刊网络平台更是以"推送""联带"等主动传播方式，让所有期刊都面临脱颖而出的可能。

但我们也应该注意到，新上榜的33种期刊，主要集中在TOP100排行榜的后半部分，进入前50名的，只有8种刊物，其中有《故事会》。该刊是从2009年开始与龙源正式合作的，合作首年就一跃进入TOP100第38名的地位，再次证明了品牌期刊的征服力；进入前30名的有3种，其中《收获》在多年的榜上积累后一跃进入前10名。概括起来讲，处于排行榜前列的期刊，位次基本稳定，尤其是《青年文摘》《人生与伴侣》等刊物，连续多年稳居排行榜前列，显示了知名期刊的持久影响力，体现出网络传播的"前端稳定性"，即在网络传播中，较高的关注度带来相对固定的受众群体，从而形成比较稳定的认知度和影响力（见表4）。类似刊物的存在，再次证明网络传播品牌已经或正在形成，一批优质期刊已经脱颖而出。要知道，网络阅读品牌的形成虽然与纸质期刊品牌影响力延伸不无关系，但更多依靠的是扎扎实实的吸引读者的实力，因为读者直接接触的是"文章"，而未必是"刊"，附着在纸质品牌期刊身上的"光环"和"购买惯性"作用有限。与此相反，网络读者则有可能因为在网上读到了一篇好文，而购买整本纸质期刊。从这个意义上讲，网络品牌是含金量更高的"金字招牌"。

表3 连续5年入选国内TOP100的期刊

刊名	2009国内排名	2008国内排名	2007国内排名	2006国内排名	2005国内排名
青年文摘	1	1	1	4	9
人生与伴侣	6	10	9	52	39
当代	11	68	34	2	3
伴侣	13	20	21	27	27
人民文学	34	91	68	20	28
大众电影	35	31	33	54	86
轻兵器	36	58	10	8	2
大众摄影	43	63	17	14	17
读书	52	43	30	51	38
大众医学	55	30	49	21	53

与国内TOP100期刊榜相比，海外TOP100期刊榜变化更大。100种上榜期刊，65种属于新上榜。其中，教育教学类14种上榜期刊全是新上榜期刊，商业财经类7种上榜期刊全是新上榜，时事新闻类5种全新，科普类3种全新，企业管理类3种全新，农业类2种全新，时尚类2种全新，人物与职场、社科学术类各只有1种上榜，属于新上榜期刊。这说明，上述类别在网络阅读环境中还没有出现具有稳定影响力的刊物，海外网络阅读处于一个不太成熟的环境中。当然，这与龙源期刊2009年在海外市场加大了推广营销力度有关，更多刊物进入了读者视野，甄别选择尚需要一个过程。

变化中也有相对稳定的因素。在排名前50的上榜期刊内，27种属于新上榜；排名后50的上榜期刊内，38名属于新上榜，与国内榜相同呈前端稳定态势。尤其是一些读者基础较好的类别，像文摘文萃类期刊，6种上榜，只有1种是新的，文学类期刊12种上榜，只有3种是新的。这些类别的刊物在长期较大范围传播中，已经形成了比较稳定的网络品牌。

五、刊栏彼此呼应，优势栏目趋向集中

栏目是介于文章和期刊之间的单位，是多篇文章的综合体，也影响着期刊的整体结构和内容布局。纸质期刊中，刊物因栏目而兴不乏其例。期刊网络传播中，主要以文章、刊物为单位供读者便利阅读，栏目的指示标引功用有所下降，但其阅读量高低仍然能体现出栏目的质量优劣，优秀栏目成就优质期刊，两者之间存在着明显的对应关系。（见表4）

表4 国内TOP100期刊前10名所辖TOP100栏目

排名	刊名	栏目名称	栏目排名
1	青年文摘	情感	7
		成长成长	8
		人生外语教学与研究	16
		万叶集守望情缘	14
		社会	56
		文苑	58
2	电脑爱好者	聪明用电脑	2
		稀软饭组织	5
		硬派圈子	34
		明白买电脑	35
		新人帮	44
		新视界	67
		数字时代	84
3	商场现代化	经营管理	12
		产业经济	45
		财会探析	51
		商业研究	53
		人力资源	55
		商业视角	64
		国际经贸	66
		区域经济	70
		电子商务	72
		营销策略	87
		经济与法	89
4	南方人物周刊	封面人物	9
		观点	22
		新闻	59
		后窗	79
		公共	83
		专栏	100

(续表)

排名	刊名	栏目名称	栏目排名
5	意林	心灵鸡汤	31
		世间感动	40
		专栏	49
		成功之钥	65
		浮世绘	88
6	中国新闻周刊	封面故事	19
7	收获	长篇小说	1
		中篇小说	20
		短篇小说	95
8	南风窗	独家策划	17
		时政	43
		国际	71
		财经	77
9	人生与伴侣	无	无
10	考试周刊	外语教学与研究	28

  国内 TOP100 期刊前 10 名期刊共有 42 个栏目进入国内 TOP100 栏目榜单，构成了国内 TOP100 栏目的核心。或者说，是国内 TOP100 栏目的核心成就了国内 TOP100 榜单中的前 10 种期刊。从整体上看，国内 TOP100 栏目共涉及 44 种期刊，其中 37 种，即 84% 以上属于国内 TOP100 期刊之列。因此，经营好栏目，仍然是形成优质期刊的基础工作之一，以打造名栏目提升期刊影响力，仍不失为有效的经营管理措施。龙源期刊网的栏目阅读量统计和排行，可以为这一措施提供评价依据。

  上文提到，100 个访问量最大的栏目，集中于 44 种期刊，其中 10 种期刊拥有 42 个栏目，从中也可看到期刊优势栏目的集中化倾向。从全部 33 个期刊类别上看，这 100 个栏目只集中于 19 个类别中，文摘文萃、文学、社科学术、时事新闻、游戏数码 5 类期刊占有了 54 个优质栏目，也呈现出集中化倾向（见图 4）。这种情况，同样可以说明在国内期刊网络传播领域，一批具有比较稳定的影响力的优质栏目、品牌期刊正在形成。

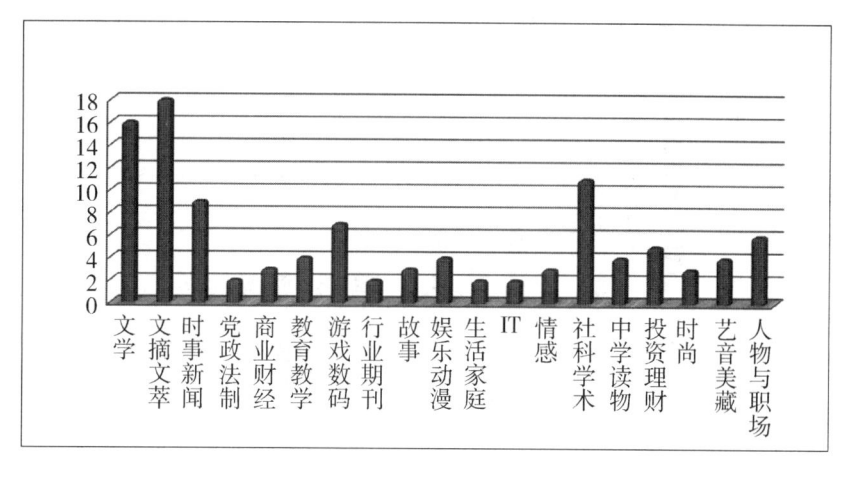

图 4 国内 TOP100 栏目刊类分布

在海外 TOP100 栏目榜单上，大刊、名栏的对应关系仍很明显，海外 TOP100 期刊前 10 名与国内一样拥有 TOP100 栏目榜单上的 42 个栏目，全部 47 种包含 TOP100 栏目的刊物中有 42 种，即 89% 属于 TOP100 期刊。海外阅读中栏目的集中化相对较弱。海外 TOP100 栏目涉及 24 个类别的 47 种刊物，其中文学类有 19 个栏目，社科学术类有 15 个栏目，教育教学类有 7 个栏目，时事新闻类和农业类各有 5 个栏目，与国内比相对分散。

与 2008 年相比，国内、海外 TOP100 栏目的集中度都有所加强。2008 年，国内 TOP100 栏目分属于 49 种期刊，海外 TOP100 栏目分属于 51 种期刊，而 2009 年相应的数字分别是 44 种和 47 种，均有所下降。这说明无论海外还是国内，读者关注的栏目逐步集中，这是栏目质量提高的标志，在某种程度上也显示出市场逐渐稳定、成熟。

六、读者阅读范围逐渐扩展，文学作品国内、海外都是重点

文章是刊物的基本单位，对文章的选择直接反映读者的阅读需求。龙源期刊网基于付费阅读量统计形成的 TOP100 文章榜单，比较直观地对文章受读者喜爱程度进行了排序。根据这一榜单，我们可以清晰地看到与 2008 年相比，读者阅读的范围有扩大的趋势，而文学作品表现突出，在国内超越文摘文萃类，跃居第一类别，在海外市场继 2008 年后，仍然是阅读重点。

国内 TOP100 文章榜单显示，2009 年，国内付费阅读最多的前 100 篇文章分属于 16 类 45 种期刊。其中，文学第一，有 25 篇；文摘文萃其次，有 15 篇；故事类和商业财经类再次，各有 9 篇；其他依次为游戏数码 8 篇，时事新闻、人物与职场各 7 篇，等等。从类别上看，已是百花齐放（见图 5）。

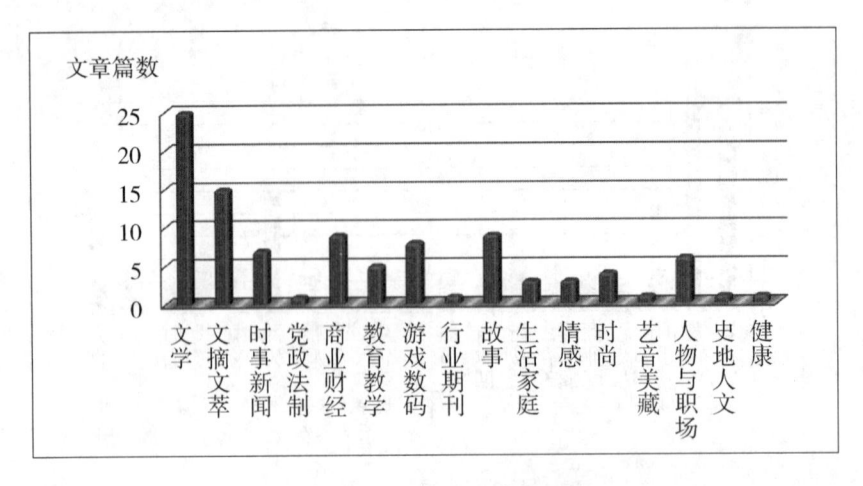

图 5　国内 TOP100 文章分属类别

从刊物的层面上看，45 种期刊拥有 TOP100 文章，其中《青年文摘》最多，共 13 篇文章；《收获》其次，共 8 篇；《当代》7 篇；《电脑爱好者》7 篇；《南方人物周刊》7 篇。

上述占有率最高的前 5 种刊物，共计有 42 篇文章属于 TOP100。而在 2008 年，则是仅仅 27 种期刊拥有 TOP100 文章，其中仅《青年文摘》就占有 19 篇，以之为首的占有率前 5 名期刊共有 53 篇文章名列 TOP100 榜单。

从文章的层面上看，2009 年国内 TOP100 文章中的前 10 篇，主题就涉及教育教学、文学、科技人物、情感、生活、财经等 8 个方面，既有实用性文章、休闲娱乐性内容，也有深层理论探讨（见表 5）。读者阅读取向的多元化由此可见一斑。

表 5　2009 年国内 TOP100 文章前 10 名

序号	刊名	文章	访问量	领域
1	教育探索	课堂教学有效性界说偏失的现状、影响及其纠正	5 040	教育教学
2	长篇小说选刊	折腾	3 628	文学
3	青年文摘	钱永健：登上科学巅峰的华裔才俊	3 428	文摘文萃
4	人生与伴侣	你应该知道的性秘密（一）	3 388	情感
5	当代	因为女人	3 332	文学
6	China Economist	Chinain 2008：Become a Middle – incoming Country	3 106	商业财经
7	网友世界	游戏展会该展什么？	3 094	游戏数码
8	收获	水在时间之下	3 034	文学
9	女人刊	淡淡流去的岁月	3 020	生活家庭
10	琴童	浅谈音乐在影视中的作用	2 926	艺音美藏

与国内 TOP100 文章相比，海外 TOP100 文章涉及面相对集中，但与 2008 年相比，也已有所扩展。榜单显示，海外读者付费阅读最多的前 100 篇文章，分属于 17 类刊物。其中文学类居第一，拥有 57 篇；党政法制类居第二，拥有 15 篇；商业财经类、时尚类各 5 篇，居于第三；其他依次为文摘文萃类 3 篇，情感类 2 篇，行业期刊 2 篇，中学读物 2 篇，大学学报、故事、亲子、军事武器、生活家庭、时事新闻、史地人文、游戏数码、娱乐动漫类各 1 篇。

表6 2008、2009 国内、海外 TOP100 文章对比

	年份	TOP100 文章所属刊物数量（种）	前 5 种刊物所拥有 TOP100 文章数（篇）	文学作品所占比例（%）
国内	2008	27	53	18
	2009	45	42	25
海外	2008	16	84	92
	2009	27	64	57

从类别上看，海外文章与国内同样丰富、多元。而从刊物层面考察，海外 TOP100 文章分属于 27 种刊物，读者阅读最多的前 5 种刊物占有 64 篇，国内 TOP100 文章则分属于 45 种刊物，前 5 种刊物占有 42 篇，可见海外读者的阅读范围与国内读者相比相对狭窄。但是，这与 2008 年相比，已经有所扩展。2008 年海外 TOP100 文章仅分布于 16 种期刊，其中仅《当代》《十月》《人民文学》《收获》《长江文艺》5 种刊物就集中了 84 篇；全部 100 篇文章中，文学类的占 92 篇，居于绝对优势地位。

综合国内、海外 TOP100 文章看，一个显著的特征是，文学作品广受青睐，而海外尤其明显。国内榜单上，文学作品占据 25% 的席位，海外榜单上，文学作品占据了 57% 的席位。国内阅读前 20 篇文章中，文学作品占 30%，海外阅读前 20 篇文章中，文学所占比重更高，竟达 85%。另外，同时入选国内、海外 TOP100 的文章共有 31 篇，其中文学就占了 20 篇（见表8）。文学作品在各个榜单上遥遥领先于其他各类别作品，说明文学是国内、海外读者的普遍兴趣所在。当然，文学在海外读者中的热度，与 2008 年比已经有所消退，2008 年文学占海外 TOP100 文章的 92% 之多。海外阅读由单一走向多元，这与国内阅读的走势基本相同。

值得一提的是，《中国国家地理》的"太行山，把最美的一段给了河南"一文继入榜 2008 年 TOP100 文章后，2009 年度再次进入 TOP100，说明读者再次被这一充满诗意的文字所吸引。

表7 同时入选海外、国内TOP100榜单的文章

序号	文章	所属刊物			
		刊名	出版年	期号	类别
1	Chinain2008:Becomea Middle—incoming Country	China Economist	2008	1	商业财经
2	比铁还硬	芙蓉	2008	3	文学
3	不妨常到儿女家走走	人生与伴侣	2009	12	情感
4	沉默	收获	2008	6	文学
5	唇红齿白	小说月报	2008	8	文学
6	对面是何人	收获	2009	3	文学
7	福布斯咒语	当代	2009	3	文学
8	古墓侠影	今古传奇·武侠版	2009	8	故事
9	河岸	收获	2009	2	文学
10	红酒女人	37°女人	2008	8	时尚
11	黄光裕、荣智健入围全球"缩水富豪榜"等	商界	2009	2	商业财经
12	酒井法子小姐的韩国·首尔2夜3日游	COMO可人	2005	11	时尚
13	零年代	当代	2008	5	文学
14	流产	当代	2008	6	文学
15	男大女六岁结婚最理想等	37°女人	2008	8	时尚
16	你应该知道的性秘密(一)	人生与伴侣	2009	12	情感
17	上帝的证明	青年文摘	2008	12	文摘文萃
18	水在时间之下	收获	2008	6	文学
19	太行山,把最美的一段给了河南	中国国家地理	2008	5	史地人文
20	问苍茫	当代	2008	6	文学
21	新一轮"知青下乡"	中国新闻周刊	2009	21	时事新闻
22	幸存者	收获	2008	5	文学
23	哑嗓子	十月	2009	1	文学
24	一个医生的救赎	当代	2008	5	文学
25	一九八〇的情人	当代	2009	2	文学
26	壹亿陆	收获	2009	1	文学
27	月色撩人	收获	2009	5	文学
28	折腾	长篇小说选刊	2008	6	文学
29	真相	收获	2008	4	文学
30	致无尽关系	小说月报	2009	1	文学
31	状元媒	小说月报	2009	2	文学

文学作品的热读，反映了龙源期刊网络读者群体整体上文化程度较高、经济条件相对宽裕的特征，因为纯文学欣赏虽然是休闲性的，却要求读者有充裕的时间和深厚的思想内涵，这也是文学阅读在海外尤其红火的原因之一。国内阅读在多元化的同时，文学阅读比重有所加大，反映的是国内读者群体整体质量的上升；海外阅读文学降温走向多元，反映的是海外读者群体数量的扩大。这与龙源期刊网国内、海外市场扩张的路径密切相关。

七、国内重励志、应用，海外重党政法制

分析 2009 年海外、国内 TOP100 文章榜单，可以发现文学作品普遍热读这一共同点，而其不同之处也十分明显。

统计显示，国内 TOP100 文章中，文摘文萃类共有 15 篇，比海外多出 12 篇。国内此类文章 14 篇都来自《青年文摘》，据该刊宗旨以及文章标题可以推断，国内读者更偏爱励志、情感"心灵鸡汤"。除励志情感之外，国内读者对实用性文章的关注程度也大大超越海外读者。浏览国内 TOP100 榜单，《游戏展会该展什么？》《调教 Windows，让系统更好用》《网络看电视全攻略》等直接传授技能、方法的实用性文章有 10 数篇之多，而海外则少人问津。

海外读者对党政法制文章的热情是国内所没有的。《郑州大学学报（哲社版）》的《毛泽东反特权思想对当前反腐败的意义》一文是唯一入选 TOP100 的大学学报类杂志文章，但其题材无疑属于党政法制类，这充分显示了海外读者的阅读兴趣。

以上文章在海外受到追捧，一方面反映了近年来中国崛起引起不少读者对背后原因的探究和思索，另一方面反映了海外读者整体上具备较高的文化素养和思辨能力。

期刊人应该看到，以我国现当代历史为素材的纪实性、理论性文章，有着广阔的市场，当然，这类文章必须以权威性、客观性和深度见长才会受到欢迎。

八、过刊文章价值凸显，优质内容长尾尤长

网络阅读打破了刊期界限，由"读刊"变为"读篇"，再加上网络即时传播克服了纸质期刊查阅、携带不便的缺点，从而使过刊文章不再"过期"，能长久传播，优质内容能在相当长的时间内发挥"长尾效应"，创造持续的长期的效益，保值增值。这在 2009 年 TOP100 文章榜单上有着生动展示（见表 8）。

表8 TOP100文章过刊分配比例

	2008.08—2008.01(%)	2007(%)	2006(%)	2005(%)	2004(%)	合计(%)
国内	19	2	0	2	0	23
海外	18	0	0	4	2	24

国内付费阅读最多100篇文章中，过刊文章（本年度统计自2008年9月1日始，此前为过刊）共23篇，其中包括《COMO可人》2005年第11期的《酒井法子小姐的韩国·首尔2夜3日游》，《三联生活周刊》2005年第45期的《小罗的脚法》等"老旧"文章。

海外付费阅读最多的100篇文章中，过刊文章更多，达到24篇。其中包括《海外科技新书评介》2004年第9期的《2+1维量子引力》，《郑州大学学报（哲学社会科学版）》2004年第3期的《毛泽东反特权思想对当前反腐败的意义》，以及《中学科技》2005年第8期的《我的Excel图章》等，虽然年代久远，仍有着不低的阅读量。

以类别来看，国内TOP100文章中属于过刊的有23篇，其中文学作品6篇，居各类别之首，占总数的26%；海外TOP100文章中属于过刊的有24篇，其中文学作品10篇，占总数的42%，名列第一（见图6）。

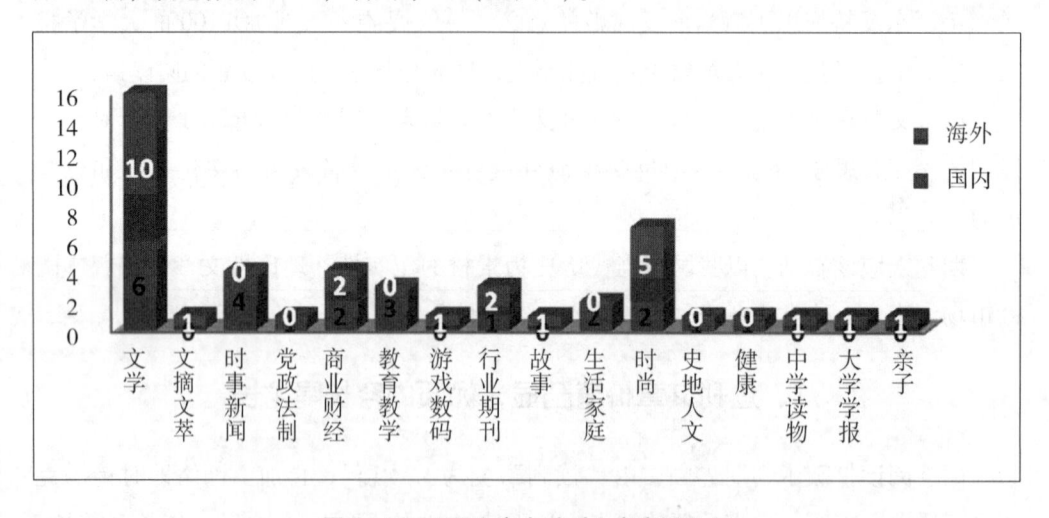

图6 TOP100文章中过刊文章类别分布

这固然与国内、海外阅读中文学作品所占比例较大有关，但从一个侧面也可以说明，在网络传播中，文学作品由于内涵深厚，时效性几乎可以忽略不计，而更能发挥"长尾"优势。由此我们有理由相信，在纸质文学期刊发行受阻、销路不畅的今天，网络将是它涅槃重生的天台、赢得读者的利器，文学复兴的希望或许就在这里。文学期刊经营者应该把握机遇，积极利用网络，并以网络传播的特点重塑文学作品形态，从而实现经营目标和文学理想。

在网络传播中，其他类别文章也能获得程度不同的"长尾"效应。因为整体而言，期刊内容时效性不强，而以深度见长。即使是"时事新闻"和"时尚"类文章，"过刊"也能够获得持续的阅读量和影响力，其他类别应当更有潜力。榜单涵盖的只是千万篇文章中的前100篇，数以万计的文章中，以过刊而获得了新的传播效果的，又何止上述这些？只要是适合读者需要的文章，在网络传播中，就会有更长的生命周期，都不会因时间因素而被埋没。

九、浏览、阅读落差巨大，多种因素促成转化

TOP100浏览文章，是龙源期刊网唯一以点击浏览数量进行统计、排序而产生的榜单，其他TOP100期刊、TOP100栏目、TOP100文章等各类榜单都是以读者实际付费阅读量为依据的。TOP100浏览文章榜单的价值，在于使我们能够通过比较对照，更准确地了解哪些内容是读者一带而过的，哪些是读者愿意深入阅读的，并进而思考吸引读者由浏览转化为深度阅读的因素究竟有哪些。

国内TOP100浏览文章，涉及24类85种期刊，与实际阅读的国内TOP100文章涉及17类45种期刊相比，显得分散许多。海外TOP100浏览文章涉及26类73种期刊，与实际阅读的海外TOP100文章涉及16类27种刊物相比，也显示出同样特点。浏览，是读者筛选过滤信息、寻找有价值内容的阶段。读者止步的地方，往往是问题之所在。

国内TOP100浏览文章中，中学读物占20篇，数量最多，小学读物占有9篇，位居第三，但在国内TOP100文章中，这两个类别未出现1篇。也就是说，学生读物类的文章，吸引了大量学生的关注，但却没有形成最终付费阅读，个中原因，或许与小读者们缺乏经济自主权，同时上网行为受限有关。营销团队已经掀起了潜在读者涌动的阅读需求，应该进一步争取到学校这一机构用户的支持，打通渠道，进入图书馆预览室，让需求转化为现实阅读。

海外TOP100浏览文章中，游戏数码类占12篇，IT类占5篇，但在海外TOP100文章中，这两类均未出现1篇。反差巨大的主要原因应该在内容方面。一方面，国内网游、IT技术并不比海外领先，同质竞争中很难得到青睐；另一方面，暴露了国内此类刊物在内容编辑中过于倚重新奇标题、热点噱头赢得眼球的弊病。新颖形式与优质内容恰当结合，才能真正赢得读者。

从文章的层面上看，落差尤其巨大。国内全部 100 篇浏览量最大的文章，只有《水在时间之下》《壹亿陆》2 篇文章出现在 TOP100 文章榜单上。海外 100 篇浏览量最大的文章中，也只有 9 篇文章在付费阅读 TOP100 文章榜单上出现（见表 9）。

表 9　浏览 TOP100 与阅读 TOP100 重合文章列表

序号	文章标题	所属期刊	类别
1	水在时间之下	收获	文学
2	壹亿陆	收获	文学
3	金山	人民文学	文学
4	琴断口	十月	文学
5	推拿	人民文学	文学
6	状元媒	小说月报	文学
7	致无尽关系	小说月报	文学

简单分析这 9 篇读者大量浏览、又大量阅读的作品，即可得出结论：能够打动读者，使其从简单关注进入实质性阅读的作品，一般而言应当具备厚重的高质量的内容、故事化的叙述方式，文学作品要语言简洁、情感细腻，党政法制类涉及重要人物、重大决策，能给人以启迪。这些绝不是全部要素，但具备这些要素的作品无疑会受到读者的钟爱。

内容为王，是期刊编辑的不二法则。仅靠新奇标题、刺激噱头引人注目的文章，不会受到多数读者的欢迎，表现在网络阅读中，就是不会得到大量的付费阅读。在国内 TOP100 浏览文章中，一共有 6 篇标题中包含"性""色"等词语，但在国内付费阅读 TOP100 文章中，仅有一篇涉及此类字眼；在海外 TOP100 浏览文章中，标题包含"性""色情""按摩女"字词的文章共有 7 篇，在付费阅读中也只有 2 篇包含此类字眼。以"星、腥、性"刺激读者欲望的庸俗手法，在期刊网络阅读的世界里并不适用。

内容具有深度的文章，更能够吸引读者深入阅读。在国内浏览 TOP100 文章中，诸如《计算机应用文摘》的"破解数字电视机顶盒"，《1/3》的"拍摄夜景人像 5 大技巧"，《电脑迷》的"如何进行 Q 币的转账"等实用技能性文章有 10 余篇之多；海外浏览 TOP100 文章中诸如《Twice 消费电子商讯》的"尼康单反 D90 使用技巧"，《第二课堂（小学版）》的"自制自动捕鼠器"，《出国》的"在澳洲买车，怎么才划算",《求医问药》的"教你如何刮痧"等实用性文章也有20余篇,但在付费阅读中则无一出现。这充分说明,在多数读者心目中,花费时间、金钱购买、阅读文章,还是选择深刻、厚重的才"合算"。的确,在网络世界里,各类免费的服务、娱乐、资讯、实用信息充斥了普通网页,与之相比,期刊唯一的优势在于深度整合,深刻揭示,这一优势不能丢失,不容忽视。

(作者时为中国传媒大学电视与新闻学院博士,现为河南大学教授、龙源网络传播课题组成员)

期刊海外网络传播与出版走出去

石 昆 介 晶

一、期刊海外网络传播的意义

期刊如何走出国门？近几年有部分期刊做出了一些实践，如《女友》《中国国家地理》《中国新闻周刊》等，分别通过版权合作或海外办刊等不同方式尝试走出去的可能。然而，受地理、空间、渠道、经费等多方面的局限，"走出去"困难重重。互联网为我们提供了期刊传播的便捷方式，免去了时空的阻隔以及传统领域的物流环节，使之瞬间送达世界读者面前。

龙源期刊网从建网开始，一直坚持期刊的网络传播和海外营销，接近3 000种的期刊在网络平台上运行，吸引了成千上万的中外读者，并于2005年开始，首度将与其合作期刊的网络传播数据TOP100排行公布于众；2006年推出了网络传播排行数据系列分析白皮书，让数据与科学分析并行，得到了刊社合作伙伴以及社会的肯定；2007年又推出了TOP100文章和期刊分类TOP10，满足了刊社更多的数据诉求；2008年增加了TOP100栏目和TOP活跃用户的发布，使得资源方与用户方有所对接；2009年最新增加了个人用户访问量TOP100排行，将网络数据传播向精细化和纵深化方向发展。可以说，龙源期刊网多年来积累的庞大期刊内容资源和在海外华人中形成的广泛影响力，对研究中国期刊的海外传播具有巨大的价值和意义。

本课题基于龙源期刊网2005—2009年网络传播的海外TOP100排行数据进行分析，探讨期刊海外网络传播的规律和意义，使之更好地作用于中国期刊"走出去"步伐。

二、2005—2009期刊网络传播海外TOP100期刊类别、访问量、刊期看海外读者阅读取向

（一）2005—2009海外TOP100期刊类别变化分析

2005—2009五年间海外TOP100期刊共涉及36个类别，为了更集中地对比，我们从中列取出各年份排名前10的期刊类别做比较分析（在并列项，为了公平起见

同时被选入其中）。

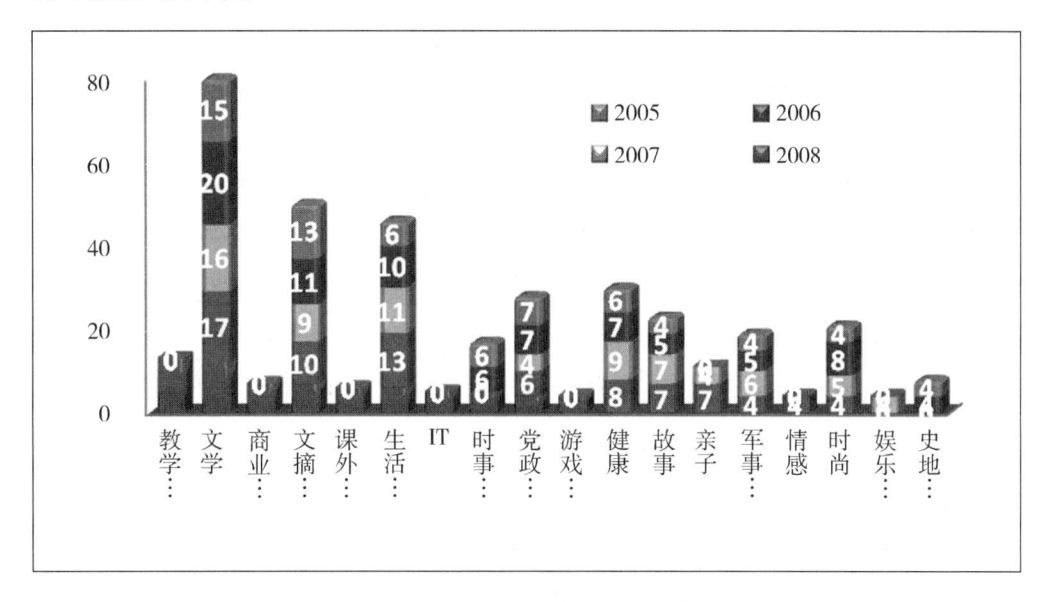

图1　2005—2009 海外 TOP100 前 10 名期刊类别

从上图可以看出，五年间进入海外 TOP100 前 10 名的期刊共有 19 类，出现了以下趋势变化。

2005—2008 年间，海外读者更倾向于阅读长篇文学作品和文摘文萃类休闲型期刊；而实用性较强的健康、生活家庭、医药医疗类期刊也是这几年海外读者较为关注的方面；与此同时，还有很多海外读者通过阅读党政法制和时事新闻类期刊来时刻关注国内政治、经济等各方面的走势，这些类别的期刊阅读占有率在 2009 年均有不同程度下降，说明海外读者阅读取向随着世界大环境的影响也进入到略微的调整期，对于消遣类的期刊人们不再给予过度的关注，而开始走向理性和实用性阅读。因此可以说，在金融危机这一大的国际背景之下，读者对"硬新闻"的关注度超过了对"软新闻"的关注，这一特点也为期刊编辑根据形势变化调整办刊内容提供了有益的思考。

2005—2008 年排名第 1 的期刊类别总数要明显多于排名之后类别总数，如 2008 年排名第一的文学类比排名第二的生活家庭类多 4 种；2007 年排名第一的文学类期刊为 16 种比第二的生活家庭类多 5 种，但这种情况到 2009 年有所变化，排名前十的期刊类别种类在占有率上趋于平均化，这说明海外读者不再仅对一类期刊感兴趣，其选择阅读范围越来越多样化，他们更愿意通过网络去尝试阅读各种类型的期刊。

比如，在 2009 年排行榜中，有 5 类期刊种类打破以往格局跃然于榜单中，它们是：教学研究、商业财经、课外阅读、IT 和游戏数码类期刊，在 TOP100 中占比分别为：13%、7%、6%、5%、4%。这种变化打破了以往海外阅读仅以文学文论和保健养生育儿为主的局面。同时，随着网络传播的影响力越来越大，很多读者开始认同网络阅读并逐渐从浏览性、消遣性的浅阅读进入到专业性、理论性强的深阅读。2009年海外TOP100排行中教育教学类期刊表现尤为突出。长久以来，由于教学研究类期刊属于特定人群的刊物，在前四年的TOP100中仅有一次出现在榜单中，2009年度却高居榜首，此类期刊的快速上升与龙源不断拓展海外公共图书馆和大学政府机构用户密不可分，这部分读者更注重于网络阅读的实用性和知识性。而商业财经类期刊的走俏与近两年国内、海外动荡的经济大环境分不开，在这种时刻，人们更希望通过专业性和理论性强的杂志来提高自己对财经走势的了解和把握。

（二）2005—2009 海外TOP100排行前10名期刊访问量分析

表1将2005—2009年海外TOP100排行前10名期刊的访问量进行汇总对比（由于缺乏2005年访问量的数据，所以仅对四年的访问量进行分析）：

表1　2005—2009年海外TOP100排行前10名期刊及访问量列表

排名	2009		2008		2007		2006		2005
	刊名	访问量	刊名	访问量	刊名	访问量	刊名	访问量	刊名
1	商场现代化	91 528	中外文摘	14 568	当代	4 413	北京文学	30 660	海外文摘
2	电脑爱好者	53 926	当代	10 950	青年文摘	3 761	当代	26 929	棋艺
3	中国医药导报	53 440	青年文摘	10 920	北京文学	3 198	长江文艺	16 445	现代家庭
4	中国新闻周刊	40 606	家庭	10 725	轻兵器	3 171	十月	14 686	轻兵器
5	计算机世界	36 306	婚姻与家庭	7 971	人民文学	2 892	收获	11 689	为了孩子
6	大众电影	29 894	轻兵器	6 984	长江文艺	2 664	人民文学	11 590	中国国家地理
7	中国计算机报	29 630	十月	6 348	婚姻与家庭	2 551	轻兵器	8 922	新华文摘
8	收获	29 476	大众摄影	5 526	十月	2 508	啄木鸟	7 401	当代
9	会计之友	27 778	故事林	5 112	幸福	2 466	大众电影	5 151	三联生活周刊
10	伴侣	25 454	电脑爱好者	5 007	大众摄影	2 331	婚姻与家庭	4 973	百年潮
	合计	418 038	合计	84 111	合计	29 955	合计	138 446	—

从表1中可以看出，2007年的访问量低于2006年，2008年出现大幅上扬，比上一年增长接近两倍，2009年大幅攀升，访问量是前三年总和的1.66倍。（2006—2008年前10名期刊的访问量总和为252 512次，2009年为418 038次）。

从类别上看，2006年前10名中70%为文学类期刊，2007年文学类期刊占六成，2008年出现多元化趋势，生活家庭与文学类期刊各占三分之一，IT、故事、艺术收藏和军事武器类占其余的四成。2009年市场营销、IT、医药医疗和时政新闻类期刊跃居前五名，人们的阅读开始广角化，预示着期刊网络传播的广阔前景。

2005—2009海外TOP100的第一名分别是《海外文摘》《北京文学》《当代》《中外文摘》《商场现代化》，可以看出，文学、文摘文萃类期刊依然是大多数海外读者的首选，而《商场现代化》在前4年均未上榜，到2009年跃升至第一名，像这类学术性较强的期刊能赫然占据2009年的榜首，也说明了数字期刊阅读已逐步走向成熟，走向深度阅读的阶段。

（三）2005—2009海外TOP100刊期统计

将2005—2009年海外TOP100中的期刊进行刊期的汇总，并按时间由短到长排序，就形成了2005—2009年海外TOP100刊期分布表和分布图（由于2005年数据缺乏，所以仅对2006—2009年刊期进行汇总），如下所示：

表2　2006—2009海外TOP100刊期分布表

序号	刊期	2009	2008	2007
1	周刊	8	1	1
2	双周刊	2	0	0
3	旬刊	11	1	2
4	半月刊	44	23	13
5	月刊	29	69	79
6	双月刊	6	5	5
7	季刊	0	7	0

从图2中可以看出，2006—2008在海外TOP100中占绝对优势的月刊在2009年所占比例大幅下降，而周刊、旬刊、半月刊增幅较大，双周刊实现了零的突破，有两种期刊上榜，双月刊所占比例较稳定，季刊在排行中消失。这一变化特点说明大多数海外读者已不满足于"每月一期"的阅读习惯，逐渐形成"半月一期"的阅读形式，有些读者更是喜欢"十天一期"进行阅读。这也说明海外读者对国内的关注越来越密切。同时也从另一个角度反映了随着信息社会时代的要求以及人们生活节奏的加快，人们对信息需求的变化、更新的速度有了更高的要求，从而使得刊期越做越短，杂志越出越快。

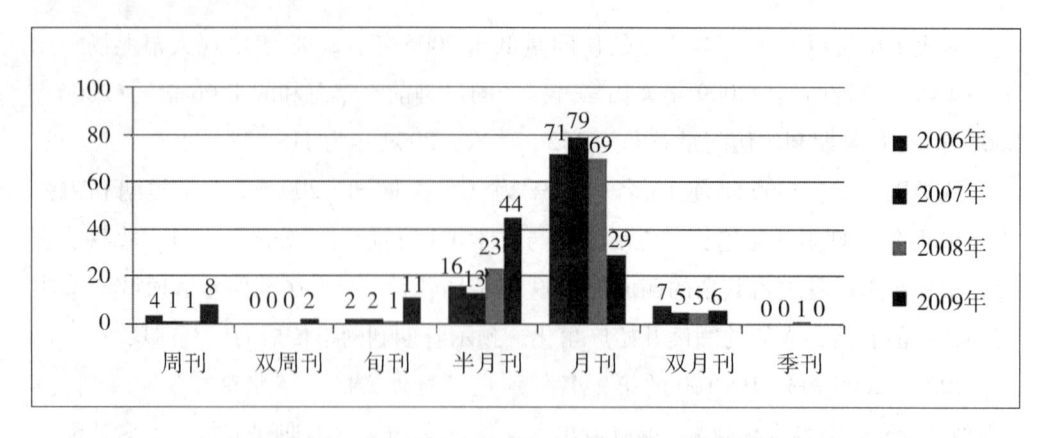

图 2　2006—2009 海外 TOP100 刊期分布图

三、从排行五连冠、四连冠期刊看海外读者的阅读取向

（一）连续五年上榜的期刊变化分析

将 2005—2009 连续五年上榜的期刊及排名进行汇总，并按类别的音序排列，得出下表。"升降"一栏是指 2009 年较 2005 的排名总趋势，上升用 U（UP）表示，下降用 D（DOWN）表示。

表 3　连续五年上榜的期刊及排名

序号	类别	刊名	2009	2008	2007	2006	2005	升降
1	党政法制	百年潮	45	74	78	97	10	D35
2	生活家庭	伴侣	10	19	22	36	67	U57
3	生活家庭	人生与伴侣	17	44	74	81	61	U44
4	娱乐动漫	大众电影	6	14	14	9	47	U41
5	艺术收藏	大众摄影	30	8	10	14	43	U13
6	医药医疗	大众医学	49	24	25	18	82	U33
7	文摘文萃	读书	94	29	39	35	57	D37
8	文摘文萃	青年文摘	15	3	2	16	33	U18
9	军事武器	轻兵器	81	6	4	7	4	D77
10	文学	当代	11	2	1	2	8	D13
11	文学	人民文学	44	12	5	6	17	D27
12	文学	山花	48	25	40	21	40	D8
13	文学	十月	40	7	8	4	13	D27
14	文学	收获	8	11	11	5	16	U8
15	文学	啄木鸟	31	33	31	8	29	D2

从类别中可以看出，共有 16 种期刊连续五年上榜，其中文学类共 6 种，占上榜期刊的 37.5%；生活家庭类、党政法制类和文摘文萃类各 2 种，各占上榜期刊的 12.5%；娱乐动漫类、艺术收藏类、医药医疗类、军事武器类各 1 种，各占上榜期刊的 6.25%。

从排名中可以看出，连续五年上榜的生活家庭类期刊有两种，排名上升幅度较大，其中《伴侣》五年来上升 57 名，2009 年排名第 10 位，平均每年上升幅度达 64%；《人生与伴侣》上升 44 名，2009 年排名第 17 位。

连续五年都进入前 20 名的期刊仅有两种，分别是《收获》和《当代》，这说明文学类期刊仍是海外读者的第一选择，同时也再次证明了传统名刊的品牌力量。

（二）连续四年上榜的期刊变化分析

将 2005—2009 连续四年上榜的期刊及排名进行汇总，并按类别的音序排列，得出下表。

从表 4 中可以看出，连续四年上榜的期刊共有 26 种，其中生活家庭类有 5 种，占上榜期刊的 19.2%，接近五分之一；文摘文萃类和时尚类各有 3 种，各占上榜期刊的 11.5%；健康、文学、军事武器类各有 2 种，各占上榜期刊的 7.7%。

表 4　连续四年上榜的期刊及排名

序号	类别	刊名	2005	2006	2007	2008	2009
1	IT	电脑爱好者	—	37	13	10	2
2	党政法制	纵横	70	47	46	63	—
3	故事	中华传奇	77	20	44	60	—
4	健康	保健与生活	90	41	41	46	—
5	健康	中老年保健	74	26	15	23	—
6	军事武器	兵器知识	—	57	56	21	72
7	军事武器	军事文摘	15	46	16	67	—
8	美食烹调	烹调知识	35	23	20	20	—
9	亲子	为了孩子	5	40	68	94	—
10	社会科学	新华文摘	7	48	42	79	—
11	生活家庭	婚姻与家庭	46	10	7	5	—
12	生活家庭	现代家庭	3	13	12	22	—
13	生活家庭	幸福	—	12	9	13	55
14	生活家庭	家庭百事通	87	73	97	49	—
15	生活家庭	现代妇女	34	39	23	50	—

（续表）

序号	类别	刊名	2005	2006	2007	2008	2009
16	时尚	优雅	72	49	32	54	—
17	时尚	昕薇	80	15	18	56	—
18	时尚	医学美学美容	38	54	34	48	—
19	史地人文	中国国家地理	6	28	27	68	—
20	文学	北京文学	18	1	3	75	—
21	文学	长江文艺	31	3	6	18	—
22	文摘文萃	东西南北	23	25	28	28	—
23	文摘文萃	海外文摘	1	82	60	81	—
24	文摘文萃	书报文摘	94	62	71	45	—
25	医药医疗	家庭医药	63	42	95	85	—
26	娱乐动漫	时代影视	—	55	77	53	14

从排行中可以看出，IT类期刊《电脑爱好者》2006—2009年排名连年增长，从2006年的第37位跃升到2009年的第2位，这说明随着互联网和个人电脑的普及，人们对信息知识的需求与日俱增。

四、2005—2009海外TOP100期刊呈现五大特点

（一）期刊海外访问量大幅增长

2007年和2008年由于受次贷危机的影响，全球经济增长减缓，甚至一些国家出现了经济衰退，期刊网访问量也因此受到影响。2009年随着全球经济形势开始回暖，各刊社更注重于优质内容的开发，再加上人们精神文化诉求加大，使得海外访问量成倍大幅增长。

（二）半月刊上榜数量后来居上，超过长期占绝对优势的月刊，成为海外读者首选

海外网络读者阅读频率正在加快，不再局限于"每月一期"的阅读，常常读、天天读的阅读习惯在逐渐形成，这说明海外读者越来越多的通过数字期刊阅读的方式来关注国内情况，同时也从另一个角度反映了随着信息时代的要求以及生活节奏的加快，人们对信息需求的变化、更新的速度有了更高的要求，使得刊期越做越短，杂志越出越快。

（三）海外读者更加认可品牌力强、优质内容的期刊

2005—2009年，共有16种期刊连续5年上榜，有26种期刊连续4年上榜。这

些期刊已形成网络阅读品牌，其中有传统期刊界的品牌，应该说由此完成了网络品牌的延伸。网络读者对优质内容的接受和忠实度说明一切问题。

（四）阅读类别由相对单一趋向多样化，阅读内容越来越丰富

2005—2008年海外读者的阅读类别相对集中在文学、文摘文萃、家庭、健康、情感类等，到了2009年，课外阅读、农业、人物、市场营销、游戏数码、语文教学类期刊逐步走上排行榜，说明海外读者的阅读趋向于丰富性、多样化。

（五）期刊类别细分向精细化和纵深化方向发展。

纵观五年来海外TOP100期刊类别划分越来越细，一些面向特定人群和以特定兴趣为焦点的杂志也越来越多地走进人们的视野。读者开始根据自己的阅读需求，有目的地去选择、阅读文章，不再毫无边际地随意浏览，因此为了满足各层次读者的需求，期刊类别越来越细分，使得市场需求进一步向精细化和纵深化方向发展。

五、期刊网络传播海外TOP100五年排行的启示

（一）期刊走出去需要加大力度

龙源电子期刊阅览室也为期刊的海外传播发挥了巨大的助力作用。海外特别是西方发达国家图书馆建设很发达，平均每两万人就有一所，加拿大公共图书馆超过1500多家，为了满足公众需要，图书馆按照不同比例收藏各个国家的资源。五年来，龙源期刊网不断努力拓展海外读者市场，成功开拓了美国、加拿大、澳大利亚、日本，以及中国香港和中国台湾等海外市场（参见龙源期刊网部分海外客户名单）。海外公共图书馆的访问量位列第一。其中，在加拿大，几乎所有大中城市的图书馆都是龙源期刊网的用户。命名为"龙源电子期刊阅览室"的阅读平台正在越来越受到读者的喜爱。随着华人在世界各地的增加，尤其是全世界对中国文化和中国社会的了解需求增加，中文期刊阅览室必将日益普及。

表5　龙源期刊网部分海外客户名单

单位名称	中文名称
St. Louis County Library	美国圣路易斯县图书馆
Boston Public Library	美国波士顿公共图书馆
New York Public Library	美国纽约公共图书馆
Edmonton Public Library	加拿大埃德蒙顿公立图书馆
Education Bureau HK	香港教育统筹局
Markham Public Library	安大略马卡姆公共图书馆

(续表)

单位名称	中文名称
East Brunswick Library	新泽西州东不伦瑞克图书馆
Calgary Public Library	加拿大卡尔加里公共图书馆
Winnipeg Public Library	加拿大温尼伯公共图书馆
Burnaby Public Library	加拿大本拿比公共图书馆
Alameda County Library	加利福尼亚阿拉米达县图书馆
North Shore Libraries	美国北岸图书馆
Auckland City Library	新西兰奥克兰市图书馆
Brooklyn Public Library	加州布鲁克林公共图书馆
Queens Borough Library	纽约皇后区图书馆
Kitchener Public Library	加拿大基奇纳公共图书馆
Toronto Public Library	多伦多公共图书馆
Monash University	澳大利亚莫纳什大学
Houston Public Library	美国休斯顿公共图书馆
City of Sydney	澳大利亚悉尼市公共图书馆
Greater Victoria Public Library	大维多利亚公共图书馆
Brigham Young University	美国杨百翰大学图书馆
Gold Coast City Councli Library	澳大利亚黄金海岸市议会图书馆
Ottawa Public Library	渥太华公共图书馆
San Francisco Public Library	旧金山公共图书馆
Santa Clara County Library	美国圣克拉拉县图书馆
Vancouver Public Library	加拿大温哥华公共图书馆

（二）期刊通过网络传播，走到世界各国主流社会的公共阅读平台是最便捷的路径之一

随着经济全球化进程的加速和各国文化交流的扩大，中国文化走出国门将成为一种必然趋势。而互联网作为信息传播的一种重要途径和手段，其传播速度之快，范围之广是前所未有的。

网络传播的低成本、高效率、强实效，为期刊走出国门开辟了一条快捷、方便的通道，龙源期刊网通过向海外读者提供阅读平台的服务方式，使中国期刊借助于网络以群体形式走向世界，并由此实现了中国期刊的整体营销。

（三）满足全世界华语读者的需要

在近10年的网络传播中，包括《青年文摘》《家庭》《南风窗》《商界》《诗刊》《中国新闻周刊》《新周刊》《中国经济周刊》及《故事会》在内的名刊大刊都先后通过龙源走到了世界各地的海外华人读者面前，形成了数字期刊品牌。龙源期刊网内容的多样性、版面的新颖化、使用的人性化以及种类的多元化，深受海外华人的喜爱，龙源期刊网的影响力也随之日趋增长。龙源的目标是尽可能多的覆盖海外华人居住的地方。

（四）中国品牌期刊成为世界各国的主流社会媒体中的成员

要实现这一点，需要国家政策的支持，需要更加强有力的资金后援。目前我国图书的版权贸易已经颇有成果，期刊的版权合作引进来居多，走出去还很少，龙源期刊网连续五年的海外阅读排行统计，给期刊走出去提供了科学的依据，像一份持续了五年的调研报告，我们应该高度重视这些宝贵的数据，深入地研究它，找到期刊走出去、出版走出去，乃至中国文化走出去的路径和方法。

综上所述，课题组认为，由于打破了时间、空间、成本的限制，网络传播将成为中国期刊走出去的一个主流手段。通过龙源期刊平台，合作刊社无疑可以很好地增加自身在海外华人读者市场的影响力。2010年将是龙源加快拓展海外市场，壮大龙源海外知名度的关键一年，龙源期刊网将以更加新颖化、多元化、人性化的崭新姿态走到世界各国的主流社会中，把更多的中国期刊介绍给世界各国的读者，来不断地扩大中国及其文化在全世界的影响。

（作者均为中国出版科学研究所研究人员，龙源网络传播课题组成员）

中国图书商报与龙源期刊网联合发布中国期刊网络传播趋势报告

——期刊网络付费阅读正逐渐被大众接受

晓雪 李鹏

期刊网络阅读已经日渐成为主流的阅读方式之一。龙源期刊网自2005年发布期刊网络传播数据分析报告以来，各刊的点击阅读量均有很大程度的提高。在龙源期刊网这一个汇聚全国2 400多种期刊的网络传播平台上，点击阅读量每年飞速增长成为中国网络阅读快速发展最有力的一个证明，尤其在目前这样一个全球经济萎缩的大背景下，选择网络阅读这种相对较低成本的途径其优势会更加突出。

在龙源以往的TOP100期刊排行榜的分析中，更多人注意到期刊网络传播的"长尾效应"——两千多种期刊通过网络传播得到了纸本刊物难以获得的传播力和影响力。这一点很容易理解，目前的市场竞争环境下，由于受制于资金、人才、政策等资源的限制，期刊的生存空间受到挤压，但是网络的大规模普及无疑把各类期刊都拉到了同一条起跑线上。通过网络传播，不同类型的期刊通过自身的努力，完全可以适应更多不同口味读者的需求，因此才有了2008年榜单上《商场现代化》《领导文萃》《考试周刊》等杂志的抢眼表现。从这个角度上来讲，"长尾理论"仍然深刻影响着期刊网络传播的格局。

而2008年的榜单显示，排名靠前的期刊与其他同类期刊的差距正在显著扩大。如国内阅读排名第一的《青年文摘》，其网络付费阅读量超过45万多次，第二名《意林》超过38万次，随后几位的阅读量则分别只有26万次、20万次、19万次和14万次，其余大部分TOP100期刊的阅读量都集中在4万—10万次之间徘徊。可以明显看出，强势期刊如《青年文摘》《意林》等与其他期刊相比领先优势更加突出，网络访问量越来越向优势期刊资源集中。

同时，"2008海外阅读TOP100期刊"的排行也凸显了这种马太效应：排名第一的《中外文摘》访问量超过1.4万，明显领先第二名《当代》的1.09万点击量，领先幅度接近30%。《中外文摘》更是超过排名第100的《台港文学选刊》访问量的50倍之多。

这种网络资源越来越向优势期刊资源集中的现象表明，期刊网络传播已经逐渐摆脱了原来那种"混战不断"的乱象，随着强势期刊在网络传播上的崛起以及地位的不断巩固，整个期刊网络传播的市场格局正在逐渐趋稳，因此期刊的网络传播也就越来越具有了实体期刊市场的特征——"赢家通吃"，内容好才是真正的好。也就是说，无论是传统期刊界的集成品牌期刊还是中小期刊群体，都有可能通过网络传播延伸品牌或在网络上打一场"翻身仗"。关键是要专注地做好内容，要坚定不移地抓住数字化发展的机遇。

分析龙源期刊网本次发布的2008年期刊国内、海外阅读TOP100榜单，期刊网络传播的一些大的趋势并没有显著变化，期刊网络传播的发展仍然在我们设置的议题之中发酵。比如，在纸本期刊市场持续低迷环境下，期刊网络阅读率继续保持高速成长；期刊网络传播重构了纸本期刊的话语权分配；某些期刊细分市场由于特定因素而在某年度的榜单上突然"发威"等等。综合来看，龙源期刊网2008网络传播国内、海外TOP100表现出以下四大趋势。

趋势一：期刊网络阅读率持续攀高

近年来，随着网络的不断普及和期刊数字化大潮的不断推进，期刊网络阅读率连年保持高速增长态势。除此之外，根据龙源发布的这两份最新榜单，我们还能明显地看出，随着期刊出版频率地不断加快，半月刊和旬刊不断普及，这类出版周期短的杂志在网络上也得到了更多的付费点击量。

（一）期刊网络传播点击量高速增长

经过计算，龙源期刊网2008 TOP100期刊的国内付费阅读量之和约为1 550万次，而2006年的这一数字约为460万次，三年时间成长率达337%。相对来说，海外访问量近年来一直保持平稳态势。

龙源期刊网期刊网络传播访问量的节节攀升，主要来源于以下原因：一是面得益于越来越多的受众开始认可期刊网络付费传播的价值，期刊付费阅读的网络传播环境正在逐步养成，开始向发达国家看齐；其次，国内刊社对网络传播的认可度越来越高，逐渐认识到"数字化引领期刊未来"这一期刊业生死攸关的问题；最后一个不可忽视的因素在于"龙源"这一品牌的价值近年来稳步提高，随着龙源期刊网在大中专院校、科研机构、军队、机关事业单位等进行广泛、深入的市场营销，以及在各类媒体上不懈推广自己的品牌，越来越多的读者开始选择龙源期刊网作为自己网上读刊的重要阵地。

（二）期刊出版频率与网络传播效率成正比

期刊的出版周期越短，其网络传播的效率就越高，反之亦然。换句话说，周刊、半月刊杂志比月刊杂志的网络阅读量更高。这是 2008 年网络传播 TOP100 期刊榜单显示出的一个新特征。

以龙源 2008"国内阅读 TOP100"榜单为例，拿第 1—10 名和第 91—100 名两个群体的杂志来对比，第 1—10 名杂志中仅有排名第 6 位的《领导文萃》杂志为月刊，其余全部为周刊、旬刊或半月刊；而第 91—100 名杂志中仅有《棋艺》和《党史文苑》为半月刊，其余全部为月刊甚至双月刊。

出于经营和营收的考虑，目前国内多数杂志都缩短了出版周期，从季刊、双月刊、月刊逐渐过渡到半月刊、旬刊、周刊，加快出版周期后的内容含量也更为丰富，供网络读者选择的余地更大，因此在阅读排名上也更为靠前。

趋势二：期刊网络阅读内外有别

通过龙源每年发布的国内、海外两种榜单可以看出，中文期刊在海外华人市场继续保持很强的号召力。但是对比国内榜单，海外读者更认可传统的"名刊"，并对一些特殊领域保持不同于国内付费阅读市场的兴趣。文化认知背景、信息获取渠道的差异或许是海外阅读和国内阅读之所以呈现出不同特色的两大因素。

（一）"品牌期刊"国内、海外阅读认知度差异明显

综合 2008 年"国内阅读 TOP100 期刊"和"海外阅读 TOP100 期刊"两个榜单来看，一个明显的特征是海外读者更重视期刊品牌的影响力，比如《当代》《青年文摘》《家庭》《十月》《大众摄影》等传统品牌期刊都位居海外阅读十强期刊，整个海外阅读 TOP100 期刊中有很多都是老牌的知名期刊。而 2008 国内阅读 TOP100 期刊中，越来越多的新锐期刊如《商场现代化》《领导文萃》《考试周刊》等上升速度非常明显。

从国内和海外的这种阅读差异中可以看出，目前国内很多期刊的品牌还不能有效地延伸到网络，形成有效的网络吸引力。而一些中小期刊由于自身内容更适合网络阅读或者推广力度大等原因，通过网络传播大大扩张了自己的影响力，取得了纸本期刊难以取得的成绩。

（二）三大门类勾勒 2008 海外阅读热潮

从 2008 年期刊海外网络传播数据 TOP100 中，呈现出三大热门阅读：第一，文摘类、故事类、文学类等文字类刊物依旧占主流阅读地位，《中外文摘》《青年文

摘》《当代》《十月》《故事林》等杂志排行前十，延续龙源期刊网海外读者一贯的阅读习惯；第二，医药保健类期刊多达13种，远远高于国内期刊网络传播TOP100。中华传统医学养生保健知识一直是海外华人和一些西方人士最关注的中国传统文化之一，也一直是中国期刊海外阅读的主流；第三，2008年，在海外阅读TOP100中有6种婴幼儿期刊上榜，其中包括《幼儿时代》《孩子》《父母必读》《娃娃画报》《为了孩子》《启蒙》。而在国内阅读TOP100种，只有《为了孩子》上榜，这是今年的一大特征。龙源期刊海外阅读潮流中，透露出两大趋势：以文学文字为主的纯休闲阅读和以保健养生育儿为主的偏实用阅读构成了海外用户两大主要期刊网络阅读诉求，龙源连续四年发布的TOP100期刊反复证明了这一点。

趋势三：期刊网络传播显示出巨大的重塑力

期刊阅读移至网络之后，网络显示出了对传统期刊格局的巨大重塑力。不论是新刊还是老刊、名刊还是小刊，各类杂志似乎处在了同一条起跑线上：一些小型期刊"酒香不怕巷子深"，通过龙源这个期刊平台获得了巨大的网络传播力和影响力。甚至，期刊网络传播受众的性别特征也颠覆了"杂志女性读者多"的定律。

（一）"新"刊网上不一定逊于"老"刊

在网络化发展方面，新刊并不意味着处于劣势地位。创刊仅三年的《37°女人》和创刊仅一年的《先锋国家历史》均进入龙源期刊网络传播数据国内排行TOP100榜单，《37°女人》居第65位，《先锋国家历史》居第79位，从这个意义上讲，新刊在网络传播方面并不完全逊于老刊，重要的还是期刊内容本身的质量。《37°女人》和《先锋国家历史》杂志的快速进入TOP阅读的视野，跟其准确的市场定位和优质的内容是绝不可以割裂的，在网上，这一优势同样可以获得网民的认可。

（二）"小众"杂志网上实现"大众"传播

从今年的期刊网络传播排行数据中，我们还惊奇地发现，现实世界非常"小众"的杂志在网络空间也可以成为"大众"杂志，在网络上，小众杂志也日渐得到人众的喜爱。在2005年龙源发布的期刊网络阅读亚洲排行TOP100中，只有《海事大观》《坦克装甲车辆》和《搏击》3本特殊兴趣类杂志上榜。但是，2006年的"TOP100"榜单中，上榜的有《轻兵器》《大众摄影》《棋艺》《精武》《武当》《搏击》《海事大观》《兵器知识》等杂志，且付费阅读量均在1.5万次以上，而《轻兵器》更高达4.19万次，是排行第一的《新华文摘》（8.44万次）的一半。在2007年和2008年的"TOP100"中，上述大多数杂志仍旧保持不错的阅读量，《兵器知识》2008年位居TOP100排行榜第46位，阅读量为6.54万次。而这类刊物尤其是军事、兵器类的忠实读者以年轻男士为主，这一群体也恰好是网络的主流消费群，因此，可以说，"小众"杂志借由网络实现了"大众化"。

（三）期刊阅读受众性别线上线下差异明显

一般来说，期刊的受众以女性为主，所谓"男人读报，女人看刊"已经得到多数人的认可。但从龙源近几年发布的网络传播数据可以看出，期刊阅读平移到网上之后，受众却出现较为明显的男性化特征。如排名靠前的《商场现代化》《电脑爱好者》《中国新闻周刊》《商业时代》《理财周刊》《新民周刊》等，其读者男性会占较大比例。访问量靠前的杂志中，只有排名国内阅读第10位的《人生与伴侣》及海外阅读第4位、第5位的《家庭》《婚姻与家庭》三本杂志偏女性类刊物。

同样，在今年的榜单上，新闻类杂志和军事类杂志有不俗表现，《中国新闻周刊》《新民周刊》等杂志排名靠前；而《轻兵器》《兵器知识》《坦克装甲车辆》等军事类杂志在海外阅读排行上也占据靠前位置。此外财经类、管理类杂志继续维持其在榜单上的一贯强势表现，从中我们可以明显感受到男性读者在期刊网络阅读中所扮演的重要力量。

之所以期刊网络阅读更受男性读者的青睐，仍源自男性群体对网络的接受度较高。不过，经过近几年的发展，国内网络用户的构成比例已经摆脱了当初男性占据压倒性优势地位的格局，女性网民的数量与男性网民的数量已经逐渐接近。但是有调查显示，女性的上网行为更青睐浏览视频、图片等内容，而男性网民则更热衷于网游、网络阅读等，这也是期刊网络阅读男性网民居多的一个客观原因。

趋势四：细分市场表现可圈可点

一般来说，消费类杂志占据市场主导地位，而龙源发布的2008年TOP100期刊排行显示，在网络阅读环境下，B2B类杂志的上涨趋势更加明显，如《领导文萃》《考试周刊》针对特定受众人群的杂志，再如《现代医药卫生》《中国医药导报》《中国实用医药》《会计之友》《财会通讯》等杂志，成功"打败"众多大众消费类期刊，分别取得国内阅读第十八位、第二十四位、第三十六位第二十八位和五十六位的成绩，再次证明了网络传播对B2B类杂志的巨大重塑力。

（一）期刊网络阅读彰显草根本性

从龙源连续四年的期刊网络传播数据中我们发现，网络文化的草根性在TOP100榜单上得到了充分而切实的印证。文学、婚姻、家庭、故事阅读占据了主流的阅读主题，而是最没有"知识门槛"而且也离普通大众的生活更近的阅读内容。

从四年的海外传播数据来看，2005年TOP100排行榜上，纯文学杂志还相对较少，在前15名中只有《当代》和《十月》两种，但到了2006年，文学期刊海外网络阅读的数量急速增加，《当代》《北京文学》《长江文艺》《十月》《收获》《人民文学》《小说月报》等迅速成为最受海外网络喜欢的期刊，特别是《当代》，分别为2007年和2008年数据排行榜的状元和榜眼。

从2008年的数据来看，国内期刊网络阅读方面，《意林》和《青年文摘》这类适合年轻人阅读的文摘类杂志最受欢迎，《青年文摘》和《意林》文章短小精悍、故事性强、励志而富有人情味，这也比较符合网络阅读的特征。

（二）新闻、财经类话题是民众焦点

2008年是个极具媒体话题意义的一年，雪灾、地震、奥运会、毒奶粉，新闻事件之影响一浪高过一浪，这从2008年龙源期刊网"期刊网络传播数据排行榜"便可以找到很好的佐证：在龙源期刊网络传播数据国内阅读TOP100中，时政新闻类期刊占有很大比例，《中国新闻周刊》《新民周刊》《南风窗》等均在榜上，且《中国新闻周刊》占据第5位置，创下近年来的最高记录。"多事之秋"，成就了新闻时政类期刊纸版零售的高潮，同样也创造了网络传播的新纪录。

2008是当之无愧的"新闻大年"。今年的各家新闻类杂志在广告、发行上都有上佳表现，这种优势也体现在网络阅读上，以《中国新闻周刊》为代表的新闻类杂志整体排名上升迅速，包括《中国新闻周刊》《新民周刊》《新周刊》《南方人物周刊》《南风窗》等新闻类杂志在国内阅读排行上表现抢眼，突然成为网络阅读的一支重要力量。

楼市、股市等财经话题从2006年下半年开始逐渐成为人们普遍关注的话题，美国次贷风波引发的金融问题更是成为去年下半年以来社会大众最关心的话题之一，长期占据各大媒体头条、头版或首页位置。从2008年龙源期刊网络传播国内阅读TOP100中，财经管理类期刊占据了16种，比例高达16%，充分彰显网络用户对财经话题的高度关注。如《商场现代化》高居榜单第三位，这份中文核心刊物2008年在龙源期刊网的三个季度的排行报告中都高居榜首，在年度TOP100排行第三。此外，《商业时代》《理财周刊》《中国市场》《商界》《中国经济周刊》《环球企业家》等杂志均有上榜。

（三）诗歌期刊曾出现短暂"复兴"

可以看到2008年的榜单中，文摘类杂志依旧占据"头把交椅"，这和目前国内印刷期刊市场的格局大致相同。《青年文摘》《意林》《新华文摘》等文摘类杂志长期在国内阅读排行榜上位居前列。2008年的榜单也可以再次证明这一点，雄踞国内阅读第一位的《青年文摘》和海外阅读第一位的《中外文摘》都是文摘类期刊。

值得一提的是，在龙源2008年的期刊网络传播数据中，《诗刊》杂志作为一本纯诗歌杂志在国内网络传播数据榜上的名次大幅提前，从以前最好的成绩——2005年的第75名一跃成为今年的第16名，创下9.77万次的阅读量。这或许跟"5·12"汶川大地震后，诗歌作为一种最适合表达情感的文体出现了短暂"复兴"有直接关系，地震后，众多生命主题、赈灾主题、亲情主题的诗歌作品纷纷涌现，最流行的那首诗《孩子，请抓住妈妈的手》也是通过网络得到了迅速传播。

综上所述，随着龙源期刊网在未来发布更多的年度期刊网络阅读市场报告，期刊网络阅读的数字化趋势无疑将会更加清晰。我们希望各家刊社和龙源一起共同勾勒期刊数字化传播未来的市场格局。

（作者依序为《中国图书商报》传媒周刊主编；《中国图书商报》传媒周刊记者）

2008 龙源期刊网络传播 TOP100 排行分析报告

陈少华　张　弦　田淑俊　姜　峰

一、龙源期刊网络传播排行分析及其意义

随着互联网的发展，人们对信息和媒体的需求日益增多，方式也日益多样。不仅是书报刊的生产过程和出版发行方式出现了数字化趋势，并且，其媒体本身的数字化进程也在加快，从而使数字化网络阅读成为大众化。

龙源期刊网创网近10年来，一直致力于中文期刊的数字化传播。通过网上发行纸质期刊和网上阅读电子期刊等多种方式把我国几千种期刊在国内、海外进行营销推广，取得了良好的效果。于国内，促进了我国期刊的发展、提高了期刊业的生产效率和效果；于海外，扩大了中文期刊的发行、促进中外期刊的交流和中华文化的传播。

互联网的出现给期刊出版业找到了一个新的发展平台，扩大了读者群。如何才能深入了解网络时代期刊读者需求的变化，了解期刊业的内部结构，提高期刊行业的整体水平，怎样了解一种期刊在众多竞争者中的地位、优势和发展趋势，如何开发独特的经营模式，是每个期刊、甚至整个期刊界在网络时代时刻需要思考的问题。

龙源期刊网基于自身几千种期刊的网络传播数据，对我国期刊的国内、海外网上阅读情况组织分析和研究，这无疑是一件有意义的事情。从2005年到2008年的连续四年成功举办的年度网络传播排行发布活动来看，这种分析和研究是我国期刊业发展所需要的，是有效果的。

龙源期刊网的网络传播数据发布项，从最初的TOP100期刊的发布，逐渐得以完善，既有刊又有栏目和文章的综合排行数据分析与排名，既遵守了纸质期刊类别归属的传统，同时也照顾到网络内容以阅读为导向的特点，为网络阅读提供了引导，为期刊业发展提供十分重要的信息，同时也为龙源网开辟了一项新的服务。固然，基于龙源期刊网的网络阅读分析可能存在需要完善的地方，但又是我们期刊界和读者所需要的。

由于有了前3年的期刊网络传播分析的经验和资料积累,2008年的期刊网络传播分析可能会更有价值,也更体现其特色。

二、2008期刊网络传播TOP100的基本分析

根据2008年龙源期刊网所发布的在线合作期刊的网络传播数据来看,数字与网络出版传播取得很大的发展。2008年,排名前100名期刊的网络阅读量比2005年TOP100的总阅读量增长472.3%,比2006年TOP100期刊的总阅读量提高了337%,比2007年TOP100阅读总量增长241.03%,说明期刊电子期刊化和网络阅读已为广大读者所接受。在内容分布上,2008年数据分析显示,国内读者的网络阅读偏重于实用,管理和财经类期刊的比例占第一位,而海外读者的数字期刊阅读则以文化阅读为主。在刊期分布上,国内以半月刊为主,海外则以月刊为主。有39种期刊同时进入国内和海外数字期刊阅读前100位。具体分析如下。

(一) TOP100期刊的类别分布分析

分析2008年国内TOP100数字期刊中的类别分布,发现管理财经类期刊是最受欢迎的,占到17%;其次是综合文化与文学文论类期刊,各占14%;时事党政类期刊紧追其后,占11%;女性家庭类期刊占9%;养生健体类期刊占7%;艺术类期刊占6%;信息网络类期刊占5%;科普科技与学术学报类期刊,各占4%;教育学类期刊和史地人文类期刊,各占3%。

而海外TOP100数字期刊的类别分布则呈现了另外一种态势。文学文论类期刊是海外消费者最为青睐的,占24%;女性家庭类期刊位居第二,占20%;养生健体类期刊占15%;综合文化类期刊占11%;时尚艺术类期刊和科普科技类期刊分别占8%、7%;时事党政类期刊占4%;管理财经、史地人文类期刊各占2%;信息网络类期刊占1%。

这显示出,国内、海外读者具有不同的消费者偏好:这种差异,已经在龙源以往的分析中得到了反复验证。尤其是国内榜财经管理类期刊的出色表现,再次证明了网络阅读已走向深度阅读,国内近年来股票市场的不稳定性促进了此类杂志更多地受到了消费者的关注。

(二) TOP100期刊的刊期分布分析

期刊的刊期反映出期刊的出版频次,2008年TOP100期刊的刊期分布可以在一定程度上显现出读者周期性的阅读期待。

无论在国内还是海外,月刊、半月刊都是期刊的最常见刊期。在国内,半月刊最多,占42%,月刊占36%,排名第二,旬刊10%,周刊10%,双月刊1%,双周

刊（旬刊）1%；在海外，月刊占69%，居于第一，半月刊23%，双月刊5%，季刊、双周刊（旬刊）和周刊各1%。由此可以看出，一种期刊若要获得读者的广泛接受，刊期不能过长，别是大众类期刊，刊期更是不能太长。月刊是期刊最基本的刊期形式。

（三）TOP100期刊的双栖期刊分析

表1 2008双栖期刊分布表

期刊名称	所在类别	刊期	期刊名称	所在类别	刊期
科学投资	管理财经	月刊	人民文学	文学文论	月刊
轻兵器	科普科技	半月刊	北京文学	文学文论	月刊
计算机应用文摘	科普科技	半月刊	小说月报	文学文论	月刊
兵器知识	科普科技	月刊	今古传奇·故事版	文学文论	月刊
婚姻与家庭	女性家庭	半月刊	读书	文学文论	月刊
幸福	女性家庭	半月刊	啄木鸟	文学文论	月刊
现代家庭	女性家庭	半月刊	电脑爱好者	信息网络	半月刊
为了孩子	女性家庭	半月刊	棋艺	养生健体	半月刊
人生与伴侣	女性家庭	旬刊	大众医学	养生健体	月刊
伴侣	女性家庭	月刊	科学养生	养生健体	月刊
家庭百事通	女性家庭	月刊	保健与生活	养生健体	月刊
大众摄影	时尚艺术	月刊	八小时以外	综合文化	月刊
烹调知识	时尚艺术	月刊	中外文摘	综合文化	半月刊
优雅	时尚艺术	月刊	意林	综合文化	半月刊
民主与法制	时事党政	半月刊	今日文摘	综合文化	半月刊
百年潮	时事党政	月刊	青年文摘	综合文化	月刊
中国国家地理	史地人文	月刊	东西南北	综合文化	月刊
故事林	文学文论	半月刊	新华文摘	综合文化	月刊
诗刊	文学文论	半月刊	海外文摘	综合文化	月刊
当代	文学文论	双月刊	书报文摘	综合文化	周刊

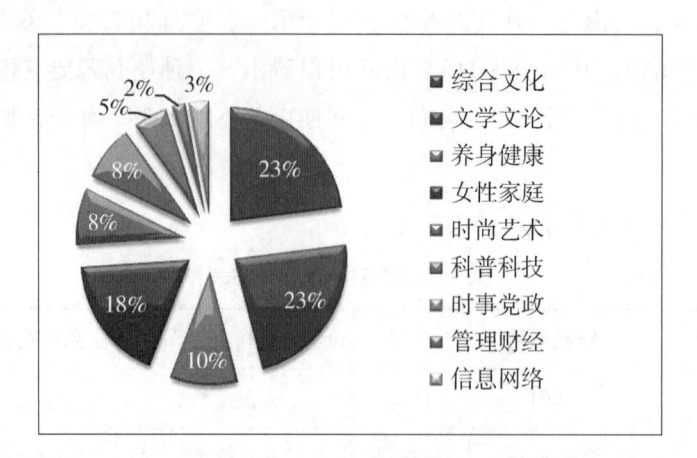

图1　2008双栖期刊类别分布图

以上双栖期刊类别分布图显示，综合文化、文学文论、养身健体以及女性家庭这四类期刊占据着双栖期刊中的核心位置，读者市场总占有率接近3/4。由此可以看出，在世界范围内，休闲阅读、情感阅读、时尚阅读等感性阅读依然是网络阅读的重点。

（四）2008年TOP100新上榜期刊分析

表2　2008国内上榜期刊前十名

刊名	刊期	类别
考试周刊	周刊	教育教学
新民周刊	周刊	时事党政
中国市场	周刊	管理财经
中国医药导报	旬刊	学术学报
会计之友	旬刊	管理财经
中国实用医药	旬刊	学术学报
课外阅读	半月刊	课外阅读
中国联合商报	周刊	管理财经
中国经济周刊	周刊	管理财经
电脑知识与技术	旬刊	信息网络

据了解，2008年《新民周刊》线下个人订阅量很大，抑或是线下的影响延伸到线上还是线上的影响反作用于线下，脱颖而出在TOP100中。其他新上榜的全部都是专业化、理性化的期刊，可见，人们的"知本阅读"已经开始慢慢强化。

表3　2008海外新上榜期刊

刊名	刊期	类别
今古传奇·故事版	月刊	文学文论
意林	半月刊	综合文化
清明	双月刊	文学文论
八小时以外	月刊	综合文化
情案调查	月刊	文学文论
韵味	月刊	女性家庭
家庭电子（维修版）	半月刊	科普科技
上海文学	月刊	文学文论
西江月（打工纪实）	月刊	文学文论
幼儿时代	月刊	课外阅读

2008年海外新上榜期刊从类别上看，仍以文学文化类、女性家庭类等休闲期刊为主，可见在海外，此类期刊的读者需求量仍在不断增加。同时，我们可以发现《今古传奇·故事版》《意林》在国内期刊2007年TOP100榜上位于前列。

三、2005—2008四年国内、海外TOP100期刊分析及比较

（一）四年整体阅读量变化趋势

4年来的数据分析显示，TOP100的期刊总浏览量呈直线上升趋势。网络阅读已慢慢的渗入到我们的生活之中，成为读者进行阅读、获取知识的一个重要途径。具体如下图所示。

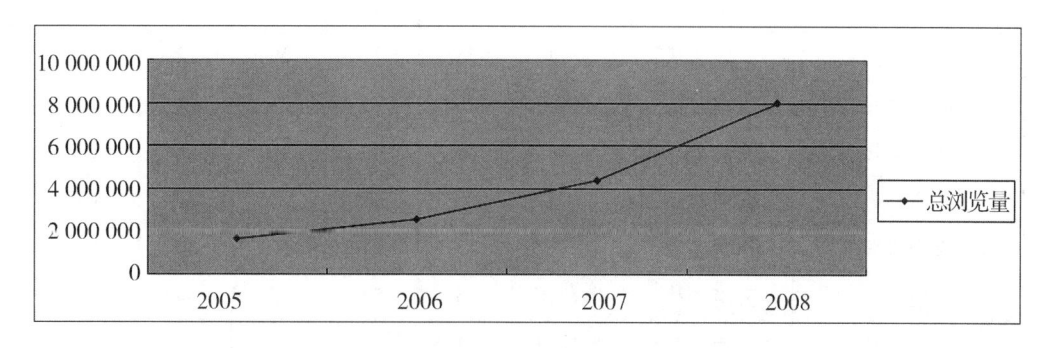

图2　2005—2008期刊阅读量变化趋势

2008年TOP100期刊总体网络阅读量的大幅增长说明期刊电子期刊化和网络阅读已为广大读者所接受，这和龙源向刊社销售收入的分配增长是吻合的。期刊总浏览量呈递进上升趋势是确凿无疑的。

（二）四年来国内、海外 TOP100 上榜期刊及排名变动分析

这些四年来都榜上有名的期刊，排名变化呈现三种方式：排名一直不断上升（U），排名一直不断下降（D）；排名具有波动性，这种期刊中又分为总趋势上升（BD）和总趋势下降（BU）等两个子类。

数据分析显示，国内期刊网络传播前 100 名上榜期刊中，有 8 种期刊一直处于上升趋势，比如，《电脑爱好者》《书报文摘》《意林》《大众电影》等期刊的上升幅度超过 50%。其中《电脑爱好者》升幅最大，从 2005 年第 100 位上升到第 4 位。19% 的期刊处于波动，比如《诗刊》《今日文摘》等，9% 的期刊一直处于下降。个别期刊 4 年降幅达 64%。具体如下表所示：

表 4　国内、海外 TOP100 上榜期刊及排名变动分析表

刊名	类别	刊期	2005	2006	2007	2008	升降
电脑爱好者	科技网络	半月刊	100	7	4	4	U96
书报文摘	文摘文萃	周刊	79	48	12	11	U68
意林	文摘文萃	半月刊	67	6	1	2	U65
大众电影	文化艺术	半月刊	86	54	34	31	U55
今古传奇·故事版	文学	旬刊	60	50	43	17	U43
人生与伴侣	女性家庭	旬刊	39	52	10	10	U29
青年文摘（红版）	文摘文萃	月刊	9	4	3	1	U8
青年文摘（绿版）	文摘文萃	月刊	11	5	2	1	U10
一直上升数：7			变化均值				46.75
诗刊	文学	半月刊	71	87	80	16	BU55
知识窗	文摘文萃	月刊	68	77	59	22	BU46
商业时代	管理财经	旬刊	25	73	33	8	BU33
领导文萃	文摘文萃	月刊	36	60	16	6	BU30
商界	管理财经	月刊	59	63	20	32	BU27
大众医学	体育健康	月刊	53	21	50	30	BU23
视野	文摘文萃	半月刊	55	53	23	34	BU21
今日文摘	文摘文萃	半月刊	41	42	19	29	BU12
中国新闻周刊	时事政治	周刊	12	24	7	5	BU7
伴侣	女性家庭	半月刊	27	37	22	20	BU7
波动上升数：10			变化均值				26.1

海外数字期刊阅读排行前 100 名期刊中，4 年来，同样有 9% 的期刊一直处于上升状态，比如《青年文摘（红版绿版）》《伴侣》《保健与生活》《大众摄影》《婚姻与家庭》《大众电影》等期刊的升幅超过 30%。不过，在一直上升的期刊中，与国内排行平均 47% 增幅相比，海外是 33% 的增幅，说明海外网民结构与阅读需求较国内网民的变化较少。24% 的期刊处于波动，只有 4% 的期刊处于下降趋势。从排名变化上看，海外的下降期刊排名变化均大于上升期刊的排名变化，国内的下降期刊排名变化均小于上升期刊的排名变化。国内、海外期刊的总平均变化次数相差不大。由此看出，海外期刊排名在前的期刊变动性低于国内的期刊，也就是说，海外期刊的"前端稳定性"大于国内期刊。

通过深入分析，国内连续四年都进入到前 20 名的期刊只有《青年文摘》和《新华文摘》2 种，说明国内网民以青年和学生为主，阅读需求变化较大，也预示着文摘类刊物比较受网民欢迎。而海外连续四年都进入到前 20 名的期刊则有《当代》《轻兵器》《十月》《收获》《人民文学》和《北京文学》等 6 种，文学仍然是海外读者的第一选择。

表 5 国内连续四年都进入到前 20 名的期刊

序号	刊名	类别	刊号	刊期	2005	2006	2007	2008
1	青年文摘	文摘文萃	1003－0565	月刊	9	4	2	1
2	新华文摘	文摘文萃	1001－6651	半月刊	1	1	5	9

表 6 海外连续四年都进入到前 20 名的期刊一览表

序号	刊名	类别	刊号	刊期	2005	2006	2007	2008
1	当代	文学	0257－0165	双月刊	8	2	1	2
2	轻兵器	军事科普	1000－8810	半月刊	4	7	3	6
3	十月	文学	0257－5841	双月刊	13	4	7	7
4	收获	文学	0583－1288	双月刊	16	5	10	11
5	人民文学	文学	0258－8218	月刊	17	6	4	12
6	北京文学	文学	0257－0262	月刊	18	1	2	15

通过四年的双百期刊 TOP100 排行榜对比，连续四年进入到前 20 名的以上 7 个期刊——《青年文摘（红版/绿版）》《新华文摘》《当代》《轻兵器》《十月》《收获》《人民文学》《北京文学》，可以说是期刊中的核心期刊，具有相当大的品牌影响力。

（三）四年来国内、海外TOP100上榜期刊的类别变化

将2005—2008年TOP100的每年每类期刊的类别所占比重汇总在一起，可以清晰地看到TOP100期刊类别4年来的变化。

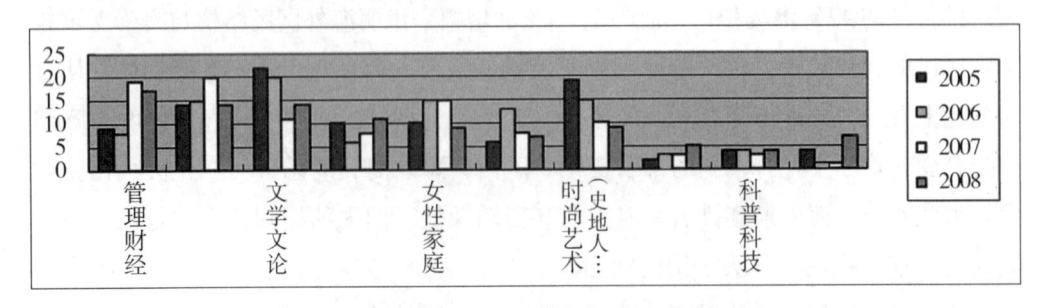

图3　2005—2008国内期刊类别分布表

先以年份为单位进行比较，我们可以看到2005年文学文论类期刊所占比重最多，其次是时尚艺术（史地人文）类期刊；2006年文学文论类期刊仍然排名第一，综合文化、时尚艺术（史地人文）以及女性家庭位居第二；2007年综合文化类期刊位居第一，管理财经类期刊排名第二；2008年管理财经类期刊排名第一，综合文化和文学文论排名第二。四年来，感性阅读的消费群体仍然是最多的。

以各类别为单位进行比较，可以通过上表清晰的看出每类期刊四年来阅读率的变化。其中，时尚艺术（史地人文）类期刊是呈历年递减的变化形态，时事党政和管理财经类期刊占有率在波动性上升，而信息网络类期刊的阅读在小幅度的慢慢上升。同时，综合文化、女性家庭、养生健体以及科普科技四类期刊在四年来，其读者占有率变化不大，相对稳定。

纵观四年来各类期刊的总浏览量，我们可以得出文学文论、综合文化、时尚艺术（史地人文）、管理财经这四类期刊在读者人群中最受欢迎，他们各类的四年总浏览量远远大于其他类别。

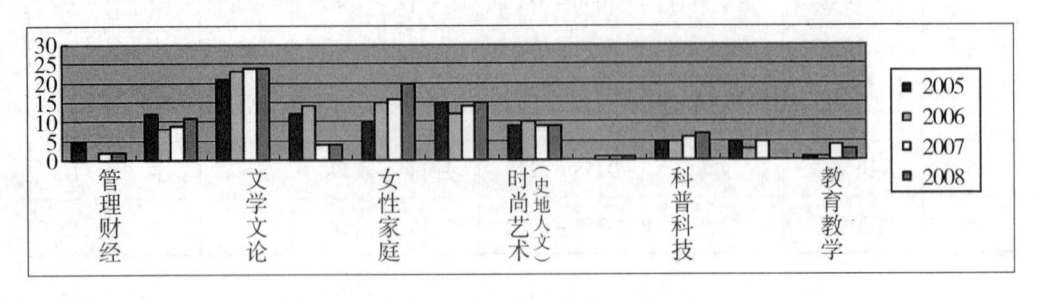

图4　2005—2008海外期刊类别分布表

在海外的四年期刊类别分布表中，我们看到，信息网络类期刊在2005年也没有

入围 2005 TOP100 的期刊，可能是 4 年前人们对信息网络类期刊还不太爱看，2006 TOP100 的期刊中亦没有财经管理类、学术学报类期刊，没有入围 2008 TOP10 期刊。相反的，文学文论类期刊每年的读者占有率都遥遥领先于类别期刊，且呈低幅度增长的趋势。女性家庭类期刊也是呈现逐年上升的趋势，而综合文化类期刊、养生健体类期刊、时尚艺术（史地人文）类期刊，以及科普科技类期刊四年来读者占有率都趋于稳定状态。

（四）四年来国内、海外 TOP100 上榜期刊的刊期变化

根据不同刊期的期刊每年上榜数量的多少，来确定不同的刊期每年的排名，将 2006 年到 2008 年三年来（2005 年的数据缺乏）不同刊期的排名进行汇总，在同一个图表中反映出来，就是下面的国内、海外期刊刊期分布图。

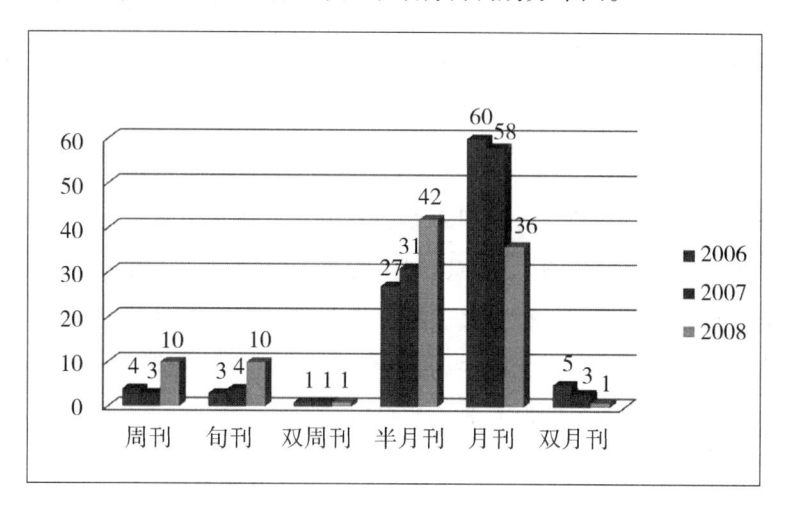

图 5　国内期刊刊期分布图

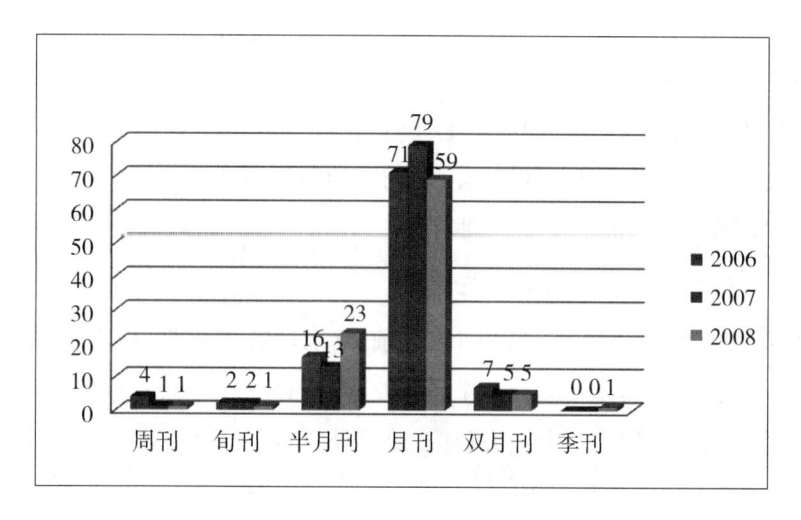

图 6　海外期刊刊期分布图

月刊是现在世界期刊界最基本和最常用的刊期形式，这在以上的图表中有着充分的显现。在国内，月刊和半月刊这两种刊期形式遥遥领先于其他刊期；在海外，月刊的领先优势更是其他刊期形式无可比拟的。海外读者喜欢的期刊刊期波动小于国内读者喜欢的期刊的刊期波动。值得注意的一点就是，刊期的比例高低并不能代表刊物的受欢迎程度，这只能对期刊社创办新刊物和分版时，起一个参考的作用。

四、龙源网络传播 TOP100 期刊分析的主要结论

（一）网络阅读已经成为人们生活中一种重要的阅读方式

2008 年期刊双百排行榜上榜期刊总的网络阅读记录次数是 2005 年的 471.5%，其中，国内 TOP100 期刊总浏览量是 2005 年的 484.1%；海外 TOP100 期刊总浏览量是 2005 年的 262.6%。在短短的四年时间内，网民对数字期刊的点击率和阅读率有了飞速的提高，可见，网络阅读已成为了人们生活中一种重要的阅读方式。

（二）网络阅读正在走向深度、定向阅读

纵观四年来国内、海外双百期刊的类别分布，海外榜始终是文学文论和女性家庭类期刊为读者首选，国内阅读理性、知性阅读开始上升，《商场现代化》这样的核心财经类期刊的高居榜首就很有代表性。科普科技类、信息网络类和学术学报类的期刊阅读率都比往年有了很大的提高，专业化的"知本阅读"已在慢慢强化。人们慢慢适应运用网络阅读来获取专业化的知识了。

（三）期刊排名总体呈上升趋势，海外期刊"前端稳定性"大于国内期刊

通过对四年来国内、海外上榜期刊的排名变化进行比较，我们发现国内有 35 种期刊连续上榜，海外有 38 种期刊连续上榜。其中，排名呈现上升趋势的期刊多于排名呈现下降趋势的期刊。同时，由于海外上升期刊的平均变化次数和幅度少于下降期刊的平均变化次数和幅度，而国内上升期刊的平均变化次数和幅度大于下降期刊的平均变化次数和幅度，可以推断出海外期刊的前端期刊变化相对较少，因此，海外期刊的"前端稳定性"大于国内期刊。

（四）品牌期刊的优势明显并且稳固

在 2005—2008 的四年中，连续进入到前 20 名的有 8 个期刊，国内有《青年文摘》（红版/绿版）、《新华文摘》两个，海外有《当代》《轻兵器》《十月》《收获》《人民文学》《北京文学》六个。《意林》是海外 2008 年最新上榜的期刊，而这个期刊在国内已经连续三年位居前 10。

这些期刊连续四年来都进入前 20，奠定了它们网络阅读的品牌地位。已建立起

成熟的品牌价值,是当前网络读者消费群体的最爱。

在对 2008 年新上榜期刊进行分析时,我们发现新上榜期刊的 TOP10 全是专业化的知识期刊。

(五)海外读者对国内传统知名期刊具有"黏性"关注

龙源四年的 TOP100 期刊中,海外读者对《当代》《十月》《收获》《人民文学》这些老牌文学类期刊情有独钟,再次证明了传统期刊的品牌影响力。

(六)月刊是期刊最基本的刊期形式,刊期过长会影响读者的关注

无论在国内榜还是海外榜,月刊形式的期刊数量遥遥领先于其他刊期形式的期刊,大多数读者已经形成"每月一期"的阅读习惯。当然,期刊的刊期是由内容、结构、成本以及期刊社规模等各方面因素所决定,并不能反映出读者消费群体的阅读偏好。但是,刊期的比较也给期刊分版和创办等提供了一个参考。

(七)应关注网络读者的多样化需求

电子阅读为读者提供了多条到达所需目标内容的途径,它不是单一的,而是多通道。这样就为读者提供了满意的阅读途径,使读者更快更方便地找到自己所想要了解的信息。只有不断的改善自己的经营方式,更多的为读者服务,才能在竞争的舞台上达到自己想要的效果。

(作者依序为华中科技大学新闻与信息传播学院电子与网络出版研究所教授和研究生,2008 年龙源期刊网络传播研究课题组成员)

2008 龙源期刊网络传播 TOP100 栏目的启示

龙源网络传播课题研究组　钱飒飒　苏　磊　张　昕

一、龙源 TOP100 栏目发布的意义

众所周知，栏目是期刊编辑主动策划的重要体现。如果说文章是反映期刊宗旨、性质的重要内容，那么栏目就是承载这些内容的重要组织架构。在传统阅读方式下，我们对期刊的定量分析往往只能停留在期刊的售卖量上（通过发行量、订阅量来反映），很难对栏目的读者接受度做出检验。但在数字阅读条件下，这就变得轻易可行了。"龙源期刊网 2008 网络传播排行发布"最新推出 TOP100 栏目，为我们提供了可资用于期刊架构和栏目设计方面的参考数据。

龙源 TOP100 栏目数据是这样生成的：龙源期刊网利用国内、海外服务器，通过自下而上地数据梳理，将读者阅读的文章归结到栏目，然后再进行栏目排队，从而生成 TOP100 栏目。因此，文章的阅读数对栏目的排名起着决定性作用。

购买纸质期刊一般意味着读者对期刊宗旨、风格的认同，包括对期刊栏目的认同。很多期刊的忠诚读者一拿到期刊，就会翻到自己最喜欢的栏目，这是因为他们往往对栏目在期刊的位置也很熟悉。但在数字阅读条件下，文章标题更有冲击力，文章标题"噱头效应"的影响力超过了象征期刊策划能力的栏目划分。

对于当前传统阅读条件下的社科期刊，通常通过期刊的专题或特别策划的名字以及封面、图片等吸引读者，而文章的标题并没有承担太多这样的责任。但在数字期刊里，文章的标题却一跃成为决定人们阅读的首要因素——读者从标题一目了然地看清卖点，读我所需。至于期刊人究竟把期刊构架成哪些栏目，那是编辑的事，和读者无关。换句话说，对大部分网络读者来说，他们在屏幕上搜索的是感兴趣的文章标题，对栏目或许视而不见。因此，龙源 TOP100 栏目的发布将直接作用于纸质期刊的编辑策划，借助于网络数据对栏目的诠释，期刊编辑者应该得到一些启示。

二、从 TOP100 栏目中的发现和启示

(一) TOP100 栏目名称字数的发现

从图1中你能发现什么？毫无疑问，四字栏目名称和两字栏目名称占了绝大部分。偶数能给人稳定的感觉，相对来说，奇数栏目名称就显示出"动势"的特点，图3中的4字栏目高踞顶端，这是不是可以说明栏目名称的字数最好控制在4个字以内？同样的结论我们也可以在图2海外的相关数据中得出。这个共同性说明，想要给期刊设置比较固定的主打栏目，四个字和两个字应该成为策划人的首选。

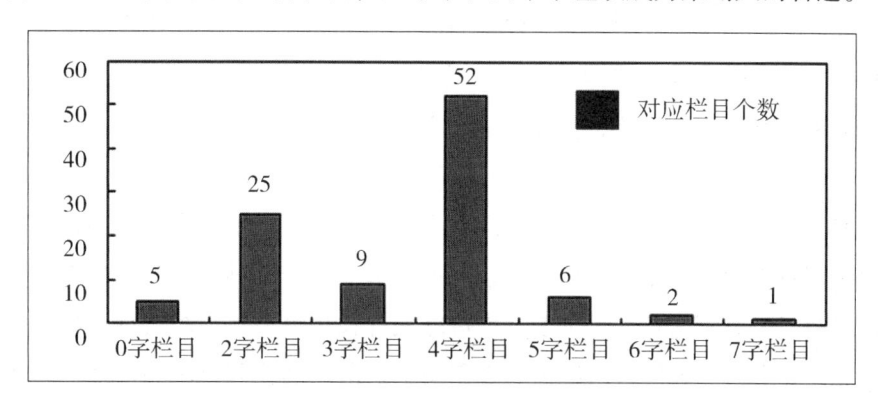

图1 国内 TOP100 栏目按栏目名称字数分布图

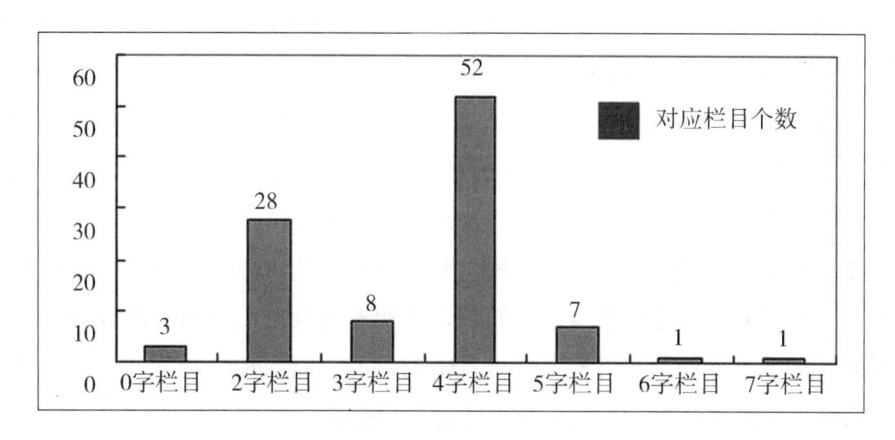

图2 海外 TOP100 栏目按栏目名称字数分布图

(二) 网络阅读与纸介阅读的选刊方式并无二致，但购买方式不同

就像我们驻足在报刊亭前一样，琳琅满目的期刊封面立即呈现在眼前，我们会随着兴致翻看，买与不买是一种随机行为。如果我们已经有了目标要买某种期刊，那么我们会直接找报刊亭的售货员。龙源期刊网在网络上给我们再现了这样的情景，

只不过因为网络特有的优势，它呈现出的场景更为宏大。龙源2008年TOP100关键词的统计结果是79.8%的关键词都是期刊名称，也就是说读者到了龙源期刊网，就像站在报刊亭面前，直奔某种期刊而去。在龙源期刊网上汇集了2 400多种期刊，其中的大多数是适合在报刊亭里销售的大众类刊物，报刊亭里没有的品种它也有，报刊亭没有的过刊它很齐全，比如面向学生教师的教育辅导类期刊。

正如我们可能会因为封面、封面标题、文章内容的吸引而产生翻看或购买行为一样，网络阅读中，我们也会因为同样的因素去浏览或付费阅读某种期刊；当然，如果已经有了购买目标，不管是现实还是网络阅读，我们都会有直接的购买行为。

在网络上，你可以只购买一篇你喜欢的文章，而在报刊亭你必须为此购买整刊。

（三） 网络阅读与纸介阅读读刊方式的异同

如同阅读纸介期刊一样，网络读者在网上"打开"一本期刊时，如果漫无目的，目光可能会多停留在文章名称上，哪篇文章的题目引起了他的注目，他就会去阅读哪篇文章，这是一种散漫阅读，网络为散漫阅读提供了更大的方便，读者可以从网页上即见即得；但是读者如果带着某种诉求"打开"他特别选定的期刊时，他可能浏览目录，直奔文章，个别读者也可能先寻找相关栏目，然后浏览栏目下的文章题目，这是非常明显的诉求阅读。在网络上，散漫阅读和诉求阅读并存，龙源期刊网TOP100栏目的生成应该说是这两种阅读行为共同作用而形成的，即通过统计用户点击文章的阅读浏览量，进而生成相应期刊栏目的阅读量，这一点网络阅读（浏览、付费、阅读）还是印刷本阅读（翻阅、购买、阅读）原则上没有大的差异。

随着读者数字阅读习惯逐渐成熟，数字阅读必将显示出自己的独特性。比如，关键词搜索，往往会忽略期刊分类、栏目设置等因素，把不同种类、文体、刊期的文章从数据库里进行一个大搜索，瞬间目标出现，便可进入阅读。

再如，在数字阅读中，整本计与按文章计的不同计价方式也正在引导读者打破期刊传统的栏目划分。这种价格杠杆鼓励读者快速完成对期刊内容的取舍，整本期刊中他们并不感兴趣的栏目将不存在被点击的可能。而在传统阅读当中，这些栏目却可能在重点翻阅之后的二次、三次后续阅读中完成。

尽管网络阅读正在悄然改变着读者的阅读习惯，但从另一个角度来看，对某一期刊忠诚度很高的读者，无论是网络阅读还是纸介阅读，他们都更容易认同期刊办刊人所给出的栏目设置，印刷版期刊给忠诚读者带来的书香以及熟悉的亲切感，还将继续吸引着品牌期刊的忠诚读者。

（四） TOP100栏目为办刊人提供了内容选择的定量依据

在对纸介期刊的读者购买行为分析中，我们很难统计读者是如何从浏览式的翻阅转向购买的。作为办刊人，我们很想知道期刊的哪部分内容更吸引读者，或者说想了解期刊的什么内容对读者的购买行为贡献更大。如今，利用龙源期刊网这样的网络数据的发布，我们可以通过统计分析期刊上各栏目的文章的点击阅读量，客观地得出哪个栏目更受读者的欢迎，而不是想当然地主观地认为某个栏目是刊物的主打栏目。

这里需要说明的是，"TOP100栏目"数据是付费阅读和浏览点击性阅读的共生体。比如《青年文摘》"情感"栏目的阅读量为118 243，但此栏目的文章的总点击率远大于这个数，这是因为TOP100文章是付费阅读，多出部分就是读者浏览栏目文章（浅阅读）时形成的。期刊网络传播不仅要追求读者的付费阅读（深度阅读），其实追求点击率（浅阅读）也是期刊编辑应该着力之处，它客观地推荐了期刊自身，读者虽然浅尝辄止（浏览了开头，不付费离开），但这篇文章无疑吸引了他。

（五）数据说明事实，品牌就是品牌

从龙源的发布项看，期刊、栏目、文章之间的关系是造就品牌的关键。

篇篇精华催生好栏目，栏目个个都好成就好期刊。龙源2008发布的TOP100文章、TOP100栏目与TOP100期刊之间就是这个关系。即一个刊物的TOP100文章占的越多，栏目出现在TOP100栏目中就会越多，这个刊物就越有可能入围TOP100期刊，还以《青年文摘》为例，该期刊共有8个栏目入围TOP100栏目，是TOP100栏目中被选入栏目数量最多的期刊之一，其在TOP100期刊的排名也是第1名。《青年文摘》入选TOP100文章的数量高达19篇。这个例子正印证了好文章催生好栏目，好栏目成就好期刊。

（六）读者的阅读取舍是检验栏目优劣的客观标准

编辑期刊时，办刊人会全盘考虑并制定出刊物的主打栏目，某种意义上说，办刊人的意图是"我要读者读""我猜测读者愿意读"，那么真的是这样吗？以往刊物常用的读者调查方式无非两种，一是通过发放读者调查表，其中一定会调查读者对栏目、对文章的喜好；另一种常用的方式就是召开读者座谈会。如今，借助于龙源网这样的网络传播平台，可以客观地统计出刊物中文章和栏目的阅读量（包括浏览量和付费阅读量），不仅如此，因为龙源网是众多期刊会聚平台，透过TOP100栏目数据，可以横向地看到同类刊中受欢迎的栏目，可以知道自己刊物在这个"期刊矩阵"中的排名。这几乎可以说是毫无疑问的，传统纸介阅读场合，这样的统计我们很难做到。

让我们来分析一下《电脑爱好者》期刊，通常它有11个栏目。从期刊的内容比例上看，图6中显示入选的4个栏目在《电脑爱好者》中占据着很大的内容比例，大约为70%。值得一提的是其"聪明用电脑"栏目，浏览阅读量高达9万，几乎是其余3个进入"TOP100栏目"的两倍，从这一点来说，读者买《电脑爱好者》就是要找到"用电脑的窍门"，这完全符合期刊编辑者的初衷。

继续分析表中的数据我们发现，"聪明用电脑"栏目对期刊的阅读贡献率（即栏目阅读量占期刊阅读总量的百分比）为43.6%，其篇幅占期刊内容的比例大约50%，这两个比例数相当，说明"聪明用电脑"栏目既是期刊的主打栏目，也是读者最喜爱的栏目。《电脑爱好者》要在强化优势栏目的基础上，同时着力于其他栏目的提升。

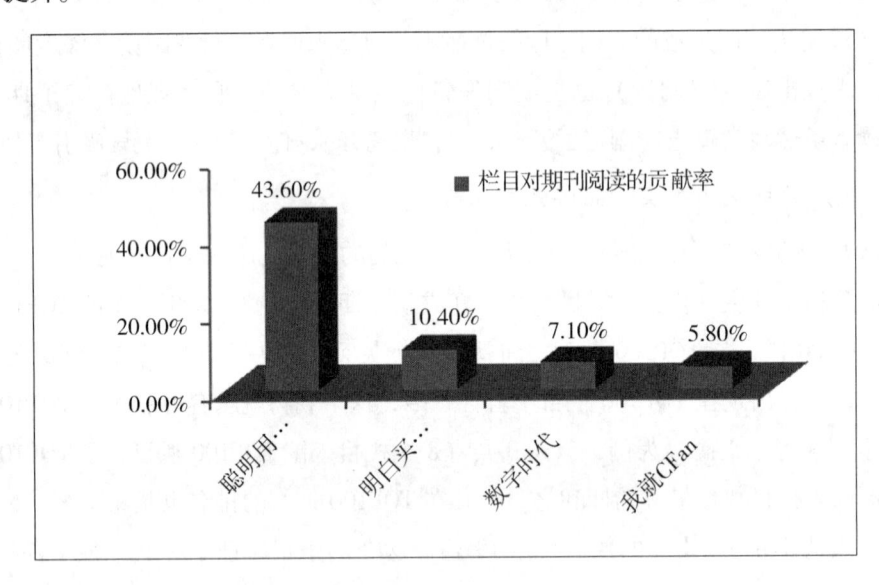

图3　《电脑爱好者》入选 TOP100 栏目对期刊阅读的贡献率

如果说读者对数字期刊与纸质期刊具有相同的阅读倾向，那么这次龙源期刊 TOP100 栏目的数据分析将有助于期刊社检验主打的栏目是否受读者欢迎。与传统的纸质期刊运作相比，读者调查和市场分析在数字期刊方面将变得前所未有的巨细和深入，更接近真实。广大的期刊人不妨拓展思路，将数字期刊阅读数据分析与广告推广、期刊编辑发行等联系起来，看能不能找到事半功倍的方法。

（作者依序为《科技与出版》杂志社主编、编辑）

从 2008 年龙源 TOP100 文章看读者需要什么？

王　瑜

2007 年的 TOP100 文章发布项的研究分析中曾经指出，网络有助于期刊内容的传播，网络传播可以使得期刊内容资源实现长尾效应。那么，在 2008 年的 TOP100 文章发布中，我们则想与刊社一起通过 TOP100 文章的发布和相关数据来共同探讨一个问题：现在的读者到底想要阅读什么样的内容？

在日益激烈的刊业竞争中，找准读者定位对刊社来说至关重要。编者为读者所提供的内容是否真正满足了其阅读需要，这又似乎成为刊社在短时间内难以得到准确验证的问题。2008 年度的 TOP100 文章的最终获得全部来自于付费阅读的点击，所以从某种程度上说这一结果是读者意愿的最充分表达，它反映了读者对文章的喜爱程度。对本次 TOP100 发布的重点将会通过读者对文章的点击率来分析读者有什么样的群体特征？需要阅读什么样的内容？基于这些对内容层面的发掘和研究为刊社提供期刊编辑时所要关注的读者最本质的阅读需求，为读者打造适宜阅读、喜欢阅读的内容产品。

2008 年度的国内和海外 TOP100 文章从总体上来说反映了三大特点：①国内、海外期刊网络阅读的多元化和单一化并存的阅读取向；②国内、海外不同语境下对优质内容的统一性认可；③海外 TOP100 文章表现出读者对文学作品的情有独钟。国内 TOP100 文章表现出如下特点：①文摘类期刊的内容得到读者喜爱；②女性话题受到关注；③读者娱乐阅读的同时开始进行知识性阅读；④期刊网络阅读要充分发挥情感抚慰功能。

一、对 2008 年国内、海外 TOP100 文章的总体性分析

（一）期刊网络阅读的多元化与单一化

国内阅读 TOP100 文章在各刊占有率上与 2007 年的 TOP100 文章的各刊占有率有比较大的差别。2007 年，6 种刊物占据了国内 TOP100 文章的 60%，这 6 种刊物是《当代》《小说月报》《长篇小说选刊》《收获》《意林》和《十月》，文学类刊物占据

了这60%的53%，也就是说2007年度的TOP文章，文学作品占据了半壁江山。

2008年度的国内TOP100文章在各刊的占有率上发生了很大的变化。变化之一：文学类期刊国内TOP100文章一统江山的局面已难再现。变化之二：文摘类期刊后来居上，成为国内TOP100文章中的最大占有者。2007年的TOP100文章国内排行上《青年文摘》仅有2篇文章进入国内TOP100文章，而在2008年TOP100文章中文摘类期刊有33篇文章进入国内TOP100文章，其中，《青年文摘》以19篇文章的占有率成为国内阅读TOP100文章中数量最多的期刊。《意林》也以11篇文章入围TOP100成为继《青年文摘》之后在TOP100文章上斩获最多的期刊。除此之外，《中国国家地理》《商界》在TOP100文章中的入选篇目也开始增多。由此看见，国内期刊网络阅读的范围在不断的扩展，网民的阅读已经不仅仅是消费长篇文学，文摘类期刊成为2008年度网络阅读期刊文章的最佳选择。

表1 国内TOP100文章各刊占有情况

刊名	篇数	刊名	篇数
青年文摘（红版）	19	新民周刊	1
意林	11	人生与伴侣	1
收获	8	领导文萃	1
小说月报	7	今古传奇·武侠版	1
中国国家地理	6	家庭	1
今古传奇·故事版	6	婚姻与家庭	1
当代	6	芙蓉	1
商界	4	风尚志·女主角	1
书报文摘	3	大众摄影	1
人民文学	2	成才之路	1
男生女生（金版）	2	长江文艺	1
植物保护	1	财经	1
新周刊	1	China Economist	1

从各刊的占有率来看，读者的阅读内容呈现出多元化趋向。本年度的国内TOP100入围文章的体裁也比2007年更加丰富，除文学、文摘之外，艺术、科普、自然科学、时政新闻等等在TOP100文章中都有入围。由此可见，文学作品并非期刊网络阅读的首选，读者的阅读除了注重传统的休闲性阅读也开始注重知识性阅读。例如，《中国国家地理》在本年度有6篇文章入围TOP100文章，这6篇文章的主题涉及地理、宗教、人文、奥运等多种主题。以下是中国国家地理入围的文章标题和内容。从文章的标题可以发现，《中国国家地理》极具人文色彩充满诗情的标题是其特色，这也为它的文章赢得了较高的注目率。

表2 《中国国家地理》入围TOP100的文章名

刊名	文章	年份	期号
中国国家地理	沿着石窟的长廊，佛走进了中国	2007	11
中国国家地理	江南曾经是塞北？	2007	10
中国国家地理	太行山，把最美的一段给了河南	2008	5
中国国家地理	天气，奥运会中难以控制的"孩子脸"	2008	3
中国国家地理	呼伦贝尔：牧歌绝唱	2007	9
中国国家地理	成都平原、太湖平原、珠江三角洲谁更幸福？	2008	1

区别于国内TOP100文章反映出的受众阅读范围逐渐扩展，海外读者的阅读范围相对聚焦。阅读率最高的文章几乎全部来自文学期刊，文学期刊作品在海外阅读TOP100中占到总数的92%。海外读者的阅读呈现出集中化和单一化的趋向，受众最喜欢阅读的文章基本集中在《当代》《十月》《人民文学》和《收获》。这四种刊物的文章占到TOP100的79%。其中《当代》更是以39篇文章入围海外TOP100而独占鳌头。

阅读范围的相对聚焦不仅体现海外读者对刊物的选择上，同时还表现在与2007年海外阅读TOP100文章的对比上。2007年入围海外阅读文章TOP100的共有72种刊物。其中有61种刊物的各1篇文章入围TOP100。而2008年度，入围TOP100的文章所在的期刊只有16家。

海外阅读量最高的文章集中在文学期刊，一方面说明，海外读者对文学期刊有着较为强烈的阅读需求；另一方面说明，对受众来说，比较其他获取文学阅读资源的方式来说，通过网络获取文学期刊资源更加便捷，网络阅读是获取文学期刊资源的较好方式。

（三）期刊网络阅读的三大趋势

表3 海外TOP100文章中各刊所占的比重

刊名	篇数
当代	39
十月	17
人民文学	13
收获	10
长江文艺	6
小说月报	2

(续表)

刊名	篇数
长篇小说选刊	2
北京文学	2
百年潮	1
爱情婚姻家庭	1
大众电影	1
家庭	1
人间方圆	1
社会观察	1
为了孩子	1
新华文摘	1
中国作家	1

中国互联网络信息中心（CNNIC）《第22次中国互联网络发展状况统计报告》显示，截至2008年6月底，我国网民数量已达到2.53亿，已经跃居世界第一位。在2008年的国民阅读调查中，网络阅读已经是势不可挡，而且阅读群体呈现出年轻化、高知化的趋向。期刊网络阅读对期刊单篇作品传播的能力大家是有目共睹的，而且网络对于期刊内容传播的巨大作用也已经得到了公众的认可。由2008年度入围国内、海外TOP100的文章可以看出期刊网络阅读的三大趋势即休闲性、实用性和目的性。

休闲性：将本年度期刊网络阅读定位为休闲性，其原因在于两大表征，首先是代表休闲性阅读的中长篇小说在TOP100中大量入围，中长篇小说在本年度入围国内TOP100的作品中占有35%；其次是文摘类期刊在TOP100中的大量出现，文摘类期刊的作品有在国内TOP100中占有33%。无论是文学还是文摘类刊物，这类文章的一个共同之处是可读性和易读性较强，这一方面与网络阅读的休闲阅读本质特征相关，而另一方面也说明在网络阅读方面这类期刊有良好的发展前景。

目的性：有人曾说网络阅读具有无目的性，随着一个链接接着一个链接的打开，人们最终沉溺于网络的海洋之中而忘记初衷。随着互联网的发展，互联网用户的日益成熟，人们实用技能的提高，网络搜索功能帮助网民增强了寻找目标读物的能力，克服漫无目的进行浏览式阅读的缺陷。但是TOP100文章的点击率之间上万倍的差距反映出网民阅读目的性在增强，无目的性的阅读正在减弱。《商界》的《犹太人平均管理法则》、《网友世界》的《〈剑侠世界〉新手攻略》、《书报文摘》的《调查显示：未婚同居6成女大学生后悔》等文章高调入围国内TOP100文章表明，网络阅读借助于搜索引擎的强大功能更方便于寻找目标读物。读者在进行网络阅读时更倾向于选择有明确主题、符合自身需要的文章内容进行阅读。

实用性：由 2008 国内 TOP100 文章可以看出，读者在休闲性阅读的同时，也逐渐重视文章的实用性。《网友世界》的《〈剑侠世界〉新手攻略》、《植物保护》的《昆虫迁飞过程中的定向行为》等文章入围 TOP100 而且在其中拥有较好的名次。这些文章内容严肃而且具有一定的专业性和知识含量，从这些文章的点击率可以看出网络阅读的另一个取向也就是网民在期刊的阅读中并非只是一般的休闲和消遣，而是开始注重知识的获取，读者阅读的实用性更强。

二、谁在读——基于入围期刊基础上的分析

（一）TOP100 文章反映三大阅读重点

1. 中长篇小说占据主导

以中长篇小说为代表的文学作品依然是入围国内阅读和海外 TOP100 篇文章数量最多的文章类型。国内排名前 20 位的为表 4 中所示，从这 20 篇文章中可以看出的是文学类与非文学类各占了 50%。特别是文学期刊在海外阅读 TOP100 中的表现让人称奇，这也从另一方面说明中国的文学作品在海外有一定的发展空间。而如何开发好、利用好这样的文学资源使得文学作品借道网络传播走出国门，影响海外阅读群体，倒是有能力的文学期刊社应该考虑的课题。

2. 青春励志情感类成为重点

表4 国内 TOP100 文章前 20 位的文章篇名

刊名	文章标题	年份	期号
当代	因为女人	2007	6
商界	犹太人平均管理法则	2007	9
人民文学	大战	2008	5
今古传奇·故事版	白猫	2008	12
当代	高兴	2007	5
收获	少年巴比伦	2007	6
今古传奇·武侠版	天命传说	2007	27
小说月报	男女关系之悲喜剧	2007	8
收获	和我们的女儿谈话	2008	1
书报文摘	调查显示：未婚同居 6 成女大学生后悔	2007	36
网友世界	《剑侠世界》新手攻略	2008	9
商界	平民英雄俞敏洪	2008	1

（续表）

刊名	文章标题	年份	期号
商界	巨人下半场	2007	10
当代	普通话陷阱	2008	3
书报文摘	《色·戒》，戒了什么	2007	36
植物保护	昆虫迁飞过程中的定向行为	2006	5
青年文摘（红版）	要不……我嫁给你吧	2007	11
意林	父亲眼中是儿子	2008	8
意林	不能够恨你	2008	3

表5 海外TOP100的前20位文章篇名

刊名	文章标题	年号	期号
当代	因为女人	2007	6
当代	高兴	2007	5
当代	普通话陷阱	2008	3
为了孩子	了解你的宝宝	2005	11
十月	胭脂	2008	1
当代	一生有你	2008	2
当代	白沙码头	2008	2
当代	不想分手	2007	6
当代	本是同根生	2007	5
当代	逆水而行	2007	6
人民文学	风声	2007	10
长江文艺	背后有人	2008	2
爱情婚姻家庭	最爱色女人	2005	11
十月	父亲讲的故事	2008	3
人民文学	姹紫嫣红开遍	2007	9
十月	小街西施	2007	4
十月	豆汗记	2008	2
当代	杀羽而归	2007	6
十月	爱情史	2007	4

由《青年文摘》和《意林》共同领衔的青春励志情感类作品在本次的国内TOP100文章中占30%的比重，《要不……我嫁给你吧》《那小子那么爱我》《心底

那句傻傻的歌》等文章的读者对象应该为16—24岁之间的高中生和大学生。伴随网络的发展成长起来的"80后"和"90后"也将会成为期刊网络阅读最大的消费群体。青春励志情感类的文章在本年度国内TOP100文章中增长迅猛,成为国内TOP100文章最大的赢家也说明了这部分阅读群体的日益成熟和网络阅读消费能力的日益增强。

3. 女性话题崭露头角

无论是中长篇小说还是青春情感励志类的文章或者是调查报告,女性和与之相关的内容成为被网络读者关注的焦点。《小说月报》的《男女关系之悲喜剧》《书报文摘》的《调查显示:未婚同居6成女大学生后悔》《意林》的《丑女不愁嫁》和《风尚志·女主角》的《气质美女》等等,女性和与之相关的话题称谓受众的关注点。这一方面说明潜在目标读者群体的性别定位——女性;另一方面也提示刊社,女性读者是期刊内容消费的最大群体,随着女性网民数量的增多,其花费在网络阅读的时间也在增多,期刊网络阅读潜在的最大消费群体也同样将会成为女性。而从本年度入围TOP100的期刊文章名称来看,女性话题的内容略显单一和单薄,基本锁定在女性的情感,所以,这也提示刊社,女性话题的内容和范围需要拓展,不仅要关注女性的情感,也应该关注女性生活成长的其他方面。

表6 TOP100部分文章题目选摘

刊名	文章	年	期号
青年文摘(红版)	要不……我嫁给你吧	2007	11
意林	父亲眼中是儿子	2008	8
意林	不能够恨你	2008	3
青年文摘(红版)	那小子那么爱我	2008	4
青年文摘(红版)	心底那句傻傻的歌	2008	2
青年文摘(红版)	暧昧是种慢性毒药等5则	2008	2
意林	知己知彼	2008	1
青年文摘(红版)	爱的接力	2007	11
意林	最后 名	2007	19
青年文摘(红版)	成长的捷径是去喜欢一个人	2007	11
青年文摘(红版)	如果有一天,鱼长出了翅膀	2008	2

(二)《因为女人》昭示两个不同群体的共同特征

从以上表格中或许你已经发现,2008年龙源网络传播TOP100文章值得注意的是首次出现了国内和海外阅读率最高的文章为同篇文章的现象。《当代》的《因为女人》成为国内和海外点击阅读率最高的文章。在国内、海外 TOP100 一同出现的还有《当代》的《高兴》和《普通话陷阱》,《家庭》的《父母开导,我坦然走进色戒》等多篇文章。

一般情况下,我们在分析读者阅读时,习惯于将国内和海外划分为两个不同的阅读群,在这两个群体之间又被想当然地设置了大大小小的障碍和差别如人文环境、教育等等。而依此差别又人为地为作品的传播设定了不同的格式。在网络这个统一平台上,《当代》的《因为女人》获得了国内和海外读者一样高的认同度,这也给期刊业界传递了一个信息——好的作品内容可以获得世界范围的认可。在全球一体化的背景下,文化是民族的,也是世界的。无论地域差异,也无论文化环境的差别,好的内容产品不仅能够在国内获得认同,同时,也将在世界华语范围内获得认可。

三、读什么——与刊社共同思考

龙源期刊网希望通过受众原始的阅读数字为刊社的编辑出版工作能够提供一些实际的帮助。此项 TOP100 是以受众的实际付费阅读率为基础得出的,数据由龙源期刊网的后台系统自动生成,没有加入任何人为的因素。所以,我们也可以将其看作是受众期刊网络阅读的一种充分的民意表达。龙源期刊网发布 TOP100 文章的目的也在于通过阅读数据,梳理受众对期刊内容的反映,借此与刊社共同探讨期刊网络传播如何实现内容资源效应的最大化。读者究竟需要什么样的内容?读者能够为什么样的内容买单?对期刊内容层面的探讨是 TOP100 文章发布引导大家去做的事情。

(一)网络传播反映读者与编者的认识差异

在 2008 年,毫无疑问的是很多刊社都已经设定了其要反映的主题:雪灾、地震、奥运、金融海啸。不少刊社围绕这些主题也进行了大大小小的专题设计,但是在 2008 年度的 TOP100 文章中这些相关的主题并未得到充分的印证。整个国内、海外 TOP100 的榜单上只有《中国国家地理》2008 年第 3 期的《天气,奥运会中难以控制的"孩子脸"》一篇文章入围。随着互联网的发展,其提供信息的能力也在增强,与互联网海量的信息能力相区别的是期刊的信息相对的滞后而且信息的内容有限。那么对于时效性强的信息,期刊的覆盖能力弱于互联网,由期刊网络传播的点击情况可以看出,在期刊内容的网络传播中,读者对时效性较强的热点、重点问题的相关内容在网络阅读中并不买单。编者的供给与读者的实际需求在传统期刊与互联网的对接中出现了错位。纸质阅读是线性的、连续的,它的优势在于可以进行深入研读、品味细节、交流学术思想,同时也有助于培养阅读者的抽象思维能力;而网络阅读侧重于形象思维,渐从它具有快餐式、浏览式、随意性、跳跃性、碎片化走向深度的阅读诉求。怎样满足这种诉求,非常值得研究。

(二) 网络传播帮助鉴定作品质量

表7 海外、国内TOP100同时入围文章篇目节选

刊名	文章	年	期号
当代	因为女人	2007	6
当代	高兴	2007	5
收获	少年巴比伦	2007	6
收获	初夜	2007	3

有人曾认为网络阅读肤浅、浮光掠影,但是随着互联网的日益成熟,比较一般的纸质阅读,网络阅读对于作品本身的要求更高。花几十块钱买一本书,有成本的付出,即使书中某些章节不吸引人,读者还是会看下去的。然而,龙源期刊网的付费阅读,是以篇或字数来进行费用结算的,所以,作品本身的内容品质在网络阅读中得到了真实的检验,如果作品不够吸引人,看的人很快就没有耐心继续看下去,而会选择其他的内容。本年度龙源期刊网发布的TOP100文章的国内、海外的首位是《当代》的《因为女人》,而这篇小说也成为本年度的畅销小说之一。从网上传播到网下传播,优质内容在两个空间里都得到了充分的验证。

作为公众共享的平台,网络为高品质的内容提供了一个开放存取的空间。高品质的内容在这个平台上经受得起时间的考验,2007年度TOP100文章的入围佳作《初夜》和《陈大毛偷了一支笔》在2008年度的网络传播中依然进入了TOP100。这也再一次证明了2007年我们曾经做出的论断,优质的内容的传播周期会更长,在网络传播中,高品质的内容会随着时间的发展而得到价值上的提升。

(作者时为北京印刷学院硕士研究生、现为大百科出版社编辑,龙源期刊网络传播课题组成员)

2008年龙源网络传播分类阅读TOP期刊的分析报告

陈少华　田淑俊　张　弦　姜　峰

一、龙源期刊网络传播分类TOP10排行分析及意义

龙源期刊网的网络传播数据发布与分析，经过4年来的培育，不断深化。自去年推出期刊分类阅读TOP10，2008年是第二次发布。

通过对不同类别期刊和同一类别不同期刊的分析和研究，以及对期刊分类阅读群体中TOP10的现实状况的解析，可以了解一种期刊在同类别期刊中的占位情况和竞争态势，也可以了解一类期刊在不同类别的期刊格局中所处的位置，从而得知这类期刊的总体发展趋势和发展空间，为期刊发展的定位做好规划。

全国目前有近万种期刊，很需要分类分析和分类指导。龙源网的期刊分类排行为期刊界的分类分析和引导管理提供了参考资料和案例。

二、龙源期刊网2008年网络传播期刊分类TOP10的数据分析

（一）期刊分类阅读TOP10在国内、海外期刊阅读TOP100中的位置

尽管每类期刊都有较好的品牌期刊，不同的期刊类别在整体阅读市场上，所占有的比例是不同的，比如综合文化类、财经管理类的总体排名就比较靠前，具体如表1所示。

表1　2008年期刊分类阅读TOP10在国内、海外TOP100榜上位置总览

刊名	刊期	类别	国内排行	海外排行
青年文摘	半月刊	综合文化	1	3
意林	半月刊	综合文化	2	34
新华文摘	半月刊	综合文化	9	84
书报文摘	周刊	综合文化	11	46

(续表)

刊名	刊期	类别	国内排行	海外排行
知识窗	月刊	综合文化	22	—
今日文摘	半月刊	综合文化	29	78
视野	半月刊	综合文化	34	—
青年博览	半月刊	综合文化	42	—
中外文摘	半月刊	综合文化	47	1
烹调知识	月刊	综合文化	53	20
平均排名			**25**	**38**
大众医学	月刊	养生健体	30	24
武当	月刊	养生健体	54	—
科学养生	月刊	养生健体	67	31
精武	月刊	养生健体	73	—
家庭医药	月刊	养生健体	88	90
棋艺	半月刊	养生健体	94	69
保健与生活	月刊	养生健体	95	47
平均排名			**71.5**	**52.2**
现代医药卫生	半月刊	学术学报	18	—
中国医药导报	旬刊	学术学报	24	—
中国实用医药	旬刊	学术学报	36	—
社会科学论坛	半月刊	学术学报	85	—
平均排名			**40.75**	**0**
电脑爱好者	半月刊	信息网络	4	10
电脑知识与技术	旬刊	信息网络	49	—
计算机应用文摘	半月刊	信息网络	57	—
计算机世界	周刊	信息网络	70	—
中国计算机报	周刊	信息网络	80	—
平均排名			**52**	**10**
诗刊	半月刊	文学文论	16	55
今古传奇·故事版	旬刊	文学文论	17	17
小品文选刊	半月刊	文学文论	23	—
故事林	半月刊	文学文论	26	9
美文	半月刊	文学文论	38	—

(续表)

刊名	刊期	类别	国内排行	海外排行
读书	月刊	文学文论	43	29
啄木鸟	月刊	文学文论	60	33
北京文学	月刊	文学文论	62	15
杂文月刊	月刊	文学文论	74	—
江门文艺	半月刊	文学文论	86	—
平均排名			**44.5**	**26.3**
中国国家地理	月刊	史地人文	37	72
先锋国家历史	半月刊	史地人文	79	—
平均排名			**50.3**	**53.5**
中国新闻周刊	周刊	时事党政	5	—
领导文萃	月刊	时事党政	6	—
新民周刊	周刊	时事党政	13	—
新周刊	半月刊	时事党政	15	—
南方人物周刊	半月刊	时事党政	19	—
南风窗	半月刊	时事党政	27	—
世界知识	半月刊	时事党政	45	—
民主与法制	半月刊	时事党政	50	37
百年潮	月刊	时事党政	68	79
百姓	月刊	时事党政	82	—
平均排名			**33**	**58**
大众电影	半月刊	时尚艺术	31	14
时代影视	半月刊	时尚艺术	40	—
优雅	半月刊	时尚艺术	61	57
大众摄影	月刊	时尚艺术	63	8
音乐周报	周刊	时尚艺术	81	—
平均排名			**55.2**	**26.3**
人生与伴侣	旬刊	女性家庭	10	45
伴侣	半月刊	女性家庭	20	19
婚姻与家庭	半月刊	女性家庭	21	5
家庭	半月刊	女性家庭	25	4
现代家庭	半月刊	女性家庭	33	22

(续表)

刊名	刊期	类别	国内排行	海外排行
幸福	半月刊	女性家庭	44	13
37°女人	月刊	女性家庭	65	—
为了孩子	半月刊	女性家庭	71	99
家庭百事通	月刊	女性家庭	89	51
平均排名			**42**	**32.3**
课外阅读	半月刊	课外阅读	39	—
成才之路	旬刊	课外阅读	77	—
男生女生（金版）	月刊	课外阅读	93	—
平均排名			**69.7**	**0**
兵器知识	月刊	科普科技	46	21
百科知识	半月刊	科普科技	51	—
轻兵器	半月刊	科普科技	58	6
现代农业科技	半月刊	科普科技	76	—
平均排名			**57.8**	**13.5**
考试周刊	周刊	教育教学	7	—
班主任	月刊	教育教学	69	—
语文教学与研究（综合天地）	月刊	教育教学	97	—
平均排名			**57.7**	**0**
商场现代化	旬刊	管理财经	3	—
商业时代	旬刊	管理财经	8	—
理财周刊	月刊	管理财经	12	95
中国市场	周刊	管理财经	14	—
会计之友	旬刊	管理财经	28	—
商界	月刊	管理财经	32	—
中国联合商报	周刊	管理财经	41	—
中国经济周刊	周刊	管理财经	48	—
环球企业家	月刊	管理财经	52	—
中国经济信息	半月刊	管理财经	55	—
平均排名			**29.3**	**95**

图1显现了期刊分类阅读TOP10在国内、海外TOP100上的上榜数量。在国内TOP100榜上，综合文化、时事党政、文学文论、管理财经这四类期刊的分类阅读TOP10全部上榜，女性家庭类期刊上榜数量为9，养生健体类期刊有7个上榜，时尚艺术与信息网络类期刊上榜数量为5，科普科技和学术学报类期刊上榜数量为4，教育教学、课外阅读和史地人文类期刊各有3个期刊上榜。

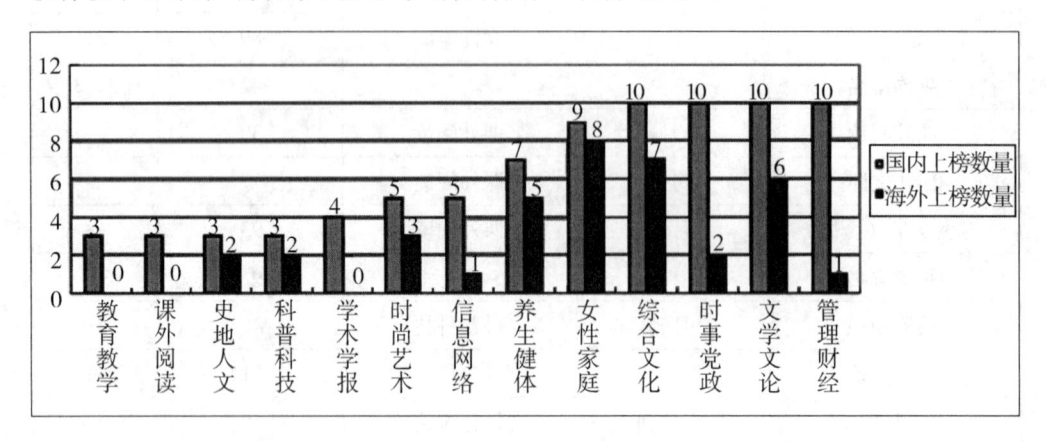

图1 2008年期刊分类阅读TOP10在双百榜上榜数量

在海外TOP100榜上，女性家庭类期刊上榜数量最多，为8个；其次是综合文化类期刊，上榜7个；文学文论类期刊上榜6个，养生健体类期刊上榜5个，时尚艺术类期刊上榜3个，史地人文、科普科技、时事党政类期刊各上榜2个，信息网络和管理财经类期刊上榜1个，而教育教学、课外阅读、学术学报这三类期刊的TOP10没有上榜。

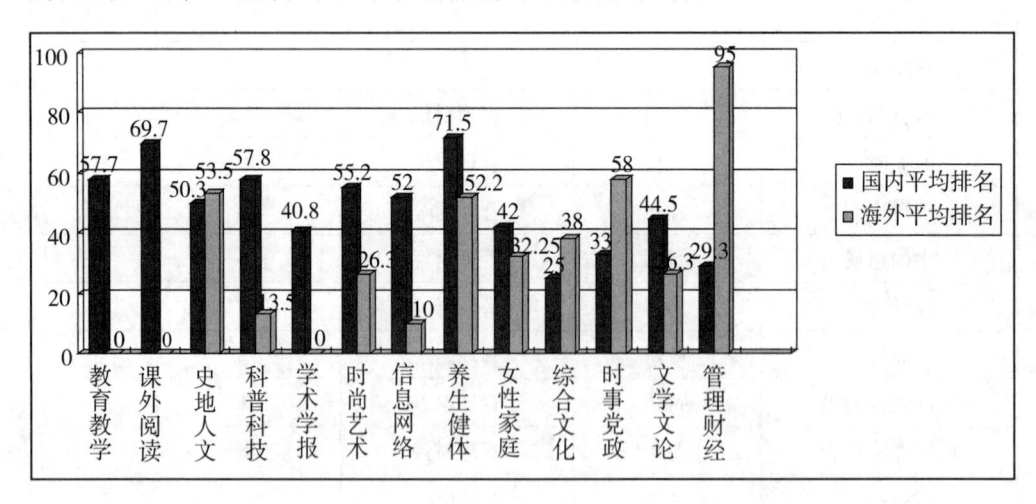

图2 2008年期刊分类阅读TOP10在双百榜上的平均排名

图2对期刊分类阅读TOP10在双百期刊中的排名进行了显现，国内期刊TOP100榜上平均排名靠前的五类为：综合文化（25）、管理财经（29.3）、时事党

政（33）、学术学报（40.8）和女性家庭（42）；海外期刊 TOP100 榜上平均排名靠前的五位是：信息网络（10）、科普科技（13.5）、时尚艺术（26.3）、文学文论（26.3）和综合文化（38）。期刊分类阅读在国内 TOP100 榜上的平均排名变动（25—71.5）明显小于在海外 TOP100 期刊网上的排名变动（0—95）。

（二）2008 年期刊分类 TOP10 国内、海外阅读取向差异

表 2 显现出了期刊分类阅读 TOP10 在国内的三大优势类群基本上没有很大的变化，管理财经类、综合文化类、文学文论类和时事党政类是国内的第一优势类群；而女性家庭类、养生健体类、时尚艺术类和信息网络类是国内的第二优势类群；第三优势类群是科普科技类、学术学报类、教育教学类和史地人文类；在海外阅读最多的是文学文论类、女性家庭类、养生健体类和综合文化类；其次是时尚艺术类、科普科技类、时事党政类和教育教学类；第三是管理财经类、史地人文类、信息网络类和学术学报。

表 2　期刊分类阅读在国内、海外 TOP100 中的排名比较

类别	国内阅读排位	海外阅读排位
管理财经	1	9
综合文化	2	4
文学文论	3	1
时事党政	4	7
女性家庭	5	2
养生健体	6	3
时尚艺术	7	5
信息网络	8	11
科普科技	9	6
学术学报	10	12
教育教学	11	8
史地人文	12	10

国内、海外阅读差别最大的是管理财经类，国内由于受到股市的影响，比海外读者更倾向于这类期刊的阅读。

（三）2007—2008 期刊分类阅读 TOP10 的稳定性分析

从此表我们可以看出，连续两年都上榜的期刊中，时尚艺术类以 6 种期刊连续两年都上榜，居于榜首，稳定性最强；其次是时事党政类、史地人文类、文学文论类和信息网络类，它们都有 5 种期刊连续两年上榜；科普科技类、女性家庭类、养生健体类和综合文化类分别都有 4 种期刊上榜；管理财经类有 3 种期刊连续上榜；

而学术学报、课外阅读类期刊则只有1种期刊连续上榜；教育教学类没有两年同时上榜的期刊。总的来看，休闲娱乐类期刊的两年连续上榜数大于专业知识类期刊。

表3 期刊分类阅读TOP10中连续两年都上榜的期刊

类别	连续上榜期刊	数量
管理财经	理财周刊、中国市场、环球企业家	3
课外阅读	男生女生	1
教育教学	无	0
科普科技	兵器知识、轻兵器、军事文摘、坦克装甲车辆	4
女性家庭	伴侣、婚姻与家庭、现代家庭、幸福	4
时尚艺术	大众电影、时代影视、优雅、大众摄影、医学美学美容、中国化妆品（时尚版）	6
时事党政	南风窗、世界知识、民主与法制、百年潮	4
史地人文	中国国家地理、纵横、文史春秋、文史精华、文史月刊	5
文学文论	诗刊、故事林、读书、啄木鸟、北京文学	5
信息网络	电脑爱好者、电脑知识与技术、计算机应用文摘、互联网周刊、网络传播	5
学术学报	装饰	1
养生健体	大众医学、科学养生、保健与生活、养生大世界	4
综合文化	青年文摘、书报文摘、今日文摘、烹调知识	4

（四）典型期刊分析

综合文化类、管理财经类、时事政党类这三大类期刊是国内读者最为喜爱的，可以通过图3显现出来。图4则显示出了海外读者最为青睐的三大类期刊——文学文论类、综合文化类、女性家庭类。

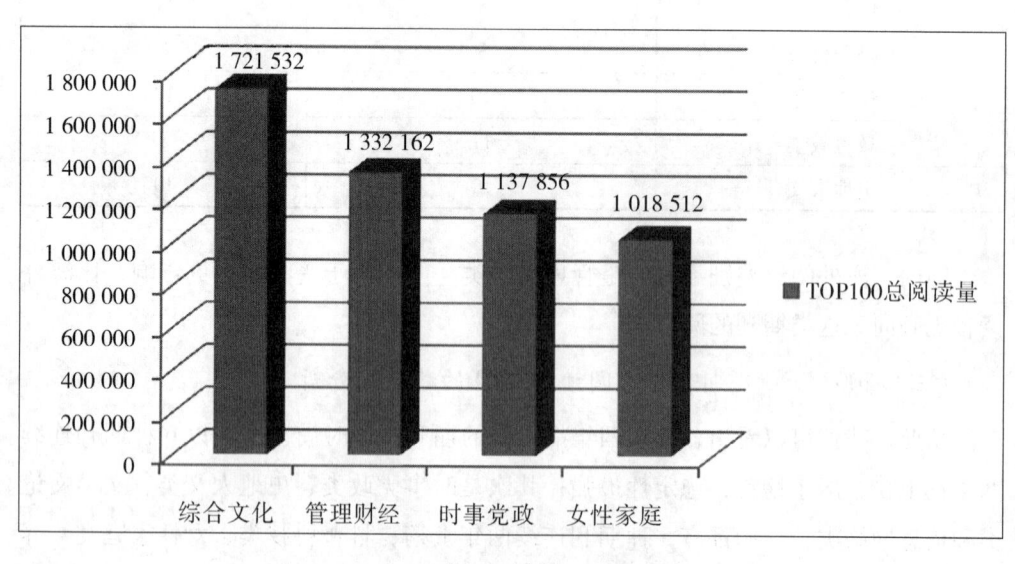

图3 国内期刊分类阅读的阅读量对比

其中，综合文化类期刊是国内、海外读者同时偏好的，此类期刊以《青年文摘》和《意林》为代表，大多属于青年励志类刊物，在这一系列的期刊中关于亲情、爱情、友情和成长方面的指导，是一味心灵鸡汤。

国内读者喜爱的管理财经类期刊也是一种典型期刊，它在国内TOP100排行榜上位居榜首，而在海外却沦为榜尾。在这类期刊中，泛财经类的期刊有《中国经济信息》，偏重投资理财的期刊有《理财周刊》，偏重营销管理类的期刊有《商场现代化》《商业时代》和《商界》。这一期刊内部的合理配置不仅给读者提供了更多的商业机会和经验，而且还会推动中国经济走向另外一个高潮，因此得到越来越多的国内读者欢迎。

表4 国内读者最喜欢的TOP10期刊3大类别

综合文化类TOP10	管理财经类TOP10	时事政党类TOP10
青年文摘	商场现代化	中国新闻周刊
意林	商业时代	领导文萃
新华文摘	理财周刊	新民周刊
书报文摘	中国市场	新周刊
知识窗	会计之友	南方人物周刊
今日文摘	商界	南风窗
视野	中国联合商报	
青年博览	中国经济周刊	世界知识
中外文摘	环球企业家	民主与法制
烹调知识	中国经济信息	百年潮

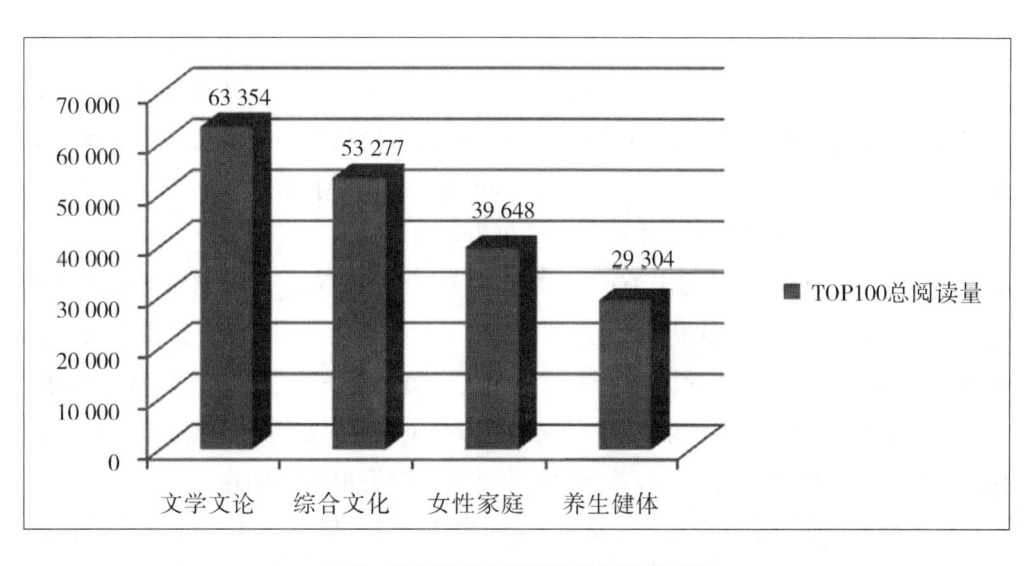

图4 海外期刊分类阅读的阅读量对比

文学文论 63 354；综合文化 53 277；女性家庭 39 648；养生健体 29 304（TOP100总阅读量）

表5 海外读者最喜欢的TOP10期刊前三类别

文学文论类TOP10	综合文化类TOP10	女性家庭类TOP10
当代	中外文摘	家庭
十月	青年文摘	婚姻与家庭
故事林	烹调知识	幸福
收获	东西南北	伴侣
人民文学	意林	现代家庭
北京文学	八小时以外	女性天地
小说月报	书报文摘	妇女之友
今古传奇·故事版	西江月（打工纪实）	时代姐妹·情人坊
长江文艺	今日文摘	爱情婚姻家庭·冷暖人生
山花	新华文摘	人生与伴侣

（五）期刊分类阅读TOP10分类分析

1. 从文学文论类期刊看：向世界传播中国文化，任重道远

无论是四年来的国内、海外TOP100上榜期刊分析，还是期刊分类阅读TOP10分析，文学文论类期刊所占比重最多，由此可知，大多数人还是对文学文论类期刊比较感兴趣。从2005年到2008海外期刊类别TOP分布中我们更可以看出，文学文论类期刊每年的读者占有率都遥遥领先于其他类期刊，且呈低幅度增长的趋势。文学文论类期刊不仅受国内读者的喜爱，而且海外读者也是这类期刊的忠实读者。

2. 从教育教学类期刊看：知本阅读逐渐加强

通过国内TOP10新上榜期刊的类型图可以知道，像教育教学类这样专业化、理性化的期刊的上榜率逐渐升高，可见，人们的"知本阅读"已经开始慢慢强化。对知识的渴求欲望越来越强。从2005年到2008年国内期刊类别分布显示，教育教学类期刊一直处于逐渐上升的趋势，尤其是2008年，上升速度较快。

3. 从女性家庭类期刊看：情感的关注仍为主题

从2008年国内、海外阅读TOP100期刊的类别分布显示，女性期刊类期刊仍然占据着很重要的位置。在国内榜，女性期刊排名第5位占9%；在海外排名第2位占20%。这类期刊种类很多，比如《家庭》《幸福》《妇女之友》《婚姻与家庭》《伴侣》《现代家庭》《人生与伴侣》《家庭》《女性天地》《爱情婚姻家庭·冷暖人生》等期刊，这些都是国内、海外读者最喜欢阅读的TOP10的期刊。

综上分析，龙源期刊网提供了纵横阅读同类期刊的可能，打破了品牌和非品牌期刊的界限，对于期刊社来说怎样抓住读者的眼球，吸引更多的注意力，建立起属

于自己的读者群,是值得深入研究的。

三、期刊网络传播分类 TOP10 分析结论

(一) 国内读者阅读取向跳跃性小于海外读者

期刊分类阅读在国内 TOP100 榜上的平均排名变动(25—71.5)明显小于在海外 TOP100 期刊网上的排名变动,管理财经类、综合文化类、文学文论类和时事党政类期刊是国内读者最爱读的第一优势类群。

(二) 休闲娱乐类期刊稳定性大于知本专业类期刊

根据 2007 年和 2008 年两年分类 TOP10 期刊连续上榜的个数我们可以看出,休闲娱乐类期刊的上榜数目比较可观,基本上都有四五种期刊上榜,稳定性比较好,而专业学术类期刊变动较大。在这个竞争激烈的社会,人们由于受到生活压力的影响,缓解压力的休闲娱乐类期刊成为他们的偏爱,而感性专业类期刊则会徒增压力和疲劳。因此知本专业类期刊的阅读群体相比之下就要少,上榜浮动就会大。

(三) 感性期刊、励志刊物仍然是国内、海外的网络青年读者的最爱

中国的文化博大精深、历史悠久,因此文化类和文学类的期刊总是受到国内、海外读者的青睐。由于现在网络读者的增多,尤其是中青年网络读者的数目与日俱增,针对这样一个大的读者群体,数字期刊不会放弃这样一个发展机会,因此以《青年文摘》和《意林》为代表的青年励志类刊物受到广大青年网络读者的喜爱。

(四) 锁定目标受众,稳定榜上好成绩

女性家庭类期刊因其面对的读者群体相对集中,在网络传播中能有效的锁定目标受众,因此,在国内、海外分类 TOP10 期刊阅读排名中都取得了第 5 名和第 2 名的好成绩。而且其变动比较稳定,两年类连续上榜期刊达到了 4 种。

(作者依序为华中科技大学新闻与信息学院、电子与网络出版研究所教授,硕士研究生;龙源期刊网络传播课题组成员)

【2007】

从龙源期刊网络传播分类 TOP10 看期刊竞争情势

龙源期刊网络传播课题组

2007 年龙源期刊网对社会公开发布了在线合作期刊的分类 TOP10，这对于横向了解期刊行业的整体态势和纵向了解同类期刊的发展状况具有十分重要的意义。通过对不同类别期刊和同一类别不同期刊的分析和研究，通过对分类期刊群体中处于上游的组群（分类 TOP10）的现实状况的解析帮助刊社了解自身在同类别期刊中的占位情况和竞争态势。有学者指出："类观是揭示期刊规律的科学方法。对期刊类群的研究不仅有望丰富期刊一般规律的内涵与体系，而且有助于期刊类群的发展壮大。"此项分析的可操作性是基于类别在刊物中的客观现实存在及龙源发布的分类 TOP10 的排行，前者是此分析成立的期刊自身所必备的特质，而后者是此研究报告形成的客观事实依据。

一、分类 TOP10 期刊产生于 12 大分类

与纸介质期刊阅读有所区别的是，网络阅读为读者提供了多条到达所需目标内容的路径：关键词—文章—刊物、类—刊物—文章、导语—文章—刊物、专题—文章—刊物，网络所提供的阅读路径是多级次、多通道的。这为有着不同阅读目的、不同阅读兴趣和阅读习惯的读者提供了找到满足其个性化阅读需求。在网络传播中，明晰期刊的类别归属是为了帮助搭建合理的阅读路径，减少读者在查找目标内容时遇到的障碍，使读者能够更加快捷地找到所需内容。

龙源对与之合作的期刊进行归类的事实依据是期刊内容，这种归类方式既遵从了纸介期刊类别归属的传统，同时也照顾到网络阅读以内容为导向的特点。研究中我们发现龙源分类 TOP10 期刊的一个共同点就是这些刊物的类别归属基本清晰，这也从一个侧面印证了类别归属清晰的期刊才能让读者更快找到，刊物也只有在最短的时间内到达用户才能够在以速度优势著称的网络传播中占得先机。

网络阅读中类别归属的意义提示我们明晰期刊内容定位的重要性，在期刊的网络传播中内容定位应该细化到刊物的具体栏目、单篇文章甚至导语，清楚的定位可以帮助刊物准确而有效地锁定目标受众。龙源期刊网基于与之签约的刊物内容，经过慎重研究之后将其分为12大类。这12大类分别是：文摘综合、管理财经、文学、人文艺术、科技网络、女性家庭、时事政治、体育健康、理论学术、军事科普、时尚生活和教育教学。在分类过程中虽不能保证所有的刊物的归属都十分准确和清晰（事实上有些刊物自身的类别属性是比较模糊的），但这12大类已经能够基本上代表目前龙源期刊矩阵的主流类别格局。基于这2 000种左右期刊基础上的类群分析可以为进一步研究期刊在网络传播过程中的总体类别特征和整个期刊业同类别期刊的竞争情势提供一些借鉴的可能。

二、龙源网络传播分类TOP10的总体态势

在龙源已有的12大类别期刊中，不同类别在龙源期刊矩阵中的表现不尽相同，按照分类别和TOP100期刊的排名先后顺序比照（见表1）之后发现龙源发布的分类TOP10期刊，大体上存在三大优势类群，国内分类TOP10中第一优势类群是文摘综合类、管理财经类和女性家庭类和文学类。第二优势类群是：时事政治类、体育健康类、人文艺术类和时尚生活类，第三优势类群是：科技网络类、军事科普类、教育教学类、理论学术类。海外的总体类别情况与国内有稍有不同，在海外榜上第一优势类群是文学类、女性家庭类、体育健康类、文摘综合类，第二优势类群是时尚生活类、军事科普类、理论学术类、文化艺术类，第三优势类群是时事政治类、教育教学类和管理财经类、科技网络类。

表1 2007龙源国内、海外分类TOP10刊物在TOP100期刊中的数量

类别（国内）	TOP100中的数量	类别（海外）	TOP100中的数量
文摘综合	10	文摘综合	10
管理财经	10	体育健康	10
女性家庭	10	女性家庭	10
文学	10	文学类	10
体育健康	7	人文艺术	8
时事政治	7	军事科普	6
时尚生活	6	时尚生活	5
人文艺术	5	理论学术	5
军事科普	3	教育教学	4

（续表）

类别（国内）	TOP100中的数量	类别（海外）	TOP100中的数量
科技网络	3	时事政治	4
教育教学	1	管理财经	2
理论学术	1	科技网络	1

比较国内、海外各类群的不同表现后可以发现，国内、海外的受众群体所关注的期刊在类别上有共性也有差异。国内、海外的网络传播中被共同关注较多的期刊类别是文摘综合、女性家庭和文学三大类，这三类期刊在国内、海外榜单上都位居第一优势类群的行列，差异较大的是：国内位于第一优势类群的管理财经类在海外成为第三优势类群，而国内的体育健康类期刊在海外成为受关注程度较高的期刊，相比较而言，国内和海外受关注度较低的是科技网络类和教育教学类期刊。国内、海外在期刊类别选择上所表现出的相似之处，反映出当前网络阅读在总体上仍以休闲阅读、感性阅读、实用性阅读为主，其具体反映在受众倾向于选择感性阅读和休闲阅读的女性家庭类、文学类和文摘综合类期刊。此类期刊在国内、海外榜单上均受到较高程度上的关注，而内容偏重理性认知的理论学术类、网络科技类和教育教学类刊物的网民关注度相对较低。国内对管理财经类期刊的关注和海外对这一类别的"不太关注"提示我们此类期刊会直接受到经济形式不同变化趋势影响的，从这个意义上说管理财经类刊物具有明显的地域和国情特征，较其他类别更适宜国内阅读，其走出国门的步伐可以适当放缓。

分类刊物的前10名及其在TOP100中的占位，已经为我们简单勾勒出刊业外在类别发展变化的曲线，它给期刊网络传播提供的借鉴是：①休闲阅读和情感阅读依然是网络阅读的重点，这决定了以情感抚慰和生活休闲为主题的刊物将继续在网络传播中走强。②文摘综合类刊物将继续在期刊的网络传播中占据优势，此类期刊以其精选、摘要、综合信息的本质特征与网络传播海量信息集成的特质在一定程度上的重合将使其在网络传播中继续占据优势。③国内和海外对期刊的类别有一定的选择倾向，地域性和时效性相对较弱，而知识性和技能性相对较强的刊物更适合海外受众的阅读需要。

三、"读网时代"的同类刊物竞争情势分析

中国出版科学研究所2006年完成的第四次国民阅读调查显示：连续6年来，国民图书阅读率持续走低，但是随着技术的发展，人们的非纸介阅读机会却在相应地增加，网络阅读却连续6年成倍增长。网络阅读成为读者的第二大阅读方式。有人预言人类正逐渐走进一种全新的阅读时代——"读网时代"。在"读网时代"，当期

刊的内容资源优势与网络新的传播方式以及网民新的阅读方式达到最佳组合时，将会迸发出巨大能量，网络用户持续增长所潜在的巨大发展空间都是传统纸介期刊不能忽视的。而"读网时代"同类刊物之间竞争的胜败是由隐匿存在的信息化社会的社会基础——网民所决定的。从这个意义上说，龙源期刊网的用户选择从一定程度上能够客观反映出期刊在网络传播中可能的倾向，也进一步表明在"读网时代"，无论"网上"还是"网下"，同类期刊之间竞争的重点依然是争取受众。

同类期刊因其内容定位相近，读者对象相似而成为竞争的重点。因此，对同类期刊之间竞争格局和态势的分析对刊社来说就显得格外重要。一本期刊要清楚自己在同类别期刊中的位置，在同类别期刊中与之内容、定位相似的刊物有哪些，自己的竞争对手处于那种位置？对方哪篇文章和栏目赢得了高阅读率？对于这些问题龙源所提供的网络传播数据都可以给出比较满意的答案。刊社只有在竞争中获得竞争对手相对较准确的信息才能够在与对手过招时获得打败或追平甚至超越对手的机会。龙源期刊所提供的分类期刊 TOP10 的上榜期刊则为各个刊社提供了分类别刊物之间网络传播中具体占位情况和大致竞争态势。

表2 2007年文学类TOP10、管理财经类TOP10、女性家庭类TOP10和体育健康类国内TOP10入围期刊名单

文学类	管理财经类	女性家庭类	体育健康类
当代	财经	婚姻与家庭	棋艺
北京文学	卓越理财	人生与伴侣	精武
今古传奇	商界	伴侣	大众医学
故事林	商场现代化	幸福	食品与健康
杂文选刊	商业时代	家庭	搏击
收获	理财周刊	爱情婚姻家庭·冷暖人生	乒乓世界
小品文选刊	新财经	女子世界	武当
人民文学	科学投资	为了孩子	科学养生
诗刊	中国经济信息	祝你幸福·午后版	婚育与健康
美文	销售与市场营销版	家庭百事通	中国医药导报

（一）分立割据之文学类

国内和海外文学类 TOP10 的期刊也同时是龙源国内、海外 TOP100 期刊中的上榜刊物，且各刊之间无论是类别排名差异还是总榜单中的位次升降变化都相对较小，由此看来文学类各刊在整个文学期刊版图中呈现出的是一种品牌角力的局面。相互咬合、交替上升是在此类别榜单占位上的外在表现，《当代》《北京文学》《收获》

《人民文学》等以小说为主的综合性老牌文学刊物依旧占据了文学类期刊的主力位置。《今古传奇·故事版》《故事林》等以传奇故事为主偏向通俗内容的期刊在整个文学类期刊中虽数量不多（在龙源152种文学类刊物中有21种）但其表现却十分出众，有2种期刊入围文学类国内TOP10，且在TOP100的总榜单中处于比较靠前的位置。《杂文选刊》《小品文选刊》《诗刊》《美文》四种以非小说故事题材为主要内容的刊物入围文学类的TOP10，这四种刊物在TOP100的总榜单上处于后半段（从71位到100位）的位置。

综上所述，网络阅读时代的文学类期刊的竞争重点是单篇文章是否具有吸引力，与其他以时效性和连续报道见长的期刊相比较，文学类期刊单篇阅读的非连续性更加适合网络阅读的下载需要，且其本身的"去时效性"也为这类期刊争取到了相对有利的传播机会。不同内容偏向的文学类刊物所呈现出的分立割据局面提示我们的是网络阅读时代的受众群是庞大而隐匿，网络只对一部分人开放的格局已经发生改变，受众群体的差异性决定了受众需求的多元化和多层次性，这种需求为同类刊物提供了可以存在的理由和可能发展的空间，也要求期刊在竞争中找到自身所长和受众所需的结合点。

（二）群雄并起之管理财经类

管理财经类是龙源期刊矩阵中总体数量较多的一类，此类期刊的总体表现在本年度颇为抢眼。在管理财经类（国内）TOP10的榜单上值得注意的是其群体性卓越表现。管理财经类（国内）TOP10的第10位《销售与市场·营销版》在TOP100总排名中位列第56位，而未进入管理财经类（国内）TOP10的刊物中还有8种进入国内总排行TOP100期刊。

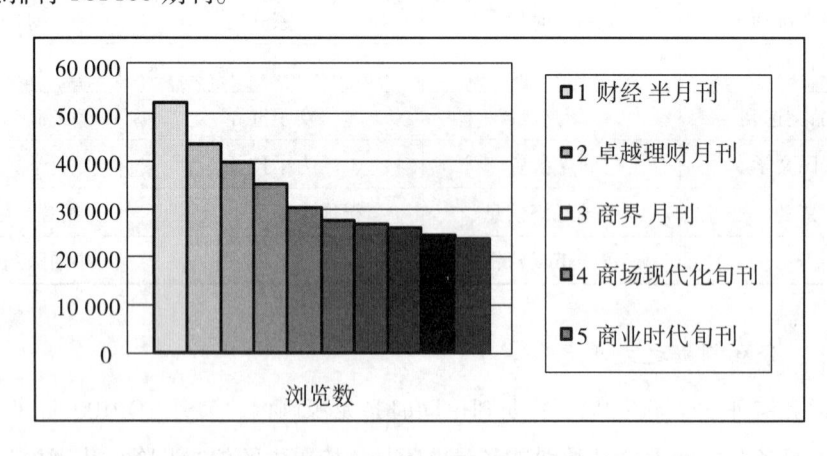

图1　2007年国内管理财经类TOP10及其阅读量

本年度的管理财经类期刊的网络传播普遍走强，且此类 TOP10 的各刊之间在浏览次数上也比较接近。如上表所示的《卓越理财》与《商界》《商场现代化》与《商业时代》之间的差额都在 5000 点之内，而《理财周刊》与《新财经》之间的 600 点左右的差额使得它们之间的竞争更加趋于激烈。而这种竞争的激烈性在群体性的崛起中造就出管理财经类期刊群雄并起的较好格局。仔细研究入围前 10 名的期刊会发现，比较其他类别期刊，管理财经类期刊的内部结构相对较为合理，在这 10 种期刊中，泛财经类的期刊有《财经》《新财经》《中国经济信息》，偏重于投资理财类的期刊有《卓越理财》《理财周刊》和《科学投资》《商界》《商场现代化》《商业时代》和《销售与市场》内容则偏重于营销管理方面。由此可见，管理财经类期刊的群雄并起的外部刺激因素应该归因于本年度国内较热的经济形势，而其内部动因则要得益于刊物类群内部结构的相对合理配置。

（三）暗潮涌动之女性家庭类

表 3　女性家庭类期刊 2006 年、2007 年国内排行对比

2006 排行	刊名	2007 排行	刊名
1	婚姻与家庭	1	婚姻与家庭
2	幸福	2	人生与伴侣
3	现代家庭	3	伴侣
4	爱情婚姻家庭	4	幸福
5	为了孩子	5	家庭
6	妇女之友	6	爱情婚姻家庭·冷暖人生
7	伴侣	7	女子世界
8	女性天地	8	为了孩子
9	祝你幸福·午后版	9	祝你幸福·午后版
10	人生与伴侣	10	家庭百事通

与 2006 年度相比，本年度的女性家庭类期刊的表现平静而温和。2006 年女性家庭类期刊 TOP10（2006 年未向社会公开发布，在《龙源 2006 网络传播数据报告册中含有》）中的《现代家庭》《妇女之友》和《女性天地》，2007 年新入围的女性家庭类 TOP10 期刊是《家庭》《女子世界》和《家庭百事通》。与 2006 年相比，女性家庭类期刊的整体表现比较平稳，没有出现大起大落的局面。

女性家庭类 TOP10 在国内和海外的 TOP100 期刊总排行中的排名也较好，位居第十位的《家庭百事通》在国内 TOP100 中的排名是第 87 位，但是，此类刊物在内容上比较明显的现象是：各刊之间多同质化而少差异性。女性家庭类期刊因其面对

的读者群体相对集中，其内容定位上的独特性并不突出，这也成为女性家庭类期刊各刊之间差异不大的主要原因。因其刊物之间表现并不明显的差异造成的未来可预计的结果是，差异化的内容将成为这类期刊在众多同类别期刊中脱颖而出的法宝。在这一类型期刊的网络传播中如何用特色内容有效地锁定目标受众，是实现刊物内容有效传播的关键。本年度女性家庭类期刊的平静表象之下是暗潮涌动，从入围 TOP10 期刊的自身情况和其现实生存状态可以推知的是此类期刊竞争会日趋激烈。

（四）平分秋色之体育健康类

本年度体育健康类 TOP10 期刊的具体表现是各刊国内、海外两榜平分秋色，虽入围 TOP10 的期刊存在个别差异，但相同之处是国内 TOP10 有 7 种期刊入围国内 TOP100 总排行，而海外的此类别 TOP10 的各刊则全部入围海外 TOP100 的总榜单。且内容偏重于医药保健的各刊在浏览率上的差别很小，差额最大的 2000 点左右，而在海外榜单上的《家庭医学新健康》和《科学养生》之间的差额仅为 20。这些刊物的共同点是以提供实用性信息为主，这也与网民在使用网络时的实用性目的在一定程度上相吻合。

表4　2007年体育健康类国内、海外TOP10对比

国内排行	刊名	海外排行	刊名
1	棋艺	1	中老年保健
2	精武	2	大众医学
3	大众医学	3	养生大世界
4	食品与健康	4	祝您健康
5	搏击	5	保健与生活
6	武当	6	现代养生
7	科学养生	7	健身科学
8	婚育与健康	8	健康向导
9	中国医药导报	9	家庭医学·新健康
10	现代养生	10	科学养生

值得一提的是，海外榜对体育健康类期刊特别是其中偏重于医药保健类的刊物特别关注，海外 TOP100 的榜单上体育健康类 TOP10 期刊全部入围，而入围体育健康类前 10 名的期刊内容几乎全部偏向于医药保健。这类刊物在网络传播中海外市场的群体阅读程度上提示刊社这类刊物在海外市场上存在一定的现实需求。

以上四类期刊的共同之处在于，同类别刊物之间的浏览率差额较小，从一定程度上说明文学类、女性家庭类和管理财经类同类刊物的内部竞争格局尚未形成，在

这些类别的刊物中没有任何一种刊物是处在绝对优势的位置。这也从另外一方面说明在网络传播中，任何一种期刊都有占据其相同类别中优势位置的可能性。与这三类期刊不同的期刊类别是文摘综合类、科技网络类和教育教学类，结合其网络阅读的浏览次数发现这三类期刊具有的一个共同特征：每一类别内都有1—2种刊物处于同类期刊的领头位置。处在分类TOP10中的前几位的刊物和分类TOP10的后几位的刊物无论是在TOP100的总排名中还是网民的浏览次数上都存在比较明显的差异。

表5　2007年文摘综合类、科技网络类、教育教学类TOP10国内上榜期刊及排行

排行	文摘综合	科技网络	教育教学
1	青年文摘（红版、绿版）	电脑爱好者	教师博览
2	意林	电脑迷	班主任
3	书报文摘	计算机应用文摘	教育艺术
4	今日文摘	互联网周刊	中学语文教学
5	视野	微型计算机	新东方英语
6	交际与口才	中国计算机报	考试周刊
7	海外文摘	IT时代周刊	中小学心理健康教育
8	东西南北·大学生	电脑知识与技术	语文教学与研究（综合天地）
9	书摘	网友世界	海外英语
10	读书文摘（青年版）	网络与信息	课外阅读

（五）三足鼎立之文摘综合类

在龙源期刊矩阵中文摘综合类有近百种，此类期刊的总体实力也却相对较强。这类期刊在总排行上绝对领先的优势让人侧目。但是，在文摘综合类刊群整体走高的情势之下，其内部也存在一定程度上的不平衡，突出表现就是《青年文摘》《意林》在此类期刊中压倒性的优势地位。在龙源期刊网络传播的过程中，《青年文摘》两个版本之间表现出势均力敌，可以说这也从一定程度上证明了《青年文摘》分版的成功。由此，《青年文摘》上半月红版和下半月绿版与《意林》一同形成文摘综合类期刊三足鼎立的局面。在它们之间，竞争和借鉴并存。网民对品牌期刊的接受和肯定也在以它们为首形成的文摘综合类期刊总体格局中得到了充分的体现。

但客观来说，文摘综合类期刊的整体走高得益于《青年文摘》《意林》和《书报文摘》等品牌期刊的拉动作用，在龙源网络平台上已有的近百种文摘综合类期刊中有此佳绩的毕竟为数不多，大多文摘类期刊所面对的是如何在众多类似刊物中脱颖而出。而当前，从龙源已有刊物的内容上看，摆在文摘综合类期刊办刊人面前一

个亟待解决的问题是：如何避免低水平的重复性内容生产，做出特色文摘期刊。日益分众化、小众化的读者需求为综合文摘类期刊提出了生存的挑战，同时，也给予他们转型和发展的良机。

（六）一枝独秀之科技网络类

《电脑爱好者》在科技网络类期刊中一枝独秀，过十多万次的刊物浏览率以及在TOP100排行榜中位居第四的骄人成绩，使得《电脑爱好者》远远领先于其他的科技网络类期刊。在科技网络类的国内TOP10的第二位的《电脑迷》和第三位的《计算机应用文摘》入围国内TOP100分别位居第47位和第59位，其他期刊则未进入TOP100的榜单。在期刊的网络传播过程中，《电脑爱好者》为何能够在众多内容相似、题材相近的刊物中脱颖而出？其竞争的法器是什么？

作为网络传播的中介和桥梁，在龙源这个平台上，因网络的开放性和兼容性，所有的期刊获得的是平等的竞争和发展机会。在网络多元异质的空间内，在面对网民多元化的需求时，《电脑爱好者》何以能够占据科技网络类期刊中绝对优势的位置？这个原因值得作为期刊内容的网络传播者的龙源和作为传播内容的制作者的刊社双方共同探讨，这个探讨的结论对科技网络类期刊的整体发展将产生一定的借鉴意义。

（七）蓄势待发之教育教学类

近400种的教育教学类期刊是龙源刊群中数量最多的一个类别，但一个值得关注的问题是教育教学类期刊并未像其所有的刊物数量一样在用户的阅读率上占据优势位置。比较其他类型的期刊来说，教育教学类期刊的阅读量在整个龙源期刊集群中相对弱势。在本年度教育教学类TOP10期刊中国内入围TOP100的期刊仅有《教师博览》，在海外榜上入围的是《中小学信息技术教育》《启蒙》和《海外英语》。目前在网络传播中教育教学类期刊的总体表现并不尽如人意。究其原因，作为此类刊物读者的中小学生可能没有太多时间网上阅读，个人用户市场不活跃，对此，龙源正在中小学推广电子期刊阅览室，此举是通过学校购买资源，配合学校实现班班通、校校通，来促进中小学生的广泛使用。暂时的低谷孕育着巨大的市场。

教育教学类期刊在总体数量上的绝对优势成为其在网络传播中获得优势的基数，而其所面对的用户群——学校，将是数字期刊用户中最有潜力的一支。鉴于目前教育教学类期刊暂时的低迷状态和其资源优势与用户优势在相互结合时所可能生发出的巨大能量，我们有理由相信的是整个教育教学类期刊的内部竞争以及其与网络运营商的积极合作将成为其爆发力量的源动力。

（八）截然不同之时事政治类

本年度龙源发布的时事政治类TOP10国内榜有6种入围TOP100的总排行，海外榜有4种期刊入围TOP100，此类别国内和海外两榜在阅读取向上显示出比较明显的差异，国内TOP10偏重于时事新闻，如《中国新闻周刊》《南风窗》和《新周刊》，而海外TOP10则偏重于党史资料方面的《纵横》《党史博览》和《百年潮》。

表6　2007年时事政治类TOP10国内、海外对比

排行	国内	海外
1	中国新闻周刊	—
2	南风窗	纵横
3	新周刊	党史博览
4	领导文萃	百年潮
5	—	民主与法制
6	南方人物周刊	法律与生活
7	看世界	世界知识
8	世界知识	南风窗
9	民主与法制	党员文摘
10	新民周刊	检察风云

当前，中国乃至世界期刊业的发展态势都不是十分明朗，某些类别开始表现出一些颓势，比较龙源2006年和2007年的相关数据可以发现虽然时事政治类期刊的总体态势在本年度有所下降，但是时事政治类的浏览率特别是一些名牌大刊的浏览率却在持续上升中。时事政治类刊物正在不断的改版过程中找准自身的内容定位和锁定目标读者，在这一探索的过程中，虽总体呈现疲态但在网络传播过程中此类刊物浏览率的上升可以表明时事政治类刊物正在走出"影响力大但生存困难"的泥沼，逆势而上寻求自身可以稳定上升的发展空间。

（九）交相辉映之军事科普类

表7　2007年军事科普类TOP10国内、海外对比

排行	国内	海外	排行	国内	海外
1	轻兵器	轻兵器	6	坦克装甲车辆	当代军事文摘
2	兵器知识	军事文摘	7	当代军事文摘	坦克装甲车辆
3	军事文摘	海事大观	8	现代兵器	世界科幻博览
4	百科知识	兵器知识	9	现代军事	现代兵器
5	海事大观	现代军事	10	农村百事通	解放军生活

对比国内、海外排行可以发现军事科普类无疑是TOP10的所有类别中，国内和

海外两榜入围期刊重合度最高的。国内、海外共同上榜的期刊在此类别榜单上有8种，分别是：《轻兵器》《兵器知识》《军事文摘》《海事大观》《坦克装甲车辆》《当代军事文摘》《现代兵器》和《现代军事》。在所有的12类别中，由于国内和海外的期刊阅读群体在知识文化背景以及阅读习惯上的差异，一般情况下，国内、海外的上榜期刊在类别上会有比较大的差异。但在国内和海外榜单上军事科普类的高频度重合说明了一点也就是国内和海外用户在军事科普类具体期刊的选择上基本一致。细分军事科普类期刊之后，在这一类别刊物中有不少无论标题还是内容都在某种程度上的相似或相近，如《轻兵器》《兵器知识》《军事文摘》《当代军事文摘》。当同类期刊同台较量时，刊物的内容质量就成为决定其受众选择的关键之一。

（十）分而治之之时尚生活

当下"时尚"成为了一个相对比较庞杂的概念，一些杂志喜欢高举"时尚"的旗帜从而获得定价及杂志销售上的优势。"时尚"这个相对模糊的概念也给许多有意为之的期刊提供机会。龙源将此类别命名为"时尚生活"其目的就在于用"生活"限定和扩展"时尚"，龙源所归类的时尚生活是生活中带有时尚元素的和时尚中具有生活意味的。基于这个意义之上，此次的时尚生活类杂志收入了《烹调知识》《装饰》和《双语时代》。与现实纸介期刊日趋白热化的时尚期刊激烈竞争相比较，在龙源期刊矩阵中时尚生活类期刊的网络传播目前还处比较温和的时期。这一方面说明了目前时尚杂志的刊物内容与其他以内容优势取胜的综合类刊物处于同一竞争平台时，其刊物内容在一定程度上处于非优势位置，而另一方面也说明在网络传播中时尚生活了类期刊的有很大的待上升空间。

表8 2007年时尚生活类国内、海外各刊对比

排行	国内	海外
1	昕薇	昕薇
2	装饰	烹调知识
3	烹调知识	优雅
4	优雅	医学美学美容
5	悦己	悦己
6	中国化妆品（时尚版）	中国化妆品（时尚版）
7	医学美学美容	旅游纵览
8	时尚内衣	潇洒
9	双语时代	舒适广告
10	缤纷家居	装饰

观察和分析本年度龙源时尚生活类期刊TOP10，可以发现的是时尚生活类期刊上榜期刊都具有相对集中的内容、比较清晰的受众群和相对固定的服务对象。《昕薇》《装饰》《烹调知识》《双语时代》《时尚内衣》已经不再拘泥于服饰、美容等等，而是涉及时尚生活的各面，这样有效地避免了内容的重复。在此类别中，各刊针对某一内容进行专门化的报道，避免"什么都有"的综合时尚是这些期刊入围TOP10的必要条件，这也给众多的此类别期刊提供了借鉴——"时尚"唯有与相对清晰的期刊定位结合在一起才能够在同质化的图片大战中获得生存和发展。

（十一）出人意料之理论学术类

在人文社科类期刊中，理论学术类刊物承担着学术理论建设的重任，对繁荣文化，促进科学发展有着不容忽视的意义。在龙源以大众文化传播为主的期刊网络传播中，理论学术类期刊的整体中的个别刊物表现是让人瞩目的，比如《新华文摘》在年度的理论学术类期刊国内榜位居第一，且在TOP100的总榜单上也位居前端。海外TOP10位居第一的《北京体育大学学报》在海外TOP100中也居于前列，即出乎意料又似乎在意料之中，人们对2008奥运的热情期待已见一斑。

表9　2007年理论学术类国内、海外入围期刊

排行	国内	海外
1	新华文摘	北京体育大学学报
2	社会科学论坛	新华文摘
3	名作欣赏（学术专刊）	学术月刊
4	文艺研究	文史精华
5	新闻爱好者	武汉大学学报（社会科学版）
6	文史月刊	文史春秋
7	理论前沿	文史月刊
8	新闻与写作	江苏大学学报（社会科学版）
9	旅游学刊	中国道教
10	文艺争鸣	人文杂志

对比国内和海外的TOP10，在学术类期刊中唱主角的是综合性刊物而非专业性刊物，国内与海外在此类别上有明显不同，海外TOP10中有三种学报上榜《北京体育大学学报》《武汉大学学报（社会科学版）》和《江苏大学学报（社会科学版）》，而国内学报类却没有入围TOP10。在龙源为各社提供的个性化数据报告——期刊每期访问排行中我们可以得到一些与之相关的答案，具体到《北京与大学学报》其在2007年第2期和第6期获得的高浏览率是成就其年度综合类海外榜TOP10第一位置

的首要原因。在国内的理论学术类的 TOP10 中偏重文艺的《名作欣赏（学术专刊）》《文艺研究》《文史争鸣》在海外 TOP10 中没有体现。

（十二）各取所长之人文艺术类

在网下的现实空间中，相比较时尚生活类刊物，人文艺术是一个相对比较弱的群体，但是在网上的传播中人文艺术却显示出了巨大的能量。在本年度的人文艺术类（国内）TOP10 中有 5 种期刊入围国内 TOP100，海外的人文艺术类的 TOP10 更是有 9 种期刊入围了海外榜的 TOP100。

表10 2007 年人文艺术类国内、海外 TOP10 入围期刊

排行	国内	海外
1	大众摄影	大众摄影
2	中国国家地理	大众电影
3	读书	时代影视
4	大众电影	中国国家地理
5	时代影视	读书
6	电影画刊	中国京剧
7	收藏	电影画刊
8	文化博览	艺术市场
9	电影评介	漫画月刊
10	收藏界	钢琴艺术

国内和海外都上榜的期刊有《大众摄影》《中国国家地理》《大众电影》《读书》《时代影视》《电影画刊》六种，在此类别的 TOP10 中，侧重于电影的期刊有 3 种《电影画刊》《大众电影》和《时代影视》，内容虽都集中指向影视，但其具体的内容和读者定位上都存在差异。《收藏》与《收藏界》两刊的刊名差别不大，但是，《收藏》的主要内容是物以及与之相关的人和事，而《收藏界》却是以事和人主涉及与之相关的物，这类期刊虽题名相近，但在具体内容上却各取所长，内容的独特性和具体内容的差异性使得这些期刊在同一类别中共生共存。

以上通过对龙源期刊矩阵分类别期刊竞争情况和发展态势的简单分析，我们对与龙源合作的 12 大类期刊群体状况有了一个整体的印象，分析未必得当，只是期望可以为刊社提供一些有益的借鉴。网络阅读区别于传统的纸介阅读，网络传播与期刊的现实流通也存在诸多的差异。而龙源从始至终致力于以网民需求为导向，减少刊物之间的壁垒，以需求组合刊社已有的资源，让同类期刊横向组合成为期刊阅读的类型，也使不同类型期刊在纵向上建构成知识群落，形成网民可以阅读的虚拟场所，整合或者说契合同一分众人群的多元化阅读需要，从而拉动了期刊网络阅读的潮流前行。

期刊网络传播以"篇"取胜

——2007年龙源网络传播TOP100文章的启示

龙源网络传播课题组

龙源期刊网自创立以来始终以传播中国优秀文化为己任，8年来始终站在中国期刊网络出版的前沿，不遗余力地对中国2000种期刊的数字化的内容在全世界范围内进行营销推广，取得了良好的效果。继2005、2006年龙源连续两年成功举办了年度网络传播排行发布，并为合作刊社分别提供了年度数据分析报告之后，本年度，龙源在原有对TOP100期刊解析的基础上进一步拓宽数据发布范围，对期刊网络传播的国内、海外TOP100篇文章进行公开发布，并对其分析和解读以期为刊社提供一些可以借鉴的内容。

一、由"刊"到"篇"：聚焦内容层面

本年度龙源期刊网推出的国内、海外TOP100篇文章，其目的就在于为刊社提供更加符合网络传播特质的咨询。期刊由网下的纸版发行到网上的数字传播，其内在涵义不仅是期刊传播方式的变化而且还是读者阅读方式的改变，通过解析国内、海外阅读TOP100篇文章，由"刊"到"篇"，聚焦内容层面，其目的在于通过对期刊篇章内容的分析来发现网络受众的阅读倾向提醒期刊编辑过程中值得注意的一些问题，通过对文章样态（文章类型、文章所属刊期）的分析来告诉刊社网络传播中期刊内容潜在的增值点。

分析传统的纸版期刊受众消费和阅读期刊的方式是以"期"或"册"为基本单位，而期刊的网络传播是以"篇"甚至是"标题"为单位，期刊网络传播的消费行为发生是以"篇"为计费单位。从这个层面上说期刊网络传播的"整刊传播"是网下的纸版期刊在网络空间内品牌与期刊形态的延伸，而由"标题"到"篇"再到"刊"的阅读路径才是网络传播的现实意义。

如果说纸版期刊之间的竞争是"刊"与"刊"之间的激战，那么在网络这个统

一的平台之上，当受众面对搜索引擎和海量积聚的内容资源时更多或者说更直接竞争将细化到单篇文章。当打破了原有期刊的外部形态时，标题就成为吸引受众眼球的关键，导语成为指引受众阅读的路标，而单篇文章的内容质量则成为实现网络售卖的根本。

由"刊"到"篇"聚焦内容层面，其目的不仅仅是要通过对TOP100文章的分析透视其所隐含的内容编辑的意义，揭示在日趋成型的网络阅读环境中，刊社在编辑刊物的时值得注意的内容和要素。而且还期望通过对内容层面的发掘和研究为刊社提供相关的参照依据，与刊社共同探讨在网络传播环境下期刊内容编辑、资源整合和刊社经营。通过对国内、海外阅读TOP100篇文章的分析去发现网络阅读的一些特征或趋势，以期进一步打造好内容，推动网络和平面媒体的和谐发展，为刊社和龙源带来更好的社会效益和经济效益。

二、TOP100文章的总体态势：绝对集中与相对分散的双面性

本年度的国内TOOP100文章的上榜文章共涉及与龙源合作的近2 000种杂志中的30种期刊，涉及龙源12种期刊类别中的9类，分别是文学、文摘综合、时事政治、科技网络、女性家庭、管理财经、综合学术、人文艺术、时尚生活。值得注意的是，其中文学类的期刊在百篇上榜文章占68%，其他8类期刊占到其余的32%，文学期刊由此显示出强劲的网络优势，这与文学在传统的平面媒体阅读中偏向疲软的整体态势形成了鲜明的对比。

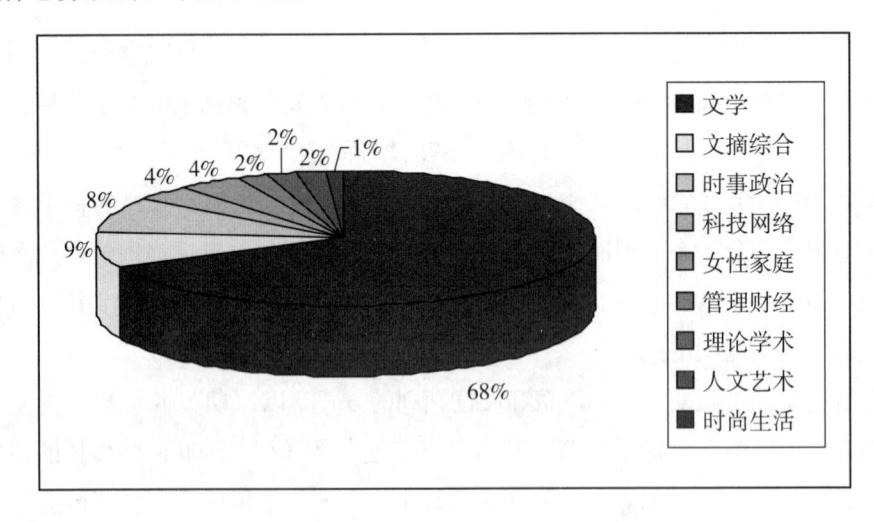

图1　国内TOP100文章各类别占有篇数

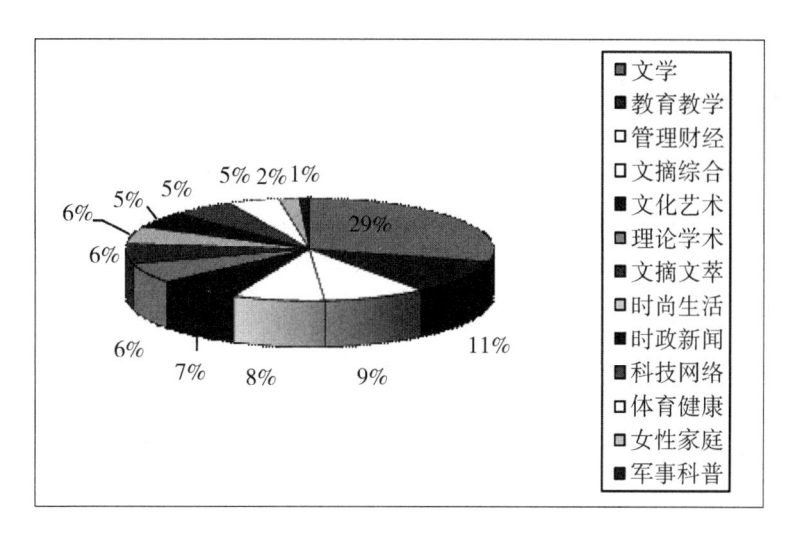

图 2　海外 TOP100 文章各类别占有篇数

相对国内来说，海外的入围 TOP100 篇文章在期刊类别上稍显均衡，12 大类的期刊在海外的 TOP100 篇文章中或多或少都有所占位。与国内 TOP100 篇相似的是，文学类期刊依然占据最大的份额，在 TOP100 篇文章占有 32 篇的分量。与国内有所区别的是：在国内没有入围 TOP100 的教育教学类期刊的文章在海外 TOP100 篇文章中却有 12 篇文章上榜，为教育教学类期刊走出国门、接受世界范围的阅读或多或少增强了一些信心。

概观国内和海外 TOP100 篇文章类别占有情况，有一个比较明显的态势：绝对集中与相对分散的同时并存。对比图 1、图 2 可以发现，无论国内还是海外，文学类期刊的文章在 TOP100 中占有绝对的优势位置，显示了"绝对集中"，而其余各类期刊入围 TOP100 文章在数量上相差不大，显示了较大的"分散型"，这似乎可以提示我们在以"篇"为单位的网络传播中，读者阅读取向并非在各类别期刊之间完全泾渭分明，也并非"非某类刊物不读"或"非某刊不读"，龙源期刊矩阵打破了期刊在现实发行和传播过程中类与类、刊与刊之间的种种界限，在网络传播中为读者在不同类别期刊之间跨类别阅读提供了可能。网络传播中"好看"才是硬道理，如何打造好看的内容，那就是本项排行发布留给我们所有期刊人的课题了。

关于文学类期刊在 TOP 双百篇中的出色表现，其原因在于文学类期刊文章的自身特质。文学类期刊多以"篇"为单位，单篇文章之间没有太多的联系，各篇自成一体，整体结构相对比较分散，主题之间缺少必要的衔接和过渡。故事性强、时效性弱，相比较理论学术类、政经类期刊，其文章内容更富有感性特征，文学类特别是小说在本年度 TOP100 文章中的上佳表现昭示我们文学类期刊在网络传播中的群体性优势，同样，也似乎在预示着文学期刊将借道网络迎来一个自身发展的春天。

三、TOP100 文章内容昭示网络阅读新趋势

新一代人的阅读形式将会更多的转变为网络阅读，这已经是不可逆转的趋势。当这一代人成为主流的阅读群体时，其中所蕴含的力量不容小觑。网络阅读一度被定义为浅阅读、泛阅读和娱乐化阅读。不少人认为，网络阅读迅速及时但缺乏思想的沉淀，网络阅读浮光掠影但缺少深刻与回味，网络阅读娱乐大众但缺少严肃的态度。一方面网络汹涌奔来势不可挡，另一方面网络阅读似乎又因其自身的不成熟而引发种种的质疑与追问。本年度入围龙源期刊网 TOP100 篇文章似乎让我们在对网络阅读的传统界定中找到了一些新的元素，同时，通过对这一百篇文章内容的分析也发现了一些网民阅读倾向上的新变化。

（一）休闲但不附会低俗

对比 2006 年的 TOP100 上榜文章（未对社会公开发布，龙源 2006 网络传播数据报告册中含有此项内容）本年度的上榜文章已经能够更加丰满的体现网络阅读的特征以及新的趋向。小说在入围刊物中的高份额表明休闲阅读仍然是网络阅读的主流需求，但是休闲阅读并不等同于媚俗化阅读和低俗化阅读。伴随着日益成长起来的网民群体，休闲阅读的阅读内容更加趋向于健康的，积极的和反映当前主流的社会生活形态的阅读内容。与 2006 年度国内 TOP100 中入围文章排名前两位的《裸女》和《裸聊，你聊还是不聊》相比较，本年度入围国内 TOP100 文章三甲的《北京文学》的《万箭穿心》、《收获》的《初夜》和《当代》的《白麦》，这些文章无论是篇名还是内容都显得深沉了许多。

（二）娱乐但不放弃严肃

本年度的 TOP100 篇文章仍旧体现了网络时代阅读的娱乐化倾向，《意林》的《各行各业》《稚语灵光》《都市丽人》的《2007 星座运程抢先看》和《昕薇》的《D&G》的入围正是此阅读倾向在 2007 年度的延续。但是，有所不同的是在娱乐的同时严肃主题在本年度上榜文章中取向明显。在国内 TOP100 文章的上榜期刊中，《财经》的《邱兴华罪与罚》，《南风窗》的《部委"利益分殊"进行时》，《新周刊》的《有一种毒药叫成功》，《民主与法制》的《谁把恨种进她心里》等着重于严肃主题的问题研究型文章的高调上榜似乎也在告诉我们，互联网并不仅仅只是在娱乐大众，网民的阅读并不拒绝严肃主题，网络阅读并不排斥深度的思考。

除此之外，青春励志类文章在榜单上也占有不小的份额，《意林》的《我有一双画家的眼睛》，《青年文摘》的《我只看我拥有的》等以青春生活、励志为主要内容的多篇文章入围国内、海外 TOP100 文章足以证明仍旧是以年轻人为主体的网络

阅读人群在生活娱乐的同时也开始从网络上寻求生活的意义和成长的经验借鉴，而由这一部分人主导的网络阅读也在朝着积极向上的方向发展，龙源作为优质内容的平台为互联网环境的净化提供着充足的资源

（三）感性也要获得实用

自从网络阅读这一名词出现，人们似乎在潜意识里就认为网络阅读等同于感性阅读，但是感性阅读并不是非理性的阅读行为。本年度国内和海外的TOP100文章的一个明显的现象就是读者对实用性内容的关注。国内TOP100篇文章的前20篇中《网友世界》的《电脑功耗巧测算匹配电源心有数》，《出版参考》的《成功的博客营销案例》，《计算机应用》的《用户类文档测试研究》和《亲子》的《秋风拂面耐寒锻炼时》等偏重于实用性内容的文章入围TOP10文章国内前20，这些文章成为仅次于小说类型文章前二十名中的赢家。海外TOP100文章的排行更加体现出这一趋势，海外读者对中国改革、金融、房地产、物流等比较关注。这与近几年中国经济增长迅速、房地产业高温不退，股市火爆，各种投资机会增多有直接的关系。海外读者通过阅读这些内容，一方面了解中国的经济政策导向、宏观经济走势，另一方面也可能与海外企业或个人的某些投资设想有某种程度上的关联性。

综上所述，在互联网飞速发展的今天，单纯地用"使用什么样的载体"来衡量阅读行为显然已经不符合网络阅读发展的新趋势了，当网民的数量日益增长，网民群体日益成熟、其网上阅读行为日趋理性时，我们已经开始进入一个媒体融合的时期，在一阶段，载体只不过是内容的外衣，数字媒体的外在形式并不会与纸介期刊的内容相冲突。

四、网络传播长尾更长：内容的延续与价值提升

近年来随着互联网经济的成长，长尾理论被提出且颇受重视，长尾理论这一概念是由《连线》杂志主编在2004年10月发表的《The Long Tail》一文中最早提出的，长尾实际上是统学中Power Laws和Pareto分布特征的一个口语化表达。

长尾理论对应的则是以前被忽略的小的分散的市场。龙源期刊网TOP100篇文章也就验证了在期刊在网络传播的过程中可以借助长尾实现内容价值的延续。网络为期刊（限期的和过期的刊物）内容的销售提供了足够大的存储能力和足够快的到达受众的渠道。正如Chris所说，只要存储和流通的渠道足够大，销售品种足够多，需求不旺或销量不佳的产品共同占据的市场份额就可以和那些数量不多的热卖品所占据的市场份额相匹敌甚至更大。

如果说传统的期刊出版市场主要是对稀缺性内容资源的争夺，是在与时间赛跑，是通过对当下主流的或者流行的内容进行争夺来创造利润的话。那么互联网则为被期刊销售忽略的在长时段里累积性和长久性内容资源的增值提供了机会。期刊的网络传播打破"期"的概念，让期刊的生命并不伴随"过期"而消亡。让"期"在更长久的时间段——半年、一年甚至 X 年产生累积效应。本年度龙源期刊网的 TOP100 文章正是显示了内容资源在网络空间里其生命力是可以得到延续的。

本年度 TOP100 国内上榜文章中，刊期为 2007 年的有 75 篇，而其余的 25 篇文章的刊期均为 2006 年。

从中可以看到本年度的上榜期刊并没有完全的反映出"期"的时间性，也就是 2006 年的期刊内容在本年度的网络传播中依然可以受到受众的关注。在本年度的国内 TOP100 文章中其刊期最早可以溯至 2006 年的 5 月，上榜两篇文章分别是 2006 年第 5 期《当代》的长篇小说《新结婚时代》和 2006 年第 5 期《收获》的长篇小说《等待夏天》，且《新结婚时代》在本年度的排行中还位居前列。除此之外，2006 年上半年还有三篇文章入选国内 TOP100 文分别是《当代》的《滑坡》和《教案》，《收获》的《誓鸟》。

表1 国内 TOP100 篇文章的期号统计

2007	合计占75%	2006	合计占25%
第1期	12	第5期	2
第2期	12	第6期	3
第3期	10	第7期	1
第4期	19	第10期	7
第5期	2	第11期	1
第6期	6	第12期	2
第7期	3	第13期	2
第8期	2	第24期	5
第10期	4	第26期	1
第12期	1	第89期	1
第16期	4	—	—

本年度的海外 TOP100 文章似乎更加可以印证网络传播时代的长尾究竟可以有多长？本年度入围 TOP100 海外榜文章的文章所归属的刊期经统计分析之后发现：刊期为 2007 年的仅有 11 篇，刊期为 2006 年的有 37 篇文章入围，2005 年 25 篇文

章。2005年以前还有26篇文章入围本年度TOP100篇文章。在海外榜的上榜文章中其刊期最远可以上溯至2001年第7期的《历史教学》中的《上海"韩国临时政府"旧址》一文。

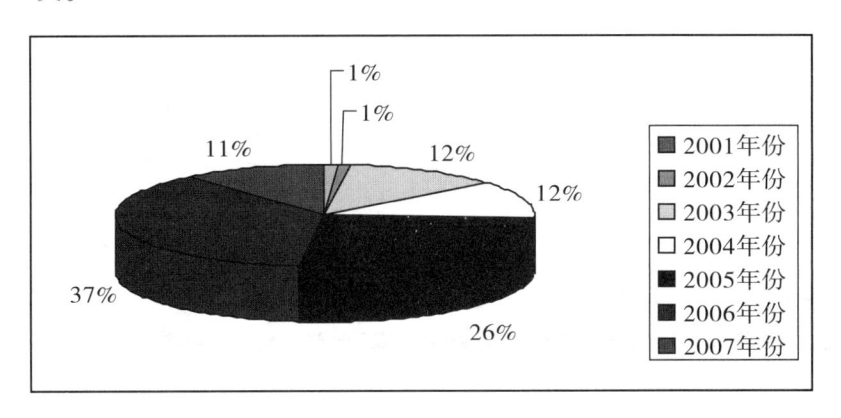

图3 海外TOP100篇文章各年份上榜期刊所占百分比

本年度入围海外TOP100篇文章2007年之前的期刊不仅在数量上占据优势地位，而且其整体排名也比较靠前。TOP100篇文章海外排行三甲位置的文章期号均为2006年，分别是2006年第2期《花生文摘》的《Lohas！"乐活族"席卷全球》和2006年《小说月报·原创版》第4期的《绑定爱情》。国内和海外TOP100篇文章似乎都在提示我们在互联网传播中期刊的"期"不会"过期"，好的内容在互联网的空间内具有出色的长尾效应，可以为期刊创造长期的持续的效益，同时也为作品传播提供了长久的生存空间和传播平台。

当期刊遭遇其他的媒体时，内容资源的丰富以及相对专业性都是可以称道的优势，但是，"时间"也一直是期刊在传播的过程中无法与广播和电视竞争的制约因素。在期刊的传统出版领域，"过刊"意味着期刊生命力的周期性消解，而在网络传播的过程中期刊的生命力将更少地受制于"期"，而其内容的优势也将会伴随时间的累积而得到充分发挥。一些刊社在与龙源探讨合作时有"害怕纸版发行会受到影响"的种种担心，在本年度发布的这些数据应该可以减少刊社的顾虑。作为期刊数字内容生产平台和内容集成平台，龙源一直致力于的不是与刊社争夺已有的市场份额，而是通过内容资源的整合、加工甚至创造帮助刊社开拓新的市场，为其创造新的市场竞争优势。

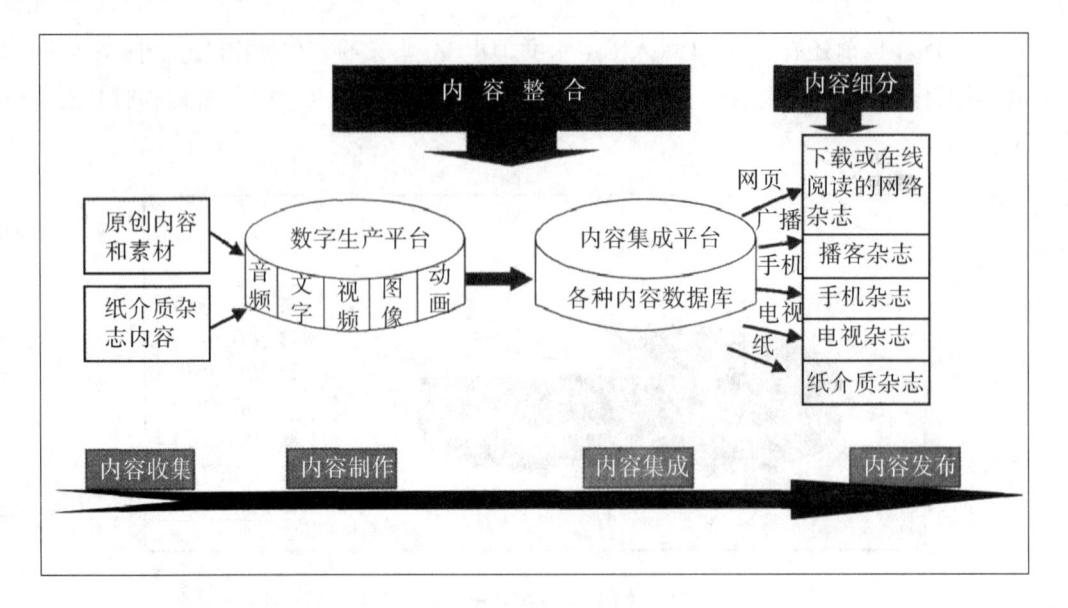

图 4　内容利用链

如上图所示，在期刊的网络传播过程中，龙源期刊网帮助期刊的内容资源不仅获得空间上的跨度——通过网络传播打破期刊发行的地域和媒体的限制，同时也在时间上获得内容的延续。刊社为龙源期刊网提供的内容经过数字生产平台，原有的单一文字以更加丰富的样态呈现给读者，龙源将原有的单一的文字版本经过数字化加工后形成文本版、手机版、多媒体版和语音版等不同的版本。从内容的收集到内容的制作再到内容集成最后至内容发布，在龙源为期刊打造的内容利用链上，期刊原有内容不仅获得现实销售中的利润，而且还通过内容增值获得利润的长久增值以及文章内容的永恒。

【2006】

共赢，从头开始，让长尾更长
——龙源期刊网的期刊矩阵效应

崔尚书

1 600多种期刊，每天300万次访问，一年15亿次的访问量，诞生了中文期刊网络传播TOP100排行榜（国内100、海外100），这"还"意味着什么？

当我们着眼于以网民为中心，以需求为导向，我们在第一个层面"网民心目中的好期刊"的数据分析报告中，勾勒了这种互联网时代的"需求轨迹"正在影响着某本杂志或某种刊群的命运（比如成为"网民心目中的好期刊"），并因此建言传统期刊媒体应该思考和探索数字时代期刊品牌和品牌期刊的蓝海战略。

在梳理这第二层面的影响时，我们发现，正是由于这种网民的需求轨迹和期刊业以此为轴心的变革迹象的产生，使得从期刊双百排行到整个龙源期刊网，天作人合地形成了"期刊矩阵"现象。由于网民的需求轨迹（及其拉动了刊社以用户需求供给资源的变革迹象），而非因为庞大的资源数量本身，龙源构成了合乎互联网海量需求的"期刊矩阵"。

这种事实上的"期刊矩阵"现象，客观地反映了数字时代读者的需求轨迹及期刊业以此为轴心的变革轨迹：真实的产生，对接的需求，以及——此时此刻——事实上的断裂和脱钩。因为"期刊矩阵"包含着这种需求轨迹和变革迹象丰富的密码，因此，我们非常有必要从期刊双百排行榜出发，对龙源"期刊矩阵"进行数据分析。因为客观原因，我们在此仍然只是"提问"，而非给出"答案"。

一、规模化——期刊矩阵就是一个"场"

什么是"期刊矩阵"？简单地说，就是期刊的规模化存在（亦即打破了刊与刊、期与期间的界限）。比较确切地说，在互联网的技术平台上，传统期刊以数字化形态在数量与质量上达到"规模化存在"，并以此带来期刊网络传播的"场效应",以及资源满足需求的"用户效应",就形成了"期刊矩阵"。

龙源期刊网以近 1 600 种人文大众的期刊资源为中心,凭借其庞大的在线期刊数字资源,在物理形态上(客观与事实)形成了一个立体交织的"期刊矩阵",构成了一个以期刊内容资源为主的数字形态内容库。

在纵向上,龙源形成了纵深型的类型期刊矩阵:以类型化的方式,每一种类型的期刊都借龙源网络的平台"聚""合"了起来,打通了期与期之间的界限。读者不但可以读最新的内容,也可以读过往的内容;在横向上,打通了刊与刊的界限。比如,文学期刊类型矩阵将当代最有影响力的类型期刊《当代》《十月》《北京文学》等上百种同类期刊内容聚合起来,满足了读者类型化的纵深型阅读需求,同时也形成了期刊同类型的连带传播。比如,2006 TOP100(国内榜)文学期刊类型中,相较于 2005 排名上升的期刊有:《小品文选刊》(由 99 到 69 位)《中华传奇》(由 95 到 35 位)《名作欣赏(鉴赏专刊)》(由 98 到 71 位)《章回小说》(由 40 到 15 位)《啄木鸟》(由 26 到 11 位)《十月》(由 22 到 10 位)《人民文学》(由 27 到 20 位)《收获》(由 11 到第 3)《当代》(由第 7 到第 2 位)。新上榜期刊有:《中国作家》《故事林》《长篇小说选刊》《芙蓉》。

表1 2006 TOP100(国内榜)文学期刊类型及其个刊排名

排名	刊名	刊期	阅读次数
2	当代	双月刊	70 477
3	收获	双月刊	61 894
9	北京文学	月刊	41 744
10	十月	双月刊	39 299
11	啄木鸟	月刊	34 614
15	章回小说	月刊	32 041
20	人民文学	月刊	30 386
22	中国作家	月刊	27 333
26	故事林	半月刊	24 341
28	长江文艺	月刊	24 237
35	中华传奇	月刊	22 850
50	今古传奇·故事版	半月刊	19 180
51	读书	月刊	18 739
68	长篇小说选刊	双月刊	15 422

（续表）

排名	刊名	刊期	阅读次数
69	小品文选刊	半月刊	15 254
71	名作欣赏（鉴赏专刊）	月刊	15 166
87	诗刊	半月刊	13 697
89	山花	月刊	13 515
95	小说精选	月刊	12 932
96	书屋	月刊	12 835
99	芙蓉	双月刊	12 716

此外，在横向上还形成了跨向式的分众期刊矩阵：不同类型的期刊聚合起来，打通了类与类的界限，比如面向青少年发行的文摘类型期刊（如《青年文摘》《意林》）、教育教学类杂志（如《中学生阅读》《课堂内外》）、青春文学类杂志（如《青春男女生·许愿草》《少年文艺》）等在网络传播平台融合起来，楔入到同一个阅读人群（分众用户）不同的需求轨迹上，满足了读者多元化的曲线型阅读需求，同时也形成了不同类型期刊的匹配传播。在龙源期刊网络传播上，这种分众用户既包括个人用户（指在龙源期刊网上浏览和阅读文章的个人读者），也包括机构用户（指像图书馆、中小学、高校、党政等社会单位以选购与消费刊群为特征的特定用户群），以需求供给资源为导向，进行内容资源的"打包推荐、捆绑销售、个性化阅读"，构成这种期刊矩阵的核心特征。以下述龙源 2006 机构用户阅读期刊 TOP20 的数据分析为例，机构用户的点击率比较高的期刊在类型分布上比较丰富，"文学文论""管理财经""文摘文萃""女性家庭""教育教学""军事科普""时尚娱乐"等类别均有涉及。在这种矩阵化的网络传播中，《新华文摘》《当代》《青年文摘》《收获》《十月》等杂志依旧占据榜首；《南风窗》《世界知识》《爱情婚姻家庭》《为了孩子》《妇女之友》等杂志都居于前列。《南风窗》从 23 位上升到第 4 位，《世界知识》从 122 位上升到第 6 位。

表2　2006 机构用户阅读期刊 TOP20

刊名	刊期	阅读次数
新华文摘	半月刊	126 183
当代	双月刊	80 169
青年文摘（红版）	月刊	63 476

(续表)

刊名	刊期	阅读次数
南风窗	半月刊	61 876
青年文摘（绿版）	月刊	57 286
世界知识	半月刊	56 782
大众摄影	月刊	53 736
收获	双月刊	51 556
爱情婚姻家庭	月刊	51 222
中国国家地理	月刊	43 608
十月	双月刊	43 242
为了孩子	半月刊	39 893
电脑爱好者	半月刊	39 587
中国新闻周刊	周刊	38 846
妇女之友	月刊	35 351
烹调知识	月刊	35 223
轻兵器	半月刊	34 312
现代家庭	半月刊	33 389
军事文摘	月刊	32 339

纵横交错、立体式的人文大众期刊矩阵：以"人文"和"大众"为轴心，龙源形成了由在线18类近1600家人文大众期刊杂志阅读平台，较之科技期刊数据库颇具特色的"中文期刊矩阵"，做到了以"人"为导向，即以读者的生活、需求、消费为主轴，同时又保证以"文"为依托，即实现读者的思想、文化、文明方面的深度阅读的需求，在最大限度上满足互联网时代读者的"一站式"阅读的需求，从而在为用户提供有效服务的同时，也对期刊矩阵中所有期刊进行整体推介、有效传播、使加盟期刊在网络传播取得最大化的效果。期刊双百排行榜上榜期刊类型的组合搭配，就是龙源"期刊矩阵"的表现形态和缩影。以健康体育类型期刊及其个刊表现为例，2005年进入100名排行的期刊只有5种期刊，而2006年上榜的却有11种之多，其中两年共同上榜的期刊有《烹调知识》（由29名上升至13名）、《搏击》（由93名上升至45名）、新上榜的期刊有《棋艺》《精武》《食品与健康》《武当》《家庭医学》《健与美》《中老年保健》《养生大世界》。

表3　2006 TOP100（国内榜）健康体育期刊类型及其个刊排名

排名	刊名	刊期	阅读次数
13	烹调知识	月刊	33 264
17	棋艺	半月刊	31 403
30	精武	月刊	23 916
40	食品与健康	月刊	21 751
43	武当	月刊	20 581
45	搏击	月刊	20 339
64	家庭医学·新健康	月刊	16 514
72	健与美	月刊	15 074
74	大众健康	月刊	14 574
86	中老年保健	月刊	13 742
92	养生大世界	月刊	13 252

这种传统期刊数字化内容资源的集合场，在数量与质量上的规模化存在，只是期刊矩阵的表面形态。龙源期刊矩阵的真正内涵，是打破了刊和刊间的界限，过刊和现刊的界限（龙源年度TOP100篇最受欢迎的文章有不少篇是往年的内容），期刊类型和类型期刊的界限，刊群与群刊的界限，形成了联通式的刊群规模和阅读合力；不是以刊为中心，而是文章（内容）为中心，形成内容群的集成效应，而非刊群的规模优势；这种矩阵的核心是"用户场"，是"以用户和用户需求满足"为导向、以需求供给资源而非以资源供给而形成的"场效应"。这就使一本期刊进入期刊矩阵，不是掉入了汪洋之中，而是进入到期刊矩阵为期刊群带来的"捆绑"销售和"连带"传播中，从而更容易进入读者的阅读视野和消费选择中去。

二、阅读圈化——期刊矩阵带来网络传播的"场效应"

期刊矩阵带来了期刊网络传播的"场效应"，这种"场效应"比较直观的表现就是"阅读圈化"。

在互联网时代，每个人都希望归入到某个圈子。这种需求潜在地影响着我们的期刊矩阵，以至于在每个期刊类型矩阵内部形成了一个潜在但却是实际的"阅读圈"。圈子内部的共同话题，起到了聚合用户的效果，从而形成了一个用户场。比如在文学期刊类型的圈子化中，"第六届茅盾文学奖""'揭红'引发红学之争""盖世奇侠——金庸特辑"等专题分别排在文学期刊矩阵专题排行的第14、19、23名，7个阅读话题，占据了6%的阅读率，吸引大量圈子的读者用户，这些圈子中的用户读者则会通过这个圈子，从对一本期刊的阅读进而扩大到对期刊矩阵内部所有期刊的阅读。这样由点到面，形成了对矩阵内不同期刊的综合阅读。这在事实上实现了期刊网络传播最大化的"场效应"。

在龙源期刊网上，由于"圈子化"需求形成了文学、文摘、财经、女性等典型的期刊类型矩阵。下面我们，以2006期刊双百排行榜上榜的四种典型期刊类型为例，来解析期刊矩阵"阅读圈"对于个刊网络传播的意义。

文学期刊矩阵是整体阅读率最高的矩阵，其阅读次数占到整个期刊阅读次数的19%。是绝对意义上阅读率最高的矩阵。2006年国内、海外TOP100中，文学期刊矩阵中的期刊分别占到20%和22%。之所以能够取得这样高的阅读次数，《当代》《北京文学》等传统品牌期刊的领军作用是功不可没的。

上面，我们已经罗列了个刊在国内榜上的变化，现在，可以再看看个刊在海外榜上的排名变化：排名上升的期刊有《小说精选》（78到32）、《中华传奇》（61到20）、《芙蓉》（66到30）、《山花》（38到21）、《中国作家》（28到11）、《人民文学》（12到6）、《十月》（6到4）、《北京文学》（2到1）、《当代》（3到2）；新上榜的期刊有《海燕》《黄河》《外国文艺》《文艺生活（精品故事汇）》《小品文选刊》。

从个刊的表现来说，《今古传奇·故事版》是2004年12月进入文学期刊矩阵，可以算得上是新锐期刊，2006年其排名则达到了51名，其阅读点击次数比2005年增长了62%。借助于龙源的文学期刊矩阵，《今古传奇·故事版》在很短的时期内就成为网民心目中的品牌期刊。《小说精选》2004年8月进入文学期刊矩阵，2005年双百排行未曾进入，2006年其排名在97位，其阅读次数相比较2005年增长了113%。这样的数据我们还可以列举下去，但通过这些，我们可以证明一个共同的问题，那就是借助于龙源的期刊矩阵，进入矩阵的期刊都能使得自身得以在网络上有效传播。

表4　2006 TOP100（海外榜）文学期刊类型及个刊统计

排名	刊名	刊期	浏览次数
1	北京文学	月刊	30 660
2	当代	双月刊	26 929
3	长江文艺	月刊	16 445
4	十月	双月刊	14 686
5	收获	双月刊	11 689
6	人民文学	月刊	11 590
8	啄木鸟	月刊	7 401

（续表）

排名	刊名	刊期	浏览次数
11	中国作家	月刊	4 968
19	故事林	半月刊	3 216
20	中华传奇	月刊	3 137
21	山花	月刊	3 121
22	章回小说	月刊	3 119
30	芙蓉	双月刊	2 377
32	小说精选	月刊	2 242
35	读书	月刊	2 091
44	小品文选刊	半月刊	1 730
65	台港文学选刊	月刊	1 145
67	文艺生活（精品故事汇）	月刊	1 089
74	传记文学	月刊	937
78	传奇·传记文学选刊	月刊	891
80	海燕	月刊	888
85	黄河	双月刊	817
90	外国文艺	双月刊	781
93	传奇故事（上半月）	月刊	754

文摘期刊矩阵是矩阵的集成效应和场效应发挥较好的期刊类型，它发挥出了阅读圈的整体合力。在2006年国内、海外TOP100中，文摘类的比例分别占到13%和8%，如果我们再注意这一个数据在国内TOP100中，文摘期刊进入国内、海外双百各自占到其所有期刊的38%和24%。集体推广，对于期刊矩阵外一个非品牌的期刊来说，要达到迅速的成长是非常关键的。

我们以2004年进入期刊矩阵的《书报文摘》和2005年进入矩阵的《意林》的阅读点击率来说明，就更能说明问题。《书报文摘》（新锐期刊）的阅读次数2006年和2005年相比增长了138%。《意林》2005年6月份进入龙源，2005年当年就进入了双百排行榜国内的67名，今年则排在第7位，其阅读次数增长了315%。

由此，我们可以看到在传统品牌期刊的带动下，矩阵内的其他期刊，其阅读次数也有了大幅度的上升。在2006国内榜上排名上升的期刊为：《意林》（由54味到第6位）、《书报文摘》（由69位到48位）、《中外文摘》（由55位到34位）、《青年文摘（绿版）》（由14位到第5位）、《视野》（由61位到53位）、《青年文摘·

红版》(由第9位上升到第4位)、《书摘》(由50位到49位)。新上榜的期刊有：《视野》《意汇·黑白版》《读书文摘》。

表5　2006 TOP100（国内榜）文摘期刊类型及个刊统计

排名	刊名	刊期	浏览数
1	新华文摘	半月刊	84 412
4	青年文摘·红版	月刊	57 470
5	青年文摘·绿版	月刊	52 100
6	意林	半月刊	50 862
34	中外文摘	半月刊	22 936
42	今日文摘	半月刊	20 889
48	书报文摘	周刊	19 646
49	书摘	月刊	19 623
53	视野	半月刊	18 095
61	海外文摘	月刊	17 458
70	东西南北	月刊	15 200
76	意汇（黑白版）	月刊	14 520
77	知识窗	月刊	14 513
84	读书文摘	月刊	14 053
93	全国新书目	半月刊	13 232
98	中华文摘	月刊	12 722

管理财经矩阵2006年的阅读次数仅次于文学和文摘期刊矩阵，占到整个阅读次数的10%，浏览次数达到12%。对比2005年国内榜单，2006年管理财经类上榜期刊为8种，而2005年该类上榜期刊有12种，其中两年都上榜的期刊中排名上升期刊有：《销售与市场》（由64位到25位）、《中国企业家》（由94位到80位）、《商界》（由66位到63位）；2006年新上百名排行的期刊有：《卓越理财》《商业时代》《财经界》《理财周刊月末版》《财经》。

表6　2006 TOP100（国内榜）管理财经期刊类型及个刊统计

排名	刊名	刊期	浏览数
25	销售与市场	旬刊	24 421
38	卓越理财	月刊	22 346
63	商界	月刊	17 241
73	商业时代	旬刊	14 902

(续表)

排名	刊名	刊期	浏览数
80	中国企业家	半月刊	14 298
81	财经界	月刊	14 186
88	理财周刊月末版	月刊	13 674
90	财经	双周刊	13 504

女性家庭期刊矩阵也是期刊矩阵中的强势期刊群。以2006年的数据统计为例，女性家庭期刊矩阵以占据期刊总数的3%的数量，而其阅读次数占整个阅读次数的8%，排第六位。女性家庭期刊矩阵，是以满足读者用户对女性的情感、时尚以及家庭的关注需求而形成的一个矩阵，其关键是情感满足，围绕着亲情、爱情形成了一个虚拟的社区阅读圈。在这个社区阅读圈内，他们通过阅读相同的话题，逐渐达到阅读需求的趋同，增大了女性家庭期刊矩阵的稳定性。2006年度本期刊矩阵中10个阅读专题的阅读次数占到所有期刊矩阵专题阅读次数的8%，应该说这个期刊矩阵的社区阅读圈，增加了受众的粘合度。

2006年国内榜上榜15种刊，数量有所增加，其中排名上升的期刊有：《幸福》（由89到19）、《现代妇女》（由74到67）；新上榜期刊有《都市丽人》《家庭》《女性天地》《女子世界》《新家庭·情爱》《祝你幸福·午后版》。2006海外榜排名上升的期刊有：《昕薇》（82到16）、《女性天地》（87到29）、《妇女之友》（76到34）、《女报》（92到53）、《现代家庭》（45到13）、《为了孩子》（57到40）、《孩子》（68到58）、《婚姻与家庭》（11到10）；新上榜期刊有：《COMO可人》《女子世界》《舒适广告》《潇洒》《幸福》《悦己》。

表7　2006 TOP100（国内榜）女性家庭期刊类型及个刊统计

排名	刊名	刊期	浏览数
16	婚姻与家庭	半月刊	31 463
19	幸福	半月刊	30 679
29	现代家庭	半月刊	24 076
31	爱情婚姻家庭	月刊	23 284
33	为了孩子	半月刊	23 075
36	妇女之友	月刊	22 735
37	伴侣	半月刊	22 655
41	女性天地	月刊	21 255
46	祝你幸福·午后版	月刊	20 312

(续表)

排名	刊名	刊期	浏览数
52	人生与伴侣	旬刊	18 662
62	家庭	半月刊	17 450
67	现代妇女	月刊	15 627
75	新家庭·情爱时尚	月刊	14 526
78	女子世界	月刊	14 496
79	都市丽人	月刊	14 328

表8 2006 TOP100（海外榜）女性家庭期刊类型及个刊统计

排行	刊名	刊期	浏览次数
10	婚姻与家庭	半月刊	4 973
12	幸福	半月刊	4 303
13	现代家庭	半月刊	4 196
15	昕薇	月刊	3 943
27	爱情婚姻家庭	月刊	2 680
29	女性天地	月刊	2 601
34	妇女之友	月刊	2 162
36	伴侣	月刊	2 053
39	现代妇女	月刊	1 829
40	为了孩子	半月刊	1 819
43	COMO 可人	月刊	1 745
45	女子世界	月刊	1 714
49	优雅	月刊	1 651
53	女报	月刊	1 581
54	医学美学美容	月刊	1 569
57	潇洒	月刊	1 367
58	孩子	月刊	1 345
70	舒适广告	月刊	1 026
73	家庭百事通	月刊	946
81	人生与伴侣	旬刊	881
91	悦己	月刊	777
96	你	月刊	721

龙源基于期刊本身类型的"阅读圈化"的期刊矩阵群（值得注意的是，我们尚未对这种阅读圈本身进行专业性的分析——这是将来进一步的工作——而是着力于这种圈子化使矩阵对个刊的带动传播）。这样的期刊矩阵"圈子化"的倾向，极大地满足不同层面的读者的阅读需求，同时又在一个整体上满足他们的各个方面的阅读需求，一方面为读者推介了期刊，另一方面也为期刊稳定了读者群，可以说期刊矩阵在读者和期刊之间架了一座桥梁。

三、个性化——期刊矩阵带来期刊营销的"用户效应"

在龙源的期刊营销中，既有个人用户，又有机构用户。期刊矩阵使得龙源期刊网可以围绕用户的需求来提供资源与产品，在最大限度上满足用户的需求，从而形成了为用户和用户需求供给资源的个性化"用户效应"：

个人用户不再受限于一"本"刊或一"期"刊，可以通过搜索或推送的方式，在期刊矩阵里找到自己感兴趣的文章和期刊，依据自己的喜好进行付费阅读。

机构用户也不再受限于一"类"刊或一"些"刊，而可以像配菜一样，通过自己搭配或龙源捆绑销售的方式，选择适合自己用户群需要的刊群。

面向用户"个性化"地供给资源，是龙源"期刊矩阵"在网络传播与市场营销中一个值得关注和深入研究的关键性趋势。

（一）个人用户："内在阅读机制"变革中的营销传播

通过分析双百排行榜上个人用户的阅读轨迹，我们可以发现，个人用户的需求是多元化的。用户读刊往往是突破了刊与刊之间的界限，各种期刊都勾连在一起，这在传统的读刊条件下是不可思议的。由此我们看到以"为用户和用户需求供给资源"为导向，龙源的期刊矩阵打破了期刊内容和期刊类型的界限，给个人用户以更大的选择空间：由只读一本刊，变成对一类刊的关注，形成阅读圈；由只读一篇文章，变成对一个专题的关注，形成个人的捆绑式阅读；通过从一本刊到一类刊，从一篇文章到一个专题，我们通过个人用户的阅读轨迹，可以找到他们的阅读兴奋点，从而在"热门关键词""热点专题"等的制作过程中，有意识地把涉及同一个话题的不同期刊与文章都汇聚在一起，这样使他们可以进行对比阅读和深度阅读，从而使期刊网络传播形成一种合力，这比一本刊的网络传播要有力度得多。

这种变化的根本缘由是什么？在龙源期刊网络传播的数据分析中，我们可以清楚地看出，数字化的网络阅读机制正在日趋成形、成熟，并在阅读路径、阅读引导力、阅读着力点等多方面呈现出与传统期刊阅读的差异。也正是这种对数字化的网络阅读机制的接受、接受/拒斥、拒绝的复杂态势，潜移默化地影响、同化着阅读者的内在阅读机制，甚至改变了他们传统的期刊阅读方式。在这种个人用户"内在阅读机制"的变革中，期刊矩阵既是应时而生的产物，又是见证其变革新的过程，同时也是推动其深化和分化的推动。它不但已经主导了传统期刊网携手龙源与网络对接，加速期刊的网络发行、网络传播、网络出版、版权管理以及互联网经营，甚至已经开始影响传统期刊根据龙源期刊网络传播的数据，启动在互联网时代办刊理念与经营思路的调整、优化和革新。

1. 从读刊到读篇

期刊矩阵带来的最显著的变化，就是从以读刊为主，变成以读篇为主，兼顾读刊。"每一篇期刊文章都是一件特色商品，在网络中进行付费消费和传播"——这是龙源应对互联网趋势所独创的文化商务的核心观念。从读刊到读篇，伴随着特殊的文化传播和按篇付费的商务模式而来的，是读者内在阅读方式的改变，是互联时代期刊经营观念的变化。

跳跃式阅读。从关于付费、不付费读者平均停留时间，浏览篇数、每篇浏览时间、平均每次浏览字数等龙源网络传播数据来看，个人用户表现出一种寻找、跳跃式的扁平化和浅尝式阅读。

单元/情景阅读。根据对网络阅读单篇停留时间相对较短的事实，龙源在确保内容完整的前提下，有意将部分篇幅较长的作品按照场景和情节截为多个部分，将每部分文章的篇幅控制在3 000字以内，于是形成了网络阅读中特有的片断、场景式的阅读习惯。

对"篇"含金量的期待，超过了刊的整体质量。就文化而言，当文章被当作一件被经营的特色文化商品时，它已经不仅仅是简单的文字表达和阅读对象，而是一种沟通、交流，一种人和人潜意识的对接。就商务而言，单篇文章的付费阅读可以使读者在选择、消费文章的时候具有最大的自由性和灵活度，充分选择自己感兴趣的文章话题、讲述风格等，避免了以往因为一篇文章而被迫消费整本杂志的无效购买。文章媒介化的文化期刊与单篇付费的消费形式，也使读者对单篇文章质量的要求提升，不再因为一篇文章而迁就一本杂志。

从刊到篇，要求刊社重新审视、注重文章内在内容，选题等内容要素。通过对龙源提供的每一篇文章的浏览、付费等一系列指标的量化分析，刊社可以更为精细地评估自己的产品，实现了从考量"期刊"到考量"文章"的跨越。以付费阅读的方式将文章质量同读者的好恶直接关联，使刊社能够更为精细、直观地把握受众的口味，敦促期刊人重新审视"内容为王"，从每一篇文章入手提升杂志整体质量。

这种从商业角度出发的客观分析结果，在短期内可能会给刊社一些压力，但是，从长远来说，未尝不是好事。它让我们反思哪些文章点击率高；为什么这些文章购买率高，能够有效阅读并产生经济价值。对期刊网络传播的重视、反思和评判，将促进传统期刊走入由"外"向"内"转的正确之道，抓选题，抓文章，抓内容，抓创作与编辑，抓出期刊阅读单元的含金量，而不是任由一两点亮点文章在整体阅读中被摊薄。

2. 从被动阅读到主动传播

从搜索关键词、热门文章排行、TOP100 期刊……在期刊矩阵促进用户使用这些功能、并通过技术自动反映出他们的点击结果时，个人用户也开始完成了自己从被动阅读内容到主动寻求资源的转型，并逐渐形成了互联网时代"以我为中心"的阅读习惯。

（1）搜索式阅读：通过龙源主页的搜索引擎，按照标题、刊名、作者等条件搜索自己需要的文章阅读。阅读呈现出一种由浏览、搜索式的浅阅读向有针对性的深度阅读转化的过程。阅读的层次性明显，指向性强。

（2）标题式阅读：通过首页的排行榜选择自己喜欢的文章阅读。阅读耐性减弱，读者要求在最短的时间内满足自己的期待视野。阅读趋向高效、快捷。标题式阅读要求强调标题、关键词在版面视觉上的醒目，话题、封面文章在内容上的时尚、精彩程度。

（3）订制式阅读：通过我的阅览室的订制功能，在龙源的推荐中选择自己喜欢的文章阅读。

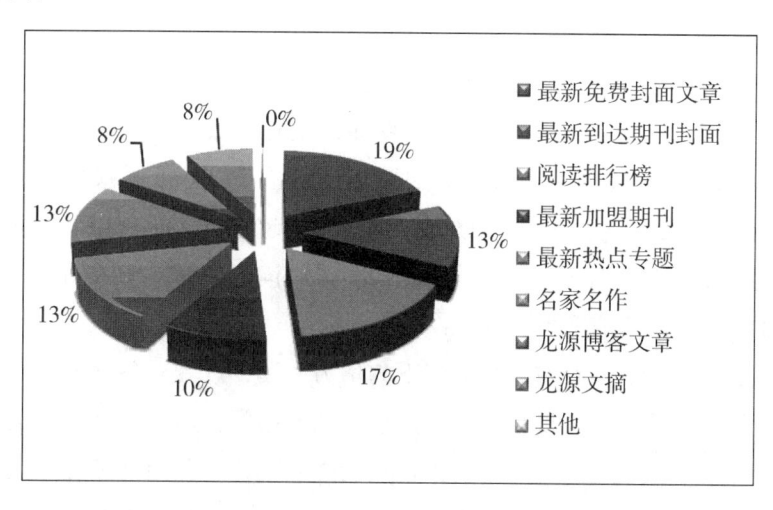

图1　个人用户最希望在龙源首页第一屏看到的内容

比如说，个人用户从自己的需求出发，在龙源期刊矩阵中搜索"超女"，会发现共涉及有《新民周刊》《真情》《初中生世界》等65家期刊写的100篇文章，这些文章打破了期刊之间的界限。它们都呈现在读者的面前,从各个不同的角度对"超女"现象进行了分析:有从音乐专业角度、品牌运营的管理角度,有从人物专访的角度、还有是中学生从他们的立场来解读超女现象,有理性的分析也有感性的评介,不一而足。这无疑是期刊矩阵为满足个人用户需求而提供的极大便捷,一个用户也可以同时阅读到不同类型的期刊文章,这样他们可以通过这一组文章,对超女现象由感性的印象上升到理性的思辨,进而深化对这个问题的认识。

通过这一搜索我们还能看到在这 65 家期刊中,有 44 家期刊由于其专业性很强或其他原因,是很少能进入到一般读者的阅读视野的,而且也未曾进入 TOP100 之中。但是期刊矩阵让它们进入了读者的选择视野,因此期刊矩阵对这 44 家期刊期起到了极大的推介作用。对于要进行网络推广的刊社用户来说,通过这一个热点搜索而出现于公众阅读视野,实际上是搭了期刊矩阵的便车。由于网络的平等、公平性,以前期刊类型的限制在这里是不存在了,对于每一本期刊来说,最关键是要找到读者的阅读兴奋点,只要能够真正满足读者的需求,它才能进入读者的阅读视野。

通过期刊矩阵的传和播,龙源力图以一个专业传媒的眼光,及时捕捉当下正在迅猛发生的期刊阅读潮流和微妙变化,并快速作出反应,选择文章、选择内容、选择话题(或人物)、选择刊期甚至选择刊群,重新进行网络视觉和阅读的策划、组合与包装,并通过搜索引擎、首页排行榜推荐、我的阅览室定制服务等一系列功能的设置,完成一种主动、积极而且有意识的网络传播。这就是期刊矩阵以需求供给资源的主动传播方式。

3. 传统阅读路径的改变:从逐面式到逐点式

互联网时代来了阅读路径的改变。传统杂志的视觉页面,大多为一个 P 或者两个对开 P。阅读过程中,视线呈现出一种波浪式的移动。且纸质媒介决定了阅读是一种尽收眼底的逐面阅读。而在网络阅读中,由于超级链接的存在,打通了文章和标题之间的联系,首页阅读成了一种逐点式立体阅读。单篇文章的阅读路径也由传统的波浪曲线型转为垂直型。

传统阅读是一种从左至右、从上到下的均力阅读,读者对各部分文字保持相对均匀一致的期待视野。超级链接造成的逐点式的网络阅读习惯,被读者无意之中带到传统阅读中去,表现为一种对阅读兴奋点的强烈期待,并因为纸版平面无法向内部链接,而放大为一种逐面似的阅读,即期待核心内容版块化呈现。

逐点式的网络阅读习惯使人们习惯于通过视觉把握各部分阅读内容之间的内在、外在联系,这种习惯也潜移默化地渗透到传统期刊的阅读中,因此传统期刊在页面设计上可以考虑将文章的关键词、主要内容以版块的形式清晰排列、强调,以免使之湮没于庸常的文字版面中。

4. 联通式阅读

期刊矩阵促成了"联通式阅读",它带来读者期待文字内容资源全面"联"(关联)"通"(打通)的整合式阅读倾向:如对于一些时尚、热点话题不满足于简单的信息报道,期待综合各家观点、数据的全面、深度阅读。

所谓联,是指文章与文章、刊与刊之间共时性的联系,而通则指文章与文章、刊与刊之间历时性的联系。在传统的阅读过程中,文章与文章,刊物与刊物之间是相对独立的。但是,在网络阅读中,搜索引擎却可以通过一定的关键词的引导打通文与文、刊与刊、现刊与过刊之间的界限,真正实现刊有限,读无限。

传统的期刊阅读中,期刊的品牌口碑在很大程度上左右着读者的选择。非品牌期刊中的文章很难脱颖而出,联通式阅读则打通了刊与刊之间的界限,可以使一期杂志中的"领军选题",从常规和平庸版面中跳跃出来,直接融入到期刊潮流中,借风就势,达到长尾效应,从而提升文章本身乃至刊物的知名度和竞争力。

以龙源国内文章累计阅读排行100篇的统计数据为例,100篇文章中,2006年12篇,2005年64篇,2004年22篇,2003年2篇。可见,2003、2004年的过刊,虽然在传统的纸版阅读中已经退出了传播,但是在网络平台上,部分刊物、文章借助联通式阅读,依然活跃在受众的视野之下。

从国内关键词排行榜TOP100中,我们可以看出,100个搜索关键词中刊名占41次,作者占27次,标题22次,其中包括超女3次。如果将易中天3次,余秋雨2次,刘心武1次等名字背后潜藏的文化现象记入,那么热门话题的比例将达到9次。这可以看出:一方面,刊物的品牌知名度仍然是指到大众阅读选择的一个重要指标。另一方面,作者和热门的社会、文化现象是指导大众阅读的另一个重要参数。就品牌期刊而言,应该发挥其品牌的优势,对事件作系统、权威、多角度的深入报道。满足读者渴望全面了解事实的期待。就普通期刊而言,则应该保持其对时尚热点话题的灵敏性,更多地通过话题和角度的新颖进入更多的读者的视野。

5. 从单向到双向——互动式阅读

互联网第二代革命(即WEB2.0),正在从里到外改变着"期刊生态",让期刊处于"以传播者为导向"向"以受众为导向"的过渡,传统期刊的单向度生产和传播,正在被期刊人和阅读者间"产消互动"的趋势所替代。

从以下龙源的调研数据中,我们可以清晰地看到读者对这种互动的需求。互动式的阅读客观上实现了读者内在的个体意识和民主权利,不再满足于单纯的读刊,力求全面参与创作、投稿、荐稿等环节,从编辑办刊到编读共同办刊、以网民为中心办刊。因此,我们可以通过"投稿、荐稿"的数据统计分析,来解读那些关注杂志的最活跃网民的兴趣取向和互动要求，比如将"2006国内荐稿文章类型与篇数统计"与期刊双百排行榜上榜类型进行对比分析，找出其市场关联度和空白点。

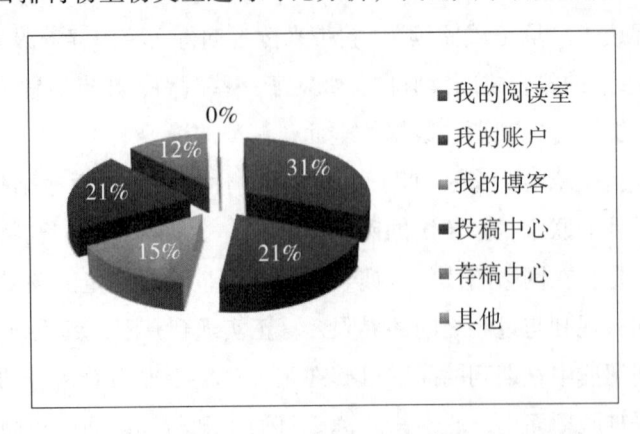

图2 用户经常使用的龙源期刊网个人服务/功能

表9 2006国内荐稿文章类型与篇数统计

类型	篇数	类型	篇数
生活	4 100	书评	426
文化	3 598	哲学	396
人物	2 950	旅游	353
时政	2 713	饮食	345
历史	1 870	体育	340
家庭	1 657	医药	301
两性	1 297	时尚	266
养生保健	1 154	另类科学	262
娱乐	1 111	科普	256
经济	1 076	社科	242
休闲	1 028	少儿	221
职场	1 019	民风民俗	178
财经	848	美容	164
幽默	842	学术	153
女性	823	商贸	152
海外生活	774	地理	152
法制	709	艺术	148
军事	674	宗教	35
科技	540	武术	10
管理	517		

6. 从点击率到阅读率的转化——讲故事

从龙源年度统计数据中可以看出，浏览阅读 TOP100 文章中，故事性的文章仅占 35%，而付费阅读 TOP100 篇文章中，故事性的文章却占 57%。可见，期刊会不会讲故事仍然是其是否具有核心竞争力的标杆。传统期刊中，讲故事更多的是指一种故事文本的刊载，而网络阅读的讲故事，则是指期刊应该采纳一种讲故事的内在叙事策略，并将其贯彻到每一篇文章之中，一本刊物下来，连缀成一种理想的生活方式，一个有机的整体。至此，一本成功的杂志，就是一个成功的故事，一种指向特定群体的理想生活方式，而杂志中的每一片文章，都可以看作是在竭力打造与之相关的生活理想的每一个生活细节。

读者不但期待一个好故事，而且期待刊社讲好一个故事。对一本杂志的认同，不是局限于一篇文章、一个故事讲述，而是对一种整体风格和定位的认同。针对文章而言，要求文章的叙述风格亲切可感，针对整本刊物而言，读者要求杂志自始至终贯彻一种统一的风格，即一种面向一定读者群的理想生活方式的全面塑造。

表10 2006 国内付费阅读 TOP100 篇文章前 10 篇

排名	文章标题	刊名	年号	期号	阅读次数
1	裸女	金山	2005	5	2 867
2	裸聊，你聊是不聊？	三月风	2005	12	719
3	夜凉如水	收获	2006	4	705
4	藏獒	当代	2005	5	666
5	香水	当代	2006	3	646
6	总有一条短信让你泪流满面	青年文摘（红版）	2006	2	609
7	超女真相	商界	2005	10	590
8	梦工厂的梦结束了	三联生活周刊	2005	48	575
9	笨花	当代	2006	1	563
10	幕后英雄祁连山	中国国家地理	2006	3	545

表11 2006 海外付费阅读 TOP100 篇文章前 10 篇

排名	标题	刊名	年号	期号	阅读次数
1	跟我的前妻谈恋爱（中篇小说）	北京文学	2006	3	6 983
2	藏獒	当代	2005	5	3 840
3	香水	当代	2006	3	2 979
4	情感逃逸（中篇小说）	北京文学	2006	7	2 364

(续表)

排名	标题	刊名	年号	期号	阅读次数
5	笨花	当代	2006	1	1 545
6	夜凉如水	收获	2006	4	1 322
7	假牙	北京文学	2006	8	1 192
8	别人	十月	2006	3	1 078
9	傩赐	当代	2006	3	924
10	空巢	人民文学	2005	11	892

如从以上两表的对比中我们可以看出,其中《藏獒》《香水》《总有一条短信让你泪流满面》《笨花》《别人》五篇文章重复出现。那么如果刊社将它们的标题、选题、叙述风格加以比较总结,则可以推断出故事化的讲述方式、深刻关注普通人生活和细腻情感的文章仍是当下阅读的重点之一。

通过期刊矩阵,龙源期刊网络传播就不是一个传统期刊简单的网页展示,而是一个以文章内容为核心的数字资源数据库。这样,一方面,龙源可以更好地服务网民、服务于互联网时代的读者需求,服务于个人用户;另一方面,对可以将个人用户的需求以数据的形式及时地反映给刊社,使之更精确把握读者需要,并予以满足。落脚于刊物但又并不局限于期刊本身的变化需求,通过期刊矩阵,龙源很好地实现了"为传统期刊增值服务"的网络传播。

(二) 机构用户:团购中的"打包推荐、捆绑销售、个性化阅读"

2006年,机构用户在龙源期刊网络传播的总体阅读浏览数目中占60%以上。机构用户是按照单位和部门特征划分出的集体用户群,它们在一定程度上显示出了一些有相似阅读身份、年龄、职业的个人用户的集体阅读趋势,形成一种社区化的阅读特征。龙源期刊网把机构用户划分成高校、公图、党政军企、中小学四个主要的类型。2004年以来,机构用户数量增长很快,2004年343家,2005年501家,2006年706家,呈现逐年递增的趋势,在2007年机构用户还将有明显的上涨趋势。

根据龙源网络传播数据来看,机构用户不仅在整个期刊阅读用户的数量上占有重要的比重,而且在期刊的阅读量上也超过个人用户。机构用户阅读需求量大,阅读特征相对集中,已经成为期刊矩阵营销市场中很深厚的潜在阅读力。可见,对机构用户进行调查研究对期刊网络传播和用户市场营销具有至关重要的作用。

表12　2006龙源个人用户与机构用户的浏览数据比较

机构用户浏览数	3 041 772
个人用户浏览数	2 469 587
总浏览数	5 511 359

在机构用户的社会单位类型分布中，事业单位（主要是高校、公图）所占比重最大，几乎占全国所有用户单位的1/2，就是说，公图和高校是最具影响力的机构用户。企业机构用户（国企、外企、私企三者相加）也占有相当大的比重。高校在所有机构用户中占有最大的比重，在最活跃的机构用户排行榜的前20位中，有14个是高校图书馆。

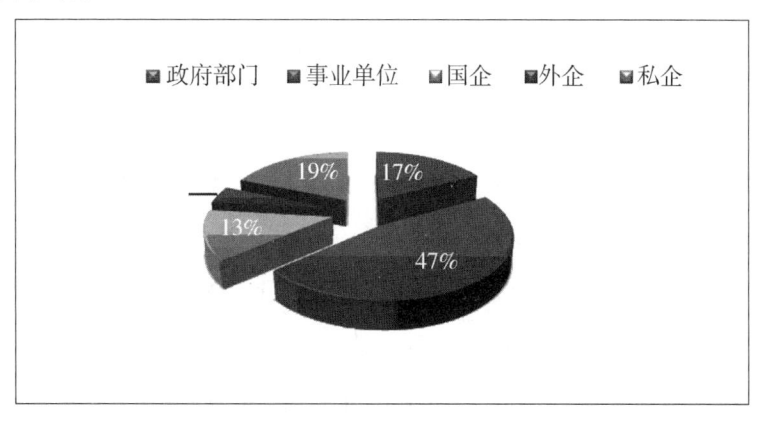

图3　龙源机构用户的社会单位类型分布图

与期刊双百排行榜上榜类型是TOP10（这是个人用户阅读痕迹的反映）对比来看，机构用户阅读期刊类型基本与个人用户阅读期刊类型的潮流相符合，两者都以"文学、文论"类期刊类型点击率最高，在个人用户点击率中，"文学、文论"类杂志占有绝对优势，而在机构用户点击中，虽然"文学、文论"类期刊依旧有很高的点击率，位居榜首，但从点击数目上看已经不再占有绝对优势的地位。另外，机构用户与个人用户阅读点击率对比来看，"管理财经""健康体育""文摘文萃"类期刊点击率都非常高，位居前列。

表13　2006机构用户阅读期刊类型的TOP10

类别	阅读次数	类别	阅读次数
文学·文论	440 193	艺术·摄影	121 158
管理·财经	364 645	电脑·网络	119 705
健康·体育	356 311	医药·医学	97 779
文摘·文萃	296 207	文化·生活	96 361

（续表）

类别	阅读次数	类别	阅读次数
女性·家庭	264 424	学术·学报	82 189
教育·教学	211 859	历史·宗教	56 273
军事·科普	142 834	旅游·民俗	49 601
时政·新闻	140 291	职业·留学	33 262
时尚·娱乐	128 897	法律·政策	30 918

以对具体期刊类型的购买和阅读为例，在点击率最高的两大期刊类型中，点击率最高的机构用户主要集中在高校、公图，其中，北京航空航天大学、北京师范大学、河北经贸大学等是最活跃的高校机构用户，陕西省图书馆、山东省图书馆、四川省图书馆是最活跃的公图机构用户。

表14　2006文学期刊类型阅读排行的TOP10机构用户

单位名称	浏览次数
山东省图书馆	36 714
四川省图书馆	14 306
天津市高校数图管理中心	12 646
常州市图书馆	12 399
北京航空航天大学	11 555
山西省图书馆	11 316
北京师范大学	10 537
山东聊城大学图书馆	10 447
武汉大学图书馆	10 245
河北经贸大学	9 715

表15　2006管理财经期刊类型阅读排行的TOP10机构用户

单位名称	浏览次数
天津市高校数图管理中心	16 923
山西省图书馆	15 906
东北师范大学图书馆	14 641
四川大学图书馆	11 721
山东省图书馆	10 310
北京航空航天大学	9 263
四川省图书馆	8 521
燕山大学	8 136
河北经贸大学	7 598
合肥市图书馆	6 910

对2006年机构用户TOP20所购期刊、类型构成、浏览次数进行分析，我们发现机构用户对期刊需求在整体上呈现出如下明显的趋势和特征。

（1）类型组配倾向于"丰富性"：机构用户通常采用组合、搭配方式选购与消费期刊，在组合类型上呈现丰富性、多元化的特征。不论哪种类型的机构用户，通常都并不局限于某一类型期刊，相反，对"文学文论""管理财经""文摘文萃""女性家庭""教育教学""军事科普""时尚娱乐"等类型均有涉及。

（2）核心选购期刊体现"主旋律性"：机构用户选购期刊时，占核心部分的通常是能追踪和反映"主旋律性"在本领域内的潮流与风向的期刊杂志。如龙源机构用户中接近一半是事业单位，还有政府部门，这些单位都要保证部分时政类期刊的比重，而在龙源推送的"时政、军事"类杂志中，《南风窗》《中国新闻周刊》脱颖而出，成为非常受机构用户欢迎的期刊。

（3）整体阅读呈现"实用性和指导性"：从机构用户阅读的期刊特征分析来看，机构用户很注重杂志的实用性和指导性特征，如《世界知识》《大众摄影》《国家地理》《为了孩子》等排行位居前列的杂志，都具有很强的实用性和指导性。

（4）刊群选购兼顾"休闲性"：机构用户在整个刊群的选配与消费上，以突现自己的核心需求为主，同时也很注重兼顾休闲性杂志。比如，我们在党政和中小学机构用户的刊群中，都能发现《青年文摘》位居前列，其余，《爱情婚姻家庭》《电脑爱好者》《烹调知识》等杂志点击率很高。

表16　2006机构用户购刊和阅读期刊TOP20

单位名称	购刊数	浏览次数
天津市高校数图管理中心	1 101	217 182
山西省图书馆	981	201 549
四川大学图书馆	1 034	101 555
北京师范大学	973	88 762
常州市图书馆	1 276	86 146
湖南省图书馆	343	67 302
天津图书馆	1 108	57 848
江西财经大学图书馆	974	36 433
首都师范大学	973	33 532
广州美术学院	324	32 008
中央财经大学图书馆	1 048	27 318
杭州图书馆	1 088	24 867
江西师范大学图书馆	1 034	22 885
中南财经政法大学图书馆	1 276	22 787
山西大学图书馆	1 276	21 481
中国地质大学	1 276	20 968
华东交通大学图书馆	992	17 118
曲靖卷烟厂	576	15 661
对外经济贸易大学	1 104	15 240
华北电力大学（北京）	1 252	15 206

最核心的一点，是龙源期刊网对机构用户的市场营销，主要是采用"打包推荐、捆绑销售、个性化阅读"的方式进行推送，亦即龙源基于自己"期刊矩阵"的资源数据库，针对每种类型的机构用户及其需求，提供对方必需的核心期刊及组配期刊的"推荐标配期刊清单"供对方选购，效果颇佳，机构用户基本采纳了龙源的"标配"推荐：①为机构用户提供"最适合"的期刊：龙源的"标配期刊清单"，是基于期刊矩阵对机构用户的选购与消费"意图迹象"进行数据分析之后，"按需求供给资源"，因此符合机构用户读了什么、想读什么、不想买什么的消费规律，甚至，比机构用户自己更能明白"它到底想要什么刊"，龙源卖给它们的就是"最适合"的期刊。在这种规律性和针对性极强的推送中，所有的期刊都能够得到打包推荐、捆绑销售，送达合适的买家。②降低机构用户的"选购和消费成本"：龙源"打包推荐、捆绑销售"，可以降低各个机构用户（比如说海外公共图书馆）选购个刊、刊群的成本；同时，也会降低它们数字化的建设和消费成本。如果机构去单独采购期刊，再二次整理存入自己的电脑资源库，这是一项很繁琐的工程，而且也不符合社会发展的专业化和细分化的趋势。龙源的期刊矩阵本身就形成了一个很大数据库，而且有技术支持，这样通过期刊矩阵的捆绑购买，使其获得成本效益的最佳化，也有利于机构用户形成自己的电子阅览室和期刊内容资源库。

另一方面，对于期刊矩阵中的所有期刊来说，在龙源期刊网面向机构用户"打包推荐、捆绑销售、个性化阅读"中，也可以实现其成本收益的最优化配置。期刊网络发行与网络传播，打破了以前形成的一种地域差异和时间差异，可以在一定程度上拉平这种时空差异。有些地方期刊发行的区域比较小，如果没有期刊矩阵，它只可能在一个小圈子内，而期刊矩阵则给其提供了一个更为广阔的舞台。在如此大的一个期刊矩阵中，期刊的自身价值得到最大限度的展现：国内、海外的众多大小图书馆都能看到你的个刊；不用花钱再去建设自己的网站，通过龙源就可以得到很好的推介。对于品牌期刊，期刊矩阵能够维护和扩大其自身的影响；而对于大众期刊，则通过期刊矩阵这个平台，能够提高自己的品牌知名度，这比花巨额广告费用要来得快捷和稳定。如《世界知识》在个人用户期刊阅读排行中居第122位，但是，在机构用户阅读排行榜中居第6位，这样显著的变化显示出，这样通过龙源面向机构用户的个性化资源服务，同样可以获得较高的点击率。这种面向机构用户进行"期刊矩阵"式的市场营销，有利于实现资源的优化组合，有利于期刊杂志获得更多的读者点击率。

四、需求数据库——期刊矩阵就是需求造就的"巨型杂志"

这种以用户需求供给资源的用户效应，让龙源期刊网的"期刊矩阵"在本质上变成了一种需求数据库：因为互联网时代的读者想通过搜索式找到或借助推送式获得他需要的东西，传统期刊在互联网技术平台上进行媒体融合，以形成内容、信息与资源的海量化聚合，从而满足网民的阅读意图，就成为一种不可避免的发展趋势；与此同时，中文期刊矩阵虽然还是以"刊"为基础，但同样不可避免地化解了刊与刊的界限，逐步在"文章与内容层面"进行深度融合，以需求供给资源，开始表现出"巨型杂志"的内涵与形态。

就像互联网分析师玛丽·米克所说，"这个时代最重要的趋势是将世界上的信息组织起来，让每个角落的人都能够找到它们。"我们注意到，互联网革命给传统期刊传媒带来三大发展变革：第一，"海量化"。信息与内容"海量化"的需求，带来了媒体融合的趋势，以形成资源、内容与信息的聚合，比如说新浪以自身为中心对各大传媒资源的聚合，龙源以刊社为中对传统期刊内容的聚合。第二，"个性化"。GOOGLE、百度等搜索引擎在不知不觉中改变了我们的做事习惯与生活方式，让接受者从被动到主动地按自己的需求、欲望和兴趣寻找资源与内容；同时，也改变了这个世界的商业与文化，从以资源满足需求，转型为以需求供给资源。第三，"优质化"。"让读者找到资源"（搜索式），正在渐变成"让好资源找到读者"（推送式），如何让他所需要的优质内容在合适的时空以合适的路径找到他，这正在成为控制商业社会、乃至人类文明的关键密钥。

这三种发展变革中，不但使龙源期刊网携手传统刊社，建构起中文期刊数字内容的资源数据库，同时，还让这种资源数据库只是"期刊矩阵"的表面形态（是需求数据库而不是资源数据库，才是龙源期刊网存在与发展的本质，也才是期刊与互联网对接的内在趋势）。由此而来，"期刊矩阵"的核心特征，就是应对互联网时代的读者在海量化的内容信息中，搜索他需要的东西，从而在龙源期刊网上形成"巨型杂志"。它所代表的不是"资源数据库"，而是"意图数据库"（或"需求数据库"）：它能告诉我们读者买了什么，想买什么，不想买什么，以及可能性的会买什么。

为了更微观地看这个问题，我们可以截取 TOP100 期刊排行榜来看。正是由于网民的需求轨迹和期刊业以此为轴心的变革迹象的产生，使得从期刊双百排行榜到整个龙源期刊网，不可避免地形成了"期刊矩阵"现象，并且使这个"期刊矩阵"从实质上成为一本巨型杂志。TOP100 期刊就是一本"大杂志"，期刊双百排行榜变化中的"期刊"，其实就是一本海量杂志最受网民欢迎的"栏目"（你完全可以从下图中看出这个"大栏目"的点击趋势，并且将国内、海外上榜期刊类型对比起来看，思考因为国内、海外读者群的不同，而导致的这两本大杂志的"经营差异"）。

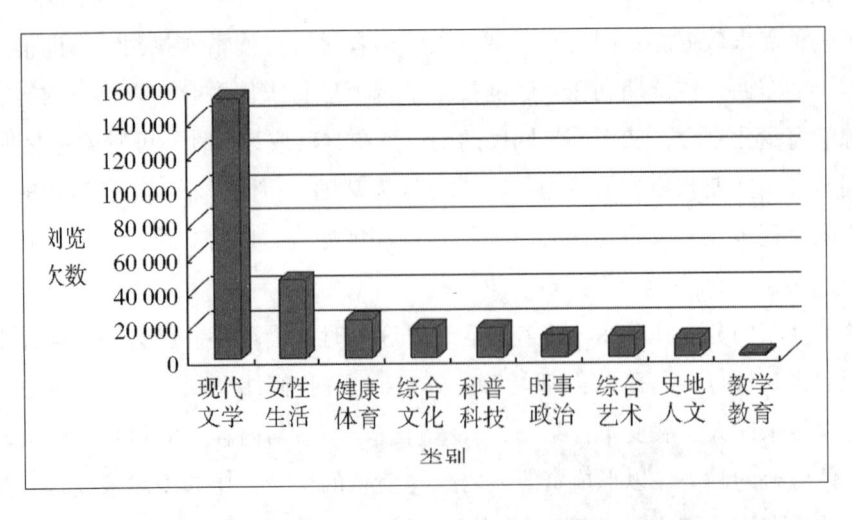

图4 2006年TOP100（海外榜）期刊类型浏览排序

窥一斑而知全豹，龙源期刊网1600种人文大众期刊所形成的期刊矩阵，从实质意义上就是一本巨型杂志。第一，它容纳了海量化的文章和内容。以此提供和满足互联网时代的读者正在发生着的革命性的需求：不再是一本刊的小杂志，而是在一个巨型杂志中寻找他想要的东西，甚至寻找他知道这本巨型杂志中应该有、但是他不知道那是什么、在哪能找到的文章与内容。TOP100期刊因此可以视为他寻找这种东西的需求轨迹和意图迹象。第二，它使优质化的内容呈金字塔式地呈现。在金字塔底，是互联网海量的信息、文章和内容，也许95%的都是无用、重复甚至平庸内容，但这1600种人文大众期刊就是其余5%的优质内容。这1600种人文大众期刊形成了一个庞大的优质内容资源库，而TOP500、TOP300、TOP100就是这"5%中的5%"，是"优质内容中的优质内容"；而那由网民点击产生的领军期刊和排行文章，就是金字塔尖，是优质中的领军内容。这种优质内容呈梯度呈现的方式，说明了无论"技术为王""营销为王"等等概念如何变化，"优质内容为王"始终是中间最核心的主导力量。通过国内、海外TOP100的排行变化，我们也能发现传统品牌期刊如果依然是互联网的"品牌期刊"，是由于其品质的稳定和内容的充实；如果沦为一般，则是由于其内容可能不被网民阅读；而非传统品牌期刊上升为网民心目中的品牌期刊或名次上浮，则充分说明内容有精华就有读者。第三，它提供了通过"One-To-One"、个性化地以需求供给资源的条件。虽然网民决定期刊的TOP位置，但矩阵内部形成的期刊推介模式始终内在影响着期刊的个性化传播，这一点可以与前面个人用户和机构用户的个人用户效应对照起来理解。在没有进入期刊矩阵以前，对于用户来说，只是一本期刊对应他，但形成矩阵后，由于各个期刊之间的钩连，实际上是把所有期刊都传播给了他；由于资源的海量，其阅读方式会呈现为一种搜索式阅读、主题阅读和热门关键词阅读等新特征，这个变化对个刊来说，影响是巨大的，让它直接进入到"点对面"的捆绑销售中，满足"面对点"的资源供给。

正是这种"需求诞生巨型杂志"的内在发展趋势，使得进入"期刊矩阵"的期刊，出现在内部有限竞争、在外部无限合力发展的态势：比如同类型的期刊彼此竞争有限，相反，因为同在期刊矩阵里，面向用户匹配或捆绑销售，而形成了无限合力的竞争优势。在面对用户的点击搜索时，每一本期刊加入期刊矩阵中，其本身被点击、被关注的可能性在增大，同时也带动了矩阵中其他期刊被用户关注。这不是一个你死我亡的状态，而是大家共荣共存的结果。期刊矩阵规模越增长，集成效应就越大，每一个进入其中的期刊也就越有可能被用户搜索式寻找或被推送式获取，被点击的可能性和被消费的转化性也就越大。这种以巨型杂志的内涵和形态，满足用户搜索性寻找或推送式获得他需要的东西，就是"期刊矩阵"网络传播的本质。

五、共赢——从期刊矩阵通向"互联网时代的期刊蓝海战略"

我们如何应对这种由于网民需求数据库所提出的"巨型杂志"及其"海量化、优质化、个性化"的网络传播趋势，是传统期刊携手龙源期刊网探索与实施"互联网时代的期刊蓝海战略"的核心命题。为了探索这个命题，我们需要对"期刊矩阵"进行一种定性式的界定：它是传统"20/80理论"和互联网"长尾理论"的最佳契合平台。

我们同样截取期刊双百排行榜进行微观分析，由此可以发现"二八"和"长尾"的分界点在TOP100期刊和长尾期刊的结合处，这也是"二八"和"长尾"的最佳契合点。TOP100以后的期刊的点击率，单个的看起来是少了很多，但我们要看到"长尾"是一个无限延伸的过程，只要这个矩阵足够大的话，其点击率也会与TOP100期刊的点击率达到持平。

我们能得出以下的结论：①各类期刊之多，尾巴如此之长；②各式各样的期刊现在都能以合乎效益的方式接触到读者；③这些期刊一旦整合在一起，可以创造非常庞大的市场。我们要看到最佳契合点右边的点击率不是零，如果我们把这些点击次数的乘积放在一起，也是一个相当大的数量。只要整个期刊矩足够的大，用户通过搜索寻找或通过推送获得他需求的东西的几率就会相当大，这样就会在期刊和用户之间形成一种良性的互动，真正实现"One – To – One"。

这对期刊有三个方面的意义：第一，助益个刊以集体的力量向用户传播。一本期刊进入到"期刊矩阵"里，就进入到资源场和用户场中，是一个点汇入到一个海中,以海的力量向用户营销,这比一个期刊社自己去做"专卖店",要投入的精力和开支要小得多。对于一般的期刊来说,长尾效应的存在是在网络时代对其进行推广的非常有效的传播方式。一般期刊作为一个个体,在传统的传播领域中,它要进行推广,其前期必须投入大量的广告和推广的费用,这对于一般期刊社是一笔很大的消费,那么怎样才能以最小的成本获取最大的收益呢?长尾给我们的一般期刊社提供了可能。第二,帮助个刊在个人与机构复合的用户效中达到最优化。既面对个人用户也面对机构用户,龙源依据其独特的电子商务模式,通过"期刊矩阵"将用户和期刊连接在一起,以期刊的"文章内容"为依托,在最大限度上满足"用户和用户需求"的同时,依据期刊矩阵把期刊推介给每个用户,使得每本期刊杂志成本收益的最优化配置,实现自己的独特价值取向。第三,助益个刊实施"立足本土、走向世界"的文化战略。面对国内、海外网络发行与网络传播,使龙源的期刊矩阵颇具国际化的"期刊连锁超市"的概念,也就是说一旦进入了龙源的期刊矩阵,龙源对期刊进行的是国际化的推广。龙源海外及中国港澳台地区机构用户的城市分布如下:

(1) 美国:纽约皇后区、纽约布鲁克林区、纽约市、波士顿、圣路易斯、新泽西、夏威夷、布林汉姆、新泽西新布兰世维克、旧金山、阿拉米达、休斯顿、芝加哥、伯林汉大学、西雅图国王城

(2) 加拿大:多伦多、渥太华、蒙特利尔、温哥华、卡尔加里、艾德蒙顿、布拿比市、温尼伯、万锦市、温哥华伯纳比

(3) 澳大利亚:首都悉尼、澳大利亚维多利亚大学、澳大利亚 NONASH 大学

(4) 新西兰:首都奥克兰、新西兰北岸城市、新西兰瓦塔卢伽

(5) 新加坡:国家图书馆

(6) 美国:Netlibrary 代理

(7) 中国香港:公共图书馆

(8) 中国澳门:公共图书馆

(9) 中国台湾:独家代理

更为重要的是,龙源期刊矩阵为每一本期刊成为互联网时代的领军期刊,成为品牌期刊和期刊品牌的"领导羊",提供了公平、公正、公开的机会。不仅是为每本新锐期刊,也为传统品牌期刊,成为网民心目中的好期刊,提供了一个平等的舞台。就像我们在前面的数据分析中所说,当我们着眼于以网民为中心,以需求为导向,我们在第一个层面"网民心目中的好期刊"的数据分析报告中,勾勒了这种互联网时代的"需求轨迹"正在影响着某本杂志或某种刊群的命运(比如成为"网民心目中的好期刊"),并因此建言刊社应该思考和探索互联网时代期刊品牌和品牌期刊的

蓝海战略。

正是作为长尾平台和二八法则的最佳契合，期刊矩阵作为这种契合平台的聚合体，其本身还有许多可开发的点，还需要龙源与刊社共同来建设。我们要看到，期刊矩阵是需要龙源和期刊社共同来经营的，因为要期刊矩阵更好的发挥效益，我们不仅要20%，需要它们来做领军人，摇旗呐喊，吸引眼球，而且还要长尾是越来越长，以便来造势、助威。大众期刊在期刊矩阵中占据80%的位置，但是这80%期刊所拥有的点击率和影响综合起来的效应就有可能与20%的强势期刊的影响形成优势互补，填充它所留下来的盲区，而这两者的互补则在理论上达到了100%的效果，使得期刊矩阵的聚合效应得到最大限度的释放。只要期刊和龙源双方通力合作，那么结果将是：20% + 80% = 100%。

这种二八法则与长尾平台的契合，让我们注意到期刊双百排行榜里所暗示的真正革命性的变化，就是传统期刊面向互联网办刊与经营的需求与可能。这种变化的革命性在于：当期刊双百排行榜反映了互联网时代的读者通向整个世界的需求、兴趣和欲望的意图迹象时，整个期刊产业正在围绕着这些以蠡测海、以斑窥豹的期刊网络传播数据所反映出来的需求轨迹，不可逆转地发生着重组和变革。因此，它真正影响的并不是"期刊"在排行榜的 TOP 位置（如何迈进 TOP100），而是期刊网络传播"效应"的变化（个刊如何借助矩阵达到传播效益的最大化），传统经营"理念"的革新（如何以需求供给资源），以及整个期刊"新产业"的趋势（21 世纪期刊产业的文化、思想与商业枢纽是什么）。就像我们所说，期刊矩阵既是这种趋势应时而生的产物，又是见证其革新的过程，同时也是推动其深化和分化的过程，它不但已经主导了传统期刊网携手龙源与网络对接，加速期刊的网络发行、网络传播、网络出版、版权管理以及互联网经营，甚至已经开始影响传统期刊根据龙源期刊网络传播的数据，启动在互联网时代办刊理念与经营思路的调整、优化和革新。但是，我们如何做到这些呢？

问题已经提出，答案才刚开始。

共赢，从"头"开始，让"长尾"更长。

（作者为自由撰稿人，龙源期刊网络传播课题组成员）

第四部分

2005—2014龙源期刊付费阅读各项TOP100排行

一、2005—2014连续五次上榜数字阅读影响力期刊群

刊名	2005—2014 国内TOP100	2005—2014 海外TOP100	刊名	2005—2014 国内TOP100	2005—2014 海外TOP100
大众摄影	10	10	小品文选刊	7	2
伴侣	10	9	现代家庭	6	6
电脑爱好者	10	9	中国企业家	6	6
读书	10	9	故事会	6	5
南风窗	10	8	故事林	6	5
中国新闻周刊	10	8	家庭	6	5
意林	10	7	瞭望东方周刊	6	5
海外文摘	10	5	中国经济周刊	6	5
商界	10	5	财经	6	4
今日文摘	10	3	新周刊	6	4
视野	10	1	会计之友	6	3
轻兵器	9	10	军事文摘	5	7
当代	9	9	环球企业家	5	6
人生与伴侣	9	8	家庭医药	5	6
时代影视	9	8	父母必读	5	5
北京文学	9	7	看历史	5	5
南方人物周刊	9	6	电脑迷	5	4
世界知识	9	6	烹调知识	5	4
大众医学	9	5	商场现代化	5	4
商业时代	9	5	书报文摘	5	4

(续表)

刊名	2005—2014 国内 TOP100	2005—2014 海外 TOP100	刊名	2005—2014 国内 TOP100	2005—2014 海外 TOP100
领导文萃	9	4	为了孩子	5	4
知识窗	9	2	新华文摘	5	4
兵器知识	8	9	中国计算机报	5	4
十月	8	9	诗刊	5	3
大众电影	8	8	中国经济信息	5	2
看世界	8	7	中国市场	5	2
理财周刊	8	7	中国医药导报	5	2
啄木鸟	8	7	做人与处世	5	2
中外文摘	8	5	收获	4	7
人民文学	7	7	海外星云	4	6
东西南北	7	6	互联网周刊	2	5
计算机应用文摘	7	6	山花	2	5
新民周刊	7	6	三联生活周刊	4	5
37°女人	7	4	百年潮	3	5
考试周刊	7	4	今古传奇·武侠版	3	5
百科知识	7	2	民主与法制	3	5
今古传奇·故事版	7	2	祝您健康	3	5

序号	刊名	与龙源授权合作	国内 TOP100 上榜次数	海外 TOP100 上榜次数
1	读者	2012.6	3	3
2	看天下	2010.7	4	4
3	第一财经周刊	2011.7	3	3

说明：以上两个表格中不少刊由于与龙源起始合作的时间不同，没有达到10次。

二、2005—2014 五次以上荣登国内 TOP100 数字阅读影响力期刊群

刊名	2005—2014 国内阅读 TOP100 排行上榜次数	刊名	2005—2014 国内阅读 TOP100 排行上榜次数
视野	10	美文	6
今日文摘	9	电脑迷	5
领导文萃	9	都市丽人	5
知识窗	9	烹调知识	5
青年博览	8	—	—
小品文选刊	8	诗刊	5
37°女人	7	书报文摘	5
百科知识	7	为了孩子	5
今古传奇·故事版	7	新华文摘	5
考试周刊	7	新周刊	5
中外文摘	7	优雅	5
故事林	6	中国市场	5
会计之友	6	做人与处世	5

三、2005—2014 五次以上荣登海外 TOP100 数字阅读影响力期刊群

刊名	2005—2014 海外阅读 TOP100 排行上榜次数	刊名	2005—2014 海外阅读 TOP100 排行上榜次数
百年潮	5	家庭医药	5
海外星云	5	山花	5

【2014】

2014 龙源期刊国内付费阅读影响力期刊 TOP100

排行	刊名	阅读次数	排行	刊名	阅读次数
1	三联生活周刊	2 229 835	23	作文与考试·初中版	301 551
2	考试周刊	628 896	24	当代	293 235
3	读者	588 555	25	看世界	285 050
4	人民论坛	505 660	26	环球人物	273 087
5	看天下	470 077	27	党建	267 051
6	意林	468 413	28	第一财经周刊	261 718
7	电脑爱好者	432 554	29	中国经济周刊	261 693
8	财经	426 541	30	视野	261 638
9	瞭望东方周刊	413 508	31	知识窗	251 096
10	壹读	405 072	32	37°女人	250 089
11	南方人物周刊	392 659	33	现代农业科技	207 995
12	中国新闻周刊	387 469	34	博客天下	177 946
13	南风窗	379 693	35	小品文选刊	175 070
14	故事会	378 495	36	电脑知识与技术	173 997
15	新民周刊	365 535	37	百科知识	173 230
16	法制与社会	356 435	38	读天下	173 100
17	读者·校园版	326 397	39	读书	171 791
18	南都周刊	315 603	40	世界知识	171 536
19	创新作文(1—2年级)	314 227	41	人生与伴侣	170 977
20	中国周刊	312 637	42	今日文摘	168 989
21	伴侣	303 164	43	青年文学家	168 971
22	南都娱乐周刊	302 574	44	读写算·高年级	173 627

(续表)

排行	刊名	阅读次数	排行	刊名	阅读次数
45	看历史	167 503	73	啄木鸟	141 437
46	青年博览	167 064	74	婚姻与家庭·社会纪实	139 890
47	—	—	75	北京文学	137 200
48	新课程学习(中)	165 179	76	人物	137 076
49	数学学习与研究	164 300	77	大众摄影	136 227
50	北京青年周刊	163 190	78	财经国家周刊	135 756
51	中国青年	162 958	79	八小时以外	135 576
52	家庭医药	162 247	80	父母必读	133 394
53	科学与财富	162 206	81	法制博览	133 330
54	做人与处世	159 069	82	家庭百事通	133 095
55	国家人文历史	158 734	83	军事文摘	131 620
56	十月	157 290	84	民生周刊	130 414
57	海外文摘	157 271	85	大众医学	130 294
58	创业家	156 217	86	凤凰生活	128 756
59	会计之友	154 876	87	文苑·经典美文	127 523
60	恋爱婚姻家庭	153 947	88	时代邮刊	126 975
61	环球企业家	153 208	89	商界	125 726
62	电脑迷	152 330	90	幸福·婚姻版	125 137
63	创业邦	152 258	91	职场	122 228
64	思维与智慧(上半月)	151 633	92	妇女生活	122 157
65	IT时代周刊	151 163	93	财经天下周刊	121 289
66	检察风云	150 924	94	销售与市场·管理版	121 275
67	方圆	150 800	95	中小学信息技术教育	120 992
68	理财周刊	150 025	96	汽车维修与保养	120 521
69	中外文摘	149 459	97	孩子	120 376
70	大众健康	148 878	98	航空知识	119 654
71	IT经理世界	148 261	99	东方女性	119 464
72	商业时代	146 668	100	对外传播	108 275

2014龙源期刊海外付费阅读影响力期刊TOP100

排行	刊名	阅读次数	排行	刊名	阅读次数
1	三联生活周刊	106 773	26	看世界	31 796
2	读者	105 171	27	法制与社会	31 123
3	看天下	93 056	28	中国计算机报	30 477
4	壹读	86 969	29	计算机世界	29 866
5	南方人物周刊	83 750	30	创业家	28 707
6	财经	78 404	31	世界知识	27 811
7	电脑爱好者	63 760	32	科技致富向导	27 657
8	中国新闻周刊	63 707	33	看历史	27 426
9	南都娱乐周刊	62 093	34	中国电力教育	27 224
10	第一财经周刊	55 527	35	经济研究导刊	26 443
11	新民周刊	51 061	36	财经国家周刊	26 430
12	博客天下	49 665	37	中国保健营养	25 610
13	北京青年周刊	49 197	38	伴侣	24 046
14	中国经济周刊	47 033	39	科技视界	23 898
15	南都周刊	43 700	40	十月	23 895
16	南风窗	40 865	41	百科知识	23 788
17	瞭望东方周刊	39 095	42	科技与生活	23 541
18	中国实用医药	36 834	43	中国国家旅游	23 352
19	读天下	35 467	44	成才之路	23 178
20	IT经理世界	34 732	45	课程教育研究·新教师教学	22 889
21	环球人物	34 026	46	商业时代	22 626
22	中国科技博览	33 746	47	影视圈	22 613
23	电脑知识与技术	32 737	48	科技资讯	22 595
24	IT时代周刊	32 672	49	都市主妇	22 473
25	环球企业家	32 338	50	电脑迷	22 450

(续表)

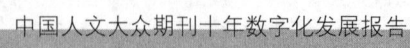

排行	刊名	阅读次数	排行	刊名	阅读次数
51	按摩与康复医学	22 070	76	读者欣赏	18 883
52	中国当代医药	22 039	77	股市动态分析	18 845
53	理财周刊	21 778	78	企业导报	18 805
54	证券市场周刊	21 776	79	中国企业家	18 622
55	国家人文历史	21 104	80	财会通讯	18 480
56	中国保健营养（下旬刊）	21 033	81	时代金融	18 379
57	现代商贸工业	20 956	82	成功营销	18 330
58	科技与企业	20 928	83	科学与财富	18 202
59	人生与伴侣	20 802	84	故事会	17 543
60	轻兵器	20 643	85	21世纪商业评论	16 544
61	中国青年	20 606	86	小品文选刊	16 543
62	互联网周刊	20 559	87	兵器知识	16 444
63	军事文摘	20 339	88	北京文学·中篇小说月报	16 432
64	凤凰生活	20 267	89	慈善	16 400
65	英才	20 258	90	音乐周刊	16 389
66	大众摄影	20 071	91	科普童话·百科探秘	16 376
67	现代经济信息	20 014	92	国际人才交流	16 354
68	意林	19 762	93	东方企业文化	16 351
69	中国医药导报	19 732	94	收藏	16 348
70	中外管理	19 349	95	大众健康	16 346
71	海外文摘	19 292	96	—	—
72	轻兵器	19 245	97	婚姻与家庭	15 711
73	37°女人	19 207	98	青年记者	15 706
74	创业邦	19 162	99	今日文摘	15 695
75	财经界·学术版	19 064	100	家庭医药	15 465

2014龙源期刊国内、海外双栖数字阅读影响力期刊

序号	刊名	国内TOP100排行	国内阅读次数	海外TOP100排行	海外阅读次数
1	三联生活周刊	1	2 229 835	1	106 773
2	读者	3	588 555	2	105 171
3	看天下	5	470 077	3	93 056
4	意林	6	468 413	73	19 762
5	电脑爱好者	7	432 554	7	63 760
6	财经	8	426 541	6	78 404
7	瞭望东方周刊	9	413 508	17	39 095
8	壹读	10	405 072	4	86 969
9	南方人物周刊	11	392 659	5	83 750
10	中国新闻周刊	12	387 469	8	63 707
11	南风窗	13	379 693	16	40 865
12	故事会	14	378 495	89	17 543
13	新民周刊	15	365 535	11	51 061
14	法制与社会	16	356 435	27	31 123
15	南都周刊	18	315 603	15	43 700
16	伴侣	21	303 164	41	24 046
17	南都娱乐周刊	22	302 574	9	62 093
18	看世界	25	285 050	26	31 796
19	环球人物	26	273 087	21	34 026
20	第一财经周刊	28	261 718	10	55 527
21	中国经济周刊	29	261 693	14	47 033
22	37°女人	32	250 089	78	19 207
23	博客天下	34	177 946	12	49 665

(续表)

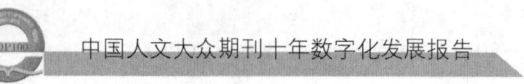

序号	刊名	国内TOP100排行	国内阅读次数	海外TOP100排行	海外阅读次数
24	小品文选刊	35	175 070	91	16 543
25	电脑知识与技术	36	173 997	23	32 737
26	百科知识	37	173 230	44	23 788
27	读天下	38	173 100	19	35 467
28	世界知识	40	171 536	32	27 811
29	人生与伴侣	41	170 977	64	20 802
30	看历史	45	167 503	36	27 426
32	北京青年周刊	50	163 190	13	49 197
33	中国青年	51	162 958	66	20 606
34	科学与财富	53	162 206	88	18 202
35	国家人文历史	55	158 734	60	21 104
36	十月	56	157 290	43	23 895
37	海外文摘	57	157 271	76	19 292
38	创业家	58	156 217	30	28 707
39	环球企业家	61	153 208	25	32 338
40	电脑迷	62	152 330	53	22 450
41	创业邦	63	152 258	79	19 162
42	IT时代周刊	65	151 163	24	32 672
43	理财周刊	68	150 025	57	21 778
44	大众健康	70	148 878	100	16 346
45	IT经理世界	71	148 261	20	34 732
46	商业时代	72	146 668	49	22 626
47	大众摄影	77	136 227	71	20 071
48	财经国家周刊	78	135 756	39	26 430
49	军事文摘	83	131 620	68	20 339
50	凤凰生活	86	128 756	69	20 267

2014龙源期刊与中国三大电信运营商合作推广阅读TOP100期刊

（根据三大电信运营商提供的数据）

龙源综合排行	移动基地TOP100杂志	2013.8—2014.7（时间区间）	电信运营商
1	IT经理世界	5 780 028	中国移动阅读基地
2	三联生活周刊	1 681 876	中国联通沃阅读
3	民间故事选刊	614 528	中国移动阅读基地
4	中国经济周刊	578 560	中国移动阅读基地
5	杂文月刊·原创版	524 681	中国移动阅读基地
6	故事林	448 990	中国移动阅读基地
7	当代	413 607	中国移动阅读基地
8	轻兵器	409 770	中国移动阅读基地
9	上海故事	341 868	中国移动阅读基地
10	看世界	300 207	中国移动阅读基地
11	北京文学·中篇小说月报	280 237	中国移动阅读基地
12	IT时代周刊	277 941	中国移动阅读基地
13	音乐周刊	273 966	中国移动阅读基地
14	风景名胜	247 758	中国移动阅读基地
15	旅游	235 916	中国移动阅读基地
16	青年文学家	228 010	中国联通沃阅读
17	短小说	215 750	中国移动阅读基地
18	当代体育·扣篮	213 364	中国移动阅读基地
19	新民周刊	184 224	中国联通沃阅读
20	电影画刊	175 122	中国移动阅读基地
21	优雅	174 388	中国移动阅读基地
22	时代金融	167 168	中国移动阅读基地

(续表)

龙源综合排行	移动基地 TOP100 杂志	2013.8—2014.7（时间区间）	电信运营商
23	人人健康	158 637	中国移动阅读基地
24	科技传播	152 352	中国联通沃阅读
25	商业时代	143 485	中国移动阅读基地
26	海外文摘	132 022	中国移动阅读基地
27	养生保健指南	129 806	中国联通沃阅读
28	互联网周刊	114 941	中国移动阅读基地
29	小说月刊	114 109	中国联通沃阅读
30	电脑爱好者	112 797	中国联通沃阅读
31	当代体育·足球	108 162	中国移动阅读基地
33	小小说大世界	107 664	中国移动阅读基地
33	军事文摘	105 173	中国移动阅读基地
34	中华养生保健	102 931	中国移动阅读基地
35	科学中国人	99 393	中国移动阅读基地
36	啄木鸟	99 213	中国移动阅读基地
37	影视圈	93 862	中国联通沃阅读
38	旅游世界	91 676	中国移动阅读基地
39	南方人物周刊	88 411	中国联通沃阅读
40	科技与企业	88 017	中国联通沃阅读
41	文苑	86 938	中国联通沃阅读
42	中国图书评论	86 934	中国移动阅读基地
43	中国新闻周刊	85 378	中国联通沃阅读
44	青春	83 464	中国移动阅读基地
45	中外管理	82 718	中国移动阅读基地
46	女士	82 058	中国联通沃阅读
47	法制博览	81 174	中国联通沃阅读
48	创业家	81 149	中国移动阅读基地
49	三月三·故事王中王	80 749	中国移动阅读基地
50	大众投资指南	80 361	中国移动阅读基地
51	中国摄影家	77 027	中国移动阅读基地
52	健康之家	75 969	中国移动阅读基地

(续表)

龙源综合排行	移动基地 TOP100 杂志	2013.8－2014.7（时间区间）	电信运营商
53	祝你幸福·知心	75 378	中国移动阅读基地
54	经济	75 083	中国移动阅读基地
55	人民文摘	75 078	中国移动阅读基地
56	幸福·悦读	74 861	中国联通沃阅读
57	现代阅读	73 381	中国移动阅读基地
58	祝你幸福·午后	72 088	中国移动阅读基地
59	体育时空	71 116	中国联通沃阅读
60	伴侣	67 316	中国联通沃阅读
61	百科知识	67 117	中国移动阅读基地
62	中国周刊	66 776	中国移动阅读基地
63	英才	66 304	中国联通沃阅读
64	电子世界	66 260	中国联通沃阅读
65	新理财·政府理财	64 288	中国移动阅读基地
66	山海经·故事奇闻	62 790	中国联通沃阅读
67	母婴世界	62 437	中国移动阅读基地
68	北京纪事	62 278	中国移动阅读基地
69	视野	61 819	中国联通沃阅读
70	电脑迷	61 026	中国联通沃阅读
71	世界博览	59 910	中国联通沃阅读
72	健康必读	59 428	中国移动阅读基地
73	小小说月刊	58 213	中国联通沃阅读
74	名牌	58 181	中国移动阅读基地
75	商	58 034	中国联通沃阅读
76	数字时代 stuff	57 879	中国联通沃阅读
77	旅伴	54 415	中国移动阅读基地
78	人物周刊	54 126	中国移动阅读基地
79	现代家庭	53 824	中国联通沃阅读
80	领导文萃	51 620	中国联通沃阅读
81	户外探险	51 329	中国联通沃阅读
82	民间文学	51 293	中国移动阅读基地

(续表)

龙源综合排行	移动基地 TOP100 杂志	2013.8—2014.7（时间区间）	电信运营商
83	科技视界	51 037	中国联通沃阅读
84	晚晴	49 119	中国移动阅读基地
85	小品文选刊	48 394	中国联通沃阅读
86	大众理财顾问	48 393	中国联通沃阅读
87	知识窗	48 214	中国联通沃阅读
88	饮食与健康（下旬刊）	47 702	中国联通沃阅读
89	祝您幸福	47 451	中国移动
90	商业时代	47 301	中国联通
91	读书文摘	47 093	中国移动
92	北京文学	45 719	中国移动
93	百科知识	45 431	中国联通
94	求医问药	45 428	中国联通
95	人力资源管理	45 238	中国联通
96	思维与智慧	44 917	中国移动
97	自然与科技	44 660	中国移动
98	IT 时代周刊	44 395	中国联通
99	莫愁	44 088	中国移动
100	创业邦	43 906	中国联通

2014龙源期刊APP商店阅读TOP100

（根据APP商店提供的数据）

排行	刊名	APP下载量	购买转换率% = （购买/下载更新总量）
1	故事会	22 529	10.79
2	三联生活周刊	21 242	18.34
3	看天下	15 079	4.72
4	人力资源管理	14 322	5.93
5	环球人物	10 569	7.34
6	军事文摘	8 202	8.66
7	大众摄影	8 085	3.74
8	现代军事	7 745	11.18
9	建筑技艺	7 720	0.59
10	中外建筑	7 560	5.54
11	China Economist	7 505	7.86
12	艺术与设计	7 392	4.7
13	作文大王·高中版	7 159	2.91
14	创业家	6 868	3.78
15	初中生世界·中考物理	6 678	0.84
16	作文大王·低年级版	6 674	9.41
17	摄影世界	6 459	4.06
18	我爱写作文	5 917	1.94
19	家装家居	5 835	8.89
20	艺术与设计·理论	5 798	7.56
21	IT时代周刊	5 792	0.62
22	电脑爱好者	5 751	2.43

（续表）

排行	刊名	APP下载量	购买转换率% = （购买/下载更新总量）
23	初中生世界·八年级物理	5 362	0.97
24	大众汽车	5 147	1.3
25	21世纪商业评论	5 125	3.02
26	航空知识	5 103	1.16
27	中国中药杂志	4 946	3.07
28	摄影之友书架	4 788	4.83
29	汽车之友	4 697	0.61
30	西藏人文地理	4 031	1.01
31	工业设计	3 985	0.67
32	作文大王·幽默趣味版	3 982	1.74
33	中国摄影	3 938	2.47
34	摄影旅游书架	3 836	4.21
35	计算机应用	3 832	0.98
36	化学教与学	3 780	3.13
37	财经文摘	3 766	1.66
38	电影世界	3 542	
39	成功营销	3 463	0.82
40	凤凰生活	3 132	0.92
41	航空模型	2 976	2.27
42	今日新娘	2 928	1.26
43	重庆旅游	2 918	2.87
44	汽车杂志	2 870	2.52
45	新财经	2 822	0.33
46	科学24小时	2 716	0.34
47	中华急诊医学杂志	2 699	2.74
48	影像视觉	2 654	3.37
49	收藏界	2 584	0.94
50	航空世界	2 535	0.39
51	管理学家	2 501	1.2
52	妇女之友	2 441	1.35

(续表)

排行	刊名	APP 下载量	购买转换率% = （购买/下载更新总量）
53	37°女人	2 384	0.39
54	首席财务官	2 317	0.87
55	艺术品鉴	2 290	0.32
56	进出口经理人	2 167	4.83
57	电脑迷	2 097	0.27
58	金融理财	1 757	0.45
59	中国经济周刊	1 749	1.12
60	家庭用药	1 747	0.59
61	都市丽人·美食堂	1 658	0.77
62	家庭药师	1 615	0.8
63	纺织服装周刊	1 597	0.74
64	旅游世界	1 584	0.6
65	轻兵器	1 559	0.75
66	少年文艺	1 546	0.41
67	新语文学习·小学中年级	1 501	1.25
68	初中生世界·七年级视野	1 487	4.12
69	疯狂英语	1 445	0.6
70	创富指南	1 435	0.11
71	今日人像	1 410	0.54
72	数学大王·低年级版	1 362	0.43
73	云南画报	1 293	0.16
74	译林	1 233	0.54
75	看世界	1 151	0.15
76	健康管理	1 151	0.17
77	中外管理	1 145	0.21
78	数字家庭	1 119	0.09
79	当代	976	0.35
80	党建	951	0.49
81	漫友	935	0.13
82	微电脑世界	921	0.25

（续表）

排行	刊名	APP下载量	购买转换率%=（购买/下载更新总量）
83	风景名胜	920	0.29
84	都市主妇	881	0.43
85	汽车博览	864	2.96
86	女报·生活志	801	5.88
87	北京文学	692	0.1
88	音乐周刊	574	0.19
89	环球飞行	254	0.2
90	故事林	243	0.03
91	时代漫游DICE	135	0.04
92	影视圈	64	0.05
93	信睿	54	0.04
94	妇女生活	53	0.04
95	食品与生活	52	0.04
96	家庭百事通	52	0.04
97	中国知识产权	48	0.03
98	莫愁	45	0.03
99	科技潮	43	0.03
100	车迷	42	0.03

2014 龙源期刊移动阅读 TOP100 期刊

排行	刊名	阅读次数	排行	刊名	阅读次数
1	三联生活周刊	578 071	25	中国国家旅游	39 900
2	读者	198 041	26	国家人文历史	39 756
3	看天下	170 354	27	考试周刊	39 301
4	壹读	157 690	28	创业家	36 217
5	南方人物周刊	117 486	29	都市主妇	35 869
6	南都娱乐周刊	100 478	30	环球企业家	34 480
7	财经	96 163	31	影视圈	33 507
8	中国新闻周刊	93 320	32	读者欣赏	33 396
9	电脑爱好者	88 609	33	计算机世界	33 028
10	新民周刊	84 087	34	中国实用医药	32 171
11	博客天下	80 577	35	凤凰生活	32 059
12	读者·校园版	80 474	36	读写算	31 996
13	北京青年周刊	77 789	37	海外文摘	31 248
14	南都周刊	76 687	38	科技生活	30 319
15	第一财经周刊	73 682	39	中国计算机报	30 300
16	读天下	72 140	40	IT时代周刊	30 220
17	瞭望东方周刊	69 126	41	法制与社会	29 464
18	中国经济周刊	64 456	42	财经国家周刊	29 336
19	环球人物	63 869	43	世界知识	28 632
20	看世界	50 363	44	中国社区医师·医学专业	27 955
21	IT经理世界	45 809	45	电脑迷	26 907
22	看历史	44 500	46	中国青年	26 667
23	南风窗	42 840	47	轻兵器	26 651
24	百科知识	40 483	48	东西南北	26 475

(续表)

排行	刊名	阅读次数	排行	刊名	阅读次数
49	伴侣	26 309	75	按摩与康复医学	19 400
50	理财周刊	25 783	76	成才之路	19 310
51	大众摄影	25 136	77	中国周刊	19 290
52	人民文摘	24 812	78	管理观察	19 142
53	现代农业科技	24 216	79	商业时代	19 125
54	证券市场周刊	23 998	80	中国医药导报	19 071
55	电脑知识与技术	23 692	81	经济研究导刊	18 978
56	计算机应用文摘·触控	23 606	82	婚姻与家庭·社会纪实	18 866
57	大众健康	23 438	83	方圆	18 807
58	电影文学	23 101	84	海外星云	18 766
59	互联网周刊	23 013	85	女士	18 722
60	故事会	22 845	86	成功营销	18 670
61	商情	22 682	87	人生与伴侣	18 625
62	陕西行政学院学报	22 558	88	人物	18 341
63	恋爱婚姻家庭	22 527	89	青年文学家	18 123
64	文史天地	22 338	90	军事文摘	18 072
65	中国企业家	22 194	91	股市动态分析	18 038
66	世界博览	22 119	92	硅谷	17 956
67	民生周刊	22 002	93	时代邮刊	17 762
68	中国当代医药	21 380	94	恋爱婚姻家庭·青春	17 596
69	大观周刊	21 215	95	户外探险	17 580
70	37°女人	21 121	96	中外文摘	16 876
71	中国保健营养(上旬刊)	21 065	97	父母必读	16 867
72	今日文摘	20 764	98	家庭医药	16 629
73	英才	20 738	99	意林	16 573
74	创业邦	20 476	100	北方经济	16 555

2014 龙源期刊公共图书馆阅读影响力期刊 TOP100

排行	刊名	排行	刊名
1	人民论坛	26	新课程学习（上）
2	创新作文（1—2年级）	27	现代商贸工业
3	考试周刊	28	领导文萃
4	三联生活周刊	29	经济研究导刊
5	读写算	30	现代农业科技
6	意林	31	都市家教（上半月）
7	中国科技博览	32	财经界·学术版
8	电脑爱好者	33	时代金融
9	中国实用医药	34	科技与企业
10	看天下	35	看世界
11	课程教育研究·新教师教学	36	建筑遗产
12	中国周刊	37	商
13	法制与社会	38	电影文学
14	伴侣	39	37°女人
15	中国医药导报	40	新课程学习（中）
16	财经	41	中国市场
17	中国保健营养（中旬刊）	42	科技致富向导
18	现代经济信息	43	家庭医药
19	南风窗	44	南都周刊
20	大观周刊	45	中国新闻周刊
21	读写算·教研版	46	学园
22	教育教学论坛	47	数学学习与研究
23	中国社区医师·医学专业	48	—
24	中国新技术新产品	49	科学与财富
25	南方人物周刊	50	小品文选刊

(续表)

排行	刊名	排行	刊名
51	科技视界	76	作文与考试·初中版
52	价值工程	77	中小企业管理与科技(下旬刊)
53	教育与职业·理论版	78	新课程·小学
54	电脑知识与技术	79	股市动态分析
55	中国保健营养(上旬刊)	80	企业导报
56	十月	81	第一财经周刊
57	新课程学习(下)	82	小康
58	视野	83	硅谷
59	故事会	84	青年博览
60	意林原创版·讲述	85	合作经济与科技
61	现代企业文化·理论版	86	经济师
62	读者	87	读写算·素质教育论坛
63	人生与伴侣	88	中国教育技术装备
64	思维与智慧(下半月)	89	世界知识
65	会计之友	90	中国现代医生
66	教育界(上旬)	91	—
67	知识窗	92	财会通讯
68	新课程(上旬)	93	新课程
69	读者·校园版	94	青年与社会
70	销售与市场·商学院	95	作文与考试
71	科技与生活	96	今日文摘
72	新民周刊	97	语文教学与研究
73	开心学堂·一年级作文	98	中国校外教育
74	中国经济周刊	99	民间故事选刊
75	文艺生活·文艺理论	100	试题与研究

2014龙源期刊党政阅读影响力期刊TOP100

排行	刊名	排行	刊名
1	中国保健营养(中旬刊)	26	维吾尔医药
2	科技视界	27	中国实用医药
3	中外医学研究	28	青年与社会
4	教育教学论坛	29	青年文学家
5	中国保健营养(上旬刊)	30	IT经理世界
6	读写算	31	她和他
7	中国医药科学	32	华东科技
8	课程教育研究·新教师教学	33	建筑遗产
9	三联生活周刊	34	读天下
10	中国保健营养(下旬刊)	35	读写算·素质教育论坛
11	健康之路	36	科技与企业
12	法制博览	37	时代教育(下半月)
13	法制与社会	38	新西部(中旬刊)
14	中学生导报·教学研究	39	时代金融
15	现代经济信息	40	新课程学习(上)
16	读写算·教研版	41	建筑与文化
17	科技致富向导	42	新课程学习(下)
18	科技创新与应用	43	新课程·中学
19	校园英语(下)	44	财经界·学术版
20	艺术科技	45	学生周报·教师版
21	中学时代	46	价值工程
22	商	47	纺织服装周刊
23	经济研究导刊	48	科技资讯
24	地球	49	新课程(中旬)
25	新课程学习(中)	50	计算机光盘软件与应用

(续表)

排行	刊名	排行	刊名
51	祖国·建设版	76	中小学教育
52	领导文萃	77	时代经贸
53	现代农业科技	78	科技探索
54	按摩与康复医学	79	经济与社会发展研究
55	新课程·小学	80	科教创新
56	商周刊	81	中国房地产业
57	中国新闻周刊	82	山西青年(下半月)
58	新课程(上旬)	83	新课程·教师
59	看天下	84	中国中药杂志
60	祖国·教育版	85	电脑爱好者
61	大学教育	86	财经
62	软件·教学	87	学习导刊
63	数字化用户	88	新科幻
64	中学课程辅导·教学研究	89	中国电力教育
65	房地产导刊	90	环球人物
66	中国化工贸易	91	读者
67	中华少年·研究青少年教育	92	中国周刊
68	都市家教·下半月	93	公务员文萃
69	吉林画报·教育百家	94	电子世界
70	小作家选刊·教学交流(下旬)	95	企业文化
71	学园	96	农民致富之友
72	都市家教·上半月	97	现代园艺
73	中国信息化·学术版	98	旅游纵览
74	人民论坛	99	医食参考
75	党建	100	视野

2014龙源期刊数字教育领域阅读影响力期刊TOP100

排行	刊名	排行	刊名
1	看天下	25	大学生
2	章回小说（中旬刊）	26	小说月刊
3	三联生活周刊	27	青年文学家
4	电脑爱好者	28	时代影视
5	意林	29	中国周刊
6	读者	30	小品文选刊
7	财经	31	中学生博览·小说绘
8	中老年健康	32	南风窗
9	读者·校园版	33	中国经济周刊
10	南都娱乐周刊	34	中国新闻周刊
11	检察风云	35	杂文选刊（上半月）
12	男生女生（银版）	36	财经界·学术版
13	故事会	37	青年博览
14	南方人物周刊	38	章回小说
15	人生与伴侣	39	时代金融
16	今日文摘	40	新民周刊
17	电脑知识与技术	41	小小说月刊
18	南都周刊	42	都市小说
19	家庭用药	43	中国计算机报
20	伴侣	44	现代经济信息
21	电脑迷	45	看世界
22	第一财经周刊	46	百科知识
23	东西南北	47	中国保健营养（中旬刊）
24	计算机光盘软件与应用	50	人民论坛

(续表)

排行	刊名	排行	刊名
48	计算机应用文摘·触控	75	小小说月刊（下半月）
49	视野	76	北京青年周刊
51	影视圈	77	中国教育技术装备
52	中国信息技术教育	78	家庭医学
53	人人健康	79	方圆
54	壹读	80	父母必读
55	电子竞技	81	科技传播
56	37°女人	82	环球人物
57	IT时代周刊	83	创业邦
58	做人与处世	84	计算机世界
59	法律与生活	85	中国青年
60	中国新技术新产品	86	领导文萃
61	读写算	87	科技资讯
62	科技致富向导	88	学园
63	中国电力教育	89	民间故事选刊（上）
64	海外文摘	90	幸福·少年版
65	现代家庭	91	知识窗
66	故事林	92	人民教育
67	作文与考试·初中版	93	—
68	轻兵器	94	看历史
69	读书	95	互联网周刊
70	科技与企业	96	国家人文历史
71	建筑遗产	97	大众健康
72	环球企业家	98	人物
73	散文百家	99	中外文摘
74	中小企业管理与科技（上旬刊）	100	现代电子技术

【2013】

2013 龙源期刊国内付费阅读影响力期刊 TOP100

排行	刊名	阅读量	排行	刊名	阅读量
1	三联生活周刊	1 294 246	24	航空知识	210 246
2	电脑爱好者	976 598	25	悦己 SELF	200 768
3	看天下	602 339	26	时代影视	199 075
4	故事会	594 979	27	读者·校园版	198 049
5	漫画世界	572 985	28	都市丽人	197 901
6	大众摄影	525 145	29	看世界	196 447
7	读者	421 525			
8	意林	409 275	31	环球企业家	184 351
9	轻兵器	392 201	32	北京青年周刊	179 888
10	南方人物周刊	385 747	33	环球人物	178 271
11	第一财经周刊	371 658	34	理财周刊	177 763
12	兵器知识	359 107	35	创业家	175 248
13	财经	336 817	36	国家人文历史	173 868
14	壹读	320 850	37	好运 Money +	172 946
15	中国周刊	314 815	38	考试周刊	171 059
16	南都娱乐周刊	294 576	39	中国经济周刊	170 156
17	博客天下	268 481	40	军事文摘	169 648
18	南都周刊	260 597	41	创业邦	167 361
19	新民周刊	244 884	42	中国企业家	164 042
20	读书	243 149	43	读写算	163 288
21	中国新闻周刊	239 752	44	智族 GQ	159 202
22	南风窗	220 698	45	摄影之友	157 535
23	今古传奇·武侠版	219 512	46	视野	157 449

(续表)

排行	刊名	阅读量	排行	刊名	阅读量
47	中国国家旅游	157 254	74	漫画月刊·哈版	110 527
48	电脑迷	155 443	75	大自然探索	109 015
49	钱经	153 068	76	尚漫	108 662
50	商界	151 107	77	大学生	106 676
51	现代营销·信息版	148 023	78	科普童话·神秘大侦探	106 373
52	都市丽人·美食堂	145 752	79	十月	105 930
53	领导文萃	144 101	80	都市主妇	104 531
54	伴侣	142 702	81	21世纪商业评论	104 451
55	VOGUE服饰与美容	141 442	82	收藏	104 210
56	瞭望东方周刊	137 886	83	世界知识	104 193
57	销售与市场·商学院	136 564	84	知识窗	103 042
58	现代兵器	133 430	85	爆笑show	101 532
59	做人与处世	132 137	86	作文与考试·初中版	101 524
60	大众投资指南	131 678	87	小小说月刊·下半月	101 372
61	当代	131 125	88	晚报文萃·开心版	100 705
62	读天下	131 091	89	世界汽车	100 289
63	汽车博览	124 127	90	航空模型	99 994
64	女报·时尚	123 827	91	八小时以外	98 846
65	摄影世界	122 333	92	课程教育研究·新教师教学	98 721
66	财经·视觉	119 981	93	青年博览	98 503
67	中国青年	118 236	94	海外文摘	96 329
68	今日文摘	115 163	95	人民教育	89 365
69	37°女人	113 466	96	上海故事	84 359
70	小品文选刊	113 090	97	财经国家周刊	84 142
71	汽车之友	111 978	98	北京文学	82 784
72	看历史	111 496	99	啄木鸟	70 390
73	百科知识	110 738	100	父母必读	69 254

2013龙源期刊海外付费阅读影响力期刊TOP100

排行	刊名	阅读量	排行	刊名	阅读量
1	三联生活周刊	989 013	26	智族GQ	159 202
2	电脑爱好者	813 649	27	好运Money+	158 057
3	漫画世界	572 985	28	摄影之友	157 535
4	大众摄影	498 230	29	—	—
5	看天下	458 093	30	南风窗	147 325
6	故事会	403 692	31	北京青年周刊	145 933
7	轻兵器	349 373	32	中国国家旅游	142 496
8	兵器知识	344 564	33	军事文摘	142 219
9	第一财经周刊	324 069	34	中国企业家	141 962
10	南方人物周刊	296 650	35	VOGUE服饰与美容	141 442
11	壹读	258 180	36	都市丽人·美食堂	141 163
12	财经	230 886	37	时代影视	138 439
13	南都娱乐周刊	224 066	38	现代营销·信息版	137 701
14	中国周刊	218 821	39	环球企业家	132 449
15	博客天下	212 235	40	国家人文历史	131 925
16	读书	209 103	41	电脑迷	131 446
17	今古传奇·武侠版	207 901	42	创业家	131 293
18	悦己SELF	200 768	43	现代兵器	124 127
19	意林	197 416	44	女报·时尚	122 920
20	航空知识	194 045	45	看世界	119 348
21	读者	186 887	46	汽车博览	117 648
22	都市丽人	183 218	47	创业邦	116 964
23	南都周刊	173 228	48	摄影世界	115 219
24	新民周刊	169 587	49	环球人物	114 077
25	中国新闻周刊	165 537	50	中国经济周刊	113 377

(续表)

排行	刊名	阅读量	排行	刊名	阅读量
51	钱经	113 287	76	视野	85 783
52	理财周刊	113 193	77	数码摄影	84 401
53	财经·视觉	111 750	78	数码精品世界	82 566
54	大众投资指南	108 666	79	21世纪商业评论	82 291
55	尚漫	108 662	80	环球人文地理	80 637
56	读天下	106 494	81	女报生活	79 848
57	商界	106 425	82	计算机应用文摘	78 960
58	漫画月刊·哈版	106 090	83	读写算	75 043
59	1626产品设计·北京	103 699	84	坦克装甲车辆	75 017
60	汽车之友	102 675	85	女报·魅丽	74 995
61	收藏	98 484	86	故事大王	74 966
62	科普童话·神秘大侦探	97 505	87	八小时以外	74 117
63	当代	94 938	88	最推理	73 428
64	世界汽车	94 282	89	看历史	69 992
65	航空模型	94 254	90	小小说月刊·下半月	69 980
66	做人与处世	93 352	91	风尚周报	69 537
67	大自然探索	92 654	92	现代军事	69 462
68	瞭望东方周刊	92 464	93	旅伴	69 344
69	BOSS臻品	90 186	94	名汇FAMOUS	69 112
70	世界名枪	90 095	95	商界评论	68 650
71	读者·校园版	88 927	96	作文与考试·初中版	68 174
72	都市主妇	88 628	97	世界知识	67 466
73	足球周刊	87 338	98	商业评论	67 460
74	微型计算机	87 049	99	凤凰生活	67 167
75	大学生	86 372	100	电影世界	66 999

2013龙源期刊国内、海外双栖数字阅读影响力期刊

刊名	国内排行	海外排行	刊名	国内排行	海外排行
三联生活周刊	1	1	航空知识	24	20
电脑爱好者	2	2	悦己SELF	25	18
看天下	3	5	时代影视	26	37
故事会	4	6	读者·校园版	27	71
漫画世界	5	3	都市丽人	28	22
大众摄影	6	4	看世界	29	45
读者	7	21	环球企业家	31	39
意林	8	19	北京青年周刊	32	31
轻兵器	9	7	环球人物	33	49
南方人物周刊	10	10	理财周刊	34	52
第一财经周刊	11	9	创业家	35	42
兵器知识	12	8	国家人文历史	36	40
财经	13	12	好运Money+	37	27
壹读	14	11	中国经济周刊	39	50
中国周刊	15	14	军事文摘	40	33
南都娱乐周刊	16	13	创业邦	41	47
博客天下	17	15	中国企业家	42	34
南都周刊	18	23	读写算	43	83
新民周刊	19	24	智族GQ	44	26
读书	20	16	摄影之友	45	28
中国新闻周刊	21	25	视野	46	76
南风窗	22	30	中国国家旅游	47	32
今古传奇·武侠版	23	17	电脑迷	48	41

（续表）

刊名	国内排行	海外排行	刊名	国内排行	海外排行
钱经	49	51	看历史	72	89
商界	50	57	漫画月刊·哈版	74	58
现代营销·信息版	51	38	大自然探索	75	67
都市丽人·美食堂	52	36	尚漫	76	55
VOGUE服饰与美容	55	35	大学生	77	75
瞭望东方周刊	56	68	科普童话·神秘大侦探	78	62
现代兵器	58	43	都市主妇	80	72
做人与处世	59	66	21世纪商业评论	81	79
大众投资指南	60	54	收藏	82	61
当代	61	63	世界知识	83	97
读天下	62	56	作文与考试·初中版	86	96
汽车博览	63	46	小小说月刊·下半月	87	90
女报·时尚	64	44	世界汽车	89	64
摄影世界	65	48	航空模型	90	65
财经·视觉	66	53	八小时以外	91	87
汽车之友	71	60	—	—	—

2013 龙源期刊与中国三大电信运营商合作推广阅读 TOP100 期刊

龙源综合排行	刊名	阅读量	运营商名称	各个运营商龙源期刊 TOP 排行
1	IT 经理世界	12 416 588	中国移动阅读基地	1
2	知音	1 367 579	中国联通沃阅读	1
3	最头条	996 178	中国移动阅读基地	2
4	三联生活周刊	808 789	中国移动阅读基地	3
5	民间故事选刊	702 257	中国移动阅读基地	4
6	故事林	611 729	中国移动阅读基地	5
7	读者	605 131	中国联通沃阅读	2
8	章回小说	584 001	中国联通沃阅读	3
9	上海故事	479 220	中国移动阅读基地	6
10	中国经济周刊	402 215	中国移动阅读基地	7
11	最头条	388 248	中国电信阅读基地	1
12	故事林	342 732	中国联通沃阅读	4
13	南都娱乐周刊	334 219	中国移动阅读基地	8
14	今古传奇	325 523	中国联通沃阅读	5
15	轻兵器	312 417	中国移动阅读基地	9
16	祝你幸福.知心	302 175	中国移动阅读基地	10
17	三联生活周刊	289 564	中国联通沃阅读	6
18	民间故事选刊	250 686	中国联通沃阅读	7
19	民间故事选刊·上	243 432	中国电信阅读基地	2
20	北京文学中篇小说月报	234 063	中国移动阅读基地	11
21	故事林	233 738	中国电信阅读基地	3

(续表)

龙源综合排行	刊名	阅读量	运营商名称	各个运营商龙源期刊 TOP 排行
22	看世界	233 731	中国移动阅读基地	12
23	欢爱	207 240	中国联通沃阅读	8
24	传奇故事	204 576	中国联通沃阅读	9
25	IT 时代周刊	203 603	中国移动阅读基地	13
26	恋爱婚姻家庭	200 597	中国联通沃阅读	10
27	恋爱婚姻家庭·青春	178 152	中国联通沃阅读	11
28	世界博览	170 690	中国联通沃阅读	12
29	当代体育.扣篮	165 442	中国移动阅读基地	14
30	音乐周刊	163 152	中国移动阅读基地	15
31	上海故事	154 634	中国联通沃阅读	13
32	短小说	152 509	中国移动阅读基地	16
33	风尚周报	149 405	中国移动阅读基地	17
34	环球人物	140 554	中国联通沃阅读	14
35	啄木鸟	133 973	中国移动阅读基地	18
36	微型小说选刊	132 705	中国联通沃阅读	15
37	婚姻与家庭·性情读本	129 998	中国联通沃阅读	16
38	电影画刊	129 696	中国移动阅读基地	19
39	啄木鸟	129 575	中国联通沃阅读	17
40	青春	119 353	中国移动阅读基地	20
41	山海经·故事奇闻	114 279	中国联通沃阅读	18
42	家庭	113 141	中国联通沃阅读	19
43	37°女人	111 305	中国联通沃阅读	20
44	俪人·隐私	110 564	中国联通沃阅读	21
45	时尚内衣	109 154	中国移动阅读基地	21
46	当代体育.足球	106 259	中国移动阅读基地	22
47	优雅	105 343	中国移动阅读基地	23
48	新民周刊	101 202	中国移动阅读基地	24
49	互联网周刊	99 620	中国移动阅读基地	25

（续表）

龙源综合排行	刊名	阅读量	运营商名称	各个运营商龙源期刊TOP排行
50	花样盛年	99 404	中国移动阅读基地	26
51	男生女生	99 095	中国联通沃阅读	22
52	民间故事选刊·上	97 057	中国联通沃阅读	23
53	南方人物周刊	95 882	中国联通沃阅读	24
54	人人健康	92 455	中国移动阅读基地	27
55	天下美食	89 450	中国移动阅读基地	28
56	小小说大世界	88 977	中国移动阅读基地	29
57	时代金融	85 395	中国移动阅读基地	30
58	爱情婚姻家庭·生活纪实	85 119	中国联通沃阅读	25
59	旅游	84 181	中国移动阅读基地	31
60	上海故事	82 103	中国电信阅读基地	4
61	奇闻怪事	80 254	中国联通沃阅读	26
62	婚育与健康	79 762	中国联通沃阅读	27
63	中华养生保健	79 063	中国移动阅读基地	32
64	环球时报	79 013	中国联通沃阅读	28
65	家人	77 977	中国移动阅读基地	33
66	海外文摘	75 199	中国移动阅读基地	34
67	商业时代	73 602	中国移动阅读基地	35
68	玩物志	73 004	中国移动阅读基地	36
69	生命时报	72 737	中国联通沃阅读	29
70	女士	72 484	中国移动阅读基地	37
71	比基尼	72 295	中国联通沃阅读	30
72	小小说月刊	71 902	中国联通沃阅读	31
73	幸福·婚姻版	70 955	中国联通沃阅读	32
74	军事文摘	69 332	中国移动阅读基地	38
75	婚姻与家庭·社会纪实	68 063	中国联通沃阅读	33
76	流行色	67 235	中国电信阅读基地	5
77	金点子生意	63 330	中国移动阅读基地	39

(续表)

龙源综合排行	刊名	阅读量	运营商名称	各个运营商龙源期刊 TOP 排行
78	创业家	63 056	中国移动阅读基地	40
79	管理学家	60 113	中国移动阅读基地	41
80	风景名胜	58 851	中国移动阅读基地	42
81	中外管理	57 239	中国移动阅读基地	43
82	读书文摘·中旬刊	54 534	中国联通沃阅读	34
83	中国周刊	54 270	中国移动阅读基地	44
84	青春美文	53 560	中国移动阅读基地	45
85	音乐周刊	52 218	中国电信阅读基地	6
86	现代妇女·爱尚	52 040	中国移动阅读基地	46
87	流行色	51 873	中国移动阅读基地	47
88	商界	51 605	中国移动阅读基地	48
89	轻兵器	50 986	中国联通沃阅读	35
90	祝你幸福·午后	50 716	中国移动阅读基地	49
91	成功经理人	50 687	中国联通沃阅读	36
92	钱经	50 505	中国联通沃阅读	37
93	青年博览	50 260	中国移动阅读基地	50
94	风尚周报	49 437	中国电信阅读基地	7
95	译林	49 421	中国联通沃阅读	38
96	故事家·微型经典故事	49 283	中国联通沃阅读	39
97	民间故事选刊·下	48 901	中国电信阅读基地	8
98	经济	48 284	中国移动阅读基地	51
99	今古传奇·武侠版	47 948	中国联通沃阅读	40
100	思维与智慧上旬刊	47 542	中国移动阅读基地	52

2013 龙源期刊 APP 商店阅读 TOP100

排行	刊名	APP 下载量	排行	刊名	APP 下载量
1	三联生活周刊	51 488	26	航空知识	5 412
2	看天下	38 353	27	摄影之友书架	5 264
3	故事会	27 334	28	中国中药杂志	5 242
4	中国国家旅游	20 202	29	万达电影	5 195
5	人力资源管理	15 086	30	作文大王低年级版	5 149
6	环球人物	14 065	31	电影世界	5 147
7	财经文摘	12 958	32	凤凰生活	5 103
8	看历史	10 287	33	中国中药杂志	5 085
9	IT 时代周刊	10 206	34	21 世纪商业评论	5 080
10	大众摄影	9 388	35	看世界	4 917
11	现代军事	9 066	36	看世界	4 894
12	军事文摘	7 444	37	西藏人文地理	4 773
13	大众汽车	7 367	38	汽车之友	4 763
14	摄影世界	7 365	39	初中生世界八年级物理	4 738
15	家装家居	6 981	40	当代体育扣篮	4 653
16	China Economist	6 827	41	成功营销	4 260
17	中外建筑	6 707	42	疯狂英语	4 060
18	电脑爱好者	6 006	43	工业设计	3 965
19	初中生世界中考物理	5 712	44	新财经	3 949
20	创业家	5 694	45	汽车杂志	3 839
21	妇女之友	5 636	46	摄影旅游书架	3 496
22	作文大王中高版	5 634	47	作文大王幽默趣味版	3 410
23	我爱写作文	5 623	48	中华急诊医学杂志	3 382
24	妇女之友	5 603	49	计算机应用	3 355
25	建筑技艺	5 470	50	日光与建筑	3 341

(续表)

排行	刊名	APP下载量	排行	刊名	APP下载量
51	龙源杂志 CEO+	3 189	76	1626 产品设计广州	2 131
52	健康管理	3 120	77	中国漫画	2 111
53	管理学家	3 105	78	漫画世界	2 106
54	健康管理	3 100	79	家庭药师	2 081
55	中国摄影	2 963	80	1626 产品设计北京	2 064
56	化学教与学	2 953	81	饮食科学	2 057
57	航空模型	2 941	82	轻兵器	2 032
58	重庆旅游	2 918	83	科学 24 小时	2 007
59	影像视觉书架	2 846	84	中国收藏	2 004
60	艺术品鉴	2 834	85	数学大王低年级版	1 997
61	航空世界	2 689	86	收藏界	1 986
62	37°女人	2 679	87	新鲜日本	1 948
63	家庭用药	2 673	88	投资者报	1 897
64	今日新娘书架	2 668	89	1626 产品设计上海	1 881
65	国际博物馆	2 666	90	百科知识	1 867
66	旅游世界	2 608	91	领导者	1 863
67	中国医药科学	2 542	92	纺织服装周刊	1 824
68	首席财务官	2 329	93	中国经济周刊	1 808
69	进出口经理人	2 322	94	译林	1 798
70	金融理财	2 240	95	首席银行家	1 738
71	数学大王智力快车	2 235	96	新语文学习小学中年级	1 722
72	电脑迷	2 226	97	中外管理	1 720
73	女报时尚	2 186	98	中国西藏	1 701
74	时尚内衣	2 185	99	云南画报	1 653
75	都市丽人·美食堂	2 169	100	China National Travel English	1 604

2013 龙源期刊移动阅读 TOP100 期刊

排行	刊名	阅读量	排行	刊名	阅读量
1	读者	83 903	26	创业家	10 929
2	三联生活周刊	48 997	27	读者欣赏	10 423
3	壹读	33 049	28	故事会	10 027
4	看天下	31 924	29	凤凰生活	9 830
5	南方人物周刊	27 864	30	计算机世界	9 824
6	新民周刊	24 189	31	财经国家周刊	9 570
7	财经	22 428	32	家人	9 349
8	中国新闻周刊	21 580	33	百科知识	9 268
9	电脑爱好者	21 134	34	理财周刊	9 172
10	南都娱乐周刊	20 982	35	中国实用医药	8 989
11	南都周刊	20 155	36	37°女人	8 649
12	中国经济周刊	19 856	37	中国企业家	8 635
13	博客天下	19 148	38	中国计算机报	8 564
14	第一财经周刊	17 528	39	国家人文历史	8 084
15	瞭望东方周刊	16 684	40	中国青年	8 015
16	考试周刊	16 609	41	IT时代周刊	7 990
17	IT经理世界	16 062	42	科技生活	7 986
18	南风窗	15 813	43	父母必读	7 247
19	北京青年周刊	14 757	44	青年文学家	7 017
20	看世界	14 510	45	恋爱婚姻家庭	6 914
21	环球人物	14 451	46	中国电力教育	6 775
22	读者·校园版	14 399	47	伴侣	6 766
23	环球企业家	12 689	48	民生周刊	6 663
24	读写算	12 135	49	创业邦	6 564
25	读天下	11 861	50	法制与社会	6 477

(续表)

排行	刊名	阅读量	排行	刊名	阅读量
51	中国社区医师·医学专业	6 345	76	财经文摘	5 315
52	海外文摘	6 331	77	读书	5 252
53	证券市场周刊	6 178	78	中华文摘	5 165
54	科技致富向导	6 138	79	成功营销	5 094
55	世界博览	5 995	80	钱经	5 092
56	课程教育研究·新教师教学	5 993	81	现代商贸工业	5 088
57	现代农业科技	5 933	82	检察风云	5 071
58	中国新技术新产品	5 873	83	互联网周刊	5 069
59	硅谷	5 861	84	中外管理	5 023
60	电影文学	5 767	85	中国经济信息	5 006
61	爱情婚姻家庭·生活纪实	5 759	86	科教导刊	4 990
62	海外星云	5 634	87	看历史	4 990
63	商界	5 622	88	都市主妇	4 983
64	东西南北	5 603	89	科技资讯	4 944
65	经济研究导刊	5 571	90	企业导报	4 923
66	电脑知识与技术	5 555	91	陕西行政学院学报	4 916
67	世界知识	5 529	92	今日文摘	4 878
68	商业时代	5 518	93	电脑迷	4 849
69	现代家庭	5 494	94	新商务周刊	4 806
70	人生与伴侣	5 494	95	大众摄影	—
71	大观周刊	5 481	96	廉政瞭望	—
72	时代周报	5 397	97	人民政坛	—
73	文史博览·文史	5 362	98	中国保健营养	—
74	价值工程	5 333	99	读写算	—
75	大众健康	5 332	100	中国国家旅游	—

2013 龙源期刊国内公共图书馆数字阅读影响力期刊 TOP100

排行	刊名	阅读量	排行	刊名	阅读量
1	三联生活周刊	519 941	25	军事文摘	65 406
2	电脑爱好者	466 210	26	创业邦	65 181
3	大众摄影	231 186	27	商业时代	62 271
4	中国周刊	182 744	28	家庭医药	58 667
5	看天下	151 459	29	小品文选刊	58 483
6	意林	148 730	30	商界	57 857
7	财经	139 844	31	创业家	55 887
8	销售与市场·商学院	138 361	32	新民周刊	55 724
9	故事会	135 331	33	第一财经周刊	54 492
10	轻兵器	129 388	34	读者	52 358
11	当代	126 019	35	南都娱乐周刊	51 980
12	十月	103 094	36	钱经	51 405
13	兵器知识	102 595	37	好运 Money+	49 267
14	航空知识	88 579	38	北京文学·中篇小说月报	48 168
15	伴侣	82 117	39	中国国家旅游	48 071
16	看世界	82 077	40	领导文萃	47 641
17	考试周刊	78 767	41	现代兵器	47 566
18	啄木鸟	77 576	42	中国经济周刊	46 992
19	理财周刊	75 997	43	读者·校园版	44 648
20	南风窗	75 887	44	财经·视觉	44 118
21	南方人物周刊	73 417	45	计算机应用文摘	44 085
22	南都周刊	69 873	46	意林原创版·讲述	43 428
23	电脑迷	68 711	47	价值工程	43 374
24	中国新闻周刊	68 206	48	读写算	43 237

(续表)

排行	刊名	阅读量	排行	刊名	阅读量
49	看历史	41 257	75	法制与社会	30 954
50	财经界·学术版	41 120	76	现代经济信息	30 942
51	国家人文历史	40 592	77	现代军事	30 811
52	37°女人	40 456	78	科技与企业	30 681
53	世界知识	40 003	79	方圆	30 672
54	环球人文地理	39 344	80	环球人物	30 531
55	海外星云	39 113	81	恋爱婚姻家庭	30 497
56	小康	38 752	82	作文与考试·高中版	30 220
57	知识窗	38 622	83	大观周刊	30 147
58	摄影世界	38 066	84	家庭科学·新健康	29 859
59	健康必读·下旬刊	37 180	85	建筑与文化	29 070
60	北京文学	37 151	86	课程教育研究·新教师教学	28 545
61	壹读	36 261	87	时代影视	28 473
62	微型计算机	35 400	88	数码精品世界	28 188
63	人生与伴侣	35 126	89	博客天下	28 155
64	思维与智慧·下半月	34 646	90	故事林	28 114
65	移动一族	34 600	91	文史天地	28 062
66	视野	34 194	92	数码摄影	28 022
67	大众投资指南	33 852	93	凤凰生活	27 993
68	今古传奇·武侠版	32 831	94	投资与理财	27 546
69	读书	32 809	95	商界评论	27 531
70	股市动态分析	32 275	96	做人与处世	27 501
71	管理观察	31 451	97	家庭	—
72	都市丽人	31 432	98	今日文摘	—
73	现代营销·学苑版	31 399	99	公务员文萃	—
74	汽车之友	31 174	100	环球企业家	—

2013龙源期刊海外公共图书馆数字阅读影响力期刊TOP100

排行	刊名	阅读量	排行	刊名	阅读量
1	当代	14 300	23	当代·长篇小说选刊	2 855
2	—	—	24	南风窗	2 848
3	大众摄影	11 064	25	长篇小说选刊	2 843
4	电脑爱好者	10 617	26	恋爱婚姻家庭	2 836
5	北京文学·中篇小说月报	6 661	27	户外探险	2 675
6	十月	6 309	28	航空知识	2 486
7	啄木鸟	5 185	29	现代家庭	2 485
8	数码摄影	5 144	30	南方人物周刊	2 485
9	三联生活周刊	5 097	31	烹调知识·原创版	2 473
10	兵器知识	4 999	32	爱情婚姻家庭·生活纪实	2 468
11	摄影世界	4 813	33	新民周刊	2 408
12	大众电影	4 539	34	中外故事	2 320
13	轻兵器	4 359	35	大众医学	2 290
14	农业工程技术·温室园艺	4 168	36	中国新闻周刊	2 280
15	伴侣	4 070	37	环球人文地理	2 242
16	微型计算机	3 830	38	世界知识	2 241
17	北京文学	3 705	39	现代兵器	2 180
18	故事林	3 532	40	南都娱乐周刊	2 112
19	南都周刊	3 512	41	上海文学	1 960
20	婚姻与家庭·社会纪实	3 444	42	都市丽人	1 953
21	故事会	2 977	43	新电脑	1 927
22	军事文摘	2 929	44	国家人文历史	1 918

(续表)

排行	刊名	阅读量	排行	刊名	阅读量
45	数码精品世界	1 907	73	启蒙（3—7 岁）	1 265
46	影像视觉	1 882	74	家庭医药	1 265
47	读书	1 847	75	汽车之友	1 249
48	农业工程技术·新能源产业	1 833	76	青年博览	1 189
49	收藏	1 822	77	理财周刊	1 187
50	文史精华	1 810	78	读者	1 172
51	求医问药	1 758	79	看天下	1 169
52	人生与伴侣	1 734	80	新周刊	1 165
53	37°女人	1 724	81	启蒙（0—3 岁）	1 164
54	译林	1 719	82	创业邦	1 139
55	微型计算机·Geek	1 684	83	BOSS 臻品	1 118
56	父母必读	1 551	84	党建	1 117
57	女士	1 533	85	蓝盾	1 096
58	人民文学	1 533	86	现代军事	1 093
59	商界	1 521	87	法律与生活	1 089
60	长江文艺	1 484	88	坦克装甲车辆	1 088
61	现代家庭·生活版	1 475	89	财经·视觉	1 070
62	安徽文学	1 452	90	中华手工	1 068
63	今古传奇·武侠版	1 436	91	IT 时代周刊	1 066
64	小说界	1 406	92	婚育与健康	1 063
65	中外文摘	1 406	93	钱经	1 058
66	作家	1 388	94	婚姻与家庭·性情读本	1 019
67	清明	1 386	95	章回小说	1 001
68	电脑迷	1 332	96	看世界	1 001
69	数字时代 stuff	1 330	97	家庭百事通	981
70	中国经济周刊	1 329	98	今古传奇·奇幻版	976
71	财经	1 306	99	时代影视	930
72	小小说月刊·下半月	1 280	100	百科知识	924

2013龙源期刊国内高校图书馆数字阅读影响力期刊TOP100

排行	刊名	阅读量	排行	刊名	阅读量
1	电脑爱好者	269 762	24	中国经济周刊	40 280
2	三联生活周刊	264 888	25	理财周刊	39 960
3	看天下	187 133	26	电脑迷	39 909
4	城市建设理论研究	119 885	27	新民周刊	39 758
5	故事会	91 968	28	视野	39 553
6	大众摄影	90 296	29	伴侣	39 322
7	财经	69 965	30	中国新闻周刊	38 450
8	中国周刊	69 419	31	都市丽人	38 369
9	考试周刊	69 292	32	读者·校园版	37 935
10	意林	68 476	33	现代营销·信息版	37 935
11	南方人物周刊	67 436	34	南都周刊	37 466
12	轻兵器	67 301	35	国家人文历史	36 983
13	南都娱乐周刊	55 460	36	时代影视	36 607
14	南风窗	53 323	37	世界知识	34 655
15	第一财经周刊	49 800	38	航空知识	33 679
16	看世界	49 074	39	好运Money+	32 776
17	中国青年	48 375	40	环球企业家	31 995
18	商场现代化	45 863	41	—	—
19	当代	44 123	42	大学生	29 529
20	今日文摘	43 981	43	男生女生(金版)	28 154
21	今古传奇·武侠版	42 346	44	领导文萃	28 042
22	商界	41 081	45	摄影之友	27 707
23	兵器知识	40 786	46	电影文学	27 234

(续表)

排行	刊名	阅读量	排行	刊名	阅读量
47	北京文学·中篇小说月报	27 168	74	财经·视觉	20 204
48	中国计算机报	26 748	75	凤凰生活	19 990
49	十月	26 584	76	父母必读	19 716
50	管理观察	26 268	77	瞭望东方周刊	19 628
51	博客天下	26 042	78	家庭医药	19 273
52	新闻爱好者	25 445	79	小品文选刊	18 751
53	海外星云	25 164	80	文苑	18 618
54	法制与社会	25 017	81	当代青年·我赢	18 352
55	移动一族	24 757	82	环球人物	17 620
56	最推理	24 542	83	时代文学·下半月	17 153
57	海外文摘	24 430	84	新华月报·下	17 063
58	创业邦	24 008	85	计算机应用文摘	16 998
59	读书	23 998	86	商界评论	16 892
60	微型计算机	23 508	87	剑南文学	16 548
61	经济研究导刊	23 042	88	意林·少年版	16 532
62	看历史	22 905	89	做人与处世	16 140
63	创业家	22 628	90	IT时代周刊	16 030
64	知识窗	22 028	91	钱经	15 876
65	现代兵器	21 935	92	青年文学家	15 825
66	军事文摘	21 918	93	作文与考试·高中版	15 769
67	晚报文萃·开心版	21 412	94	商品与质量·学术观察	15 760
68	37°女人	21 126	95	男生女生(银版)	15 432
69	人生与伴侣	21 104	96	都市丽人·美食堂	15 407
70	今古传奇·故事版	20 889	97	文史天地	15 365
71	读者	20 652	98	美文	15 182
72	足球周刊	20 508	99	大自然探索	15 144
73	壹读	20 392	100	东西南北	14 969

2013龙源期刊海外高校图书馆数字阅读影响力期刊TOP100

排行	刊名	阅读量	排行	刊名	阅读量
1	英才	38 711	22	成功营销	5 957
2	证券市场周刊	25 213	23	财经界	5 887
3	历史学家茶座	18 778	24	军事文摘	5 764
4	Beijing Review	17 524	25	新智囊	5 745
5	China Weekly	15 734	26	财会通讯·中	5 678
6	商情	15 012	27	中国图书评论	5 554
7	思维与智慧·上半月	12 932	28	看天下	5 344
8	读书	12 453	29	收藏	5 265
9	CHINA TODAY	12 011	30	党史博采·纪实版	5 243
10	Caixin – China Economics & Finance	10 909	31	世界华商经济年鉴·理论版	4 868
11	地理教育	10 832	32	中国新闻周刊	4 776
12	昆明航空	10 635	33	上海文学	4 654
13	电脑爱好者	10 111	34	37°女人	4 553
14	财经	9 723	35	现代企业文化·综合版	4 551
15	现代家庭	9 456	36	新电脑	4 334
16	汽车之友	9 076	37	商业2.0·豫商	4 331
17	财经界·学术版	8 745	38	oggi 今日风采	3 787
18	21世纪商业评论	7 165	39	国家教育行政学院学报	3 688
19	兵器知识	6 967	40	三联生活周刊	3 566
20	北京文学·中篇小说月报	6 889	41	医学美学美容·蜜ME	3 354
21	创业家	6 266	42	China Economist	3 343

(续表)

排行	刊名	阅读量	排行	刊名	阅读量
43	家庭医学·下半月	3 286	72	为了孩子(孕0—3岁)	1 545
44	中华奇石	3 275	73	现代军事	1 458
45	领导	3 156	74	理财周刊	1 365
46	小小说月刊·下半月	3 151	75	汉语言文学研究	1 345
47	党史文苑	3 019	76	财经国家周刊	1 234
48	烹调知识·原创版	3 004	77	卓越理财	1 223
49	中国周刊	3 001	78	杂文选刊·下半月	1 222
50	中国人口·资源与环境	2 985	79	故事会	1 212
51	航空知识	2 929	80	投资者报	1 139
52	十月	2 823	81	中国房地产业	1 137
53	收获	2 743	82	城市建设理论研究	1 126
54	齐鲁护理·综合版	2 645	83	投资客	1 122
55	红岩	2 376	84	世界文艺	1 114
56	爱情婚姻家庭·母婴宝典	2 365	85	大科技	1 102
57	新东方英语	2 354	86	中国经济周刊	1 088
58	中国信息技术教育	2 254	87	投资北京	1 086
59	医学美学美容·财智	2 158	88	文物天地	1 075
60	现代青年·精英版	2 146	89	新财经·上半月	1 043
61	法制与经济·下旬刊	2 057	90	中国高新技术企业	1 024
62	小说月报·原创版	1 976	91	南方文物	1 022
63	董事会	1 945	92	东风文艺	1 020
64	芳草·网络小说月刊	1 934	93	商业时代	989
65	时代周报	1 877	94	中海外资·下半月	967
66	中华建设科技	1 867	95	新财经	954
67	中国学术研究	1 855	96	销售与市场·评论版	952
68	中南大学学报(社会科学版)	1 845	97	酒世界	951
69	商场现代化	1 765	98	房地产世界	945
70	21世纪营销	1 734	99	创业邦	942
71	爱情婚姻家庭·生活纪实	1 668	100	中国保健营养·临床医学学刊	940

2013龙源期刊中小学领域数字阅读影响力期刊TOP100

排行	刊名	阅读量	排行	刊名	阅读量
1	故事会	112 428	25	上海故事	12 670
2	轻兵器	97 935	26	中小学信息技术教育	12 114
3	科普童话·神秘大侦探	91 647	27	漫画月刊·炫版	11 941
4	惊悚e族	87 341	28	故事家	11 741
5	大自然探索	63 011	29	看世界	10 780
6	电脑爱好者	62 923	30	故事林	10 396
7	爆笑show	59 065	31	课外阅读	10 335
8	小小说月刊·下半月	58 929	32	都市小说	10 332
9	飞碟探索	57 028	33	人民教育	10 275
10	故事大王	50 266	34	数学大王·智力快车	9 916
11	意林	46 744	35	电子竞技	9 893
12	读者	43 277	36	中国漫画	9 695
13	时代影视	42 733	37	中国信息技术教育	9 582
14	军事文摘	35 920	38	当代	8 695
15	读者·校园版	34 405	39	初中生学习·阅读	8 262
16	百科知识	31 248	40	小品文选刊	8 239
17	爱人坊·金版	23 930	41	视野	8 046
18	中小学教学研究	20 861	42	伴侣	8 046
19	民间故事选刊·上	17 443	43	小小说月刊	7 947
20	创意世界	16 349	44	考试周刊	7 565
21	音乐周刊	15 979	45	今古传奇·故事版	7 335
22	今古传奇	13 758	46	城市建设理论研究	7 304
23	中学生博览·小说绘	13 048	47	啄木鸟	7 217
24	意林·少年版	12 805	48	小学教学参考(数学)	6 818

(续表)

排行	刊名	阅读量	排行	刊名	阅读量
49	环球人物	6 747	75	晚报文萃·开心版	4 526
50	小学教学研究	6 600	76	女人坊	4 484
51	小说月刊	6 561	77	看历史	4 251
52	初中生学习·七彩	5 879	78	教书育人·校长参考	4 239
53	37°女人	5 711	79	北京文学	4 223
54	初中生·博览	5 620	80	中学语文·教师版	4 221
55	故事家·微型经典故事	5 517	81	读写算	4 150
56	青年博览	5 423	82	女士	4 132
57	读天下	5 338	83	思维与智慧·上半月	3 970
58	奇闻怪事	5 267	84	经典阅读	3 910
59	山海经·故事奇闻	5 229	85	传奇故事(上旬)	3 903
60	最推理	5 190	86	作文成功之路(高中)	3 807
61	百花·悬念故事	5 171	87	读书文摘	3 804
62	创新作文·初中版	5 119	88	宠物世界·狗迷	3 758
63	杂文选刊·上半月	5 018	89	散文百家	3 724
64	今日文摘	4 947	90	80后	3 702
65	中小学心理健康教育	4 915	91	非常关注	3 678
66	北京文学·中篇小说月报	4 855	92	全国优秀作文选(高中)	3 618
67	百科全说	4 786	93	知识窗	3 542
68	初中生·作文	4 781	94	语文教学与研究(教研天地)	3 486
69	作文与考试·高中版	4 708	95	中国教师	3 352
70	民间文学	4 693	96	美文	3 341
71	民间故事·胆小鬼	4 638	97	电影世界	3 323
72	教书育人·教师新概念	4 618	98	教育界·上旬	3 298
73	江苏教育	4 590	99	爱人坊·银版	3 277
74	龙源语音文摘	4 529	100	中华传奇	3 204

2013龙源期刊党政机关单位数字阅读影响力期刊TOP100

排行	刊名	阅读量	排行	刊名	阅读量
1	三联生活周刊	20 321	25	南风窗	13 424
2	公务员文萃	20 300	26	山海经·故事奇闻	13 245
3	党建	15 623	27	为了孩子(孕0—3岁)	13 156
4	故事会	15 345	28	十月	13 120
5	啄木鸟	15 324	29	电脑迷	13 109
6	当代	15 021	30	决策	13 089
7	电脑爱好者	14 967	31	求医问药	13 032
8	领导文萃	14 879	32	新民周刊	12 869
9	同舟共进	14 352	33	商界评论	12 543
10	理财周刊	14 342	34	看历史	12 478
11	中国周刊	14 232	35	人民论坛	12 367
12	收获	14 142	36	上海党史与党建	12 289
13	世界知识	14 023	37	军事文摘	12 186
14	看天下	13 453	38	大众健康	12 067
15	读书	14 211	39	看世界	12 034
16	国家人文历史	14 208	40	非常关注	12 011
17	北京文学·中篇小说月报	14 021	41	大众摄影	11 356
18	小小说月刊·下半月	14 221	42	南方人物周刊	11 250
19	父母必读	14 024	43	译林	11 345
20	—	—	44	领导之友	11 023
21	财经	13 678	45	财经·视觉	11 011
22	家庭医药	13 543	46	钱经	10 786
23	法制与社会	13 523	47	党政干部学刊	10 645
24	环球人物	13 454	48	好运Money+	10 534

(续表)

排行	刊名	阅读量	排行	刊名	阅读量
49	兵器知识	10 228	75	环球人文地理	9 466
50	航空知识	10 065	76	海外文摘	9 453
51	安徽文学	10 034	77	37°女人	9 439
52	理论导刊	10 031	78	BOSS 臻品	9 354
53	中外文摘	10 022	79	百家讲坛	9 324
54	爆笑 show	10 022	80	计算机应用文摘	9 213
55	美文	10 021	81	太空探索	9 178
56	百科知识	9 967	82	航空模型	9 119
57	财经文摘	9 945	83	数码精品世界	9 112
58	大众理财顾问	9 734	84	做人与处世	9 108
59	轻兵器	9 678	85	家用汽车	9 101
60	现代法学	9 665	86	中国国家旅游	9 067
61	烹调知识·原创版	9 654	87	科学启蒙	9 036
62	今古传奇	9 643	88	读天下	9 021
63	婚育与健康	9 623	89	职场	8 978
64	法律与生活	9 612	90	大众电影	8 967
65	瞭望东方周刊	9 609	91	oggi 今日风采	8 956
66	汽车之友	9 587	92	微型计算机	8 866
67	文史博览·文史	9 576	93	客户世界	8 845
68	名人传记	9 563	94	新闻界	8 765
69	航空档案	9 552	95	普洱	8 645
70	办公室业务	9 551	96	博览群书	8 644
71	大众 DV	9 548	97	都市丽人·美食堂	8 632
72	现代兵器	9 536	98	淑媛	8 621
73	坦克装甲车辆	9 532	99	微型计算机·Geek	8 610
74	旅游	9 487	100	兵工科技	8 576

2013龙源期刊企事业单位数字阅读影响力期刊TOP100

排行	刊名	阅读量	排行	刊名	阅读量
1	财经	235 232	24	新经济导刊	12 356
2	英才	132 113	25	大众健康	11 745
3	环球企业家	129 756	26	家人	11 109
4	三联生活周刊	93 234	27	郑州轻工业学院学报（社会科学版）	11 028
5	商界	74 256	28	IT经理世界	10 021
6	证券市场周刊	65 323	29	管理学家	10 014
7	创业邦	58 030	30	现代企业文化·理论版	10 006
8	中国企业家	49 231	31	新智囊	8 012
9	创业家	41 254	32	商学院	8 008
10	中外管理	40 233	33	互联网周刊	7 124
11	南都周刊	34 139	34	财经文摘	7 025
12	财经国家周刊	30 009	35	科学养生	7 006
13	销售与市场·管理版	25 345	36	编辑之友	6 128
14	董事会	22 142	37	中国知识产权	6 028
15	中国市场	19 187	38	商场现代化	6 023
16	财经界	19 132	39	微电脑世界	5 210
17	商界评论	18 276	40	企业文明	5 126
18	经理人	18 235	41	南风窗	5 034
19	商业时代	17 234	42	轻兵器	5 011
20	现代出版	16 453	43	科学与财富	4 231
21	时间线	15 642	44	信息教研周刊	4 130
22	新财经	15 431	45	中关村	4 121
23	看天下	15 267	46	网络导报	4 116

(续表)

排行	刊名	阅读量	排行	刊名	阅读量
47	看历史	4 112	74	出版参考	2 219
48	电影文学	4 021	75	科技创新导报	2 216
49	城市建设理论研究	4 013	76	经济	2 214
50	新营销	4 010	77	山花	2 207
51	数字商业时代	4 008	78	学理论·上	2 123
52	旅游	4 003	79	智囊悦读	2 089
53	经济经纬	3 145	80	21世纪商业评论	2 017
54	现代营销·学苑版	3 123	81	中外文摘	1 988
55	高球先生	3 119	82	商界·城乡致富	1 867
56	新民 Bella	3 118	83	数字时代 stuff	1 856
57	创意世界	3 116	84	科学投资	1 678
58	人物周刊	3 115	85	世界体育用品博览	1 634
59	现代营销·信息版	3 112	86	商	1 623
60	中国经济信息	3 089	87	经济导刊	1 580
61	中国联合商报	3 076	88	商品与质量	1 534
62	首席 ELITE	3 072	89	建设人才	1 512
63	学术论坛	3 045	90	时代报告	1 423
64	书香两岸	3 033	91	现代家电	1 408
65	探索	3 023	92	新闻爱好者	1 394
66	中国管理信息化	3 012	93	现代营销·经营版	1 367
67	大众医学	3 006	94	智囊财经报道	1 278
68	中国汽车市场	2 312	95	中国改革	1 207
69	IT 时代周刊	2 308	96	党建研究	1 156
70	时代金融	2 267	97	up 向日葵	1 145
71	廉政瞭望	2 234	98	大观周刊	1 067
72	管理观察	2 231	99	思想理论教育导刊	1 034
73	中国经济周刊	2 224	100	现代语文(语言研究)	1 003

【2012】

2012 龙源期刊国内付费阅读 TOP100

排行	刊名	阅读量	排行	刊名	阅读量
1	电脑爱好者	1 536 115	24	博客天下	452 966
2	三联生活周刊	1 528 837	25	时代影视	438 859
3	看天下	1 217 593	26	法制与社会	421 350
4	南方人物周刊	1 051 330	27	计算机应用文摘	420 517
5	电脑迷	778 088	28	世界知识	418 373
6	意林	747 682	29	中国社区医师·医学专业	417 787
7	读者	707 040	30	理财周刊	407 483
8	党建	704 652	31	看世界	400 909
9	大众摄影	698 720	32	价值工程	397 665
10	中国新闻周刊	695 955	33	视野	396 967
11	管理观察	665 895	34	商界	393 518
12	故事会	645 527	35	为了孩子	379 679
13	财经	616 471	36	农村百事通	371 437
14	轻兵器	614 353	37	作文与考试·初中版	370 165
15	南都娱乐周刊	584 822	38	都市丽人	366 468
16	考试周刊	564 296	39	南风窗	362 496
17	读写算	550 695	40	读书	356 860
18	城市建设理论研究	525 645	41	伴侣	343 474
19	第一财经周刊	523 254	42	人生与伴侣	342 748
20	中国周刊	492 096	43	商业时代	338 042
21	中国实用医药	470 975	44	今古传奇·武侠版	333 397
22	新民周刊	470 676	45	兵器知识	329 304
23	南都周刊	461 107	46	中国经济周刊	329 200

(续表)

排行	刊名	阅读量	排行	刊名	阅读量
47	健康必读·下旬刊	326 130	74	新闻爱好者	269 915
48	大众电影	320 658	75	数学学习与研究	266 825
49	作文与考试·高中版	319 002	76	网友世界	266 727
50	经济师	318 402	77	创业家	265 619
51	现代商贸工业	315 979	78	科技与生活	263 465
52	电脑知识与技术·经验技巧	315 707	79	家庭医药	262 800
53	诗刊	314 769	80	青年文学家	262 664
54	成才之路	312 113	81	百科知识	262 411
55	中国医药导报	311 125	82	航空知识	262 258
56	大众医学	309 842	83	《新世纪》周刊	261 251
57	经济研究导刊	309 656	84	看历史	261 008
58	青年博览	304 662	85	—	—
59	领导文萃	304 392	86	电影评介	257 331
60	今日文摘	302 989	87	美文	254 616
61	环球企业家	302 690	88	北京青年	253 698
62	电影文学	298 971	89	收藏	248 648
63	消费导刊	294 531	90	海外文摘	247 914
64	中国教育技术装备	293 216	91	中外文摘	247 132
65	中国新技术新产品	288 536	92	环球人物	239 583
66	大观周刊	284 880	93	钱经	238 492
67	会计之友	284 219	94	IT经理世界	237 754
68	中国市场	283 818	95	海外星云	236 487
69	中国中医药咨讯	281 377	96	父母必读	236 209
70	37°女人	281 088	97	知识窗	235 445
71	电脑知识与技术	277 747	98	中国计算机报	232 708
72	微型计算机	274 965	99	瞭望东方周刊	231 711
73	小品文选刊	273 603	100	做人与处世	223 904

2012 龙源期刊海外付费阅读 TOP100

排行	刊名	阅读量	排行	刊名	阅读量
1	三联生活周刊	1 014 409	26	南都周刊	207 101
2	电脑爱好者	726 931	27	电脑迷	206 310
3	看天下	664 488	28	1626 产品设计·北京	201 645
4	大众摄影	488 828	29	读书	199 897
5	第一财经周刊	477 783	30	创业家	193 452
6	故事会	433 183	31	现代兵器	190 501
7	南方人物周刊	417 232	32	航空知识	189 869
8	南都娱乐周刊	356 056	33	读天下	185 072
9	轻兵器	353 865	34	都市丽人·美食堂	179 657
10	中国新闻周刊	322 827	35	《新世纪》周刊	177 935
11	中国周刊	303 853	36	看世界	176 027
12	都市丽人	286 545	37	环球人物	171 937
13	意林	264 684	38	摄影旅游	170 822
14	今古传奇·武侠版	262 336	39	中国国家旅游	168 919
15	商界	257 744	40	微型计算机	162 643
16	兵器知识	256 983	41	环球企业家	157 391
17	时代影视	239 275	42	现代营销·信息版	156 556
18	博客天下	239 144	43	南风窗	155 974
19	财经	235 153	44	中国企业家	155 178
20	北京青年	228 343	45	考试周刊	149 941
21	城市建设理论研究	224 448	46	BOSS 臻品	149 835
22	女报·时尚	216 196	47	收藏	149 340
23	摄影之友	214 492	48	课堂内外(高中版)	147 065
24	新民周刊	212 609	49	世界名枪	146 107
25	诗刊	209 236	50	中国经济周刊	142 083

(续表)

排行	刊名	阅读量	排行	刊名	阅读量
51	坦克装甲车辆	140 676	76	旅伴	98 742
52	大众电影	138 251	77	数字时代 stuff	97 253
53	看历史	137 454	78	当代	96 981
54	数码摄影	130 939	79	财经·视觉	96 658
55	钱经	129 805	80	移动一族	96 174
56	读写算	128 914	81	都市主妇	95 948
57	数码精品世界	128 836	82	21世纪商业评论	95 109
58	好主妇	125 976	83	父母必读	94 825
59	好运 Money +	125 534	84	十月	94 436
60	计算机应用文摘	124 499	85	商场现代化	93 651
61	瞭望东方周刊	124 401	86	军事世界画刊	93 160
62	理财周刊	123 577	87	中国大厨	92 485
63	影视圈	119 603	88	中国实用医药	90 764
64	商界评论	119 574	89	户外探险	90 464
65	农村百事通	117 763	90	商界·时尚	90 332
66	摄影世界	116 853	91	八小时以外	90 143
67	领导文萃	116 295	92	互联网周刊	89 522
68	创业邦	115 493	93	读者	89 110
69	军事文摘	112 463	94	作文与考试·初中版	86 950
70	up 向日葵	111 793	95	IT 经理世界	85 365
71	文史参考	111 428	96	伴侣	84 357
72	汽车之友	110 898	97	航空模型	84 234
73	—	—	98	北京文学	84 226
74	做人与处世	99 299	99	女报生活	83 712
75	oggi 今日风采	99 080	100	数学学习与研究	34 561

2012龙源期刊国内、海外付费阅读双栖期刊

刊名	国内阅读排行	海外阅读排行
电脑爱好者	1	2
三联生活周刊	2	1
看天下	3	3
南方人物周刊	4	7
电脑迷	5	27
意林	6	13
读者	7	94
大众摄影	9	4
中国新闻周刊	10	10
故事会	12	6
财经	13	19
轻兵器	14	9
南都娱乐周刊	15	8
考试周刊	16	45
读写算	17	56
城市建设理论研究	18	21
第一财经周刊	19	5
中国周刊	20	11
中国实用医药	21	89
新民周刊	22	24
南都周刊	23	26
博客天下	24	18
时代影视	25	17
计算机应用文摘	27	60

(续表)

刊名	国内阅读排行	海外阅读排行
理财周刊	30	62
看世界	31	36
商界	34	15
农村百事通	36	65
都市丽人	38	12
南风窗	39	43
读书	40	29
伴侣	41	97
今古传奇·武侠版	44	14
兵器知识	45	16
中国经济周刊	46	50
大众电影	48	52
诗刊	53	25
领导文萃	59	67
环球企业家	61	41
微型计算机	72	40
创业家	77	30
航空知识	82	32
《新世纪》周刊	83	35
看历史	84	53
北京青年	88	20
收藏	89	47
环球人物	92	37
钱经	93	55
IT经理世界	94	96
父母必读	96	84
瞭望东方周刊	99	61
做人与处世	100	74

2012龙源期刊与三大电信运营商阅读基地合作TOP100期刊

根据三大电信运营商提供的数据

排行	刊名	阅读量	排行	刊名	阅读量
1	环球宝贝	1 542 993	23	故事大王	111 471
2	新民周刊	734 152	24	啄木鸟	109 140
3	三联生活周刊	585 266	25	家人	107 954
4	民间故事选刊	487 813	26	音乐周刊	102 142
5	文明	439 598	27	南都周刊	96 958
6	时尚内衣	425 001	28	优雅	95 133
7	南都娱乐周刊	356 065	29	小说月刊	89 349
8	中国经济周刊	311 915	30	看世界	89 040
9	恋爱婚姻家庭·青春	298 948	31	伴侣	88 067
10	故事林	267 493	32	小小说月刊	87 906
11	上海故事	256 951	33	互联网周刊	85 102
12	当代体育·足球	212 549	34	家庭百事通	84 986
13	轻兵器	200 752	35	故事家·微型经典故事	84 250
14	恋爱婚姻家庭	172 528	36	爱人坊·银版	81 710
15	IT经理世界	168 703	37	南方人物周刊	79 567
16	看天下	163 828	38	男生女生(金版)	77 721
17	短小说	158 753	39	爱情婚姻家庭·Lady Q心怡	76 999
18	大众摄影	154 194	40	幸福·婚姻版	75 344
19	文史天地	145 556	41	天下美食	74 026
20	章回小说	141 424	42	人生与伴侣	73 310
21	意林	134 145	43	中外管理	70 677
22	女士	122 869	44	当代体育.扣篮	66 434

(续表)

排行	刊名	阅读量	排行	刊名	阅读量
45	IT时代周刊	66 127	73	创业	39 603
46	传奇·传记文学选刊	64 863	74	世界汽车	37 780
47	中国国家旅游	64 555	75	中国新闻周刊	37 129
48	电影世界	63 676	76	钱经	36 943
49	北京文学	61 380	77	故事会	36 223
50	体坛报.体育大周末	58 253	78	健康必读	36 195
51	南风窗	53 656	79	人力资源管理	35 571
52	北京文学·中篇小说月报	52 977	80	都市心情	35 269
53	大众DV	52 903	81	博客天下	35 174
54	环球企业家	52 437	82	芳草·文学杂志	34 648
55	成都女报	51 248	83	婚姻与家庭·社会纪实	34 572
56	天池小小说	49 064	84	百家讲坛	34 358
57	中国周刊	48 192	85	民间文学	34 228
58	意林原创版·讲述	47 725	86	饮食与健康·下旬刊	34 196
59	惊悚e族	47 380	87	西藏人文地理	33 316
60	爆笑SHOW	47 359	88	女子世界	32 720
61	商界	46 373	89	海外文摘	32 694
62	创业家	46 201	90	中国计算机报	32 131
63	电影画刊	45 491	91	恋爱婚姻家庭.养生版	30 843
64	时代影视	44 720	92	旅游	30 509
65	电脑爱好者	44 253	93	凤凰生活	30 268
66	山海经·人生纪实	44 038	94	杂文月刊	30 265
67	中外故事	41 927	95	俪人·闺房版	29 950
68	风景名胜	41 915	96	现代家庭	29 375
69	疯狂英语	41 855	97	摄影世界	28 779
70	草原	41 566	98	财经文摘	28 652
71	今日文摘	40 407	99	汽车杂志	28 428
72	爱情婚姻家庭·生活纪实	39 825	100	青年博览	28 287

2012 龙源期刊 APP 商店阅读 TOP100

排行	刊名	APP 下载量	排行	刊名	APP 下载量
1	三联生活周刊	135 747	25	影像视觉书架	10 475
2	大众摄影	97 602	26	摄影旅游书架	10 087
3	电影世界	63 675	27	数学大王·低年级版	9 672
4	故事会	53 639	28	新财经	9 604
5	看天下	52 607	29	女报·时尚	9 534
6	疯狂英语	48 261	30	化学教与学	9 441
7	电脑爱好者	33 192	31	百科知识	9 229
8	西藏人文地理	31 529	32	中国经济周刊	8 937
9	中国国家旅游	30 914	33	37°女人	8 865
10	IT 时代周刊	29 739	34	中国周刊	8 773
11	摄影世界	28 738	35	父母必读	8 716
12	家庭用药	25 809	36	数学大王·智力快车	8 431
13	人力资源管理	25 176	37	大众汽车	8 393
14	凤凰生活	24 357	38	电脑迷	8 268
15	环球人物	22 934	39	中外建筑	7 796
16	摄影之友书架	20 250	40	微型计算机	7 750
17	航空知识	20 103	41	21 世纪商业评论	7 670
18	中外管理	18 228	42	时尚内衣	7 540
19	旅游世界	16 940	43	管理学家	7 538
20	财经文摘	14 890	44	汽车之友	7 410
21	看历史	14 601	45	重庆旅游	7 373
22	创业家	12 964	46	China Economist	7 277
23	成功营销	12 779	47	音乐周刊	7 066
24	现代军事	11 346	48	都市丽人	6 817

(续表)

排行	刊名	APP下载量	排行	刊名	APP下载量
49	日光与建筑	6 744	75	进出口经理人	4 316
50	我爱写作文	6 697	76	航空模型	4 185
51	都市丽人·美食堂	6 324	77	当代体育·扣篮	4 128
52	收藏界	5 797	78	首席财务官	4 075
53	作文大王·低年级版	5 769	79	锋绘漫画时尚先锋	3 955
54	商界	5 633	80	品位	3 896
55	今日新娘	5 598	81	女报·生活志	3 887
56	今日人像	5 465	82	北京文学	3 866
57	1626产品设计·北京	5 320	83	为了孩子	3 862
58	Mangazine 名牌	5 272	84	食品与生活	3 842
59	轻兵器	5 271	85	云南画报	3 816
60	当代	5 267	86	计算机应用	3 807
61	饮食科学	5 208	87	游艇	3 764
62	艺术品鉴	5 053	88	汽车观察	3 726
63	世界汽车	4 997	89	百科探秘	3 686
64	影视圈	4 995	90	董事会	3 560
65	航空世界	4 863	91	工业设计	3 462
66	女士	4 671	92	微电脑世界	3 414
67	家庭药师	4 658	93	译林	3 360
68	北京青年	4 573	94	奇闻怪事	3 348
69	中国计算机报	4 447	95	纺织服装周刊	3 312
70	校园英语	4 422	96	领导者	3 280
71	Chip 新电脑	4 416	97	首席银行家	3 258
72	投资者报	4 414	98	科学大众小诺贝尔	3 232
73	作文大王·幽默趣味版	4 377	99	新语文学习·小学中年级	3 172
74	建筑技艺	4 377	100	化学教与学	3 102

2012 龙源期刊移动阅读 TOP100 期刊

排行	刊名	阅读量	排行	刊名	阅读量
1	读者	22 513	25	百科知识	6 572
2	三联生活周刊	18 198	26	初中生优秀作文	6 536
3	看天下	15 241	27	意林	6 444
4	南方人物周刊	13 012	28	东西南北	6 320
5	博客天下	11 737	29	南风窗	6 278
6	新民周刊	10 865	30	党建	6 229
7	中国新闻周刊	10 684	31	作文与考试·初中版	6 200
8	电脑爱好者	10 356	32	文史参考	6 177
9	南都周刊	9 733	33	创业家	6 118
10	财经	8 626	34	大众健康	6 103
11	中国社区医师·医学专业	8 445	35	瞭望东方周刊	5 953
12	中国实用医药	8 432	36	中国经济周刊	5 904
13	中国中医药咨讯	8 240	37	看世界	5 849
14	优秀作文选评（初中版）	8 094	38	消费导刊	5 758
15	健康必读·下旬刊	7 811	39	管理观察	5 712
16	环球企业家	7 541	40	IT经理世界	5 586
17	考试周刊	7 532	41	作文大世界	5 579
18	第一财经周刊	7 437	42	中国当代医药	5 428
19	农村百事通	7 346	43	中国新技术新产品	5 395
20	中国集体经济	7 342	44	中国健康月刊	5 362
21	城市建设理论研究	7 297	45	科技致富向导	5 313
22	中国医药导报	7 184	46	中小企业管理与科技·下旬刊	5 295
23	南都娱乐周刊	7 120	47	中国周刊	5 194
24	优秀作文选评（高中版）	6 653	48	求医问药	5 179

(续表)

排行	刊名	阅读量	排行	刊名	阅读量
49	中小企业管理与科技·上旬刊	5 144	75	硅谷	4 218
50	环球人物	5 088	76	健康生活	4 200
51	故事会	5 025	77	读天下	4 068
52	作文与考试·高中版	4 955	78	人人健康	4 062
53	家庭医学	4 927	79	家庭科学·新健康	4 057
54	作文素材	4 899	80	家人	4 046
55	钱经	4 860	81	湖北招生考试·出彩作文	4 025
56	—	—	82	新课程·中旬	4 007
57	37°女人	4 801	83	家庭医药	4 001
58	视野	4 791	84	青年博览	3 946
59	保健与生活	4 752	85	看历史	3 946
60	电影文学	4 681	86	创业邦	3 886
61	现代营销·营销学苑	4 658	87	职业·下旬	3 855
62	新西部(下半月)	4 628	88	科技传播	3 853
63	财经国家周刊	4 622	89	都市丽人	3 844
64	北京青年	4 536	90	经济研究导刊	3 811
65	同学少年·作文	4 533	91	人力资源管理	3 799
66	理财周刊	4 482	92	作文成功之路(高中版)	3 783
67	现代农业科技	4 471	93	科技与生活	3 767
68	做人与处世	4 455	94	互联网周刊	3 761
69	阅读与作文(初中版)	4 385	95	科学与财富	3 758
70	职业时空	4 368	96	祝您健康	3 732
71	IT时代周刊	4 363	97	现代商贸工业	3 726
72	商场现代化	4 296	98	家庭用药	3 697
73	商情	4 296	99	科学种养	3 666
74	创业	4 253	100	农村百事通·健康一点通	3 657

【2011】

2011 龙源期刊国内付费阅读 TOP100

排行	刊名	排行	刊名
1	三联生活周刊	24	家人
2	意林	25	理财周刊
3	今日文摘	26	考试周刊
4	南方人物周刊	27	37°女人
5	看天下	28	知识窗
6	青年文摘（彩版）	29	视野
7	中国新闻周刊	30	读书
8	南都周刊	31	思维与智慧·上旬刊
9	中国经济周刊	32	女士
10	青年文摘	33	管理观察
11	新民周刊	34	经济研究导刊
12	收获	35	译林
13	商场现代化	36	都市丽人
14	啄木鸟	37	看世界
15	博客天下	38	中国周刊
16	南都娱乐周刊	39	微型小说选刊
17	—	40	电影文学
18	当代	41	看历史
19	领导文萃	42	哲理·文摘版
20	钱经	43	北京文学·中篇小说月报
21	青年博览	44	百科知识
22	恋爱婚姻家庭	45	旧闻新知
23	价值工程	46	今古传奇·故事版

(续表)

排行	刊名	排行	刊名
47	读书文摘·中旬刊	74	财经
48	思维与智慧·下旬刊	75	最推理
49	网络传播	76	意林原创版·讲述
50	家庭	77	中国市场
51	故事会	78	电影评介
52	做人与处世	79	父母必读
53	法制与社会	80	杂文选刊·职场版
54	经典阅读	81	人生与伴侣
55	十月	82	优雅
56	杂文选刊	83	IT时代周刊
57	悬疑故事	84	新财经·上半月
58	会计之友	85	小品文选刊
59	职场	86	现代商贸工业
60	东西南北	87	合作经济与科技
61	中国大厨	88	环球企业家
62	美文	89	作文与考试·初中版
63	经济师	90	商界
64	爱人坊·金版	91	文苑
65	长江文艺·精品悦读	92	兵器知识
66	作文周刊(中考版)	93	莫愁·智慧女性
67	创业家	94	民间故事选刊
68	伴侣	95	感悟
69	汽车维修与保养	96	轻兵器
70	北京文学	97	风尚周报
71	南风窗	98	现代家庭
72	婚姻与家庭·社会纪实	99	文史月刊
73	商业时代	100	故事林

2011 龙源期刊海外付费阅读 TOP100

排行	刊名	排行	刊名
1	收获	26	—
2	三联生活周刊	27	南都娱乐周刊
3	长篇小说选刊	28	电影文学
4	当代	29	青年博览
5	意林	30	上海文学
6	青年文摘	31	家人
7	北京文学·中篇小说月报	32	新财经·上半月
8	南都周刊	33	37°女人
9	青年文摘(彩版)	34	视野
10	十月	35	时代影视
11	看天下	36	财经国家周刊
12	啄木鸟	37	小说界
13	南方人物周刊	38	商界
14	中国经济周刊	39	中国周刊
15	新民周刊	40	青年文学
16	兵器知识	41	经典阅读
17	作家	42	思维与智慧·上旬刊
18	中国新闻周刊	43	博客天下
19	财经	44	舒适广告
20	读书	45	恋爱婚姻家庭
21	钱经	46	思维与智慧·下旬刊
22	环球企业家	47	看历史
23	商场现代化	48	财经界·学术版
24	译林	49	经济研究导刊
25	英才	50	创业邦

(续表)

排行	刊名	排行	刊名
51	会计之友	76	中国化妆品(行业版)
52	领导文萃	77	中国大厨
53	都市丽人	78	奇闻怪事
54	疯狂英语·口语版	79	管理观察
55	今古传奇	80	人生与伴侣
56	北京文学	81	军事世界画刊
57	家庭	82	女士
58	作文周刊(中考版)	83	商业时代
59	China's foreign Trade	84	合作经济与科技
60	中欧商业评论	85	父母必读
61	知音海外版	86	广州文艺
62	销售与管理	87	考试周刊
63	今日文摘	88	最推理
64	大众理财顾问	89	军事文摘
65	婚姻与家庭·社会纪实	90	爱人坊·金版
66	理财周刊	91	轻兵器
67	书屋	92	故事会
68	电影评介	93	非常关注
69	电脑爱好者	94	疯狂英语·中学版
70	计算机应用文摘	95	幸福·婚姻版
71	微型计算机	96	当代青年·我赢
72	商情	97	现代军事
73	时代青年(上半月)	98	读书文摘·中旬刊
74	创业家	99	感悟
75	看世界	100	中国企业家

2011 龙源期刊国内、海外付费阅读双栖期刊

刊名	国内排行	海外排行
三联生活周刊	1	2
意林	2	5
今日文摘	3	63
南方人物周刊	4	13
看天下	5	11
青年文摘（彩版）	6	9
中国新闻周刊	7	18
南都周刊	8	8
中国经济周刊	9	14
青年文摘	10	6
新民周刊	11	15
收获	12	1
商场现代化	13	23
啄木鸟	14	12
博客天下	15	43
南都娱乐周刊	16	27
当代	18	4
领导文萃	19	52
钱经	20	21
青年博览	21	29
恋爱婚姻家庭	22	45
家人	24	31
理财周刊	25	66
考试周刊	26	87

(续表)

刊名	国内排行	海外排行
37°女人	27	33
视野	29	34
读书	30	20
思维与智慧·上旬刊	31	42
女士	32	82
管理观察	33	79
经济研究导刊	34	49
译林	35	24
都市丽人	36	53
看世界	37	75
中国周刊	38	39
电影文学	40	28
看历史	41	47
北京文学·中篇小说月报	43	7
读书文摘·中旬刊	47	98
思维与智慧·下旬刊	48	46
家庭	50	57
故事会	51	92
经典阅读	54	41
十月	55	10
会计之友	58	51
爱人坊·金版	64	90
作文周刊(中考版)	66	58
北京文学	70	56
婚姻与家庭·社会纪实	72	65
商业时代	73	83
财经	74	19
最推理	75	88
电影评介	78	68
父母必读	79	85
人生与伴侣	81	80

（续表）

刊名	国内排行	海外排行
新财经·上半月	84	32
合作经济与科技	87	84
环球企业家	88	22
商界	90	38
兵器知识	92	16
感悟	95	99
轻兵器	96	91
现代家庭	98	97

2011龙源期刊与三大电信运营商阅读基地合作TOP10期刊

排行	刊名	上线时间	数据提取	下载量
1	大众摄影	02/21/2011	10/09/2011	65 366
2	电影世界	02/21/2011	10/09/2011	30 015
3	疯狂英语	02/21/2011	10/09/2011	20 409
4	西藏人文地理	02/21/2011	10/09/2011	17 833
5	汽车杂志	02/21/2011	10/09/2011	12 320
6	三联生活周刊	02/21/2011	10/09/2011	11 280
7	看天下	02/21/2011	10/09/2011	11 034
8	中欧商业评论	02/21/2011	10/09/2011	10 515
9	中外管理	02/21/2011	10/09/2011	10 482
10	IT时代周刊	02/21/2011	10/09/2011	10 179

2011龙源期刊国内公共图书馆领域阅读TOP100

排行	刊名	刊号	排行	刊名	刊号
1	意林	1007-3841	26	知识窗	1006-2432
2	青年文摘(彩版)	1673-4955	27	中国周刊	1671-3117
3	南风窗	1004-0641	28	商界	1008-1313
4	三联生活周刊	1005-3603	29	读书	0257-0270
5	视野	1006-6039	30	当代青年·我赢	1003-7780
6	青年文摘	1003-0565	31	都市丽人	1009-9182
7	电脑爱好者	1005-0043	32	看天下	1673-2456
8	伴侣	1003-4935	33	美文	1004-8855
9	领导文萃	1005-720X	34	中外文摘	1006-9518
10	理财周刊	1009-9832	35	文苑	1671-0754
11	今日文摘	1007-5186	36	中国经济周刊	1672-7150
12	海外星云	1002-4514	37	硅谷	1671-7597
13	财经	1671-4725	38	今古传奇·故事版	1009-7856
14	37°女人	1671-0045	39	故事会	0257-0238
15	东西南北	1000-7296	40	科教导刊	1674-6813
16	青年博览	1004-4558	41	教师博览	1008-5009
17	南方人物周刊	1672-8335	42	晚报文萃	1002-8757
18	中国新闻周刊	1009-8259	43	杂文选刊	1008-3936
19	人生与伴侣	1003-5001	44	故事林	1002-2554
20	考试周刊	1673-8919	45	江门文艺	1006-1983
21	看世界	1006-0936	46	看历史	1672-8181
22	小品文选刊	1672-5832	47	成功·教育	1671-3052C
23	—	—	48	诗刊	0583-0230
24	世界知识	0583-0176	49	女士	1005-6955
25	家庭医药	1671-4954	50	青年文学家	1002-2139

(续表)

排行	刊名	刊号	排行	刊名	刊号
51	北京文学	0257-0262	76	奇闻怪事	1672-0407D
52	思维与智慧·上旬刊	1006-3587	77	新民周刊	1008-5017
53	班主任之友	1003-823X	78	作家·下半月	1006-4044A
54	民间故事选刊	1003-255X	79	大众摄影	0494-4372
55	南都周刊	0000-0947	80	合作经济与科技	1672-190X
56	文史天地	1671-2145	81	做人与处世	1007-5100
57	十月	0257-5841	82	中华文摘	1023-8433
58	文苑·经典美文	1672-9404	83	电脑迷	1672-528X
59	剑南文学·经典教苑	1006-026X	84	商场现代化	1006-3102
60	轻兵器	1000-8810	85	钱经	1672-8092
61	思维与智慧·下旬刊	1006-3587A	86	商界评论	1008-1313C
62	悬疑故事	1009-5888A	87	非常关注	1672-8688C
63	故事家·微型经典故事	1002-8633	88	经典阅读	1006-026XA
64	山花	0559-7218	89	民间故事选刊·秘闻	1003-255XA
65	微型小说选刊	1005-3840	90	散文百家	1003-6652
66	父母必读	1000-727X	91	可乐	1672-8556
67	感悟	1009-8798A	92	党员文摘	1007-3388
68	博客天下	1674-4705	93	都市家教·上半月	1004-2377
69	时文博览	1005-1074B	94	新校园·理论(上旬刊)	1672-7711D
70	管理观察	1674-2877	95	散文选刊·下半月	1003-272X
71	意林原创版·讲述	1673-789X	96	新世纪周刊	1002-395X
72	当代	0257-0165	97	时代文学·下半月	1005-4677B
73	啄木鸟	1002-655X	98	文史月刊	1671-0746
74	百家讲坛	1003-5664B	99	兵器知识	1000-4912
75	新课程改革与实践	1738-1559	100	女子世界	1004-3411

2011龙源期刊海外公共图书馆领域阅读TOP100

排行	刊名	刊号	排行	刊名	刊号
1	—	—	21	婚姻与家庭·性情读本	1003-2991A
2	北京文学·中篇小说月报	0257-0262B	22	青年文摘(彩版)	1673-4955
3	兵器知识	1000-4912	23	女士	1005-6955
4	南都周刊	0000-0947	24	家庭	1005-8877
5	37°女人	1671-0045	25	英语学习·新锐空间	1002-5553B
6	当代	0257-0165	26	恋爱婚姻家庭·青春	1003-9244B
7	收获	0583-1288	27	现代兵器	1000-7385
8	疯狂英语·口语版	1006-2831D	28	思维与智慧·上旬刊	1006-3587
9	伴侣	1003-4935	29	婚姻与家庭·社会纪实	1003-2991
10	青年文摘·上半月	1003-0565	30	爱情婚姻家庭·生活纪实	1003-0883B
11	北京文学	0257-0262	31	爆笑show	1672-9412B
12	中国周刊	1671-3117	32	坦克装甲车辆	1001-8778
13	啄木鸟	1002-655X	33	长篇小说选刊	1672-9552
14	养生月刊	1671-1734	34	军事文摘	1005-3921
15	电脑爱好者	1005-0043	35	大众医学	1000-8470
16	现代家庭	1000-4300	36	文史精华	1005-4154
17	十月	0257-5841	37	百姓生活	1673-7784
18	家人	1672-4674	38	南方人物周刊	1672-8335
19	疯狂英语·阅读版	1006-2831C	39	父母必读	1000-727X
20	恋爱婚姻家庭	1003-9244	40	法律与生活	1002-7173

(续表)

排行	刊名	刊号	排行	刊名	刊号
41	大众摄影	0494-4372	71	人生与伴侣	1003-5001
42	家庭科学·新健康	1005-1171	72	家庭医药	1671-4954
43	婚育与健康	1006-9488	73	金点子生意	1817-1231
44	上海文学	1001-8026	74	进出口经理人	1005-5894
45	看世界	1006-0936	75	新民周刊	1008-5017
46	文史月刊	1671-0746	76	初中生之友·中旬刊	1006-2718
47	故事家·微型经典故事	1002-8633	77	蓝盾	1004-6828
48	百科知识	1002-9567	78	都市心情	1673-6311
49	军事世界画刊	CN11-3302	79	文史天地	1671-2145
50	恋爱婚姻家庭·养生版	1003-9244C	80	爱情婚姻家庭·Lady Q 心怡	1003-0883A
51	大众电影	0492-0929	81	英语学习	1002-5553
52	轻兵器	1000-8810	82	养生保健指南	1006-6845A
53	小说界	1005-7706	83	长江文艺	0528-838X
54	名人传记	1002-6282A	84	旧闻新知	1007-0745D
55	烹调知识·原创版	1004-5783	85	天涯	1006-9496
56	看历史	1672-8181	86	奇闻怪事	1672-0407D
57	财经	1671-4725	87	南都娱乐周刊	0000-0948
58	世界知识	0583-0176	88	传奇故事(上旬)	1003-5664
59	法治人生	1673-4661	89	中外书摘	1000-6095
60	电脑迷	1672-528X	90	山花	0559-7218
61	中国新闻周刊	1009-8259	91	山海经·人生纪实	1002-6215
62	现代军事	1013-9214	92	传奇·传记文学选刊	1007-8215
63	读书	0257-0270	93	都市丽人	1009-9182
64	计算机应用文摘	1002-1353	94	档案春秋	1005-7501
65	钱经	1672-8092	95	出版参考	1006-5784
66	作家	1006-4044	96	凤凰生活	1810-4770
67	家庭百事通	1008-7532	97	安徽文学	1671-0703
68	世纪	1005-4715	98	广州文艺	0257-022X
69	中老年健康	1006-6845B	99	爱尚生活	1674-7550
70	家庭生活指南	1003-3335	100	故事会	0257-0238

2011 龙源期刊国内中小学领域阅读 TOP100

排行	刊名	刊号	排行	刊名	刊号
1	意林	1007－3841	26	中国医药导报	1673－0089
2	青年文摘（彩版）	1673－4955	27	看世界	1006－0936
3	中国中医药资讯	2075－2156	28	数学学习与研究	1007－872XF
4	教师博览	1008－5009	29	今日文摘	1007－5186
5	父母必读	1000－727X	30	天池小小说	1673－2332
6	电脑爱好者	1005－0043	31	轻兵器	1000－8810
7	故事大王	1004－0099	32	文苑·经典美文	1672－9404
8	中国当代医药	1674－4721	33	中国健康月刊·B版	1005－0515A
9	中国实用医药	1673－7555	34	中国教师	1672－2051
10	37°女人	1671－0045	35	作文与考试·初中版	1671－5012A
11	青年博览	1004－4558	36	小学教学研究	1006－284X
12	医学信息·中旬刊	1006－1959A	37	中国健康月刊·A版	1005－0515B
13	家庭科学·新健康	1005－1171	38	大众医学	1000－8470
14	考试周刊	1673－8919	39	今古传奇·故事版	1009－7856
15	中小学信息技术教育	1671－7384	40	都市丽人	1009－9182
16	成功·教育	1671－3052C	41	伴侣	1003－4935
17	时代影视	1003－0816	42	北京教育·普教版	1000－7997
18	漫画月刊·哈版	1003－7128	43	百科知识	1002－9567
19	人生与伴侣	1003－5001	44	婚姻与家庭·社会纪实	1003－2991
20	江苏教育	1005－6009	45	中国教育技术装备	1671－489X
21	班主任之友	1003－823X	46	大众摄影	0494－4372
22	人民教育	0448－9365	47	青年文摘·上半月	1003－0565
23	中国现代医生	1673－9701	48	杂文选刊	1008－3936
24	中国信息技术教育	1672－1241	49	南方人物周刊	1672－8335
25	科学养生	CN23－1414	50	南都娱乐周刊	0000－0948

(续表)

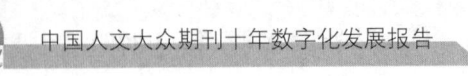

排行	刊名	刊号	排行	刊名	刊号
51	故事会	0257-0238	76	成才之路	1008-3561
52	故事林	1002-2554	77	医学信息·下旬刊	1006-1959
53	中小学心理健康教育	1671-2684	78	语文建设	1001-8746
54	中国民族民间医药·下半月	1007-8517	79	食品与健康	1004-0137
55	现代妇女·爱尚	1007-4244	80	中国社区医师	1007-614X
56	恋爱婚姻家庭·养生版	1003-9244C	81	管理观察	1674-2877
57	当代小说(下半月)	1000-7946A	82	读写算	1002-7661G
58	家庭	1005-8877	83	新课程·教研版	1673-2162D
59	新民周刊	1008-5017	84	婚育与健康	1006-9488
60	作文一百分	0000-0910	85	化学教学	1005-6629
61	视野	1006-6039	86	计算机应用文摘	1002-1353
62	教育艺术	1002-2821	87	家庭医学	1001-0203A
63	章回小说	1002-7548	88	中外健康文摘B版	1672-5085C
64	恋爱婚姻家庭	1003-9244	89	知识窗	1006-2432
65	中国保健营养·临床医学学刊	1004-7484	90	小说月刊	1002-3399B
66	中学生阅读(初中版)	1007-1555	91	饮食与健康·下旬刊	1006-6845
67	做人与处世	1007-5100	92	亚太传统医药	1673-2197
68	现代家庭	1000-4300	93	七彩语文·教师论坛	1673-4998C
69	养生保健指南	1006-6845A	94	小学教学参考(数学)	1007-9068B
70	中小学心理健康教育·下半月	1671-2684a	95	家庭医药·快乐养生	1671-4954A
71	中国经济周刊	1672-7150	96	十月	0257-5841
72	中外文摘	1006-9518	97	东方养生	1004-5058
73	商场现代化	1006-3102	98	读书文摘	1671-7724
74	美文	1004-8855	99	语文教学之友	1003-3963
75	家庭生活指南	1003-3335	100	保健与生活	1005-5371

2011 龙源期刊国内党政企事业领域阅读 TOP100

排行	刊名	刊号	排行	刊名	刊号
1	青年文摘（彩版）	1673-4955	26	电脑爱好者	1005-0043
2	意林	1007-3841	27	南都周刊	0000-0947
3	三联生活周刊	1005-3603	28	美文	1004-8855
4	领导文萃	1005-720X	29	知识窗	1006-2432
5	视野	1006-6039	30	世界知识	0583-0176
6	青年文摘	1003-0565	31	家庭医药	1671-4954
7	人生与伴侣	1003-5001	32	经典阅读	1006-026XA
8	今日文摘	1007-5186	33	中国周刊	1671-3117
9	南方人物周刊	1672-8335	34	南风窗	1004-0641
10	新民周刊	1008-5017	35	海外星云	1002-4514
11	中国新闻周刊	1009-8259	36	文苑	1671-0754
12	小品文选刊	1672-5832	37	故事林	1002-2554
13	看世界	1006-0936	38	感悟	1009-8798A
14	做人与处世	1007-5100	39	非常关注	1672-8688C
15	文苑·经典美文	1672-9404	40	微型小说选刊	1005-3840
16	散文选刊·下半月	1003-272X	41	商界	1008-1313
17	青年博览	1004-4558	42	中外文摘	1006-9518
18	今古传奇·故事版	1009-7856	43	天池小小说	1673-2332
19	故事会	0257-0238	44	杂文选刊	1008-3936
20	—	—	45	37°女人	1671-0045
21	考试周刊	1673-8919	46	山花	0559-7218
22	思维与智慧·上旬刊	1006-3587	47	思维与智慧·下旬刊	1006-3587A
23	看天下	1673-2456	48	北京文学	0257-0262
24	理财周刊	1009-9832	49	散文百家	1003-6652
25	伴侣	1003-4935	50	教师博览	1008-5009

(续表)

排行	刊名	刊号	排行	刊名	刊号
51	中国经济周刊	1672 - 7150	76	文史天地	1671 - 2145
52	财经	1671 - 4725	77	百科知识	1002 - 9567
53	当代青年·我赢	1003 - 7780	78	人民论坛	1004 - 3381
54	销售与市场	1005 - 3530	79	东西南北	1000 - 7296
55	诗刊	0583 - 0230	80	奇闻怪事	1672 - 0407D
56	作文与考试·初中版	1671 - 5012A	81	恋爱婚姻家庭	1003 - 9244
57	十月	0257 - 5841	82	百家讲坛	1003 - 5664B
58	民间故事选刊·秘闻	1003 - 255XA	83	北京文学·中篇小说月报	0257 - 0262B
59	山海经·故事奇闻	1002 - 6215A	84	钱经	1672 - 8092
60	悬疑故事	1009 - 5888A	85	晚报文萃	1002 - 8757
61	小说月刊	1002 - 3399B	86	当代	0257 - 0165
62	可乐	1672 - 8556	87	故事大王	1004 - 0099
63	管理观察	1674 - 2877	88	博客天下	1674 - 4705
64	女士	1005 - 6955	89	轻兵器	1000 - 8810
65	恋爱婚姻家庭·青春	1003 - 9244B	90	父母必读	1000 - 727X
66	经济研究导刊	1673 - 291X	91	江门文艺	1006 - 1983
67	法制与社会	1009 - 0592	92	读书	0257 - 0270
68	商场现代化	1006 - 3102	93	商界评论	1008 - 1313C
69	故事家·微型经典故事	1002 - 8633	94	家庭科学·新健康	1005 - 1171
70	安徽文学	1671 - 0703	95	南都娱乐周刊	0000 - 0948
71	看历史	1672 - 8181	96	大众摄影	0494 - 4372
72	文史月刊	1671 - 0746	97	都市丽人	1009 - 9182
73	百姓生活	1673 - 7784	98	时代影视	1003 - 0816
74	民间故事选刊	1003 - 255X	99	硅谷	1671 - 7597
75	啄木鸟	1002 - 655X	100	科教导刊	1674 - 6813

[2010]

2010 龙源期刊国内付费阅读 TOP100

排行	刊名	付费阅读量	片段浏览	原貌版阅读	总发行量
1	考试周刊	411 866	376 675	70 167	858 708
2	商场现代化	247 545	316 350	35 938	599 833
3	电脑爱好者	240 558	264 917	375 491	880 966
4	青年文摘	237 010	160 451	218 277	615 738
5	中国新闻周刊	230 283	61 853	325 435	617 571
6	意林	217 906	84 049	264 850	566 805
7	南风窗	201 428	29 740	255 483	486 651
8	母子健康	191 456	14 016	18 510	223 982
9	南方人物周刊	175 779	34 952	363 556	574 287
10	新周刊	173 111	61 329	428 003	662 443
11	伴侣	164 207	47 654	60 598	272 459
12	人生与伴侣	155 317	55 206	62 456	272 979
13	青年文摘·彩版	141 232	41 127	147 747	330 106
14	领导文萃	140 487	31 570	109 352	281 409
15	理财周刊	137 230	29 973	149 275	316 478
16	世界知识	125 300	22 984	75 523	223 807
17	家庭	122 682	40 414	101 911	265 007
18	商界	122 183	22 261	321 642	466 086
20	看世界	103 587	27 571	93 397	224 555

(续表)

排行	刊名	付费阅读量	片段浏览	原貌版阅读	总发行量
21	家庭医药	96 101	47 690	38 159	181 950
22	合作经济与科技	94 605	97 011	12 319	203 935
23	海外星云	94 120	34 406	48 810	177 336
24	中国计算机报	91 463	46 349	3 001	140 813
25	轻兵器	89 001	79 457	465 760	634 218
26	教师博览	88 974	20 651	45 945	155 570
27	故事会	88 016	19 290	320 012	427 318
28	中外文摘	83 087	33 900	36 910	153 897
29	读书	81 835	48 492	75 897	206 224
30	视野	81 295	32 025	118 690	232 010
31	消费导刊	80 642	162 662	35 300	278 604
32	知识窗	79 602	38 802	38 188	156 592
33	新民周刊	77 057	35 921	144 840	257 818
34	啄木鸟	75 261	23 492	40 859	139 612
35	中国经济周刊	75 165	21 579	91 553	188 297
36	电脑爱好者·普及版	75 083	45 193	111 699	231 975
37	十月	74 431	8 667	83 294	166 392
38	时代影视	74 410	50 455	320 255	445 120
39	当代	74 357	7 873	91 055	173 285
40	班主任之友	73 927	14 819	30 354	119 100
41	今日文摘	73 294	39 002	40 568	152 864
42	中国医药导报	73 246	147 081	10 600	230 927
43	兵器知识	72 993	22 127	350 956	446 076
44	商业时代	71 798	80 856	50 114	202 768
45	青年博览	70 537	33 814	60 776	165 127
46	东西南北	69 906	30 759	45 387	146 052

（续表）

排行	刊名	付费阅读量	片段浏览	原貌版阅读	总发行量
47	大众摄影	68 334	36 314	350 701	455 349
48	商界·城乡致富	68 239	22 013	55 128	145 380
49	中国实用医药	67 806	189 202	18 759	275 767
50	文史天地	67 756	11 595	42 719	122 070
51	海外文摘	66 893	28 450	43 664	139 007
52	现代家庭·生活版	66 372	6 929	51 095	124 396
53	故事家·微型经典故事	65 842	11 307	29 902	107 051
54	男生女生·金版	65 234	16 362	125 020	206 616
55	当代青年·我赢	63 886	12 784	26 971	103 641
56	商情	63 445	126 533	27 235	217 213
57	教育与职业·理论版	62 316	61 824	17 974	142 114
58	大众电影	60 143	72 006	163 226	295 375
59	管理观察	59 633	146 692	86 514	292 839
60	小小说月刊	57 001	12 854	41 219	111 074
61	婚姻与家庭·社会纪实	56 909	42 863	32 109	131 881
62	37°女人	55 431	24 450	73 393	153 274
63	现代家庭	55 273	49 162	22 532	126 967
64	美文	54 690	39 439	42 655	136 784
65	男生女生·银版	53 311	10 999	95 045	159 355
66	父母必读	52 809	17 178	75 909	145 896
67	看历史	51 328	10 002	77 692	139 022
68	北京文学	50 502	20 451	55 593	126 546
69	会计之友	49 943	72 200	35 507	157 650
70	祝您健康	49 917	68 564	14 180	132 661
71	商界评论	49 454	9 340	38 296	97 090
72	故事林	48 307	13 130	42 643	104 080
73	电影文学	48 137	79 920	14 325	142 382
74	经济师	48 059	88 996	19 852	156 907

(续表)

排行	刊名	付费阅读量	片段浏览	原貌版阅读	总发行量
75	中国市场	47 775	85 879	18 703	152 357
76	中国新技术新产品	47 654	126 316	12 093	186 063
77	课外阅读	47 373	31 294	38 611	117 278
78	今古传奇·故事版	47 221	22 062	45 722	115 005
79	科技经济市场	46 520	59 200	4 340	110 060
80	电影评介	46 304	70 315	8 777	125 396
81	中国教育技术装备	46 065	86 379	33 084	165 528
82	百科知识	45 020	44 412	28 106	117 538
83	民间故事选刊	44 391	19 101	13 010	76 502
84	金融经济·学术版	44 368	37 346	8 635	90 349
85	人民文学	43 844	12 188	102 732	158 764
86	中小学心理健康教育	43 484	25 703	16 010	85 197
87	微型小说选刊	43 377	14 883	61 147	119 407
88	晚报文萃	43 194	11 922	23 450	78 566
89	中国信息技术教育	43 173	51 654	58 880	153 707
90	人民论坛	43 024	13 711	23 793	80 528
91	网友世界	42 987	110 579	91 973	245 539
92	中国经济信息	42 732	23 390	5 320	71 442
93	大众医学	42 509	71 391	29 988	143 888
94	计算机应用文摘	41 293	79 950	120 070	241 313
95	恋爱婚姻家庭	41 087	16 070	27 487	84 644
96	经济研究导刊	41 029	63 181	25 096	129 306
97	做人与处世	40 812	24 366	38 906	104 084
98	中国企业家	40 628	17 424	129 237	187 289
99	现代商贸工业	40 059	84 076	13 973	138 108
100	中外管理	39 880	15 109	36 556	91 545

2010 龙源期刊海外付费阅读 TOP100

排行	刊名	付费阅读量	片段浏览	原貌版阅读	总发行量
1	考试周刊	46 876	3 572	70 167	120 615
2	商场现代化	19 325	3 426	35 938	58 689
3	中小企业管理与科技·上旬刊	12 844	468	6 332	19 644
4	世界知识	12 742	456	75 523	88 721
5	电脑爱好者	11 216	4 310	375 491	391 017
6	中国新闻周刊	10 406	834	325 435	336 675
7	伴侣	10 340	675	60 598	71 613
8	人民论坛	9 001	93	23 793	32 887
9	意林	8 460	952	264 850	274 262
10	理财周刊	8 439	393	149 275	158 107
12	青年文摘	7 310	1 842	218 277	227 429
13	人生与伴侣	7 091	816	62 456	70 363
14	消费导刊	6 927	1 634	35 300	43 861
15	家庭医药	6 837	591	38 159	45 587
16	农村百事通	6 801	975	57 254	65 030
17	家庭	6 361	765	101 911	109 037
18	父母必读	6 344	218	75 909	82 471
19	读书	6 116	659	75 897	82 672
20	南风窗	6 058	387	255 483	261 928
21	南方人物周刊	5 890	519	363 556	369 965

(续表)

排行	刊名	付费阅读量	片段浏览	原貌版阅读	总发行量
22	商界	5 818	255	321 642	327 715
23	故事会	5 801	233	320 012	326 046
24	电脑爱好者·普及版	5 604	635	111 699	117 938
25	看世界	5 435	436	93 397	99 268
26	青年文摘·彩版	5 377	575	147 747	153 699
27	当代	5 339	96	91 055	96 490
28	海外星云	5 199	660	48 810	54 669
29	十月	5 095	124	83 294	88 513
30	新周刊	4 671	1 190	428 003	433 864
31	教师博览	4 640	165	45 945	50 750
32	诗歌月刊	4 616	195	39 865	44 676
33	北京文学	4 421	206	55 593	60 220
34	现代家庭·生活版	4 419	121	51 095	55 635
35	大众摄影	4 366	636	350 701	355 703
36	中国企业家	4 102	240	129 237	133 579
37	中小学心理健康教育	4 011	191	16 010	20 212
38	领导文萃	4 000	248	109 352	113 600
39	当代青年·我赢	3 998	131	26 971	31 100
40	商界·城乡致富	3 976	265	55 128	59 369
41	啄木鸟	3 914	368	40 859	45 141
42	商业时代	3 831	958	50 114	54 903
43	商界评论	3 792	153	38 296	42 241
44	计算机应用文摘	3 756	1 176	120 070	125 002
45	互联网周刊	3 723	282	50 845	54 850
46	合作经济与科技	3 653	1 041	12 319	17 013
47	班主任之友	3 638	83	30 354	34 075

(续表)

排行	刊名	付费阅读量	片段浏览	原貌版阅读	总发行量
48	经济	3 579	104	12 275	15 958
49	中国经济周刊	3 517	263	91 553	95 333
50	时代影视	3 391	975	320 255	324 621
51	中国计算机报	3 386	555	3 001	6 942
52	现代家庭	3 381	923	22 532	26 836
53	人民文学	3 339	229	102 732	106 300
54	现代企业文化·理论版	3 295	688	13 108	17 091
55	文史天地	3 279	212	42 719	46 210
56	知识窗	3 142	512	38 188	41 842
57	收获	3 085	151	64 152	67 388
58	婚姻与家庭·社会纪实	3 084	658	32 109	35 851
59	北方经济	3 016	448	8 969	12 433
60	销售与市场·管理版	3 002	255	35 765	39 022
61	兵器知识	3 002	348	350 956	354 306
62	散文诗	2 982	153	59 990	63 125
63	新西部下半月	2 897	616	6 224	9 737
64	中国经济信息	2 865	280	5 320	8 465
65	大众致富指南	2 854	345	15 608	18 807
66	V-MARKETING 成功营销	2 787	226	5 367	8 380
67	中国市场	2 780	910	18 703	22 393
68	新民周刊	2 752	576	144 840	148 168
69	博览群书	2 748	198	19 795	22 741
70	北京文学·中篇小说月报	2 746	87	43 367	46 200
71	轻兵器	2 744	1 160	465 760	469 664
72	中外文摘	2 729	431	36 910	40 070
73	大众电影	2 694	1 242	163 226	167 162

(续表)

排行	刊名	付费阅读量	片段浏览	原貌版阅读	总发行量
74	金色年华·学校教育	2 679	271	20 027	22 977
75	销售与管理	2 670	340	50 496	53 506
76	新课程研究·基础教育	2 647	372	49 021	52 040
77	中外教学研究	2 622	373	4 650	7 645
78	当代财经	2 610	135	10 309	13 054
79	环球企业家	2 596	250	49 589	52 435
80	新华月报·记录	2 554	152	7 730	10 436
81	新华月报·天下	2 550	132	10 370	13 052
82	看历史	2 516	158	77 692	80 366
83	新课程研究·教师教育	2 508	260	25 792	28 560
84	数码影像时代	2 498	150	50 553	53 201
85	中国联合商报	2 425	204	0	2 629
86	改革与战略	2 420	250	8 417	11 087
87	民主与法制	2 326	302	23 388	26 016
88	会计之友	2 240	608	35 507	38 355
89	中海外资·下半月	2 226	474	9 646	12 346
90	金融教学与研究	2 208	56	1 336	3 600
91	财经文摘	2 202	260	15 371	17 833
92	故事林	2 189	116	42 643	44 948
93	今古传奇·武侠版	2 186	127	130 236	132 549
94	商业研究	2 185	349	8 881	11 415
95	37°女人	2 136	343	73 393	75 872
96	祝您健康	2 126	944	14 180	17 250
97	东西南北	2 117	376	45 387	47 880
98	群众	2 109	49	4 315	6 473
99	中外管理	2 088	188	36 556	38 832
100	经济研究导刊	2 079	574	25 096	27 749

2010龙源期刊国内、海外付费阅读双栖期刊

刊名	国内排行	海外排行	付费阅读量	片段浏览量	原貌版阅读量	数字总发行量
考试周刊	1		411 866	376 675	70 167	858 708
		1	46 876	3 572	70 167	120 615
商场现代化	2		247 545	316 350	35 938	599 833
		2	19 325	3 426	35 938	58 689
电脑爱好者	3		240 558	264 917	375 491	880 966
		5	11 216	4 310	375 491	391 017
青年文摘	4		237 010	160 451	218 277	615 738
		12	7 310	1 842	218 277	227 429
中国新闻周刊	5		230 283	61 853	325 435	617 571
		6	10 406	834	325 435	336 675
意林	6		217 906	84 049	264 850	566 805
		9	8 460	952	264 850	274 262
南风窗	7		201 428	29 740	255 483	486 651
		20	6 058	387	255 483	261 928
南方人物周刊	9		175 779	34 952	363 556	574 289
		21	5 890	519	363 556	369 965
新周刊	10		173 111	61 329	428 003	662 443
		30	4 671	1 190	428 003	433 864
伴侣	11		164 207	47 654	60 598	272 459
		7	10 340	675	60 598	71 613
人生与伴侣	12		155 317	55 206	62 456	272 979
		13	7 091	816	62 456	70 363

(续表)

刊名	国内排行	海外排行	付费阅读量	片段浏览量	原貌版阅读量	数字总发行量
青年文摘·彩版	13		141 232	41 127	147 747	330 106
		26	5 377	575	147 747	153 699
领导文萃	14		140 487	31 570	109 352	281 409
		38	4 000	248	109 352	113 600
理财周刊	15		137 230	29 973	149 275	316 478
		10	8 439	393	149 275	158 107
世界知识	16		125 300	22 984	75 523	223 807
		4	12 742	456	75 523	88 721
家庭	17		122 682	40 414	101 911	265 007
		17	6 361	765	101 911	109 037
商界	18		122 183	22 261	321 642	466 086
		22	5 818	255	321 642	327 715
看世界	20		103 587	27 571	93 397	224 555
		25	5 435	436	93 397	99 268
家庭医药	21		96 101	47 690	38 159	181 950
		15	6 837	591	38 159	45 587
合作经济与科技	22		94 605	97 011	12 319	203 935
		46	3 653	1 041	12 319	17 013
海外星云	23		94 120	34 406	48 810	177 336
		28	5 199	660	48 810	54 669
中国计算机报	24		91 463	46 349	3 001	140 813
		51	3 386	555	3 001	6 942
轻兵器	25		89 001	79 457	465 760	634 218
		71	2 744	1 160	465 760	469 664
教师博览	26		88 974	20 651	45 945	155 570
		31	4 640	165	45 945	50 750
故事会	27		88 016	19 290	320 012	427 318
		23	5 801	233	320 012	326 046
中外文摘	28		83 087	33 900	36 910	153 897
		72	2 729	431	36 910	40 090

(续表)

刊名	国内排行	海外排行	付费阅读量	片段浏览量	原貌版阅读量	数字总发行量
读书	29		81 835	48 492	75 897	206 224
		19	6 116	659	75 897	82 672
消费导刊	31		80 642	162 662	35 300	278 604
		14	6 927	1 634	35 300	43 861
知识窗	32		79 602	38 802	38 188	156 592
		56	3 142	512	38 188	41 842
新民周刊	33		77 057	35 921	144 840	257 818
		68	2 752	576	144 840	148 168
啄木鸟	34		75 261	23 492	40 859	139 612
		41	3 914	368	40 859	45 141
中国经济周刊	35		75 165	21 579	91 553	188 297
		49	3 517	263	91 553	95 333
电脑爱好者·普及版	36		75 083	45 193	111 699	231 975
		24	5 604	635	111 699	117 938
十月	37		74 431	8 667	83 294	166 392
		29	5 095	124	83 294	88 513
时代影视	38		74 410	50 455	320 255	445 120
		50	3 391	975	320 255	324 621
当代	39		74 357	7 873	91 055	173 285
		27	5 339	96	91 055	96 490
班主任之友	40		73 927	14 819	30 354	119 100
		47	3 638	83	30 354	34 075
兵器知识	43		72 993	22 127	350 956	446 076
		61	3 002	348	350 956	354 306
商业时代	44		71 798	80 856	50 114	202 768
		42	3 831	958	50 114	54 903
东西南北	46		69 906	30 759	45 387	146 052
		97	2 117	376	45 387	47 880
大众摄影	47		68 334	36 314	350 701	455 349
		35	4 366	636	350 701	355 703

(续表)

刊名	国内排行	海外排行	付费阅读量	片段浏览量	原貌版阅读量	数字总发行量
商界·城乡致富	48		68 239	22 013	55 128	145 380
		40	3 976	265	55 128	59 369
文史天地	50		67 756	11 595	42 719	122 070
		55	3 279	212	42 719	46 210
现代家庭·生活版	52		66 372	6 929	51 095	124 396
		34	4 419	121	51 095	55 635
当代青年·我赢	55		63 886	12 784	26 971	103 641
		39	3 998	131	26 971	31 100
大众电影	58		60 143	72 006	163 226	295 375
		73	2 694	1 242	163 226	167 162
婚姻与家庭·社会纪实	61		56 909	42 863	32 109	131 881
		58	3 084	658	32 109	35 851
现代家庭	63		55 273	49 162	22 532	126 967
		52	3 381	923	22 532	26 836
父母必读	66		52 809	17 178	75 909	145 896
		18	6 344	218	75 909	82 471
看历史	67		51 328	10 002	77 692	139 022
		82	2 516	158	77 692	80 366
北京文学	68		50 502	20 451	55 593	126 546
		33	4 421	206	55 593	60 220
会计之友	69		49 943	72 200	35 507	157 650
		88	2 240	608	35 507	38 355
祝您健康	70		49 917	68 564	14 180	132 661
		96	2 126	944	14 180	17 250
商界评论	71		49 454	9 340	38 296	97 090
		43	3 792	153	38 296	42 241
中国市场	75		47 775	85 879	18 703	152 357
		67	2 780	910	18 703	22 393
人民文学	85		43 844	12 188	102 732	158 764
		53	3 339	229	102 732	106 300

（续表）

刊名	国内排行	海外排行	付费阅读量	片段浏览量	原貌版阅读量	数字总发行量
中小学心理健康教育	86		43 484	25 703	16 010	85 197
		37	4 011	191	16 010	20 212
人民论坛	90		43 024	13 711	23 793	80 528
		8	9 001	93	23 793	32 887
中国经济信息	92		42 732	23 390	5 320	71 442
		64	2 865	280	5 320	8 465
计算机应用文摘	94		41 293	79 950	120 070	241 313
		44	3 756	1 176	120 070	125 002
经济研究导刊	96		41 029	63 181	25 096	129 306
		100	2 079	574	25 096	27 749
中国企业家	98		40 628	17 424	129 237	187 289
		36	4 102	240	129 237	133 579
中外管理	100		39 880	15 109	36 556	91 545
		99	2 088	188	36 556	38 832

2010 龙源期刊网络传播国内阅读 TOP100 栏目

排行	栏目名称	刊名	付费阅读	浏览片段	总发行量
1	稀饭软组织	电脑爱好者	79 778	40 997	120 775
2	外语教学与研究	考试周刊	72 846	70 259	143 105
3	专题	新周刊	58 010	23 312	81 322
4	思	青年文摘·彩版	52 749	12 860	65 609
5	封面故事	中国新闻周刊	51 491	15 135	66 626
6	独家策划	南风窗	44 571	5 696	50 267
7	教之行	班主任之友	40 416	8 483	48 899
8	心灵鸡汤	意林	40 006	11 949	51 955
9	初学者乐园	电脑爱好者·普及版	38 049	17 545	55 594
10	封面人物	南方人物周刊	37 079	8 068	45 147
11	世间感动	意林	36 518	12 251	48 769
12	观点	南方人物周刊	35 123	4 043	39 166
13	经营管理	商场现代化	33 970	48 011	81 981
14	高教高职研究	考试周刊	33 947	26 170	60 117
15	中篇小说	十月	33 325	2 162	35 487
16	数学教学与研究	考试周刊	33 036	32 759	65 795
17	教育教学研究	考试周刊	31 684	28 800	60 484
18	守望情缘	伴侣	31 655	3 295	34 950
19	硬派圈子	电脑爱好者	31 128	16 334	47 462
20	语文教学与研究	考试周刊	31 050	31 413	62 463
21	文学语言学研究	考试周刊	30 320	27 246	57 566
22	考试研究	考试周刊	29 507	22 126	51 633
23	情	青年文摘·彩版	28 801	7 589	36 390
24	每期必有	母子健康	28 341	1 664	30 005

(续表)

排行	栏目名称	刊名	付费阅读	浏览片段	总发行量
25	亲亲宝贝	母子健康	26 730	342	27 072
26	体育教学与研究	考试周刊	26 075	22 695	48 770
27	封面文章	理财周刊	25 580	3 048	28 628
28	亲子时光	母子健康	25 393	385	25 778
29	妈妈时间	母子健康	24 820	509	25 329
30	情感	青年文摘	24 794	7 462	32 256
31	影视评论	电影评介	24 765	41 877	66 642
32	时政	南风窗	24 702	3 207	27 909
33	封面话题	世界知识	23 904	2 655	26 559
34	成功之钥	意林	23 509	8 151	31 660
35	健康家园	伴侣	22 871	8 837	31 708
36	智	青年文摘·彩版	22 865	8 456	31 321
37	理化生教学与研究	考试周刊	22 498	18 493	40 991
38	长篇小说	当代	22 497	1 589	24 086
39	女人情	37°女人	22 391	7 174	29 565
40	家庭理财	理财周刊	22 085	5 266	27 351
41	竞争时代	领导文萃	21 660	4 155	25 815
42	聪明用电脑	电脑爱好者	21 606	54 003	75 609
43	工作研究	会计之友	21 466	34 769	56 235
44	学术论坛	艺术教育	20 973	47 903	68 876
45	观察	商界	20 332	2 601	22 933
46	菜鸟集训营	电脑爱好者	20 015	3 455	23 470
47	创作	大众摄影	19 693	5 564	25 257
48	健康生活	家庭医药	19 397	5 157	24 554
49	双周	南风窗	19 386	2 139	21 525
50	后窗	南方人物周刊	19 204	2 778	21 982
51	成长	青年文摘	19 187	5 084	24 271
52	王牌一咖	时代影视	18 880	4 972	23 852
53	语文	小学教学研究	18 475	5 075	23 550
54	最新鲜	现代家庭·生活版	18 257	1 013	19 270
55	直击人生	伴侣	18 199	3 156	21 355

(续表)

排行	栏目名称	刊名	付费阅读	浏览片段	总发行量
56	器材	大众摄影	18 164	9 002	27 166
57	管理/制度	合作经济与科技	18 151	16 059	34 210
58	商业视角	商场现代化	18 108	20 298	38 406
59	产业经济	商场现代化	18 083	20 997	39 080
60	故事	商界	18 072	1 927	19 999
61	财会探析	商场现代化	17 727	21 500	39 227
62	选药指南	家庭医药	17 659	11 047	28 706
63	封面故事	看历史	17 623	3 016	20 639
64	本期看点	看世界	16 807	1 854	18 661
65	商业研究	商场现代化	16 491	21 566	38 057
66	临床医学	中国实用医药	16 488	45 760	62 248
67	商旅	商界	16 305	6 564	22 869
68	浮世绘	意林	16 228	3 773	20 001
69	长篇小说	长篇小说选刊	16 126	2 205	18 331
70	拍摄	大众摄影	16 020	5 466	21 486
71	北斗心空	东西南北	15 979	3 854	19 833
72	红尘男女	伴侣	15 805	2 930	18 735
73	中国中篇小说排行榜	北京文学·中篇小说月报	15 691	2 014	17 705
74	看点·报道	中国经济周刊	15 608	3 266	18 874
75	就医导航	家庭医药	15 559	8 197	23 756
76	出类拔萃	考试周刊	15 532	16 738	32 270
77	国际	南风窗	15 459	2 038	17 497
78	专栏	理财周刊	15 438	3 016	18 454
79	中篇小说	当代	15 355	882	16 237
81	事件	商界	15 313	1 887	17 200
82	财经	南风窗	15 035	2 790	17 825
83	财会经纬	会计之友	14 970	21 484	36 454
84	公共	南方人物周刊	14 869	4 205	19 074
85	趣	青年文摘·彩版	14 828	4 485	19 313
86	女人心	37°女人	14 755	8 051	22 806
87	成长	课外阅读	14 731	7 252	21 983

（续表）

排行	栏目名称	刊名	付费阅读	浏览片段	总发行量
88	婚恋·家庭	恋爱婚姻家庭	14 678	3 703	18 381
89	长篇小说	收获	14 663	1 200	15 863
90	影人	大众电影	14 544	16 111	30 655
91	专栏	新民周刊	14 504	5 433	19 937
92	教学研究	中国教育技术装备	14 480	29 956	44 436
93	创富英雄榜	现代营销·信息版	14 452	27 132	41 584
94	教学园地	中国教育技术装备	14 331	25 121	39 452
95	观点·评论	中国经济周刊	14 326	2 391	16 717
96	新闻	南方人物周刊	14 319	3 855	18 174
97	中篇小说	小说月报	14 175	1 397	15 572
98	经济/产业	合作经济与科技	14 079	12 392	26 471
99	幸福节拍	家庭百事通	13 966	6 969	20 935
100	社会·生活	恋爱婚姻家庭	13 937	7 231	21 168

2010 龙源期刊网络传播海外阅读 TOP100 栏目

排行	栏目名称	刊名	付费阅读量	片段浏览	总发行量
1	考试研究	考试周刊	30 997	190	31 187
2	环境科学	中小企业管理与科技·上旬刊	9 801	9	9 810
3	封面话题	世界知识	6 818	59	6 877
4	第一言论	人民论坛	6 185	10	6 195
5	稀饭软组织	电脑爱好者	4 327	700	5 027
6	外语教学与研究	考试周刊	3 285	988	4 273
7	封面故事	中国新闻周刊	3 765	208	3 973
8	经营管理	商场现代化	2 827	492	3 319
9	初学者乐园	电脑爱好者·普及版	2 405	264	2 669
10	硬派圈子	电脑爱好者	2 334	279	2 613
11	中篇小说	十月	2 313	69	2 382
12	专题	新周刊	1 803	541	2 344
13	教之行	班主任之友	2 142	42	2 184
14	封面人物	南方人物周刊	2 008	121	2 129
15	思	青年文摘·彩版	1 894	223	2 117
16	文学语言学研究	考试周刊	1 345	553	1 898
17	产业经济	商场现代化	1 661	216	1 877
18	器材	大众摄影	1 586	199	1 785
19	守望情缘	伴侣	1 672	36	1 708
20	商业视角	商场现代化	1 330	264	1 594
21	封面文章	理财周刊	1 528	42	1 570
22	独家策划	南风窗	1 484	83	1 567
23	长篇小说	当代	1 530	34	1 564

(续表)

排行	栏目名称	刊名	付费阅读量	片段浏览	总发行量
24	高教高职研究	考试周刊	1 372	189	1 561
25	商业研究	商场现代化	1 270	268	1 538
26	学术论坛	艺术教育	938	593	1 531
27	数学教学与研究	考试周刊	1 308	215	1 523
28	种植园地	农村百事通	1 333	171	1 504
29	长篇小说	收获	1 431	59	1 490
30	教育教学研究	考试周刊	1 288	195	1 483
31	封面故事	互联网周刊	1 412	40	1 452
32	财会探析	商场现代化	1 249	176	1 425
34	傻博士信箱	电脑爱好者·普及版	1 295	125	1 420
35	选药指南	家庭医药	1 249	154	1 403
36	王牌一咖	时代影视	1 286	114	1 400
37	语文教学与研究	考试周刊	1 196	162	1 358
38	创富英雄榜	现代营销·信息版	738	620	1 358
39	创作	大众摄影	1 267	83	1 350
40	聪明用电脑	电脑爱好者	378	956	1 334
41	宝贝健康	父母必读	1 267	56	1 323
42	家庭理财	理财周刊	1 229	90	1 319
43	健康生活	家庭医药	1 277	40	1 317
44	最新鲜	现代家庭·生活版	1 285	17	1 302
45	人力资源	商场现代化	1 080	199	1 279
46	中国中篇小说排行榜	北京文学·中篇小说月报	1 233	35	1 268
47	中篇小说	当代	1 239	12	1 251
48	中篇小说	小说月报	1 211	17	1 228
49	常委会会刊	浙江人大·公报版	1 195	6	1 201
50	拍摄	大众摄影	1 111	88	1 199
51	傻博士信箱	电脑爱好者	570	626	1 196
52	直击人生	伴侣	1 126	59	1 185
53	体育教学与研究	考试周刊	1 029	155	1 184
54	养殖天地	农村百事通	1 042	131	1 173

(续表)

排行	栏目名称	刊名	付费阅读量	片段浏览	总发行量
55	情	青年文摘·彩版	1 078	80	1 158
56	健康家园	伴侣	1 016	141	1 157
57	工作研究	会计之友	917	237	1 154
58	好看小说	北京文学	1 123	27	1 150
59	财经论坛	商场现代化	935	211	1 146
60	封面故事	看历史	1 074	40	1 114
61	心灵鸡汤	意林	977	134	1 111
62	国际经贸	商场现代化	899	211	1 110
63	封面	新民周刊	1 064	33	1 097
64	观察	商界	1 062	25	1 087
65	红尘男女	伴侣	1 031	40	1 071
66	管理视野	消费导刊	850	218	1 068
67	形象展示	大众致富指南	905	158	1 063
68	围城视界	伴侣	1 030	32	1 062
69	财会经纬	会计之友	823	239	1 062
70	区域经济	商场现代化	947	107	1 054
71	一线快递	中小学心理健康教育	1 016	38	1 054
72	文化研究	消费导刊	872	174	1 046
73	智	青年文摘·彩版	894	132	1 026
74	特别策划	人民论坛	1 004	20	1 024
75	电子商务	商场现代化	903	109	1 012
76	软网学用通	电脑爱好者·普及版	917	95	1 012
77	经济研究	消费导刊	779	224	1 003
78	事件	商界	974	19	993
79	影人	大众电影	677	314	991
80	理化生教学与研究	考试周刊	870	113	983
81	营销策略	商场现代化	771	209	980
83	世间感动	意林	846	117	963
84	教育时空	消费导刊	808	150	958
85	热点分析	商场现代化	832	125	957
86	大道	商界评论	919	16	935

（续表）

排行	栏目名称	刊名	付费阅读量	片段浏览	总发行量
87	中国新传说	故事会	899	35	934
88	就医导航	家庭医药	845	89	934
89	闲情	现代家庭·生活版	911	15	926
90	长篇小说	长篇小说选刊	884	40	924
91	营销	商界·城乡致富	872	43	915
92	长篇小说连载	人民文学	882	26	908
93	经济与法	商场现代化	812	86	898
94	家庭时间	父母必读	864	31	895
95	专栏	理财周刊	871	24	895
96	中篇小说	人民文学	863	21	884
97	政治	新华月报·记录	827	56	883
98	应用与技巧	计算机应用文摘	499	381	880
99	商旅	商界	812	68	880
100	特别策划	商界评论	837	40	877

[2009]

2009 龙源期刊国内付费阅读 TOP100

排行	刊名	阅读量	排行	刊名	阅读量
1	青年文摘	721 540	24	新周刊	195 460
2	电脑爱好者	710 560	25	商业时代	188 046
3	商场现代化	619 858	26	婚姻与家庭·社会纪实	185 876
4	南方人物周刊	378 188	27	书报文摘	179 126
5	意林	367 422	28	理财周刊	177 252
6	中国新闻周刊	358 964	29	新民周刊	174 850
7	收获	335 260	30	长篇小说选刊	173 626
8	南风窗	322 878	31	十月	173 254
9	人生与伴侣	280 556	32	今古传奇·故事版	170 976
10	考试周刊	271 652	33	青年博览	170 118
11	当代	267 632	34	人民文学	168 662
12	男生女生·金版	267 478	35	大众电影	168 134
13	伴侣	267 208	36	轻兵器	166 586
14	家庭	237 544	37	故事会	165 036
15	新华文摘	235 898	38	中外文摘	163 380
16	会计之友	228 826	39	故事林	160 088
17	啄木鸟	223 670	40	时代影视	152 976
18	领导文萃	222 642	41	青年文摘·彩版	148 674
19	今古传奇·武侠版	215 438	42	百年潮	147 842
20	—	—	43	大众摄影	146 096
21	商界	210 024	44	教师博览	144 670
22	小说月报	209 044	45	课外阅读	131 682
23	37°女人	205 074	46	兵器知识	127 554

（续表）

排行	刊名	阅读量	排行	刊名	阅读量
47	北方经济	127 094	74	中国计算机报	86 528
48	视野	125 662	75	烹调知识	85 610
49	北京文学	125 140	76	现代农业科技	84 470
50	幸福	123 898	77	婚育与健康	84 296
51	安徽文学	123 324	78	名作欣赏·上旬刊	83 828
52	读书	123 076	79	幸福·悦读	83 824
53	计算机应用文摘	121 934	80	经济师	83 180
54	北京文学·中篇小说月报	119 788	81	电脑知识与技术·经验技巧	82 332
55	大众医学	116 524	82	文史精华	81 814
56	百科知识	112 694	83	海外星云	81 668
57	看世界	112 134	84	报刊荟萃	80 530
58	今日文摘	111 628	85	东西南北	79 724
59	家庭医药	106 738	86	保健与生活	78 862
60	财会通讯	105 208	87	棋艺	78 674
61	民主与法制	102 548	88	电影文学	78 646
62	中国医药导报	102 318	89	小小说月刊	78 638
63	班主任之友	100 176	90	现代医药卫生	77 064
64	世界知识	100 170	91	文学教育	76 708
65	美文	95 324	92	中国企业家	76 342
66	成才之路	94 306	93	章回小说	76 164
67	小品文选刊	93 562	94	电脑迷	75 358
68	销售与市场	93 136	95	财经	74 890
69	网友世界	92 122	96	消费导刊	74 594
70	中国市场	89 632	97	农村百事通	74 496
71	书屋	87 922	98	译林	73 504
72	IT时代周刊	87 556	99	新世纪周刊	71 910
73	环球企业家	86 592	100	海外文摘	71 468

2009 龙源期刊海外付费阅读 TOP100

排行	刊名	阅读量	排行	刊名	阅读量
1	商场现代化	91 528	26	今古传奇·故事版	16 824
2	电脑爱好者	53 926	27	南风窗	16 674
3	中国医药导报	53 440	28	社会科学论坛	16 500
4	中国新闻周刊	40 606	29	成才之路	16 212
5	计算机世界	36 306	30	大众摄影	15 962
6	大众电影	29 894	31	啄木鸟	15 818
7	中国计算机报	29 630	32	今日科苑	14 356
8	收获	29 476	33	现代农业科技	14 222
9	会计之友	27 778	34	商界	13 996
10	伴侣	25 454	35	百科知识	13 960
11	当代	23 170	36	北方经济	13 798
12	家庭	23 076	37	环球企业家	13 734
13	商业时代	23 074	38	财经	13 156
14	时代影视	20 388	39	教育艺术	12 782
15	青年文摘	19 358	40	十月	12 734
16	农村百事通	19 774	41	党史文苑	12 528
17	人生与伴侣	18 536	42	课外阅读	12 104
18	—	—	43	当代经济	11 810
19	消费导刊	18 014	44	人民文学	11 666
20	中国实用医药	17 928	45	百年潮	11 260
21	考试周刊	17 896	46	今日文摘	11 196
22	婚姻与家庭·社会纪实	17 698	47	阅读与鉴赏·初中	11 158
23	南方人物周刊	17 604	48	山花	11 084
24	小说月报	17 390	49	大众医学	11 064
25	计算机应用文摘	16 898	50	中外文摘	10 876

(续表)

排行	刊名	阅读量	排行	刊名	阅读量
51	今古传奇·武侠版	10 420	76	中国保健	7 852
52	管理观察	10 214	77	中国网友报	7 798
53	职业教育研究	10 080	78	教育与职业·理论版	7 646
54	理财周刊	10 040	79	新闻爱好者	7 356
55	幸福	9 820	80	电脑迷	7 288
56	37°女人	9 770	81	轻兵器	7 154
57	快乐语文	9 644	82	中小学心理健康教育	7 086
58	长篇小说选刊	9 454	83	棋艺	7 070
59	经济研究导刊	9 250	84	意林	7 044
60	深圳青年	9 224	85	现代教育科学·高教研究	7 026
61	中国社区医师·医学专业半月刊	9 192	86	安徽文学	7 006
62	新民周刊	9 040	87	合作经济与科技	7 000
63	海外星云	8 930	88	八小时以外	6 972
64	教育探索	8 910	89	小说月报·原创版	6 896
65	今日中国教研	8 860	90	财会通讯	6 894
66	新课程研究·基础教育	8 778	91	报告文学	6 876
67	中国教育技术装备	8 762	92	阅读与作文·小学低年级版	6 866
68	互联网周刊	8 724	93	北京文学·中篇小说月报	6 852
69	教师博览	8 722	94	读书	6 828
70	人人健康	8 458	95	百姓	6 826
71	计算机教育	8 402	96	新周刊	6 736
72	兵器知识	8 310	97	理论前沿	6 726
73	现代企业文化·理论版	8 148	98	中国社区医师	6 604
74	IT时代周刊	8 004	99	中外教学研究	6 592
75	电影文学	7 914	100	班主任之友	6 476

2009 龙源期刊国内、海外付费阅读双栖期刊

刊名	国内 TOP 排行	海外 TOP 排行	刊名	国内 TOP 排行	海外 TOP 排行
37°女人	23	56	今日文摘	58	46
IT 时代周刊	72	74	考试周刊	10	21
安徽文学	51	86	课外阅读	45	42
百科知识	56	35	理财周刊	28	54
百年潮	42	45	南方人物周刊	4	23
班主任之友	63	100	南风窗	8	27
伴侣	13	10	农村百事通	97	16
北方经济	47	36	棋艺	87	83
北京文学·中篇小说月报	54	93	青年文摘	1	15
兵器知识	46	72	轻兵器	36	81
财会通讯	60	90	人民文学	34	44
财经	95	38	人生与伴侣	9	17
长篇小说选刊	30	58	商场现代化	3	1
成才之路	66	29	商界	21	34
大众电影	35	6	商业时代	25	13
大众摄影	43	30	十月	31	40
大众医学	55	49	时代影视	40	14
当代	11	11	收获	7	8
电脑爱好者	2	2	现代农业科技	76	33
电脑迷	94	80	消费导刊	96	19
电影文学	88	75	小说月报	22	24
读书	52	94	新民周刊	29	62

（续表）

刊名	国内TOP排行	海外TOP排行	刊名	国内TOP排行	海外TOP排行
海外星云	83	63	新周刊	24	96
环球企业家	73	37	幸福	50	55
会计之友	16	9	意林	5	84
婚姻与家庭·社会纪实	26	22	中国计算机报	74	7
计算机应用文摘	53	25	中国新闻周刊	6	4
家庭	14	12	中国医药导报	62	3
教师博览	44	69	中外文摘	38	50
今古传奇·故事版	32	26	啄木鸟	17	31
今古传奇·武侠版	19	51	—	—	—

2009 龙源期刊国内阅读 TOP100 栏目

排行	栏目名称	刊名	排行	栏目名称	刊名
1	长篇小说	收获	23	中国中篇小说排行榜	北京文学·中篇小说月报
2	聪明用电脑	电脑爱好者	24	—	财会通讯（综合版）·下
3	长篇小说	长篇小说选刊	25	短篇小说	小说月报
4	中篇小说	小说月报	26	—	小说月报·原创版
5	稀饭软组织	电脑爱好者	27	专题	新周刊
6	长篇小说	当代	28	外语教学与研究	考试周刊
7	情感	青年文摘	29	守望情缘	伴侣
8	成长	青年文摘	30	女人心	37°女人
9	封面人物	南方人物周刊	31	心灵鸡汤	意林
10	工作研究	会计之友	32	好看小说	啄木鸟
11	—	读书	33	玄异	男生女生·金版
12	经营管理	商场现代化	34	硬派圈子	电脑爱好者
13	女人情	37°女人	35	明白买电脑	电脑爱好者
14	万叶集	青年文摘	36	特别推荐	啄木鸟
15	财会经纬	会计之友	37	思	青年文摘·彩版
16	人生	青年文摘	38	健康家园	伴侣
17	独家策划	南风窗	39	教之行	班主任之友
18	中篇小说	十月	40	世间感动	意林
19	封面故事	中国新闻周刊	41	—	中国新闻周刊
20	中篇小说	收获	42	影视评论	电影评介
21	小说	人民文学	43	时政	南风窗
22	观点	南方人物周刊	44	新人帮	电脑爱好者

(续表)

排行	栏目名称	刊名	排行	栏目名称	刊名
45	产业经济	故事林	73	影人	大众电影
46	长篇小说	译林	74	会计论坛	会计之友
47	中篇小说	清明	75	科学论坛	大众科学·科学研究与实践
48	封面	新民周刊	76	创作	大众摄影
49	专栏	意林	77	财经	南风窗
50	成长	课外阅读	78	影谈	大众电影
51	财会探析	商场现代化	79	后窗	南方人物周刊
52	学术论坛	艺术教育	80	拍摄	大众摄影
53	商业研究	商场现代化	81	警世档案	家庭
54	中篇小说	当代	82	观察	商界
55	人力资源	商场现代化	83	公共	南方人物周刊
56	社会	青年文摘	84	数字时代	电脑爱好者
57	专栏	新民周刊	85	关注	成才之路
58	文苑	青年文摘	86	影片	大众电影
59	新闻	南方人物周刊	87	营销策略	商场现代化
60	好看小说	北京文学	88	浮世绘	意林
61	直击人生	伴侣	89	经济与法	商场现代化
62	悬疑	男生女生（金版）	90	商旅	商界
63	竞争时代	领导文萃	91	封面文章	理财周刊
64	商业视角	商场现代化	92	点滴	课外阅读
65	成功之钥	意林	93	幽默世界	故事会
66	国际经贸	商场现代化	94	故事快餐	故事林
67	新视界	电脑爱好者	95	短篇小说	收获
68	器材	大众摄影	96	应用与技巧	计算机应用文摘
69	家庭理财	理财周刊	97	智	青年文摘（彩版）
70	区域经济	商场现代化	98	长篇小说连载	人民文学
71	国际	南风窗	99	小说新干线	十月
72	电子商务	商场现代化	100	专栏	南方人物周刊

2009 龙源期刊海外阅读 TOP100 栏目

排行	栏目名称	刊名	排行	栏目名称	刊名
1	聪明用电脑	电脑爱好者	23	财会探析	商场现代化
2	长篇小说	收获	24	应用与技巧	计算机应用文摘
3	经营管理	商场现代化	25	区域经济	商场现代化
4	中篇小说	小说月报	26	教学研究	中国教育技术装备
5	工作研究	会计之友	27	中国中篇小说排行榜	北京文学·中篇小说月报
6	长篇小说	当代	28	短篇小说	小说月报
7	财会经纬	会计之友	29	影人	大众电影
8	长篇小说	长篇小说选刊	30	人力资源	商场现代化
9	交流园地	中国医药导报	31	电子商务	商场现代化
10	现代护理	中国医药导报	32	关注	成才之路
11	中篇小说	十月	33	影片	大众电影
12	—	小说月报·原创版	34	药物与临床	中国医药导报
13	中篇小说	收获	35	—	中国新闻周刊
14	稀饭软组织	电脑爱好者	36	国际经贸	商场现代化
15	商业研究	商场现代化	37	封面人物	南方人物周刊
16	封面故事	中国新闻周刊	38	特别推荐	啄木鸟
17	产业经济	商场现代化	39	影谈	大众电影
18	临床研究	中国医药导报	40	临床医学	中国实用医药
19	—	财会通讯（综合版）·下	41	小说	人民文学
20	明白买电脑	电脑爱好者	42	营销策略	商场现代化
21	商业视角	商场现代化	43	园艺博览	现代农业科技
22	—	读书	44	长篇小说	译林

(续表)

排行	栏目名称	刊名	排行	栏目名称	刊名
45	种植园地	农村百事通	73	论著	中国医药导报
46	中篇小说	当代	74	工作研究	现代农业科技
47	硬派圈子	电脑爱好者	75	观点	南方人物周刊
48	经济与法	商场现代化	76	中篇小说	清明
49	外语教学与研究	考试周刊	77	点滴	课外阅读
50	热点分析	商场现代化	78	综合管理	管理观察
51	好看小说	啄木鸟	79	直击人生	伴侣
52	财经论坛	商场现代化	80	教之行	班主任之友
53	焦点	成才之路	81	企业管理	商业时代
54	警世档案	家庭	82	科技视野	百科知识
55	健康家园	伴侣	83	科教论丛	今日科苑
56	独家策划	南风窗	84	数字时代	电脑爱好者
57	中医中药	中国医药导报	85	短篇小说	收获
58	临床论著	中国社区医师·医学专业半月刊	86	心声	成才之路
59	成长	课外阅读	87	—	—
60	会计论坛	会计之友	88	创新	成才之路
61	器材	大众摄影	89	创作	大众摄影
62	物流平台	商场现代化	90	政法·社会	社会科学论坛
63	女人情	37°女人	91	影史	大众电影
64	守望情缘	伴侣	92	制度建设	商业时代
65	人人健康医院	人人健康	93	临床报道	按摩与导引
66	大案要案	啄木鸟	94	公共管理	管理观察
67	养殖天地	农村百事通	95	情感	青年文摘
68	长篇小说连载	人民文学	96	中篇小说	上海文学
69	视窗	环球企业家	97	作文导读	阅读与作文（小学低年级版）
70	大田农艺	现代农业科技	98	文化体育	中国新闻周刊
71	女人心	37°女人	99	命运悲欢	家庭
72	财经视线	商业时代	100	天下	中国新闻周刊

[2008]

2008 龙源期刊国内付费阅读 TOP100

排行	刊名	排行	刊名
1	青年文摘	24	中国医药导报
2	意林	25	家庭
3	商场现代化	26	故事林
4	电脑爱好者	27	南风窗
5	中国新闻周刊	28	会计之友
6	领导文萃	29	今日文摘
7	考试周刊	30	大众医学
8	商业时代	31	大众电影
9	新华文摘	32	商界
10	人生与伴侣	33	现代家庭
11	书报文摘	34	视野
12	理财周刊	35	—
13	新民周刊	36	中国实用医药
14	中国市场	37	中国国家地理
15	新周刊	38	美文
16	诗刊	39	课外阅读
17	今古传奇·故事版	40	时代影视
18	现代医药卫生	41	中国联合商报
19	南方人物周刊	42	青年博览
20	伴侣	43	读书
21	婚姻与家庭	44	幸福
22	知识窗	45	世界知识
23	小品文选刊	46	兵器知识

(续表)

排行	刊名	排行	刊名
47	中外文摘	74	杂文月刊
48	中国经济周刊	75	全国新书目
49	电脑知识与技术	76	现代农业科技
50	民主与法制	77	成才之路
51	百科知识	78	科学投资
52	环球企业家	79	先锋国家历史
53	烹调知识	80	中国计算机报
54	武当	81	音乐周报
55	中国经济信息	82	百姓
56	财会通讯	83	当代经济
57	计算机应用文摘	84	商务周刊
58	轻兵器	85	社会科学论坛
59	V–MARKETING 成功营销	86	江门文艺
60	啄木鸟	87	东西南北
61	优雅	88	家庭用药
62	北京文学	89	家庭百事通
63	大众摄影	90	杂文选刊
64	北方经济	91	人民文学
65	37°女人	92	小说月报
66	海外文摘	93	男生女生·金版
67	科学养生	94	棋艺
68	百年潮	95	保健与生活
69	班主任	96	八小时以外
70	计算机世界	97	语文教学与研究·综合天地
71	为了孩子	98	当代
72	IT时代周刊	99	党史文苑
73	精武	100	博览群书

2008 龙源期刊海外付费阅读 TOP100

排行	刊名	排行	刊名
1	中外文摘	26	女性天地
2	当代	27	启蒙(0—3岁)
3	青年文摘	28	东西南北
4	家庭	29	读书
5	婚姻与家庭	30	坦克装甲车辆
6	轻兵器	31	科学养生
7	十月	32	祝您健康
8	大众摄影	33	啄木鸟
9	故事林	34	意林
10	电脑爱好者	35	—
11	收获	36	清明
12	人民文学	37	民主与法制
13	幸福	38	养生月刊
14	大众电影	39	八小时以外
15	北京文学	40	情案调查
16	小说月报	41	妇女之友
17	今古传奇·故事版	42	家庭医学·新健康
18	长江文艺	43	时代姐妹·情人坊
19	伴侣	44	人生与伴侣
20	烹调知识	45	书报文摘
21	兵器知识	46	保健与生活
22	现代家庭	47	法律与生活
23	中老年保健	48	医学美学美容
24	大众医学	49	家庭百事通
25	山花	50	现代妇女

(续表)

排行	刊名	排行	刊名
51	上海文学	76	父母必读
52	诗刊	77	计算机应用文摘
53	时代影视	78	大家故事·侦探推理
54	优雅	79	新华文摘
55	西江月·打工纪实	80	新东方英语
56	昕薇	81	海外文摘
57	幼儿时代	82	中华武术
58	孩子	83	海外英语
59	恋爱婚姻家庭	84	娃娃画报
60	中华传奇	85	家庭医药
61	芳草	86	21世纪
62	爱情婚姻家庭·生活纪实	87	中华养生保健
63	纵横	88	中国化妆品·时尚版
64	女子世界	89	科学投资
65	现代养生	90	理财周刊
66	棋艺	91	龙门阵
67	军事文摘	92	福建文学
68	中国国家地理	93	中国针灸
69	交际与口才	94	为了孩子
70	长篇小说选刊	95	婚育与健康
71	求医问药	96	武当
72	幸福·女读者	97	传奇故事·上旬
73	今日文摘	98	检察风云
74	百年潮	99	启蒙(3—7岁)
75	星火·中短篇小说	100	台港文学选刊

2008 龙源期刊国内、海外付费阅读双栖期刊

刊 名	国内排行	海外排行	刊 名	国内排行	海外排行
八小时以外	96	39	理财周刊	12	90
百年潮	68	74	民主与法制	50	37
伴侣	20	19	烹调知识	53	20
保健与生活	95	46	棋艺	94	66
北京文学	62	15	青年文摘	1	3
兵器知识	46	21	轻兵器	58	6
大众电影	31	14	人民文学	91	12
大众摄影	63	8	人生与伴侣	10	44
大众医学	30	24	诗刊	16	52
当代	98	2	时代影视	40	53
电脑爱好者	4	10	书报文摘	11	45
东西南北	87	28	为了孩子	71	94
读书	43	29	武当	54	96
故事林	26	9	现代家庭	33	22
海外文摘	66	81	小说月报	92	16
婚姻与家庭	21	5	新华文摘	9	79
计算机应用文摘	57	77	幸福	44	13
家庭	25	4	意林	2	34
家庭百事通	89	49	优雅	61	54
今古传奇·故事版	17	17	中国国家地理	37	68
今日文摘	29	73	中外文摘	47	1
科学投资	78	89	啄木鸟	60	33
科学养生	67	31	—	—	—

2008 龙源期刊国内阅读 TOP100 栏目

排行	栏目名称	刊名	排行	栏目名称	刊名
1	情感	青年文摘	26	明白买电脑	电脑爱好者
2	聪明用电脑	电脑爱好者	27	—	文艺研究
3	万叶集	青年文摘	28	中篇小说	小说月报
4	心灵鸡汤	意林	29	成长	课外阅读
5	人生	青年文摘	30	专栏	新民周刊
6	成长	青年文摘	31	短篇小说	小说月报
7	—	读书	32	产业动态观察	出版参考
8	专栏	意林	33	女人情	37°女人
9	世间感动	意林	34	竞争时代	领导文萃
10	经营管理	商场现代化	35	封面人物	南方人物周刊
11	工作研究	会计之友	36	栖息园	视野
12	社会	青年文摘	37	新知博览	意林
13	—	财会通讯·学术版	38	观点·评论	中国经济周刊
14	文苑	青年文摘	39	独家策划	南风窗
15	封面故事	中国新闻周刊	40	临床医学	中国实用医药
16	成功之钥	意林	41	点滴	课外阅读
17	视野	青年文摘	42	影谈	大众电影
18	财会经纬	会计之友	43	家庭理财	理财周刊
19	外语教学与研究	考试周刊	44	国际经贸	商场现代化
20	临床实践	现代医药卫生	45	特别策划	中国国家地理
21	—	中国国家地理	46	人与社会	意林
22	商业研究	商场现代化	47	财经视线	商业时代
23	封面	新民周刊	48	故事快餐	故事林
24	专题	新周刊	49	女人心	37°女人
25	论著	现代医药卫生	50	临床护理	现代医药卫生

(续表)

排行	栏目名称	刊名	排行	栏目名称	刊名
51	应用与技巧	计算机应用文摘	76	交流园地	中国医药导报
52	人物	青年文摘	77	影人	大众电影
53	生活之友	意林	78	新视界	视野
54	企业管理	商业时代	79	领导艺术	领导文萃
55	—	中国新闻周刊	80	学术论坛	艺术教育
56	赤膊锻剑	杂文月刊	81	人力资源	商场现代化
57	产品与评测	微型计算机	82	科学论坛	大众科学·科学研究与实践
58	幸福节拍	家庭百事通	83	读写天地	课外阅读
59	在路上	视野	84	嘉年华	视野
60	电子商务	商场现代化	85	人生	意林
61	数字时代	电脑爱好者	86	商业视角	商场现代化
62	视点	商界	87	教学探索	现代语文·教学研究
63	教之行	班主任之友	88	关注	成才之路
64	产业经济	商场现代化	89	官场叙事	领导文萃
65	拍摄	大众摄影	90	中国新传奇	今古传奇·故事版
66	小说	人民文学	91	科技视野	百科知识
67	营销策略	商场现代化	92	封面文章	理财周刊
68	有智斯有成	意林	93	封面故事	先锋国家历史
69	情感篇	婚姻与家庭	94	影视评论	电影评介
70	观点	南方人物周刊	95	我就 CFan	电脑爱好者
71	服务·借鉴	中国经济周刊	96	区域经济	商场现代化
72	百家新作碰撞	故事林	97	临床研究	中国医药导报
73	视窗	环球企业家	98	产业观察	商业时代
74	财会探析	商场现代化	99	战争边缘	军事文摘
75	影片	大众电影	100	人生	小品文选刊

2008 龙源期刊海外阅读 TOP100 栏目

排行	栏目名称	刊名	排行	栏目名称	刊名
1	情感	青年文摘	26	经典栏目	婚姻与家庭
2	中篇小说	当代	27	命运悲欢	家庭
3	小说	人民文学	28	万叶集	青年文摘
4	长篇小说	当代	29	幸福节拍	家庭百事通
5	中篇小说	十月	30	社会	中外文摘
5	中篇小说	小说月报	31	长篇小说	长篇小说选刊
7	聪明用电脑	电脑爱好者	32	家事风云	家庭
8	好看小说	北京文学	33	新知	中外文摘
9	警世档案	家庭	34	封面故事	大众电影
10	宝宝篇	启蒙（0—3 岁）	35	影谈	大众电影
11	器材	大众摄影	36	名人写真	家庭
12	—	读书	37	小说新干线	十月
13	短篇小说	小说月报	38	短篇小说	当代
14	拍摄	大众摄影	39	长篇小说	收获
15	成长	青年文摘	40	故事快餐	故事林
16	纪实篇	婚姻与家庭	41	中短篇小说	当代
17	短篇小说	长江文艺	42	人生	中外文摘
18	创作	大众摄影	43	中篇小说	上海文学
19	中篇小说	清明	44	特别关注	家庭
20	生活	中外文摘	45	万家灯火	现代家庭
21	中篇小说	收获	46	纪实版	西江月·打工纪实
22	中篇小说	长江文艺	47	情感篇	婚姻与家庭
23	人生	青年文摘	48	社会	青年文摘
24	影人	大众电影	49	社会·生活	恋爱婚姻家庭
25	情感	中外文摘	50	短篇小说	收获

(续表)

排行	栏目名称	刊名	排行	栏目名称	刊名
51	纪实家园	爱情婚姻家庭·生活纪实	76	父母篇	启蒙（0—3岁）
52	作家人气榜	北京文学	77	专家门诊	大众医学
53	主打栏目	婚姻与家庭	78	我爱我家	家庭
54	百家新作碰撞	故事林	79	特稿	中外文摘
55	言情	女性天地	80	好看小说	啄木鸟
56	案·情	法律与生活	81	中国新传奇	今古传奇·故事版
57	世相	女性天地	82	往事	当代
58	影片	大众电影	83	武器看台	轻兵器
59	特别策划	中国国家地理	84	成长	中外文摘
60	中短篇小说	收获	85	爱情故事	家庭
61	小说界	长城	86	传奇夜话	今古传奇·故事版
62	宝宝篇	启蒙（3—7岁）	87	自然	中外文摘
63	纪实	新家庭·情爱时尚	88	—	十月
64	现代家教	家庭	89	小说世界	福建文学
65	—	小说月报·原创版	90	维权行动	家庭
66	幸福·婚姻你我他她	幸福	91	挽救婚姻	家庭
67	情感与人生	伴侣	92	地方风味	烹调知识
68	名枪名弹	轻兵器	93	重磅中篇	星火·中短篇小说
69	大案要案	啄木鸟	94	热点	法律与生活
70	武器分析	轻兵器	95	案情实录	现代家庭
71	心灵鸡汤	意林	96	国产篇	轻兵器
72	专栏	妇女之友	97	动态	轻兵器
73	战争边缘	军事文摘	98	养生益寿	祝您健康
74	情感人生	伴侣	99	家电维修	家庭电子·维修版
75	短篇精制	芳草	100	人物	八小时以外

【2007】

2007 龙源期刊国内付费阅读 TOP100

排行	刊名	排行	刊名
1	青年文摘	24	中国国家地理
2	意林	25	商场现代化
3	电脑爱好者	26	家庭
4	新华文摘	27	交际与口才
5	婚姻与家庭	28	昕薇
6	中国新闻周刊	29	海外文摘
7	财经	30	读书
8	棋艺	31	兵器知识
9	人生与伴侣	32	商业时代
10	轻兵器	33	大众电影
11	书报文摘	34	当代
12	南风窗	35	教师博览
13	新周刊	36	东西南北·大学生
14	卓越理财	37	精武
15	领导文摘	38	理财周刊
16	瞭望东方周刊	39	北京文学
17	大众摄影	40	新财经
18	今日文摘	41	军事文摘
19	商界	42	今古传奇·故事版
20	—	43	科学投资
21	伴侣	44	电脑迷
22	视野	45	时代影视
23	幸福	46	故事林

（续表）

排行	刊名	排行	刊名
47	中国经济信息	74	钱经
48	书摘	75	中国企业家
49	大众医学	76	武当
50	爱情婚姻家庭·冷暖人生	77	中外管理
51	南方人物周刊	78	读书文摘·青年版
52	销售与市场·营销版	79	诗刊
53	意汇·黑白版	80	新青年
54	食品与健康	81	祝你幸福·午后版
55	计算机应用文摘	82	家庭百事通
56	青年文摘·彩版	83	财经文摘
57	搏击	84	优雅
58	知识窗	85	妇女之友
59	杂文选刊	86	沿海企业与科技
60	都市丽人	87	大众理财顾问
61	装饰	88	科学养生
62	财经界	89	现代家庭
63	烹调知识	90	美文
64	收获	91	悦己
65	小品文选刊	92	十月
66	青年博览	93	恋爱婚姻家庭
67	看世界	94	女性天地
68	人民文学	95	北方经济
69	现代青年·细节版	96	男生女生·金版
70	深圳青年	97	商界·城乡致富
71	东西南北	98	婚育与健康
72	女子世界	99	世界知识
73	为了孩子	100	民主与法制

2007 龙源期刊海外付费阅读 TOP100

排行	刊名	排行	刊名
1	当代	26	北京体育大学学报
2	青年文摘	27	中国国家地理
3	北京文学	28	东西南北
4	轻兵器	29	中小学信息技术教育
5	人民文学	30	爱情婚姻家庭·冷暖人生
6	长江文艺	31	啄木鸟
7	婚姻与家庭	32	优雅
8	十月	33	养生大世界
9	幸福	34	医学美学美容
10	大众摄影	35	妇女之友
11	收获	36	海事大观
12	现代家庭	37	祝您健康
13	电脑爱好者	38	诗刊
14	大众电影	39	读书
15	中老年保健	40	山花
16	军事文摘	41	保健与生活
17	时代影视	42	新华文摘
18	昕薇	43	现代养生
19	女性天地	44	中华传奇
20	烹调知识	45	杂文月刊·选刊版
21	故事林	46	纵横
22	伴侣	47	女子世界
23	现代妇女	48	海燕
24	—	49	启蒙(0—3岁)
25	大众医学	50	传奇故事(上半月)

(续表)

排行	刊名	排行	刊名
51	章回小说	76	科学养生
52	上海采风月刊	77	现代军事
53	学术月刊	78	百年潮
54	健身科学	79	海外星云
55	中国京剧	80	求医问药
56	兵器知识	81	小说月报
57	文艺生活·精品故事	82	科学投资
58	文史精华	83	养生月刊
59	爱情婚姻家庭·生活纪实	84	艺术市场
60	海外文摘	85	漫画月刊
61	海外英语	86	悦己
62	芳草	87	福建文学
63	孩子	88	时代姐妹·情人坊
64	健康向导	89	山西文学
65	家庭	90	浙江中医杂志
66	传奇故事·下半月	91	读书文摘·青年版
67	今日文摘	92	大家故事·天下事
68	为了孩子	93	武汉大学学报·社会科学版
69	家庭医学·新健康	94	当代军事文摘
70	党史博览	95	家庭医药
71	书报文摘	96	启蒙(3—6岁)
72	读书文摘	97	家庭百事通
73	电影画刊	98	传奇·传记文学选刊
74	人生与伴侣	99	文史春秋
75	金融博览	100	知识窗

2007龙源期刊国内、海外付费阅读双栖期刊

刊名	国内排行	海外排行	刊名	国内排行	海外排行
爱情婚姻家庭·冷暖人生	51	31	女性天地	95	20
伴侣	22	23	女子世界	73	48
北京文学	40	2	烹调知识	64	21
兵器知识	32	57	青年文摘·红版	3	14
大众电影	34	13	青年文摘·绿版	2	17
大众摄影	18	9	轻兵器	11	3
大众医学	50	26	人民文学	69	4
当代	35	1	人生与伴侣	10	75
电脑爱好者	4	12	诗刊	80	39
东西南北	72	29	十月	93	7
读书	31	40	时代影视	46	18
读书文摘·青年版	79	93	收获	65	10
妇女之友	86	36	书报文摘	12	72
故事林	47	22	为了孩子	74	69
海外文摘	30	61	现代家庭	90	11
婚姻与家庭	6	6	昕薇	29	19
家庭	27	66	新华文摘	5	43
家庭百事通	83	99	幸福	24	8
今日文摘	19	68	优雅	85	33
军事文摘	42	16	悦己	92	88
科学投资	44	83	中国国家地理	25	28
科学养生	89	77	—	—	—

2007 龙源期刊国内阅读排行分类 TOP10

排行	人文艺术	管理财经	学术理论类	文摘文萃
1	大众摄影	财经	新华文摘	意林
2	中国国家地理	卓越理财	社会科学论坛	青年文摘（绿版）
3	读书	商界	名作欣赏（学术专刊）	青年文摘（红版）
4	大众电影	商场现代化	文艺研究	书报文摘
5	时代影视	商业时代	新闻爱好者	领导文萃
6	电影画刊	理财周刊	文史月刊	今日文摘
7	收藏	新财经	理论前沿	视野
8	文化博览	科学投资	新闻与写作	交际与口才
9	电影评介	中国经济信息	旅游学刊	海外文摘
10	收藏界	销售与市场·营销版	文艺争鸣	东西南北·大学生
排行	科技网络	女性家庭	体育健康	文学
1	电脑爱好者	婚姻与家庭	棋艺	当代
2	电脑迷	人生与伴侣	精武	北京文学
3	计算机应用文摘	伴侣	大众医学	今古传奇·故事版
4	互联网周刊	幸福	食品与健康	故事林
5	微型计算机	家庭	搏击	杂文选刊
6	中国计算机报	爱情婚姻家庭·冷暖人生	武当	收获
7	IT时代周刊	都市丽人	科学养生	小品文选刊

（续表）

排行	科技网络	女性家庭	体育健康	文学
8	电脑知识与技术	女子世界	婚育与健康	人民文学
9	网友世界	为了孩子	中国医药导报	诗刊
10	网络与信息	祝你幸福·午后版	现代养生	美文
排行	时事政治	军事科普	教育教学	时尚生活
1	中国新闻周刊	轻兵器	教师博览	昕薇
2	南风窗	兵器知识	班主任	装饰
3	新周刊	军事文摘	教育艺术	烹调知识
4	瞭望东方周刊	百科知识	中学语文教学	优雅
5	—	海事大观	新东方英语	悦己
6	南方人物周刊	坦克装甲车辆	考试周刊	中国化妆品（时尚版）
7	看世界	当代军事文摘	中小学心理健康教育	医学美学美容
8	世界知识	现代兵器	语文教学与研究（综合天地）	时尚内衣
9	民主与法制	现代军事	海外英语	双语时代
10	新民周刊	农村百事通	课外阅读	缤纷家居

2007 龙源期刊海外阅读排行分类 TOP10

排行	人文艺术	管理财经	社科学术	文摘综合
1	大众摄影	金融博览	北京体育大学学报	青年文摘（红版）
2	大众电影	科学投资	新华文摘	青年文摘（绿版）
3	时代影视	理财周刊月末版	学术月刊	东西南北
4	中国国家地理	卓越理财	文史精华	上海采风月刊
5	读书	财经	武汉大学学报（社会科学版）	海外文摘
6	中国京剧	财会通讯	文史春秋	今日文摘
7	电影画刊	中国市场	文史月刊	书报文摘
8	艺术市场	环球企业家	江苏大学学报（社会科学版）	读书文摘
9	漫画月刊	大众理财顾问	中国道教	海外星云
10	钢琴艺术	商务周刊	人文杂志	读书文摘（青年版）
排行	科技网络	女性家庭	体育健康	文学
1	电脑爱好者	婚姻与家庭	中老年保健	当代
2	数码世界	幸福	大众医学	北京文学
3	电脑知识与技术	现代家庭	养生大世界	人民文学
4	互联网周刊	女性天地	祝您健康	长江文艺
5	视听技术	伴侣	保健与生活	十月
6	计算机应用文摘	现代妇女	现代养生	收获

（续表）

排行	科技网络	女性家庭	体育健康	文学
7	电脑学习	爱情婚姻家庭·冷暖人生	健身科学	故事林
8	网络与信息	妇女之友	健康向导	啄木鸟
9	IT时代周刊	女子世界	家庭医学·新健康	诗刊
10	微电脑世界	爱情婚姻家庭·生活纪实	科学养生	山花
排行	时事政治	军事科普	教育教学	时尚生活
1	—	轻兵器	中小学信息技术教育	昕薇
2	纵横	军事文摘	启蒙（0—3岁）	烹调知识
3	党史博览	海事大观	海外英语	优雅
4	百年潮	兵器知识	启蒙（3—7岁）	医学美学美容
5	民主与法制	现代军事	21世纪	悦己
6	法律与生活	当代军事文摘	娃娃画报	中国化妆品（时尚版）
7	世界知识	坦克装甲车辆	幼儿智力世界	旅游纵览
8	南风窗	世界科幻博览	男生女生（银版）	潇洒
9	党员文摘	现代兵器	数理天地（高中版）	舒适广告
10	检察风云	解放军生活	快乐语文	装饰

【2006】

2006 龙源期刊国内付费阅读 TOP100

排行	刊名	排行	刊名
1	新华文摘	24	中国新闻周刊
2	当代	25	销售与市场
3	收获	26	故事林
4	青年文摘·红版	27	—
5	青年文摘·绿版	28	长江文艺
6	意林	29	现代家庭
7	电脑爱好者	30	精武
8	轻兵器	31	爱情婚姻家庭
9	北京文学	32	时代影视
10	十月	33	为了孩子
11	啄木鸟	34	中外文摘
12	中国国家地理	35	中华传奇
13	烹调知识	36	妇女之友
14	大众摄影	37	伴侣
15	章回小说	38	卓越理财
16	婚姻与家庭	39	瞭望东方周刊
17	棋艺	40	食品与健康
18	南风窗	41	女性天地
19	幸福	42	今日文摘
20	人民文学	43	武当
21	大众医学	44	军事文摘
22	中国作家	45	搏击
23	昕薇	46	祝你幸福·午后版

（续表）

排行	刊名	排行	刊名
47	海事大观	74	大众健康
48	书报文摘	75	新家庭·情爱时尚
49	书摘	76	意汇·黑白版
50	今古传奇·故事版	77	知识窗
51	读书	78	女子世界
52	人生与伴侣	79	都市丽人
53	视野	80	中国企业家
54	大众电影	81	财经界
55	兵器知识	82	优雅
56	互联网周刊	83	电影画刊
57	东西南北·大学生	84	读书文摘
58	南方人物周刊	85	计算机应用文摘
59	交际与口才	86	中老年保健
60	领导文萃	87	诗刊
61	海外文摘	88	理财周刊月末版
62	家庭	89	山花
63	商界	90	财经
64	家庭医学·新健康	91	装饰
65	医学美学美容	92	养生大世界
66	新周刊	93	全国新书目
67	现代妇女	94	中国针灸
68	长篇小说选刊	95	小说精选
69	小品文选刊	96	书屋
70	东西南北	97	现代医药卫生
71	名作欣赏·鉴赏专刊	98	中华文摘
72	健与美	99	芙蓉
73	商业时代	100	科学养生

2006 龙源期刊海外付费阅读 TOP100

排行	刊名	排行	刊名
1	北京文学	26	中老年保健
2	当代	27	爱情婚姻家庭
3	长江文艺	28	中国国家地理
4	十月	29	女性天地
5	收获	30	芙蓉
6	人民文学	31	—
7	轻兵器	32	小说精选
8	啄木鸟	33	民主与法制
9	大众电影	34	妇女之友
10	婚姻与家庭	35	读书
11	中国作家	36	伴侣
12	幸福	37	电脑爱好者
13	现代家庭	38	文史精华
14	大众摄影	39	现代妇女
15	昕薇	40	为了孩子
16	青年文摘·红版	41	保健与生活
17	青年文摘·绿版	42	家庭医药
18	大众医学	43	COMO 可人
19	故事林	44	小品文选刊
20	中华传奇	45	女子世界
21	山花	46	军事文摘
22	章回小说	47	纵横
23	烹调知识	48	新华文摘
24	中国针灸	49	优雅
25	东西南北	50	海事大观

(续表)

排行	刊名	排行	刊名
51	兵器知识	76	读书文摘
52	祝您健康	77	中国文艺
53	女报	78	传奇·传记文学选刊
54	医学美学美容	79	海燕
55	时代影视	80	文史春秋
56	检察风云	81	人生与伴侣
57	潇洒	82	海外文摘
58	孩子	83	电影画刊
59	现代军事	84	法律与生活
60	世界知识	85	黄河
61	书摘	86	搏击
62	书报文摘	87	现代养生
63	瞭望东方周刊	88	娃娃画报
64	南风窗	89	外国文艺
65	台港文学选刊	90	悦己
66	科学养生	91	海外星云
67	文艺生活·精品故事汇	92	传奇故事·上半月
68	文史月刊	93	21世纪
69	健康世界	94	健身科学
70	舒适广告	95	你
71	党史博览	96	看世界
72	浙江中医杂志	97	百年潮
73	家庭百事通	98	新周刊
74	传记文学	99	艺术市场
75	中国新闻周刊	100	青年作家

2006 龙源期刊国内、海外付费阅读双栖期刊

刊名	国内排行	海外排行	刊名	国内排行	海外排行
爱情婚姻家庭	31	27	轻兵器	8	7
伴侣	37	36	人民文学	20	6
北京文学	9	1	人生与伴侣	52	81
兵器知识	55	51	山花	89	21
搏击	45	87	十月	10	4
长江文艺	28	3	时代影视	32	55
大众电影	54	9	收获	3	5
大众摄影	14	14	书报文摘	48	62
大众医学	21	18	书摘	49	61
当代	2	2	为了孩子	33	40
电脑爱好者	7	37	现代妇女	67	39
电影画刊	83	83	现代家庭	29	13
东西南北	70	25	小品文选刊	69	44
读书	51	35	小说精选	95	32
读书文摘	84	76	昕薇	23	15
芙蓉	99	30	新华文摘	1	48
妇女之友	36	34	新周刊	66	99
故事林	26	19	幸福	19	12
海事大观	47	50	医学美学美容	65	54
海外文摘	61	82	优雅	82	49
婚姻与家庭	16	10	章回小说	15	22

（续表）

刊名	国内排行	海外排行	刊名	国内排行	海外排行
军事文摘	44	46	中国国家地理	12	28
科学养生	100	66	中国新闻周刊	24	75
瞭望东方周刊	39	63	中国针灸	94	24
南风窗	18	64	中国作家	22	11
女性天地	41	29	中华传奇	35	20
女子世界	78	45	中老年保健	86	26
烹调知识	13	23	啄木鸟	11	8
青年文摘(红版)	4	16	青年文摘(绿版)	5	17

【2005】

2005 龙源期刊付费阅读亚洲排行 TOP100

排行	刊名	排行	刊名
1	新华文摘	24	—
2	轻兵器	25	商业时代
3	当代	26	三联生活周刊
4	世界知识	27	伴侣
5	爱情婚姻家庭	28	人民文学
6	北京文学	29	中国经济信息
7	海外文摘	30	中国国家地理
8	南风窗	31	烹调知识
9	青年文摘（红版）	32	博览群书
10	收获	33	妇女之友
11	青年文摘（绿版）	34	现代妇女
12	中国新闻周刊	35	书屋
13	现代家庭	36	领导文萃
14	新故事	37	东西南北·大学生
15	啄木鸟	38	读书
16	民主与法制	39	人生与伴侣
17	大众摄影	40	全国新书目
18	十月	41	今日文摘
19	婚姻与家庭	42	东西南北
20	为了孩子	43	章回小说
21	长江文艺	44	电影画刊
22	军事文摘	45	书摘
23	装饰	46	中外管理

(续表)

排行	刊名	排行	刊名
47	金山	74	管理科学文摘
48	医学美学美容	75	商务周刊
49	企业文化与管理	76	山花
50	优雅	77	家庭百事通
51	大众健康	78	微型小说选刊
52	科学投资	79	书报文摘
53	大众医学	80	销售与市场
54	中华文摘	81	祝您健康
55	视野	82	台港文学选刊
56	海事大观	83	看世界
57	人间方圆	84	坦克装甲车辆
58	中外文摘	85	文史月刊
59	商界	86	大众电影
60	今古传奇·故事版	87	大学时代
61	新青年	88	中国化妆品(时尚版)
62	互联网周刊	89	瞭望东方周刊
63	新闻爱好者	90	双语时代
64	百年潮	91	党员文摘
65	时代影视	92	名作欣赏
66	女报	93	中国党政干部论坛
67	意林	94	昕薇
68	知识窗	95	新生活
69	健身科学	96	传奇故事(上半月)
70	生活之友	97	健康向导
71	诗刊	98	博击
72	小说精选	99	中华传奇
73	交际与口才	100	电脑爱好者

2005 龙源期刊付费阅读欧美排行 TOP100

排行	刊名	排行	刊名
1	海外文摘	26	书屋
2	棋艺	27	世界知识
3	现代家庭	28	民主与法制
4	轻兵器	29	啄木鸟
5	为了孩子	30	中国美容医学
6	中国国家地理	31	长江文艺
7	新华文摘	32	中国作家
8	当代	33	青年文摘·红版
9	三联生活周刊	34	现代妇女
10	百年潮	35	烹调知识
11	精武	36	大众健康
12	坦克装甲车辆	37	电影画刊
13	十月	38	医学美学美容
14	按摩与导引	39	博览群书
15	军事文摘	40	山花
16	收获	41	收藏
17	人民文学	42	家庭用药
18	—	43	大众摄影
19	—	44	父母必读
20	中外文摘	45	爱情婚姻家庭
21	海外星云	46	婚姻与家庭
22	中国企业家	47	大众电影
23	东西南北	48	中国保健
24	文学评论	49	经济导刊
25	南风窗	50	中国针灸

（续表）

排行	刊名	排行	刊名
51	章回小说	76	Tibet
52	中国西藏	77	中华传奇
53	美国研究	78	芙蓉
54	青年文摘·绿版	79	书摘
55	全国新书目	80	昕薇
56	经贸世界	81	装饰
57	读书	82	大众医学
58	搏击	83	少年文艺
59	太空探索	84	文史春秋
60	中国新闻周刊	85	社会科学论坛
61	人生与伴侣	86	当代戏剧
62	家庭中医药	87	家庭百事通
63	家庭医药	88	现代健康人
64	传奇故事·上半月	89	传奇·传记文学选刊
65	党员文摘	90	保健与生活
66	科学投资	91	民间文学
67	伴侣	92	瞭望东方周刊
68	党史博览	93	传奇故事·下半月
69	台港文学选刊	94	书报文摘
70	纵横	95	上海采风月刊
71	领导文萃	96	家庭·育儿
72	优雅	97	读书文摘
73	文史月刊	98	中华文摘
74	中老年保健	99	海事大观
75	商业时代	100	看世界

2005 龙源期刊 TOP100 亚洲、欧美双栖期刊

刊名	亚洲阅读排行	欧美阅读排行	刊名	亚洲阅读排行	欧美阅读排行
爱情婚姻家庭	5	45	全国新书目	40	55
百年潮	64	10	人民文学	28	17
伴侣	27	67	人生与伴侣	39	61
北京文学	6	18	三联生活周刊	26	9
博览群书	32	39	山花	76	40
搏击	98	58	商业时代	25	75
长江文艺	21	31	十月	18	13
传奇故事·上半月	96	64	世界知识	4	27
大众电影	86	47	收获	10	16
大众健康	51	36	书报文摘	79	94
大众摄影	17	43	书屋	35	26
大众医学	53	82	书摘	45	79
当代	3	8	台港文学选刊	82	69
党员文摘	91	65	坦克装甲车辆	84	12
电影画刊	44	37	为了孩子	20	5
东西南北	42	23	文史月刊	85	73
读书	38	57	现代妇女	34	34
海事大观	56	99	现代家庭	13	3
海外文摘	7	1	昕薇	94	80
婚姻与家庭	19	46	新华文摘	1	7

（续表）

刊名	亚洲阅读排行	欧美阅读排行	刊名	亚洲阅读排行	欧美阅读排行
家庭百事通	77	87	—	—	—
军事文摘	22	15	医学美学美容	48	38
看世界	83	100	优雅	50	72
科学投资	52	66	章回小说	43	51
瞭望东方周刊	89	92	中国国家地理	30	6
领导文萃	36	71	中国新闻周刊	12	60
民主与法制	16	28	中华传奇	99	77
南风窗	8	25	中华文摘	54	98
烹调知识	31	35	中外文摘	58	20
青年文摘·红版	9	33	装饰	23	81
青年文摘·绿版	11	54	啄木鸟	15	29
轻兵器	2	4	—	—	—

后　记

　　一切对数字出版、对期刊发展、对内容产业、对新老媒体融合关心的人可能都会从这本书中发现一些或许多感兴趣的地方。否则，读这本书您会感觉很累：太多的数字、太多的图表。

　　是的，我们在做一个跨越十年的期刊数字阅读数据的分析报告汇总工作。

　　这是一部将龙源在线的 4 000 多种期刊连续十年的各项排行的数据加以汇总、把连续十年针对性研究成果加以聚合的书。它本身就是数字的、多项的，如果简约了的话，就不能真实地反映过去十年期刊数字化转型的多棱进程，也不能反映龙源期刊网络传播 TOP100 排行发布的真实面貌和全相。因此，这本书，或许可以作为一种资料收藏，需要时浏览一下、查询一下。

　　我们不敢奢想太多，如此，足矣。

　　为了使您更加方便地了解本书的内容，我们做如下提示：

　　（1）为了让大家了解最新的信息，本书采用年代倒推排序，即从最新年份依次追溯。

　　（2）龙源 TOP100 期刊数字阅读排行发布是从 2005 年开始的，到 2014 年年底，一共进行了 10 次，而针对排行数据的课题研究是从 2006 年才开始的，所以 2005 年没有研究报告。

　　（3）本书按年度解读报告、年度系列分析文章、各排行发布项的顺序进行编排，各板块又按新老时序集中汇编呈现，比如，年度解读报告，即从 2014 到 2005，其他依次类推。

　　（4）龙源期刊 TOP100 排行是依据付费阅读数据进行的（除原貌版的统计量外）。

　　（5）在进行十年研究成果结集出版时，极个别刊物的名次基于某种原因，从 TOP100 排行中去除了。

　　很多人为连续十年的排行发布和相关研究成果付出了艰辛的劳动。在此付梓之际，我们谨向一直关心、爱护、支持龙源成长的国家新闻出版广电总局领导和中国期刊协会石峰会长、张伯海专家顾问表示衷心的感谢，感谢你们的指导和鼓励；真诚地感谢合作伙伴中国新闻出版研究院魏玉山院长、郝振省前院长和张立副院长及其团队的大力合作；感谢中国传媒大学教授、中国期刊研究中心所长李频博士，北京印刷学院新闻出版学院常务副院长陈丹教授和包韫慧老师，《中国图书商报》传媒周刊主编马雪芬女士，李鹏先生，华中科技大学新闻与信息传播学院陈少华教授以及他所指导的博硕生团队，《科技与出版》杂志主编钱飒飒女士及其团队，上海理工大学出版印刷与艺术设计学院周澍民教授和团队，施勇勤教授和团队，中国传媒大学新闻传播系博士生于春生先生，独立传媒观察人崔尚书先生，出版营销策划专家三石先生，原北京印刷学院传播学专业硕士王瑜女士，中央财经大学新闻出版系祝兴平教授的积极参与和贡献；同时也深深感谢龙源技术总监周明朗及团队的数据支持，感谢历届白皮书编辑的辛勤劳动。感谢所有关注中国数字出版和龙源事业的朋友们，您们的每一点儿关爱，都是促进龙源发展的源泉与动力！我们无以回报，只有做得更好，感谢您！

由于时间和编辑能力有限，本书一定存在这样或那样的不足和缺憾，错漏也在所难免。谨以龙源初步的努力，尝试推动中国出版产业的发展与繁荣！

龙源期刊网络传播研究中心
2014 年 10 月 31 日